走遍全球 GLOBE-TROTTER TRAVEL

新西兰
New Zealand

日本《走遍全球》编辑室 编著

中国旅游出版社

新西兰
示意图

地图①

北部地区
Northland
亚伯·塔斯曼
国家公园
Abel Tasman NP

图例

首都
主要城市
其他城市
城镇/村
主要观光景点、历史遗迹
滑雪场
地区名
国家公园
国家公园名

200km

雷因加角 Cape Reinga
90英里滩 90 Mile Beach
远北地区 Far North
芒格努伊 Mangonui
凯塔亚/凯利 Kaitaia
阿希帕拉 Ahipara
贝壳海岸 Kauri Coast
北部地区 Northland
达加维尔 Dargaville
海伦斯维尔 Helensville
库姆 Kumeu

凯里凯利 Kerikeri
怀唐伊 Waitangi
拉塞尔 Russell
派希亚 Paihia
派阿雷雷 Whangarei
怀普 Waipu
马塔克 Matakohe
考里海岸 Kaipara Harbour

大巴里尔岛 Great Barrier Island
威尔斯福德 Wellsford
韦尔斯福德
马塔卡纳 Matakana
瓦尔黑克岛 Waiheke Island

科罗曼德尔半岛 Coromandel Peninsula
科罗曼德尔镇 Coromandel Town
怀蒂昂格&哈海 Whitianga&Hahei
泰鲁阿&帕瓦努伊 Tairua&Pauanui
泰晤士 Thames
怀希 Waihi

蒂阿罗哈 Te Aroha
科罗努半岛 East Cape
蒂卡哈/东角 Te kaha
东开普 Eastland
奥波蒂基 Opotiki
莫雷雪瓦 Morere

陶朗阿 Tauranga
芒格努伊山 Mount Maunganui
瓦卡塔尼 Whakatane
瓦卡塔尼半岛

奥克兰 Auckland
马努卡 Manukau
普基科黑 Pukekohe
哈密尔顿 Hamilton

玛塔玛塔 Matamata
剑桥 Cambridge
亨特利 Huntly

瑞格兰 Raglan
卡威亚 Kawhia

蒂库伊蒂 Te Kuiti
皮奥皮奥 Piopio
怀托莫 Waitomo
奥托罗杭加 Otorohanga

怀卡托地区 waikato

罗托鲁阿 Rotorua
怀拉基公园 Wairakei Park
陶波 Taupo
陶朗 Turangi
图朗伊

托加拉湾 Tolaga Bay
蒂阿拉罗阿 Te Araoa
马希亚半岛 Mahia Peninsula
吉斯伯恩 Gisborne

北岛瓦拉罗国家公园 Te Urewera NP
怀卡雷莫阿纳 Lake Waikaremoana
怀罗阿 Wairoa

内皮尔 Napier
哈斯廷斯 Hastings
凯普角 Cape Kidnappers
霍克湾 Hawke Bay
怀帕瓦 Waipawa
怀普库劳 Waipukurau
波朗阿豪 Porangahau
伍德维尔 Woodville

汤加里罗国家公园 Tongariro NP
鲁阿佩胡火山 Mt. Ruapehu
瑙鲁霍伊 Ohakune
奥哈库内
怀乌鲁 Waiouru
塔伊哈佩 Taihape

新普利茅斯 New Plymouth
塔拉纳基 Taranaki
埃格蒙特国家公园 Egmont NP
塔拉纳基山 Mt. Taranaki

旺阿努伊国家公园 Whanganui NP
旺阿努伊 Whanganui

北帕默斯顿 Palmerston North
马纳瓦图 Manawatu/Whanganui
利文 Levin
奥塔基 Otaki

科灵伍德 Collingwood
告别角 Farewell Spit
黄金湾 Golden Bay

塔斯曼海 Tasman Sea
丰盛湾 Bay of Plenty
豪拉基湾 Hauraki Gulf
陶波湖 Lake Taupo
朗伊塔基河 Rangitaiki River
旺阿努伊河 Whanganui River

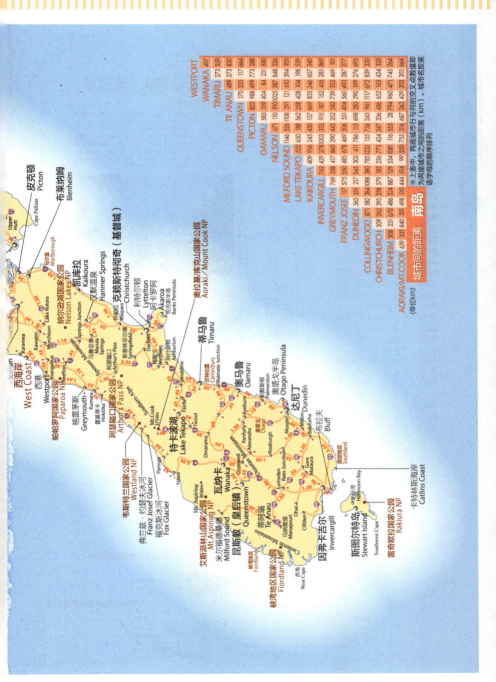

本书中使用的主要图标

i-SITE	旅游咨询处 i-SITE
i	旅游咨询处 DOC游客中心
住	地址
电	电话
FREE	新西兰国内的免费电话
手机	手机
FAX	传真
URL	网址
E-mail	电子邮箱
开	开放时间
营	营业时间
运	运营时间
举	举办时间
休	休息日、闭馆日
费	费用
交	交通方式
Ave.	Avenue（大街）
Blvd.	Boulevard（大道）
Cnr.	Corner（街角）
Cres.	Crescent（新月形地带）
Dr.	Drive（车道）
Hwy.	Highway（国道、高速公路）
Rd.	Road（路）
Sq.	Square（广场）
St.	Street（街）
Pde.	Parade（游行、练兵场）
Pl.	Place（小广场）
Tce.	Terrace（平台）
E.	East（东）
W.	West（西）
S.	South（南）
N.	North（北）

South Island

克赖斯特彻奇（基督城）

克赖斯特彻奇（基督城）
Christchurch

克赖斯特彻奇（基督城）是南岛人口最多的城市，也是新西兰的三大城市之一，位于南北狭长的南岛中央坎特伯雷地区（Canterbury）。作为岛内观光的中心，交通网络连接全国各地，堪称南岛门户。

市中心的大教堂等哥特式建筑和美丽的公园星罗棋布。园艺和泰舟等具有浓厚的英伦风情，因此也被称为"英国本土以外最具英国特色的城市"。遗憾的是，2011年2月的大地震破坏了大片街道。但是流经市中心的雅芳河和哈格雷公园等景点生机勃勃，完好地保存了"花园之城"的历史美名。当然，观光设施也是南岛中最完善的。

人口 34万1469人
www.christchurchnz.com

中国驻克赖斯特彻奇总领事馆
领区：新西兰南岛
住 108 Hanson Lane, Upper Riccarton, Christchurch, 8041, New Zealand
URL http: //christchurch.china-consulate.org/chn/
电 0064-3-3433650
（上午9:00~12:00）
开 周一～周五
（节假日除外）
休 周六、周日、节假日

克赖斯特彻奇（基督城）
医院
Christchurch Hospital
Map p.42-B C1
住 2 Riccarton Ave.
电 (03) 364-0640
警察署
Christchurch Central Police
Map p.42-C1
住 62-74 St Asaph St.
电 (03) 363-7400

租车公司
Hertz
机场
电 (03) 358-6730
Avis
机场
电 (03) 357-4039

穿过克赖斯特彻奇（基督城）市中心的电车

机场内的旅游咨询处 i-SITE

克赖斯特彻奇（基督城）前往方法

乘飞机抵达

2015年12月16日，南方航空公司开通了中国广州到新西兰南岛基督城的直飞航班。分别为周三、周五、周日，00:50从广州起飞，当地时间16:10抵达。同时，南方航空还有从广州到奥克兰的直达航班，全程需要11小时20分钟。克赖斯特彻奇（基督城）国际机场是新西兰国内旅客非常方便的机场仅次于奥克兰国际机场的第二大机场。机场候机楼是两层建筑，一层是抵达大厅，二层是出发大厅。机场内有大型免税店、旅游咨询处 i-SITE 和租车公司的柜台等。

克赖斯特彻奇（基督城）国际机场的新候机楼已部分启用

购物

简约新西兰
Simply New Zealana
特产
● 位于坎特伯雷博物馆（→p.44）一层的一家特产连锁店。这家带有"Qualmark"（新西兰优质标志）质量认证的商店销售……工艺品等。另外，……卡蜂蜜的护手霜……羊皮靴也很受欢迎……

市中心　　Map p.42-B1
住 Canterbury Museum, Rolleston Ave.
电 (03) 366-9429
URL www.simplynewzealand.com
开 4~9月 9:00~17:00
10月~次年3月 9:00~17:30

餐馆

菲黛尔乡村
Fiddelsticks
新西兰菜
● 位于伍斯特大道对面的餐馆。采用鹿肉、牛排和盖羊肉、海鲜等新西兰的特有食材制成精致的美食。晚餐的招牌菜品是绿茵……面包和汤等每天……往享用午餐。

新西兰菜　　Map p 42-B2
住 48 Worcester Blvd.
电 (03) 365-0533
URL fiddlesticksbar.co.nz
营 周一~周五 8:00~Late，周六、周日上午……

住宿

基督城传统酒店
Heritage Christchurch
最高档酒店
● 位于大教堂广场的一家酒店，前身是历史悠久的旧政府大楼。经过严格的安全性测试后，于2013年8月重新开业。所有的商务套房都带着厨房和洗衣房。意式古典建筑与时尚的装饰相映成趣。

市中心　　Map p.42-B2
住 28-30 Cathedral Sq.
电 (03) 983-4800
FREE 0800-368-888
URL www.heritagehotels.co.nz
费 ⓈⓉⒹNZ$250~
客房 38
CC ADJMV

从上到下依次为岛名、
城市名。

🌲 **读者** 来信
关于所介绍地区的读者
来信。

北岛

奥克兰

地图中的图标

- **S** 商店
- **R** 餐馆
- **H** 酒店
- 假日公园
- 山间小屋
- 高尔夫球场
- 避难所
- 露营地
- ✉ 邮局
- **$** 银行
- 公共卫生间
- 滑雪场
- ••••• 徒步线路

CC 可以使用的信用卡

A	美国运通卡
D	大莱卡
J	JCB
M	万事达卡
V	VISA

住宿类型

Ⓢ	单人间（1床1人使用）
Ⓓ	双人间（1大床2人使用）
Ⓣ	双床间（2床2人使用）
Camp	帐篷（用于露营区域）
Dorm	多人间（多人宿舍房）
Share	合住房（与别人合住的房屋）
Lodge	客栈小屋

■**本书的特色**

本书为前往新西兰旅行的游客提供各城市的交通、住宿和餐饮等信息。

■**如何使用本书所提供的信息**

编辑部尽可能提供最新、最准确的信息资料，但由于当地的规则或办事手续等经常发生变更，或对某些条款的具体解释存在认识上的分歧，因此，若非本社出现的重大过失，否则因使用本书而产生的损失或不便，本社将不承担责任，敬请谅解。另外，使用本书时，请读者根据自身的情况，自行判断书中所记录的信息或建议是否符合自己的情况。

■**当地情况的调查**

本书的调查一直持续到出版前。随着时间的推移，一些数据不可避免地会出现变化，尤其是餐厅和住宿设施等的费用通常在游客前往旅行时，会出现变动。因此，本书的信息仅提供参考，在实际旅行时游客应尽可能从当地的旅游咨询处获取最新信息。

走遍全球 GLOBE-TROTTER TRAVEL GUIDEBOOK

新西兰
New Zealand

南岛
South Island

31

出发前请务必阅读！旅行中的突发事件与安全对策 ······ 480

Map

国旗

旗底为深蓝色，左上方为英国米字旗，右半部是四颗镶白边的红色五角星，四颗星排列均不对称。

旅行中的英语会话→ P.484

正式国名

新西兰 New Zealand

国歌

新西兰有两首地位等同的国歌:《天佑女王》（*God Save The Queen*）与《天佑新西兰》（*God Defend New Zealand*，毛利人称为 E Ihoa Atua）。

面积

约 27 万平方公里（大约相当于中国面积的 1/35），其中北岛 11.6 万平方公里，南岛 15.1 万平方公里，其他各岛 4000 平方公里。

人口

约 480 万（2017 年 8 月统计）（数据来源：URL www.stats.govt.nz）

首都

惠灵顿 Wellington
人口约 40 万（2017 年 4 月）

国家元首

英国女王伊丽莎白二世。总督为女王代表，由总理提名，女王任命，任期 5 年。2016 年 9 月开始帕齐·雷迪担任总督。

国家政体

议会民主制。议会为一院制，每 3 年改选一次。2017 年 10 月 26 日，杰辛达·阿德恩担任总理。

民族构成

欧洲移民后裔约占 74%，毛利人约占 15%，其他波利尼西亚裔约 7%，和其他的亚裔等。

宗教

约 49% 的国民信奉基督教。英国圣公会、罗马天主教的信徒也很多。

语言

官方语言为英语和毛利语。毛利人也能说英语，所以各地通用英语。

货币与汇率

货币为新西兰元（NZ$）。纸币面额分为 5元、10 元、20 元、50 元、100 元，共 5 种。硬币面额分为 10 分、20 分、50 分和 1 元、2 元，共 5 种。一个人携带 1 万新西兰元以上现金时，必须在出入境时提交现金携带申报单（Border Cash Report）。NZ$1=5.041 元人民币（2017 年 12 月）。

旅行的预算与货币→ P.448

5元　　　　10元　　　　20元

50元　　　　100元

10分　20分　50分　1元　2元

主要的节日

带 ※ 为日期不固定的节日。新年和圣诞节如果恰逢周六、周日，基本上下周会串休。另外，请注意政府机构和商店在节日里通常会休息。

1月	1/1~2		新年 New Years Day
2月	2/6		威坦哲日（国庆日）Waitangi Day
3月	3/30（2018年）	※	耶稣受难日 圣周五 Good Friday
4月	4/2（2018年）	※	复活节后的周一 Easter Monday
	4/25		澳新军团日
6月	6/4（2018年）	※	女王法定诞辰日 Queen's Birthday

10月	10/22 （2018年）	※	劳动节 Labour Day
12月	12/25		圣诞节 Christmas Day
	12/26		节礼日 Boxing Day

营业时间

　　以下提供的普遍性营业时间仅供参考。各店铺会有 30 分钟～1 小时的差别。复活节、圣诞节前后至新年的休假期间，景区、商店和餐馆等大多休息。

●**银行**：周一～周五的工作日一般是 9:30~16:30，周六、周日和节假日休息。主要银行有澳新银行（ANZ）、奇伟银行（Kiwi Bank）等。此外，市区各自都配有 ATM，在银行营业时间以外也可以 24 小时使用，非常便捷。如果你要使用路边的 ATM，要时刻留意身后是否有尾随者。

●**商场和商店**：周一～周五的工作日为 9:00~17:00，周六 10:00~16:00，周日 11:00~15:00，但是各店铺及各季节的营业时间都会有变动。有些商店每周会有一天（通常是周四或周五）营业至21:00。很多商店冬季（4~9 月）关门时间比夏季早。奥克兰和克赖斯特彻奇（基督城）等大

城市内有为游客服务的商店营业到 22:00 左右。
购物的基础知识→ P.469

电压和插座

　　标准电压为 230/240V、50Hz。插座是三相扁头，插座旁边带开关，插入插头后确认在 ON 的状态就可以正常使用了。可根据自己携带的电器类型，自带插头转换器。

录像制式

　　在新西兰，DVD 区域码是 4，中国是 6；蓝光光碟区码是 B，中国为 C；电视是 PAL 制式，与中国相同。

小费

　　新西兰没有付小费的习惯，但是如果游客受到了特别的礼遇，不妨给点小费。

饮用水

　　水质为弱碱性，自来水可以直接饮用。不过近年来很多人开始购买矿泉水。矿泉水分为 Still Water（无碳酸水）和 Sparkling Water（碳酸水），不喜欢喝碳酸水的游客要分清楚。另外，很多水瓶带有防溅洒的拔出式饮用口。新西兰国产品牌 h2go 每 425mL 售价约 NZ$2。

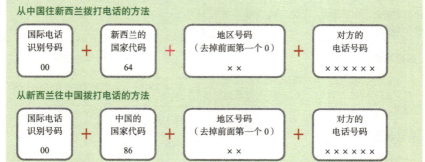

从中国往新西兰拨打电话的方法

| 国际电话识别号码
00 | ＋ | 新西兰的国家代码
64 | ＋ | 地区号码
（去掉前面第一个 0）
×× | ＋ | 对方的电话号码
×××××× |

从新西兰往中国拨打电话的方法

| 国际电话识别号码
00 | ＋ | 中国的国家代码
86 | ＋ | 地区号码
（去掉前面第一个 0）
×× | ＋ | 对方的电话号码
×××××× |

→电话与邮政 p.477

气候

新西兰地处南半球，与我国的气候正好相反。越往南，气温越低，各地的气候差别也很大。这里四季分明，一年之中最热的月份是1~2月，最冷的月份是7月。但是全年温差只有8℃~9℃，温差比中国小。新西兰有"一日有四季"之说，一天之内温差会很大。尤其在南岛，即使是夏天，早晚的体感温度也比较低。计划到山区游行或乘船环游的游客需要做好御寒准备。紫外线强度是中国的数倍，不要忘记做好防晒准备。

旅行季节→ P.442

新西兰的气温与降水量

气温

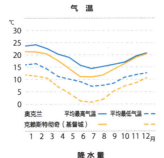

奥克兰	平均最高气温 — 平均最低气温 - -
克赖斯特彻奇（基督城）	

降水量

奥克兰	
克赖斯特彻奇（基督城）	

从中国飞往新西兰

新西兰航空提供从上海浦东机场直飞奥克兰的航班，中国南方航空提供从广州白云机场直飞奥克兰的航班，新西兰航空和国泰航空提供从中国香港机场直飞奥克兰航班。中国国际航空提供从北京直飞奥克兰的航班。此外，海南航空和天津航空分别运营从深圳、重庆至奥克兰的直达航班。

机票是旅行费用中的"大头"，计划行程也总是从预订机票开始。如果想买到特价票，一定要提前关注各大航空公司的网站。通常应避开暑假、圣诞节到中国农历新年这段时间，其他时间段机票价格相对便宜。

购买机票→ P.451

时差和夏令时

新西兰比中国早4小时，也就是说要在北京时间上加4小时。中国的早上8:00相当于新西兰时间中午12:00。每年还执行夏令时。夏令时期间，时间提前1小时，和中国的时差变成5小时。

邮政

新西兰的邮政业务除了国营New Zealand Post外，还有Kiwi Mail和Fastway这两家民营企业运营。邮局的营业时间一般是周一~周五的8：30~17：00及周六上午。邮局的数量多，购物中心内也可能有，非常方便。

邮费

如果从新西兰往国内寄航空信件、明信片（13cm×23.5cm，不超过10g的）为NZ$2.20，邮件（12cm×23.5cm，厚1cm，重量在200g以内）NZ$2.7。寄航空包裹（18.5cm×28cm，厚1cm，重量在200g以内），一

般 1kg NZ$15.80，3～10 个工作日到达国内。具体可以查询新西兰邮政的官网：

URL www.nzpost.co.nz/business/sending-internationally
电话与邮政→ P.477

出入境

签证
● 中国公民赴新西兰旅游必须办理签证

如果你希望随时了解审批的情况，可以在线查询申请进度。你也可以通过新西兰签证中心的热线电话：+86 20 2910 6152（咨询时间：8:00~17:00）或是电子邮件与其签证官员联系查询申请进度。

护照
● 游客需要持有有效中国护照（一般要求在离开新西兰后护照仍有至少 3 个月的有效期）。入境时必备文件包括：有效护照和入境卡（请在飞机上填好）。

出入境手续→ P.453

税金

新西兰政府针对商品和服务征收一种名为 GST（Goods and Services Tax）的税，类似于消费税，税率为 15%，游客不能退税。如果没有特殊标记，游客看到的商品价签一般包含了 GST。

安全与纠纷

新西兰是一个治安良好的国家，即使如此，犯罪案件也时有发生。警察局经常受理针对中国人等外国游客的偷盗、扒窃等事件。此外，针对女性游客的性犯罪也有上升趋势。交通事故也应引起游客的高度关注。

警察局・急救车・消防 ☎ 111
旅行中的突发事件与安全对策→ P.480

年龄限制

新西兰禁止未满 18 周岁的未成年人饮酒、吸烟。购买酒类饮品须年满 18 周岁。在机场和主要景区都能租到车，但是租车者须年满 21 周岁（部分公司规定年满 25 周岁）。租车时需要出示护照等身份证件和信用卡。

度量衡

与中国相同，长度单位是米，重量单位为千克，液体的计量单位为升。

其他

吸烟须知
新西兰推行《禁烟法》，室内的公共场所全面禁烟。吸烟请移步到室外有烟灰缸的地方。酒店很多房间也是禁烟的，青年旅舍和 B&B 通常实施全面禁烟。

卫生间
景区和主要城市都会设置公共卫生间，几乎都是免费的。设备也和中国别无二致。卫生方面做得很好。商场和购物中心内的卫生间会有人经常打扫，游客可以放心使用。

餐厅许可证和 BYO
新西兰的餐馆如果供应酒类，需要办理许可证，持证餐馆带有 "BYO" 或 "Fully Licensed" 的标识。"BYO" 是 "Bring Your Own" 的缩写，意为可自带酒水；"Fully Licensed" 的意思是餐馆供应酒类。还有些店带 "BYOW（Bring Your Own Wine）" 标识，意思是可自带葡萄酒或香槟，但是不可携带啤酒入店。

餐馆的基础知识→ P.471
小费与行为规范→ P.476

新西兰

景点简介

新西兰由南、北两岛及周边多个小岛共同组成，山川、地热公园和海岸线等纵横交织，美不胜收。

全球最大的星空保护区
特卡波湖 → P.67

湖畔的景色。能观测到南十字星座等无数星星。该地正在申请将星空列入世界遗产名录。

可以观赏鲸鱼和海狗
凯库拉 → P.171

这里是海洋生物的宝库，有不少原生态的旅游项目。遇见鲸鱼的概率非常高。

新西兰的最高峰
奥拉基/库克山国家公园 → P.55

海拔3724米的奥拉基/库克山区有多座海拔超3000米的高山。与峡湾地区国家公园等共同构成世界遗产保护区——蒂瓦希普纳姆。

峡湾地区国家公园内的最大亮点
米尔福德桑德 → P.122

由冰河侵蚀后形成的断崖已被开发成旅游线路，颇受欢迎。国家公园内还有悬疑峡湾和达斯奇峡湾等。

纳尔逊
Nelson
纳尔逊比
布莱纳姆
塔斯曼
Tasman
马尔堡
Marlborough
西海岸
West Coast
坎特伯雷
Canterbury

昆斯敦（皇后镇）
奥塔戈
Otago
南部地区
Southland
达尼丁
因弗卡吉尔

南岛

南岛的中心城市
克赖斯特彻奇（基督城）→ P.34

克赖斯特彻奇（基督城）拥有"花园城市"的美名，全市建有超过700座公园，绿地面积大。2011年2月受地震的影响，该城市损毁严重，不过很快得以重建。

栖息着世界上体型最小的企鹅
奥马鲁 → P.141

这座拥有众多历史遗迹的城镇栖息着全世界体形最小的蓝企鹅及黄眼企鹅。

全球最南端的国家公园
斯图尔特岛 → P.167

有人定居的新西兰最南端的岛屿，拥有面积广袤的大自然。2002年被列为国家公园，栖息着新西兰特有的珍稀鸟类。

与企鹅、信天翁的约会
奥塔戈半岛 → P.156

从达尼丁向外延伸的奥塔戈半岛上有皇家信天翁中心和企鹅保护区，可以与小动物们零距离接触。

南岛简介 P.32

去抱抱贝壳杉的巨树
贝壳杉海岸 → P.347

这里有北岛特有的贝壳杉自然保护区。19世纪曾遭滥伐，不过现在仍能看到一些树龄超过1000年的巨树。

北岛
南岛
新西兰
N

科洛尼亚式的街道与自然环境
科罗曼德尔半岛 → P.349

约1/3是自然保护区，还能见到巨型贝壳杉。气候温润，海滩绝美，是知名的度假胜地。

毛利文化与地热旅游区
罗托鲁阿 → P.289

仅次于陶波湖的新西兰第二大湖——罗托鲁阿湖的周边是大面积的地热区。原住民毛利人居多，传统文化保存良好。

新西兰的门户
奥克兰 → P.230

新西兰最大的城市，也是一座被誉为"帆之都"的港口城市。游艇和小型船舶的保有量世界第一。还有环境优美的公园和海滩。

北岛

北部地区
Nothland

旺阿雷

奥克兰
Auckland

哈密尔顿

陶朗阿

怀卡托
Waikato

普伦蒂湾
Bay of Plenty

吉斯伯恩区
Gisborne

吉斯伯恩

新普利茅斯

霍克斯湾
Hawke's Bay

内皮尔

哈斯丁斯

《魔戒》和《霍比特人》取景地之一
玛塔玛塔 → P.281

小镇是著名电影的取景地。进入这片全球影迷的圣地，就会有身临其境的感觉。

塔拉纳基
Taranaki

旺阿努伊

马纳瓦图－旺阿努伊
Manawatu-Wanganui

北帕默斯顿

©Thinkstock

惠灵顿
Wellington

毛利人的圣地——活火山
汤加里罗国家公园 → P.322

1894年被列为国家公园，是新西兰最古老的山地国家公园。这座世界遗产自古以来便是毛利人的圣地。夏季可登山，冬季则可滑雪和观光。

新西兰的首都
惠灵顿 → P.393

位于北岛南部，是全球最南端的国家首都，是一个贸易城市，也是一个港口城市，还是前往南岛皮克顿的起点。

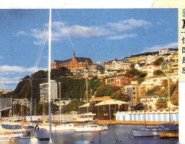

北岛简介　P.226

6

新西兰的
世界遗产与国家公园

新西兰物产富饶，拥有3处世界遗产，其中2处是自然遗产，剩下1处是文化和自然双重遗产。此外，南、北岛共计有14座国家公园。

世界遗产
World Heritage

URL whc.unesco.org/en/statesparties/nz

壮丽的瑞鲁赫伊山

地图标注：
旺阿雷
奥克兰
哈密尔顿　陶朗阿　**1**
罗托鲁阿
新普利茅斯　吉斯伯恩
4　内皮尔　哈斯丁斯
3　旺阿努伊　**A 2**
北帕默斯顿
5
6　纳尔逊　惠灵顿
7
8　凯库拉
B 10
9　克赖斯特彻奇（基督城）
B 11
B 13　**B 12**
昆斯敦（皇后镇）
达尼丁
因弗卡吉尔
14

斯奈尔斯群岛　　邦蒂群岛
奥克兰群岛　　安蒂波迪斯群岛　**C**
坎贝尔岛

A 汤加里罗国家公园 →P.322
Tongariro National Park

双重遗产　**登录年份** ● 1990年、1993年（扩大）

毛利人的圣地。为阻止殖民者肆意开发，毛利人的首领曾将这片土地捐赠给国家。1894年被列为新西兰的首座国家公园。位于环太平洋火山地震带以内，1990年被列为世界自然遗产，1993年作为毛利人的圣地又被列为世界文化遗产，成了双重遗产地。

B 蒂瓦希普纳姆——新西兰西南部
Te wahipounamu-South West New Zealand

自然遗产　**登录年份** ● 1990年

"蒂瓦希普纳姆"在毛利语中的意思是"绿玉之地"。这是一座包括⑩西海岸/韦斯特兰国家公园（→P.215）、⑪奥拉基/库克山国家公园（→P.74）、⑫艾斯派林山国家公园、⑬峡湾地区国家公园（→P.120）四座国家公园，总面积达2.6万平方公里的世界遗产。

峡湾地区国家公园内的米尔福德桑德

新西兰最高峰——奥拉基/库克山

C 新西兰亚南极群岛
New Zealand Sub-Antarctic Islands

自然遗产　**登录年份** ● 1998年

由位于南纬50°的安蒂波迪斯群岛、奥克兰群岛、坎贝尔岛、斯奈尔斯群岛和邦蒂群岛等南极附近的岛屿组成的自然遗产。在这片环境恶劣的条件下，物种也很丰富。为保护生态，这里严禁人类打扰。

位置最偏远的坎贝尔岛

每个岛都是野鸟的天堂

国家公园
National Park

URL www.newzealand.com/jp/national-parks/

北岛

1 尤瑞瓦拉国家公园
Te Urewera National Park

保存着北岛面积最大的原始森林的国家公园，也是新西兰第四大国家公园。公园内的怀卡里莫阿纳湖周边有山间旅行的线路。

2 汤加里罗国家公园 → P.322
Tongariro National Park

是新西兰最早的国家公园，也是世界遗产。园内有3座火山和汤加里罗火山。汤加里罗高山步道（→P.325）人气爆棚。

3 旺阿努伊国家公园
Whanganui National Park

分布在注入塔斯曼海的旺阿努伊河中、上游流域。可乘坐河道皮划船游览。

4 艾格蒙特国家公园
Egmont National Park

公园内有一座海拔2518米的火山——塔拉纳基山。呈左右对称分布的山体优美壮观，多样性的植物更是让人惊叹。

塔拉纳基山的山体酷似三角锥

南岛

5 亚伯·塔斯曼国家公园 → P.201
Abel Tasman National Park

这是以发现新西兰的荷兰人亚伯·塔斯曼的名字命名的国家公园，位于南岛北部，是新西兰面积最小的国家公园。拥有曲折的海岸线，可在海上划艇或沿海岸徒步旅行。

海湾风平浪静

6 卡胡朗吉国家公园
Kahurangi National Park

历史上，毛利人曾用来运输翡翠的全长约78公里的步行道——希菲步道最受欢迎。"卡胡朗吉"在毛利语中是"珍贵的财产"的意思。

7 纳尔逊湖国家公园 → P.194
Nelson Lakes National Park

该公园位于新西兰的南阿尔卑斯山北端，罗托伊蒂湖和罗托鲁阿湖占据北大半部分面积。除了可露营、徒步旅行之外，在冬季滑雪也是一个不错的选择。

8 帕帕罗阿国家公园
Paparoa National Park

公园位于南岛西海岸，园内大部分是石灰岩。这种岩石层状分布，看起来像是千层薄饼。

公园内遍布千层薄饼岩的奇观

9 阿瑟隘口国家公园 → P.205
Arthur's Pass National Park

南岛第一座国家公园，位于南阿尔卑斯山的北侧。公园的名称来源于一位名叫Arthur Duddley Dobson的修路工，他希望在山间修一条纵贯山脉的道路。徒步旅行和山地摩托都是热门项目。

10 韦斯特兰国家公园 → P.215
Westland / Tai Poutini National Park

这片距离海岸线仅10公里的公园内有一片精彩的山岳风景，分布着全长超过2000米的冰河。主要是弗兰兹·约瑟夫冰河和福克斯冰河这两条。

11 奥拉基／库克山国家公园 → P.74
Aoraki / Mount Cook National Park

公园内耸立着新西兰最高峰奥拉基／库克山。库克山取名自库克船长，毛利语中的"奥拉基"则是毛利历史上一位传奇少年的名字。以库克山村庄为大本营的徒步旅行颇有人气。

12 艾斯派林山国家公园
Mount Aspiring National Park

位于南阿尔卑斯山的南侧，园内耸立着包括海拔3027米的艾斯派林山在内的多座高山。有路特本步道等多条步行观光线路，可以从瓦纳卡和皇后镇前往。

在步道上感受大自然

13 峡湾地区国家公园 → P.120
Fiordland National Park

新西兰面积最大的国家公园，占据了世界遗产保护区蒂瓦希普纳姆的大部分面积。冰河时期形成的峡湾景观美妙绝伦。有米尔福德桑德和悬疑峡湾。

14 雷奇欧拉国家公园
Rakiura National Park

位于新西兰的南部，约占斯图尔特岛面积的80%。2002年成为国家公园，园内可观赏到珍稀野生动物。斯图尔特岛几维鸟就生活在这里。

供图 / ©Thinkstock

畅享新西兰的
大自然！

新西兰的自然环境让全世界的游客都如痴如醉。这个约相当于中国面积的1/35的小国家却拥有美到窒息的大自然。壮阔的美景会让你流连忘返。

蒂瓦希普纳姆—
新西兰西南部
Te Wahipounamu-South West New Zealand

蒂瓦希普纳姆地区拥有奥拉基/库克山国家公园、峡湾地区国家公园等四处久负盛名的国家公园。在毛利语中，"蒂瓦希普纳姆"的意思是"绿玉之地"，因为这里自古以来便是装饰品的重要原料——翡翠的产地。快去体验一下壮美的自然奇观和毛利人的宝库吧。

行进在胡克山谷徒步道上

01 新西兰最高峰与峡湾地区的冰河

奥拉基/库克山国家公园 → P.74

Aoraki/ Mount Cook National Park

奥拉基/库克山是纵贯南岛南北的南阿尔卑斯山的主峰，也是人类首位成功攀登珠穆朗玛峰的新西兰登山家埃德蒙·希拉里练习登山的地方。公园有DOC（环保部）设置的徒步线路，其中有10分钟即环绕一周的超短途线路。

1 海拔3724米的奥拉基/库克山和穆勒湖
2 呈现出独特色彩的胡克湖

旅行小窍门

当日往返 OK！

从克赖斯特彻奇（基督城）驱车约4小时，从昆斯敦（皇后镇）出发约3小时可到，可当日往返。如果你还想欣赏霞光尽染的库克山和闪烁着繁星的苍穹，住1晚也不错。

以奥拉基/库克山村为大本营

奥拉基/库克山村内有游客中心、旅馆及餐馆等，是旅行的大本营。村内还有经营食品和杂货类的小卖铺，可以采购一些徒步旅行时所需的物品。

有些登山线路很轻松！

包含散步道及半日步行观光线路等各类徒步线路，游客可选择符合自身情况的线路。

夜晚会有满天繁星

这里被列为星空保护区，一到夜晚就可观赏到满天的繁星。此外还有直升机飞行之旅及游艇之旅等，游玩项目多种多样。

1

02 在雄浑壮美的大自然中优雅地穿梭

米尔福德桑德 → P.122

Milford Sound

峡湾地区国家公园是新西兰面积最大的国家公园，园内最有人气的景点就是米尔福德桑德。峡湾地区的险峻地形看起来并不像自然所赐，更应归功于鬼斧神工。虽然这里难见太阳，但是薄雾蒙蒙反而给它增添了几分神秘的色彩。你还可能遇见海豚或海狗。

1 冰河切削过的山脉延伸到深深的海底 2 近距离感受壮观的瀑布 3 不妨坐上飞机俯看美景

2

旅行小窍门

试试混合出行方案吧!

"真实旅程"公司运营从蒂阿瑙到昆斯敦（皇后镇）的长途巴士。游客还可选择游艇和飞机的混合出行方案。

雨具必备!

峡湾地区一带是新西兰年均降水量最多的地区，据称每年约2/3的时间都在下雨。雨天能给你带来不一样的梦幻氛围。

还有 原生态景点

悬疑峡湾
Doubtful Sound

峡湾地区国家公园内有14处峡湾，其中悬疑峡湾的规模位列第二位。未经人工雕琢的大自然向人类展现出雄奇神秘的一面。

弗兰兹·约瑟夫冰河/福克斯冰河
Franz Josef Glacier /
Fox Glacier

是韦斯特兰国家公园内最吸引人的景点。那里交通便利，游客可欣赏到耀眼的白色世界。

照片提供：Real Journey

旅行小窍门

当日往返的山间旅行线路颇受欢迎

穿越荒凉火山带的汤加里罗越山步道最具人气。线路总长约19.4公里，需要7~8小时。

还有轻松的散步道

还设有走一圈仅需15分钟的散步道。可欣赏到20米高的塔拉纳基瀑布的线路走一圈约需2小时。

高山之间的海拔差

位于汤加里罗越山步道起点处的曼加特珀珀湖海拔1100米，而最高点的红色火山口海拔达到1886米，两者海拔差为786米。

冬季大变样！

冬季，这里是白雪皑皑的一片。此时要在山间旅游，需要做好万全的准备。这里还有滑雪场，可体验滑雪。

火山口与色彩神秘的翡翠湖

03 活跃的火山地带蕴含着悠久的历史文化，是毛利人的精神圣地

汤加里罗 国家公园 ▶P.322

Tongariro National Park

　　1990年被列为世界遗产，是新西兰历史最久的国家公园，拥有鲁阿佩胡火山、瑙鲁赫伊山和汤加里罗山三座山峰。原先是毛利人的圣地，后来当时的毛利首领在西方人的入侵下权衡利弊，将土地赠送给国家，因此这座公园还富有文化内涵。附近火山运动活跃，森林仍处于原始状态。荒凉的气息更给景致增添了一份魅力。

汤加里罗越山步道的最高点红色火山口

新西兰
鸟类

新西兰特有的鸟类不会飞。这是因为在古代，新西兰几乎没有鸟类的天敌，它们也就没必要飞行，久而久之，进化成了短而粗的脚，十分强壮，适于在地面行走。不少鸟类，如巨型恐鸟等已经灭绝，但是由于保护措施得当，今天依然可以见到一些珍稀鸟类的身姿。

是新西兰的国鸟，新西兰人更是坦然地以几维自称。几维鸟用嘴须来弥补在夜间视力不足的缺陷，长嘴末端的鼻孔嗅觉灵敏，尖嘴则可觅食。如今野生几维鸟的数量不多，在各地的"几维屋"可以观赏到几维鸟。

几维鸟 Kiwi

体长 30～45cm（各个种类有所不同）
栖息地 斯图尔特岛（野生）

新西兰海域生活着10信天翁，这种皇家信天翁平均翼展超过3米，是全球体形最大的鸟类。它张开翅膀在天空翱翔的身姿非常优美。达尼丁还设有信天翁保护区。（→P.156）

皇家信天翁
Royal Albatross

体长 约115cm
栖息地 新西兰海域

与南秧鸡类似，在湖边的湿地里可以见到。据说新西兰的紫水鸡是1000年以前从澳大利亚飞来的。

紫水鸡
Pukeko

体长 约51cm
栖息地 新西兰全境

全世界唯一一种生活在高山地区的鹦鹉。因它时常发出类似"Keeaa"的沙哑叫声而得名。这种鸟好动，有时甚至会乱抓登山者的背包。

啄羊鹦鹉
Kea

体长 约50cm
栖息地 奥拉基/库克山周边

红喙南秧鸡被指在20世纪初灭绝，不过1948年有300只重现身。有力的脚用来抓住食物。在蒂阿瑙鸟类保护中心（→P.115）和缇里缇里马塔基岛（→P.254）都能见到南秧鸡的身影。

南秧鸡 Takahe

体长 约63cm
栖息地 峡湾地区

毛利人称鹦鹉为"卡卡"。刷子状舌头可以用来吸食黄色科槐和红圣诞树的花蜜，也能帮助树木传粉。卡卡用脚灵活地抓取食物的样子非常滑稽。

卡卡 Kaka

体长 约45cm
栖息地 斯图尔特岛等

这种鸟的尾部羽毛像扇子一样打开，故而得名。种群数量多，登山时有可能"尾随"在你身后。据说扇尾鹟这么做是为了捕食受到登山者的惊扰而窜出的虫。

扇尾鹟 Fantail

体长 约16cm
栖息地 新西兰全境

隼的近亲。目前濒临灭绝，几乎见不到野生个体。捕食时，急速俯冲的时速可达200公里。

新西兰猎鹰
New Zealand Falcon

体长 约45cm
栖息地 罗托鲁阿以南的高地

威卡秧鸡是新西兰的特有物种，好奇心很强。由于毛利人和殖民者的大量捕杀，曾一度被宣告灭绝，现在漫步山间时，有可能会偶遇到。

威卡秧鸡 Weka

体长 约53cm
栖息地 纳尔逊等地

图伊鸟具有一定的语言能力，能模仿人类一些简单的发音和其他鸟类的叫声。它们关鲜艳丽的黑色羽毛曾被毛利人用在斗篷上。

图伊鸟 Tui

体长 约30cm
栖息地 除克赖斯特彻奇（基督城）和奥马鲁外的新西兰全境

生活在原始森林的小型鸟类。好奇心强，有时也会靠近人类。由于是野生鸟类，切不可向它们投放饵料。

西兰鸲鹟
New Zealand Robin

体长 约18cm
栖息地 北岛中部和南岛南部

企鹅

Penguin

新西兰生活着 8 种企鹅，是全球企鹅种类最多的地区。有保护区可供观赏，去那里看看吧。

黄眉企鹅
Fiordland Crested Penguin

一种新西兰的独有企鹅，眼睛上方的黄色冠毛是其标志。由于被野生威卡秧鸡大量捕食了卵和幼仔，因此黄眉企鹅已被列为濒危物种。栖息于南岛的峡湾地区至斯图尔特岛之间的地带。

黄眼企鹅
Yellow Eyed Penguin

正如它的名称，现存企鹅中体形第三大的黄眼企鹅有一双黄色的眼睛，头部也呈黄色。受森林面积减少及外来物种入侵的影响，黄眼企鹅已成濒危物种。新西兰政府正采取驱赶有害物种、植树造林和人工繁殖等方法抢救。

蓝企鹅
Blue Penguin

体长只有 40 厘米左右，是全球体形最小的企鹅。新西兰全境均有分布，在奥马鲁的保护区内可以看到企鹅们从海上归来的样子。

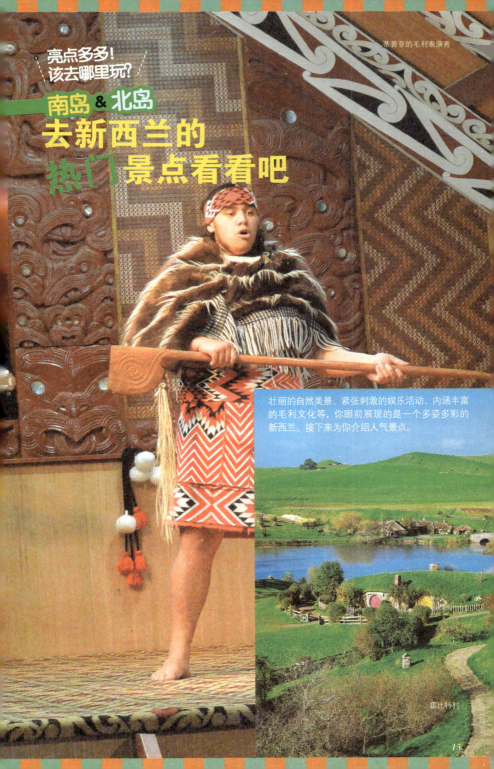

蒂普亚的毛利表演秀

亮点多多!
该去哪里玩?

南岛 & 北岛
去新西兰的
热门景点看看吧

壮丽的自然美景、紧张刺激的娱乐活动、内涵丰富的毛利文化等,你眼前展现的是一个多姿多彩的新西兰。接下来为你介绍人气景点。

霍比特村

从克赖斯特彻奇（基督城）到特卡波、库克山

从南岛的大本营克赖斯特彻奇（基督城）自驾出发，前往以满天繁星而闻名世界的特卡波湖，欣赏新西兰最高峰的壮观景色。

Day01

克赖斯特彻奇（基督城）
Christuchurch

从奥克兰乘坐新西兰航空的航班前往。从奥克兰到克赖斯特彻奇（基督城）约需1小时25分钟，中午抵达。

在逛街时可以乘坐哦

↑ 在逛街时可以乘坐哦

🚩 Start

广场上有多座纪念碑

大教堂广场
Cathedral Square → P.43

为纪念坎特伯雷州创立150周年，于2001年建设的圣杯。也是大教堂广场在地震中幸存下来的标志性建筑。

↓ 在地震中被损毁的大教堂

坎特伯雷博物馆
Canterbury Museum → P.44

位于哈格雷公园一角的哥特式博物馆。从新西兰的历史到毛利人的生活、恐龙骨骼标本，到鸟类标本，展示内容丰富。

徒步约10分钟

新西兰特有物种几维鸟标本

徒步约10分钟

徒步约5分钟

新摄政街
New Regent Street

街头的建筑五颜六色，带有浓浓的科洛尼亚风情。电车经过的街面上设有长椅，还遍布着时装店、咖啡屋。

利斯塔特购物广场
Re:Start

因地震被关闭的购物街在震后的重建规划中被提上日程。如今是一座使用集装箱建造的购物中心。

纸教堂
Cardboard Cathedral

由日本建筑师坂井设计的临时大教堂。从天花板、祭坛到十字架都是由纸建造的。在正式大教堂建成之前，一直被奉为小城的地标。

↑聚集了利用集装箱建造的店铺

徒步约5分钟

↑精美的彩色玻璃

↑1923年建成的古老街道

Day02

车程 约 250 公里

Start

特卡波湖
Lake Tekapo

从克赖斯特彻奇（基督城）向西南方向驱车约3小时30分钟即到。景色静谧壮阔，不会让驻足的你失望。

克赖斯特彻奇（基督城）郊区牧羊场

穿过城区，就可以看到一个羊、羊驼成群的牧场，一派田园风光。

说到新西兰，很多人都会想到羊！

约 180 公里 / 约 2 小时 20 分钟

约翰山天文台
Mt. John University Observatory ➜ P.69

拉凯亚农场谷仓咖啡馆
Rakaia & Farm Barn Café

拉凯亚是三文鱼的故乡。从这里转入79号公路，在进入费尔利小镇（Fairlie）前，可以在这家咖啡馆小憩，也可以享用午餐。

约 60 公里 / 1 小时

从山顶俯瞰到的特卡波湖

我在拉凯亚的三文鱼中心恭候你的光临！

在这里休息片刻吧

还可参加观星团

从特卡波镇向海拔1031米处约翰山天文台进发。天文台是奇特的球状造型。还能欣赏到特卡波湖的美丽景色。

约 11 公里 / 约 15 分钟

特卡波湖
Lake Tekapo ➜ P.67

开车一会儿就到

湖水青绿的特卡波湖景色秀丽。湖面南北长30公里，最深处达120米。南阿尔卑斯山和湖泊壮阔的美景近在眼前。

好牧羊人教堂&观星
Church Of the Good Shepherd & Star Watching ➜ P.68

这座石质教堂建在特卡波湖畔，从窗户可以看到湖面。每当夜幕降临，全城灯光四起，从各个地方都能清晰地观赏星空。去欣赏满天繁星吧。

清澈见底的湖水

特卡波湖

约 14km/ 约 10 分

约 32km/ 约 25 分

这里的水也很清澈

Day03

车程 约 106 公里

奥拉基 / 库克山

从特卡波湖出发，沿8号公路行进，到普卡基湖后，取道湖畔的80号公路北上。公路直面奥拉基/库克山。

爱尔兰人小屋
Irishman Creek

荒芜的野外立着的一间精致小屋。

↑曾经是牧场的标志

普卡基湖
Lake Pukaki

湖泊对面就是奥拉基/库克山等南阿尔卑斯山的雄壮美景。

普卡基湖与奥拉基/库克山

海拔 3724米！

奥拉基／库克山村
Aoraki/ Mount Cook Village → P.76

村庄堪称旅行的大本营，建有游客中心和宾馆。踏上步行线路，去感受被雪山环绕的山地度假村的魅力吧。

↑奥拉基/库克山村

80 号公路观景台
Route 80 View Spot

进入80号公路，沿普卡基湖北上。在途中的停车场可以欣赏到湖光山色。

约 40 公里 / 约 30 公里

约 20 公里 / 约 15 分钟

往返约需 4 小时

胡克谷步道 → P.77

可沿途欣赏冰河与奥拉基/库克山等美景的步行线路。

迎着山峰前行

←途中会穿过胡克河上的吊桥

⚑Goal
车程 约 **332** 公里 **Day04**

克赖斯特彻奇（基督城）

返程时可折返原路，也可以在普卡基湖分岔口向特威泽尔行进，然后从奥马鲁（→P.141）、蒂马鲁（→P.146）沿海岸线返回克赖斯特彻奇（基督城）。

继续向前
就纵横南北了！♪

从北岛到南岛可以乘坐飞机，也可以使用陆路或水路。接下来为你介绍从奥克兰经过惠灵顿，前往克赖斯特彻奇（基督城）的方法。

奥克兰
罗托鲁阿
纳尔逊
惠灵顿
皮克顿
凯库拉
克赖斯特彻奇（基督城）

克赖斯特彻奇（基督城）

约 180 公里 约 2 小时 30 分钟

等着你哦！

凯库拉
Kaikoura → P.171

凯库拉镶嵌在纳尔逊与克赖斯特彻奇（基督城）之间，位于1号公路向南延伸的沿海地带。鲸、海豚、海狗等海洋生物观赏之旅很有人气。

约 230 公里 约 2 小时

奥克兰 ▶ 罗托鲁阿

约 460 公里 约 6 小时

约 240 公里 / 约 5 小时 40 分钟

约 245 公里 / 约 3 小时 10 分钟

惠灵顿
Wellington → P.393

新西兰的首都惠灵顿位于北岛南部。这座城市的规模不大，却是新西兰的政治、文化中心。前往南岛的皮克顿乘坐轮渡需要1小时10分钟～1小时30分钟（→P.223）。

休息时来杯咖啡吧！

纳尔逊
Nelson → P.189

从皮克顿到纳尔逊乘车约需2小时。该地是葡萄酒的产地，成片种植着葡萄园。纳尔逊还是新西兰著名的艺术家之都，城内画廊遍布。

纳尔逊市场也要去看看

从奥克兰出发交通便利!
北岛的热门景点

精选可从新西兰的门户奥克兰轻松抵达的人气景点。
在怀托摩、罗托鲁阿、霍比特村体验娱乐活动和当地文化吧!

让你一生留恋的神秘之光

01 怀托摩 → P.285
Waitomo

位于奥克兰以南约200公里处的怀托摩是观赏珍稀动物萤火虫的景区。洞穴的墙壁上,成群的萤火虫发出青白色的神秘光线。

令游客叹为观止的
怀托摩洞

出发前会举办
操作方法培训

怀托摩洞穴 → P.286
Waitomo Cave

怀托摩的主要观光项目是在洞穴内观赏萤火虫。乘船在洞内行进时,可以看到犹如满天星的萤火虫释放出浪漫的光线。

黑水漂流 → P.287
Black Water Rafting

穿着潜水服,坐在救生圈上顺着洞内的暗河漂流而下。游客还能体验从3米高的瀑布上倾泻而下的快感。有些旅行公司还会提供其他丰富的游玩项目。

惊险刺激!

经典线路

7:30	奥克兰出发
	约200公里/约2小时20分钟
10:00	怀托摩洞
	约45分钟
	在i-SITE淘纪念品
	约30分钟
12:00	黑水漂流
	约3小时
15:30	
18:00	抵达奥克兰

还有萤火虫洞周边商品哦!

还有其他热门景点!

阿拉奴伊洞和鲁阿库利洞 → P.286

如果你买了怀托摩洞通票,还能参观另外两个洞穴。去那里体验各种各样的岩石和石笋组成的神秘世界吧。鲁阿库利洞内也有萤火虫。

最为震撼的钟乳石洞

旅行小贴士

下午前往罗托鲁阿

与奥克兰一日游一样,怀托摩一罗托鲁阿的线路也很受欢迎。上午参观洞穴后,还能去罗托鲁阿转转。怀托摩距离罗托鲁阿约140公里,乘车约需2小时。

Interoti公司也会组织旅游团

02 罗托鲁阿 →P.289
Rotorua

罗托鲁阿市坐落在全球著名的火山多发区。在城区都能看到冒出的白烟，空气中硫黄弥漫。这里是毛利人的聚居区，毛利文化多姿多彩。

红杉树森林公园 →P.297
The Redwoods Whakarewarewa Forest

在这座森林公园内红杉生长得郁郁葱葱。园内设有30分钟左右的步行线路和森林摩托车骑行线路。坐在椅子上感受天然氧吧的魅力也不错。

咕嘟咕嘟冒着热气的池沼

有时也可能见到珍贵的鸟类

蒂普亚/蒂华卡雷瓦瓦地热谷 →P.297
Te Puia / Te Whakarewarewa Thermal Valley

为了传承毛利文化而在卡雷瓦雷瓦地热谷建造的文化中心。这里有全球单次喷水量最大的波胡图间歇泉，还会经常举办毛利文化展览。

有间歇泉及各类旅游设施

可以学习毛利文化哟！

香槟池

怀欧塔普地热世界 →P.298
Wai-O-Tapu Thermal Wonderland

怀欧塔普是位于罗托鲁阿郊区的地热区。除了池边呈橘色的香槟池外，还有绿、黄等各种颜色的水池及由于火山活动形成的环形山。

经典线路

早晨	罗托鲁阿
	↓ 约10分钟车程
10:00	红杉树森林公园
	↓ 约10分钟车程
11:00	蒂普亚
	↓ 约30分钟车程
15:00	怀欧塔普地热世界
	↓ 约30分钟车程
18:00	罗托鲁阿

旅行小贴士
各城市之间的距离与车程
奥克兰与罗托鲁阿相距约230公里，开车需要大概2小时45分钟。从怀托摩到罗托鲁阿约有140公里，开车大概需要2小时。比起奥克兰，罗托鲁阿距离霍比特村所在的玛塔玛塔更近，也有旅游团到那里。

罗托鲁阿的i-SITE

20

03 霍比特村
Hobbiton

全球热播电影《霍比特人》及《魔戒》的导演彼得·杰克逊出生于新西兰。他的电影会在新西兰各地取景，电影中霍比特人生活的霍比特村（夏尔）保留着与电影中一模一样的场景，在这里，你会有身处电影中之感。

开始霍比特村冒险之旅吧！

采摘的蔬菜

1 菜园

霍比特人是农耕民族。精耕细作的田地种满了南瓜和胡萝卜。近处还有苹果树。小铁锹和梯子也要看看哦。

2 比尔博与佛罗多之家

位于霍比特村一个较高的山坡上。屋子使用的橡树，表皮是原木，内部则填充了硅。这是导演刻意为之，旨在与原作画面保持一致。

←入口的路标也与电影中的一样

→出口的路标也与电影中的一样

↑连稻草人也是一身霍比特人的装束

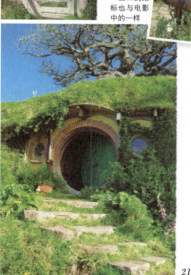

→遗憾的是不能进入参观

3 山姆卫斯之家

对《魔戒》的大结局有重大影响的山姆的屋子。他与妻子小玫·卡顿在这里生活的幸福场景令人印象深刻。

↓黄色门板的简朴小屋

4 宴会树

比尔博111岁生日宴会的举办地。你可以回想起比尔博临行前作的告别演讲。

↑右侧那棵繁茂的巨松就是宴会树

6 绿龙酒馆

酒馆是霍比特人休闲的场所，也是佛罗多与山姆、梅里、皮聘四人组庆祝冒险之旅圆满完成的地方。每位游客最少要点一杯酒，店内还能品尝到姜啤（无酒精度数）和琥珀麦酒等。

←当时是在惠灵顿的酒店内取景，后于2012年12月搬迁到这里

↑夜幕降临，从山坡上可以看到酒馆

5 水轮机房和双重拱桥

甘道夫初到霍比特村时走过的桥。拍电影时是用泡沫苯乙烯和胶合板搭建而成的，后来改建，现在是一座真桥。

→走过这座桥就到了绿龙酒馆

池中放置着霍比特人用的船和鱼竿

绝对不容错过的
Kiwi 美食
大集锦！

招牌美食是使用近海捕捞的海鲜及当地肉类等新鲜食材制作而成的美食。新西兰是一个移民国家，所以没有乡土美食，不过尝一尝世界各国的风味也别有一番滋味。

肉类

香烤羊排
Lamb Rack
这道烤羊羔肋条肉是新西兰的特色美食。去除了羊膻，保留了羊肉特有的香味。

烤猪排
Porkbelly
将五花肉块烤透，再铺一层苹果酱。脆嫩的猪皮也很美味。

烤鹿脚肉
Denver Leg of Venison
将鹿肉表皮大致烤一下即可，肉味鲜嫩，人气很旺。低脂肪，低热量。

大众简餐

肉馅饼
MInce Pie
新西兰大受欢迎的馅饼，咖啡馆里都有卖。内含大量牛肉，口感不错。

煎鱼&薯条
Fish&Chips
新西兰的传统美食。脆脆的煎鱼和薯条味道鲜美。煎鱼通常选用长尾鳕（鳕鱼的一种）。

班尼迪克蛋
Egg Benedict
是咖啡馆早餐的必点美食。小松饼上夹着火腿，再铺上荷包蛋和荷兰酱。有时不用火腿，而是三文鱼。

水产类

澳大利亚淡水龙虾
Crayfish

这种高档食材是凯库拉（→P.171）的特产。9月～次年3月是食用澳大利亚淡水龙虾的最佳季节，也有些餐馆全年供应。

布拉夫牡蛎
Bluff Oyster

产于新西兰南岛最南端的小镇布拉夫（→P.165）。布拉夫牡蛎味美多汁，带有奶香味。最佳食用季节是4～8月。

三文鱼料理
Dish of Salmon

这里很多餐馆都供应当地捕捞的三文鱼。南岛的阿卡罗阿（→P.64）产的三文鱼最为著名。蘸上奶油奶酪和三文鱼的百吉饼套餐最具人气。

蒸贻贝
Steamed Mussels

新西兰近海出产的贻贝（翡翠贻贝）肉多且富有弹性。

毛利菜

汉伊
Hangi

毛利人的传统美食。将蔬菜和土豆、肉利用地热的热气蒸熟。有些餐馆将食材埋到地下蒸，有些则做成喷气孔的形式蒸。

松露黑巧克力
Tim Tam Truffles

这种松露饼干是在薄饼上抹一层巧克力，中间还夹着奶油。

甜品

蜂巢糖
Hokey Pokey

新西兰具有代表性的冰沙冷饮。香草冰内加入了香浓果糖粒，入口丝丝香甜。

帕芙洛娃
Pavlova

在松软的蛋白酥皮筒上添加奶油和水果制成的传统烤制点心。

地方啤酒

新西兰各地遍布着酿酒厂和酒馆，全国有超过200个地方啤酒品牌。就着美食，尝尝具有当地特色风味的啤酒吧。

坎特伯雷烈性啤酒
Canterbury Draught

在南岛销售的一种当地啤酒。用坎特伯雷地区的麦芽和南阿尔卑斯山的清泉酿制而成。

种类	烈性啤酒
酿酒厂	坎特伯雷
酒精含量4%	

图伊
Tui

口感醇厚，略带甘甜。商标上有新西兰的特有鸟类——图伊鸟。

种类	麦芽酒
酿酒厂	巴塔图亚
酒精含量4%	

世好
Steinlager

是一种烈性啤酒，但是口感很好，是新西兰最受欢迎的啤酒品牌。也出口海外，荣获过各种大奖。

种类	贮藏啤酒
酿酒厂	奥克兰
酒精含量5%	

Mac's啤酒
Mac's Gold

口感清爽、余香锁喉的麦芽酒。不管哪种小菜都能搭配这种酒。

种类	贮藏啤酒
酿酒厂	纳尔逊
酒精含量4%	

史倍茨
Speight's

南岛达尼丁地区酿造的啤酒。带有独特的微苦与芳香，也因此一直受到推崇。

种类	麦芽酒
酿酒厂	达尼丁
酒精含量4%	

咖啡

新西兰培育了独特的咖啡文化。各种类型的咖啡虽然外观上大同小异，但是口感上有微妙的区别，你可以选择喜欢的口味品尝。城区有不少咖啡馆都有咖啡师。

❸ 美式咖啡
加入与浓缩咖啡同等的水。类似黑咖啡。

❹ 小白咖啡
加入与意式浓缩咖啡同等的奶泡。覆盖柔软的奶油，因此而得名。

COFFEE

❶	Short Black	$3.80
❷	Long Black	$3.80
❸	Americano	$3.80
❹	Flat White	$4.50
❺	Latte	$4.50
❻	Cappuccino	$4.50
❼	Mochaccino	$5.50

❺ 拿铁咖啡
在意式浓缩咖啡基础上加入数倍热牛奶，奶味浓郁。

❻ 卡布奇诺
卡布奇诺咖啡是1/3的浓缩咖啡，1/3的热牛奶和1/3的奶泡。传统的卡布奇诺会在上面撒上可可豆粉。

❶ 浓缩咖啡
就是蒸汽咖啡机直接接出来的意式浓缩咖啡。

❷ 澳式黑咖啡
有双份的浓缩咖啡，适合想要喝个够的顾客。

❼ 摩卡奇诺
它通常是由意式特浓咖啡和奶泡、可可粉配制而成。口感浓郁。

葡萄酒

新西兰葡萄酒在国际上的口碑甚高，这主要得益于新西兰拥有肥沃的土地以及海洋性气候，适合酿造葡萄酒。早晚的温差有助于葡萄的成熟，而夏季充足的光照则能促进结出香甜的果实。因此，这里酿制的葡萄酒酸味适中，品质上乘。去各地的酿酒厂寻找属于你的好酒吧。

选择余地大，游客可自选喜爱的葡萄酒

主要的葡萄酒产地

北部地区
1819年开始种植葡萄，是新西兰最早的葡萄种植区。国际知名的天意酒庄出产的高档无添加葡萄酒位于东海岸的马塔卡纳（Matakana）。
主要城市：旺阿雷（→P.342）

纳尔逊地区
降水量大，气候温暖，是知名的水果产区。种植霞多丽、白索维农葡萄、威士莲、黑皮诺葡萄等品种。
主要城市：纳尔逊（→P.189）

马尔堡地区
新西兰的光照时间最长、葡萄产量最高的地区。多种植霞多丽、白索维农葡萄。
主要城市：布莱纳姆（→P.180）

中奥塔戈地区
全球纬度最低的葡萄酒产区。6号高速路沿线有不少酿酒厂。以斩获过世界性大奖的黑皮诺葡萄最为著名。
主要城市：皇后镇（→P.89）、达尼丁（→P.148）

坎特伯雷地区
分为克赖斯特彻奇（基督城）和怀帕拉两个区。平原地区由于气候较凉爽，适合种植霞多丽、威士莲和黑皮诺葡萄等。
主要城市：克赖斯特彻奇（基督城）（→P.34）

奥克兰地区
库姆、赤霞珠的产地怀希基岛（→P.255）等。
主要城市：奥克兰（→P.230）

怀卡托/普伦蒂湾地区
该地区有大片肥沃的牧场，空气湿度大，适宜种植霞多丽和赤霞珠等。
主要城市：陶朗阿（→P.362）

吉斯伯恩地区
吉斯伯恩被誉为"新西兰霞多丽的家乡"，由此可见该地种植这种葡萄的火爆程度。霞多丽口感柔顺，果味香浓。
主要城市：吉斯伯恩（→P.368）

霍克斯湾地区
新西兰第二大葡萄酒产区，酿造霞多丽、赤霞珠和黑皮诺葡萄等多个品种的葡萄酒。
主要城市：内皮尔（→P.372）黑斯廷斯

怀拉拉帕地区
夏季高温，秋季干旱。是新西兰国土局指定的葡萄酒产区。优质的黑皮诺葡萄最受欢迎。
主要城市：惠灵顿（→P.393）

北岛
North Island

南岛
South Island

这些都是经典品种！

白索维农葡萄（白）
Sauvignon Blanc
清新的香草味与浓郁的果香相得益彰，营造成细腻的口感。不同地区种植的果实在味道上也有略微差别。

霞多丽（白）
Chardonnay
葡萄本身没有香味，不过根据产地的土质和气候，味道也会不同。这种葡萄给人以淡香的薰染。

威士莲（白）
Riesling
从爽口而甘美，到辛辣口味，品种多样。半熟的葡萄略带花香，成熟的则馥郁扑鼻。

黑皮诺葡萄（黑）
Pinot Noir
种植难度大，全球也只有少数地区能种植。味道香浓，但是单宁（一种酸性物质）浓度不高，口感清爽。

梅鹿辄（红）
Merlot
是红葡萄酒中最受欢迎的品种。香醇、柔和的口感在口中弥漫，带给你足够的果香。

赤霞珠（红）
Cabernet Sauvignon
是制作高档葡萄酒的原料，在全球都拥有超高的人气。香气浓郁，能强烈感受到酸味和单宁。

新西兰
土特产大搜罗

从羊毛、毛利小物件到美食，新西兰拥有很多极具特色的土特产。可以在景区的土特产商店买到。

真皮羊毛与美利奴羊毛

在绵羊大国新西兰，使用羊毛编织的毛衣和手套的种类丰富。其中美利奴羊毛最高档。

羊皮靴
羊皮靴拥有出色的保温、保湿效果，适合冬季在室内使用。Canterbury Leather公司生产的靴子最受欢迎。

美利奴羊毛与负鼠毛的混纺帽子、毛衣
美利奴羊毛与负鼠毛的混纺衣物具有触感极佳、保温效果好的特点。

黑金鲍
在新西兰近海能捕到的一种鲍鱼。壳研磨过后呈现彩虹般的色泽，通常用于装饰品和美术用品。

毛利小物件
每一种原住民毛利人世代相传的纹案与雕刻技艺中都有各自特定的内涵（→P295）。它们都以纯天然原料手工制作。

动物骨骼工艺品
采用动物骨骼制作的工艺品。长期使用会产生特殊的手感。选购时要留心是不是塑料制品。

翡翠
毛利语中的"伯纳姆"意为翡翠，英语称之为"Jade"或"Greenstone"，是一种能量石，有很高的人气。

装饰品
包括贝壳杉雕刻工艺品和装饰盘等。木纹的色泽等决定了产品的价格。

木制工艺品
世界树木之王的巨型贝壳杉已被禁止采伐，现在只能使用埋在地下的贝壳杉。也有使用其他木料制作的装饰品。

乳酪刀
镶有黑金鲍贝壳的刀具。售价约220元。

耳坠
位于北岛贝壳杉海岸（→P.347）的手工艺品商店内有很多贝壳杉制品。用5万年前的贝壳杉制作的耳坠售价约180元。

托盘
镶着黑金鲍贝壳的托盘，材质是4万年前的贝壳杉。每个60元人民币左右。

功能性麦卢卡蜂蜜
有较强抗菌效果的功能性麦卢卡蜂蜜，根据功效的UMF值的高低，价格也有高低之分，甚至有价格数千元人民币的蜂蜜。

布玩偶
在Pauanesia（→P.262）可以买到各种颜色的几维鸟造型玩偶。

厨房用手套
带几维鸟图案的抓锅垫布可以在奥克兰的From N to Z（→P.262）买到。

麦卢卡蜂蜜
用麦卢卡花蜜酿造的蜂蜜就是麦卢卡蜂蜜（→P.470）。土特产店和超市均有多个品种销售。

杂货
把绵羊和几维鸟的周边商品当作礼品送人是一个不错的主意。

酒袋
使用潜水服材质制作的酒袋。防撞，也具有一定的冷藏功能。

阿拉塔基蜂蜜
由知名公司阿拉塔基生产的蜂蜜，超市里有售。除麦卢卡蜂蜜外，还有其他多个品种。

在 超市 选购土特产

几乎所有的新西兰城市都有大超市的连锁店。在那里可以采购食材，当然还有种类丰富的其他商品，你一定会找到心仪的礼品。

红茶
获得过调味茶大奖的英式川宁新西兰特制早餐红茶。是新西兰人早餐的标配。

巧克力
新西兰有两大巧克力品牌：Cadbury、Whittaker's。种类和口味多样。

维吉麦
在新西兰，人们吃面包时通常会抹上这种酱料。它是一种带酵母特有味道的黏稠状调味料，很多外国人并不适应，不过据说含有丰富的维生素。

咖啡
在家也能泡出具有新西兰风味的白咖啡和摩卡咖啡。

压缩干粮
徒步旅行时携带的干粮，也可馈赠亲友。市面上有多个品牌出售，内含水果干和巧克力等。

葡萄酒
超市的葡萄酒专区商品丰富，新西兰、澳大利亚等各国的红酒按葡萄的种类分区摆放。

薄荷果酱
用薄荷与苹果汁制成的果酱。口感清爽，与羔羊肉一起品尝味道更好。

新西兰的知名大超市
Countdown
URL www.countdown.co.nz
New World
URL www.newworld.co.nz
PAK'nSAVE
URL www.paknsave.co.nz

※ 各店情况有所不同，一般营业时间为10:00~21:00，全年无休

新西兰原产的
纯天然化妆品

优质麦卢卡蜂蜜和麦卢卡油等纯天然原料制作的化妆品
得到全世界的高度赞誉。

一种从羊毛中提取的绵羊油，有些含有骨胶原，有些含有油脂，种类丰富。特产商店、药店和超市等有售

一种唇膏，内含麦卢卡蜂蜜及数种植物活性成分，具有滋润靓唇的效果

麦卢卡蜂蜜紧致啫喱，内含的麦卢卡蜂蜜和麦卢卡油能保护肌肤

含有机栽培薰衣草、野玫瑰果和牛油果油等的复合型身体护理油。

100%纯麦卢卡油。可直接涂抹在肌肤上，也适用于祛除粉刺等局部肌肤护理

自然生活
Living Nature

用天然成分开发出安全、有效的纯天然化妆品。理念是绝不使用人工合成物。
URL www.livingnature.info

琳登丽诗
Linden Leaves

采用天然成分，打造高品质的芳香身体油。除了护肤，还具有精油的效果。
URL lindenleaves.com

源自麦卢卡蜂蜜的维生素给予嘴唇和肌肤润泽保护。图为唇膏（左）和身体乳（右）

添加了麦卢卡蜂蜜和蜂王成分的润手护肤霜

采用岛上生长的百花、芦荟精华等成分的沐浴露

添加了麦卢卡蜂蜜和数种天然保湿成分的护肤霜。不使用香料和防腐剂

艾蜜儿 Apicare

将麦卢卡蜂蜜和功能性麦卢卡蜂蜜用于护肤产品的领军者。以品类丰富、价格适中著称。
URL www.apicare.co.nz

大屏障岛护肤系列
Great Barrier Island Bee

奥克兰近海处的大巴里尔岛（→P.256）上，约80%的面积都被麦卢卡覆盖。该系列是使用高品质的麦卢卡蜂蜜和杏仁油、乳木果油等制成的纯天然护肤产品。

康维他 Comvita

1974年，由一位养蜂人创立的品牌，以生产蜂胶和麦卢卡蜂蜜享誉全球。添加了高品质麦卢卡蜂蜜的商品受到追捧。
URL www.comvita.co.nz

Pacifica 护肤品
Pacifica Skincare

融合了麦卢卡、紫丁香花、无花果等10余种新西兰多种植物精华的护肤品系列。有护手霜和身体乳液等，产品多样。
URL pacificaskincare.co.nz

添加了具有抗菌及细胞再生能力的蜂毒和功能性麦卢卡蜂蜜的Apiclear洁净系列

富含猕猴桃精华和维生素E等成分的润手护甲霜

晚香玉和提亚蕾花的混合身体乳液，热带花卉护肤系列产品之一

麦卢卡医生
Manuka Doctor

曾获得英国美容大奖的护肤品牌。可在位于奥克兰的起源店（→P.261）等地购买。
URL www.manukadr.co.nz

提取了功能性麦卢卡蜂蜜内具有抗氧化、抗菌效果的AAH成分。上图从左到右分别为：润手护甲霜、眼霜和唇膏

帕氏 Wild Ferns 系列 Wild Ferns

品类多样，适合买来当作礼品。除了添加麦卢卡蜂蜜的产品外，还有猕猴桃、绵羊油和罗托鲁阿火山泥系列。
URL www.wildferns.co.nz

29

南 島

South Island

行驶在克赖斯特彻奇（基督城）街面上的电车

南岛

INTRODUCTION 简介

有以新西兰最高峰奥拉基/库克山为代表的南阿尔卑斯群山及峡湾，还有能邂逅各种野生动物的森林等，南岛的魅力在于它的自然美景无处不在。通过体验丰富的娱乐活动也能亲近大自然。另外，还有克赖斯特彻奇（基督城）和达尼丁等外来移民修建的历史名城也值得一看。

1 克赖斯特彻奇（基督城） p.34

新西兰南岛最大的城市，也是南岛的门户。虽然是一个大城市，城区遍布着美丽的庭院和公园，被誉为"花园之城"。

2 阿卡罗阿 p.64

由法裔移民建立起来的城市。以海豚观赏项目和三文鱼养殖为人熟知。

3 特卡波湖 p.67

位于南阿尔卑斯山麓的湖畔小村。是观赏星空的绝佳场所。

4 奥拉基/库克山国家公园 p.74

与周围的国家公园共同组成的"蒂瓦希普纳姆"被列为世界遗产。郊游、徒步旅行和观光飞行广受欢迎。

5 瓦纳卡 p.81

瓦纳卡湖畔的度假小镇。冬季是前往附近两个滑雪场的大本营，非常热闹。

6 昆斯敦（皇后镇） p.89

被南阿尔卑斯群山环绕，坐落在瓦卡蒂普湖畔，是新西兰人气很高的观光地。还可在此购物，游览葡萄酒庄，尽享美食。

7 蒂阿瑙 p.113

拥有南岛最大的蒂阿瑙湖，是前往米尔福德桑德的大本营。

8 峡湾地区国家公园 p.120

新西兰最大的国家公园。交错的峡湾、被冰河冲刷的山脉、巨大的U形谷，还有湖泊和变幻万千的地形，每一种风景都展现在你眼前。

9 奥马鲁 p.141

自古以来就是石灰岩"奥马鲁石"的产地，这里的石头建筑是主要看点。附近还有企鹅栖息地，能看到蓝企鹅和黄眼企鹅。

10 蒂马鲁 p.146

坎特伯雷地区南部的城市。有美丽的卡洛琳湾海滩，夏天有大量前来享受海水浴的游客。

11 达尼丁 p.148

奥塔戈地区的中心城市。近郊的奥塔戈半岛上有信天翁和企鹅等动物的栖息地，适合生态旅游。

12 因弗卡吉尔 p.162

位于南岛南部的安静小镇。因弗卡吉尔和巴尔克萨之间的海岸线被称为卡特林斯海岸，是著名的自驾游路线。

13 斯图尔特岛 p.167

隔着福沃海峡与南岛相望的最南端岛屿。全岛85%的面积被划入雷奇欧拉国家公园，岛上生活着珍稀野生动物几维鸟等。

14 凯库拉 p.171

凯库拉是乘船和直升机观赏抹香鲸的旅游胜地，人气颇旺。还能观察海豚和海狗的群居生活。

15 布莱纳姆 p.180

马尔堡地区最大的城市。盛产葡萄酒。

16 皮克顿 p.183

是往返于南、北岛之间的轮渡停靠的港口城市。位于被称为马尔堡峡湾的入海口内侧。

17 纳尔逊 p.189

是前往附近三个国家公园的大本营。由于气候温暖，以果树栽培远近闻名。

18 黄金湾 p.198

作为新西兰的原住民毛利人的圣地而驰名，有喷喷泉等景点。

19 亚伯·塔斯曼国家公园 p.201

位于南岛北部，是深受游客欢迎的国家公园。沿着海岸线的徒步旅行线路能领略到富于变化的海滩和怪石美景。海上划船也是热门项目。

20 阿瑟隘口国家公园 p.205

位于南阿尔卑斯山脉的北部，跨越高山号列车从境内穿过。从相对平缓的短途线路到真正的登山线路，应有尽有。

21 西海岸 p.209

南岛西海岸一带到处是断崖林立的峭壁和连绵不断的山峰，格雷茅斯是这一带的交通中心。
[主要城市] 西港/格雷茅斯

22 韦斯特兰国家公园 p.215

眼前全是由变幻莫测的冰河与尖峰组成的美景，在弗兰兹·约瑟夫冰河和福克斯冰河上可以享受冰河行走以及观光飞行等动感体验项目的乐趣。

享受海上划船和森林漫步的乐趣

在塞利冰斗湖步道上展望奥拉基／库克山国家公园的雄姿

寂静的蒂阿瑙湖

南岛的经典线路→ P.444
当地的交通工具→ P.455 ～ 468

南岛

在夏洛特皇后自驾线路上可眺望马尔堡峡湾的美景

四季皆宜的观鲸之旅

Cape Farewell **18**

纳尔逊 **19** 塔斯曼湾
Nelson *Tasman Bay*

21 塔斯曼 **17**
Tasman

16
15

马尔堡
Marlborough

Westport **Paparoa NP**

西海岸
West Coast

Nelson Lakes NP

Greymouth

Hanmer Springs

14

22

20

1
坎特伯雷
Canterbury

2

塔卡波湖
Lake Tekapo

Haast

4

3

Mt. Aspiring NP

瓦纳卡湖
Lake Wanaka

Milford Sound

10

卡洛琳湾
Caroline Bay

5

瓦纳卡河
Wanaka River

蒂阿瑙湖
Lake Te Anau

6

9

7

瓦卡蒂普湖
Lake Wakatipu

奥塔戈
Otago

Palmerston

Fiordland NP

8

Manapouri

克卢萨河
Clutha River

11

West Cape

南部地区
Southland

Gore

12

福沃海峡
Foveaux Strait

13

Southwest Cape

能看到企鹅的时间主要在黄昏后

环游米尔福德桑德的线路很受欢迎

探访苏格兰风格的建筑也是一种乐趣

33

克赖斯特彻奇
（基督城）

克赖斯特彻奇（基督城）

Christchurch

克赖斯特彻奇（基督城）是南岛人口最多的城市，也是新西兰的三大城市之一，位于南北狭长的南岛中央坎特伯雷地区（Canterbury）。作为岛内观光的中心，交通网络连接全国各地，堪称南岛门户。

市中心的大教堂等哥特式建筑和美丽的公园星罗棋布。园艺和荡舟等具有浓厚的英伦风情，因此也被称为"英国本土以外最具英国特色的城市"。遗憾的是，2011年2月的大地震毁坏了大片街道。但是流经市中心的雅芳河和哈格雷公园等景点生机勃勃，完好地保存了"花园之城"的历史美名。当然，观光设施也是南岛中最完善的。

人口 34万1469人
URL www.christchurchnz.com

中国驻克赖斯特彻奇总领事馆
领区：新西兰南岛
住 108 Hansons Lane, Upper Riccarton, Christchurch, 8041, New Zealand
URL http://christchurch.china-consulate.org/chn/
☎ 0064-3-3433650
（上午 9:00~12:00）
开 周一~周五
（节假日除外）9:00~12:00
休 周六、周日、节假日

穿过克赖斯特彻奇（基督城）市中心的电车

克赖斯特彻奇（基督城）医院
Christchurch Hospital
Map p.42-B·C1
住 Riccarton Ave.
☎（03）364-0640
警察局
Christchurch Central Police
Map p.42-C1
住 62-74 St.Asaph St.
☎（03）363-7400

租车公司
Hertz
机场
☎（03）358-6730
Avis
机场
☎（03）357-4039

机场内的旅游咨询处 i-SITE

克赖斯特彻奇（基督城）前往方法

◎ 乘飞机抵达

2015年12月16日，南方航空公司开通了中国广州到新西兰南岛基督城的直飞航班。分别为周三、周五、周日，00:50从广州起飞，当地时间16:10抵达。同时，南方航空还有从广州到奥克兰的直达航班，全程需要11小时20分钟。克赖斯特彻奇（基督城）国际机场是新西兰国内旅客吞吐量仅次于奥克兰国际机场的第二大机场。机场候机楼是两层建筑，一层是抵达大厅，二层是出发大厅。机场内有大型免税店、旅游咨询处i-SITE和租车公司的柜台等。

克赖斯特彻奇（基督城）国际机场的新候机楼已部分启用

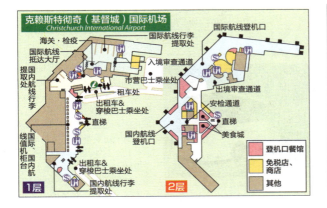

克赖斯特彻奇（基督城）国际机场
Christchurch International Airport

海关·检疫
国际航线行李提取处
国际航线抵达大厅
提取国内航线行李处
线值国际机柜台国航
出租车&穿梭巴士乘坐处
直梯
市营巴士乘坐处
租车处
出租车&穿梭巴士乘坐处
国内航线登机口
国内航线行李提取处
1层

国际航线行李提取处
国际航线登机口
入境审查通道
出境审查通道
安检通道
直梯
美食城
登机口餐馆
免税店、商店
其他
2层

克赖斯特彻奇（基督城）国际机场
Map p.40-A1
☎（03）353-7777
URL www.christchurchairport.co.nz

机场内旅游咨询处 ●site
国际航线抵达大厅
☎（03）741-3980
开 8:00~18:00
休 无

从机场到市内

　　位于海尔伍德地区（Harewood）的克赖斯特彻奇（基督城）国际机场距离市中心约 12 公里，有 15~20 分钟的车程。价格最便宜的交通方式是市营巴士，但是从公交车站到目的地这段路得旅客自己想办法。如果时间充裕，人越多越便宜的机场穿梭巴士也是一个不错的选择。乘坐出租车不需要等待，可直达目的地。

市营巴士 Metro

　　从机场到位于市中心的巴士总站 Bus Interchange（Map p.42-C2）可以乘坐一种被称为"Metro"的市营巴士。途经公交中心发往萨姆纳 Summer 的紫色线、途经芬达尔顿 Fendalton 发往中央车站的 #29 号线这两条线路都是每小时 1~2 趟。加上各站所停的时间，到达市区需要约 30 分钟。车票可在上车时向司机购买。

到市内既便宜又便利

市营巴士
☎（03）366-8855
URL www.metroinfo.co.nz
紫色线（途经中央车站前往萨姆纳）
运 周一~周五 6:43~23:07
　　周六 6:07~23:37
　　周日 6:37~22:37
#29 号线（途经芬达尔顿发往中央车站）
运 周一~周五 6:22~22:22
　　周六 6:52~23:22
　　周日 7:22~22:22
费 机场↔市中心
单程 成人 $8、儿童 $5

机场穿梭巴士 Airport Shuttle

　　机场穿梭巴士是 Super Shuttle 公司运营的一种比出租车便宜，但是又像出租车的交通工具。达到一定人数就可以出发，没有固定的发车时间表。根据到达的目的地不同，票价和所需时间也会不同。优点是 24 小时运营，并且乘客越多，均摊费用越低。可以直接向等候在抵达大厅门外的司机询问，也可以在机场内的旅游咨询处预约。

机场穿梭巴士公司
Super Shuttle
FREE 0800-748-885
费 机场↔市中心
　1 人 $24
　2 人 $29
　3 人 $34
URL www.supershuttle.co.nz

一步到位的机场穿梭巴士

出租车 Taxi

　　国际、国内航线的候机楼外各有一处出租车乘坐区。费用为打表计算，到市中心在 $45~65。

前往新西兰各地的交通

长途巴士

城际/纽曼长途公司运营的巴士

主要巴士公司
（→ p.489）
城际/纽曼长途巴士公司
Great Sights 公司
Atomic Shuttles 公司
Naked Bus 公司

城际长途巴士公司 Intercity Coachlines（通称城际公司）和纽曼长途巴士公司 Newmans Coach Lines 联合运营前往各大城市的长途巴士（本书将其合称为城际/纽曼长途公司）。这两家公司运营的巴士车况良好，座位宽敞，车内空间大。基本上每条线路每天都有 1 班车，游客集中的区域每天会有多班次运行。途中有多个休息区，因此长途旅行也很舒适。另外，城际公司的关联公司 Great Sights 公司也经营串联了各地景点的巴士旅游团。从克赖斯特彻奇（基督城）经由奥拉基/库克山国家公园，抵达皇后镇的巴士可以一边行进，一边赏景，很具魅力。

另外，南岛上还有 Atomic Shuttles 公司、Naked Bus 公司等覆盖主要城市的长途穿梭巴士公司。与城际/纽曼长途公司相比，车辆或许要逊色一些，但是穿梭巴士的优势就在于价格便宜。很多公司提供到市内各住宿点的接送和就近下车服务，订票的时候，记得确认好是否提供前往自

长途巴士车站
城际/纽曼长途巴士公司的巴士停靠在里奇菲尔德街与哥伦布街的拐角处的巴士总站（Map p.42-C2）外侧。不过有些巴士会从坎特伯雷博物馆的对面发车，要留意。其他巴士公司的巴士停靠在罗莱斯顿大街（Rolleston Ave.）上的坎特伯雷博物馆前（Map p.42-B1）。

2015 年建成的巴士总站

己住宿地（或计划住宿地）的接送服务。预约和购票可直接给各公司打电话，也可以在网上操作，除此之外还可以通过旅游咨询处完成。有时提前预订还可获得打折车票或通票，这点要事先确认。各家公司都是在发车前的 15~20 分钟检票，一定不要迟到（乘坐长途巴士的方法→ p.461）。

贯穿克赖斯特彻奇（基督城）与各景点的长途巴士

城市名/景点名	所需时间	班次
特卡波湖	3小时30分钟	各1班（NM/GS/AS/NB）
奥拉基/库克山国家公园	7小时	1班（GS）
昆斯敦（皇后镇）	8~11小时	各1班（NM/GS/AS/NB）
蒂阿瑙	10小时45分钟	1班（IC）
达尼丁	5小时40分钟~6小时	2~3班（IC）、1~2班（AS）
凯库拉	2小时40分钟~3小时15分钟	2班（IC）、2~3班（AS）
皮克顿	5小时20分钟	2班（IC）、1~2班（AS）
阿瑟隘口国家公园	2小时30分钟	1班（AS）

【 IC：城际公司/NM：纽曼长途公司/GS：Great Sights公司/AS：Atomic Shuttles公司/NB：Naked Bus公司 】
※随着时间推移，班次可能发生改变。所需时间为大致时间，可能有变化，仅供参考

长途列车

国有铁路公司 Kiwi Rail 经营两条连接克赖斯特彻奇（基督城）与各城市的长途火车线路。

"太平洋海岸"号 Coastal Pacific 仅在夏季开通，沿着海岸北上。到达终点皮克顿约需 5 小时 15 分钟。皮克顿设有连接南岛和北岛的轮渡码头，时间设定刚刚好，去往北岛的游客可在此换乘轮渡前往惠灵顿（南北岛间的交通→p.223）。

另一条是著名的"跨越高山"号 The TranzAlpine。它是连接克赖斯特彻奇（基督城）与格雷茅斯的列车线路，列车横穿南阿尔卑斯山脉，在阿瑟隘口国家公园设有车站，大约需用时 4 小时 30 分钟。行驶过程中，窗外映入眼帘的美景，会让你顿时明白为什么这是一趟世界闻名的列车。

两趟列车每天只有 1 次往返，一定要注意发车时间。游客需要在发车前 20 分钟检票进站（乘坐长途火车的方法→p.463）。

"太平洋海岸"号引进了最新的车型

铁路公司（→ p.489）
国有铁路公司
FREE 0800-872-467
"太平洋海岸"号
运 9 月～次年 5 月
克赖斯特彻奇（基督城）发车 7:00
抵达皮克顿 12:22
皮克顿发车 13:25
抵达克赖斯特彻奇（基督城）18:45
费 单程成人 $159、儿童 $111
"跨越高山"号
运 全年
克赖斯特彻奇（基督城）发车 8:15
抵达格雷茅斯 12:45
格雷茅斯发车 13:45
抵达克赖斯特彻奇（基督城）18:05
费 单程成人 NZ$179、儿童 NZ$125
克赖斯特彻奇（基督城）火车站
Map p.40-B2
住 Troup Dr.Addington
交 位于市中心西南部约 4 公里的地方。拼车司机会看准列车始发、抵达的时间等候在外。如果提前预订，免费穿梭巴士会在各住宿地接送客人（仅限上午）。
Christchurch Combined Shuttle
☎ （03）385-5003

市营巴士
☎ （03）366-8855
URL www.metroinfo.co.nz

市营巴士票价
一个运营区内成人票价均为 NZ$3.5。除机场、林肯地区和兰基奥拉等地区外，市内的景点都在一个运营区内。此外，未满 18 周岁有优惠，未满 5 周岁免费。在同一运营区间乘车 2 小时以内有效，并且第一次换乘免费。车票可直接向司机购买。

克赖斯特彻奇（基督城）市内交通

市营巴士 Metro

在克赖斯特彻奇（基督城），市营巴士随处可见。不同的公司运营不同的线路，但是票价和乘坐方法几乎完全相同。除了环绕市区外围的奥比特线，其他线路均以黄、蓝、橙和紫等颜色命名，均途经位于市中心的中央车站。票价按乘坐距离分段收费。

有近 40 条巴士线路

乘坐市营巴士能到的郊区景点

目的地	巴士线路	所需时间	目的地	巴士线路	所需时间
莫纳溪谷	㉙	10分钟	萨姆纳海滩	Ⓟ	20分钟
特拉维湿地自然遗产公园	㉙	25分钟	费里米德历史公园	Ⓨ㉚→㉝	30分钟
空军博物馆	Ⓨ㉚	15分钟	基督城缆车/利特尔顿港	㉘	20~30分钟
国际南极中心	Ⓟ㉙	30分钟	克赖斯特彻奇（基督城）农贸市场	Ⓨ→⑬	10分钟
维罗班克动物园	Ⓑ→⑩	40分钟	曲奇时光工厂店	Ⓨ	30分钟
新布莱顿	Ⓨ	20~30分钟	里卡顿周日市场	Ⓨ	20分钟

Ⓨ= 黄线　Ⓟ= 紫线　Ⓑ= 蓝线（所需时间为中央车站上车至抵达目的地的时间）

刷卡乘车比现金买票便宜。在巴士总站购卡、充值 NZ$10~（乘车时可再次充值）。购卡时需要出示护照。使用市营巴士卡时，单运营区乘车 2 小时以内 NZ$2.5，1 天之内 NZ$5、1 周 NZ$25 可随意乘车。机场巴士也有优惠，适合需要经常前往机场的人士。

便利的巴士卡

巴士总站的咨询处
Map p.42−C2
Cnr of Colombo St. & Lichfield St.
周一~周五 7:30~18:00
周六~周日 9:00~17:00

奥比特线
周一~周五 5:40~次日 0:45
周六 6:00~次日 0:45
周日 7:00~23:45
白天发车间隔为 10~15 分钟。21:00~22:00 以后（周日为 18:00~）及周六、周日的早晨每 30 分钟一班。

黄线
新布莱顿 / 罗尔斯顿
工作日和周六去这两个地方的发车时间为 5:00~24:00，周日为 7:00~23:00。

蓝线
凯什米尔 / 朗基欧拉
工作日去这两个地方的发车时间为 5:00~23:00，周六为 5:00~24:00，周日为 6:00~23:00。

主要的出租车公司
Corporate Cabs
（03）379-5888
Gold Band Taxis
（03）379-5795
Green Cabs
0508-447-336

各家公司价格不一

■ 巴士总站

请事先确认好乘车点和时刻表

位于市中心里奇菲尔德街（Lichfield St.）旁的巴士枢纽站。2015 年 5 月从邻近的地块搬迁到了现在的地址并投入使用。在车站大楼内的咨询处可以办理购卡和充值。奥比特线等不经过市中心的线路除外，其他所有的巴士线路都途经巴士总站，换乘极其方便。

车站信息显示屏上显示了目的地和巴士的发车、终抵时间，乘车前请确认清楚。站内还有便利店和快餐店，可以一边用餐一边候车。

■ 奥比特线 The Orbiter

当地居民经常乘坐的奥比特线

市营巴士的线路之一，在克赖斯特彻奇（基督城）的郊区环线运行。有顺时针和逆时针双向运行线路，运行一周大概需要 1 小时 30 分钟。中途经停韦斯特菲尔德·里卡顿、北区购物中心、坎特伯雷大学和医院等地，乘客多为当地的居民。

■ 黄线 Yellowline、蓝线 Blueline

也是市营巴士的线路，黄线由东西向横穿城区，连接起新布莱顿和罗尔斯顿。罗尔斯顿有很多去往 The Hub Hornby 的车。此外，蓝线由南向北纵贯城区，连接起贝尔法斯特 Belfast 和朗基欧拉 Rangiora 等。

■ 市营巴士的乘坐方法

车内宽敞、舒适

基本上是前门上车，后门下车。上车即付车费，车费根据乘坐区间确定。上车后告知司机目的地，根据司机提供的票价金额，用现金或刷卡支付，随后便可以领到一张换乘券（Transfer Ticket）。该券 2 小时内有效，同一运营区内可自由换乘。快到目的地时要按车内表示下车的红色按钮，如果不按，司机会甩站通过，所以一定不要忘记。与中国公交车不同的是，新西兰的巴士站台不会标注站名，同时车内也不会报站，如果担心到站了自己也不知道，可以上车就告诉司机在到 ×× 时请告诉我。

出租车 Taxi

一般而言，游客看不到满大街揽客的出租车，都是通过电话预约。有时也有小巴和类似旅行车的出租车，适合多人乘坐。

克赖斯特彻奇（基督城）有轨电车 Christchurch Tram

重新运营后，今后还会规划出更多的线路

在地震中受到影响的电车重新运营。运行区间由大教堂电车站出发，依次穿过大教堂广场、伍斯特大道（Worcester Blvd.）、牛津巷（Oxford Tce.）、卡西尔大街（Cashel St.）和高街（Hight St.）。在高街返回，通过大教堂广场后，开往坎特伯雷博物馆。在博物馆右转，进入阿尔马街（Armagh St.），随后从新摄政街返回大教堂电车站。车票从电车司机处直接购买，购票当天可无限次乘坐。游客可一边听着司机对沿途风景的介绍，一边随着电车在市区漫游。

克赖斯特彻奇（基督城）有轨电车

☎ （03）366-7830

URL www.welcomeaboard.co.nz/christchurch-tram

運 9月~次年3月
　　　　　9:00~18:00
4~8月　　10:00~17:00

費 成人 $20、15 岁以下免费

南岛

● 克赖斯特彻奇（基督城）

克赖斯特彻奇（基督城）有轨电车线路图

北哈格雷公园 North Hagley Park
皇家艾萨克剧院 Issac Theatre Royal
Avon River
Armagh St.
新摄政街 New Regent Street
Gloucester St.
克赖斯特彻奇（基督城）美术馆 Christchurch Art Gallery Te Puna O Waiwhetu
Gloucester St.
林荫道艺术市场 Boulevard Arts Market
大教堂电车站
坎特伯雷博物馆 Canterbury Museum
艺术中心
Worcester Blvd.
大教堂广场 Cathedral Square
Rolleston Ave.
Hereford St.
地震之城 Quake City
Hereford St.
Cashel St.
Oxford Tce.
High St.
Colombo St.
Cashel St.
N
Cambridge Tce.
追忆之桥 Bridge of Remembrance
利斯塔特购物广场 Re:Start
Lichfield St.
雅芳河泛舟（登船处）Punting On The Avon
巴士总站
0　　　　300m

克赖斯特彻奇（基督城）往返的旅游团

■市内观光巴士环游线路

乘坐巴士游览市中心的坎特伯雷博物馆、基督城植物园等核心景点及郊区的塔卡西石头古堡（Map p.41-C3）、萨姆纳海滩和利特尔顿等名胜的旅游团。Leisure Tours 每天组织两次。红巴士（Red Bus）则负责市区的震后复兴游。另外还有自行车、平衡车市区游等项目。

Hassle Free Tours 公司（→ p.55）运营市区双层巴士

旅行社
Leisure Tours
FREE 0800-484-485
URL leisuretours.co.nz
City Sights
舉 9:00、13:30 出发（全程约需 3 小时）
費 成人 $70、儿童 $35
CC ADJMV

Red Bus
FREE 0800-500-929
URL www.redbus.co.nz
Rebuild Tour
舉 全年（约需 1 小时 30 分钟）
費 成人 $35、儿童 $17
CC AMV

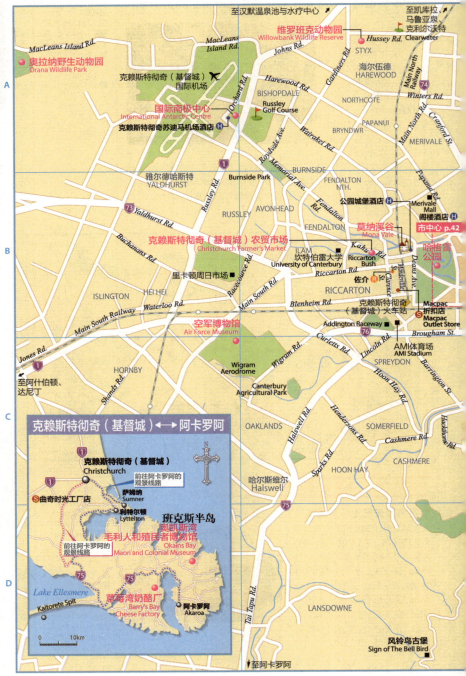

至汉默温泉池与水疗中心

维罗班克动物园
Willowbank Wildlife Reserve

至凯库拉、
马鲁亚泉
克利尔沃特
Clearwater

Hussey Rd.
STYX

奥拉纳野生动物园
Orana Wildlife Park

MacLeans Island Rd.

MacLeans Island Rd.

Johns Rd.

Gardners Rd.

海尔伍德
HAREWOOD

克赖斯特彻奇（基督城）
国际机场

Harewood Rd.

BISHOPDALE

NORTHCOTE

PAPANUI

Main North Railway

74

Winters Rd.

Crawford St.

国际南极中心
International Antarctic Centre

Orchard Rd.

Russley
Golf Course

BRYNDWR

Main North Rd.

MERIVALE

克赖斯特彻奇苏迪马机场酒店

H

Roydvale Ave.

Wairakei Rd.

BURNSIDE

FENDALTON
NTH.

Papanui Rd.

Merivale
Mall

雅尔德哈斯特
YALDHURST

Burnside Park

Memorial Ave.

AVONHEAD

Fendalton Rd.

FENDALTON

公园城堡酒店
H

阁楼酒店
H

73

Yaldhurst Rd.

Russley Rd.

Buchanans Rd.

RUSSLEY

莫纳溪谷
Mona Vale

市中心 p.42

哈格雷
公园

克赖斯特彻奇（基督城）农贸市场
Christchurch Farmer's Market

ILAM

坎特伯雷大学
University of Canterbury

Kahu Rd.

Riccarton
Bush

Deans Ave.

里卡顿周日市场

Racecourse Rd.

佐介

Riccarton Rd.

Clarence St.

RICCARTON

Macpac

ISLINGTON

HEI HEI

Waterloo Rd.

Main South Rd.

Blenheim Rd.

克赖斯特彻奇
（基督城）火车站

Mandeville St.

Macpac
Outlet Store

Main South Railway

空军博物馆
Air Force Museum

Addington Raceway

76

Brougham St.

Jones Rd.

Shands Rd.

HORNBY

Wigram
Aerodrome

Wigram Rd.

Carletts Rd.

Lincoln Rd.

AMI体育场
AMI Stadium

SPREYDON

Hoon Hay Rd.

Barrington St.

至阿什伯顿、
达尼丁

Canterbury
Agricultural Park

Halswell Rd.

Hendersons Rd.

OAKLANDS

SOMERFIELD

Cashmere Rd.

Hackthorne Rd.

克赖斯特彻奇（基督城）◀━━▶阿卡罗阿

1

克赖斯特彻奇（基督城）
Christchurch

前往阿卡罗阿的
观景线路

1

曲奇时光工厂店

萨姆纳
Sumner

利特尔顿
Lyttelton

班克斯半岛

奥凯斯湾
Okains Bay

毛利人和殖民者博物馆
Maori and Colonial Museum

前往阿卡罗阿的
观景线路

75

Lake Ellesmere

Kaitorete Spit

75

芭莓湾奶酪厂
Barry's Bay
Cheese Factory

阿卡罗阿
Akaroa

0   10km

CASHMERE

Sparks Rd.

HOON HAY

哈尔斯维尔
Halswell

75

LANSDOWNE

Tai Tapu Rd.

风铃鸟古堡
Sign of The Bell Bird

至阿卡罗阿

克赖斯特彻奇
（基督城）广域图

克赖斯特彻奇
（基督城）

BELFAST

Bottle Lake Forest Park

Waitikiri Golf Club

Waimairi Beach
Golf Course

马世兰
MARSHLAND

MAIREHAU

特拉维斯湿地自然遗产公园
Travis Wetland Nature Heritage Park

Marshland Rd.

St. ALBANS

Queen Elizabeth II Dr.

Travis Rd.

Shirley
Golf Course

New Brighton Rd.

The Palms

AVONDALE

Rawhiti Golf Club

新布莱顿
New Brighton

SHIRLEY

DALLINGTON

Avondale
Golf Course

ARANUI
BEXLEY

南太平洋
South Pacific Ocean

Avon River

RICHMOND
AVONSIDE

Pages Rd.

Breezes Rd.

Marine Pde.

雅芳河口
Bridge St.

Sherborne St.

Woodham Rd.

LINWOOD

BROMLEY

Barbadoes St.

Madras St.

Coleridge St.

WALTHAM

Dyers Rd.

Linwood Ave.

SYDENHAM

Colombo St.

Opawa Rd.

Heathcote River

Ferry Rd.

Estuary of the Heathcote
and Avon Rivers

制革厂
The Tannery

St. MARTINS

Main Rd.

FERRYMEAD

飞马湾
Pegasus Bay

BECKENHAM

Centaurus Rd.

Port Hills Rd.

Richmond Hill
Golf Club

费里米德历史公园
Ferrymead Heritage Park

萨姆纳海滩
Sumner Beach

HILLSBOROUGH

HEATHCOTE
VALLEY

Mary Duncan Park

Barnett Park

Esplanade

塔卡西石头古堡
Sign of the Takahe

Tunnel Rd.

Mt. Pleasant Rd.

萨姆纳
SUMNER

Taylors
Mistake

HUNTSBURY

Mt. Vernon Park

Bridle Path Rd.

克赖斯特彻奇
（基督城）缆车
Christchurch Gondla

TAYLORS
MISTAKE

GODLEY
HEAD

Dyers Pass Rd.

Summit Rd.

Evans Path Rd.

Godley Head Rd.

RAPAKI

利特尔顿
Lyttelton

Sumner Rd.

Lyttelton Harbour

几维鸟古堡
Sign of the Kiwi

GOVERNORS
BAY

Governors Bayhour

Quail Island

Church Bay

钻石港湾
Diamond
Harbour

Shelly Bay

Purau Bay

Fort Jevois

Camp Bay

旅游咨询处 ✔site
Christchurch & Canterbury
Visitor Centre
Map p.42-B1
住 Botanic Gardens, Roddeston
Ave.（坎特伯雷博物馆旁）
☎ （03）379-9629
FREE 0800-423-783
URL www.christchurchnz.com
🕐 8:30～17:00
休 无
　　可咨询旅行相关事宜，
包括预订住宿地等。

关于市内交通状况
Transport for Christchurch
URL www.tfc.govt.nz

克赖斯特彻奇（基督城）漫 步

　　2011 年 2 月发生的坎特伯雷地震使大教堂广场（Cathedral Square）及其周边的市中心遭受了严重破坏。如今，市区仍然在进行建筑的拆除和重建工作，很多地方还无法通行。不过本书介绍的景点、景区及交通设施正常运营。同时，受地震影响的餐馆、商店和酒店都在陆续恢复营业，还有不少新开的店铺。到达旅行地后，游客应第一时间在旅游咨询处 i-SITE 获取最新信息。

　　距离市中心不远处，有一座被称为"花园城市"的莫纳溪谷（Mona Vale），它也是克赖斯特彻奇（基督城）的代表性庭院。里面恬静的环境让人不禁怀疑这是不是南岛人口最多的城市。如果要去郊区的景点，可以从中央车站乘坐市营巴士。

纸板大教堂（临时大教堂）
Cardboard Cathedral

`Map p.42-B3`

纸板大教堂（临时大教学）
🏠 Cnr.Madras St. & Hereford St.
☎ （03）366-0046
🔗 www.cardboardcathedral.
org.nz
🕐 周一～周六 9:00~17:00，
周日 7:30~17:00（各时期开
放时间不同）
休 无
💰 免费（募捐形式）

　　地震对小城的标志性建筑大教堂的损毁严重，致其无法复原，因此建造了这座临时大教堂。教堂由日本建筑师坂茂设计。坂茂是国际知名的建筑家，使用纸制材料设计，并在地震中损毁的建筑上建造，颇有建树。为表彰其功勋，2014 年建筑界的诺贝尔奖"普利兹克奖"授予了他。

绚丽的彩色玻璃令人印象深刻

　　屋顶是经过特殊加工的厚纸板制成的软管，内部的祭坛、椅子和正上方的十字架等的材料都是纸。建造过程得到志愿者的协助，历时两年，于 2013 年 8 月对外开放。教堂可容纳 700 人，不仅能够做礼拜，还可承办音乐会和文娱活动。设计使用寿命为 50 年，完全可以坚持到新教堂的落成。

简洁的设计给人以视觉冲击

大教堂广场
Cathedral Square

`Map p.42-B2`

　　过去是克赖斯特彻奇（基督城）的象征，这里的教堂是一座高 63 米的哥特式建筑，尖塔高高耸立。大教堂所在的大教堂广场位于市中心，游客长年络绎不绝。然而，2011 年的地震毁坏了大教堂，大教堂广场不久也就关闭了。2013 年，解除危险警报的广场重新对游客开放。在克赖斯特彻奇（基督城）市政府主导的"Transitional Square"（过渡性广场）工程的推动下，广场建立起多座纪念雕塑，旅游资源得到进一步开发。直到今天，地震中损毁程度近 50% 的大教堂依然保留了下来，不过将在 10 年内拆除，取代它的是一座崭新的大教堂。

圣杯造型的纪念雕塑

大教堂遗址向人们讲述了地震的巨大破坏力

在广场下国际象棋

利斯塔特购物中心
Re: Start

`Map p.42-B2`

　　位于凯瑟尔街（Cashel St.）沿线，曾经是克赖斯特彻奇（基督城）市民十分喜爱的购物街——凯瑟尔商城（Cashel Mall）。2011 年 2 月地

利斯塔特

住 Cashel St.
URL www.restart.org.nz
营 周一～周五 10:00~17:30
　周六、周日、节假日
　　　　　　 10:00~17:00
休 无

周末街道两边有集市

在集装箱的基础上建造的购物中心

震后一度关闭，后按照"Re：Start（复兴）"规划，最先进行重建工作，并于同年 10 月重新营业。

　　这个被人们亲切称为"立体商城""集装箱商城"的购物中心的特征就是各店铺都是用集装箱搭建而成的。设计者们费尽心思，将用于运输的集装箱涂成五颜六色，开出大窗户，营造开放感，打造具有时尚气息的购物空间。商城内既有流行的潮牌，也有日用杂货、户外品牌和百货店"巴伦堤内"，各类店铺齐聚于此，也因此成为克赖斯特彻奇（基督城）的一大购物专区。此外，这里还聚集了咖啡馆和户外美食城，美食随处可见。

　　这里原本是建造永久性建筑之前临时设立的商城，周边的开发也使得它的面积和形状不断发生变化，不过预计今后 10 年内会维持现状经营。

地震之城

住 Re：Start，99 Cashel St.
电 （03）365-8375
URL www.canterburymuseum.com/quakecity
开 10:00~17:00
休 无
费 成人 $20、儿童 $16（成人同行则免费）

位于利斯塔特购物中心对面

以复兴工程理念及地震为设计理念的物件是热销商品

坎特伯雷博物馆

住 Rolleston Ave.
电 （03）366-5000
传 （03）366-5622
URL www.canterburymuseum.com
开 4~9 月　　　9:00~17:00
　10 月~次年 3 月
　　　　　　 9:00~17:30
休 无
费 免费
（部分设施收费）

展现了丰富的毛利文化

地震之城
Quake City

Map p.42-B2

导出部分残存的大教堂尖塔

克赖斯特彻奇（基督城）在 2010 年 9 月、2011 年 2 月和 6 月分别发生过震级较大的地震，地震之城就是一家纪念这些地震事件的博物馆。除了播放地震发生时及人物采访时的影像，还展出了地震灾害的相关资料。另外，大教堂的窗户、部分残存的尖塔、克赖斯特彻奇（基督城）火车站钟塔、泰克泰克雕像（展现历史上毛利人集会场所的传统雕像）等大量地震中损坏的历史建筑残片也在这里展出，向人们展示了地震前这座城市的美丽。

坎特伯雷博物馆
Canterbury Museum

Map p.42-B1

位于哈格雷公园一角的这家博物馆是一栋建于 1867 年的新哥特式建筑，馆内展出了具有毛利特色的雕刻艺术、手工艺品、殖民时代使用过的日常家具和交通工具等。在自然科学领域，有历史上栖息在新西兰、现已灭绝的无翼大鸟恐鸟的蛋和骨骼，还有一些新西兰特有鸟类标本，值得一看。另外，还有雪

地车及阿蒙森和斯科特等探险家使用过的装备等，对南极探险有兴趣的游客不妨去探个究竟。周二、周四的15:30开始有免费博物馆巡游，可以一边听博物馆工作人员的解说，一边欣赏展品。巡游约需1小时，馆内面积很大，博物馆内有咖啡馆和新西兰特产店"Simply New Zealand"（→ p.57）。

建筑本身也有欣赏价值

哈格雷公园
Hagley Park

Map p.42-A~C1

被誉为"花园之城"的克赖斯特彻奇（基督城）到处都有美丽的公园。其中面积最大的是哈格雷公园。面积约165公顷，大致是北京天坛公园的2/3，是绿色克赖斯特彻奇（基督城）的象征。以横贯公园的里卡顿林荫道（Riccarton Ave.）为界，分为北哈格雷公园（North Hagley Park）和南哈格雷公园（South Hagley Park）。1813年为了保护园林树木，州法律将这里定为公共绿地。

很多家庭来此游玩

公园内有很多健身设施，经常承办高尔夫球、网球以及作为新西兰最普及的体育项目橄榄球和板球的比赛场地。到了周末，到处都是穿着各式队服参加运动的人、散步慢跑者和举家出游者。在流经公园的雅芳河上可以看到碧波嬉戏的野鸭，幽静的氛围令人怦然心动。

在公园内的克赖斯特彻奇（基督城）植物园可以欣赏到新西兰特有的植物和国外的植物，鲜花四季绽放。

哈格雷公园内的文娱活动
Antigua Boatsheds
☎（03）366-5885
URL www.boatsheds.co.nz
费 单人皮划艇 NZ$12/1 小时
双人皮划艇 NZ$24/1 小时
短桨小艇 NZ$25/30 分钟
带浆船 NZ$25/30 分钟
加拿大式划艇 NZ $24/30
分钟
短租摩托 NZ$10/1 小时
NZ$30/1 天

市民非常喜爱的休闲场所

克赖斯特彻奇（基督城）植
物园
☎（03）941-8999
URL www.ccc.govt.nz/Parks-
and-gardens/Christchurch-
botanic-gardens
開 3、10月的7:00~20:30
4~9月的7:00~18:30
11月~次年2月的7:00~21:00
（游客中心8:30~17:00、温室
10:15~16:00）
休 无
費 免费
导游带领的徒步游览
舉 9月中旬~次年4月
13:30出发
費 $10（约需90分钟）
乘坐电动车的植物园之旅
FREE 0800-882-223
URL welcomeaboard.co.nz/
garden-tours
舉 11月~次年3月
　　　　　10:00~16:00
　4~10月　11:00~15:00
休 无
費 成人 $20、儿童 $9

克赖斯特彻奇（基督城）美
术馆
住 58 Gloucester St.
☎（03）941-7300
URL christchurchartgallery.
org.nz
舉 10:00~17:00
休 无
費 免费
免费导游团
每天11:00、14:00出发（周
三在19:15出发一次）

建筑的屋顶是高达5米的独特
的雕型作品

雅芳河泛舟
住 2 Cambridge Tce.
☎（03）366-0337
URL welcomeaboard.co.nz/punting
舉 4~9月的10:00~16:00
10月~次年3月的9:00~18:00
休 无
費 成人 $28、儿童 $12
（约需30分钟）

克赖斯特彻奇（基督城）植物园
The Christchurch Botanic Gardens　　　Map p.42-B1

　　位于哈格雷公园一角的克赖斯特彻奇（基督城）植物园占地面积约
21公顷。公园的起源是因1863年英国维多利亚女王的长子阿尔伯特·爱
德华王子和丹麦亚历山大公主的婚礼而在园内种植了英国橡树。这里全
年植物葱郁，鲜花吐芳。超过250种玫瑰装扮的玫瑰园和美丽的日式园
林布置其间，游客能欣赏到水仙和樱花。园内还在2006年设置了祈祷世
界和平的"世界和平之钟"，是全球21座和平钟之一。

2014年4月，植
物园的游客中心正式
开业。除了提供导
游服务，还设置了展
览区、咖啡馆和图书
馆。同时，园内还组
织乘坐青虫造型的绿
色电动车的植物园之
旅。全程约需1小时。

园内各色鲜花竞相开放

克赖斯特彻奇（基督城）美术馆
Christchurch Art Gallery Te Puna O Waiwhetu　　Map p.42-B2

玻璃幕墙的建筑很有吸睛效果

2011年地震后就闭馆了的美
术馆在2015年12月重新营业。
主要举办规划展览，当然还举办
20世纪初南岛风景画展和《怀唐
伊条约》签订时毛利族长的签名
主题作品展等，还有与新西兰历
史相关的常设展览。除此之外，
游客还能欣赏到现代美术和数字
艺术等多风格的作品。

雅芳河泛舟
Punting On The Avon　　　　Map p.42-B1

　　穿行市区的雅芳河上具有人气的活动就是雅芳河泛舟这种划船项目。
以木棒为桨划动英式小舟还是一个技术活呢。乘坐在船夫轻划的小船上，
穿梭于白杨林与万花丛之中，顺溪而下，这恐怕是克赖斯特彻奇（基督
城）最具英伦风情的文娱活动了吧。乘船处在剑桥巷的船坞，那是一栋
绿白条纹相间的精致建筑。

身着传统服饰荡舟的船夫

登船处也有咖啡馆

追忆之桥
Bridge of Remembrance

Map p.42-B2

横跨于雅芳河上的追忆之桥是诸多桥梁中最美的一座，带有大拱门。在第一次世界大战期间，士兵们从市内的兵营出发，与亲友告别后跨过这座桥坐上火车奔赴亚洲和欧洲的战场。士兵们在战场回想起故乡时，都是想起这座桥，追忆之桥因此而得名。如今这座恢宏的大桥是为了悼念在战场上捐躯的

寄托着人们忧思的石头大桥

官兵而于 1923 年建造的。今天它已成为新西兰的历史建筑，受到政府的保护。

新摄政街
New Regent Street

Map p.42-B3

一条西班牙风格的多彩建筑林立的商店街。前身是 1932 年建成的古老街道，也是新西兰国内首条具有独特主题的购物街。2011 年因地震而一度关闭，后来在 2013 年 4 月重新开业。有时装店、咖啡馆、甜品店和首饰店等，时尚的店铺遍布整条大街。

在街边行驶的有轨电车

乘坐有轨电车和电动车的植物园之旅、雅芳河泛舟、克赖斯特彻奇（基督城）缆车这四个景点构成一条完整的旅游线路。克赖斯特彻奇（基督城）通票成人 NZ$81、儿童 NZ$25。通票不仅能获得 NZ$15 的优惠，乘坐通往克赖斯特彻奇（基督城）缆车（→ p.53）的穿梭巴士还是免费的，推荐游客使用。除上述完整线路外，游客还可从中自由选择两个景点，价格上还可优惠 NZ$5，任意三个景点可优惠 NZ$10。

新摄政街
URL newregentstreet.co.nz

林荫道艺术市场
- 住 33 Worcester Blvd.
- 开 9:00~17:00
- 休 无

克赖斯特彻奇（基督城）农贸市场
- 住 Riccarton Bush，16 Kahu Rd.
- 电 (03) 348-6190
- URL www.christchurchfarmers market.co.nz
- 营 每周六 9:00~13:00 左右
- 交 从市中心乘坐黄线或 #130，约 10 分钟到达

里卡顿周日市场
Map p.40-B1
- 住 Riccarton Park，146 Race course Rd.
- 电 (03) 339-0011
- URL www.riccartonmarket.co.nz
- 营 每周日 9:00~14:00 左右
- 交 从市中心乘坐黄线，约 20 分钟后下车，从车站步行约 5 分钟

克赖斯特彻奇（基督城）赌场
- 住 30 Victoria St.
- 电 (03) 365-9999
- FAX (03) 366-8888
- URL www.christchurchcasino.nz
- 营 周一～周四
  - 11:00~次日 3:00
  - 周五　11:00~24:00
  - 周六　0:00~24:00
  - 周日　0:00~次日 3:00
- 休 无
- 交 18:00~次日 2:00 提供前往市内住宿地点的免费接送服务。详情请咨询。
- ※ 相机和摄像机、大件物品需要寄存。入场时须出示护照等证件。入场者需年满 20 岁。衣冠不整者被拒绝入内

林荫道艺术市场
Boulevard Arts Market
Map p.42-B2

都是具有新西兰特色的物件

由于艺术中心闭馆了，因此原馆内的店铺和大教堂广场周边的商店都搬到了艺术中心的对面，组成了一条临时商店街。有书籍、绿玉、陶瓷、木制品和衣物等，当地艺术家制作的作品更是琳琅满目，足以满足你的眼睛。

克赖斯特彻奇（基督城）农贸市场
Christchurch Farmers Market
Map p.40-B2

自制的果酱和咸菜

在克赖斯特彻奇（基督城）市内，各个区域都会举办自己独特的集市。其中最受游客欢迎的是在里卡顿林荫道（Riccarton Bush）上每周六举办的克赖斯特彻奇（基督城）农贸市场。除了蔬菜、水果这些生鲜食品外，还有不少面包、零食摊点，引得不少人在这里享受美食。

这里距离市中心有些远，交通不太方便，此时可以去每周日在里卡顿公园举办的里卡顿周日市场，同样是当地居民喜爱的去处。市场上有逾 300 家店铺，绝对让你不虚此行。

克赖斯特彻奇（基督城）赌场
Christchurch Casino
Map p.42-A2

去赌场碰碰运气吧

1994 年开业的新西兰的第一家赌场。在这里可以玩黑杰克、轮盘赌、扑克牌和老虎机等。36 台大桌让你尽享美式轮盘赌、黑杰克、百家乐、加勒比扑克、逮兔子轮盘赌、金钱轮转等项目。有近 500 台老虎机供玩客挑选。一周内各天和各季节都有活动，最好事先确认好信息再前往。赌场内还设有餐馆和酒吧，同样会不定期举办活动。

莫纳溪谷
Mona Vale

Map p.40-B2

精致的花园内百花齐放

　　距离市中心以西约 2 公里、雅芳河畔静静矗立的小屋便是莫纳溪谷。原先是一座建于 19 世纪的维多利亚式的私人豪宅，现在作为景点对外开放。它宽敞的英式花园是拥有"花园之城"美誉的克赖斯特彻奇（基督城）的代表性景点，市内观光团等很多旅游团都会将这里列入行程。室内参观、餐馆和河道荡舟曾因地震的影响而一度关闭，但是花园是可以参观的。

莫纳溪谷
住 63 Fendalton Rd.Fendalton
电 （03）941-7590
URL www.ccc.govt.nz/parks-and-gardens/gardens/mona-vale
开 7:00~日落前 1 小时
※ 闭园时间每月都不同
　3 月为 20:00、4 月 18:30、
　5 月 17:30、6~8 月 17:00、
　9 月 18:00、10 月 19:00、
　11 月~次年 2 月 21:00
休 无
费 免费
交 从市中心乘坐 #29 路市营巴士约 10 分钟。

皇家艾萨克剧院
Isaac Theatre Royal

Map p.42-B2

2014 年 11 月重新对外开放

　　建于 1863 年的古老剧院。经过首次、二次改建后，现在大家看到的是 1908 年第三次整修后的剧院。这栋装饰精美的法式文艺复兴风格建筑在观众席上设置了圆顶壁画，以此将整个剧院营造成一件艺术品。2011 年的地震使它近半损毁，不过内、外部经过修复后，于 2014 年 11 月重新对外开放，举办音乐剧、音乐会等各类活动。

皇家艾萨克剧院
住 145 Gloucester St.
电 （03）366-6326
URL isaactheatreroyal.co.nz
可以在网上购票。

南岛

●克赖斯特彻奇（基督城）

Column　克赖斯特彻奇（基督城）的明天

　　克赖斯特彻奇（基督城）在震后一直推进重建工作，不少设施重新投入运营，新开设施也在不断涌现。在牛津巷沿线，The Terrace 购物中心将开业，历史建筑艺术中心的重建工作也在有条不紊地展开。虽然各地依然能见到地震带给这座城市的伤痛，作为南岛最大的城市，克赖斯特彻奇（基督城）正在一步步重获新生。

　　另外，由于地震破坏了孩子们的游玩场所，2015 年 12 月，一座建在阿尔马街、曼彻斯特街和玛德拉斯街三条大街对面的游乐场"玛格丽特家庭游乐场"盛装开业。在建设时，建设方询问当地的小学生"你想要什么样的游乐场"，在得到孩子们的回答后，建造了眼前这座风格独特的游乐场。即使是平日，也有很多家长带着孩子前来游玩。

　　同时，特产店销售的以地震中损坏的历史建筑照片及相关商品也大受欢迎。从以大教堂圆形窗户"圆花窗"为设计原型的首饰及小饰品可以看出，当地居民热切期待着重建一个美丽的历史小城。

玛格丽特家庭游乐场

圆花窗的饰物

空军博物馆

住 45 Harvard Ave.Wigram
電 （03）343-9532
URL www.airforcemuseum.
co.nz
開 10:00~17:00
休 无
費 免费
交 从市中心乘坐市营巴士黄线或 #80 跑约 15 分钟。

国际南极中心

住 38 Orchard Rd.
電 （03）357-0519
FREE 0508-736-4846
URL www.iceberg.co.nz
開 9:00~17:30
休 无
費 成人 NZ$59、儿童 NZ$29
（不包含雪地车骑乘、4D 影片观赏的价格为成人 NZ$39、儿童 NZ$19。外语导游设备 NZ$5）
交 从坎特伯雷博物馆（→p.44）前乘坐免费的穿梭巴士可达。10:00~16:00（4~9 月）、9:00~16:00（10 月~次年 3 月）的每个整点发车。

给可爱的黄眼企鹅投饵时间为 10:30、15:30

奥拉纳野生动物园

住 McLeans Island Rd.
電 （03）359-7109
URL www.oranawildlifepark.
co.nz
開 10:00~17:30
（最晚入园时间为 16:00）
休 无
費 成人 NZ$34.5、学生 NZ$29.5、儿童 NZ$9.5
交 从市中心乘巴士约 25 分钟。乘坐接送巴士 Orana Wildlife Park Shuttle（收费）。Orana Wildlife Park Shuttle
FREE 0800-101-021（预约）

令人惊叫连连的"邂逅狮子"

维罗班克动物园

住 60 Hussey Rd.Harewood
電 （03）359-6226
URL www.willowbank.co.nz
開 5~9 月　　9:30~17:00
　10 月~次年 4 月
　　　　　　9:30~19:00

克赖斯特彻奇（基督城）郊区

空军博物馆　　Map p.40-C1
Air Force Museum

战机展厅的内部实况。眼前是 20 世纪 50 年代使用过的野马战斗机

这家航空博物馆毗邻新西兰空军的起源地——位于郊区的威格拉姆空军基地。在犹如硕大停机库的展示大厅内，展示着从最早的活塞式双翼螺旋机到 20 世纪 70 年代的喷气式战斗机等各个机种。还有影像和实物资料介绍 1923 年新西兰空军成立后一路走来的发展历程。

国际南极中心　　Map p.40-A1
International Antarctic Centre

体验南极探险的刺激

新西兰和南极的联系颇为紧密，由于空间距离较近，克赖斯特彻奇（基督城）国际机场也常被用作向南极运输物资及通信的基地。这里展示了南极探险的历史资料，还有企鹅等生物的资料。能体验南极气候和四季的互动区通过营造出接近南极的环境，让游客在亲身感受的同时加深对南极的理解。南极风暴体验区（Antarctic Storm）是很有人气的体验项目，这里室温达到 -20℃，能在室内体验到南极的天寒地冻。在 4D 超级影院（4D Extream Theatre），游客被置身于南极拍摄的 3D 影像中，同时座位摇摆，水花扑面而来，给人的感觉超级震撼。

奥拉纳野生动物园　　Map p.40-A1
Orana Wildlife Park

这是一个占地面积约 80 公顷的大型野生动物园，有 70 种以上的动物在散养状态下在此生存。由于动物园面积太大，游客可以坐在有导游带领的巡游车内，观赏车外的狮子、猎豹、斑马、骆驼和长颈鹿等动物。还能见到新西兰独有的几维鸟及被称为"活化石"的大鳕鱼。

一天中会有各种演出，到了公园以后，请先确认好演出内容、开场时间。其中 14:30 开始的"邂逅狮子"The Lion Encounter 是最惊险刺激的体验。游客坐在小笼子般的车里能够近距离接触到狮子。1 天限定 20 人，每人费用 $35（身高须在 140 厘米以上）。

维罗班克动物园　　Map p.40-A2
Willowbank Wildlife Reserve

在这有接近原生状态的大型动物园内，饲养着小袋鼠、小猪、大鳕鱼和鳗鱼等 50 余种动物。在几维观赏区，游客无须隔着玻璃，而是可以

接近它们，甚至可以听到鸟类的呼吸声，是一个难得的好去处。可以一边用餐，一边给动物投食的餐馆也很受欢迎。如果你想见识传统的毛利文化，具有当地特色的考塔尼毛利文化表演 Ko Tane 不可错过。

毛利人曾经饲养的小猪

新布莱顿
New Brighton
Map p.41-B4

从克赖斯特彻奇（基督城）市区往东约 8 公里，开车 15 分钟左右即到的地方是人气景点新布莱顿。夏天这里到处都是享受海水浴和冲浪的人。附近还建有餐馆、咖啡馆和冲浪用品店，不愧是度假的胜地。周末游客很多，如果想惬意地玩耍，建议工作日前往。值得一提的是临海而建的图书馆人气爆棚，可以坐在图书馆内靠海的沙发上，休闲地听着音乐，徜徉在书的海洋里。图书馆前有一座直接伸入海中的巨大栈桥 Pier，是当地的知名景点之一。有人还在桥上海钓。

从栈桥上看到的海滩景色绝美

萨姆纳海滩
Summer Beach
Map p.41-C4

位于市区东南方向 10 余公里处，在利特尔顿港的东北角。跟新布莱顿一样，因为离市区较近，游客较多。夏天的周末挤满了前来进行海水浴的市民。海滩的东南方向稍远的地方有一个泰勒犯错海滩（Taylors Mistake Beach），很受冲浪者们的推崇。

从市内驱车 30 分钟左右即到萨姆纳海滩

海滩沿线有气氛很棒的餐馆和咖啡馆，在优美的海景中用餐何其快哉！

休 无
费 成人 NZ$29.5、儿童 NZ$12
考塔尼毛利文化表演
（品尝汉吉 Hangi 与欣赏几维鸟之旅，含市区接送。需要预约）
成人 NZ$165、儿童 NZ$80
交 从市中心乘坐市营巴士 #28 路或蓝线在北区购物中心下，再换乘 #107 路。全程需约 40 分钟。

考塔尼毛利文化表演可以让游客领略毛利文化

如何去新布莱顿
从市中心乘坐市营巴士黄线、#60 路需 20～30 分钟。也可以乘坐巴士之星线。

长约 300 米的栈桥。附近的地面上刻着桥梁修建时提供捐赠的人的姓名

新布莱顿图书馆
住 213 Marine Pde.New Brighton
电 （03）941-7923
URL my.christchurchcitylibraries.com/locations/NEWBRIGHTN
开 周一～周五　　9:00～18:00
　　周六、周日　　9:00～16:00
休 无

环境幽静的海滨图书馆。馆内设有咖啡馆

如何去萨姆纳海滩
从市中心乘坐市营巴士紫线约 20 分钟。

费里米德历史公园

住 50 Ferrymead Park Dr. Heathcote

☎ （03）384-1970

URL www.ferrymead.org.nz

开 10:00~16:30

休 无

費 成人 NZ$20、学生 NZ$15、儿童 NZ$10
（第 1 个周日及演出活动期间成人 NZ$30、学生 NZ$25、儿童 NZ$15）

交 从市中心乘坐市营巴士黄线或 #80 路，在 Eastgate Mall 下车，换乘 #535 路。从市中心驱车约需 25 分钟。

特拉维湿地自然遗产公园

住 Burwood

☎ （03）941-8999（基督城市政厅）

URL traviswetland.org.nz

开 8:00~20:00（海滩路方向的开门时间）

休 无

費 免费

交 从市中心乘坐市营巴士 #60 路约 25 分钟。

傲娇的紫水鸡

制革厂

住 3 Garlands Rd.Wooldton

URL thetannery.co.nz

开 周五~次周三 10:00~17:00
周四 10:00~20:00
（各店有所不同）

休 无

交 从市中心乘坐市营巴士 #28 路或紫线约 30 分钟。无论哪条线，从最近的车站都需要步行 10~15 分钟。乘坐 #28 路时在 Port Hills Rd. 与 Curries Rd. 交叉口下车（站台编号 40040），如果乘坐紫线则在 Ferry Rd. 和 Palinurus Rd. 交叉口下车（站台编号 15744）。

The Brewery Cassels & Sons 啤酒

☎ （03）389-5359

營 8:00~late

店铺深处有一家小酒馆

费里米德历史公园
Ferrymead Heritage Park

Map p.41-C3

宽大的公园内老旧的有轨电车在前行

这座大规模的历史公园位于 40 公顷的地块上，19~20 世纪前叶的商店、工厂、邮局及学校等街景得到完美的复原。各展室内，除展品外，还有造型精巧的人物模型，给人时光倒流的错觉。这里还是 1863 年新西兰架设首条国营铁路的地方，公园内展出了蒸汽机车和汽车等大量的交通工具。旧式有轨电车每天在园内绕行，每个月的第 1 个周日还有蒸汽机车供游客乘坐。

特拉维湿地自然遗产公园
Travis Wetland Nature Heritage Park

Map p.47-A3

包括沼泽区，总占地面积达 116 公顷。园内栖息着新西兰独有的鸟类紫水鸡、鹭鸶、鸘、蛎鹬和黑天鹅等共约 55 种的野鸟，是鸟类保护区。公园还铺设了散步道，游客可一边悠闲散步，一边观赏鸟类。这里还有野鸟观赏室，内设鸟类介绍牌，是使用双筒望远镜观赏鸟类的好地方。

新西兰特有的植物长势旺盛

制革厂
The Tannery

Map p.41-C3

商城的砖瓦构造具有怀旧的气息

位于克赖斯特彻奇（基督城）郊外的伍尔斯顿自 19 世纪后半期开始就着力打造羊毛加工。当时，小城最大的鞣革厂（Tannery）便是 Woolston Tannery。后来，这里被收购，克赖斯特彻奇（基督城）知名的啤酒品牌 Cassels & Sons 在这里开设了酒馆。2011 年地震后经过了重新装修，如今已成为一家颇具个性的商城。除了 Cassels & Sons 的酒馆，还集中了时装店和饰品店、古董馆、咖啡馆及餐馆等。

克赖斯特彻奇（基督城）缆车
Christchurch Gondola

Map p.41-C3

市内和港口城市利特尔顿之间有一座海拔400米的小山——卡翁迪山（Mt.Cavendish）。从山脚下到山顶有4座索道车，可以享受10分钟左右的空中漫步。往下看是利特尔顿港，反方向则是市内街景和坎特伯雷平原，还能远眺南阿尔卑斯山脉，360°全景尽收眼底。山顶上有餐馆，下山可以选择山地自行车或步行。

从缆车上可将市区一览无余

利特尔顿
Lyttelton

Map p.41-D3~4

从克赖斯特彻奇（基督城）市中心驱车大概20分钟，就来到了一个人口只有约3000人的班克斯半岛港口小城利特尔顿。利特尔顿原本是克赖斯特彻奇（基督城）的外港。这个由于火山活动形成的天然良港在英国殖民时代开始就一直是小城的核心区域。

小而精致的港口小城

但是由于其地势不平，导致克赖斯特彻奇（基督城）搬迁到现址并逐步发展起来。1964年开通了汽车专用道，交通变得更加便利。

小城虽然受到了坎特伯雷地震的影响，但是主干道伦敦街（London St.）上的餐馆和咖啡馆都先后恢复了营业。每周六还有利特尔顿农贸市场（Lyttelton Farmers Market），让人们体会往日港口小镇的安逸。

克赖斯特彻奇（基督城）缆车

- 住 10 Bridle Path Rd. Heathcote Vallery
- 电 (03) 384-0310
- URL welcomeaboard.co.nz/gondola
- 营 10:00~17:00
- 休 无
- 费 成人 NZ$28、儿童 NZ$12
- 交 从坎特伯雷博物馆（→p.44）前乘坐穿梭巴士。时间为 9:30、10:30、11:30、13:00、14:00、15:00、16:00。票价成人往返 NZ$10、儿童往返 NZ$5。

利特尔顿的旅游信息

- URL www.lytteltonharbour.info

如何去利特尔顿

从市中心乘坐市营巴士 #28 路约30分钟。

销售水果、蔬菜等生鲜食品及加工食品

Column　南岛值得推荐的温泉胜地

从克赖斯特彻奇（基督城）驱车北上约1小时30分钟，随后沿1号公路继续北上到怀帕拉（Waipara）转入7号公路，再往前一些就到了人气度假胜地汉默温泉 Hanmer Springs（地图①）。这个名称曾出现在毛利人的传说故事中。主要旅游项目是汉默温泉池与水疗中心（Hanmer Springs Thermal Pools & Spa），它有不同的特色、不同的水温（28℃~42℃）和大型水滑梯等，整体给人感觉像是一个游乐场。由于海拔为350米，因此这里还能进行登山、高尔夫球和蹦极跳等运动项目，而且深受欢迎。

汉默温泉池与水疗中心
Map p.40-A2 外
- 住 42 Amuri Ave.Hanmer Springs
- 电 (03) 315-0000

- FREE 0800-442-663
- URL hanmersprings.co.nz
- 营 10:00~21:00
- 休 无
- 费 成人 NZ$22、儿童 NZ$11

主要交通工具
Hanmer Connection
- 电 (03) 382-2952　FREE 0800-242-663
- URL www.hanmerconnection.co.nz
- 发 9:00 从克赖斯特彻奇（基督城）出发（坎特伯雷博物馆前）
- 费 成人单程 NZ$30、往返 NZ$50

各项娱乐设施都能玩的温泉度假村

哈特山滑雪场位于海拔 2086 米的哈特山大斜坡，是南岛规模最大的滑雪场。距离克赖斯特彻奇（基督城）约有 1 小时 30 分钟的车程，很多游客会当天来回。这家滑雪场以雪质高、积雪厚、雪道种类多而著称，每年的 6 月上旬~10 月上旬都可以滑雪或玩滑雪板。

贵深滑雪人士和初学者都能在这里找到乐趣

哈特山滑雪场没有住宿设施，只能在梅斯文（Methven）扎营。与克赖斯特彻奇（基督城）这座大城市相比，梅斯文只能算是一座小镇，不过一到冬季游客数量就会激增，热闹非凡。到滑雪场有 30~40 分钟的车程，交通相对还算便利，这里还有各种住宿设施的滑雪用品店，是长期逗留者理想的选择。

滑雪度假村梅斯文

前往滑雪场

从梅斯文到滑雪场，可以乘坐一种名为 Methven Travel 的滑雪场巴士。旺季每天运营，7:45、9:45 从梅斯文发车，15:00、16:15 从滑雪场返回。往返票价 NZ$20（10 岁以下儿童免票）。去往滑雪场的路途险峻，是没有护栏的危险路段，所以建议游客乘坐巴士前往，不要租车。另外，克赖斯特彻奇（基督城）机场有穿梭巴士开往梅斯文，约需 1 小时 15 分钟，单程 NZ$45（10 岁以下儿童免票）。

关于滑雪场

由于这里海拔较高，雪多为水分含量小的粒状雪，雪质高。不过此处气候多变，时常因为大风导致雪道无法运营，严重时甚至滑雪场也不得不关门谢客。因此，这里的强风也被人形象地称为"封山"。游客需要自备防寒服，最好预留出足够的时间。

山体的大斜坡，一马平川。雪道一共有 4 种，兼顾了各个等级滑雪者的需求。缓坡和曲线雪道适合初学者，中级和高级滑雪者可以尝试挑战大陡坡和凹凸的坡面。

这里主要的建筑是能迅速填饱肚子的 Sky High Café 和适合悠闲享用美食的 Huber's Hut。两个餐馆都供应早、午餐。

Mt.Hutt Ski Area　　　　Map 地图①
☎（03）308-5074（降雪情况咨询）
URL www.nzski.com
⏰6 月上旬~10 月上旬 9:00~16:00
雪道 1 日券
成人 NZ$95、儿童 NZ$50（10 岁以下儿童免票）
雪道 1 日券 & 器具租赁
成人 NZ$143、儿童 NZ$30~88

穿梭巴士
Methven Travel
☎（03）302-8106
FREE（0800）684-888
URL www.methventravel.co.nz

克赖斯特彻奇（基督城）的
游览项目

　　克赖斯特彻奇（基督城）郊外遍布着各种景点，相应的旅游团络绎不绝。除了南阿尔卑斯美景欣赏之旅，还有牧场体验、电影拍摄地、葡萄酒酿造厂探访之旅等，旅游项目很多。游客可根据爱好自行选择。

阿卡罗阿一日游

　　在去往阿卡罗阿的路上，司机会讲述当地的历史等，沿途还会经过古老的火车站"Little River"、可眺望阿卡罗阿湾的 Hilltop Tavern 餐馆、巴利斯湾的奶酪工厂等地。抵达阿卡罗阿后便是自由活动。

> **Akaroa French Connection**
> FREE 0800-800-575　URL akaroabus.co.nz
> 单 全年 克赖斯特彻奇（基督城）9:00 发车
> 費 成人 NZ$50、儿童 NZ$30　CC AMV

阿瑟隘口国家公园一日游

　　坐上南岛著名的高山观景火车游览阿瑟隘口国家公园。高山观景火车的运行时间为 1 小时 30 分钟左右。先探索奥丽塔峡谷，午餐后再去国家公园散步。返程还有怀马卡里里河的喷射快艇乘坐及农场观光项目，可谓丰富多彩。

> **Leisure Tours**
> FREE 0800-484-485　URL leisuretours.co.nz
> 单 全年 7:30~8:00 发车（宾馆前也有上车点）
> 費 成人 NZ$440、儿童 NZ$308　CC ADJMV

奥拉基/库克山国家公园一日游

　　私人导游组织的旅游团。途经特卡波湖，在奥拉基/库克山国家公园内还有轻松的短途徒步游览项目。可野外用餐，全程约需 12 小时。2 人以上才开团。

> **CanNZ**
> 电 (03) 3525-135　手机 021-181-1570
> URL www.cannewzealandtours.co.nz/mtcook-tours
> 单 9 月~次年 5 月　費 NZ$350（如果是两人参加，则每人都需要交费）　CC AMV

葡萄酒厂参观

　　参观位于怀帕拉谷（Waipara Valley）的四个葡萄酒酒厂。可以品尝到超过 20 种的葡萄酒。提供午餐。有前往住宿地的接送服务，喝醉了也不用担心回不去哦。4 人以上才开团。

> **Discovery Travel**
> 电 (03) 339-0772　FREE 0800-372-879
> URL www.discoverytravel.co.nz
> 单 全年 11:30 发车（全程约需 6 小时）
> 費 NZ$205（网上预约价）
> CC MV

农场参观

　　坐在卡车的货仓里，参观不作为景点对外开放的纯正农场。牧羊犬赶羊、农夫熟练地薅羊毛等场景都能看到。参观后，还能品尝到乡村风味的早茶。含BBQ午餐的参观线路全程约需4小时。有接送服务。

> **Adventure Canterbury**
> 电 (03) 338-0377　FREE 0800-847-455
> URL www.adventurecanterbury.co.nz
> 单 全年 9:30 发车（全程约需 4 小时）
> 費 成人 NZ$75、儿童 NZ$50（含午餐则为成人 NZ$110、儿童 NZ$65）　CC MV

电影《魔戒》拍摄地参观

　　新西兰的电影拍摄地参观是热门的旅游项目。这类项目包含至克赖斯特彻奇（基督城）的接送、带香槟的野外午餐。如果从梅斯文出发，出发时间为 10:45（约需 5 小时 30 分钟）。

> **Hassle Free Tours**
> 电 (03) 385-5775　FREE 0800-427-753
> URL hasslefreetours.co.nz　单 全年 9:00 发车（全程约需 8 小时 30 分钟）
> 費 成人 NZ$255、儿童 NZ$179　CC V

克赖斯特彻奇（基督城）的
动感体验

与"花园城市"的美名不同的是，克赖斯特彻奇（基督城）拥有丰富的动感体验活动，几乎所有项目都以欣赏自然美景为核心。如果游客想兼顾回归自然与享受激情，那就试试高空跳伞这些让人血脉偾张的项目吧。

喷射快艇

从克赖斯特彻奇（基督城）驱车大概 50 分钟后，就能体验在怀马卡里里河（Waimakariri River）乘坐喷射快艇极速飞驰的快感。快艇驾驶员训练有素，游客可尽情享受其中的刺激。各旅行社的服务会略有不同，但基本都含市内酒店接送。

DATA
Waimak Alpine Jet
☎（03）385-1478　FREE 0800-263-626
URL www.alpinejet.co.nz　営 全年
料 Adventure Tour 成人 NZ$90、儿童 NZ$65（约需 30 分钟，含接送费）CC MV

高空跳伞

从 2700 米高空以 200 公里以上的时速俯冲，这就是惊险刺激的高空跳伞。有导游陪同进行双人跳伞，初学者也可安心挑战。纪念照和摄像等是自选收费服务项目。

DATA
Skydiving Kiwis
FREE 0800-359-549　URL www.skydivingkiwis.co.nz
営 全年　料 双人跳 NZ$235~335
CC MV

热气球

早上从克赖斯特彻奇（基督城）出发，根据当天的天气和旅游团的人数确定合适的场所。做好准备工作后，就开始你的高空之旅吧。美丽的日出以及田野、牧场如织布一般拼凑而成的坎特伯雷平原、南阿尔卑斯山脉等美景尽收眼底。

DATA
Ballooning Canterbury
☎（03）318-0860　FREE 0508-422-556
URL ballooningcanterbury.com　営 全年
料 成人 NZ$395、儿童 NZ$320（身高须在 140 厘米以上）CC MV

骑马

从克赖斯特彻奇（基督城）驱车大概 50 分钟到达的罗宾汉溪谷 Rubicon Valley 可以骑马。与导游一同策马奔腾在广阔的牧场、怀马卡里里溪谷、怀马卡里里河沿岸等地。既有 1 小时的短途线路，也有耗时半天的长途线路等，线路选择多样。市内接送需另议。

DATA
Rubicon Valley Horse Treks
☎（03）318-8886
URL www.rubiconvalley.co.nz
営 全年　料 1 小时 NZ$55、3 小时 NZ$135
CC MV

漂流

乘着漂流筏顺流而下，途中可以欣赏到溪谷与田园的美丽风光，时而激流勇进，里面速度平缓。虽说是自己持桨划船，导游依然会耐心讲解，因此初学者无须担忧。需自带毛巾与泳衣。含 BBQ 午餐。

DATA
Rangitata Rafts
☎（03）696-3735　FREE 0800-251-251
URL www.rafts.co.nz
営 10 月~次年 5 月
料 2 小时 NZ$215　CC MV

山地自行车骑行

骑着山地自行车在山村与大自然中纵情驰骋。从适于初学者的短途线路到需花费数日的长途骑行，线路和旅行项目丰富多样。还等什么，租上一辆全副武装的山地自行车出发吧！

DATA
Explore New Zealand by Bicycle
☎（03）377-5952　FREE 0800-424-534
URL www.cyclehire-tours.co.nz
営 全年（有些线路只在夏季开通）
料 山地自行车半日骑行 NZ$35~（租赁费）、山地自行车旅游团 NZ$70~　CC MV

购 物
Shopping

市中心的商店主要集中在利斯塔特购物中心（→p.43），不过近来市区各地也渐渐新开了不少商店。郊区也有一些特色商店，不妨在自驾游的间隙去那里淘一些特产吧。

简约新西兰
Simply New Zealana

特产

◆ 位于坎特伯雷博物馆（→p.44）一层的一家特产连锁店。这家带有"Qualmark"（新西兰优质标志）质量认证的商店销售黑金鲍饰品、木制手工艺品等。另外还有羊毛脂、含麦卢卡蜂蜜的护手霜等化妆品和艺术品，羊皮靴也很受欢迎。

市中心	Map p.42-B1
住 Canterbury Museum，Rolleston Ave.
☎ （03）366-9429
URL www.simplynewzealand.com
营 4~9月 9:00~17:00
　　10月~次年3月 9:00~17:30
休 无
CC ADJMV

Macpac 折扣店
Macpac Outlet Store

户外用品

◆ 起源于克赖斯特彻奇（基督城）的老牌户外品牌Macpac在新西兰最大的店铺。从背包、帐篷和睡袋等户外运动用品到户外运动服装等，应有尽有，登山前务必先来这里逛一逛。店内商品的三成以上都有大幅的优惠，绝对划算。

城市周边	Map p.40-B2
住 7A Mandeville St.
☎ （03）371-9342
URL www.macpac.co.nz
营 周一~周五 9:00~17:30、
　　周六 10:00~17:00、周日 10:00~17:00
休 无
CC DMV

哈帕
Hapa

画廊式商店

◆ 位于利斯塔特购物中心内的日用杂货店。店内陈设有画廊的气息，90%以上的商品都是新西兰制造的，还有很多克赖斯特彻奇（基督城）当地生产的商品。动植物及宝石为设计原型的饰品一般在NZ$50~。还销售皮革制品及木制工艺品、布制人偶、礼品卡等。在制革厂（→p.52）设有分店。

市中心	Map p.42-B2
住 Re:Start，96 Oxford Terrace
☎ （03）372-9335
URL hapanz.myshopify.com
营 周一~周五 10:00~17:30、周六、周日 10:00~17:00
休 无
CC MV

安利米特串珠
Beadz Unlimited

玻璃串珠

◆ 坐落在新摄政街上的一家玻璃串珠专卖店。经营各种串珠和链子，还为顾客提供手工制作饰品的工坊（每人NZ$40，需要提前预约）。与大地震中受灾的大教堂及艺术中心相关的商品最畅销。有大教堂圆窗造型的装饰品。

市中心	Map p.42-B3
住 7 New Regent St.
☎ （03）379-5391
URL beadzunlimited.com
营 10:00~17:30、冬季平时 10:00~16:00
休 无
CC AMV

南部城市购物中心
South City Shopping Center

购物中心

◆ 从市中心步行即达的少数几个购物中心。大超市"新世界"（营 7:30~21:00）和建材超市"WAREHOUSE"、经营书籍和各类卡的"Paper+"等，包括食品、调味品等，日用百货一应俱全。有美食城，还有快餐店。

市中心	Map p.42-C2
住 555 Colombo St.
☎ （03）962-8800
FREE 0800-768-842
URL www.southcity.co.nz
营 周一~周六 9:00~18:00、周日 10:00~17:00（部分店铺营业时间有变化）
CC 各店有所不同

餐馆
Restaurant

地震后，克赖斯特彻奇（基督城）的餐饮界的状况逐渐好转，关门歇业的餐馆迁址重新开张的店铺有很多，市场活力增强。尤其在维多利亚街、比利街等街道，餐馆和咖啡馆的数量增加。

库克的瓦斯灯
Cook'n'with Gas
新西兰菜

◆在 19 世纪后期的建筑的基础上改建的餐馆，入口处的瓦斯灯轻柔摇曳，内部装修同样令人称绝。菜品颇受好评，自 1999 年开业以来屡获大奖。主要经营海鲜、羔羊肉、猪排和牛排等，价格为 NZ$40~45。人均消费 NZ$70 左右。最好提前预订。

市中心	Map p.42-B2
住	23 Worcester Blvd.
☎	（03）377-9166
URL	www.cooknwithgas.co.nz
营	周一～周六 18:00~Late
休	周日
CC	ADMV

佩斯卡托来餐馆
Pescatore Restaurant
新西兰菜

◆乔治酒店（→ p.61）内的餐馆。采用当地的新鲜食材，制作成妙趣横生的美食。可以品尝到 10 种菜的主厨推荐套餐售价 $129。在普通菜品中，用牡蛎、鸭肉、扇贝等做的开胃菜 NZ$26.5，三文鱼、羔羊肉、牛肉和鹿肉等主菜 NZ$44 起。

市中心	Map p.42-A1
住	50 Park Tce.
☎	（03）371-0257
URL	www.thegeorge.com
营	周二～周六 18:00~Late
休	周日、周一
CC	ADJMV

菲黛尔乡村
Fiddelsticks
新西兰菜

◆位于伍斯特大道对面的餐馆。采用鹿肉、牛排和羔羊肉、海鲜等新西兰的特有食材制成精致的美食。晚餐的招牌菜品是绿番茄辣酱炸鸡。馅饼、面包和汤等每天都变换菜品，推荐前往享用午餐。

市中心	Map p.42-B2
住	48 Worcester Blvd.
☎	（03）365-0533
URL	fiddlesticksbar.co.nz
营	周一～周五 8:00~Late，周六、周日、节假日 9:00~Late
休	无
CC	MV

DUO 餐馆 & 酒吧
DUO Dining Room & Bar
国际美食

◆在这家店可以吃到吸取了泰国菜和中国菜精华的亚洲风味美食。沙拉和汉堡的午餐套餐为 NZ$16~28。晚餐推荐的坎特伯雷产的羔羊肩肉售价 NZ$35。还有快餐和咖啡馆。餐馆位于 YMCA 基督城酒店（→ p.63）的一层。酒店房客可享受打折。

市中心	Map p.42-B1
住	12 Hereford St.
☎	（03）423-1212
URL	duochch.com
营	12:00~23:00（各时期营业时间不同）
休	无
CC	AMV

舢板之家
Sampan House
中国菜

◆新摄政街附近一家平价餐馆。工作日，含 3 菜及米饭的每日变换种类的午餐套餐售价仅 NZ$9，很划算。面食 NZ$12~15.5，招牌菜（含米饭）仅售 NZ$15 左右。在这里可以用实惠的价格吃到正宗的中国菜。另外，还有沙嗲和咖喱鸡肉等亚洲美食，可外带。

市中心	Map p.42-B3
住	168 Gloucester St.
☎	（03）372-3388
URL	www.sampanhouse.co.nz
营	11:30~Late
休	无
CC	DMV

佐介
Sasuke
日本料理

◆ 里卡顿路旁的 Windmill 购物中心内的一家日本料理店。拉面和日式甜口洋葱咖喱很受食客喜爱。酱油拉面 NZ$13，味噌拉面 NZ$14.5，香辣味噌 NZ$15。不使用味精，通过小鱼干等纯天然材料来调汁儿，坚持做健康美食。

市区周边　　　　　　　　　　Map p.40-B2
住 Windmill Shopping Centre，cnr of Riccarton Rd. & Clarence St.
☎ （03）341-8935
營 周一 11:00~20:00、
　 周二 ~ 周六 11:00~21:00
休 周日
CC MV

一寸法师
Samurai Bowl
日本料理

◆ 新西兰最大的拉面店，由日本人经营。有 10 种拉面。面厂订制的面条很筋道，猪骨与去肉鸡骨熬制的靓汤令人回味无穷。汤共有 8 种，售价 NZ$11.8~。其他还有使用新西兰牛肉做的牛肉盖饭 NZ$12~ 等 27 种盖饭。可外带。

市中心　　　　　　　　　　　Map p.42-C2
住 5/574 Colombo St.
☎ （03）379-6752
URL www.samuraibowl.co.nz
營 11:00~21:00L.O.
休 无
CC MV

Sakimoto Japnanese Bistro 餐馆
Sakimoto Japanese Bistro
日本料理

◆ 位于大教堂电车站内的日本料理店。菜品均以小菜的形式端上。产于日本北陆用来做刺身的墨鱼干 NZ$7.5、炸鸡翅 NZ$8.5 等小酒馆的特色美食味道不凡，另外还有刺身、寿司卷和乌冬面、盖饭供应。店内还供应 Kimura Cellars、大泽葡萄酒等日式葡萄酒。

市中心　　　　　　　　　　　Map p.42-B3
住 16A Cathedral Junction Central City，119 Worcester St.
☎ （03）379-0652
營 周一 ~ 周六 11:30~14:30、17:30~21:00
休 周日
CC MV

Hachi
Hachi
日本料理

◆ 这家小规模的日本料理店让人不禁产生 "新西兰国内的扶桑之国" 的联想。日本主厨制作的美味不仅口感一流，价格也很公道。除米饭和味噌汤组成的 "超值便当套餐" NZ$16~ 外，还有铁板烧鸡盖饭 NZ$12.9~、面食及寿司汉堡等，品种多样。

市中心　　　　　　　　　　　Map p.42-A1
住 177 Victoria St.
☎ （03）377-0068
URL www.hachihachi.co.nz
營 周日 ~ 次周周三 11:00~21:00、周四 11:00~21:30、周五、周六 11:00~22:00
休 无
CC MV

维多利亚咖啡
Vic's Cafe
咖啡馆

◆ 在周末，经常能看到人们排着长队等待用餐，很有人气。与屡获新西兰金奖的面包房同属一家集团，美味的面包口碑极佳。菜单上主要是三明治和土司等面包类食品。含有香肠、鸡蛋、番茄及土豆等食物的早餐套餐售价 NZ$21.5，分量足够。

市中心　　　　　　　　　　　Map p.42-A2
住 132 Victoria St.
☎ （03）963-2090
URL www.vicscafe.co.nz
營 周一 ~ 周五 7:00~16:00、周六、周日 7:30~16:00
休 无
CC MV

柠檬树咖啡馆
Lemon Tree Cafe
咖啡馆

◆ 乍看仿佛是一家花店，但事实上是一家咖啡馆，店内布满了绿植和鲜花。除了供应足量早餐 NZ$19.5、薄煎饼 NZ$15.5、火腿蛋吐司 NZ$13.5 外，点心的种类也很多。店内摆满店主从自由市场上淘回来的古旧餐具和杂货，优雅的气氛弥漫在空气中。

市中心　　　　　　　　　　　Map p.42-C3
住 234 St Asaph St.
☎ （03）379-0949
營 周一 ~ 周五 7:30~16:00、周六 8:30~16:00
休 周日
CC MV

南岛

● 克赖斯特彻奇（基督城）

船屋咖啡
Boat Shed Cafe
咖啡馆

◆ 位于雅芳河河畔，用过去的游船库房改建而成的绿白条纹的外观令人印象深刻。菜单中只有早、午餐。午餐包括牛排三明治 NZ$21.5、烤三明治 NZ$8 等，以 NZ$20 左右的价格为主。露天席位能看到正下方流淌着的河水，煞是浪漫。

市中心 　　　　　　　　　　Map p.42-B1
- 2 Cambridge Tce.
- （03）366-6768
- URL boatsheds.co.nz
- 夏季 7:00~17:30、冬季 7:00~17:00
- 休 无
- CC AJMV

玛玛酒庄
Mama Hooch
咖啡馆

◆ 位于哥伦布街的时尚咖啡馆。除了有可 24 小时定制的小吃外，晚餐种类同样丰富。人气美食有裹满鳄梨的土司——"鳄梨土司" NZ$16、含有香脆鸡肉的 "Dirty Burger" NZ$19 等。还供应无麸质食品和蔬菜。

市中心 　　　　　　　　　　Map p.42-A2
- 817 Colombo St.
- （03）377-2455
- URL www.mamahooch.co.nz
- 周一·周二 7:30~17:00、周三~周六 7:30~Late
- 休 周日
- CC DMV

爱莱克斯咖啡
Ilex Cafe
咖啡馆

◆ 位于克赖斯特彻奇（基督城）植物园温室内的咖啡馆。2014 年开业时，英国威廉王子和凯特王妃曾到访此处。屋顶和墙是清一色的时尚白，从窗户就能看到植物园的树木和温室里的植物。鸡肉杏仁馅饼 NZ$9、奶酪牛肉 NZ$9 等是畅销美食。

市中心 　　　　　　　　　　Map p.42-B1
- Botanic Gardens 7 Rolleston Ave.
- （03）941-5556
- URL www.vbase.co.nz/venues/ilex-botanic-gardens
- 8:30~17:00
- 休 无
- CC ADMV

Column 震后努力在复兴的流动餐饮车

2011 年的地震使很多餐馆陷入停业、关门的困境，不过如今不少店已经重新开张，以西班牙菜闻名的餐馆"佩德罗羔羊餐馆"就是其中的代表。由于伍斯特街上的这家餐馆在地震中受损，直到 2012 年秋季，才在帕帕努伊街的一家酒馆停车场，改造了一个货柜后重新开业。菜单上只有一种菜：一直以来主推的羊肩肉 NZ$40。迷迭香和蒜让羔羊肩肉更入味，露天烧烤 5~6 小时后，肉软嫩到用刀一划就一下子下来一块。一份套餐可供 2~3 人享用。餐馆通常顾客盈门，最好提前预约。

还可以去位于阿尔马街、只在晴天开张的"查理冰激凌"小摊转转。这家于 2014 年 11 月恢复营业的家庭小摊早在 1907 年就创立了，是历代当地市民向往的味道。口感清醇的香草冰每杯 NZ$3。有巧克力、木莓和猕猴桃等配品可以自选。

粉色的外观很引人注目

Pedro's House of Lamb
Map p.42-A1
- 17 Papanui Rd.
- URL www.pedros.co.nz
- （03）387-0707
- FREE 0800-69-5262
- 16:00~20:00

Ice Cream Charlie
Map p.42-B2
- Armagh St.
- 12:00~17:30（天气状况不好时歇业）

分量足够，让你尽情享受

住宿
Accommodation

市中心有酒店和青年旅舍，比利街沿线则集中了大批汽车旅馆和 B&B。市区的有些住宿场所还提供接送服务，游客最好事先确认好。

乔治酒店
The George
最高档酒店

◆位于哈格雷公园内的小型豪华酒店。上品的服务与私密的气氛让你充分享受旅行的乐趣。酒店内的佩斯卡托来餐馆（→ p.58）是入选新西兰十佳的一流餐馆，不少食客慕名前来。

市中心　Map p.42-A1

住 50 Park Tce.　☎ （03）379-4560
FREE 0800-100-220
E-mail naoko@thegeorge.com
URL www.thegeorge.com
费 ⒟⒯ NZ$325~　房间数 53
CC ADJMV

基督城传统酒店
Heritage Christchurch
最高档酒店

◆位于大教堂广场的一家酒店，前身是历史悠久的旧政府大楼。经过严格的安全性测试后，于 2013 年 8 月重新开业。所有的商务套房都带厨房和洗衣房。意式古典建筑与时尚的装修相映成趣。

市中心　Map p.42-B2

住 28-30 Cathedral Sq.
☎ （03）983-4800
FREE 0800-368-888
URL www.heritagehotels.co.nz
费 ⒮⒟⒯ NZ$250~
房间数 38
CC ADJMV

基督城大教堂广场诺富特酒店
Novotel Christchurch Cathedral Square
中档酒店

◆位于大教堂广场正对面，于 2013 年 8 月恢复营业。客房分为标准客房、豪华客房和总统套房三种房型。部分客房带有浴缸。酒店有餐馆和酒吧、健身房。适合游客居住。

市中心　Map p.42-B2

住 52 Cathedral Sq.
☎ （03）372-2111
FAX （03）372-2112
URL www.novotel.com
费 ⒟⒯ NZ$135~　房间数 154
CC ADJMV

公园城堡酒店
The Chateau on the Park
中档酒店

◆位于哈格雷公园西侧，酒店的外观就像是一座城堡，几乎所有的客房都朝向一座建造精巧、美丽的公园。包括配有王室级别大床的豪华房，所有房间都宽敞明亮。酒店内餐馆、酒吧和 SPA 设施等一应俱全。

市区周边　Map p.40-B2

住 189 Deans Ave.Riccarton
☎ （03）348-8999
FREE 0800-808-999
URL www.chateau-park.co.nz
费 ⒟⒯ NZ$165~
房间数 193
CC ADJMV

克赖斯特彻奇苏迪马机场酒店
Sudima Christchurch Airport
中档酒店

◆距离克赖斯特彻奇（基督城）国际机场约 2 分钟车程。从机场到酒店有 24 小时运营的接送巴士。幽静的酒店宽敞舒适，装修高雅，适合在乘坐航班前后入住。所有房间配备房卡，有隔音装备和空调。

市区周边　Map p.40-A1

住 550 Memorial Ave.
☎ （03）358-3139
FREE 0800-783-462
URL www.sudimahotels.com
费 ⒟⒯ NZ$150~
房间数 241
CC ADMV

南岛

● 克赖斯特彻奇（基督城）

布雷克福瑞卡瑟尔酒店
Break Free on Cashel

中档酒店

市中心　　　　　　　　Map p.42-B3

◆2015年春季开业的全新概念酒店。酒店设计时尚，但是价格却不贵。不过房间无窗，面积也不大。带冰箱、电视和电水壶等设备，提供免费Wi-Fi。

住 165 Cashel St.
☎（03）360-1064
FREE 0800-448-891
URL www.breakfree.com.au
费 SDNZ$109~　房间数 263
CC ADMV

阁楼酒店
Pavilions Hotel

中档酒店

市区周边　　　　　　　Map p.40-B2

◆靠近赌场和哈格雷公园，但是距离市中心稍远。房型分为标准的单身公寓、带迷你厨房的高级套房及别墅式套房。

住 42 Papanui Rd.
☎（03）355-5633
FREE 0800-805-555
URL www.pavilionshotel.co.nz
费 SDTNZ$165~　房间数 86
CC ADMV

宜必思酒店
Ibis Christchurch

中档酒店

市中心　　　　　　　　Map p.42-B2

◆位于市中心，距离大教堂广场、利斯塔特购物广场和中央车站很近。标准间只有19平方米，很小，但是装饰现代，设计清新。双床房位于二层，温馨舒适。酒店还设餐馆和酒吧。

住 107 Hereford St.
☎（03）367-8666
URL www.ibis.com
费 DNZ$97~TNZ$92~　房间数 155
CC ADJMV

南方舒适汽车旅馆
Southern Comfort Motel

汽车旅馆

市中心　　　　　　　　Map p.42-A1

◆一家汽车旅馆，位于哈格雷公园北部附近的比利大街沿线。各单元都带厨房，并配有卫星电视，设施齐备。另外公用室外泳池和温泉浴池也一应俱全，适合长期居住。

住 53 Bealey Ave.　☎（03）366-0383
FREE 0800-655-345
FAX（03）366-0382
URL www.southerncomfort.co.nz
费 SDTNZ$140~　房间数 21
CC MV

比利136号汽车旅馆
136 on Bealey Motel

汽车旅馆

市中心　　　　　　　　Map p.42-A2

◆从市中心往北步行约15分钟即到。大堂位于二层，屋顶采光好，空间明丽。客房精致小巧，舒适温馨。所有房间带厨房或小厨房，还有可容纳4人的客房。早餐自选。

住 136 Bealey Ave.　☎（03）366-0582
FREE 0800-500-283
FAX（03）366-3637
URL www.136onbealey.co.nz
费 SDTNZ$100~　房间数 15
CC AJMV

科伦坡中心点汽车旅馆
CentrePoint on Colombo Motel

汽车旅馆

市中心　　　　　　　　Map p.42-A2

◆一对跨国夫妇经营的汽车旅馆。所有房间都带简易厨房，还提供送早餐服务。客房内有DVD/CD播放设备。1~2人间也有温泉浴池。最大的房间为5人间。

住 859 Colombo St.　☎（03）377-0859
FREE 0800-859-000　FAX（03）377-1859
URL www.centrePointoncolombo.co.nz
费 SNZ$650~180 DTNZ$165~200
房间数 12
CC AJMV

厨房（所有房间）　厨房（部分房间）　厨房（共用）　吹风机（所有房间）　浴缸（所有房间）
泳池　上网（所有房间/收费）　上网（部分房间/收费）　上网（所有房间/免费）　上网（部分房间/免费）

农庄精品家庭旅馆与汽车旅馆
The Grange Boutique B&B and Motel
B&B

◆利用建于 1874 年的维多利亚式豪宅引入现代设施改造而成的家庭旅馆。全部客房带浴室，有可住 3 人的大房间。旅馆内摆放着日常用具，让旅客顿感时光悠悠。

市中心　　Map p.42-B2

住 56 Armagh St.　　电（03）366-2850
FREE 0800-932-850　FAX（03）374-2470
URL www.thegrange.co.nz
费 ⑤NZ$129~199 ⑥NZ$199~249
房间数 6
CC ADMV

奥拉里 B&B
Orari B&B
B&B

◆位于市中心，从哈格雷公园步行约 3 分钟即达。前身是建于 1890 年的一栋古老民宅，改建后成为旅馆。内部装饰全是欧式风格。所有房间都配有超薄电视和专用浴室。最大房间可容 4 人居住。

市中心　　Map p.42-B2

住 42 Gloucester St.
电（03）365-6569
FREE 0800-267-274
FAX（03）365-2525　URL orari.co.nz
费 ⑤NZ$160~255 ⑥NZ$180~275
房间数 10
CC VM

YHA 基督城
YHA Christuchurch
青年旅舍

◆2014 年 10 月开业的 YHA。很多客房带沐浴设备和洗手间，公共空间也很宽敞。另外，位于伍斯特街的罗莱斯顿大厦 YHA 是一个古老建筑，有家的氛围。两家 YHA 都位于市中心，交通便利。

市中心　　Map p.42-B2

住 36 Hereford St.
电（03）379-9536
URL www.yha.co.nz
费 DormNZ$35~ ⑤NZ$70~
　　⑥NZ$75~ ⑦NZ$78~
房间数 127 张末
CC DMV

YMCA 基督城酒店
YMCA Christuchurch
青年旅舍

◆位于哈格雷公园对面，区位好。近些年刚装修完房间，干净整洁。户型包括沐浴室和洗手间共用的标准间及带浴室、电视的豪华房，带厨房的别墅房。酒店内设咖啡馆、健身房和桑拿房等。

市中心　　Map p.42-B1

住 12 Hereford St.
电（03）366-0689
FAX（03）365-1386
URL ymcachch.org.nz
费 DormNZ$35~ ⑤NZ$60~ ⑥⑦NZ$85~
房间数 105
CC AMV

几维之家
Kiwi House
青年旅舍

◆日本人经营的旅馆。工作人员都很热情，会为住客提供观光和长期住宿方面的咨询服务。副楼 "Small Kiwi House" 于 2014 年夏季装修完成。免费前往市区接送顾客。深受情侣和家庭游客的欢迎。长期住宿还有折扣。

市中心　　Map p.42-B3

住 373 Gloucester St.
电（03）377-9287
FAX（03）377-9282
URL www.kiwihouse.co.nz
费 DormNZ$25~28 ⑤NZ$34~38 ⑥NZ$60
房间数 99 张床
CC VM

流浪背包客
Vagabond Backpackers
青年旅舍

◆位于市区东侧，受背包客喜爱的住处。从市中心步行约 10 分钟即到，交通便捷。虽然是一家小旅馆，房间却很宽大，热情的服务更是好评如潮。旅馆方面准备了简单的早餐，是厉行节俭的游客的最爱。

市中心　　Map p.42-B3

住 232 Worcester St.
电（03）379-9677
FREE 0800-324-428
URL vagabondhostel.co.nz
费 ShareNZ$28~32 ⑤NZ$53
⑥NZ$66~74 ⑦NZ$64~74　房间数 30 张床
CC MV

克赖斯特彻奇
（基督城）
阿卡罗阿

阿卡罗阿 *Akaroa*

位于班克斯半岛的港口小城阿卡罗阿是英国人到达利特尔顿之前，由法国移民建造而成的城镇。自1840年《怀唐伊条约》签订后，新西兰开始成为英国的领地，只有阿卡罗阿作为捕鲸活动的港口一直是法国移民的聚居区。因此，这座小城至今仍然到处充满着法国文化的影子。

从克赖斯特彻奇（基督城）市中心开车到这里约需1小时30分钟。在班克斯半岛上开往阿卡罗阿的道路，是一条能欣赏新西兰典型牧歌式风景的景观线路。

人口 567 多人
URL www.akaroa.com

前往阿卡罗阿的穿梭巴士
阿卡罗阿穿梭公司
FREE 0800-500-929
URL www.akaroashuttle.co.nz
Akaroa Direct Shuttle Service
运 克赖斯特彻奇（基督城）
发车 8:30、13:30
费 往返 NZ$50
阿卡罗阿法兰西联运公司
FREE 0800-800-575
URL www.akaroabus.co.nz
Christuchurch Direct Shuttle
运 克赖斯特彻奇（基督城）
发车 9:30、10:30
费 往返 NZ$45

前往阿卡罗阿的景观线路
Map p.40-C·D1
如果租车前往阿卡罗阿，要从克赖斯特彻奇（基督城）穿过一段异常蜿蜒的山路，驾车时要万分小心。

眼前就是美丽的海湾

旅游咨询处 SITE
Akaroa i-SITE Visitor Information centre
Map p.65
住 74a Rue Lavaud
电 （03）304-7784
URL www.akaroa.com
开 夏季   9:00~20:00
  冬季   9:00~17:00
休 无

圣帕特里克教堂

风光绮丽的阿卡罗阿港

阿卡罗阿 前往阿卡罗阿

从克赖斯特彻奇（基督城）驱车约需1小时30分钟。阿卡罗阿穿梭公司（Akaroa Shuttle）和阿卡罗阿法兰西联运公司（Akaroa French Connection）运营从克赖斯特彻奇（基督城）至阿卡罗阿的穿梭巴士，不过每天只有1~3班，班次较少。

阿卡罗阿 漫 步

阿卡罗阿是一个海滨小城，一天就足以把它逛个遍。最具人气的动感体验是邂逅赫克特海豚的海湾巡游。码头的栈桥边有时尚的咖啡馆和商店，19世纪的建筑特里尼提教堂（Trinity Church）、圣帕特里克教堂（St.Patrick Church）、加冕图书馆（Coronation Library）等景点也值得一看。阿卡罗阿还是一个度假胜地，不少酒店和汽车旅馆都带有海湾景观房。

郊区有奶酪工厂、葡萄酒酿造厂、著名的阿卡罗阿三文鱼养殖场和果园等，在餐馆也能品尝到采用当地新鲜食材制作的菜品。

经常能看到法国国旗的三种颜色

阿卡罗阿港湾巡游
Map p.65

Akaroa Harbour Cruise

班克斯半岛曾是一座巨大的火山堆，大约 1200 万年前还在位于距离南岛 50 公里的地方。火山喷发后形成了今天的阿卡罗阿湾和利特尔顿（→ p.53）。黑猫巡游公司（Black Cat Cruises）组织的巡游是从阿卡罗阿湾到外海附近的环游，约需 2 小时。港湾内陡峭的断崖可以让人想象到过去的模样。

被海浪侵蚀形成的断崖连绵不绝

阿卡罗阿湾还因为能看到世界珍稀的体形最小的海豚——赫克特海豚而闻名。此外还栖息着蓝企鹅、海鸟等多种海洋动物。旅游团还会从三文鱼养殖场前经过，游客能看到喂食过程。与海豚一起游泳的旅游团（Swimming with Dolphins）也很受欢迎。

巨人之家
Map p.65 外

The Giant's House

位于巴尔格里街（Rue Balguerie）的尽头，从阿卡罗阿市中心徒步约需 10 分钟。公园由享誉全球的新西兰艺术家 Josie Martin 亲自设计，园内有很多 1880 年建造的法式建筑等，颜色鲜艳，造型多样。贴着马赛克瓷砖的人形雕塑及喷泉也是独一无二的景点。

公园内还有小型博物馆

草莓湾奶酪厂
Map p.40-D1

Barry's Boy Cheese Factory

采用天然原料，用传统方法制作约 30 种奶酪。9 月~次年 5 月中旬还可隔着玻璃参观制作工坊（需提前预约），还可品尝各种奶酪。现场销售的奶酪有切达、红波、高达和风味奶酪等国际知名品牌，还有与奶酪绝配的当地产的葡萄酒。

热销的是水果味马士丹奶酪（Maasdam）

阿卡罗阿港湾巡游
黑猫巡游公司
☎（03）304-7641
FREE 0800-937-946
URL www.blackcat.co.nz
阿卡罗阿港湾自然之旅
開 5~10 月　13:30
10 月~次年 4 月
11:00、13:30
（12 月中旬~次年 3 月的 15:40 也有一班）
費 成人 NZ$74、儿童 NZ$30
能体验与海豚一起游泳的旅游团
開 9 月~次年 4 月 6:00、8:30、11:30、13:30、15:30
5 月　11:30
休 6~8 月
費 成人 NZ$155、儿童 NZ$120

巨人之家
住 68 Rue Balguerie
☎（03）304-7501
URL www.thegiantshouse.co.nz
開 夏季　12:00~17:00
冬季　14:00~16:00
休 无
費 成人 NZ$20、儿童 NZ$10

草莓湾奶酪厂
住 5807 Christchurch Akaroa Rd.Duvauchelle 7582
☎（03）304-5809
URL www.barrysbaycheese.co.nz
開 9:00~17:00
休 无

阿卡罗阿市中心

至克赖斯特彻奇（基督城）75

Childrens Bay
Jubilee Park
警察局
Woodhills Rd.
Rue Lavaud
圣帕特里克教堂
L'Aube Hill Reserve
特里尼提教堂
本・和谐背包客栈 H
切斯拉玛背包客栈 H
阿卡罗阿特色汽车旅馆 H
i SITE
马厩餐馆 R
Rue Jolie
玛・梅森餐馆&酒吧 R
圣公会教堂
Rue Balguerie
阿卡罗阿湾
Akaroa Harbour
French Bay
Rue Benoit
Smith St.
Aldius
Beach Rd.
加冕图书馆
Mauri St.
Watson St.
至巨人之家
L'hotel H
阿卡罗阿乡村旅馆 H
Rue Jolie
阿卡罗阿港湾巡游起始码头
Akaroa Harbour Cruise
Stanley Park
0　200m

奥凯斯湾毛利人和殖民者博物馆

奥凯斯湾毛利人和殖民者博物馆 **Map p.40-D1**
Okains Bay Maori and Colonial Museum

住 1146 Main Rd.Okains Bay
☎（03）304-8611
URL www.okainsbaymuseum.co.nz
开 10:00~17:00
休 无
费 成人 NZ$10、儿童 NZ$2

奥凯斯湾位于班克斯半岛东北部，距离阿卡罗阿市中心约 25 分钟车程。毛利部落之一的乃塔胡族（Nagi Thau）早在 1680 年就划着独木舟到了这里。这家博物馆展示了毛利人的钓具、独木舟、殖民者带来的生活用品及航海模型等重要资料。

餐 馆
Restaurant

玛·梅森餐馆 & 酒吧
Ma Maison Restaurant & Bar

Map p.65

◆ 坐落在阿卡罗阿湾的对面，海湾美景放眼即是，十分浪漫，常举办婚礼。午餐最受欢迎的是海鲜番红花拼盘 NZ$14 等。晚餐最好提前预约。

住 2 Rue Jolie   **☎**（03）304-7668
URL www.mamaison.co.nz
开 10:00~21:30
休 无
CC JMV

马厩餐馆
The Stables

Map p.65

◆ 带有露天席位，店内的光线也很充足。午餐以简餐为主，有当天的靓汤 NZ$12.5 和 NZ$6.5~ 等。松饼和烤饼可外带。可以一边欣赏阿卡罗阿湾的美景一边用餐。

住 57 Rue Lavaud   **☎**（03）304-8039
开 周一～周四 8:00~16:00
　　 周五、周六 8:00~22:00
　　 周日 8:00~16:00
休 无   **CC** MV

住 宿
Accommodation

阿卡罗阿特色汽车旅馆
Creterion Akaroa Motel

Map p.65

◆ 位于市中心，非常方便。所有客房带有面向阿卡罗阿湾的露台，景色极佳。还配备卫星电视和 DVD 播放机。

住 75 Rue Jolie   **☎**（03）304-7775
FREE 0800-252-762   **FAX**（03）304-7850
URL www.holidayakaroa.co.nz
费 ⑤ⒹⓉ$120~325   **房间数** 13
CC ADJMV

阿卡罗阿乡村旅馆
The Akaroa Village Inn

Map p.65

◆ 共有 5 种房型，除了汽车旅馆风格的房间外，还有标准间和由一栋历史建筑改建而成的客房"海运办公室"等。时尚的装修与亲民的价格、沿岸的地段使得它深受欢迎。

住 81 Beach Rd.   **☎**（03）304-1111
FREE 0800-695-2000
URL www.akaroavillageinn.co.nz
费 ⑤ⒹⓉ NZ$160~380   **房间数** 32
CC MV

切斯拉玛背包客栈
Chez la Mer Backpackers

Map p.65

◆ 由喜欢旅行的一对夫妻经营的小旅馆。院子里鲜花相迎。外观呈粉色，内部温馨。各层都带厨房，前台可借吹风机。

住 50 Rue Lavaud   **☎**（03）304-7024
URL www.chezlamer.co.nz
费 DormNZ$30~⑤ⒹⓉ NZ$76~96
房间数 27 张床
CC MV

本·和谐背包客栈
Bon Accord Backpackers

Map p.65

◆ 在拥有大约 150 年历史的古老建筑基础上建成的小背包客栈。除多人间外的客房，都备有咖啡 & 红茶和吹风机。还有免租金的自行车，颇为方便。

住 57 Rue Lavaud   **☎**（03）304-7782
URL www.bon-accord.co.nz
费 DormNZ$26~⑤ NZ$26~Ⓓ NZ$70~
房间数 21 张床
CC MV

🍳厨房（所有房间）🍳厨房（部分房间）🍳厨房（共用）💨吹风机（所有房间）🛁浴缸（所有房间）🏊泳池　🖥上网（所有房间/收费）🖥上网（部分房间/收费）🖥上网（所有房间/免费）🖥上网（部分房间/免费）

特卡波湖 *Lake Tekapo*

克赖斯特彻奇
（基督城）

特卡波湖

包括特卡波湖和南阿尔卑斯以东的广阔高地被称为麦奇肯地区（Mackenzie Country）。其中特卡波湖南北长约 30 公里，最大水深接近 120 米。其独特的色泽是由从冰河融化的水中混入岩石小颗粒造成的。南阿尔卑斯的群山映照在深蓝色的湖面上。湖畔静静矗立着宛如油画一般的小教堂，一到春季，还有紫的、粉的羽扁豆花装点画面，一派新西兰独有的美景。

包括特卡波湖在内的周边区域晴天率高，适合观星，因此被新西兰政府指定为星空观测区（→p.72）。此外，当地正在积极将景区申遗，一旦成功，将成为世界首个星空观测的世界遗产。特卡波湖灯光昏暗，如果天气晴好，你一定可以看到梦幻般的星空。星空观测之旅（→p.69）也深受欢迎。

人口 369 人
URL laketekapountouched.
co.nz

主要巴士公司
（→p.489）
城际／纽曼长途公司
Great Sights 公司
Atomic Shuttles 公司

❷ **旅游咨询处**
Lake Tekapo
Information Centre
Map p.68-B1
🏠 State Hwy.8
☎/📠（03）680-6686
URL tekapotourism.co.nz
🕐 9:00～18:00
（各时期的运营时间有所不同）
🛌 无
　位于特产店"几维宝物" Kiwi Treasure 内。旁边还有邮局。

湖面颜色会随着天气的变化而改变

特卡波河发源自特卡波湖，湖面上有一座桥

长途巴士车站
Map p.68-A·B1
🏠 State Hwy.8

特卡波湖附近的滑雪场
圆山滑雪场
Map p.68-A2 外
☎（03）680-6977（降雪信息咨询）
URL www.roundhill.co.nz
🕐 6 月下旬～9 月中旬
🎫 索道 1 日券
成人 NZ$81、儿童 NZ$36
🚐 从起点特卡波湖沿湖，在 8 号公路上向东北方面行驶约 32 公里后到达的一座小型滑雪场。旺季有收费的穿梭巴士。从滑雪场可以看到湖景。深受家庭游客的喜爱。

特卡波湖 前往方法

从克赖斯特彻奇（基督城）开往皇后镇的长途巴士中午时分会在这里停车，以方便乘客用餐。城际／纽曼长途公司的大巴每天运行 1 班，约需 4 小时。从皇后镇出发也是 1 天 1 班，约需 4 小时 30 分钟。Great Sights 公司和 Atomic Shuttles 公司等同时运营大巴，夏季有前往奥拉基／库克山国家公园的穿梭巴士（→p.74）。长途巴士车站位于 8 号公路沿线。旅游咨询处位于乡村中心（Village Centre）内。

特卡波湖 漫 步

被称为乡村中心的一小块区域内集中了特产店、餐馆和旅馆。这个村子很小，没有太多看点，但是观赏变幻莫测的湖面以及在湖周边散步、赏景等都是新西兰独特的体验。从村庄驱车 35 分钟左右还能到达圆山滑雪场 Roundhill Ski Area。

特卡波湖 主要景点

好牧羊人教堂
Church of the Good Shepherd

好牧羊人教堂
☎（03）685-8389
URL www.mackenziechurch.org.nz
开 4 月中旬~9 月
10:00~16:00
10 月~次年 4 月中旬
9:00~17:00
休 无（举办丧葬嫁娶仪式时
除外）

Map p.68-A2

　　静静矗立在湖畔的石结构小教堂，是欧洲的拓荒者最早于 1935 年利用周围的岩石建造而成的。最初设计为哥特式风格，实际建造时为了更好地融入特卡波湖周边的风景，设计变得更加简约，并能充分体现岩石的自然属性。从周围的岩石缝隙里，还能看到爱尔兰野草等野生植物探出小脑袋。

有情侣在这里举办婚礼

　　这家教堂最大的特点是祭坛对面有扇大窗户，玻璃窗外就是特卡波湖和南阿尔卑斯山的美景。大自然的美景如画，摄人心魄。

边界犬雕像
Boundary Dog Statue

Map p.68-B2

　　教堂的一旁就是一尊牧羊犬雕像。这是 1968 年为了纪念当年拓荒时期守护没有围栏的边界线（Boundary）的牧羊犬刻意建造的雕像。

威武的牧羊犬雕像

特卡波湖

至亚历山德丽娜湖、马库雷加湖
▲约翰山
Mt.John
1031m
约翰山天文台
星空观测之旅
Mt.Jhon University
Observatory Tour
约翰山天文台
Mt.Jhon University
Observatory
特卡波湖
Lake Tekapo
至圆山滑雪场

约翰山峰顶线路
Mt. John Summit
星空咖啡馆

当地徒步线路
Domain Walk

特卡波温泉
Tekapo Springs

特卡波湖YHA Ⓗ
特卡波村
汽车旅馆 Ⓗ

Ⓢ Kiwi Treasure
Lake Tekapo Information Centre

湖畔餐馆

好牧羊人教堂
Church of the Good Shepherd
边界犬雕像
Boundary Dog Statue

特卡波湖汽车旅馆和
假日公园

长途巴士车站
胡椒蓝水精品度假屋 Ⓗ
思考咖啡餐馆 Ⓡ
奔跑76餐馆 Ⓡ

大地和天空
夏洛特精品汽车旅馆
松树滩

特卡波湖背包客量身定造旅舍 Ⓗ

戈德利度假酒店 Ⓗ

Domain Walk
Alan St.
Scott St.
Murray Pl.
月光酒店 Ⓗ

Lake George Scott Loop
松树滩散步道
Pines Beach Walk

发电站
Powerhouse
Lake
George
Scott
水门

科旺斯山散步道
Cowans Hill Track

科旺斯山
Cowans Hill

至奥拉基库克山国家公园、特威泽尔

至蒂马鲁、克赖斯特彻奇（基督城）

特卡波湖周边的徒步线路
Walking Tracks around Lake Tekapo

Map p.68

科旺斯山~松树滩散步道
Cowans Hill Track~Pines Beach Wal

桥为起点。沿河向上，穿过森林，到达科旺斯山观景台约需1小时。从观景台走入松树滩散步道，越过牧场的围栏，沿着松树滩前进，最终到达好牧羊人教堂大约需要1小时。

约翰山峰顶线路
Mt.John Summit（往返2小时30分钟~3小时）

如果沿湖走，起点位于特卡波温泉。直线登山的线路较陡，而湖岸线路则更为平缓，不过需要绕一大圈，单程需要3小时~3小时30分钟。

约翰山天文台
Mt.John University Observatory

Map p.68-A1

从特卡波镇中心区驱车15分钟就可以抵达约翰山山顶的天文台。新西兰坎特伯雷大学与国外其他大学在这里联合做科研。2004年，口径达1.8米的新西兰最大天文望远镜MOA诞生于此，由4座天文望远镜共同完成天体观测。如果要参观参加大地和天空（后述）旅游团即可。从山顶可将特卡波湖一览无余。山顶还有一家星空咖啡馆（→p.70）。

从约翰山远眺美景

约翰山天文台星空观测之旅
Mt.John Observatory Tour

Map p.68-A1

游客可在前往约翰山天文台的途中，用肉眼或借助望远镜欣赏南十字星和麦哲伦星云等南半球的星云。如果你带了单镜头反光式相机，天体摄影师会协助你拍照。还会在科旺斯山（Cowans Hill）上举办科旺斯山天文台星空观测之旅。从山上可一览特卡波湖的妖娆。

特卡波温泉
Tekapo Springs

Map p.68-A1

有三个温度不同的户外温水池，不过温度都在33℃~37℃（冬季36℃~40℃）间。温泉且可以直接看到特卡波湖和群山的英姿。有很多按摩及水疗服务项目。还有带坐着轮胎内胎畅快滑过150米轨道项目的内胎公园Tube Park。

适合在散步后玩耍

约翰山峰顶线路

大地和天空
Earth & Sky
Map p.68-B2
住 State Hwy.8
☎（03）680-6565
FREE 0800-112-360
FAX（03）680-6950
URL www.earthandskynz.com

约翰山天文台星空观测之旅
举 夏季 22:00、22:45、24:15
冬季 19:00、20:30、21:15
全年（旅游团的出发时间及
发团次数各季节不同，需要
提前确认）
费 成人 NZ$148、儿童 NZ$83
参观天文台，其中包括
新西兰最大的天文望远镜。
约翰山观景及星空咖啡馆品
尝咖啡也是一种难忘的体验。
集合地点位于村庄中心
的办公室前。约需2小时。
参加者须年满7周岁。山顶
气温低，即使夏天也要备好
保暖衣物。有羽绒服出租。

科旺斯山天文台星空观测之旅
举 时间需要咨询
费 成人 NZ$93、儿童 NZ$53

特卡波温泉
住 6 Lakeside Dr.
☎（03）680-6550
FREE 0800-2353-8283
URL www.tekaposprings.co.nz
营 10:00~21:00
（各时期营业时间不同）
休 无
热泉
费 成人 NZ$25、儿童 NZ$14
还有包含桑拿和内胎公园的
价格
内胎公园
费 成人 NZ$25、儿童 NZ$19
（6月中旬~9月中旬为雪上
滑行）

特卡波湖的
动感体验

乘小型飞机飞行观光

　　乘坐从特卡波湖出发的小型飞机饱览南阿尔卑斯山的风光。环游奥拉基／库克山国家公园与西部国家公园的大穿越线路（Grand Traverse）约需 1 小时，费用 NZ$360。从位于奥拉基／库克山国家公园入口处的格林塔纳公园或弗兰兹·约瑟夫机场起飞。有 3 种飞机，所有座位都靠窗。

Air Safaris
- ☎（03）680-6880　FREE 0800-806-880
- FAX（03）680-6740
- URL japanese.airsafaris.co.nz
- 举 全年　费 Grand Traverse 成人 NZ$360~、儿童 NZ$230~　CC ADMV

乘直升机飞行观光

　　从直升机上可以看到南阿尔卑斯山的山区风光，还能在雪上着陆。飞机停在特卡波湖西岸的弗兰兹·约瑟夫，名为 Mountain High 的饱览特卡波湖、普卡基湖和南阿尔卑斯群山美景之旅约需 20 分钟，很受游客欢迎。从特卡波湖以西 5 公里处的弗兰兹·约瑟夫机场起飞。

Tekapo Helicopters
- ☎（03）680-6229　FREE 0800-359-835
- URL www.tekapohelicopters.co.nz
- 举 全年
- 费 Mountain High NZ$199
- CC AMV

骑马

　　特卡波镇郊外有骑马的场地。昼间线路包括 30 分钟的简短骑行及深入山区的 1 日骑行（2 人，每人 NZ$310），推荐游客试试环游约翰山周边的 2 小时骑行。坐在晃晃悠悠的马背上欣赏特卡波湖及南阿尔卑斯群山的雄壮美景，非常惬意。提供至村庄住宿地的接送服务。

Mackenzie Alpine Horse Trekking
- ☎ 021-134-1105　FREE 0800-628-269
- URL www.maht.co.nz
- 举 夏季
- 费 30 分钟 NZ$45、2 小时 NZ$110、3 小时 30 分钟 NZ$160　CC MV

 餐馆 *Restaurant*

Map p.68-B2

湖畔餐馆
Kohan Restaurant

◆ 以 NZ$20 的三文鱼盖饭闻名的餐馆。在醋饭上盛上满满的一层三文鱼。当地冰河中出产的三文鱼肉质肥嫩，饱满紧致。湖畔便当含炸虾、炸鸡排及当日的特色生鱼片，售价 NZ$26.5。

- 住 6 Rapuwai Lane　☎（03）680-6688
- URL kohannz.com
- 营 周一～周六 11:00~14:00
  及 18:00~21:00、周日 11:00~14:00
- 休 无（冬季有休）
- CC ADJMV

Map p.68-A1

星空咖啡馆
Astro Café

◆ 约翰山山顶的一家观景咖啡馆。四面的玻璃墙和露天席位都能自如地欣赏特卡波镇的街景和湖景。百吉饼和以当地面包和原料制作的三明治及自制烤饼等零食品种齐全。

- 住 Mt.John Observatory
- ☎（03）680-6960
- 营 夏季 9:00~18:00
  冬季 10:00~17:00
- 休 无　CC MV

Map p.68-A1

思考咖啡餐馆
Reflections

◆ 早上有咖啡，晚上有正餐，在这家休闲咖啡餐馆，整天都能用餐。店内还有露天席位，能欣赏特卡波湖的景色。推荐尝尝双人份牛排汉堡 NZ$21 和 300 克的羔羊排 NZ$19.5。

- 住 State Hwy.8
- ☎（03）680-6234
- URL www.reflectionsrestaurant.co.nz
- 营 7:00~Late
- 休 无
- CC MV

奔跑 76 餐馆
Run76

◆ 7:30~11:00 供应的早餐价格为 NZ$ 12.5~，到下午 14:30 为止的全日早餐是招牌美食。午餐有 NZ$17.5 的焖牛肉 Hot Bun 和班尼迪克蛋（火腿蛋松饼）NZ$18.5、汤 NZ$10.5 等。有些菜品可以外带。

住 State Hwy.8　☎（03）680-6910
URL www.run76laketekapo.co.nz
营 7:00~16:00
休 无
CC MV

住 宿
Accommodation

胡椒蓝水精品度假屋
Peppers Bluewater Resort

◆ 胡椒集团经营的高档连锁酒店。酒店坐落于可同时欣赏山水风光的便利之处，几乎所有客房都带露台。有些房间还配浴缸和厨房。在餐馆可一边用餐一边饱览特卡波湖的美景。

住 State Hwy.8
☎（03）680-7000
FREE 0800-275-373
URL www.peppers.co.nz
费 ⑤ⒹⓉ NZ$222~　房间数 142
CC ADMV

特卡波村汽车旅馆
Lake Tekapo Village Motel

◆ 位于村庄中心内，交通便利。虽然装修简单，但是近在眼前的特卡波湖是它的优势。有单间公寓房和 6 人间等多种房型，适合长期居住的住客。

住 State Hwy.8
FREE 0800-118-666
URL www.laketekapo.com
费 Studio NZ$170 Family unit NZ$195~215
房间数 19
CC ADMV

夏洛特精品汽车旅馆
The Chalet Boutique Motel

◆ 建在特卡波湖对岸的一栋小别墅风格的二层建筑。有面积和装饰都不同的各种类型的房间，其中有 5 间是湖景房，厨房和会客厅都很宽敞。精心打理的花园内百花争艳。

住 14 Pioneer Dr.
☎（03）680-6774
FREE 0800-843-242
FAX（03）680-6713
URL www.thechalet.co.nz
费 ⒹⓉ NZ$205~350　房间数 7　CC JMV

戈德利度假酒店
The Godley Resort Hotel

◆ 面向特卡波湖而建的酒店，由数栋两层建筑共同连成。带浴缸的湖景房很受欢迎，夏季住宿尽量提前预约。酒店还带接待室、餐馆、健身房和滑雪板烘干室等。

住 State Hwy.8
☎（03）680-6848
FREE 0800-835-276　FAX（03）680-6873
URL www.tekapo.co.nz
费 ⑤ⒹⓉ NZ$110~250
房间数 67　CC ADJMV

月光酒店
Moonlight B&B

◆ 位于稍稍远离湖区的安静区域，适合那些想长期停留及想体验当地生活的游客。以太阳、月亮等命名的客房很时尚、前卫。虽然是 B&B，也接待只住宿的客人。主楼旁还有一栋两层的小别墅。

住 25 Murray Pl.
☎ 210-242-2618
URL www.tekapomoonlight.co.nz
费 ⑤Ⓓ NZ$140~
房间数 6
CC ADMV

厨房（所有房间）厨房（部分房间）厨房（共用）吹风机（所有房间）浴缸（所有房间）泳池　上网（所有房间/收费）上网（部分房间/收费）上网（所有房间/免费）上网（部分房间/免费）

特卡波湖汽车旅馆和假日公园
Lake Tekapo Motels & Holiday Park

◆ 位于特卡波湖畔，由可停靠露营车的假日公园、野营地、汽车旅馆、小木屋和背包客栈组成。汽车旅馆的房间偏小，但是浴室、洗手间和简易厨房一应俱全。还有公用洗衣房。

Map p.68-A1

住 2 Lakeside Dr.
☎ （03）680-6825
URL laketekapo-accommodation.co.nz
费 汽车旅馆 ⑤ⓓ NZ$145~175 小木屋 NZ$90~140　房间数 8 栋汽车旅馆
CC MV

特卡波湖 YHA
YHA Lake Tekapo

◆ 这家 YHA 距离市区较近，出行便捷。带暖炉的休息室面积很大，窗外就是特卡波湖。在前台可以报名参加各个旅游团。工作人员非常热情。

Map p.68-A1

住 3 Simpson Lane
☎ （03）680-6857
URL www.yha.co.nz
费 DormNZ$40~ ⓓⓉ NZ$104~
房间数 26 张床
CC MV

特卡波湖背包客量身定造旅舍
Tailor-Made-Tekapo Backpackers

◆ 从长途巴士步行约 5 分钟到这里，是一家占地面积很大、环境安静的背包客客栈。客房和厨房整洁、舒适。还有带独立卫生间和浴室的房间。很多滑雪游客住在这里，因此酒店特地准备了滑雪板干燥室。在花园里可以看到小兔子等动物。

Map p.68-B1

住 9-11 Aorangi Cres.
☎ （03）680-6700
URL www.tekapohotelnz.com
费 Dorm NZ$32~ ⑤ NZ$80~ ⓓⓉ NZ$85~
房间数 40 张床
CC MV

向星空之旅进发

南十字星和麦哲伦星云等悬浮在夜空中，整个宇宙仿佛就在我们的眼前。这是位于南半球的新西兰特有的美景，来欣赏一番吧。

全球最大的星空观测区

特卡波村只有区区370人左右。这里地处南纬44°，纬度高，再加之晴天多，空气清净等，使得它成为天体观测的最佳场所，世界最南端的天文台就坐落于此。2012年6月，连同特卡波村、奥拉基/库克山国家公园和麦肯基盆地周边在内的4300平方公里区域都被列入星空观测区。繁星铺满夜空的美丽胜景让游人甚至产生了遨游银河的幻觉。如果你想来观赏星空，一定要选择在新月的时候哦。

奥拉基/库克山国家公园
克赖斯特彻奇（基督城）
坎特伯雷地区
特卡波湖
特威泽尔
奥拉基·麦肯基星空观测区

特卡波湖的约翰山天文台星空观测之旅
（→ p.69）

夜空的四季

春
9～11月

春天可以看到毛利人眼中的独木舟星座。从昴星团至猎户座呈独木舟状，而银河就是太平洋。位于船尾的猎户座又伸出一根锚索，倒立的南十字星犹如抛向海中的锚。到11月，南十字星来到一年中最低的位置，而银河则与地平线平行。沿着银河向东边的天空极目远眺，可以看到最亮的星——天狼星和老人星。

秋
3～5月

夏季看到的星座到了秋天，开始渐渐向西沉下去，而东边的夜空升起了狮子星座。和中国看到的情形相反，狮子头先升起，然后头朝下落下去。到了4月，天蝎座和射手座也出现了，在与天蝎座180°相反的方向能看到猎户座。夏季还在地平线附近的南十字星现在徐徐升向高空，5月时出现在了天顶周边。

夏
12月～次年2月

先找到北部天空中的猎户座。它的左侧应该能看到疏散星团之一的昴星团。银河紧贴着昴星团下方向南流淌。顺着银河看去，可以发现天空中最亮的天狼星。再往前就是假十字星座、南十字星。这两个可以作为观测的标记。

冬
6～8月

天朗气清的冬季是观测星空的最佳时节。此时，南十字星从天顶向右倾斜，开关如白色碎云的大小麦哲伦星云出现在地平线附近。再向南北向流淌的天河望去，在最宽的部位，有天蝎座和射手座。类似缩小版的北斗七星，它就是射手座的南斗六星。

星空观测 Q & A

Q 观测的要点是什么?

A 在位于南半球的新西兰观测星空得采取与中国不同的方式。在中国，冬天可见的著名星座猎户座在这里只能在夏季观测到。此外，南北半球星座的朝向不同，左右方向也相反。观测时，以全年都能观测到的南十字星和即使朝向有所改变看上去也毫无差别的猎户座等容易辨认的星座为中心是一个不错的方法。夏季气温也很低，要采取防寒措施。

Q 有哪些只能在南半球看到的星星或星座?

A 最典型的是南十字星。在南部天空，四颗星组成十字架的造型，它们的旁边还有假南十字星。其次，位于银河外侧的小银河及大小麦哲伦星云都是南半球独有的星体。

Q 用肉眼能看到多少星星?

这要看季节和天气的情况。一般而言在星空观测区能用肉眼观测到1000颗左右。考虑到北京的晴天也只能观测到100颗，可以想象这里的夜空有多么明净。

Q 什么时候能观测到极光?

A 这里满足观测极光的地理条件，理论上可全年观测。但是事实上极光只在太阳活动活跃的时候才会出现，因此极光观测的概率是非常低的。即使极光出现，我们也只能看到类似白雾的景象。

各地的星空观测点

星穹天文台/奥克兰（→ p.248）
奥克兰市区边缘的天文台。配备了500毫米的望远镜，让你享受身在城区、远望星空的快感。

卡特天文台/惠灵顿（→ p.400）
新西兰最大的天文观测站。如果天气够好，可通过几台望远镜观测星空。

星空图片供稿 :Maki Yanagimachi/ 监制 :Hideyuki Ozawa<Earth & Sky Ltd.>

克赖斯特彻奇
（基督城）

奥拉基／
库克山国家公园

URL mackenzienz.com

主要巴士公司（→ p.489）
Great Sights 公司
运 全年

**克赖斯特彻奇（基督城）~
库克山**
7:30 出发（13:00 抵达）
费 单程 NZ$202

皇后镇 ~ 库克山
7:45 出发（12:30 抵达）
费 单程 NZ$141

Atomic Shuttles 公司
运 全年

**克赖斯特彻奇（基督城）~
特威泽尔**
7:30 出发（11:20 抵达）
费 单程 NZ$40

库克联运公司
The Cook Connection
FREE 0800-26-65-26
URL www.cookconnect.co.nz
运 10 月 ~ 次年 5 月

特卡波湖 ~ 库克山
7:30 出发（9:45 抵达）
费 单程 NZ$38、往返 NZ$71

特威泽尔 ~ 库克山
8:45、15:00 出发
（9:45、15:45 抵达）
费 单程 NZ$27、往返 NZ$49

旅游咨询处
**Twizel Information
Centre**
住 Market P1.Twizel
电（03）435-0066
URL www.twizel.info
开 周一 ~ 周五　8:30~17:00
　　周六・周日　10:00~15:00
　　（各季节有所不同）
休 无

奥拉基／库克山国家公园
Aoraki / Mount Cook National Park

被夕阳染成红色的奥拉基／库克山

奥拉基／库克山海拔 3724 米，是新西兰的最高峰。奥拉基在毛利语中是"高耸入云的山峰"的意思，一般都会把它与库克山并用。以这座山为首的 19 座海拔超过 3000 米的山峰与充斥在山谷内的众多冰河共同构成了南阿尔卑斯山脉，要说它是"南半球的阿尔卑斯山"并不为过。但是，在年均降水量达 4000 毫米、降水天数 149 天这样的多雨气候下，能不能看到库克山的雄姿完全取决于你的运气。因此，在久违的晴天看到白雪皑皑的雄峰屹立在眼前时，真是令人震撼。

面积超过 700 平方公里的奥拉基／库克山国家公园，与位于它南边的西部、艾斯派林山及峡湾地区 3 个国家公园共同组成"蒂瓦希普纳姆（Te Wahipounamu）"，并被联合国教科文组织列为世界自然遗产。

奥拉基／库克山国家公园 前往方法

在克赖斯特彻奇（基督城）至皇后镇的巴士线路上，拐入分岔路（80 号公路），在距离普卡基湖约 52 公里的地方就是公园的大本营奥拉基／库克山村（Aoraki/Mount Cook Village）。

城际巴士公司旗下的 Great Sights 公司运营从克赖斯特彻奇（基督城）至皇后镇的巴士，巴士经过库克山。中途会在特卡波湖停留 15 分钟左右。在这趟巴士上可免费使用 Wi-Fi。从克赖斯特彻奇（基督城）出发每天 1 班，约需 5 小时 30 分钟。从皇后镇出发每天 1 班，约需 4 小时 45 分钟。起始站设在村内的库克山赫米蒂奇酒店（→ p.80）前。从特卡波湖发车的库克联运公司穿梭巴士在 10 月 ~ 次年 5 月间每天运营 1 班，村内的每个住宿点都有设站。Atomic Shuttles 等其他长途巴士在距离分岔路口最近的小镇特威泽尔（Twizel）停车。如果是夏季，可以乘坐库克联运公司穿梭巴士往返于特威泽尔和奥拉基／库克山村。

奥拉基／库克山国家公园

0 ___ 2km

N

奥拉基／库克山
Aoraki/Mt Cook
▲ High Peak
3724m

▲ Middle Peak
3717m

▲ La Perouse
3078m

Low Peak
3593m

Mt. Beatrice ▲
2528m

◆ Gardinar Hut

▲ Nozomi
2925m

◆ Ball Hut
1030m

胡克冰河
Hooker Glacier

Mt. Rosa ▲
2161m

▲ Mt. Mabel
2091m

塔斯曼冰河
Tasman Glacier

Copland Shelter ◆

◆ Hooker Hut

胡克谷步道
Hooker Valley Track

The Footstool
▲ 2764m

胡克湖
Hooker Glacier

Mt. Sefton ▲
3151m

Hoddleston Glacier

Sefton Biv ■

穆勒冰河
Mueller Glacier

胡克河
Hooker River

蓝湖
Blue Lakes ○

避难小屋线路
Ball Hut Route

塔斯曼谷步行线路
Tasman Valley Walk

啄羊鹦鹉角步道
Kea Point Track

啄羊鹦鹉角观景台 ■

穆勒湖
Mueller Lake

Ⓟ

塔斯曼湖
Tasman Lake

Mueller Hut ◆
1800m

■ 白马山露营地

Ⓟ

塞利冰斗湖步道
Sealy Tarns Track

塔斯曼河
Tasman River

扩大图 p.76

✈

红冰斗湖步道
Red Tarns Track

80

▨ 格林坦纳公园中心
↓ 至8号公路、特威泽尔和普卡基湖

ℹ 旅游咨询处
DOC Aoraki Mount Cook National Park Visitor Centre
Map p.76
🏠 1 Larch Grove
📞 （03）435-1186
📠 （03）435-1080
🕐 10 月~次年 4 月
　8:30~17:00
　5~9 月
　8:30~16:30
休 无

登山前建议在 DOC 游客中心咨询相关信息

埃德蒙德・希拉里爵士高山中心
📞 （03）435-1809
FREE 0800-68-6800
URL www.hermitage.co.nz
🕐 夏季 7:30~16:30
　冬季 8:00~19:00
　（各季节、设施时间不同）
休 无

探索号巴士
🎫 成人 NZ$20、儿童 NZ$10
（库克山博物馆、3D 影院和天文馆的通票）

奥拉基 / 库克山国家公园　漫　步

　　观光要从奥拉基 / 库克山村出发。村内有 DOC 奥拉基 / 库克山国家公园游客中心（Aoraki Mount Cook National Park Visitor Centre）和库克山赫米蒂奇酒店（→ p.80）等住宿设施、餐馆等。游客中心除了提供步行线路等旅游信息外，还举办丰富多彩的周边地理、历史及动植物展览，散步前一定要来这里看看。村里没有针对普通游客的商店，只有赫米蒂奇酒店和 YHA 内有小卖铺出售食品和日用品。如果决定进山，最好提前准备必要的行李和食品，这样比较稳妥。村内的交通主要是步行或开车。

奥拉基 / 库克山国家公园　主要景点

埃德蒙德・希拉里爵士高山中心　Map p.76
Sir Edmund Hillary Alpine Centre

　　位于库克山赫米蒂奇酒店内，以新西兰登山家埃德蒙德・希拉里（1919~2008 年）的名字命名的综合画廊。画廊展出了希拉里爵士首次登顶珠穆朗玛峰时用过的装备和雪地车等。还有介绍库克山历史的 3D 影院和以天文馆为背景的剧院。

奥拉基 / 库克山国家公园的徒步旅游线路　Map p.75、76
Tracks in Aoraki/Mount Cook National Park

　　在奥拉基 / 库克山村周边，有几条徒步旅游线路，包括简单的散步线路和需要花半天时间才能走完的线路。在散步的同时欣赏山峰和冰河的美景是这里独一无二的享受。11 月~次年 2 月的夏季，库克山睡莲（学名大毛茛）和羽扇豆花等百花盛开的场面蔚为壮观。

眺望库克山的希拉里先生雕像

伯恩丛林线路
Bowen Bush Walk
（1 周约 10 分钟）

　　穿越村子里环路内的线路。适合清晨的放松散步。

在鸟儿吟唱的伴随中，心情舒畅地漫步

格沃纳斯丛林线路
Governors Bush Walk（1周约1小时）

从公共避难所的后面进入山毛榉树林。经过平缓的坡道后，到达观景台，此时能看到村庄全景和周边的群山。

红冰斗湖步道
Red Tarns Track（往返约2小时）

从村庄出发后，从一座小桥过河，登上陡峭的"之"字形登山路后就抵达了山顶的冰斗湖。"Tarn"的意思是山中的冰斗湖，地名取自湖中茂密的红色水草。

啄羊鹦鹉角步道
Kea Point Track（往返约2小时）

在这条较为轻松的线路能饱览穆勒冰河、塞夫顿山和奥拉基/库克山的英姿，人气很高。线路有部分是平缓的草原，最后会有一段稍稍陡峭的急坡，登上之后，上面是一个观景平台。从白马山露营地的停车场出发，单程仅需30分钟左右。观景台正前方就是奥拉基/库克山，左边与塞夫顿山的悬垂冰河。不过你的眼前还有一片穆勒冰河末端的冰碛（冰河带来的堆积物）挡住去路，冰碛形成了一个具有特殊颜色的水池。

湖与冰碛的对面就是圣洁的奥拉基/库克山

胡克谷步道
Hooker Valley Track（往返约3小时）

这条路是最热门的线路。途中三次走过吊桥，吊桥下是湍急的胡克河。在奥拉基/库克山的陪伴下，走过花田、河滩和草原等多种地形，最终到达由冰河冲积而成的胡克湖。特别是走在湖边的高原上，一边眺望奥拉基/库克山，一边沿着脚下的木板小径前行，那简直是人在画中行，处处皆风景啊。在湖面还能看到冰河融化后塌落的浮冰。道路一直延伸到冰河上游，但是再往前走就有可能遭遇落石，一般的游客请勿冒险尝试。

迎着奥拉基/库克山，在高原上行进

格林考小道
Glencoe Walk（往返约30分钟）

从库克山赫米蒂奇酒店后面出发。越往斜坡的上端走，就越能看清奥拉基/库克山村、胡克冰河及奥拉基/库克山的全貌。迎着朝霞或落日在此漫步最为惬意。

徒步旅行旺季

9月～次年5月是徒步旅行的最佳季节。如果是村庄周边的线路，只要不是在大量积雪之后前往，即使冬天也没问题。但是像塞利冰斗湖步道那样的高海拔线路，一旦下雪，路面就会非常难走，因此建议事先在DOC游客中心咨询清楚再作打算。几乎所有的线路都供普通游客郊游散步，但某些路段路况较差，最好穿着轻便的登山鞋。还要留意天气变化，做好防寒准备，带上雨具。不要忘带水和食物。还需要注意的是，垃圾不能丢在野外，不要乱采植物。这些基本的旅行须知要遵守。

如何前往徒步旅行线路

前往胡克谷步道和塞利冰斗湖步道的集合地点位于白马山露营地（White Horse Hill Camp Ground），从村子沿着翻修后的道路向啄羊鹦鹉角方向走30分钟左右（坐车约5分钟）即到。进入线路前，最好先在这里用餐或上卫生间。

DOC奥拉基/库克山国家公园游客中心的地图售价NZ$1

"Keeaa"的沙哑叫声很特别

从观景台眺望塔斯曼湖的风光

塞利冰斗湖步道 Sealy Tarns Track
（往返需3~4小时）

远眺名副其实的"高峰入云的山峰"

　　在啄羊鹦鹉角步道的途中有分岔路，登上几乎全是台阶的陡坡后，前面能看到一个小水池，胡克冰河近在眼前，有时甚至可以听到冰河融冰掉落发出雷鸣般的巨响。站在这里欣赏奥拉基/库克山的视野很好。线路一直延伸到穆勒小屋（Mueller Hut）。如果你要去那里，来回需要将近8小时，只适合腿脚特别健硕的人。

塔斯曼谷步行线路（蓝湖与塔斯曼冰河）
Tasman Valley Walk（Blue Lakes and Tasman Glacier View）
（往返约40分钟）

　　在国道的岔路塔斯曼路（Tasman Valley Rd.）上行进约8公里后就到达了公路终点，那里的一座停车场就是徒步线路的起点。顺着陡坡走上去，马上就会看到两条分岔路，一条通往蓝湖观景台，另一条通往塔斯曼湖观景台。一直到头都是上坡路，但是登顶后的景观实在太壮观了。远处是塔斯曼冰河，眼下则是灰色的塔斯曼湖。湖面上浮现着若干巨大的冰块；右首边，由冰河切削而成的山谷绵延不绝，眼前则是高山拔地而起。如此美丽的景色定会让你旅途的疲劳瞬间消散。从村子到步行起点需要坐车。

避难小屋线路
Ball Hut Route（往返需3~4小时）

　　从作为蓝湖与塔斯曼冰河步道起点的停车场，还延伸出另外一条线路，大约走3小时后就到达了球形小屋。如果要在小屋过夜，需要提前购买小屋住宿券（1晚NZ$5）。在这里可以领略冰河和山峰的美景。

星空观测路
Star Watching

　　奥拉基/库克山国家公园已被划入黑暗星空度假区（星空观测区→p.72）。这里与以星空闻名的特卡波湖（→p.67）相同，一到夜晚，整个天空就会繁星点点。你将沉浸在南十字星和麦哲伦星云以及其他数不

尽的星星之中。赫米蒂奇酒店举办的大星空鉴赏节上，可以在参观天文馆之后，在导游的带领下通过天文望远镜或肉眼观测真正的星空。

仰望夜空，开启你的银河之旅吧

南
岛

● 奥拉基／库克山国家公园

奥拉基／库克山国家公园的
动感体验

外语导游线路

与经验丰富的外语导游一起完成胡克谷步道的自然之旅。在途中你可以听到关于湖泊的形成、不知其名的高山植物的详细介绍，或许你也将有自己的发现。有半天和一天的线路可供选择。

The Hermitage Hotel
☎（03）435-1809　FREE 0800-686-800
URL www.hermitage.co.nz
举 全年　费 半天 NZ$90、1 天 NZ$140（含午餐）　CC ADJMV

塔斯曼谷越野车之旅

由经验丰富的导游带路，踏上沿塔斯曼冰河的越野车之旅。这条线路可以看到一般游客到不了的地方，欣赏壮观的景色和高山植物等。约需 1 小时 30 分钟。1 天组织 5 次。

Tasman Valley 4WD & Argo Tours
☎（03）435-1601　FREE 0800-68-6800
URL www.mountcooktours.co.nz
举 全年　费 成人 NZ$79、儿童 NZ$39.5
CC ADJMV

乘冰河飞机飞行观光

在塞斯纳小型飞机上安装雪上起落架就成了冰河飞机。主要有飞越奥拉基／库克山上空和塔斯曼冰河的 Glacier Highlights（约需 45 分钟）和环绕福克斯、弗兰兹·约瑟夫等周边冰河的 Graund Circle（约需 55 分钟）等线路。

Mt Cook Ski Planes and Helicopters
☎（03）430-8026　FREE 0800-800-702
URL www.mtcookskiplanes.com
举 全年　费 Glacier HighlightsNZ$425
Ground CircleNZ$560　CC MV
※ 冰河飞机还可以改成乘坐直升机

乘直升机飞行观光

起点是格斗塔纳公园的直升机停机坪。主要有终点为生肖冰河的 Alpine Vista（约需 20 分钟）和环绕福克斯、弗兰兹·约瑟夫冰河的 Mountains High（约需 40 分钟）等线路。提供酒店接送服务。

The Helicopter Line
☎（03）435-1801　FREE 0800-650-651
URL www.helicopter.co.nz
举 全年　费 Alpine VistaNZ$235
Mountains HighNZ$450　CC ADJMV

冰河探险者

和导游一起乘坐观光艇在塔斯曼冰河末端的湖上环游。近距离观察历经 300~500 万年形成的冰山极具震撼力，你还可以用手触摸一下。全程约需 2 小时 30 分钟，其中环游需要 1 小时左右。中途还有 30 分钟左右的塔斯曼谷国家公园健步走。

Glacier Explorers
☎（03）435-1809　FREE 0800-686-800
URL www.glacierexplorers.co.nz
费 成人 NZ$155、儿童 NZ$77.5
举 9 月~次年 5 月
CC ADJMV

餐 馆
Restaurant

老山地人餐馆
The Old Mountaineers'

◆ 由著名的山地导游经营的咖啡馆 & 餐馆。店内环境优美，墙壁上挂着登山用具，还张贴了登山照片。早餐 NZ$21，午餐汉堡 NZ$24，晚餐三文鱼肉片 NZ$34，分量足。

Map p.76

住 Aoraki/Mount Cook Village
☎（03）435-1890
URL www.mtcook.com/restaurant
营 7 月~次年 5 月 10:00~Late
休 6 月　CC MV

Column　历史上的奥拉基/库克山

库克山的名字与英国航海家库克船长的渊源颇深。不过实际为其命名的是 1851 年前来新西兰勘测的英国人 J.L. 斯托克。斯托克本人早在 1770 年航海时就曾将这些连绵不断的群山命名为"南阿尔卑斯"，但是他并未关注哪座特定的山峰。

毛利语中的"奥拉基"指的是传说中一位少年的名字。奥拉基与他的兄弟划的独木舟遭遇暗礁，于是他们在独木舟未被海水淹没的部分避难，等待救援，久而久之就化成了岩石。当年的独木舟已演化出南岛，而兄弟二人则化作南阿尔卑斯的群山，个子最高的奥拉基所当然成了主峰。

人类开始深入奥拉基／库克山的腹地要追溯到 19 世纪 60 年代。1894 年，期待征服奥拉基／库克山的英国人 E. 菲茨杰拉德和意大利人 M. 茨卢布里根本到了新西兰。得知消息的当地登山向导汤姆·凡夫·杰克·克拉克和乔治·格拉汉姆三人立即行动起来，为了避免新西兰最高峰由外国人首次登顶，三人于当年的圣诞节那天最终成功登顶。

79

埃德蒙德·希拉里咖啡馆 & 酒吧
Sir Edmund Hirary Cafe & Bar

◆库克山赫米蒂奇酒店内的一家自助式咖啡馆，可以品尝到锅出锅的三明治和馅饼等美食。透过正面的玻璃窗可以看到远处库克山的雄壮景色。酒吧每天营业。

Map p.76

住 Aoraki/Mount Cook Village
☎（03）435-1809
FREE 0800-686-800
URL www.hermitage.co.nz
营 9:30~17:00（各季节营业时间不同）
休 无　CC ADJMV

住宿
Accommodation

库克山赫米蒂奇酒店
The Hermitage Hotel

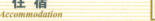

◆始建于 1884 年，是一家广受登山爱好者等众多游客欢迎的历史悠久的大型酒店。几乎所有房间都能看到奥拉基 / 库克山的美景。

Map p.76

住 Aoraki/Mount Cook Village
☎（03）435-1809
FREE 0800-686-800　FAX（03）435-1879
URL www.hermitage.co.nz
费 D T NZ$179~　刷卡数 162　CC ADJMV

奥拉基阁汽车旅馆
Aoraki Court Motel

◆2012 年开业的时尚的汽车旅馆。有两人单间公寓房及四人公寓式房间。旅馆内配有冰箱和微波炉等，使用 10GB 以内的流量时 Wi-Fi 免费。

Map p.76

住 26 Bowen Dr.
☎（03）435-1111
FREE 0800-435-333
URL aspencourt.co.nz
费 D T NZ$155~295　刷卡数 25　CC MV

库克山背包客旅馆
Mt.Cook Backpackers Lodge

◆有最多容纳 4 人的带厨房公寓式房型。还有酒吧，是当地居民聚会的地方。

Map p.76

住 Aoraki/Mount Cook Village
☎（03）435-1653　FREE 0800-100-512
URL mtcooklodge.co.nz
费 Dorm NZ$39 D T NZ$140~245
刷卡数 109 张床　CC ADJMV

库克山高山旅馆
Aoraki/ Mt.Cook Alpine Lodge

◆绿树成荫的美丽旅馆。有宽敞的公用厨房、家庭房间和带双层床的多人间。前台有小卖铺。

Map p.76

住 Aoraki/Mount Cook Village
☎（03）435-1860　FAX（03）435-1863
URL www.aorakialpinelodge.co.nz
费 D T NZ$169~240 家庭房间
NZ$195~348　刷卡数 16　CC MV

库克山 YHA
YHA Mt.Cook

◆夏季和滑雪旺季，这家 YHA 都是宾客盈门。带电视休息室、滑雪板干燥室和桑拿房等，公共设施齐全。可代订旅游团、各类娱乐项目和交通工具。

Map p.76

住 1 Bowen Dr.
☎（03）435-1820　FAX（03）435-1821
URL www.yha.co.nz
费 Dorm NZ$38~　D NZ$137~
刷卡数 77 张床　CC ADJMV

格林坦纳公园中心
Glentanner Park Centre

◆距离奥拉基 / 库克山村约 24 公里，是库克山附近唯一一家假日公园。夏季要尽早预约。有 BBQ 区和餐馆。还有各类娱乐活动。

Map p.75-D1 外

住 State Hwy.80　☎（03）435-1855
FREE 0800-453-682　FAX（03）435-1854
URL www.glentanner.co.nz
费 Camp 每人 NZ$22~ Dorm NZ$32（只限夏季）Cabin NZ$25　刷卡数 14　CC AJMV

厨房（所有房间）　厨房（部分房间）　厨房（共用）　吹风机（所有房间）　浴缸（所有房间）
泳池　上网（所有房间/收费）　上网（部分房间/收费）　上网（所有房间/免费）　上网（部分房间/免费）

瓦纳卡 *Wanaka*

南北狭长的瓦纳卡湖圈，有一个名为瓦纳卡的小镇，夏季是艾斯派林山国家公园的入口，冬天则是前往特布尔·科恩滑雪场及卡德罗纳滑雪场（→ p.85）的前哨站。此外，由于这里自然风光绮丽，魅力无限，近年来逐渐发展成为热门度假胜地。

湖边的群山风光秀美

瓦纳卡 前往方法

从各主要城市都有长途巴士开往瓦纳卡。从皇后镇出发，由城际/纽曼长途巴士公司运营开往弗兰兹·约瑟夫冰河的巴士每天有 1 班途经瓦纳卡。皇后镇 8:10 发车，约需 1 小时 30 分钟。从克赖斯特彻奇（基督城）出发没有直达的巴士，需要在瓦纳卡近郊的小镇塔拉斯（Tarras）换乘。每天有 1~2 班，需要 7 小时 15 分钟~10 小时 10 分钟。此外，Great Sights 公司运营旅行巴士，Atomic Shuttles 和 Alpine Connexions 等巴士公司也有穿梭巴士到达此地。

Alpine Connexions 公司每天从皇后镇发 4 班车，从达尼丁出发及驶向泰伊里峡谷观光火车（→ p.155）站的巴士每天也有 1 班。主要的巴士都停靠在瓦纳卡湖对面的环岛。

瓦纳卡 漫步

面向瓦纳卡湖而建的瓦纳卡是一个精致的度假小镇。主干道是沿湖的阿德莫街（Ardmore St.），其与海尔维克街（Helwick St.）的交会处集中了不少餐馆和特产店。海尔维克街两侧则聚集了户外用品和超市等各种店铺，生活必需品都能在那里买到。但是镇上没有公交车，只能租车或者坐出租车。

旅游咨询处 i-SITE 位于阿德莫街的拱顶商店街上，可以咨询瓦纳卡及西部地区的旅游信息。从湖畔向阿德莫街以东走 5 分钟左右，可以看到隶属于 DOC 环保局的艾斯派林山国家公园游客中心。

克赖斯特彻奇
（基督城）

瓦纳卡

奥拉基／库克山国家公园／瓦纳卡

人口 5037 人
URL www.lakewanaka.co.nz

主要巴士公司（→ p.489）
城际/纽曼长途公司
Great Sights 公司
Atomic Shuttles 公司
Alpine Connexions 公司

旅游咨询处 i-SITE
Lake Wanaka i-SITE Visitor Centre
Map p.82-A2
103 Ardmore St.
（03）443-1233
URL www.lakewanaka.co.nz
8:30~17:30
（各季节时间不同）
休 无

就在长途巴士车站的旁边

旅游咨询处
DOC 艾斯派林山国家公园游客中心
Map p.82-A2
Cnr of Ballentyne Rd
Ardmore St.
（03）443-7660
FAX（03）443-8777
URL www.doc.govt.nz
5~10 月
周一～周五　8:30~12:00、
12:30~17:00
周六　9:30~12:00、
12:30~16:00
11 月～次年 4 月
8:00~17:00
休 无

主要的租车公司
Wanaka Rentacar
2 Brownston St.
（03）443-6641
URL www.wanakarentacar.co.nz
1 天 NZ$39~

主要的出租车公司
Wan A Cab
（03）443-5555

迷幻世界

188 Wanaka Luggate Hwy.84

（03）443-7489

（03）443-7486

URL www.puzzlingworld.co.nz

5~10月

8:30~17:00（最晚入园时间）

11月~次年4月

8:30~17:30（最晚入园时间）

休 无

距离镇中心约2公里

大迷宫

成人 NZ$16、儿童 NZ$12

幻象屋

成人 NZ$16、儿童 NZ$12

通票

成人 NZ$20、儿童 NZ$14

战斗机与汽车博物馆

11 Lloyd Dunn Ave.

（03）443-7010

URL www.warbirdsandwheels. com

9:00~17:00

咖啡馆 8:00~

休 无

成人 NZ$20、儿童 NZ$5

距离镇中心约9公里

馆内展出的A-4"天鹰"攻击机

瓦纳卡 **主要景点**

迷幻世界
The Puzzling World

Map p.84-A2

一座个性化的主题乐园

园如其名，这是一座充满各种千奇百怪娱乐项目的主题乐园。位于阿德莫街（Ardmore St.）东边的84号公路旁。主要景点毫无疑问是全长约1.5公里的巨大迷宫。它不仅长，而且还是一座两层的建筑，内部构造十分复杂。进去以后，据说走出来要花30分钟~1小时。对于那些无望自己从终点走出来的游客，内部还预留了别的出口。另外，幻象屋也非常有趣，里面有53°倾斜的斜塔及全息大厅、魔术大厅等迷惑人眼睛的多种项目。

战斗机与汽车博物馆
Warbirds & Wheels Museum

Map p.84-A2

从瓦纳卡镇沿着6号公路向东南方面行进约9公里后可到达瓦纳卡机场。机场内有一家展示战机、古典车和摩托车的博物馆。馆内展出了5架第一、第二次世界大战时实际参战的战斗机，另外还有1918年至1969年间生产的约30辆古典车复制品。其中尤以新西兰空军的A-4"天鹰"攻击机最有来头。馆内设有咖啡馆和商店。

瓦纳卡

N

瓦纳卡湖 Lake Wanaka

500m

Lismore Park

至皇斯敦（皇后镇）熨斗山和迷幻世界

Wanaka - Luggate Highway

Lakeside Rd.

湖滨公寓酒店 H

Lismore St.

P

湖滨度假村 H

享受咖啡 R

长途巴士车站

黑峰冰激凌 R

魔力厨房 R

鳟鱼酒吧与餐馆 R

艾斯派林汽车旅馆 H

site 布鲁克威尔

DOC

艾斯派林山国家公园游客中心

Helwick St.

Roys Bay

Sargood Dr.

Wanaka Station Park H

Penbroke Park

瓦纳卡YHA H

马特宏南方背包客小屋 H

New World S （超市）

瓦纳卡湖旅馆 H

至罗伊山、格兰德胡湾和拉斯贝瑞湾

Ardmore St.

Wanaka-Mt.Aspiring Rd.

Brownston St.

Upton St.

Warren St.

Roche St.

Dungarvon St.

Wanaka Golf Course

Meadowstone Dr.

Studholme Rd.

Wanaka Lakeview Holiday Park

Milbwridge Cemetery

Stone St.

Connor St.

McDougall St.

Golf Course Rd.

Wanaka Retirement Village

FaulksTce Rec Res

Falks Tce.

至卡德罗纳滑雪场

A A

1 2

交通与玩具博物馆
Transport & Toy Museum

Map p.84-A2

这家新西兰规模最大的私人展馆对外开放，馆内收藏了超过 5 万件的展品，其中包括 700 余台古典车和马口铁玩具、泰迪熊、芭比娃娃等。游客可参观放置在露天场所的以色列坦克、高射炮及美军的军用卡车。博物馆还销售瓦纳卡啤酒厂酿造的本地啤酒，14:00 后加入旅游团参观。

古典车和玩具随处可见

瓦纳卡周边的徒步旅行线路
Walking Tracks around Wnaka

Map p.84-A1·2

熨斗山线路
Mt.Iron（全长约 4.5 公里，往返约需 1 小时 30 分钟）

海拔 545 米的熨斗山是瓦纳卡周边几条徒步旅行线路中交通最方便的。从小镇到线路起点，需要从 6 号公路向东走约 2 公里。徒步旅行线路的左侧是牧场，放牧着羊群。顺着山脊弯曲的羊肠小道向上走大概 45 分钟，就到了山顶。在山顶上可将周边

在这条轻松的线路可欣赏美景

的风景一览无余。眼下的瓦纳卡小镇、小镇对面的瓦纳卡及湖边耸立的群山全在视野之中。

罗伊山线路
Mt.Roy（全长约 16 公里，往返需 5~6 小时）

海拔达 1578 米，线路总长也超过了熨斗山，不过一路的美景绝对可以抵消登山的疲劳。

跟熨斗山一样，这也是一条全程设置在牧场上的线路，不过一开始需要借助梯子翻过围栏才能进入线路。登山时，细长的瓦纳卡湖一直陪伴在我们的前头。线路末端，山顶终年积雪的艾斯派林山若隐若现地映入眼帘，那一刻简直让你的心都为之融化。

钻石湖
Diamond Lake（全长约 2 公里，往返约需 1 小时）

一个位于瓦纳卡镇以西约 12 公里处的小湖。以湖畔的停车场为起点，有一条抵瓦纳卡湖观景台的徒步旅行线路，往返约需 1 小时。虽然线路不长，但是一开始就是陡坡，需要做好心理准备。线路还会一直往上延伸，终抵最高点洛基山（775 米）。这条环线步道徒步一圈约需 3 小时。

交通与玩具博物馆
- 🏠 891 Wanaka Luggage Hwy.
- ☎ （03）443-8765
- URL www.wanakatransportand toymuseum.com
- 🕐 8:30~17:00
- 🚫 无
- 💰 成人 NZ$18、儿童 NZ$5
- 🚌 距离镇中心约 8 公里

户外品尝 6 种本地啤酒 NZ$10

如何攀登熨斗山
登山入口位于距离镇中心 2 公里处，可以走过去。整座熨斗山都是私人牧场，因此不要踏入线路之外的区域。另外，牧场作业时禁止入内。

请按照路标行进

如何攀登罗伊山
由瓦纳卡向西沿湖走约 6 公里就可以看到登山入口。路两边有几个车位。山就是牧场，一定要按照规划好的线路走。另外，10/1~11/10 及牧场作业时禁止入内。

钻石湖
🚌 经过格兰德胡湾（Glendhu Bay）的露营地后，前方就是土路了，再走 2 公里，穿过牧场中长条形直线区域，前方右侧有一个小路标。

配导游的一日游
Eco Wanaka Adventures
组织一日游的旅游团。旺季之外是否还有徒步线路需要提前咨询。
- ☎ （03）443-2869
- FREE 0800-926-326
- URL www.ecowanaka.co.nz
- 📋 各线路时间不同
- 💰 钻石湖（10 月~次年 4 月，约需 4 小时）成人 NZ$245、儿童 NZ$160
  罗布罗伊冰河（11 月~次年 4 月，约需 7 小时 30 分钟）成人 NZ$275、儿童 NZ$185

假日公园
Glendhu Bay Motor Camp
☎ (03) 443-7243
FAX (03) 443-7284
URL www.glendhubaymotorcamp.co.nz
交 从瓦纳卡镇中心沿着 Mount Aspiring Rd. 向西北方面走约 12 公里。

远望白雪皑皑的山峰

从瓦纳卡发往拉斯贝瑞湾的穿梭巴士
Alpine Connexions
☎ (03) 443-9120
027-451-5251
URL alpineconnexions.co.nz
运 1 天 2 班巴士
瓦纳卡发车
8:45、13:30
拉斯贝瑞湾发车
10:00、14:45
休 无
费 单程 NZ$40
可在旅游咨询处 i-SITE 预订，如果是从瓦纳卡出发，还可前往住宿地接车。还有发往罗布山（单程 NZ$15）和钻石湖（单程 NZ$25）的巴士。

格兰德胡湾
Glendhu Bay

Map p.84-A1

从瓦纳卡镇顺着沿湖道路往前走可以看到格兰德胡湾。从这里隔湖相望的就是艾斯派林山的壮美轮廓，这在瓦纳卡镇是看不到的。这片远离城镇喧嚣的恬静湖区有假日公园，适合露营。

瓦纳卡 郊 外

罗布罗伊冰河步道
Rob Roy Glacier Track

Map 84-A1

艾斯派林山（Mt.Asapiring）的周边有好几条徒步线路，如果你需要当日来回，那么这条是最受欢迎的。尽管走起来比较轻松，依然是一条视野极其开阔的线路。

线路的起点位于从瓦纳卡向西北方向驱车 1 小时抵达的拉斯贝瑞湾（Raspberry Creek）。在深山流出的小溪旁溯流而上，大概 2 小时后视野突然变得开阔起来，此时能看到冰河的全貌。拉斯贝瑞湾到罗布罗伊冰河往返约需 4 小时。登山前一定别忘记穿好登山鞋，同时带上水和食物。

站在观景台，抬头就能看到罗布罗伊冰河

从拉斯贝瑞湾出发的其他线路有沿着玛图基图基河一路往西，最终到达法兰西岩壁小屋的线路（单程 6~7 小时）。但是从艾斯派林小屋（Aspiring Hut）往前的道路就变得陡峭起来，登山

84

者需要相应的装备、经验以及足够的体力。比较轻松的线路是从起点到艾斯派林小屋这段路，从拉斯贝瑞湾往返此处大约需要 4 小时。关于以上各条线路的情况，出发前最好到艾斯派林山国家公园游客中心领取"玛图基图基河谷步道（Matukituki Valley Tracks）"的小册子进行了解。

三锥山滑雪场
Treble Cone Ski Field
`Map 84-A1`

深受滑板滑雪爱好者的欢迎

　　三锥山滑雪场位于瓦纳卡以西 19 公里处，距离皇后镇大约 70 公里，它是南岛滑雪面积最大的滑雪场。雪道宽阔，并且从雪道高处还能领略瓦纳卡湖和艾斯派林山的美景。最大坡度接近 26°，适合中、高级滑雪者。除了普通雪道外，还有利用纯天然雪道及人工建的半管形雪道。滑雪和单板滑雪爱好者常常来这里一较高下。由于南阿尔卑斯山具有群山环绕的地形优势，这里几乎没有强风的影响，气候、雪质都相对稳定，滑雪旺季几乎不会出现闭门谢客的情况。年平均降雪量充足，但是积雪较少的初雪季节有时也需要人工造雪。

卡德罗纳滑雪场
Cardrona Ski Field
`Map 84-A1 外`

在宽阔的雪道上感受极速滑雪的乐趣

　　一家位于瓦纳卡以南约 34 公里的滑雪场，就着卡德罗纳山东侧斜面建造而成。有不少雪道适合滑雪初学者，家庭滑雪者也是这里的常客。雪道的特点是雪道外的粉状雪和宽阔的雪道。尤其是这宽阔的雪道，可谓出类拔萃。滑雪场有 3 处盆状地形，可以尝试多种滑雪方式。半管形雪道（在单板滑雪集训时有时不允许普通游客使用）等雪道修整得非常好，受到单板滑雪及自由式滑雪爱好者的推崇。还配备了 4 人乘坐的高速登山电梯。由于这里海拔高，整个滑雪季节的雪质都很出色，很少出现雪道被压成硬板路或积雪融化变薄的情况。

在 U 形池雪道上玩连续空翻

主要的巴士公司

Alpine Connexions
☎（03）443-9120
URL alpineconnexions.co.nz
🚍 从瓦纳卡到特布尔·科恩滑雪场
　 8:30 发车
　 从瓦纳卡到卡德罗纳滑雪场
　 8:15 发车
💰 成人往返 NZ$35、
　 儿童 NZ$28

Yello!
☎（03）443-5555
FREE 0800-443-5555
URL www.yello.co.nz
🚍 从瓦纳卡到三锥山滑雪场
　 8:15 发车
　 从瓦纳卡到卡德罗纳滑雪场
　 8:00 发车
💰 成人 NZ$35（往返）、
　 儿童 NZ$28（往返）

三锥山滑雪场
☎（03）443-7443
URL www.treblecone.com
🕐 6 月下旬~9 月下旬
　 9:00~16:00
💰 登山电梯 1 日券
　 成人 NZ$108、儿童 NZ$54
　 半日券（下午）
　 成人 NZ$76、儿童 NZ$38

卡德罗纳滑雪场
☎（03）443-8880
FREE 0800-440-800
URL www.cardrona.com
🕐 6 月下旬~10 月上旬
　 9:00~16:00
💰 登山电梯 1 日券
　 成人 NZ$103、儿童 NZ$52
　 半日券（下午）
　 成人 NZ$76、儿童 NZ$42

佛罗伦萨餐馆和咖啡馆
Florence's Foodstore & Cafe
☎（03）443-7078
🏠 Cnr Cardrona Valley Rd & Orchard Rd
URL florencesfoodstore.co.nz
🕐 8:30~15:30
休 无

一家通往卡德罗纳滑雪场的道路旁的咖啡馆

南岛

● 瓦纳卡

瓦纳卡的
动感体验

观光飞行

多家公司都在借助瓦纳卡机场开展直升机和小型飞机的观光飞行业务。仅在地面上无法看清全貌的艾斯派林山，此时一览无余（约需 1 小时）。还有飞往奥拉基 / 库克山国家公园和米尔福德桑德的班次。清晨的班次还有折扣。

Wanaka Flightseeing
☎（03）443-8787
URL www.flightseeing.co.nz
營 全年
費 艾斯派林山航线 NZ$248
CC ADJMV

Wanaka Helicopters
FREE 0800-463-626
URL www.wanakahelicopters.co.nz
營 全年
費 艾斯派林山航线 NZ$495~
CC MV

喷射快艇 / 环湖观光

瓦纳卡湖畔的湖岸探险公司经营湖上的各项娱乐项目。"Clutha River Jet Boats" 一种 9 座喷射快艇，从瓦纳卡湖沿克鲁萨河（Clutha River）逆流而上，这绝对是扣人心弦的动感体验（约需 1 小时）。还提供皮划艇、水上摩托和山地摩托的租赁业务。

Lakeland Adventures
☎（03）443-7495
URL www.lakelandadventures.co.nz
營 全年
費 喷射快艇 成人 NZ$109、儿童 NZ$55 单人 & 双人皮划艇 NZ$15（1 小时）
CC ADJMV

钓鳟鱼

在瓦纳卡湖垂钓也是一大乐趣。10 月~次年 5 月是钓鱼季，其中以钓鳟鱼最受青睐。有多家公司提供垂钓的导游，有些公司甚至为游客设计垂钓线路。如果你对费用、导游的经验或者鱼种有特殊要求，可以前往旅游咨询处 i-SITE 请他们帮忙介绍你中意的垂钓公司。

Hatch Fly Fishing
☎（03）443-8446
URL www.hatchfishing.co.nz
營 10 月~次年 5 月
費 配导游的 1 日垂钓之旅 NZ$750
CC MV

Telford Fishing and Hunting
☎/FAX（027）535-6651
URL flyfishhunt.co.nz
營 10 月~次年 5 月
費 1 日 NZ$750~（含交通费）
CC MV

餐 馆
Restaurant

魔力厨房
Alchemy

Map p.82-A2

◆湖畔的温馨咖啡馆。点热销美食班尼迪克蛋 NZ$19，再加 NZ$2 可将培根换成熏三文鱼。海鲜杂烩 NZ$16 味道也不错。晚上主要是西班牙"它帕"，还有瓦纳卡当地的和郊区产的葡萄酒。

住 151 Ardmore St.
☎（03）443-2040
URL alchemywanaka.nz
營 8:00~Late（每天关门时间不同）
休 无
CC MV

享受咖啡
Relishes Café

Map p.82-A2

◆当地居民也爱去的咖啡餐馆。早餐、午餐菜单一般在 NZ$9~21 间。有喝葡萄酒时必点的肉菜、海鲜等正宗的新西兰美食及各类意大利面，菜品丰富。造型精美的甜品也是招牌美味。

住 99 Ardmore St.
☎（03）443-9018
URL www.relishescafe.co.nz
營 7:00~Late
休 无
CC MV

鳟鱼酒吧与餐馆
Trout Bar & Restaurant

◆ 位于瓦纳卡湖畔的一家餐馆。开胃小菜 NZ$8~15.5，主菜 NZ$30 左右。餐馆坚持采用当地食材，推荐尝尝当日鲜鱼 NZ$23 和牛排三明治 NZ$18。另外，还有儿童菜谱和座椅。

Map p.82-A2

住 151 Ardmore St.
☎（03）443-2600
URL www.troutbar.co.nz
营 8:30~Late
休 无
CC AMV

黑峰冰激凌
Black Peak Gelato

◆ 采用当地产牛奶、鸡蛋和水果等原料制作的意大利风味冰激凌店。为了保证传统的味道，店内还在使用 20 世纪 50 年代意大利生产的冰激凌设备，坚持每天手工制作美食。除蜂蜜香草冰激凌和猕猴桃风味外，各个季节还有当季特有的口味。

Map p.82-A2

住 123 Ardmore St.
☎（027）513-5509
URL blackpeakgelato.co.nz
营 夏季 10:00~22:00、冬季 10:00~18:00
休 无
CC MV

 住 宿
Accommodation

湖滨度假村
Edgewater

◆ 坐落在瓦纳卡湖畔的高档度假酒店。所有房间都带有阳台（露台），可从客房直接前往湖边。除了普通酒店房以外，还有带客厅、餐馆的公寓式房间。网球场、水疗和桑拿房等设施齐全。

Map p.82-A1

住 Sargood Dr.
☎（03）443-0011
FREE 0800-108-311
URL www.edgewater.co.nz
费 S D T NZ$181~
房间数 50
CC MV

艾斯派林汽车旅馆
Aspiring Motel

◆ 距离镇中心近，价格也实惠的汽车旅馆。客房分为行政间、单间公寓房、可住 6 人的家庭套间等共 6 种房型，还有山间小屋式的房间。带滑雪用具和滑雪板烘干室。

Map p.82-A2

住 16 Dungarvon St.
☎（03）443-7816
FREE 0800-269-367
FAX（03）443-8914
URL www.aspiringlodge.co.nz
费 S D T NZ$105~155
房间数 14 CC AMV

湖滨公寓酒店
Lakeside Serviced Apartments

◆ 豪华公寓酒店。房间宽敞，从各单元的阳台可直接眺望瓦纳卡湖的风光。有 3 套带泳池和大阳台的六人顶层公寓，适合团体游客。

Map p.82-A2

住 9 Lakeside Rd.
☎（03）443-0188
FREE 0800-002-211
FAX（03）443-0189
URL www.lakesidewanaka.co.nz
费 Unit NZ$245~
房间数 21 CC AMV

厨房（所有房间）厨房（部分房间）厨房（共用）吹风机（所有房间）浴缸（所有房间）泳池 上网（所有房间/收费）上网（部分房间/收费）上网（所有房间/免费）上网（部分房间/免费）

布鲁克威尔
Brookvale

◆能看到顶部覆盖着积雪的群山，景色超美。二层的所有房间都有阳台，而一层的房间各有院子，装修虽然简朴，但是透露出时尚。夏季可以在院子里烧烤。

住 35 Brownston St.
电 （03）443-8333
FREE 0800-438-333
FAX （03）443-9040
URL www.brookvale.co.nz
费 Unit NZ$135~180
房间 10　CC ADJMV

细竹酒店
Sasanoki B&B

◆由日本人夫妇经营的 B&B。带暖炉的会客厅、大浴缸和日式早餐等营造出舒适的空间。位于镇中心，第一次从城区接送免费。还提供英语、美食培训班及住宿的套餐服务，可以连续数周住在这里。

住 22 Penrith Park Dr.
电 （03）443-1232
手 021-155-0213
URL www.sasanoki.co.nz
费 Ⓢ NZ$155~ Ⓣ NZ$185~
房间 2
CC 不可

瓦纳卡 YHA
YHA Wanaka

◆一栋小木屋式的建筑，客房素简而整洁，适合居住。有湖景房。公用厨房大且洁净。带暖炉的会客室和台球室总是热闹非凡。在这里可以预约瓦纳卡的娱乐项目。

住 94 Brownston St.
电 （03）443-1880
FAX （03）443-1870
URL www.yha.co.nz
费 Dorm NZ$32~37　Ⓓ NZ$86~135
　Ⓣ NZ$90~98
房间 92 张床　CC ADJMV

瓦纳卡湖旅馆
Lake Wanaka Lodge

◆从湖边到旅馆只有 10 分钟左右的徒步路程。还有休息室和免费水疗房。晚餐需要预订，厨师会根据每个人的口味制作美味。

住 24 Tenby St.East
电 （03）443-9294
URL lakewanakalodge.co.nz
费 Ⓢ Ⓓ Ⓣ NZ$150~
房间 10
CC MV

马特宏南方背包客小屋
Matterhorn South Lodge & Backpackers

◆从瓦纳卡湖边到旅馆只有约 5 分钟的徒步路程。除了宽敞的厨房，还有带暖炉的休息室和露台。尽管旅馆的设备有点陈旧，但是周到的服务会让你心情舒畅。

住 56 Brownston St.
电 （03）443-1119
FAX （03）443-8379
URL www.matterhornsouth.co.nz
费 Dorm NZ$26~　Ⓓ Ⓣ NZ$70~110
房间 15
CC MV

厨房（所有房间）　厨房（部分房间）　厨房（共用）　吹风机（所有房间）　浴缸（所有房间）
泳池　上网（所有房间/收费）　上网（部分房间/收费）　上网（所有房间/免费）　上网（部分房间/免费）

昆斯敦（皇后镇）*Queenstown*

● 瓦纳卡／昆斯敦（皇后镇）

在风光明媚的南岛，昆斯敦（皇后镇）一年四季都有来自世界各地的观光游客。小城被巍峨耸立的群山环绕着，静静地矗立在波光熠熠的瓦卡蒂普湖畔，是一个被称为"最适合维多利亚女王"的城镇。

1862 年，沙特欧瓦河沿岸发现金矿，这里随之迅速发展起来。这里的人口曾达到数千人，但金矿枯竭后，常住人口又锐减至 190 人左右。

如今，这里已成为高原避暑胜地，适合开展丰富多彩的娱乐活动。周边还有克罗奈特峰和卓越山

山湖交织的美景让人沉醉

等热门滑雪场，冬季非常热闹，到处是滑雪和单板滑雪的爱好者。

人口 2 万 8224 人
URL www.queenstownnz.co.nz

航空公司（→ p.489）
新西兰航空公司
捷星航空公司

昆斯敦（皇后镇）机场
Map p.97-B2
☎ （03）450-9031
URL www.queenstownairport.co.nz

位于弗兰克顿地区

昆斯敦（皇后镇）前往方法

◎ 乘飞机抵达

从中国没有直飞昆斯敦（皇后镇）的航班，需要从奥克兰或基督城转机。新西兰航空公司和捷星航空公司经营从新西兰国内各地飞往昆斯敦（皇后镇）机场（Queenstown Airport）的直达航班。新西兰航空从克赖斯特彻奇（基督城）每天有 4~5 个班次，需要飞行 1 小时 50 分钟左右。从奥克兰每天有 2~5 个班次，需要飞行 1 小时 50 分钟。到了滑雪旺季，还会增加从澳大利亚悉尼等地直飞的航班。

◎ 从机场到市内

昆斯敦（皇后镇）机场以西约 9 公里就是镇中心，非常近，开车只需要大约 10 分钟。去镇中心也可以选乘巴士，便宜并且方便，但是如果要去郊区的住宿地点，建议选择直接送到门口的机场穿梭巴士或出租车。

运通巴士 Connectabus

在城里环线运行的运通巴士 #11 路是一条连接机场和镇中心的线路图（→ p.90）。机场发车时间为 6:38~21:53，每隔 15 分钟左右开行一班。到镇中心约需 25 分钟。

运通巴士
☎ （03）441-4471
URL connectabus.com
运通巴士 #11
🚌 昆斯敦（皇后镇）发车
6:50~23:00
💰 机场↔镇中心
单程成人 NZ$12、儿童
NZ$5.5

运通巴士是黄色的车身

机场穿梭巴士公司
超级穿梭
FREE 0800-748-885
URL www.supershuttle.co.nz
费 机场↔镇中心
　1 人 NZ$20
　2 人 NZ$26
　3 人 NZ$32

主要的出租车公司
Queenstown Taxis
☎(03) 450-3000
URL queenstown.bluebubbletaxi.
co.nz
Green Cabs
FREE 0800-464-7336
URL greencabs.co.nz

主要巴士公司（→p.489）
城际/纽曼长途巴士公司
Atomic Shuttles 公司
Alpine Connexions 公司
　各公司都有自己的长途巴士停靠站，城际/纽曼长途巴士公司的车停在阿瑟街 Athol St.（Map p.94-A2），Atomic Shuttles 公司和 Alpine Connexions 公司的车停在露营街（Camp St.）上的 The Station 前（Map p.94-A2）。各公司在夏季都会增开班次，不过即使这样也很拥挤，建议游客提前订票。

运通巴士（→p.89）
运 6:00~23:00
　（各条线路的时间不同）
费 成人 NZ$4.5~、
　儿童 NZ$3.5~
　（依据乘坐距离计费）
　1 日券成人 NZ$33、儿童 NZ$17

机场穿梭巴士 Airport Shuttle

　由超级穿梭公司（Super Shuttle）运营。凑齐几个人就发车，将乘客送到各自的目的地。游客可以在自己的住宿地点上车，乘客越多均摊后票价越低。但是必须等到凑够一定的人数才开车，另外有时候因为送别的乘客到住宿地，也会耽误一些时间。

出租车 Taxi

　出租车会在机场抵达大厅的出口处等候，非常方便。打表计费，到镇中心 NZ$30。

◎ 前往新西兰各地的交通

根据运营公司和目的地的不同，也可能坐面包车

城际/纽曼长途巴士公司、Atomic Shuttles 公司和 Alpine Connexions 公司等都运行从南岛各地开往昆斯敦（皇后镇）的长途巴士。其中城际/纽曼长途巴士公司从克赖斯特彻奇（基督城）每天有 1~2 个直达班次，需要 8~11 小时。还有一趟需要在达尼丁换乘，再从达尼丁到昆斯敦（皇后镇）需要大约 4 小时 20 分钟。

昆斯敦（皇后镇）市内交通

　运通巴士负责昆斯敦（皇后镇）镇中心到周边区域的交通。乘坐方法极其简单：从前门上车，把钱交给司机就行了。快到目的地时，按动按钮示意。前后门都能下车。一共有 6 条线路，包括从奥肯尼斯购物中心（O'connells Shopping Centre）途经沙特欧瓦河开往阿瑟斯波因特（Arthurs Point）的 #8 路、从弗兰克顿（Frankton）开往箭镇的 #10 路以及从镇中心途经机场开往卓越山公园（Remarkables Park）的 #11 路等。有时可能几辆车一起到站，上车前请确认好要乘坐的线路。

运通巴士线路图

6 Kelvin Heights
8 Arthurs Point
9 Fernhill/Sunshine Bay
10 Arrowtown
11 Queenstown/Airport/Remarkables Park
12 Events Centre/Lakes Hayes Estate

昆斯敦（皇后镇）漫 步

　　昆斯敦（皇后镇）被雄伟的南阿尔卑斯山环抱着，紧邻瓦卡蒂普湖（Lake Wakatipu）。小镇的布局紧凑，在镇中心可以步行参观。

　　首先从位于镇中心的露营街（Camp St.）与休特弗街（Shotover St.）的交叉路口开始出发吧。以这个交叉口为起点，无论哪条路上都有很多周边区域观光及娱乐活动咨询店。可以去提供综合信息的旅游咨询处 i-SITE 和咨询娱乐活动的 The Station 看看。

在 The Station 可以预约旅游团等

　　城区的主干道是商场街（The Mall）。街两侧都是步行购物区，有大量的特产店、时尚咖啡馆和餐馆，潮流的气息弥漫在这里的上空。

　　如果你想欣赏瓦卡蒂普湖的美景，去海滩街（Beach St.）至玛丽练兵场（Marine Pde.）间的散步道最合适不过。从汽船码头（Steamer Wharf）出发的 TSS 厄恩斯劳号蒸汽船（TSS Earnslaw）缓缓驶过海面的姿态，以及倒映着南阿尔卑斯群山的神秘瓦卡蒂普湖都会让你的心灵得到慰藉。径直走过玛丽练兵场后，就到了昆斯敦（皇后镇）花园（Queenstown Gardens）。

商场街上人头攒动

　　站在坡道平缓的布雷坎街（Brecon St.）上可以俯瞰镇中心的景色，此时你可以看到塞西尔峰（Cecil Peak）和克罗奈特峰、卓越山（The Remarkables）等美丽的山峦。街旁有一个几维鸟及鸟类生活公园。再乘坐缆车登上地平线缆车餐厅＆雪橇（Skyline Gondola Restaurant & Luge）的观景台，眼前的风景壮阔而美丽，周围的群山在昆斯敦（皇后镇）对面无限延展。

● Qbook
Map p.94-B1
住 74 Shotover St.
☎（03）409-2969
URL cn.qbooknz.com
开 10:00～19:00
　（各季节有所不同）
休 无

Double Tree Hotel（希尔顿酒店旁、Map p.97-B1）内也有分店

● The Station
Map p.94-A2
住 Cnr.Shotover St.& Camp St.
☎（03）442-5252
URL www.thestation.co.nz
开 8:00～19:00
（各季节有所不同）
休 无
　　冬季馆内还设置了提供降雪信息的雪情中心（Snow Centre）。

旅游咨询处 ● SITE
Queenstown Travel & Visitor Centre
Map p.94-A2
住 Cnr.Shotover St.& Camp St.
☎（03）442-4100
URL www.queenstownsite.co.nz
开 8:30～20:00
　（各季节有所不同）
休 无

有用的信息
医院
Queenstown Medical Centre
Map p.94-A1
住 9 Isle St.
☎（03）441-0500

警察局
Queenstown Police Station
Map p.94-B2
住 11 Camp St.
☎（03）441-1600

昆斯敦（皇后镇）广域图

本洛蒙德山风景保护区
Ben Lomond
Scenic Reserve

地平线缆车餐馆＆雪橇
Skyline Gondola Restaurant & Luge
Skyline Gondola Restaurant

几维鸟及其他鸟类生活公园
Kiwi & Birdlife Park

0   300m

Ben Lomond Track

Fernhill Loop Track

一英里溪漫步道
One Mile Creek Walk

凡山
Fernhill

YHA Queenstown Lakefront

昆斯敦（皇后镇）
遗产酒店

镇中心 p.94

Bumbles
Backpackers

Steamer
Wharf

瓦卡蒂普湖
Lake Wakatipu

昆斯敦（皇后镇）花园
Queenstown Gardens

瓦卡蒂普湖畔的集市
⏰ 5～10 月 9:30～15:30
11 月～次年 4 月
周六 9:00～16:30

周末在湖边举办的集市。主要
经营日用杂货和衣物

昆斯敦（皇后镇）主要景点

瓦卡蒂普湖
Lake Wakatipu

Map p.92-B2、94-B1~2

这个由冰川作用形成的湖呈细长的 S 形，长约 77 米，面积达 293 平方公里，最深处 378 米。每天，这里都会出现类似潮起潮落的现象，水位多次变化，据悉与昆斯敦湾的最大水位差可达 12 厘米。从科学上分析，这是气温与气压的变化所致。不过在毛利人的传说中，这是由一位巨人的心脏跳动引起的。这位巨人来头不小，格林诺奇（→ p.99）是他的头，昆斯敦（皇后镇）是他的膝盖，瓦卡蒂普湖底则是他的躯干。事实上，"瓦卡蒂普"这个地名，最初也来自"瓦卡·蒂普阿·瓦·伊·毛利（意为巨人横卧的一泓山谷之水）"。湖面上有诸如喷射快艇等丰富多彩的娱乐活动。

新西兰的第三大湖

昆斯敦（皇后镇）山丘休闲保护区
Queenstown Hill Recreation Reserve

皇后山徒步线路
Queenstown Hill Walkway

瓦卡蒂普高地
Wakatipu Heights

昆斯敦（皇后镇）
Queenstown

至昆斯敦（皇后镇）机场

里斯酒店&豪华公寓

弗兰克顿海湾步道
Frankton Arm Walkway

A

阿米蒂汽车旅馆

昆斯敦（皇后镇）千禧国际酒店

弗兰克顿海湾
Frankton Arm

黑羊背包客旅馆

B

昆斯敦（皇后镇）高尔夫球场
Queenstown Golf Course

凯文高地
Kelvin Heights

3   4

水下观景台
Underwater Observatory

Map p.94-B2

　　位于瓦卡蒂普湖面之下的娱乐设施，可以观测到自由游动的鱼儿。规模虽小，也没有特别的展览，但是在这里你会产生一种透过自家窗户观赏湖中之鱼的幻觉，这是跟水族馆截然不同的体验。

　　全年水温维持在 12℃左右，是鳟鱼理想的栖息环境，能看到大量虹鳟和河鳟悠然自得地游来游去。体形硕大的新西兰长鳍鳗（鳗鱼的一种）的泳姿很滑稽。如果你花上 NZ$1 给它们投饵，一大群的鱼就会接踵而来，场面十分壮观。有时也能看到新西兰潜鸭，这是一种能潜入水下 3 米、在水中停留 1 分钟的新西兰特有的物种。它们钻入水中捕食鱼儿的样子很有意思。

TSS 厄恩斯劳号蒸汽船
Cruise by TSS Earnslaw

Map p.94-B1

　　被称为"湖中贵妇"的 TSS 厄恩斯劳号蒸汽船是 1912 年建造的双轴螺旋桨蒸汽船，曾用于偏远地区居民的交通工具及货物、牲畜的运输。船体全长 51 米，重约 337 吨，是当时南半球唯

拥有百年历史的的 TSS 厄恩斯劳号

水下观景台
- Maintown Pier
- （03）442-8538
- 9:00~17:00
  （各时期时间有所不同）
- 无
- 成人 NZ$10、儿童 NZ$5

观赏畅游的鱼群

TSS 厄恩斯劳号蒸汽船
Real Journeys
- Steamer Wharf
- （03）442-7500
- FREE 0800-656-501
- URL www.realjourneys.co.nz

瓦尔特峰之旅
Real Journeys
- 全年
  10:00、12:00、14:00、16:00、18:00
  ※18:00 的旅游团只在团员达到一定人数时才组团

💰 成人 NZ$59、儿童 NZ$22
（单程约 45 分钟，往返约需
1 小时 30 分钟。如果只坐船，
就不能在瓦尔特峰牧场中下船）

Walter Peak Farm Excursions

🎫 全年
　10:00、12:00、14:00
💰 成人 NZ$79、儿童 NZ$22
（约需 3 小时 30 分钟）

Walter Peak Horse Treks

10 月～次年 4 月
　10:00、12:00、14:00
💰 成人 NZ$129、儿童（须
年满 7 周岁）NZ$77
（约需 3 小时 30 分钟）

Evening Dining

🎫 10 月～次年 5 月 18:00
6～9 月只在团员人数达
到 20 人或以上时才开团。
💰 成人 NZ$129、
儿童 NZ$65（约需 4 小时）

Walter Peak Cycling

🎫 11 月～次年 4 月 10:00
💰 成人 NZ$235、儿童 NZ$115
（约需 7 小时 30 分钟）

在瓦尔特峰与动物们亲密接触

一的一艘燃煤客船。现在它是一艘观光船，仍然以 11 节的速度，驶向昆斯敦（皇后镇）和对岸的瓦尔特峰（Walter Peak）。乘客可以在甲板和舰桥上观看锅炉工将煤铲进锅炉的作业过程，也可以在船头闲逛了解这艘船的历史。在钢琴的伴奏下，众人合唱民谣也会是一段快乐的回忆。其实只坐船游湖就已经很美妙了，当然你还可以去试试瓦尔特峰牧场游、骑马、自行车旅行（限夏季）、自助晚餐等各类旅游团。

参加牧场游时，可以观看牧羊犬赶羊群，还能给鹿、绵羊和珍稀动物英格兰高原牛喂食。最叫人难忘的是手艺精湛的工人剪羊毛。之后，在当地经营牧场的麦肯基家族 20 世纪初居住的上校之家（Colonel's Homestead）度过优雅的下午茶时光。屋内老照片和古旧生活用品错落有致，将你带回拓荒时代。贝壳杉、大枫树和用各类鲜花装点的院子也动人心弦。

昆斯敦（皇后镇）花园

Map p.92-B2

Queenstown Gardens

一座伸入瓦卡蒂普湖的半岛上的花园，占地面积近14公顷。从镇中心走到这里只需要几分钟。花园内小河潺潺，鸟儿吟唱，百花齐放。1867年建园时种下的两株栎树依然健壮挺拔，园里其他的新西兰原生植物也郁郁葱葱。湖畔的散步道一直通向弗兰克顿海湾步道（→p.97）。公园里还有一块专门瞄准飞碟的飞盘高尔夫球场。

园内的山莨雕塑

地平线缆车餐馆 & 雪橇

Map p.92-A2

Skyline Gondola Restaurant & Luge

从布雷坎街缆车口可以乘坐缆车登上鲍伯峰观景台。从观景台举目远望，克罗奈特峰、卓越山及瓦卡蒂普湖对面的塞西尔峰、瓦尔特峰等山峰的雄壮英姿在眼前铺展开来。有多种娱乐项目供你玩耍，有乘坐雪橇从专用滑道向下速滑的无舵雪橇、高空滑索，还有山地自行车等。此外，你还可以在附近的步道漫步。观景台上有特产店、自助咖啡馆、厨房和餐馆。

餐馆有一扇大落地窗，从天花板直挂地板，游客可以一边享用自助美食，一边欣赏湖面美景。有三文鱼、淡菜、羔羊肉和鹿肉等，这里聚集了新西兰所有的美味。在湖天胜景中品尝美食，的确是一件幸事。从毛利人表演的毛利战舞（Kiwi Haka）中，可以欣赏到毛利的歌曲和舞蹈（约30分钟）。

还会组织星空观测旅游团（约需1小时15分钟）。发团时间不一定，需要提前咨询。从观景台步行几分钟就到了一个可以观测南半球星空的地方。

从795米的海拔高处眺望群山的壮阔景色与城区街景

地平线缆车餐馆 & 雪橇
住 Brecon St.
电 (03) 441-0101
FAX (03) 442-6391
URL www.skyline.co.nz
营 9:00~Late
休 无
交 从镇中心沿布雷坎街（Brecon St.）上行5分钟左右即到。

缆车
营 9:00~Late
费 往返成人 NZ\$33、儿童 NZ\$21
餐馆
营 12:00~14:00、17:45~19:45、20:15~Late
（5、6月只供应晚餐）
休 无
缆车 + 午餐
费 成人 NZ\$60、儿童 NZ\$35
缆车 + 晚餐
费 成人 NZ\$85、儿童 NZ\$43

现场欣赏奔放的毛利歌舞

毛利战舞
单 17:15、18:00、19:15、20:00
（各时期时间有所不同）
缆车 + 毛利战舞
费 成人 NZ\$72、儿童 NZ\$48
（需要预约）
缆车 + 星空观测
费 成人 NZ\$89、儿童 NZ\$47
（需要预约）
缆车 + 晚餐 + 星空观测
费 成人 NZ\$135、儿童 NZ\$67
（需要预约，防寒用具免费租赁）

使用望远镜进行天文观测

缆车 + 乘坐2次雪橇
费 成人 NZ\$47、儿童 NZ\$35
缆车 + 乘坐3次雪橇
费 成人 NZ\$50、儿童 NZ\$40

惊险刺激的雪橇

天空城皇后镇赌场

住 16-24 Beach St.
电 （03）441-0400
URL www.skycityqueenstown.
co.nz
营 12:00~次日4:00
休 无

天空城码头赌场

住 Steamer Wharf, 88 Beach
St.
电 （03）441-1495
URL www.skycityqueenstown.
co.nz
营 11:00~次日2:00
休 无

赌场入场须知：
· 须年满20周岁
· 须随身携带身份证件（如
护照或驾照等）
· 衣着整洁（T恤衫和牛仔
裤、脏乱运动鞋等不能穿
进赌场）
· 游戏中不可戴帽子
· 禁止拍照
· 不可在场内使用摄像机、电
脑、计算器、手机、MP3
音乐播放器和游戏机等

几维鸟及其他鸟类生活公园

住 Upper Brecon St.
电 （03）442-8059
传 （03）442-8061
URL kiwibird.co.nz
开 4~8月　　　9:00~17:00
　9月~次年3月
　　　　　　 9:00~18:00
休 无
费 成人NZ$45、儿童NZ$23

楔齿蜥出现于距今约2亿2000
万年前，其形态特征至今也没
有变化

天空城皇后镇赌场
Skycity Queenstown Casino　　　Map p.94-B2

位于镇中心综合大楼内的
一家赌场。可以玩黑杰克、迷
你巴卡拉、加勒比扑克等。即
使不上桌，在这里随便吃点喝
点，感受赌场气氛也算没有白
来一趟。

这是一座不夜城

天空城码头赌场
Skycity Wharf Casino　　　Map p.94-B1

1999年开业的昆斯敦（皇后
镇）首家赌场——拉斯特码头赌场
于2013年被天空城集团收购，于
是变更为现在的名称。赌场位于
面湖而建的商业设施——汽船码头
（Steamer Wharf）的高层，瓦卡蒂
普湖的美丽触手可及，各类赌博游
戏更是让你玩兴大开。这里有70
余种赌博机，再加上黑杰克、轮盘
去湖边的赌场碰碰运气吧

赌和扑克等6种赌博游戏桌，还能吃到烤肉的酒吧＆法式餐馆。

几维鸟及其他鸟类生活公园
Kiwi & Birdlife Park　　　Map p.92-A2

除了不会飞的几维鸟之外，
游客还可以观赏濒临灭绝的新西
兰其他特有的鸟类。这里最开始
是一家保护受伤鸟类及培育珍稀
品种的繁殖基地。
　　由于几维鸟是夜行动物，因
此游客们需要躲在一间黑暗的小
屋中观察。你需要用一些时间来
爬上坡以后就可以看到一个造型独特的建筑

适应如此黑暗的环境，随后才能看到四处走动的几维鸟。几维鸟一天要
投四次饵料，分别是10:00、12:00、13:30、16:30，此时游客可以近距离
观察它们的可爱形态。人称"活化石"的爬行动物楔齿蜥也值得一看。
　　走出小屋，外面是一片新西兰的原生树林。林子里随处可见鸟

屋，屋里住的都是诸如蜜雀、蟆
口鸱、长尾鹦鹉和棕尾鸭等珍稀
鸟类。
　　公园内还有一个毛利猎人村。
在那里可以接触到毛利人的日常
生活。还有鸟类宣传保护展演
（约需30分钟），一天两次，分别
是11:00和15:00。

原生林中时时能听到鸟类的鸣叫声

昆斯敦（皇后镇）周边的徒步旅行线路　`Map p.92-93`
Walking Tracks around Queenstown

　　昆斯敦（皇后镇）周边从简单的线路，到需要一定体力支撑的线路等，分布着近 10 条徒步旅行线路。

弗兰克顿海湾步道 Frankton Arm Walkway
（单程约 1 小时 30 分钟）

　　沿着弗兰克顿海湾行走的平缓线路。出发地点位于公园街（Park St.）的一端。途中有很多被树木包围着的优美海滩，远处的山景也美不胜收。

一英里溪步道 One Mile Creek Walkway
（单程约 1 小时 30 分钟）

　　在范希尔路（Fernhill Rd.）环形交叉口前就是集合地点。途中要穿过距离昆斯敦（皇后镇）最近的天然山毛榉树木，可以看到各种野生鸟类。中途游客可以看到输水管线，这里管线通向新西兰最大的水力发电站—一英里大坝。

徒步旅行须知
- 线路会经过私有土地，要注意
- 爱护动植物，不要随便触碰
- 垃圾一定要带走
- 切勿向河道丢弃垃圾
- 部分线路禁止携带宠物

其他徒步线路
皇后山徒步线路
Queenstown Hill Walk
Map p.93-A3
　　这条线路要穿越原生树林，海拔上升 500 米，往返约 3 小时。走过麦卢卡、费约果等新西兰特有树林后，前面就是一望无际的卓越山和塞西尔峰等山峰。

南岛

● 昆斯敦（皇后镇）

飞人峡谷之旅

有越野车之旅、直升机徒步之旅与喷射快艇之旅、徒步探寻金矿遗迹之旅等。

乘坐越野车行走绝壁的热门线路

Nomad Safaris

☎（03）442-6699
FREE 0800-688-222
URL www.nomadsafaris.co.nz
举 8:15、13:30 出发
费 成人 NZ$185、儿童 NZ$90（约需 4 小时）

Skippers Canyon Jet

☎（03）442-9434
FREE 0800-226-966
URL www.skipperscanyonjet.co.nz

喷射快艇

举 夏季 8:00、13:00 出发
冬季 9:00、13:00 出发
费 成人 NZ$189、儿童 NZ$109（约需 4 小时 30 分钟）

郊区的主要景点

Onsen Hot Pools

Map p.97-B1

住 160 Arthurs Point Rd.
☎（03）442-5707
URL www.onsen.co.nz
营 11:00~23:00
休 无
费 1 小时 NZ$61（如果是两人，则每人 NZ$44）

从昆斯敦（皇后镇）驱车 10 分钟即到的包租式浴室。屋顶可以打开、闭合，让你享受在大自然中沐浴的感觉。The Station 前有免费穿梭巴士到达这里（需要预约）。

水温在 37.8℃ ~39.8℃，体感温暖

梅斯镇之旅

Nomad Safaris

联系方式见上文
举 8:00、13:30 出发
费 成人 NZ$275、儿童 NZ$180（约需 4 小时 30 分钟）

飞人峡谷

Map p.97-A1

Skippers Canyon

走过蜿蜒的山路，前面是一片开阔的美景

散发着幽蓝光的沙特欧瓦河（Shotover River）畔，有一个壮美雄伟的飞人峡谷。大峡谷是由冰河时期蔓延至此的瓦卡蒂普冰河经过数百万年的冲刷，地层裸露在地表后形成的，让你情不自禁对大自然产生惊叹与敬畏之心。

和南岛的其他几个小镇一样，这里在 1862 年也迎来了淘金热。两个毛利人在救助被冲入休特弗河中的小狗时，意外发现了金子。之后，超过 4000 人涌向这里淘金。到 1863 年，陆续建立了商店、酒馆、学校和法院等设施。如今这里依然残留着当年的遗迹。

要穿越飞人峡谷，驾驶越野车是一个不错的选择，但是租车会受到限制，所以最好参加旅游团。在峡谷的入口处有两块立着的巨大岩石。岩石之间有一道“地狱与天堂之门 Hells & Heavens Gate”，还有能从如曲臂一样的悬崖眺望峡谷的“恶魔之肘 Devil's Elbow”，以及可以眺望海拔 1748 米的本 • 罗蒙德山一带的毛利波因特观景点（Maori Point Saddle Lookout）等峡谷景点。除了这些，峡谷里还有散布各处的酒馆和酒店遗址、修复的学校等，向游客倾诉历史上的飞人峡谷。

梅斯镇

Map p.97-A2

Macetown

在箭镇的北侧，有一个因 19 世纪发现金子和石英而发展起来的地方，它就是梅斯镇。小镇的名称来源于 19 世纪 60 年代活跃在当地的矿工三兄弟。现在除了几处建筑遗址外，其他地方都湮没在了广袤的大自然中。这里是 DOC 环保局的保护区。交通非常不便，要想从箭镇到这里，要么走 4~5 小时，要么参加越野车旅游团（不可租车到此）。在旅游团里，听着有关当时狂热的淘金人的各种传说，探访仅存的几处小镇遗迹。箭河（Arrow River）的浅滩自驾游及淘沙金也很有意思。

箭河沿岸美丽富饶

格林诺奇
Glenorchy

Map p.97-B1 外、121-B2

位于昆斯敦（皇后镇）西北约 48 公里处，驱车 40 分钟左右可到。传说在 1000 多年前，毛利人为追逐巨型恐鸟来到了这片土地。从这里可以通往艾斯派林山国家公园，也是鲁特本线路（→ p.134）、凯波斯线路（→ p.137）和绿玉线路（→ p.137）等徒步旅行线路的起点。不少游客只是路过这里，但是这般净化心灵的纯美与宁静，只是匆匆"过而不入"怕是有些遗憾。在这个只有 200 人的小镇，你可以休闲地散步，也可以享受各类娱乐项目的乐趣。推荐游客玩玩达特河与瓦卡蒂普湖上的喷射快艇、皮划艇，还有骑马、垂钓以及能学习新西兰动植物知识

在壮美的大自然中享受动感娱乐项目的乐趣

骑着喷射快艇感受格林诺奇的美景

的生态旅游团等。其次，去电影《魔戒》的拍摄地艾辛格堡垒和罗斯洛里安看看也不错。

箭镇
Arrowtown

Map p.97-A2

位于昆斯敦（皇后镇）东北约 21 公里处，那段淘金热的历史是这座小镇的历史标记。1862 年发现金矿后，小镇飞速发展，最鼎盛时人口超过了 7000 人，旅馆、酒馆、赌场、舞厅、学校和市民集会场所等，公共设施完善。

白金汉街（Buckingham St.）上，利用古老的建筑改建的咖啡馆和商店立于街道两旁，处处都能领略到当年的风采。大街的西侧是介绍淘金时代历史的湖区博物馆与美术馆（Lakes Discrict Museum and Gallery）及当时中国劳工的居住区中国村（Chinese Village）。如果游客想玩娱乐项目，推荐尝试去现在还出产金子的地方参加淘金游。假如你有足够的耐心在河床下慢慢淘，说不定真能淘到沙金。

箭镇金黄色的杨树街景也很有名。每年 4 月下旬这里都会举办箭镇秋季庆典活动，身着淘金时代服饰的人们在音乐和游行队伍中载歌载舞。

有种在电影中穿梭的兴奋

南岛

昆斯敦（皇后镇）

格林诺奇的旅游信息
URL www.glenorchyinfocentre.co.nz

如何前往格林诺奇
昆斯敦（皇后镇）的 Info & Track 有穿梭巴士到达这里（需要预约，4 人以上才可乘坐，单程票价 NZ\$26）。需要留意的是，有时娱乐项目的门票包括了交通费。路上约需 45 分钟。

Info & Track
Map p.94-A2
住 37 Shotover St.
☎ （03）442-9708
FREE 0800-462-248
URL www.infotrack.co.nz
开 夏季 7:30~20:00
冬季 7:00~21:00
休 无
提供远足露营的装备租赁、出游及交通导游服务。

格林诺奇的娱乐项目
喷射快艇、皮划艇
Dart River Safaris
☎ （03）442-9992
FREE 0800-327-853
URL www.dartriver.co.nz
Wilderness Jet
费 成人 NZ\$239、儿童 NZ\$139
Funyaks
费 成人 NZ\$339、儿童 NZ\$239

箭镇的旅游信息
URL www.arrowtown.com

如何前往箭镇
位于昆斯敦（皇后镇）东北方向，距箭镇中约 25 分钟的车程。也可以乘坐从奥肯尼斯购物中心前出发的运通巴士 #11 路线，在弗兰克顿巴士站换乘 #10 路线。如果能坐上直达箭镇的 #8 路是最方便的，但是这班次少，最好提前咨询清楚。
费 单程 NZ\$15

湖区博物馆与美术馆
Map p.97-A2
住 49 Buckingham St.Arrowtown
☎ （03）442-1824
URL www.museumqueenstown.com
开 8:30~17:00
休 无
费 成人 NZ\$10、儿童 NZ\$3
博物馆内设有问询处。

（03）442-4620（咨询降雪信息）

FREE 0800-697-547

URL www.nzski.com

6月中旬~10月上旬
8:00~17:00

7月中旬~9月中旬的
周五、周六的营业时间为
16:00~21:00

登山电梯1日券
成人 NZ$99、
儿童（7~17岁）NZ$52

滑雪旺季，从昆斯敦（皇后镇）到滑雪场有穿梭巴士 Nzski Snowline Express 通行。车站在旅游问讯处 The Station 内（Map p.94- A2）的 Snow Centre 前。还可以在这里购票。周五、周六的傍晚还有夜场巴士。

Nzski Snowline Express

昆斯敦（皇后镇）出发
8:00~11:30
（旺季的发车时间。每20分钟一班，夜场发车时间为16:00~19:00，每小时一班。约需30分钟抵达）

往返 NZ$20
（需要前往酒店接送为往返 NZ$30）

　　克罗奈特峰（Coronet Peak）地处昆斯敦（皇后镇）北部。从山顶到山峰南侧有一大块斜坡雪道。受益于地形优势，整个滑雪季节天气稳定，很少关门。雪道基本上面向中、高级滑雪者。不过初学者也无须顾虑，这里还设有用围栏隔起来的缓坡雪道。与卓越山滑雪场相比，雪道变硬板状的时候较多，对于惯用雪板刃部滑雪的高级单板滑雪者和比赛选手来说，反倒是一件求之不得的事情。

　　克罗奈特峰滑雪场的另一个亮点是夜场。在南岛所有滑雪场中，只有这里拥有齐全的夜间照明设备。在7月上旬~9月中旬的周五、周六这段特定时期内，16:00~21:00有登山电梯运行，照明全开。在灯光的映衬下，整条雪道反射出雪白的光，呈现出与白天截然不同的景色，给人全新的滑雪体验。只是这里的海拔较高，太阳下山后气温骤降，需要采取防寒措施。

拥有大面积滑雪场地的克罗奈特峰滑雪场

卓越山滑雪场
The Remarkables Ski Field

Map p.97-B2

卓越山滑雪场

（03）442-4615（咨询降雪信息）

FREE 0800-697-547

URL www.nzski.com

6月下旬~9月下旬
9:00~16:00

登山电梯1日券
成人 NZ$99、
儿童（7~17岁）NZ$52

滑雪旺季每天从昆斯敦（皇后镇）到滑雪场都有穿梭巴士 Nzski Snowline Express 通行，交通很方便。约需35分钟。车站在 Snow Centre 前。提供酒店接送服务，但是费用较高

Nzski Snowline Express

昆斯敦（皇后镇）出发
8:00~11:30
（旺季时的发车时间）

往返 NZ$20
（需要前往酒店接送为往返 NZ$30）

　　这个滑雪场是玩粉状雪的最佳场所。中等坡度的雪道比较少，几乎所有雪道要么是平缓的坡道，要么是陡坡。其中，未经人工整饬的"弹跳回家"雪道最受欢迎，在那里可以体会到直升机滑雪的快感。面向初学者的雪道和滑雪公园从停车场进入雪场后，上左边的登山电梯就能抵达。

　　雪场内有很多坡度大的高难度雪道，一直到右侧的雪道都是适合高级滑雪者的线路。在"弹跳回家"这条体验粉状雪的最佳线路尽头就是前来滑雪场的公路。没有登山电梯，但是为了照顾一天几次滑到公路的滑雪爱好者和单板滑雪爱好者，滑雪场的卡车会开车来接人。所以最好是看准卡车来接人的时间，安排好自己的滑雪行程。

滑雪场上半部是面向高水平滑雪者的陡坡雪道

昆斯敦（皇后镇）的
游览项目

昆斯敦（皇后镇）周边有一些自然风光秀丽、淘金时代遗迹尚存的小镇，魅力景点很多。近年来，近郊开发的葡萄酒厂参观、米尔福德桑德一日游等项目人气爆棚。

远足露营之旅

去尝试一下著名的远足线路吧。鲁特本徒步旅行一日游是 8:00 从昆斯敦（皇后镇）出发，全程约需 9 小时，2 人以上才开团。只需要 4 小时的昆斯敦（皇后镇）半日游主要是欣赏近郊的景色。2 人以上开团。此外还有其他多种旅游团。

Tanken Tours
DATA ☎（03）442-5955　FAX（03）442-5956　URL www.nzwilderness.co.nz
🕐 全年　💰 鲁特本徒步旅行一日游 NZ$195　昆斯敦（皇后镇）半日游 NZ$125
CC 不可

米尔福德桑德一日游

在峡湾国家公园内非常具有人气的米尔福德桑德上空往返飞行观光之旅。峡湾雄伟的山峰、壮观的瀑布以及没有人类痕迹的山毛榉原始森林一一从你的眼下掠过。从天空 360° 全景俯瞰峡湾胜景，气势逼人，妙不可言。此外，还可以坐着观光船感受斯特林瀑布的雄浑，与海狗、海豚、企鹅等野生动物们的不期而遇同样让人怦然心动。

Real Journeys
DATA ☎（03）249-6000　FREE 0800-656-501　URL www.realjourneys.co.nz
💰 飞行 & 游艇之旅往返成人 NZ$458~、儿童 NZ$298~［昆斯敦（皇后镇）是始发、终点站，全程约需 4 小时］ CC ADJMV

湖畔徒步旅行

这条徒步旅行线路全长 2~5 公里，即便是初学者也能轻松应对。踏上，一边听着小鸟的叫声，一边关注导游介绍包括植物在内的自然环境，向着美景进发！2 人以上才开团。8:00 和 13:30 出发。可前往住宿地接送。

Guided Walks New Zealand
DATA ☎（03）442-3000　FREE 0800-832-226　URL www.nzwalks.com　🕐 全年
💰 湖畔森林与野鸟观赏之旅成人 NZ$109~199、儿童 NZ$69~199（需要 2~3 小时）
CC AMV

参观电影拍摄地

参观格林诺奇和天堂谷，去电影《魔戒》与《霍比特人》的拍摄地一探究竟。听着电影拍摄的幕后花絮，全身心沉浸在电影的世界中。还可以穿上电影人物的服饰，拿起翻版的道具拍纪念照。除此以外，还可以参观箭镇周边的拍摄地。

Safari of the Scenes
DATA ☎（03）442-6699　FREE 0800-688-222
URL nomadsafaris.co.nz　🕐 全年
💰 半日游（约需 4 小时）成人 NZ$185、儿童 NZ$90　CC MV

参观葡萄酒酿造厂

昆斯敦（皇后镇）周边区域是新西兰首屈一指的葡萄酒产地，尤以黑皮诺葡萄最为出名。在这条线路可以参观拥有地下酒窖的吉布斯顿谷酒庄等四座酒庄，在参观的同时还能品酒哦。葡萄酒供出售。还安排奶酪店参观。

Wine trail
DATA ☎（03）441-3990　FREE 0800-827-8464
URL www.queenstownwinetrail.co.nz
🕐 全年
💰 $160（约需 5 小时）
CC MV

昆斯敦（皇后镇）的
动感体验

即便是放眼全球，昆斯敦（皇后镇）在娱乐项目的设置上也堪称完善。除了有诞生于昆斯敦（皇后镇）近郊的蹦极跳，这里还有种类齐全、惊险刺激的动感体验项目。不论哪种玩法，初学者都能尝试，赶紧来挑战一下吧。

蹦极

著名的卡瓦拉桥（43 米）在全球首次设立了蹦极跳，桥的附近还设置了可以观赏别的游客跳的蹦极中心。地平线缆车旁的高台（47 米）夜间也营业。如果追求的是高度，那么新西兰最高的内比斯（134 米）是不二选择。

AJ Hackett Bungy
☎ (03) 450-1300
FREE 0800-286-4958
URL www.bungy.co.nz
📅 全年　💰 卡瓦拉桥 NZ\$195、高台 NZ\$195、内比斯 NZ\$275　CC AMV

喷射快艇

乘坐喷射快艇在流经瓦卡蒂普湖与昆斯敦（皇后镇）郊区的卡瓦拉河、休特弗河上疾驰！以时速 80 公里的高速螺旋下降，真是刺激得热血沸腾。旅游团除了有 1 小时的乘船时间外，还有湖底水族馆参观项目。

KJet
☎ (03) 442-6142
FREE 0800-529-272
URL kjet.co.nz
📅 全年　💰 成人 NZ\$125、儿童 NZ\$69
CC ADJMV

高空滑索

在鲍伯峰大斜面树木之间的钢索上，如人猿泰山一般顺势滑下。最大时速可达 70 公里，让你在惊叫声中饱览瓦卡蒂普湖的美景。这也是一条颇受欢迎的学习环保知识的线路。

Ziptrek Ecotours
☎ (03) 441-2102　FREE 0800-947-8735　URL ziptrek.co.nz
📅 全年　💰 成人 NZ\$135~185、儿童 NZ\$85~135
CC DJMV

跳伞

从 2700、3700 和 4500 米的高空一跃而下的激情体验一定会让你毕生难忘。瞬间最高时速可达 200 公里。游客系上由最先进材料制作的安全带，在经验丰富的向导的陪同下一同跳伞，这样的话初学者也无所畏惧。约需 3 小时 30 分钟。

NZONE Skydive
☎ (03) 442-5867　FREE 0800-376-796
URL www.nzoneskydive.co.nz　📅 全年
💰 近 2700 米的高空（下降时间约 25 秒）NZ\$299；近 3600 米的高空（下降时间约 45 秒）NZ\$339；近 4500 米的高空（下降时间约 60 秒）NZ\$439　CC AMV

峡谷秋千

距离昆斯敦（皇后镇）约 15 分钟车程。从沙特欧瓦河上空109 米的高处享受峡谷荡秋千的刺激。这是一种在峡谷空中钢索上挑战的新式蹦极。以各种跳法挑战不同程度的惊险吧。再加NZ\$45 还可再跳一次。

Shotover Canyon Swing
☎ (03) 442-6990
FREE 0800-279-464
URL www.canyonswing.co.nz
📅 全年　💰 成人 NZ\$219
CC ADMV

滑翔伞 & 乘风滑翔

在鲍伯峰的上空用滑翔伞的方式感受空中漫步。飞行时间为 8~12 分钟，可以尽情欣赏昆斯敦（皇后镇）的街景、瓦卡蒂普湖和周边群山的动人风景。如果你还想玩得更刺激一些，可以跟向导提议。费用包含缆车费。如果你是一天内第一个到的，还有优惠。

G Force Paragliding
☎ (03) 441-8581　FREE 0800-759-688
URL www.nzgforce.com
💰 每天第一个参加的人特价票 NZ\$189、空中缆车 NZ\$219
CC AMV

商店
Shop

莫尔大道附近聚集了很多商店，日夜繁华。除了常见的新西兰特产外，还有买了当即能穿的衣服及户外用品，以及特色创意商品等，应有尽有。

昆斯敦（皇后镇）奥提亚礼品店
Aotea Gifts Queenstown

特产

◆ 有很多深受外国人游客喜爱的礼品，"AVOCA"系列是热销产品。其中适合在冬天穿戴的负鼠毛与美利奴羊毛混纺织物、美利奴羊毛时尚服饰最受青睐，既轻柔又保暖。另外还有手套和毛衣等，种类丰富。一直营业到深夜。

镇中心	Map p.94-B1

- 87 Beach St.
- （03）442-6444
- FAX（03）442-6446
- URL cn.aoteanz.com
- 夏季 9:30~23:00、冬季 9:30~22:00
- 休 无
- CC ADJMV

OK 礼品店
OK Gift Shop

特产

◆ 商品种类多，从羊毛手套到围巾等平价商品，到加入负鼠毛的轻柔型保暖美利奴貂毛毛衣等防寒衣物，商品齐全。还有大量小物件和化妆品。特色商品胎盘美容霜买三赠一。此外也有销售精华液和口罩。

镇中心	Map p.94-B1

- Steamer Wharf Building，88 Beach St.
- （03）409-0444
- URL okgiftshop.co.nz
- 夏季 10:00~23:00、冬季 10:00~22:00
- 休 无
- CC ADJMV

瓦卡画廊
Waka Gallery

宝石

◆ 昆斯敦（皇后镇）一家有近 40 年历史的宝石店。经营商品包括澳大利亚蛋白石、新西兰绿宝石，还有黑金鲍内提取的珍贵蓝珍珠等高档珠宝。店主 Rob Line 也是一名艺术家。店的二层是展示绘画和雕刻作品的画廊，不妨去感觉一下吧。

镇中心	Map p.94-B2

- Cnr.Beach St.&Rees St.
- （03）442-9611
- URL www.wakagallery.com
- 夏季 9:00~22:00、冬季 9:00~20:00
- 休 无
- CC ADJMV

魔戒
Lord Of The Rings Shop

日用杂货

◆ 在新西兰拍摄的史诗级大片《魔戒》和《霍比特人》的关联商店。可以穿上剧中人物的服饰拍纪念照（要收费）。销售超过 30 种明信片，价格 NZ$2.5。还有武器、"魔戒"的复制品以及相册、栎树面具、拍摄地旅行指南等，电影迷们可不要错过哟。

镇中心	Map p.94-A2

- 37 Shotover St.
- （03）442-6699
- FREE 0800-688-222
- URL nomadsafaris.co.nz/shop/
- 开 9:00~19:00
- 休 无
- CC AMV

粉红世界
In The Pink

日用杂货

◆ 位于奥肯尼斯购物中心对面的一家日用杂货店。主要经营新西兰籍艺术家的作品。店面虽小，但有五颜六色的杂货、饰品、可爱文具、化妆品和童装等商品，细碎的商品密密麻麻挤在一起，可谓应有尽有。你还能看到厨房用具，女孩一定会喜欢，随便看看也能满足她们的好奇心。

镇中心	Map p.94-A2

- 31 Camp St.
- （03）441-1525
- 开 9:00~19:00（各季节时间有所不同）
- 休 无
- CC AMV

● 昆斯敦（皇后镇）

维斯塔
Vesta
日用杂货

◆商店是在1864年建造的昆斯敦（皇后镇）最古老的建筑——威廉古堡的基础上改建而成的。各房间依然保留了当年的模样，里面摆放了新西兰籍艺术家设计的作品和日常用品，包括家具、蜡烛、餐具、玻璃制品、陶瓷、绘画、明信片、护肤产品等。

- 住 19 Marine Pde.
- ☎（03）442-5687
- URL vestadesign.co.nz
- 営 10:00~17:30（各季节时间有所不同）
- 休 无
- CC MV

休佛
Huffer
时尚用品

◆新西兰的新锐潮牌店。由于它的设计简练，价格适中，因此深受各年龄层消费者的喜爱。休佛是由Dan Backley与Steve Dunstan二人共同创立的街头流行时装品牌，至今它的羽绒服质量依旧让人着迷。

- 住 36B Shotover St.
- ☎（03）442-6673
- URL www.huffer.co.nz
- 営 周一～周六 10:00~19:00、周日10:00~18:00
- 休 无
- CC MV

新西兰坎特伯雷
Canterbury of New Zealand
时尚用品

◆橄榄球运动王国新西兰的本土品牌。除了著名球队"全黑队"和俱乐部球队的队服，还经营带有时尚元素的训练服、连帽卫衣、T恤衫、皮包和帽子等。除了男士用品以外，还有丰富的女性服饰和小物件。一年内会举办多次优惠活动。

- 住 O'Connell's Shopping Centre
- ☎（03）442-4020
- URL www.canterburyofnz.com
- 営 夏季 9:00~22:00、冬季 9:00~20:30
- 休 无
- CC ADJMV

新西兰一等品
Bonz in New Zealand
时尚用品

◆店内有大量以美利奴羊毛和羊驼呢为原料手工编织的多色系马甲NZ$500~以及充满新西兰风情的多种特色原创商品。最畅销的要数工人一针一线缝制的羔羊皮马甲NZ$1700~和手工针织毛衣NZ$688~。

- 住 8-10 The Mall
- ☎（03）442-5398
- FAX（03）442-5217
- URL www.bonzgroup.co.nz
- 営 夏季 9:00~22:00、冬季 9:00~21:00（各季节时间有所不同）
- 休 无　　CC ADJMV

原始世界
Untouched World
时尚用品

◆商品设计简洁干练，奉行实用主义。所有商品都采用有机原料，店内销售毛毡料的人气夹克NZ$699、美利奴羊毛和负鼠毛混纺手套NZ$32.5~和袜子NZ$39.9~等。拉链的拉头部分装饰的毛利风筝造型的东西是商店的LOGO，很有特色。

- 住 1 The Mall
- ☎（03）442-4992
- URL www.untouchedworld.com
- 営 9:00~22:00（各季节时间有所不同）
- 休 无
- CC ADJMV

菲奇
Fetch
时尚用品

◆一家私人定制商店，经营的商品包括印有独特设计图案的棒球帽、皮包、T恤衫和连帽卫衣。其中棒球帽NZ$39、T恤衫NZ$45~。设计图案有新西兰国鸟几维鸟和毛利风格插图等，作为礼物送人也是不错的。店内的样品也供出售。

威尔金森药妆店
Wilkinson's Pharmacy
化妆品

◆ 位于商店街的上的一家药妆店。缓解身体不适自然必不可少，还有防晒霜和牙膏等出售。店内销售的祛虫药对于防治新西兰沙蝇有良好的效果。另外，Trilogy、Linden Leaves、Antipodes 和 Living Nature 等新西兰本土的纯天然化妆品，也是游客购物的不二选择。

镇中心　　　　　　Map p.94-B2
住 Cnr The Mall & Rees St.
☎ （03）442-7313
URL www.wilkinsonspharmacy.co.nz
営 8:30~22:00
休 无
CC ADJMV

酿酒工坊
The Winery
葡萄酒

◆ 在这有特别的葡萄酒店铺，顾客使用充值式私享卡即可选择自己喜欢的口味，试喝一杯 25ml 的葡萄酒 NZ$2.4~。店方主要从中奥塔戈地区的超过 350 家酒庄精选约 700 瓶酒，其中的 80 瓶可以试饮。还有就着葡萄酒一起吃的美食，如奶酪 & 意式腊香肠 NZ$35 等。

镇中心　　　　　　Map p.94-A2
住 14 Beach St.
☎ （03）409-2226
FAX （03）409-2290
URL www.winetastes.co.nz
営 10:30~Late（各季节时间有所不同）
休 无
CC ADJMV

卓越山甜品店
The Remarkable Sweet Shop
食品

◆ 玻璃橱柜内陈列的五颜六色的商品是在黄油里添加奶油和砂糖制作的软糖。这里常备 30 种左右的软糖，100 克的售价为 NZ$6.8，牛根糖每 100 克的售价为 NZ$6.8~。有 5 种可以试吃。如果是买来送人，推荐 4 种装的软糖套装 NZ$26。除此以外，还有多达 800 余种的甜品。总店设在箭镇和机场。

镇中心　　　　　　Map p.94-B2
住 39 Beach St.
☎ （03）409-2630
FAX （03）409-2631
URL www.remarkablesweetshop.co.nz
営 9:00~22:00（各季节时间有所不同）
休 无
CC MV

曲奇时光
Cookie Time
食品

◆ 在新西兰国内的超市及便利店热卖的曲奇品牌 "Cookie Time" 的直营店。可以在店内的烤炉上炉制，然后在店内食用口感香脆的曲奇。自制大块巧克力曲奇和蔓越莓白巧克力等口味的均为 NZ$3。还有热巧克力和冰激凌等可供顾客选择。

镇中心　　　　　　Map p.94-B2
住 18 Camp St.
☎ （03）442-4891
URL www.cookietime.co.nz
営 8:00~22:00
休 无
CC MV

户外运动
Outside Sports
户外用品

◆ 位于镇中心的户外用品店，一直营业到深夜，店内都会顾客盈门。里面有四季使用的各种户外用品，包括登山用具、山地车、滑雪橇、滑雪板、渔具和帐篷等。夏季出租山地自行车，价格 NZ$35~，冬季出租滑雪橇和滑雪板，价格 NZ$25~。

镇中心　　　　　　Map p.94-A2
住 9 Shotover St.
☎ （03）441-0074
URL www.outsidesports.co.nz
営 夏季 8:30~20:00
　 冬季 7:30~21:00（各季节有所不同）
休 无
CC AJMV

精选运动
Select Action Sports
户外用品

◆ 一家运动品牌精品店。经营波顿（Burton）等一线品牌的滑雪板及时尚用品、滑板。瓦纳卡当地品牌 Mons Royale 服饰也是店内的主角。冬季也出租滑雪橇和滑雪板。出租山地自行车半天 NZ$35~，1 天 NZ$55~。

镇中心　　　　　　Map p.94-A2
住 45 Camp St.
☎ （03）442-4889
URL www.selectactionsports.co.nz
営 夏季 9:00~19:00 冬季 7:30~21:00
休 无
CC ADJMV

餐馆
Restaurant

昆斯敦（皇后镇）作为南岛标志性的旅游胜地，汇聚了大量时尚的咖啡馆和快餐店，乃至高档餐馆。从美味的肉菜到新鲜的海鲜，再到外国菜，种类的丰富程度足以让你充满新鲜感地逗留数日。

H.M.S. 布里塔尼亚
H.M.S.Britannia

新西兰菜

◆是拥有 30 多年历史的昆斯敦（皇后镇）的人气餐馆。店内装饰让人想起中世纪的帆船，一定会让你心情舒畅，食欲大开。在这里，你可以开怀大吃淡水螯虾和淡菜等海产品以及牛排和羔羊肉等肉菜。主菜 NZ$30~40。海鲜拼盘及烤羔羊肉深受欢迎。

镇中心   Map p.94-B2
住 The Mall
☎ （03）442-9600
FAX （03）442-6299
URL www.britannia-restaurant.co.nz
营 18:00~Late
休 无 CC ADJMV

公共厨房和酒吧
Public Kitchen & Bar

新西兰菜

◆汽船码头内的餐馆。采用当地食材烹制的新西兰菜颇受好评，西式炖烤羔羊肉和蝴蝶意大利面 NZ$25 和烤羔羊肉 NZ$45、蒸贻贝 NZ$30 等主菜普遍在 NZ$20~40 左右。甜品中的"帕芙洛娃"NZ$14 一定要尝尝。店里还有可以观赏瓦卡蒂普湖美景的露天席位。

镇中心   Map p.94-B1
住 GF.Steamer Wharf Beach St.
☎ （03）442-5969
URL www.publickitchen.co.nz
营 10:30~Late
休 无
CC ADJMV

呼啸百万餐馆
Roaring Megs Restaurant

新西兰菜

◆汲取了法餐精华的新西兰餐馆。餐馆从 1981 年开业，前身是建于 1880 年前后的一栋宿舍楼。暖炉和家具等装修都保留了当时的模样，窗户外就是卓越山的群山雄姿。最受欢迎的是浇了鲜橙薄荷汁的香草烤羔羊肉（Rack of Lamb）NZ$49。

镇中心   Map p.94-B1
住 53 Shotover St.
☎ （03）442-9676
URL www.roaringmegs.co.nz
营 周二～周日 18:00~Late
休 周一
CC AJMV

博茨瓦纳肉菜餐馆
Botswana Butchery

新西兰菜

◆餐馆的新西兰菜品广受好评，常常满座。在一家玛丽练兵场旁的古老古堡上改建而成，不过店内装修现代化。在 12:00~15:00 有特惠午餐，肉和鱼贝类等在各季节的菜品不重样。葡萄酒每杯 NZ$13~。午餐、晚餐最好都提前预约。

镇中心   Map p.94-B2
住 17 Marine Pde.
☎ （03）442-6994
URL www.botswanabutchery.co.nz
营 12:00~Late
休 无
CC AJMV

鱼骨酒吧和烤肉
Fishbone Bar & Grill

海鲜

◆1991 年开业的海鲜餐馆。在这里可以品尝到最新鲜的海鲜，海鲜多产自南岛近海及专业养殖场。餐馆的水槽里养了很多淡水螯虾。招牌菜品包括炸鱼加薯条 NZ$25~、三文鱼排 NZ$37 等，主菜一般在 NZ$30~40。当日的特色菜品需要到店内确认。

镇中心   Map p.94-A2
住 7 Beach St.
☎ （03）442-6768
URL www.fishbonequeenstown.co.nz
营 17:00~Late
休 无
CC AMV

海鲜和烤肉
Finz Seafood & Grill

海鲜

◆ 位于汽船码头内的一家餐馆。新鲜海鲜制作的菜肴是食客的最爱。菜品有贻贝、虾、牡蛎、炸鱼和三文鱼刺身等装在一盘的海鲜拼盘（2 人份）售价 NZ$105，露天烤淡水鳌虾（时价）、炸鱼加薯条 NZ$25~，还有肉菜和沙拉等。主菜价格在 NZ$28~45。

镇中心　　　　　　　　　Map p.94-B1

住 GF.Steamer Wharf
☎ （03）442-7405
URL www.finzdownunder.co.nz
營 17:00~Late（各季节时间有所不同）
休 无
CC ADJMV

奶牛餐馆
The Cow

意大利菜

◆ 这栋古老的建筑在 19 世纪 60 年代的维多利亚女王时期曾是挤牛奶小屋，如今改建成了一家比萨和意大利面店。深茶色的木桌与石墙上，烛光摇曳，气氛温暖。比萨尺寸有两种，大号和小号，价格 NZ$18.9~。比萨和意大利面都可以外带。在瓦纳卡设有分店。

镇中心　　　　　　　　　Map p.94-B2

住 Cow Lane
☎ （03）442-8588
營 12:00~24:00
休 无
CC AMV

美丽厨房
Bella Cucina

意大利菜

◆ 氛围超赞的意式餐馆。菜单每天不同，每天清早在店内烹制的新鲜意大利面和在柴锅内制作的比萨等售价 NZ$25~29，开胃菜 NZ$12~20，其他主菜在 NZ$35 左右。还有很多适合在就餐时品尝的意大利纯正的葡萄酒。甜点鲜奶皮为 NZ$14。

镇中心　　　　　　　　　Map p.94-A1

住 6 Brecon St.
☎ （03）442-6762
URL www.bellacucina.co.nz
營 17:00~Late
休 无
CC MV

乐餐馆
Tanoshi

日本料理

◆ 位于母牛小巷的一家幽深小酒馆。除了有拉面、咖喱、饺子、炒乌冬面和日式煎饼等日式美食外，还有很多种西班牙餐前小吃，价格 NZ$5~。适合与三两好友在此分享美食的精髓。盖饭有烤牛肉盖饭、三文鱼盖饭等多种口味。日本清酒有 17 种之多，用清酒调制的鸡尾酒同样热销。

镇中心　　　　　　　　　Map p.94-B2

住 Cow Lane
☎ （03）441-8387
URL tanoshi.co.nz
營 12:00~次日 2:00（各季节时间有所不同）
休 无
CC MV

南十字星
Minami Jujisei

日本料理

◆ 餐馆从 1987 年开始营业，是新西兰国内年数最长的日本料理店。除了餐桌外，还有高脚桌及坐垫式席位。使用近海捕捞的新鲜水产品制作的刺身、寿司和盖饭等日式美味品种多样。焦盐龙虾、三文鱼与金枪鱼刺身、醋溜贻贝等 11 种海鲜组成的海鲜拼盘（2 人份）很受欢迎。

镇中心　　　　　　　　　Map p.94-B1

住 45 Beach St.
☎ （03）442-9854
URL www.minamijujisei.co.nz
營 周一～周六 11:30~14:00、
　 17:30~Late、周日 17:30~Late
休 无
CC ADJMV

湖畔宫殿
Lakeside Palace

中国菜

◆ 深受外国人喜欢的广东菜餐馆。菜品丰富，有炒面 NZ$16~、饺子 NZ$10、春卷 NZ$5~6 等耳熟能详的美味。推荐鸡肉和海鲜、中式什锦火锅 NZ$35、沙煲火锅 NZ$40（每人的价格。2 人开始起售）。NZ$32~37 的套餐很划算。

镇中心　　　　　　　　　Map p.94-B2

住 3 Rees St.
☎ （03）442-8128
URL www.lakesidepalaceatqueenstown.com
營 周二～周六 11:30~14:30、
　 17:30~ Late、周一和周日 17:30~Late
休 无　CC ADMV

我的泰式会客厅
My Thai Lounge   泰国菜

◆位于海滩街对面一栋大厦的二层，从窗边席位上可以眺望到瓦卡蒂普湖。餐馆采用现代烹饪理念制作传统的泰国菜。实惠的午餐可以品尝到炒鸡肉配腰果、绿咖喱等7种菜品，价格NZ$11。开胃菜、汤在NZ$10左右。大盘主菜为NZ$15~30。午餐加NZ$1即可外带。

镇中心   Map p.94-B1
- 住 1F Bay Centre Building.69 Beach St.
- ☎ （03）441-8380
- URL mythai.co.nz
- 營 周日~次周周四
  12:00~14:30、17:30~Late
  周五 12:00~Late
- 休 无

孟买宫殿
Bombay Palace   印度菜

◆这家餐馆是一幢两层建筑，店内宽敞明亮。咖喱有18种，素食菜品超过14种，称得上种类多样。点餐时，所有的咖喱均免费赠送米饭。热销的黄油鸡肉NZ$19.9和香辣咖喱肉NZ$19.9等。肉有鸡肉、羔羊肉和虾可选。

镇中心   Map p.94-B1
- 住 66 Shotover St.
- ☎ （03）441-2886
- URL www.bombaypalacequeenstown.co.nz
- 營 12:00~14:00、17:00~22:00
- 休 无
- CC AMV

法格汉堡
Fergburger   汉堡

◆人们争相排队购买美味汉堡的店铺。一共有20余种，分量足够，拿在手里有种沉甸甸的感觉。牛肉饼的原料来自箭镇郊区的新鲜牛肉。招牌菜The Fergburger售价NZ$11.5。300克的牛肉饼加培根、奶酪和煎鸡蛋的特大号Big Al卖NZ$17.9。隔壁还有面包房和冰激凌店。

镇中心   Map p.94-A·B2
- 住 42 Shotover St.
- ☎ （03）441-1232
- URL www.fergburger.com
- 營 8:30~ 次日 5:00
- 休 无
- CC AMV

维度咖啡馆 & 餐馆
Vudu café & Larder   咖啡馆

◆这家咖啡馆从清早开始就一直是顾客盈门的状态。法式土司和玻璃橱柜里的各式三明治、面包、松饼及烤制糕点有序摆放，种类多得让你眼花缭乱。人气美食主要有班尼迪克蛋NZ$19和烤哈罗米奶酪、水波蛋NZ$18.5等。午餐有多种意大利面和汉堡可选。

镇中心   Map p.94-B2
- 住 16 Rees St.
- ☎ （03）441-8370
- URL vudu.co.nz
- 營 7:30~20:00（各季节时间有所不同）
- 休 无
- CC MV

乔的车库
Joe's Garage   咖啡馆

◆当地居民对这家咖啡馆的评价很高。咖啡的口感醇厚，咖啡调配师调制的纯正咖啡每杯价格NZ$3.7~。如店名所写，店内装饰像是一座车库，音乐缓缓流淌，惬意而阳光。除烤饼和面包等美食外，还有加了足量鸡蛋和香肠的单层三明治"Joker"售价NZ$14.8等。

镇中心   Map p.94-B2
- 住 Searle Lane
- ☎ （03）442-5282
- URL www.joes.co.nz
- 營 7:00~16:00
- 休 无
- CC ADJMV

巴塔哥尼亚巧克力
Patagonia Chocolates   巧克力

◆这家巧克力专卖店的主人是阿根廷人。含58%可可成分的巧克力饮品有四种口味，包括墨西哥红辣椒、姜汁等，价格NZ$5~。常备20种口味的冰激凌，以巧克力口味为主。单球蛋筒NZ$5。添加了干果和水果的巧克力是招牌的美味。在瓦纳卡设有分店。

镇中心   Map p.94-B2
- 住 50 Beach St.
- ☎ （03）442-9066
- URL www.patagoniachocolates.co.nz
- 營 9:00~21:00（根据天气情况会有调整）
- 休 无
- CC AMV

阿特拉斯咖啡啤酒吧
Atlas Beer Cafe 夜店

◆位于汽船码头一角的酒吧＆餐馆。供应达尼丁小啤酒厂出产的艾默生啤酒和惠灵顿郊区的大蜥蜴啤酒等，在当地口碑极佳的啤酒，价格均为 NZ$9.9~，可以比较一下各个品牌的口感。这家精致小店供应早、中、晚餐及餐后小品。

	夜店	Map p.94-B1
住	Steamer Wharf Beach St.
☎	（03）442-5995
URL	atlasbeercafe.com
营	10:00~Late
休	无
CC	DMV

维尼
Winnies 夜店

◆灯光昏暗的店内受了暖炉内小火焰的"垂爱"，露天席位则可以看到街景和缆车。天气好时屋顶全开，晚上坐在店里也可以仰望星空。招牌美食有格力高和佩斯卡拉等 14 种比萨 NZ$15.95~（尺寸分为 S、M、L 三种）。晚上有乐队和 JD 进驻，气氛热烈。

	镇中心	Map p.94-B2
住	7-9 The Mall
☎	（03）442-8635
URL	www.winnies.co.nz
营	12:00~ 次日 2:30
休	无
CC	ADMV

猪 & 口哨
Pig & Whistle 夜店

◆建在河边的石制英式小酒吧。店内有健力士黑啤、史倍苏和图伊等多个新西兰啤酒品牌。11:00~16:00 提供 NZ$9~13 的午餐。晚餐推荐品尝牛排三明治 NZ$21、牙买加式五花肉 NZ$23.5 等。2 层有台球室，到深夜都很热闹。

	镇中心	Map p.94-A2
住	41 Ballarat St.
☎	（03）442-9055
FAX	（03）442-6824
URL	www.pigandwhistlepub.co.nz
营	11:00~Late（各季节时间有所不同）
休	无
CC	AMV

零下 5 度冰酒吧
Minus 5°Ice Bar 夜店

◆在进门处领取防寒衣物后入店。店内是梦幻般的冰雪世界，室温常年保持在 -10℃ ~ -5℃，冰雕和冰柜台都很赏心悦目。杯子也是纯冰打造的。成人入场费 NZ$20，带鸡尾酒则为 NZ$30。软饮料每杯成人 NZ$25、儿童 NZ$15。

	镇中心	Map p.94-B1
住	Steamer Wharf 88 Beach St.
☎	（03）442-6050
URL	www.minus5icebar.com
营	14:00~Late
休	无
CC	ADJMV

Column 雨天也能玩的室内娱乐项目

Fear Factory 是一处只对成人开放的"鬼屋"。全程玩下来需要 30 分钟。胆小的游客在玩的过程中如果发出尖叫，就会被神秘使者带出室外，不过也将在"胆小鬼名单"上留名。

此外，Shotover St. 和 Thrillzone 拥有特色 12D 体验的电影院，可模拟风、雨和雾等气象。席位会剧烈地晃动，有一种在游乐场玩的刺激感。

除了这些，还能拍合成照片，玩室内逃生游戏等。

逃生游戏很受欢迎

来这里练练胆吧！

Fear Factory　Map p.94-B1
住 54 Shotover St.　☎（03）442-8666
URL fearfactory.co.nz　营 成人 NZ$35、儿童 NZ$20
营 11:00~Late　CC MV

Thrillzone　Map p.94-B1
住 53 Shotover St.　☎（03）441-1159
URL www.thrillzone.co.nz　营 12D 影院成人 NZ$29、儿童 NZ$24　营 10:00~Late　CC MV

　　作为旅游胜地，昆斯敦（皇后镇）拥有多种类型的住宿设施，不过价格略高。游客众多，尤其是旅游旺季在酒店更是一房难求，因此最好提前预订。如果住在景区周边，要确认清楚是否有接送服务。

昆斯敦（皇后镇）索菲特温泉酒店
Sofitel Queenstown Hotel & Spa
豪华酒店

◆ 位于镇中心的豪华酒店。热情的工作人员让人心情愉悦，宽敞的客房内DVD播放机、咖啡机等设施也一应俱全。有商务套房。酒店还有餐馆和健身房等。

镇中心　　　　　　　　Map p.94-A1
住 8 Duke St.
☎ （03）450-0045
FAX （03）450-0046
URL www.sofitel.com
费 ⒟⒯ NZ$203～
房间数 82
CC ADJMV

里斯酒店 & 豪华公寓
The Rees Hotel & luxury Apartment
豪华酒店

◆ 位于瓦卡蒂普湖畔的一家超高档酒店。有 90 间带厨房的公寓式房间，适合多人或长期居住。距离镇中心有点远，但是酒店为住客提供免费的班车服务。

镇周边　　　　　　　　Map p.93-A4
住 377 Frankton Rd.
☎ （03）450-1100
FAX （03）409-2852
URL www.therees.co.nz
费 ⒮⒟⒯ NZ$325～
房间数 150
CC ADJMV

昆斯敦（皇后镇）希尔顿酒店
Hilton Queenstown
豪华酒店

◆ 在度假村卡瓦劳村（Kawarau Village）内的酒店，距离机场有 5 分钟的车程。所有客房都带暖炉，还有湖景和山景房。旁边的"Double Tree"也是同一集团旗下的酒店，所有客房带简易厨房，适合长期住宿。

镇周边　　　　　　　　Map p.97-B1
住 Kawarau Village，79 Peninsula Rd.
☎ （03）450-9400
FAX （03）450-9401
URL www3.hilton.com
费 ⒟⒯ NZ$215～
房间数 220
CC ADJMV

昆斯敦（皇后镇）千禧国际酒店
Millennium Hotel Queenstown
豪华酒店

◆ 这家豪华酒店很受外国蜜月旅行者的喜爱。客房是统一的安静色调，氛围雅致。除了宽敞明亮的大堂会客厅以外，还有桑拿、水疗房等。从镇中心徒步即可到达。提供免费班车供代步。

镇周边　　　　　　　　Map p.93-B3
住 32 Frankton Rd.
☎ （03）450-0150
FAX （03）441-8779
URL www.millenniumhotels.com
费 ⒟⒯ NZ$200～
房间数 220
CC ADJMV

米尔布鲁克度假村
Millbrook Resort
豪华酒店

◆ 常有新西兰名流下榻的五星级大型度假村。有带阳台和厨房的乡间别墅及针对家庭游的家庭房，各种房型都很宽敞，在设计上充分考虑了对客人私密性的保护。还有现代化的水疗房和高尔夫球场。有免费班车往来于市区。

镇周边　　　　　　　　Map p.97-A2
住 Malaghans Rd. Arrowtown
☎ （03）441-7000
FREE 0800-800-604
URL www.millbrook.co.nz
费 ⒟⒯ NZ$280～
房间数 175
CC ADJMV

昆斯敦（皇后镇）遗产酒店
Heritage Queenstown

豪华酒店

◆欧式度假酒店，大堂有暖炉。客房的装修很时尚，面积宽大。酒店的泳池和健身房面湖而建。还有别墅型和单间公寓型房间。酒店前有巴士车站，到镇中心很方便。

镇周边 　　　　　Map p.92-B1

住 91 Fernhill Rd.
☎ （03）450-1500
FREE 0800-368-888
FAX （03）450-1502
URL www.heritagehotels.co.nz
费 Ⓢ Ⓓ NZ$195~
房间数 211
CC ADJMV

昆斯敦（皇后镇）诺富特湖畔酒店
Novotel Queenstown Lakeside

中档酒店

◆踞离瓦卡蒂普湖和昆斯敦（皇后镇）公园很近，视野开阔。客房和洗浴室看起来很小，不过设施齐备。酒店内有现代化的餐馆"Elements"。位于镇中心，交通便利。

镇中心 　　　　　Map p.94-B2

住 Cnr.Earl St.& Marine Pde.
☎ （03）442-7750
FAX （03）442-7469
URL www.novotel.com
费 Ⓓ NZ$147~ Ⓣ NZ$166~
房间数 273
CC ADMV

乳制品私人豪华酒店
The Dairy Private Luxury Hotel

中档酒店

◆位于布雷坎街旁，步行3分钟就到了镇中心。客房装修给人内心以安全感，所有客房都带咖啡机和超薄电视。酒店还配有会客厅、图书室和露天热水浴池。

镇中心 　　　　　Map p.94-A1

住 Cnr.Brecon & Isle St.
☎ （03）442-5164
URL www.thedairy.co.nz
费 Ⓢ Ⓓ Ⓣ NZ$425~
房间数 13
CC ADJMV

罗蒙德33号酒店
33 Lomond Lodge

汽车旅馆

◆建在山坡斜面上的汽车旅馆。朝向湖区的带阳台房间可远眺瓦卡蒂普湖，从这里看到的夜景也十分绚丽。还有朝向院子的房间，院子里可以做BBQ。单间公寓房带小厨房，标准公寓房带全功能厨房。

镇中心 　　　　　Map p.94-A1

住 33 Man St.
☎ （03）442-8235
FREE 0508-456-666
URL www.lomondlodge.com
费 Ⓢ Ⓓ Ⓣ NZ$125~
房间数 15
CC ADJMV

阿米蒂汽车旅馆
Amity Lodge Motel

汽车旅馆

◆位于坡道平缓的山坡之上。与镇中心稍有些距离，但是远离了城镇的喧嚣亦是这里的优势。客房是公寓式房间，内有冰箱、微波炉等，可以自己做饭。几乎所有房间都有浴缸。

镇周边 　　　　　Map p.93-B3

住 7 Melbourne St.
☎ （03）442-7288
FREE 0800-556-000
URL www.amitylodge.co.nz
费 Ⓢ Ⓓ Ⓣ NZ$165~300
房间数 16
CC ADJMV

布朗斯精品酒店
Browns Boutique Hotel

B&B

◆去往镇中心需步行3分钟，去空中缆车乘坐处只需步行5分钟左右，是一家方便出门观光的酒店。欧式大厅带暖炉，还有DVD播放机和图书室。部分客房带浴缸。从阳台上可以看到南阿尔卑斯山和瓦卡蒂普湖的风景。

镇中心 　　　　　Map p.94-A1

住 26 Isle St.
☎ （03）441-2050
FAX （03）441-2060
URL www.brownshotel.co.nz
费 Ⓢ Ⓓ Ⓣ NZ$395~425
房间数 10
CC ADMV

🍳厨房（所有房间）　🍳厨房（部分房间）　🍳厨房（共用）　吹风机（所有房间）　浴缸（所有房间）
泳池　上网（所有房间/收费）　上网（部分房间/收费）　上网（所有房间/免费）　上网（部分房间/免费）

水疗家庭旅馆
Spa B & B Therapeutic Massage　　B&B

镇周边　　Map p.97-B1

◆建在一个小山坡上，可以俯瞰瓦卡蒂普湖的美景，步行到机场也只需要 5 分钟（免费接送）。老板是一对日本人和澳大利亚人的跨国夫妻。男主人当过厨师，他手工制作的早餐和专业按摩师提供的按摩服务很受好评（晚餐 4 人起订）。也可以只来按摩。

住 23 Douglas St.Frankton
电 (03) 451-1102
URL spabb.web.fc2.com
费 ⑤ NZ$125~145 ⑩ ⑦ NZ$145~185
房间数 5
CC MV

昆斯敦（皇后镇）中心国际青年旅舍
YHA Queenstown Central　　青年旅舍

镇中心　　Map p.94-B1

◆从宽敞的厨房就能看到瓦卡蒂普湖。所有的房间都带沐浴室和洗手间。还有能住 4 个人的公寓式房型。瓦卡蒂普湖边还有一个规模更大、房间数也更多的"YHA Queenstown Lakefront"。

住 48 Shotover St.
电 (03) 442-7400
URL www.yha.co.nz
费 Dorm NZ$38~ ⑩ ⑦ NZ$116~
房间数 57 张床
CC ADJMV

昆斯敦（皇后镇）哈卡旅馆
Haka Lodge Queenstown Hostel　　青年旅舍

镇中心　　Map p.94-A2

◆公共厨房和浴室整洁实用。距离镇中心不远，是一家交通便捷的旅馆。房间里的床都配有带锁抽屉和窗帘。单间则配了暖气片和超薄电视。能住 4 个人的公寓式房型价格 NZ$160~。

住 6 Henry St.
电 (03) 442-4970
URL hakalodge.com
费 Dorm NZ$33~ ⑩ NZ$90~ ⑦ NZ$95~
房间数 15
CC MV

塞德里克斯爵士南方笑声旅馆
Sir Cedrics Southern Laughter　　青年旅舍

镇中心　　Map p.94-A1

◆距离镇中心只有 2 分钟的步行路程，是年轻游客喜爱的青年旅舍。旅舍略显陈旧，但是看上去非常整洁、舒适。还有洗衣房、BBQ 设备和露天温泉浴。晚上有免费的汤和爆米花供应。

住 4 Isle St.
电 (03) 441-8828
FREE 0800-5284-4837
URL sircedrics.co.nz
费 Dorm NZ$30~ ⑩ ⑦ NZ$75~
房间数 114 张床
CC MV

黑羊背包客旅馆
The Black Sheep Backpackers Lodge　　青年旅舍

镇周边　　Map p.93-B3

◆距离镇中心有 5 分钟的步行路程，旅馆内有电视休息室及可以上网、登录 Skype（网络电话）的电脑等，环境较好。前台 8:00~20:00 营业。女浴室还带有吹风机。旅馆内有温泉浴池，可租借自行车。

住 13 Frankton Rd.
电 (03) 442-7289
URL www.blacksheepbackpackers.co.nz
费 Dorm NZ$36~ ⑩ ⑦ NZ$105~
房间数 84 张床
CC MV

昆斯敦（皇后镇）湖景假日公园酒店
Queenstown Lakeview Holiday Park　　假日公园

镇中心　　Map p.94-A1

◆坐落在缆车乘车处前，距离镇中心也很近。有露营地、带浴室和电视的小屋、带厨房的平层公寓等，有多种房型可供选择。推荐 4~5 人同住。

住 Upper Brecon St.
电 (03) 442-7252
FREE 0800-482-735
FAX (03) 442-7253
URL www.holidaypark.net.nz
费 Studio NZ$145~ Cabin NZ$165~ Motel NZ$215　房间数 44　CC MV

蒂阿瑙 *Te Anau*

蒂阿瑙湖（Lake Te Anau）景色优美，面积约342平方公里，是南岛最大的湖，也是新西兰全境的第二大湖，仅次于位于北岛中部的陶波湖（Lake Taupo）。静静守护在湖南边的小城就是蒂阿瑙。"Te Anau"这个名称源于毛利语的"Te Ana-au"，意思是"有漩涡急流的岩洞"，意指地底下流淌着暗河的蒂阿瑙萤火虫洞（Te Anau Glowworm Caves）。还有一个说法是，湖名来源于最先发现这个湖的一名毛利女子的姓名。

作为蒂瓦希普纳姆的一部分，蒂阿瑙还是通往被列为世界自然遗产的峡湾地区国家公园的入口。一到夏季，这个小镇就会变得异常热闹，这里是前往米尔福德桑德、悬疑峡湾的大本营，同时，蒂阿瑙作为米尔福德线路、鲁特本线路和凯普拉线路等多条徒步旅行线路的集合地，聚集了大量的长住旅行者。小镇上有酒店、银行、餐馆和超市，旅行的必需设施齐全。此外，蒂阿瑙湖上的游船、喷射快艇和垂钓等多种娱乐项目也能让游客尽情地游玩。

当然，游客不能错过前面提到的蒂阿瑙萤火虫洞。在这里，你可以近距离观测发出神秘之光的萤火虫。

湖水清澈见底的蒂阿瑙湖

蒂阿瑙 前往方法

城际/纽曼长途巴士公司经营的长途巴士从克赖斯特彻奇（基督城）开出，途经蒂马鲁、奥马鲁、达尼丁，每天1班。抵达蒂阿瑙约需10小时45分钟。此外，Great Sights公司每天运营1班从昆斯敦（皇后镇）开往米尔福德桑德的巴士，约需2小时25分钟。巴士车站位于米罗街（Miro St.）旁。

另外，运营往返于因弗卡吉尔、昆斯敦（皇后镇）线路的当地巴士公司路网公司Tracknet也有穿梭巴士到这里，夏季会增加班次。

克赖斯特彻奇
（基督城）●
★蒂阿瑙

南岛

● 昆斯敦（皇后镇）〉〉蒂阿瑙

人口 1911 人
URL www.fiordland.org.nz

主要巴士公司
（→ p.489）
城际/纽曼长途巴士公司
Great Sights 公司

长途巴士车站
Map p.114-A1
住 2 Miro St.
Tracknet
TEL（03）249-7777
FREE 0800-483-262
URL www.tracknet.net

旅游咨询处 i-site
Fiordland Visitor Centre
Map p.114-A1
TEL（03）249-8900
开 8:30~17:30
（各季节时间不同）
休 无

真实旅程旅行社
Map p.114-A1
住 Lakefront Dr.
TEL（03）249-6000
FREE 0800-656-501
URL www.realjourneys.co.nz
营 7:30~19:00
（各季节时间不同）
休 无

并设有旅游咨询处 i-SITE

旅游咨询处
Southern Discoveries
Map p.114-B1
住 80 Lakefront Dr.
TEL（03）249-7516
FREE 0800-264-536
URL www.southerndiscoveries.co.nz
开 9:00~19:30
（各季节时间不同）
休 无

🏠 Lakefront Dr.
📞（03）249-7924
🕐 5月5日~10月25日
8:30~16:30
10月24日~次车4月28日
8:00~16:30
休 无

蒂阿瑙 漫 步

在游客中心可以预约九条知名步道，统称为"Great Walk"（→ p.418）

小镇并不大，徒步即可逛完。从蒂阿瑙湖向东北延伸的主干道镇中心路（Town Centre）上，分布着各色餐馆和户外用品店、超市等。旅游咨询处 i-SITE 位于主干道靠近湖的一侧，提供峡湾地区的旅游信息和住宿预订。旅游咨询处内有一家真实旅程旅行社（Real Journeys），在那里可以预订蒂阿瑙萤火虫洞、米尔福德桑德及悬疑峡湾旅游团的门票，也是旅游团的出发集合地。沿湖的湖边车道（Lakefront Dr.）上，酒店和汽车旅馆多如牛毛。DOC 峡湾地区国家公园游客中心（Fiordland National Park Visitor Centre）位于车道南端，除了提供徒步游信息，还出售山间小屋住宿券。另外，这里还能获取周边徒步游线路图和最新的天气信息。也会提供行程咨询，在徒步旅行前，一定要来这里提交登山申请书。在游客中心内，峡湾地区自然展览的内容十分丰富。

游客中心附近的湖畔上矗立着昆汀·马金农的雕像 Quintin Mackinnon（1851~1892年）。1888年10月，昆汀开发了米尔福德桑德线路，而这条线路的起源便是蒂阿瑙湖至米尔福德桑德这一段线路。

蒂阿瑙

至 H 惠子的花园别墅酒店（200m）、米尔福德桑德
Canaris Way
Paget St.
Dusky St.
Bligh St.
Matai St.
Wey
Mokonui St.
Pompolona St.
Mackinnon Loop
Te Anau Tce
Mokonui St.
Fergus Square
Mckerrow St.
Sutherland St.
Gunn St.
幼儿园
Te Anau School
Milford Rd.
94 警察局
Pop Andrew
A
蒂阿瑙十佳假日公园酒店
白鸰咖啡馆
图书馆
峡湾电影院 Fiordland Cinema
长途巴士车站 H
Moana St.
红崖咖啡
Miro St.
镇中心路
肥胖杜克 R
迷你高尔夫与自行车租赁处
Go Orange（游船与海上皮划艇）
Town Centre
i-SITE
橄榄树咖啡馆 超市
医院
消防局
Luxmore Dr.
真实旅程旅行社
直升机停机坪
水上飞机码头
Southern Discoveries
蒂阿瑙贝拉维斯塔 H 汽车旅馆
94
Mokoroa St.
蒂阿瑙别墅酒店 H
蒂阿瑙湖畔旅馆 H
Lakefront Dr.
Quintin Dr.
蒂阿瑙湖畔背包客旅馆 H
峡湾湖景旅馆 H
B
鳟鱼观测点
蒂阿瑙湖
Lake Te Anau
昆汀·马金农雕像
至莫思本、昆斯敦（皇后镇）
DOC峡湾地区国家公园游客中心
95
Te Anau Lakeview Holiday Park
N
0   200m
蒂阿瑙鸟类保护中心
Te Anau Bird Sanctuary
Manapouri-Te Anau Hwy.
至马纳普里（20公里）、高尔夫球场（2公里）

立于湖畔的探险家昆汀·马金农的雕像

1

蒂阿瑙萤火虫洞
Te Anau Glowworm Caves

Map p.121-C2

位于蒂阿瑙湖西岸、全长约6.7公里的一个巨大的洞穴。地下石灰岩岩层裂口和小洞在大量的地下水的压力下逐渐扩大，从而形成今天的洞穴。直到现在，洞内的侵蚀运动仍在继续，一条弱酸性水质的暗河穿流而过。

观赏黑暗中闪烁的萤火虫

洞穴内生活着一种名为"Glowworm"的萤火虫，真实旅程旅行社（Real Jouneys）组织旅游团观赏萤火虫及部分洞穴。游客从真实旅程旅行社后面的栈桥坐上快艇，前往洞穴入口处的小房子。在看过地下瀑布和钟乳石后，乘船向洞里深处行进。不久，黑暗的洞穴内，星星点点的蓝绿光开始闪现。地下也有星空吗？真是不可思议的奇幻美景。语言的苍白无力在此时得到最好的诠释。

洞内温度在8℃~12℃，体感微冷，并且岩壁有水滴落下，需要备好雨披。另外，需要注意的是洞内禁止拍照。

峡湾电影院
Fiordland Cinema

Map p.114-A1

除了普通电影，还有影院自己乘坐直升机在峡湾地区上空航拍的32分钟电影《峡湾地区风光纪录片（Ata Whenua）》。观众可在音乐中领略峡湾地区四季不同气候下的美丽风景。电影院内还有酒吧，可将饮料带入观影室内。播放的影片可在影院主页上查询。

装修现代的电影院

蒂阿瑙鸟类保护中心
Te Anau Bird Sanctuary

Map p.114-B1

这里是濒临灭绝的鸟类的人工培育基地，代表性的鸟类包括秧鸡的近亲——不会飞的南秧鸡和短翼秧鸡，还有栖息在森林的蝵鸥鸥。

南秧鸡在20世纪前后曾经被认为已经绝迹，但是幸运的是1948年在马丁森山脉被发现，在那之后南秧鸡被重点保护。现在峡湾地区有130只左右，在没有天敌的独岛等保护区也只有60只。在这个中心的护笼内饲养着几只，不过它们时常躺在密林深处，难觅踪迹。

这里是少数几个可以近距离观察濒临灭绝的南秧鸡的地方

蒂阿瑙萤火虫洞
真实旅程旅行社
（→ p.113）
費 成人 NZ$79~、儿童 NZ$22
營 全年
　3~4月、10月
　　10:15、14:00、17:45、
　　19:00、20:15
　5~9月
　　　　　14:00、19:00
　11月~12月26日
　　10:15、14:00、17:45、
　　19:00、20:15、21:30
　12月27日~次年2月
　　9:00、10:15、14:00、
　17:45、19:00、20:15、21:30
　（约需2小时15分钟）
以上时间表在不同季节有所不同）

峡湾电影院
住 7 The Lane
TEL （03）249-8844
URL www.fiordlandcinema.
co.nz
休 无
費 《峡湾地区风光纪录片》
　成人 NZ$10、儿童 NZ$5
　其他影片
　成人 NZ$15、儿童 NZ$8

蒂阿瑙鸟类保护中心
開 白天可随时进场
費 免费（可捐款形式）

其他景点
鳟鱼观测点
Map p.114-B1
開 白天可随时进场
費 NZ$2（自动售票）
　公园里的树木长得郁郁葱葱，公园地下有一个大型的水箱，游客可在昏暗的灯光下，观赏来回游动的河鳟。

从蒂阿瑙出发的一日徒步旅行
Day Trip from Te Anau

Map p.135-A1

从蒂阿瑙出发的一日徒步旅行的交通方式

要去钥匙峰、马里恩湖，可以乘坐从蒂阿瑙出发的徒步旅行者专用班车（限夏季运营）更为方便。可在DOC游客中心等预约。如果是前往马里恩湖，要在与霍利福德路的（Hollyford Turnoff）交会处下车，在机动车道上走20分钟左右就到了线路的起点。

徒步旅行者专用班车
Tracknet（→ p.113）
圖 蒂阿瑙～分水岭
　　成人单程 NZ$39
圆 10月下旬～次年4月下旬

蒂阿瑙周边有几条徒步旅行线路。有些线路可当日往返，即使是菜鸟也不妨挑战一番。加入配导游的旅游团会更安全一些。不过登山鞋、食物、饮用水和雨具等基本装备要提前准备好。一般而言，10月～次年4月是徒步旅行的旺季。

钥匙峰线路 Key Summit Track
（往返约3小时）

从钥匙峰上可以看到克里斯蒂娜山

鲁特本线路中途的钥匙峰（海拔919米）是一个被四周2000米高的群山环绕的全景景点。这条可当天往返的线路，走起来相对轻松。

首先，乘坐从蒂阿瑙开往米尔福德桑德方向的巴士，约1小时20分后到达分水岭（The Divide）。从停车场旁开始踏入鲁特本线路。在茂密的山毛榉林走一段路后，向上走入主线路之外的一条分支线路——钥匙峰。走过短而陡的羊肠小道后视野豁然开朗，接着通过木头步道，穿过池塘群，一路上景色变幻万千。

马里恩湖线路 Lake Marian Track
（往返约3小时20分钟）

从钥匙峰正面可以看到克里斯蒂娜山，位于克里斯蒂娜山西侧的幽深U形谷内的湖，即是马里恩湖。到达马里恩湖前的线路，大半是在深山之中，视线并不好，不过一来到湖岸，西侧气势逼人的悬崖绝壁和冰河的雄壮景色立即映入眼帘。

线路的起点位于米尔福德路往下走1公里，与霍利福德路（Hollyford Rd.）的交会处。从这里到湖畔的道路有部分路段有些陡，尤其在雨后，道路泥泞，非常难走。

Column ## 怎么对付新西兰沙蝇

新西兰沙蝇是一种新西兰全境均可见到的类似于蚋的小虫。身长只有1~2毫米，但是被它咬上一口会奇痒无比，还会伴随着皮肤肿胀，有时要经过长达几个时间瘙痒感才会消失。18世纪抵达新西兰的詹姆斯·库克似乎也受到了新西兰沙蝇的频繁骚扰，他甚至这样记录："这是一种对人危害最大的动物。"

新西兰沙蝇性喜阴湿，因此峡湾地区国家公园一带数量尤众。其中，米尔福德桑德和蒂阿瑙湖畔等地被认为是这种害虫的聚居区。越往深山走反而数量越少，因此游客不用担心整条线路都会被它纠缠。新西兰沙蝇多在阴雨天和早晚出没，晴天和白天不大活动，一到晚上更是会安静下来。

对付它的最好办法就是避免皮肤暴露，也尽量不要穿黑色衣服，另外就是记得抹上驱虫药（Insect Repellent）。除虫药可以在当地的药妆店购买。

虽然个头不大，但被它咬一口会痛痒难忍，因此驱虫药是必须携带的物品

蒂阿瑙的
动感体验

喷射快艇

乘坐喷射快艇从怀奥河上游出发，在马纳普里湖上疾驰而过。途中参观电影《魔戒》的拍摄地。用时约 1 小时 30 分钟。还有水上飞机飞行观光与喷射快艇的组合观光方式。旅游团夏季 1 天组织 3 次，冬季 1 天 2 次。

DATA **Luxmore Jet**
FREE 0800-253-826 **URL** www.luxmorejet.com
全年 Luxmore Jet Classic Adventure 成人 NZ$99、儿童 NZ$49
CC MV

水上飞机飞行观光

从空中尽情领略巍峨的群山与复杂的峡湾地形。有多条飞行线路，如从蒂阿瑙出发，分别飞越悬疑峡湾上空的"Doubtful Sound Overfly"（需要 40 分钟～）及飞越米尔福德桑德上空的"Milford Sound Overfly"（需要 1 小时～）等。够人数后就出发。

DATA **Wings & Water Te Anau**
（03）249-7405 （03）249-7939 **URL** www.wingsandwater.co.nz 全年
Doubtful Sound Overfly 成人 NZ$310、儿童 NZ$190　Milford Sound Overfly 成人 NZ$470、儿童 NZ$285
CC MV

小型帆船环湖游

有多条环湖的游览线路，如乘坐小型帆船环游南峡湾的"Discovery Cruise"（1 天 2~3 班，约需 3 小时）；还有傍晚出发，乘船观赏夜景及满天星空的"Overnight Cruise"（1 天 1 班，约需 17 小时 30 分钟）等。每个旅游团最少 2 人。

DATA **Cruise Te Anau**
（03）249-8005 （03）249-8009
URL www.cruiseteanau.co.nz
全年 Discovery Cruise 成人 NZ$90、儿童 NZ$25　Overnight Cruise 成人 NZ$295、儿童 NZ$195 **CC** MV

餐馆
Restaurant

红崖咖啡
Redcliff Café

Map p.114-A1

◆ 这家休闲餐馆被认为是蒂阿瑙最棒的餐馆。选用时令食材制作的特色菜和鹿肉、野兔肉等烹制的野味大受欢迎。店内氛围温馨，客人也可以只去酒吧。人均消费 NZ$60 左右。

住 12 Mokonui St.
（03）249-7431
URL www.theredcliff.co.nz
营 15:00~Late（晚餐从 17:00 开始供应。各季节时间有所不同）
休 无（7~8 月歇业）
CC AMV

肥胖杜克
The Fat Duck

Map p.114-A1

◆ 人气菜品有猪排骨、啤酒炸鱼，售价均为 NZ$28。NZ$8.5 的炸鱼加薯条等简餐种类也很丰富。店内提供免费 Wi-Fi。17:00~19:00 是全场嗨翻的时刻。

住 124 Town Centre
（03）249-8480
营 周二～周日 12:00~22:00
休 周一
CC MV

橄榄树咖啡馆
Olive Tree Cafe

◆带暖炉和软席的舒适的咖啡馆。汉堡价格 NZ$14~，汤为 NZ$9.8~，晚餐有烤羔羊肉，售价 NZ$25。黑板上写着每天不重样的菜品。还有不含麸质的菜品及素食。

住 52 Town Centre
☎ （03）249-8496
URL www.olivetreecafe.co.nz
营 9 月~次 年 4 月 8:00~Late、5~8 月 8:00~17:00
休 无 CC MV

白蛉咖啡馆
Sandfly Cafe

◆位于镇中心的一家咖啡馆。可以尝试将咖啡或各类饮料与贝果三明治 NZ$10.5、土司 NZ$6.5、薄饼 NZ$13 等美食一同享用。清晨就开始营业，供应早餐，是旅行前就餐的好地方。

住 No.9 The Lane
☎ （03）249-9529
营 7:00~16:30
休 无
CC MV

住 宿
Accommodation

蒂阿瑙别墅酒店
Distinction Te Anau Hotel & Villas

◆临湖而建的一家大型度假酒店。除了有湖景房和花园房等酒店型房间外，还有花园别墅，各种房型都宽敞舒适。拥有完备的桑拿房、水疗房和户外泳池，还设有咖啡吧。

住 64 Lakefront Dr.
☎ （03）249-9700
FAX （03）249-7947
URL www.distinctionhotelsteanau.co.nz
费 ⒟⒯ NZ$160~
房间数 112
CC AMV

蒂阿瑙湖畔旅馆
Lakefront Lodge Te Anau

◆这家汽车旅馆是一栋木质古堡风格的建筑，不过外观时尚。室内宽敞，能惬意地居住。有带温泉浴的房间。工作人员很热情，能向他们咨询旅游信息。

住 58 Lakefront Dr.
☎ （03）249-7728
FAX （03）249-7124
URL www.lakefrontlodgeteanau.com
费 ⒮⒟⒯ NZ$160~270
房间数 13
CC ADMV

峡湾湖景旅馆
Fiordland Lakeview

◆家族经营的湖边小旅馆。所有房间都是湖景房，阳台上的风景格外美丽。室内分为休息区和会客区，宽敞的房间令人身心愉悦。

住 42 Lakefront Dr.
☎ （03）249-7546
FREE 0800-249-942
FAX （03）249-7814
URL fiordlandlakeview.co.nz
费 ⒮⒟⒯ NZ$133~
房间数 12
CC ADJMV

蒂阿瑙贝拉维斯塔汽车旅馆
Bella Vista Motel Te Anau

Map p.114-B1

◆遍布新西兰各地的贝拉维斯塔酒店集团旗下的汽车旅馆。距离镇中心不远。房间小，装修不久，适于居住。旅馆准备了冰箱和热水壶，还有欧陆早餐。淡季价格有优惠。

- 住 9 Mokoroa St.
- ☎ （03）249-8683
- FREE 0800-235-528
- URL www.bellavista.co.nz
- 费 ⑤ⓓ NZ$103~
- 房间数 18
- CC MV

惠子的花园别墅酒店
Keiko's Garden Cottages B&B

Map p.114-A1 外

◆由日本人惠子与新西兰人凯宾这对跨国夫妻经营的B&B。他们自己建造了这栋19世纪50年代风格的房子，连细节也都精心雕琢。早餐分为日式和新西兰风味。可在绿树之中享受温泉浴，春夏两季被鲜花装扮的花园也有很多游人光顾。会为游客提供信息咨询。冬季歇业。

- 住 228 Milford Rd.
- ☎ （03）249-9248
- FAX （03）249-9247
- URL www.keikos.co.nz
- 费 ⑤ NZ$168~ ⓓⓣ NZ$248~
- 房间数 4
- CC MV

蒂阿瑙湖畔背包客旅馆
Te Anau Lakefront Backpackers

Map p.114-B1

◆一家面湖的旅馆，地理位置很优越。厨房和会客厅很宽敞，房间舒适。所有客房带有空调设备，前台还准备了很多关于旅游和徒步旅行的小册子。冬季歇业。

- 住 48-50 Lakefront Dr.
- ☎ （03）249-7713
- FREE 0800-200-074
- URL www.teanaubackpackers.co.nz
- 费 Dorm NZ$29 ⓓⓣ NZ$75~
- 房间数 110 张床
- CC AMV

蒂阿瑙国际青年旅舍
YHA Te Anau

Map p.114A1

◆男女浴室均干净整洁，是一家很受欢迎的青年旅舍。在宽大的院子里还可以做BBQ。工作人员很热心，可以向他们咨询关于旅游和徒步旅行方面的信息。

- 住 29 Mokonui St.
- ☎ （03）249-7847
- FAX （03）249-7823
- URL www.yha.co.nz
- 费 Dorm NZ$28~
  - ⑤ NZ$71~ ⓓⓣ NZ$76~
- 房间数 86 张床
- CC MV

蒂阿瑙十佳假日公园酒店
Te Anau Top 10 Holiday Park

Map p.114-A1

◆酒店的面积不算大，不过从露营地到房车营地、小屋、带厨房的汽车旅馆及别墅，各类房型应有尽有。距离镇中心很近，没开车的人也能很方便抵达这里。配有温泉浴池和洗衣房。长期住客有优惠。

- 住 128 Te Anau Tce.
- ☎ （03）249-7462
- FREE 0800-249-746
- FAX （03）249-7262
- URL www.teanautop10.co.nz
- 费 CabinNZ$60~ MotelNZ$115~
- 房间数 39
- CC MV

厨房（所有房间） 厨房（部分房间） 厨房（共用） 吹风机（所有房间） 浴缸（所有房间） 泳池 上网（所有房间/收费） 上网（部分房间/收费） 上网（所有房间/免费） 上网（部分房间/免费）

世界遗产

峡湾地区国家公园

Fiordland National Park

克赖斯特彻奇
（基督城）●

峡湾地区
国家公园

URL www.fiordland.org.nz

🎧 **旅游咨询处**
DOC 峡湾地区国家公园游客中心
（→ p.114 边栏）

新西兰最大的自然公园

峡湾地区国家公园占地面积 121.5 万公顷，是新西兰面积最大的国家公园。这里保存了远古时代自然环境的原貌，这在世界上很罕见。峡湾地区国家公园还与南岛西南部的西部／泰普提尼国家公园、奥拉基／库克山国家公园和艾斯派林山及峡湾地区 3 个国家公园一同，共同组成"蒂瓦希普纳姆（Te Wahipounamu）"，并被联合国教科文组织列为世界自然遗产（→ p.8）。

峡湾的地名来源于深入西海岸的 14 个峡湾地形区。它是海水浸入带有尖耸冰河的 U 形谷后形成的产物，以矗立海边的陡峭山峰为特征。广袤的原始森林为几维鸟和南秧鸡等珍稀鸟类提供了栖身之所。年均 7000 毫米的丰沛降水量则孕育了这里丰饶的自然环境。

吸引全球游客的，还有这里丰富多彩的娱乐活动。著名的米尔福德线路和鲁特本线路步道、米尔福德桑德环游、悬疑峡湾飞行观光等都是乐趣无穷的娱乐项目。

可以在游船上近距离感受大自然的神奇

峡湾地区国家公园 前往方法

游客通常驻扎在湖畔的小镇蒂阿瑙 Te Anau（→ p.113）。从南岛各主要城市都有连接蒂阿瑙的长途巴士，在小镇上可咨询当地信息和娱乐项目的信息，还有住宿地及商店等的情况。这里还是徒步旅行线路的起点，从当日往返的线路到需要花几天完成的线路，不一而足。

距离蒂阿瑙西南部约 20 公里的马纳普里（Manapouri）也有几家旅馆。环游悬疑峡湾的旅游团从这里出发。在这里，你可以尽情享受清幽的自然环境，但是由于没有班车，交通是一个大问题。

很多游客只参加从昆斯敦（皇后镇）到米尔福德桑德的大巴一日游。不过，建议尽量在这片纯美的大自然中多待一些时间，这样的体验不是随处都有的。

可以用自己的双脚丈量广阔自然的米尔福德线路

峡湾地区~南部区

● 峡湾地区国家公园

峡湾地区

塔斯曼海
Tasman Sea

通往哈斯特

Neils Beach
Jacson Bay

Cascade Point

Lake
Ellery
Arawhata

Awarua Point

Big Bay

Martins Bay

Lake
Macerrow

Mt. Aspiring
3027m

艾斯派林山国家公园
Mt. Aspiring National Park

至瓦纳卡

Milford Sound
Poison Bay

Mitre Peak ▲
1692m

米尔福德桑德
Milford Sound

Southerland Sound

Lake Ada

Blight Sound

The Divide

米尔福德线路
Milford Track

鲁特本线路
Routeburn Track

凯波斯线路
Caples Track

格林诺奇
Glenorchy

George Sound

格雷德码头

绿玉步道
Greenstone Track

Lake Wakatipu
瓦卡蒂普湖

Caswell Sound

▲ Mt. Taniliba
1242m

94

Mount Nicholas

昆斯敦（皇后镇）
Queenstown

Nugget Point

Charles Sound

Te Anau Downs

6

Thompson Sound

▲ Mt. Irerie

蒂阿瑙湖

Lake
Te Anau

蒂阿瑙萤火虫洞
Te Anau
Glowworm
Caves

Kingston

Secretary Island

峡湾地区国家公园
Fiordland National Park

▲ Mt. Lyall

Snowdon

Fairlight

Doubtful Sound

悬疑峡湾
Doubtful Sound

▲ Mt. Forbes

▲ Mt. Soaker

蒂阿瑙
Te Anau

Eyre Peak

Garston

Dagg Sound

▲ Mt. Killard

深湾码头
西通路

威尔默特山口路

95

凯普拉线路
Kepler Track

Athol
Parawa

Five Rivers

Breaksea Sound

▲ Mt. Solitary

Lake Manapouri
马纳普里湖

马纳普里
Manapouri

94

莫斯本
Mossburn

拉姆斯丁
Lumsden

Resolution Isl.

Monowai

Blackmount

Ohai

Dipton

94

Dusky Sound

West Cape

峡湾地区国家公园
Fiordland National Park

Lake Monowai

Lake Haurako

96

Clifden

Limehills

戈尔
Gore

Chalky Inlet

▲ Treble Mt.

▲ Tower Peak
1405m

Lake Poteriteri

Otautau

Winton

马陶拉
Mataura

Preservation Inlet

Lake Hokapoua

▲ Mt. Aitken
1189m

Tuatapere

Te Waewae

6

Edendale

1

Puysegur Point

Te Waewae
Bay

Wallacetown

Makarewa

Long Point

Pahia

99

Riverton

98

因弗卡吉尔
Invercargill

Wakaputa Point

New River Estuary
Ocean Beach

Fortrose

布拉夫
Bluff

Toetoes
Bay

Foveaux Strait

Bishop & Clarks Isl.

Ruapuke Isl.

N

0   50km

主要巴士公司（→ p.489）
Great Sights 公司

Tracknet
☎ （03）249-7777
FREE 0800-483-262
URL www.tracknet.net
🚍 从蒂阿瑙出发（夏季）
　　7:15、9:45、13:30 出发
💰 单程成人 NZ$52、儿童
NZ$38

**前往米尔福德桑德的巴士＋
游船旅游团**
真实旅程旅行社
☎ （03）249-6000
FREE 0800-656-501
URL www.realjourneys.co.nz
🗓 全年
💰 从蒂阿瑙出发
　　成人 NZ$145~180
　　儿童 NZ$73~90
　　（约需 7 小时 ~8 小时 30
　　分钟）
　　从昆斯敦（皇后镇）出发
　　成人 NZ$212~242
　　儿童 NZ$106~121
　　（约需 12 小时 45 分钟）

峡湾地区国家公园

米尔福德桑德

Milford Sound

峭壁万仞的地形令人惊叹

　　米尔福德桑德是峡湾地区最热门的景点之一。峡湾的意思是伸入陆地的海湾。在冰河的切削作用下，峡湾水面与山崖垂直相交，形成的群山高度超过 1000 米。它们深深扎进海底，这种奇特、壮观的风景只有在新西兰才能见到。在群山之中，最震撼的莫过于挺立于海面之上 1683 米的迈特峰。

　　海湾沿岸无路可循，想要参观只能乘船前往。从原始森林中倾泻而下的瀑布、海狗与海豚等野生动物从眼前闪过，如果天气不错，还可以搭乘小型飞机飞行观光。此外，在船内住一晚的游艇环游及海上皮划艇等娱乐项目也很受欢迎。

　　峡湾地区的降水量充沛，大量雨水流入海中，形成了奇特的淡水、海水双层结构，即使在浅水区也能观测到深海鱼类。设在哈里森湾的海中观景点能让你一探神秘的深海世界。

米尔福德桑德 前往方法

　　集合地点在蒂阿瑙或昆斯敦（皇后镇）。Great Sights 公司的长途巴士抵达这里，从蒂阿瑙出发 1 天 1 班，约需 3 小时；从昆斯敦（皇后镇）出发也是 1 天 1 班，约需 5 小时 55 分钟。路网公司 Tracknet 也运营这段区间的巴士。各家公司都会根据天气状况调整运营班次。

　　另外，真实旅程旅行社（Real Journeys）还推出了巴士、游艇的综合旅游服务计划，游客不妨试试。回蒂阿瑙或昆斯敦（皇后镇）也可以坐小型飞机。在飞行观光中，能俯瞰脚下的美景是何等的惬意！

米尔福德桑德 漫 步

米尔福德桑德游船港是唯一一栋大建筑，这里有各家游船公司的柜台。

峡湾地区是新西兰降水量最多的地区，年均降水量超过7000毫米。蒂阿瑙与米尔福德桑德的天气经常会不一样，总体而言天气多变，所以一定要带上雨具。天气晴好的天数并不多，不过雨天的米尔福德自有它独特的魅力。海湾沿岸陡峭的山崖多为岩石，土壤的吸水性也不强，因此降下的雨在石山各处形成一道道瀑布急速落下，形成的水雾在空中如梦如幻地乱舞。数百米高的瀑布随处可见，飞流而下直插海面的场景，只有在雨天才能见到。

米尔福德桑德 主要景点

米尔福德桑德乘船环游

Map p.122

Milford Sound Cruises

来米尔福德桑德旅行的游客几乎无一例外地都会参加环游峡湾的游船之旅。各家游船公司的线路大同小异，不过游船有多种类型。越小的船越能接近瀑布和海洋生物，也更加有震撼力；相反，大船更加舒适，可以在船内畅快地欣赏峡湾的风景。票价根据船的类型和出发时间来决定。

伯恩瀑布 Bowen Falls

海湾内最大的瀑布，游船出港后立即能看到。从水边铺设的步道上可以近距离仰望高达160米的巨大瀑布，感受它的惊天动地之势。据传，这条瀑布的名称来源于殖民地时期新西兰总督夫人的姓名。

海湾入口处的圣安妮角

白天环游
真实旅程旅行社（→p.122）
从米尔福德出发
Nature Cruise
🚌 1天2班
💰 成人 NZ$88~101、
　　儿童 NZ$22
Scenic Cruise
🚌 1天2~6班
💰 成人 NZ$74~102、
　　儿童 NZ$22

Southern Discoveries
☎（03）441-1137
FREE 0800-264-536
URL www.southerndiscoveries.
co.nz
Scenic Cruise
🚌 1天3~4班
💰 成人 NZ$55、儿童 NZ$20
Mitre Peak Cruises
☎（03）249-8110
FREE 0800-744-633
FAX（03）249-8113
URL www.mitrepeak.com
🚌 5~9月每天3班
　　10月~次年4月每天7班
💰 成人 NZ$70-82、儿童
NZ$17
Jucy Cruize
☎（03）442-4196
FREE 0800-500-121
FAX（03）442-4198
URL www.jucycruize.co.nz
🚌 1天3~4班
💰 成人 NZ$55~79、
　　儿童 NZ$15

游船密布的码头

米尔福德桑德的 娱乐项目 夜间环游

真实旅程旅行社（→p.122）在9月~次年5月会组织游船一夜环游项目。这个项目与游船、观光飞机交错的白天截然不同，可以欣赏到傍晚和清晨时分峡湾别样的静谧风光。有些船上有带浴室、厕所的双人间及与其他游客共住的多人间等房型。登上从船上放下的海上皮划艇荡舟碧波，或者乘小艇上岸步行欣赏大自然风光，这些娱乐项目都能让你不虚此行。由于很受游客欢迎，在年末年初到3月这段旅游旺季，最好提前预约。
🚌 9月中旬~5月中旬 每天1班（Mariner号）
　　11月~次年3月 每天1班（Wanderer号）

💰 Mariner 号
Ⓢ NZ$521 Ⓣ NZ$298
Wanderer 号
4人间 NZ$315 Ⓢ NZ$639 Ⓣ Ⓓ NZ$365
（每种价格都包含餐费和儿童费用）
CC ADMV
※ 以上为从米尔福德桑德出发的费用。从蒂阿瑙或昆斯敦（皇后镇）出发还要加上接送巴士的车票。

船内的房间跟酒店的一样，舒适宜人

仙人瀑布
Fairy Falls

米尔福德桑德环游的景点之一。从山崖顶上流下一排瀑布，营造出让人如痴如醉的美景。水量大的日子可以看到彩虹，不过也要看当时的天气状况。不过尽管你可能看到水量巨大的瀑布，但是只要两三天不下雨，瀑布就有可能消失不见。

这是米尔福德桑德的独特风光

潘布洛克山
Mt.Pembroke

米尔福德桑德的最高峰。历史上覆盖峡湾地区全境的冰河还有部分残存于此。

斯特林瀑布
Stirling Falls

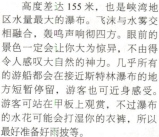

飞花四溅的仙人瀑布

高度差达 155 米，也是峡湾地区水量最大的瀑布。飞沫与水雾交相融合，轰鸣声响彻四方。眼前的景色一定会让你大为惊异，不由得令人感叹大自然的神力。几乎所有的游船都会在接近斯特林瀑布的地方短暂停留，游客也可近身感受。游客可站在甲板上观赏，不过瀑布的水花可能会打湿你的衣裤，所以最好准备好雨披等。

船长需要足够精湛的技术才能将游船无限靠近瀑布

水下观景台

☎ （03）441-1137
FREE 0800-264-536
URL www.southerndiscoveries.co.nz
🕗 8:00~19:00

水下观景台
Underwater Observatory

位于哈里森湾（Harrison Cove）的海面以下 12 米处的观景平台。从这里可以看到海中神秘的景色。峡湾充沛的降水量与周边群山的山阴使得这里具有了类似深海的气氛。尽管这里不是一个华丽的水族馆，却也能充分展示海的神秘。这个景点是自选项目，通常不包含在普通的环游线路内，需要游客向游船公司单独申请并交费。

米尔福德路

FREE 0800-444-449
URL www.nzta.govt.nz
（NZ Transport Agency）

通往米尔福德桑德的必经之道

米尔福德路

Map p.125

Milford Road

从蒂阿瑙到米尔福德桑德这 119 公里的区间，是一段横穿山谷密林、地貌特征极其多样的山间公路。巴士也会在这条路的景点停下车来，以便游客饱览胜景。一路走走停停，2 小时的路程就这样在美景中悄然度过。

从蒂阿瑙开出的前 20 分钟，一直走的是沿湖公路。去米尔福德线路集合点有一个游艇码头叫蒂阿瑙高地（Te Anau Downs），过了高地，前面便不再是湖区。沿着爱格林登河（Eglinton River）的广阔区域前进，就进入了国家公园的地界。

如镜子一般倒映着群山的镜湖

荷马隧道的入口位于悬崖上

自驾游须知

● 上午 9:00~10:00 这个时间段是观光巴士驶离蒂阿瑙的高峰时段（尤其是夏季），游客应该尽量避免这个时段出行。另外，观光巴士往往会在去程的路上，在景点处临时停车，而返程一路不停。如果能采用与观光巴士的不同的赏景方式，则可以避免拥堵。

● 中途没有加油站。

● 冬季降雪，甚至会有雪崩的危险，偶尔会遇到禁止通行的情况，因此临行前一定要查认真查询一下交通信息。

　　渐渐地，山越来越近，你会看到路两侧有一片茂密的山毛榉林，这一带叫"山脉渐渐消失的道路（Avenue of Disappearing Mountains）"。继续向前，道路正面的森林上方原本微露一角的山顶，慢慢消失在森林中，这段路也因此得名。

　　穿过这片森林后，前方有一个镜湖（Mirror Lakes）。看上去这不过是一个不起眼的小湖，但是旅游巴士都会在这里停车。这是因为周围的群山像镜子一样倒映在这片湖面上。但是真正像镜子一样将群山倒映在众人面前的，只是在晴天和无风的日子里。随后，道路从古恩湖（Lake Gunn）和法格斯湖（Lake Fergus）间穿过，一直通向鲁特本线路的起点——分水岭（The Divide）。去往钥匙峰（Key Summit）的徒步旅行线路也从这里出发。

　　过了分水岭，路两边的群山也变得越发陡峻。当你看到峡湾独特的 U 形山谷和笔直挺立的岩石迎面扑来时，就到了荷马隧道（Homer Tunnel）的入口。这条全长 1219 米的隧道贯穿达兰山脉。隧道在 1953 年竣工，建造时间前后历时 18 年。隧道内通往米尔福德的路段是急速的下坡路，有很多大巴从此通过，租车旅行时一定要小心驾驶。

蕨类植物生长茂密的大裂谷

米尔福德路

扩大图 p.114

米尔福德桑德的住宿
Milford Sound Lodge
Map p.122

🏠 Hwy.94, Milford Sound
☎ (03) 249-8071
📠 (03) 249-8075
🔗 www.milfordlodge.com
💰 Dorm NZ$35~ Ⓓ NZ$345~

94 号公路沿线的旅馆。
距离米尔福德桑德栈桥约 1.5
公里，提供接送车辆。

出了荷马隧道再走一段下坡路，可以看到大裂谷（The Chasm）。从这里可以徒步去观赏瀑布，一圈大概 20 分钟。途中，由于激流侵蚀、切削而形成的曲状怪石也能让你大饱眼福。

怪石林立

米尔福德桑德的
动感体验

乘坐小型飞机飞行观光

可以乘坐小型飞机在峡湾上空飞行观光。这样能从不同于游船观光的角度，欣赏米尔福德桑德的原始风貌。有多条线路，如只飞行观光的"Scenic Flight"和从昆斯敦（皇后镇）起飞、外加 2 小时左右游船观光的"Fly Cruise Fly"等。

DATA
Milford Sound Scenic Flights
☎ (03) 442-3065
FREE 0800-207-206
📠 (03) 442-3050
🔗 www.milfordflights.co.nz
📅 全年 💰 Scenic Flight 从昆斯敦（皇后镇）出发成人 NZ$375、儿童 NZ$214（约需 1 小时）Fly Cruise Fly 从昆斯敦（皇后镇）出发 NZ$460、NZ$275（约需 4 小时）CC AMV

海上皮划艇

米尔福德桑德的海上皮划艇是游客爱玩的项目。从海面远眺峡湾，晴天时一派壮阔，阴天则略显神秘，与游船上看到的感觉又不一样。你还可能遇到海豚和海豹。初学者也能玩。从蒂阿瑙出发有免费的班车。

DATA
Go Orange
☎ (03) 249-8585 FREE 0800-246-672
🔗 www.goorangekayaks.co.nz
📅 10 月 ~ 次年 4 月
💰 从米尔福德桑德出发的海上皮划艇 NZ$149（约需 4~5 小时），从蒂阿瑙出发的海上皮划艇 NZ$180（需 9~11 小时）CC MV

Column 米尔福德简史

1878 年，当时的米尔福德桑德还没有一条通往内陆地区的路，峡湾里也只有一个人居住。他就是出生于英格兰的多纳德·萨瑟兰。他曾做过矿工、海豹猎人和士兵，后来栖身于此，被世人称为"米尔福德隐士（Milford Hermit）"。他在山路发现的大瀑布，便是现在米尔福德线路中途所见的萨瑟兰瀑布（Sutherland Falls）。米尔福德线路最早于 1888 年被开发出来，此后游客的数量开始逐渐增多。当时，很多游客为了省去翻山越岭的烦琐，索性从外海乘船进入。这段时期，萨瑟兰结识了终生伴侣伊丽莎白，两人共同经营了一家小客栈，接待往来的游客。

1953 年荷马隧道的开通，使米尔福德桑德成为一个可以轻松游玩的景点。隧道建设前后历时18 年之久，当时决策者们考虑到全球的大萧条，希望借此工程的开工拉动经济增长。

峡湾地区国家公园

悬疑峡湾 *Doubtful Sound*

前往悬疑峡湾的大本营位于蒂阿瑙西南方向的小镇马纳普里（Manapouri）。1770年英国探险家库克船长的船发现了悬疑峡湾是有一个纵向很深的港湾，他担心船进去了是否还能安全出来，在制作地图时，便将这里标注成了"悬疑海湾"，

规模宏大的悬疑峡湾

英语为"Doubtful Harbour"。之后，悬疑峡湾的名称就传开了。

　　两岸的悬崖绝壁造就了几处港湾，慢慢进入其内，景色也变得越发神奇。

悬疑峡湾　前往方法

　　前往悬疑峡湾没有普通公路，必须从马纳普里乘船穿越马纳普里湖才能到达。去马纳普里的话，可以从蒂阿瑙坐30分钟的车，只是没有公交，只能要么租车，要么参加从蒂阿瑙和昆斯敦（皇后镇）出发的旅游团。

　　旅游团前往马纳普里，会选择巴士，或者横穿马纳普里湖和悬疑峡湾的乘船旅行线路。悬疑峡湾乘船旅行时间约为4小时。旅游团如果从蒂阿瑙出发，往返需要9小时45分钟；如果从昆斯敦（皇后镇）出发，往返需要12小时45分钟。

马纳普里的住宿

Freestone
住 270 Hillside Rd.
TEL （03）249-6893
URL www.freestone.co.nz
费 Share NZ$22~・D・T NZ$66~

Manapouri Motels & Holiday Park
住 86 Cathedral Dr.
TEL （03）249-6624
URL www.manapourimotels.co.nz
费 Motel NZ$95~ Cabin NZ$60~

Manapouri Lakeview Motor Inn
住 68 Cathedral Dr.
TEL （03）249-6652
FREE 0800-896-262
FAX （03）249-6650
URL www.manapouri.com
费 S・D・T NZ$90~

马纳普里的娱乐项目

Adventure Kayak & Cruise
TEL （03）249-7777
FREE 0800-368-283
FAX （03）249-7536
URL fiordlandadventure.co.nz
营 9月下旬~次年5月

参加悬疑峡湾旅游团
真实旅程旅行社
（→ p.122）
从马纳普里出发
🚌 1 天 1~2 班
💰 成人 NZ$230~285、
　儿童 NZ$65
　（约需 7 小时 15 分钟~
　8 小时）
从蒂阿瑞出发
🚌 1 天 1~2 班
💰 成人 NZ$235~299、
　儿童 NZ$70
　（约需 9 小时 45 分钟）
从昆斯敦（皇后镇）出发
🚌 1 天 1 班
💰 成人 NZ$255~299、
　儿童 NZ$143
　（约需 12 小时 45 分钟）

夜间乘船环游
从马纳普里、蒂阿瑞和
昆斯敦（皇后镇）都有前往
悬疑峡湾的夜间环游旅游团
（参考 → p.123）
🚌 1 天 1 班
💰 从蒂阿瑞出发
　Share NZ$280~437
　Ⓢ NZ$760~1181
　Ⓣ NZ$435~675

Go Orange
☎（03）249-8585
FREE 0800-246-672
URL www.goorange.co.nz
🚌 10 月~次年 4 月 1 天 1 班
💰 成人 NZ$199~255、儿童
NZ$99~115

游船关闭引擎后，如镜的水
面立即陷入平静

尼岛上的海狗

悬疑峡湾　漫　步

　　马纳普里只是一个小镇，只在湖畔有几家汽车旅馆和假日公园。在这里旅游，要么去散步，要么就那么安静地在湖边享受清幽的空气。周围有几条徒步旅行线路，所有线路的出发点都位于镇外的怀奥河河口附近的珍珠湾码路（Pearl Harbour）。

　　从蒂阿瑞和昆斯敦（皇后镇）前往悬疑峡湾的旅游团先要乘坐巴士抵达马纳普里，然后从这里坐游船，沿马纳普里湖，自东向西行进。下

船后再坐一段巴士，接着从海拔 670 米的威尔默特山口路（Wilmot Pass）眺望悬疑峡湾，最终抵达悬疑峡湾的起点深湾码头（Deep Cove Wharf）。从这里登船环游悬疑峡湾。还有从马纳普里出发的旅游团。

马纳普里湖的乘船旅行也让人兴备不已

悬疑峡湾　主要景点

悬疑峡湾乘船环游
Doubtful Sound Cruises

`Map p.127-A1`

　　悬疑峡湾沿海岸线绵延 160 公里，是峡湾地区国家公园内的第二大峡湾。周围笔直扎入海面的岩石是峡湾地区特有的地貌。其规模是米尔福德桑德的 3 倍，景色更为舒展，水面与群山交织的美景令人动容。悬疑峡湾内生活着宽吻海豚（→ p.179），如果运气好的话，也许能看到。尼岛上的小岛链面海而立，在岛内岩石上全年都能看到海狗的身影。此外，峡湾冠企鹅和蓝企鹅等企鹅类动物也能在这里觅得踪迹。

　　环游要避开横在深湾码头和整个港湾之间的小岛，花 3 小时左右驶向外海口，然后折返。一路上欣赏着峡湾的风光，幸运的游客还能邂逅海洋生物。中途，游船会在港湾里关闭引擎，让游客侧耳倾听来自大自然的声音……

峡湾中若隐若现的山脚最是梦幻

马纳普里地下发电站

Manapouri Underground Power Station

Map p.127-A1

马纳普里发电站是一座建在湖面以下176米深处的地下发电站，位于马纳普里湖入海口——西通路（West Arm）的前端。发电站于1963年开工建造，历经重重困难后，终于在1971年竣工。工程将马纳普里湖水垂直引入地下，利用其势能带动水轮机发电。之后，湖水经过10公里长的排水通道，排入悬疑峡湾的入海口深渊码头。要参观这个巨大的地下发电站，先要在湖边分乘几辆巴士，从螺旋状的隧道内下降2公里进入地下，然后透过玻璃围栏，参观带动水轮机的发电机等设备。

利用马纳普里湖水发电的地下发电站

参观地下发电站
真实旅程旅行社（→ p.122）

从马纳普里出发
🚌 11月～次年3月1天1班
💰 成人NZ$81、儿童NZ$22（需3~4小时）

从蒂阿瑙出发
🚌 11月～次年3月1天1班
💰 成人NZ$92、儿童NZ$27（需5~6小时）

悬疑峡湾的
动感体验

海上皮划艇

参加这个旅游团，先在悬疑峡湾划船，晚上在湖畔露营。线路时间为1~5天。因为能欣赏到安静的峡湾景色，感受原始自然风光而备受游客欢迎。起点分设在马纳普里和蒂阿瑙，需要坐船和车到深渊码头，然后从码头开始划船。

DATA

Go Orange
☎（03）249-8585　FREE 0800-246-672　URL www.goorangekayaks.co.nz
🚌 10月～次年4月　💰 NZ$255~　CC MV

飞行观光

多家公司都组织从蒂阿瑙和昆斯敦（皇后镇）起飞，在悬疑峡湾上空观景的飞行观光。在大概1小时的飞行过程中，可以饱览悬疑峡湾动人的美景。飞行观光受天气影响较大，即使提前预约也可能因为恶劣天气而被取消。起飞时刻需要在预约时与对方商量。

DATA

Southern Lakes Helicopters
☎（03）249-7167　URL southernlakeshelicopters.co.nz　🚌 全年　💰 NZ$685（约需1小时10分钟）　CC AMV

Air milford
☎（03）442-2351　FREE 0800-462-252　URL airmilford.co.nz　🚌 全年　💰 NZ$730（约需9小时30分钟）　CC ADJMV

Column ### 在建设大坝时被悉心保护的马纳普里湖

"马纳普里"这个名称在新西兰是环保的代名词，原因就是这里的大坝及水电站的建设。当地人自古就有将马纳普里湖水用于发电的想法。之所以进入20世纪40年代，发电站建设规划才被付诸实施，是因为新西兰企业在澳大利亚昆士兰州发现了可做铝制品的原料的大型铝土矿。这些铝土矿运回新西兰后，冶炼计划随之也被提上日程。但是提炼铝需要耗费大量电力，解决电力供应是项目进展下去的首要课题。于是，人们把目光聚焦到了马纳普里湖。

原计划是用大坝将湖面水位抬升约30米，然后利用高度落差发电。但是这样一来，周围的大片森林和湖上小岛就要没于水下，从保护景观的角度出发，这样的计划自然而然地遭到了反对的声音。20世纪60年代后期，这场反对活动发展成了蔓延全国的大讨论运动。最终，新西兰全国有26.5万人（约占当时新西兰人口的8%）在反对倡议上签名，大坝的建设规划因此得到颠覆性修改，改为建设地下引水渠，通过这种方式保护了马纳普里湖。

你很难想象，在那个环保意识还远不如今天的时代，在新西兰南部一个偏僻小镇动工的建设项目，会受到如此多国民的关注，并且最终以反对者，即环保人士的取胜而告终。这件事也从另一个侧面告诉我们，新西兰国民的环保意识有多么超前。

DOC 网站
URL www.doc.govt.nz

全球的背包客云集至此

峡湾地区国家公园

米尔福德线路

Milford Track

这是一条连接米尔福德桑德和蒂阿瑙的步行线路，全长约 53.5 公里。最早开发于 100 多年前，是新西兰多条徒步线路中景色多变，并经过数个瀑布和湖泊的线路，有着"世界最美"徒步线路的美誉。这条颇受欢迎的线路每年要迎接 7000 多名游客造访。旺季是 10 月下旬~次年 5 月上旬。需要提醒的是，进山人数有限制，因此旺季打算在这里徒步旅行的，一定要提前预约。规定的出发点是蒂阿瑙高地，设有山间小屋供住宿，全程需要 3 晚 4 天。

色彩鲜艳的森林与清澈的水十分美丽

徒步一日游
真实旅程旅行社
☎ (03) 249-6000
FREE 0800-656-501
URL www.realjourneys.co.nz
🗓 11 月~次年 4 月中旬
　9:30 出发
💰 成人 NZ$195、
　儿童 NZ$127

从蒂阿瑙出发的一日游。从米尔福德线路起点出发，步行 9~11 公里。那些在时间上不宽裕，或者对自己的脚力不够自信的人，可以挑战一下这条线路。全程约需 8 小时 30 分钟，其中徒步时间为 4~5 小时。也有从昆斯敦（皇后镇）出发的徒步旅行线路。

个人徒步游及配导游的徒步游

个人徒步游及配导游的徒步游在费用上相差甚远。在山间小屋住 3 晚的个人徒步游，成人 NZ$162、儿童（5~17 岁）免费，加上往返的交通费，总额在 NZ$320 左右。而配导游的徒步游在 11 月和次年 4 月为成人 NZ$2080~、儿童 NZ$1560~，12 月~次年 3 月为成人 NZ$2245~、儿童 NZ$1680，可以要求住单间。费用绝对不便宜，不过舒适的居住条件及旅游服务一定会让你觉得物有所值。尤其是对那些不太习惯在山间行走的游客而言，即使费用高一些，由导游带领显然会更加安全。

米尔福德线路 前往方法

蒂阿瑙高地（Te Anau Downs）位于蒂阿瑙以北 27 公里的蒂阿瑙湖畔。可以乘坐巴士，或者自驾到达这里。旺季需要预约，并且集合时间也是固定的。从蒂阿瑙高地乘坐专用船只前往位于湖对岸的格雷德码头（Glade Wharf）。返程可以从米尔福德桑德坐小型飞机，或者乘坐巴士回到蒂阿瑙或别的地方。

米尔福德线路 漫　步

米尔福德线路有两种徒步旅行的方法，一种是个人徒步游（Independent Walk）。这是一种划定好了的 3 晚 4 天游。行程中的食物和装备均需自备。考虑到需要在雨量大、地形多变的峡湾地区行走，首次进山步行游的游客应尽量避免单独前往。徒步游旺季是 10 月下旬~次年 5 月上旬。旺季以外无须预约，不过需要购买山间小屋住宿券（NZ$15）。

与个人徒步不同的是，配导游的徒步游（Guided Walk）从昆斯敦（皇后镇）或蒂阿瑙出发，实际上徒步3天，加上徒步结束后还要住一晚酒店，一共是4晚5天。在行程中，导游会备好食物和寝具，个人只需要携带少量行李即可。只要有一定体力的人都能参加这种方式的徒步旅行。

配导游的徒步游旺季约为11月初～次年4月下旬。为避开高峰期，同时把对大自然的影响降到最低，配导游的徒步游每天仅限50人进山，个人徒步游每天仅限40人。提前预约后，再从起点出发。从蒂阿瑙高地到米尔福德桑德这段区间，每天最多只能步行20公里。

预约方法和购买住宿券

个人徒步游从4月开始，配导游的徒步游从1月下旬开始接受预订。圣诞节前到1月上旬的假期游客最多，需要尽早预订。

●个人徒步游

接受预订的机构是DOC（Department of Conservation＝环保部）的专门窗口。在米尔福德线路个人徒步游也必须按指定行程走，因此预订的目的相对单一，只需要确定每个出发日有无名额就行。先联系预约柜台，告知预计的出发的日期（可能的话，把候选日期也一并告知）和人数，确认当天是否有名额。如果有名额，接下来要提供信用卡信息，这些完成后即能确认是否能约上。费用（3晚为NZ$162）会从信用卡中自动扣除，游客仅需在出发当天从出发地领取山间小屋的住宿券。如果在中国预约，发送电子邮件即可，非常方便。

另外，DOC主页上有专用申请表可供下载。申请表非必备材料，但是这张表可以预订徒步旅行前后的交通工具并完成支付。申请表可邮寄至DOC。

●配导游的徒步游

配导游的徒步游与个人徒步游由不同的主体运营，前者需要在昆斯敦（皇后镇）的终极徒步旅行公司Ultimate Hikes Centre预订。预订程序与个人徒步游无异，最开始都需要联系这家公司。

山间小屋 / 客栈的设施和装备

●个人徒步游

小屋的装修简单，但是燃气炉、自来水、厕所等基本设施无一缺乏。夏季管理人员常驻在此。食材和餐具需要游客自备。床上备有床垫，只要带上睡袋即可。照明方面，只有部分公用空间有电灯，最好带上手电筒（或者头灯）。

●配导游的徒步游

客栈通电，有热水。还有洗发水、护发素、吹风机和被褥。供应三餐，游客只需要根据个人爱好携带部分零食。此外，可以随身带一些较轻的行李，比如衣物、洗漱用品和水壶等。

个人徒步游的预约方式
Department of Conservation
FREE 0800-694-732
URL www.doc.govt.nz

在网上预约
参加个人徒步游的游客可以通过DOC的主页（下述）预约。网上还能预订新西兰全国的山间小屋。入住的情况和价格等一目了然，十分便利。
URL booking.doc.govt.nz

Stand-by（等待名额）
个人徒步游客可以在蒂阿瑙的DOC游客中心申请等待空缺出来的名额。如果一个人在蒂阿瑙较长时间逗留，每天去旅行公司咨询的话，不出几天就能等到名额。但是如果二人以上同行，审查的条件会非常严苛。

配导游的徒步游的预约方式
Ultimate Hikes Centre
☎（03）450-1940
FREE 0800-659-255
FAX（03）450-1941
URL www.ultimatehikes.co.nz

个人徒步游线路中的简装山间小屋

穿过克林顿河上的长吊桥

●第一天　格雷德码头→克林顿小屋
（约 5 公里、约需 1 小时~1 小时 30 分钟）

　　从蒂阿瑙高地坐船，在格雷德码头上岸，格雷德之家就是徒步游的起点。出发不久后就要走上一座克林顿河的长吊桥，桥那头，一条沿河的幽静森林步道在迎接你。这条线路较为平坦，用时也不长，权当作小小的热身吧。

※ 因有落石危险，之前一直封闭去往萨瑟兰瀑布的线路从 2013 年 11 月起正式开通。不过新线路比起原有线路绕了一个大弯，足足多出 30 多分钟，所以如果时间和体力上有担忧的游客，走到中途的瀑布即可返回。

●第二天　克林顿小屋→明塔洛小屋
（约 16.5 公里、约需 6 小时）

　　出发后不久就进入深山。过了潘普罗纳客栈 Ponporona Lodge（配导游的徒步游专用）一带，山越来越高，线路的坡度也越发陡峭。大概走 40 分钟就到达了明塔洛小屋（Mintaro Hut）。

●第三天　明塔洛小屋→登普林小屋
（约 14 公里、约需 6~7 小时）

　　第三天将会穿越线路的海拔最高点马金农山口（Mackinnon Pass）。从小屋出发后，从"之"字形上路，约 2 小时到达坡顶。如果天气不错，蒂阿瑙和米尔福德两个方向的远景都能清晰地眺望到。从山顶再花 2 小时左右走一段急速下坡路到达昆汀客栈 Quintin Lodge（配导游的徒步游专用）。然后去观赏新西兰规模最大的萨瑟兰瀑布（Sutherland Falls）。站在落差达 580 米的巨大瀑布前，雄浑的力量震撼人心。往返需要 1 小时 30 分钟的萨瑟兰瀑布线路结束后，重新回到主线路。再走 1 小时左右，即可抵达登普林小屋（Dumpling Hut）。

●第四天　登普林小屋→沙蝇角
（约 18 公里、约需 5 小时 30 分钟~6 小时）

　　步行距离长，但是线路坡度小。为了能赶上沙蝇角（Sandfly Point）的船，8:00~9:00 必须从登普林小屋出发。前半程走在阿瑟河沿岸的山谷里，后半程沿着埃达湖走。虽然叫湖，其实像是一条宽宽的河。

地图内标注：

Milford Sound
米尔福德桑德 Milford Sound
Mitre Peak Lodge
Llawrenny Peaks ▲ 1932m
Terror Peak ▲ 1786m
沙蝇角
Milford Sound Lodge
Mt. Danger ▲ 1835m
阿达湖 Lake Ada
Mt. Ada ▲ 1891m
Cheddau River
94
A
Mt. Edgar ▲ 1689m
Arther River
蒂朗湖 Lake Brown
萨瑟兰瀑布 Sutherland Falls
登普林小屋 Dumpling Hut 150m
昆汀客栈 Quintin Lodge
Mt. Gendarme 1923m ▲
Mt. Mitcheison ▲ 1939m
马金农山口 Mackinnon Pass 1073m
明塔洛小屋 Mintaro Hut
冰山湖 Lake Iceburg
金尔湖 Lake Quill
500m
潘普罗纳客栈 Ponporona Lodge
North Branch
Barrier Peak ▲ 1966m
Castle Mt. ▲ 2131m
巴士车站
Mt. Anau ▲ 1958m
Clinton River
克林顿小屋 Clinton Hut 220m
格雷德之家 Glade House 202m
格雷德码头
0　　　5km
▲ 配导游的徒步游专用客栈
▲ 个人徒步游山间小屋（DOC）
避难所
洗手间
米尔福德线路
1
B
蒂阿瑙湖 Lake Te Anau
至蒂阿瑙、蒂阿瑙高地

配导游的徒步游的行程

格雷德之家有一间小型展厅

●出发前一天

出发前一天的 16:15 在昆斯敦（皇后镇）的"The Station"集合，17:00 有一个小会，向游客介绍线路及让团友们相互认识。需要的人可以在这里租借背包和雨具。

●第一天　格雷德码头→格雷德之家
（约 1.6 公里、约需 20 分钟）

8:30 在"The Station"集合，办理完入住手续后，9:00 乘坐巴士出发。在酒店用过午餐后乘巴士前往蒂阿瑙高地。从那里坐船到达线路的起点——格雷德码头。这一天，只从格雷德码头走到住宿地格雷德之家，全程 1.6 公里。

●第二天　格雷德之家→潘普罗纳客栈
（约 16 公里、约需 5~7 小时）

这一天，真正意义上的徒步旅行开始了。线路在一片森林中，林中克林顿河缓缓流过。有平缓的上坡，后半程整个峡谷的风景在眼前展开，真正能体会到山的感受。

新西兰规模最大的萨瑟兰瀑布，落差达 580 米

●第三天　潘普罗纳客栈→昆汀客栈
（约 15 公里、约需 6~8 小时）

翻过马金农山口后就来到了昆汀客栈。这是线路中最耗体力的路段。到达客栈后，可以步行去观赏萨瑟兰瀑布（往返需要 1 小时 30 分钟）。

这是行程中最长的上坡路——一条通往马金农山口的"之"字形山路

●第四天　昆汀客栈→米尔福德桑德
（约 21 公里、约需 6~8 小时）

距离有点远，但是全程几乎都是沿着埃达湖的平坦道路，步行的终点是沙蝇角。随后，乘小船去对面的米尔福德桑德，接下来入住迈特峰客栈（Mitre Peak Lodge），最后举行徒步旅行完成者证书颁发仪式。

●第五天　米尔福德桑德乘船环游

上午有 2 小时左右的米尔福德桑德乘船环游项目。随后在巴士内用午餐，之后取道蒂阿瑙返回昆斯敦（皇后镇）。到达昆斯敦（皇后镇）的时间在 15:30~16:00。

雨量充沛的米尔福德桑德生长着众多蕨类植物

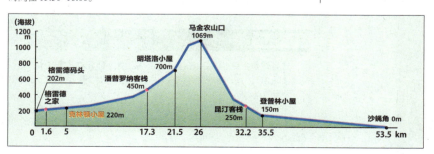

DOC 网站
URL www.doc.govt.nz

主要巴士公司
Tracknet
☎ (03) 249-7777
FREE 0800-483-262
URL www.tracknet.net
🗓 10 月 25 日~次年 5 月 4 日
蒂阿瑙~分水岭 1 天 4 班

Kiwi Discovery
☎ (03) 442-7340
FREE 0800-505-504
URL www.kiwidiscovery.com
昆斯敦（皇后镇）~分
水岭 1 天 1 班
💰 单程成人 NZ$78、儿童
NZ$58

Info & Track
☎ (03) 442-9708
FREE 0800-462-248
URL www.infotrack.co.nz
昆斯敦（皇后镇）~鲁特
本避难所 1 天 3 班
💰 单程成人 NZ$47、儿童
NZ$35

ℹ Info & Track
Map p.94–A2
🏠 37 Shotover St.Queenstown
☎ (03) 442-9708
FREE 0800-462-248
URL www.infotrack.co.nz
🕐 夏季　　　7:30~20:00
（各季节有所不同）
冬季　　　7:00~21:00
组织鲁特本等周边多条
线路的徒步游。

格林诺奇的假日公园
Mrs Woollys
Campground
🏠 64 Oban St.Glenorchy
📞 (021) 0889-4008
URL www.mrswoollyscampground.
co.nz
露营基地旁边的商店销
售食品和露营用品，还组织
一些活动项目。

峡湾地区国家公园

鲁特本线路

Routeburn Track

　　这条与米尔福德线路齐名的人气线路位于峡湾地区国家公园和艾斯派林山国家公园的交界处，每年要接待近 1.6 万名登山游客。线路全长 32 公里，南与绿玉线路、凯波斯线路相连。鲁特本线路可以双向步行，也可以到最高点后原路返回。一般走完全程需要 2 晚 3 天。线路上有 4 座山间小屋和 2 个露营点。与坡度平缓的米尔福德线路相比，这条线路的两个起点海拔分别为 458 米和 532 米，经过一小段距离后即到达海拔 1255 米的最高点，一路向上攀登，路途起伏变化，景观丰富多姿。再从最高点俯瞰周围，壮美的景色无不令人心旷神怡。

从柯尼卡山远眺，正前方是达朗山脉

鲁特本线路　前往方法

　　靠近昆斯敦（皇后镇）一侧的起点是鲁特本避难所（Routeburn Shelter），距离昆斯敦（皇后镇）约 73 公里，驱车需要 1 小时 30 分钟。这段路程在夏季经常可以看到装满徒步游客的巴士来来往往。靠近蒂阿瑙一侧的起点是分水岭（The Divide），距离分水岭约 85 公里，驱车需要 1 小时 15 分钟，有班车接送。从昆斯敦（皇后镇）到鲁特本线路的途中，大约开进 47 公里，有一个叫格林诺奇（→ p.99）的小镇，那里有假日公园，可以稍作休整。

鲁特本线路　漫　步

　　走完整条鲁特本线路，一般会选择在山间小屋和露营点过夜，全程需要 2 晚 3 天。想把行李留在住宿地后轻装出行的游客，可以在山路住 1 晚，然后原路返回。
　　整条线路都建得很好，不过高度落差大，是一条真正的山路。包括水和食物等，需要备全装备，最好不要是一伙菜鸟组团进山。跟米尔福德线路一样，也有配导游的旅游团。

预约方法和购买住宿券

如果在 10 月 25 日~次年 5 月 3 日期间，以个人徒步游的方式走鲁特本线路，需要提前预订线路上设置的 4 座山间小屋和 2 个露营点。山间小屋每人 1 晚收费 NZ$54。原则上一间小屋最多只能连续住 2 晚。露营点每人 1 晚收费 NZ$18。4 月 28 日~10 月 24 日间不需要预约，住宿券可在 DOC 游客中心购买，每人 1 晚 NZ$15。只是这期间，山间小屋无人管理，没有燃气。气象条件也不容乐观，只适合资深驴友。

预约时，通过电子邮件与 DOC 游客中心联系无疑最为便捷。他们有自己固定格式的申请表，但是游客也可以不填，只告诉对方参团者的姓名、人数、住宿类型（哪间山间小屋、何时入住）、信用卡信息（户名、有效期、卡号）等也能预订。还可通过电话或直接前往 DOC 游客中心（蒂阿瑙、皇后镇）现场预约。预订完成后，需要在出发前在以上两个 DOC 游客中心中的任意一个领取住宿券。

●配导游的旅游团

与个人徒步游不同的是，这种旅游团包含入住高级客栈的套餐服务。线路上的两处客栈，建在个人徒步专用的鲁特本瀑布小屋、麦肯基湖小屋的附近，旅游团成员中途会入住这两家客栈，往返于皇后镇。全程需要 2 晚 3 天。配导游的旅游团的组团旺季为 11 月初~次年 4 月下旬。这期间再分低、高峰期。其中的低峰期（11 月、4 月）收费标

露营点

在麦肯基湖、鲁特本平原的两间小屋附近指定区域内可以搭建帐篷。跟山间小屋一样，需要提前预约。

山间小屋内的设施

4 家山间小屋长年有管理人员。里面备有做饭用的燃气炉，床上有床垫，不需要再携带个人装备。带有厨房、自来水和抽水马桶。

135

配导游的徒步游的预约方式

Ultimate Hikes Centre

☎（03）450-1940

FREE 0800-659-255

FAX（03）450-1941

URL www.ultimatehikes.co.nz

准为成人 NZ$1375，高峰期为成人 NZ$1520。该费用包含了行程中必要的交通及所有的餐饮费。

个人徒步游行程 Map p.135

鲁特本避难所→鲁特本平原小屋
（约 6.5 公里、需 1 小时 30 分钟 ~2 小时 30 分钟）

　　起点位于停车场旁，出发后马上就有一座吊桥。这条河就是线路名称的来源"鲁特本河（Route Burn）"。"burn"在苏格兰语中是"小河"的意思。沿河而上，河水水量丰沛，道路是和缓的上坡。线路周围是山毛榉林，非常适合行走。跨过第二座桥后，视野突然开阔起来，与之前狭窄的河道截然不同，眼前是一片广阔的鲁特本平原（Routeburn Flats）。

鲁特本平原小屋→鲁特本瀑布小屋
（约 2.3 公里、需 1 小时 ~1 小时 30 分钟）

位于起点的鲁特本避难所

　　走过平原小屋前的分岔路口后，有一段坡度较大的路。线路两边是树木，途中还有曾经发生过滑坡的地点。从坡顶上可以将脚下的风景一览无余。只要看到艾米丽河桥，到鲁特本瀑布小屋也就只剩下半分钟路程了。再往上走一点，小屋就会出现在眼前。像它名称所描述的那样，这附近的确有瀑布。

从鲁特本瀑布小屋眺望的风景。山间平原就是鲁特本平原

鲁特本瀑布小屋→麦肯基湖小屋
（约 11.3 公里、需 4 小时 30 分钟 ~6 小时）

　　在鲁特本瀑布小屋附近穿过森林后，景色变成岩石裸露的草甸。沿着突然变窄的鲁特本河慢慢地向上攀登，就能看到这片沼泽地的水源地哈里斯湖。湖的海拔在 1200 米左右，大得让你惊讶。取湖岸前行，不久就能到达最高点哈里斯山坳。那里有一间避难所。如果天气不错，一定要爬爬后面的岩石山柯尼卡山。先把行李放在避难所，一个半小时就能走一个来回。从海拔 1515 米的最高点可以 360° 俯瞰眼下的风景，你甚至可以看到塔斯曼海。

哈里斯山坳避难所。后面是柯尼卡山

　　随后再次走入主线路，接下来要走的，是一段位于霍利福德山谷对面的"Z"字形大面积斜坡路。隔着眼前的山谷，在冰河环绕的群山陪伴下，用 1 小时穿过这段缓坡路面。没过多久，麦肯基湖和湖畔的山间小屋便隐约地进入视野之中。从这里开始又将进入树林，路变成较陡的"之"字形下山路。山底下是山毛榉林和苔藓共同组成的"岩石后院"。穿过它，你就到了麦肯基湖小屋。不得不赞叹一下，从这间小屋取景着实优美——眼前，湖水涟涟；对面，艾米丽峰（1820米）雄姿挺立。

从麦肯基湖仰望艾米丽峰，可以清楚地看到它是一个被冰河切削成的 U 形谷

麦肯基湖小屋→郝登湖小屋
（约 8.6 公里、需 3~4 小时）

这段路基本都是平缓的山路，可以充分享受漫步山林的乐趣。途中的阿兰德瀑布是全长 174 米的大瀑布，尤其是大雨过后，水量激增，有时不得不从瀑布下面迂回穿过。线路的终点是郝登湖小屋。郝登湖是一个小湖，小屋就在湖边，令人心旷神怡。从这里往南，有凯波斯线路和绿玉线路（→下文）这两条，从这里走也能回到格林诺奇。

郝登湖小屋→分水岭
（约 3.4 公里、需 1 小时 ~1 小时 30 分钟）

郝登湖小屋之后的线路都较为平坦，但是恼人的是一条上坡路。走 15 分钟到达坡顶后，来到了一个可以前往钥匙峰的分岔路口。在从蒂阿瑙出发当天往返的线路中，这是最受欢迎的观景点，往返只需 1 小时~1 小时 30 分钟。海拔只有 919 米左右，但是风景绝佳。大件行李可以寄存在分岔路口，以便尽情爬山。

从钥匙峰返回后，重新走回主线路，这次是在山毛榉林中一路下坡。如果你听到久违的汽车引擎声，那么恭喜你，终点分水岭到了。

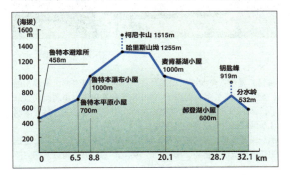

凯波斯线路 / 绿玉线路   **Map p.135**
Caples Track/Greenstone Track

它们是从鲁特本线路上的郝登湖附近分出来的两条不同的线路，终点都是瓦卡蒂普湖畔。两条线路都不会太陡，因此也没有高山才能看到的雄壮景观。很多游客把它们和鲁特本线路串联起来，作为从昆斯敦（皇后镇）出发的环形线路走。

凯波斯线路 Caples Track
（需 9 小时 30 分钟 ~13 小时 30 分钟）

途中有两座山间小屋。穿过麦凯勒山坳（山口）后，前面是陡峭的险路，一般认为这条线路只适合专业山地旅行者。

绿玉线路 Greenstone Track
（需 8 小时 30 分钟 ~12 小时 30 分钟）

跟凯波斯线路一样，从郝登湖附近向南需要走一段下坡路，但是中途没有翻山越岭的险路，几乎全程都是平坦的路面。

哈里斯山坳南侧的乙字形道路。四周是群山的美景

分水岭的交通

分水岭位于蒂阿瑙至米尔福德之间的观光线路上，车流量较大。也有试图搭便车的徒步旅行者。需要注意的是，上午的车流多来自蒂阿瑙方向，而下午的多来自米尔福德方向。另外，城际/纽曼巴士公司开往米尔福德桑德的大巴不会在分水岭上下车。

凯波斯线路、绿玉线路的山间小屋

山间小屋都是一晚 NZ$15。需要提前在 DOC 游客中心购买宿券。因为不是预约制，所以铺位是先到先得。屋内有自来水、洗手间和煤炉，但是没有天然气，做饭需要自备炉子。

只有上凯波斯小屋在新西兰猎鹿人协会 New Zealand Deerstalker's Association（URL southernlakesnzda.org.nz）预约。

穿梭巴士（→p.134 边栏）
Tracknet、Info & Track

上述巴士公司运营从绿玉码头到格林诺奇和昆斯敦（皇后镇）的巴士。请在徒步旅行出发前预约。

其他线路

格林诺奇还有一条里斯和达里小径 Rees/Dart Track。这是一条要花 4~5 天的环形线路。线路起点之一是一个叫天堂的小村庄。

线路的起点之一——水闸

峡湾地区国家公园

凯普拉线路

Kepler Track

从这条 60 公里长的线路上可以看到壮观的美景
照片供稿：Tourism New Zealand

　　凯普拉线路是一条环绕蒂阿瑙湖及其南面的马纳普里湖之间群山的环形线路，全长约 60 公里。线路于 1988 年被开发出来，小屋时尚且舒适。冰河、广阔的 U 形山谷、山毛榉山林等，景色丰富多变，层次感明显。并且从蒂阿瑙到这里交通也很便利。

　　线路的起点有两个，其中一个是水闸（Control Gates），另一个是连通两个湖的怀奥河上的彩虹桥（Rainbow Reach）。此外还可以从蒂阿瑙先坐船到布罗德湾（Brod Bay），再从那里开始徒步。整条线路步行一圈需要花费 3~4 天时间，需要一定的体力和经验，天气也会影响行程。大部分游客都需要走 4 天。还有一条从彩虹桥沿马纳普里湖走一天的线路。

凯普拉线路 前往方法

　　游客一般会从距离蒂阿瑙的 DOC 峡湾地区国家公园游客中心（→ p.114 边栏）5 公里左右的水闸开始徒步。10 月下旬～次年 4 月下旬可以乘坐巴士抵达水闸旁的停车场。路网公司 Tracknet 有开往距离蒂阿瑙 12 公里处彩虹桥的巴士。

凯普拉线路 漫步

　　这条 60 公里长的线路，从布罗德湾 Brod Bay 出发，穿越拉克斯莫山（Mt.Luxmore），直达艾里斯本小屋（Iris Burn Hut）这 22.8 公里的区间里，累计海拔差超过 1400 米。在攀登完 1400 米高的大山后，又要急速下降 1000 米——这条线路就是如此难走。不过所幸之后的 35 公里的线路海拔落差只有 300 米，路况反差可见一斑。其中最陡的是从汉景山谷避难所到艾里斯本小屋这段路。为了避开这段上坡路，很多人会选择

从水闸逆时针方向走。这种情况下，第一晚住拉克斯莫小屋，第二晚住艾里斯本小屋，共计 2 晚 3 天。或者再在莫拓劳小屋住一晚，这样就是 3 晚 4 天，可以绕线路完整走一圈。

个人徒步游的行程　　Map p.139

凯普拉线路上一共设有 3 处山间小屋。夏季管理员常驻在此，屋内有燃气炉。10 月 25 日~次年 5 月 3 日是夏季徒步旅行的高峰期，入住前需要预约。费用为成人每晚 NZ$54。从布罗德湾和艾里斯本还可以搭建帐篷（成人 NZ$18）。夏天游客多，需要提前占位。

水闸（停车场）→布罗德湾→拉克斯莫小屋
（约 13.8 公里、需要 5~6 小时）

从水闸沿湖岸北上，接着从布罗德湾进入密林，之后的路坡度陡增。途中还能看到巨型石灰岩组成的绝壁。从那里再走一会儿就出了树木，眼前的景色骤然开阔起来，如果是晴天，还能看到蒂阿瑙和马纳普里两个湖。从这里开始要在平缓宽阔的山脊线上走 45 分钟左右，一直走到拉克斯莫小屋。这是一座高档的山间小屋，从阳台上可以欣赏到蒂阿瑙的风光。小屋附近还有钟乳石洞，不妨去看看。只是全长 1 公里的洞内一片漆黑，贸然深入会非常危险，最好随身携带手电筒。

凯普拉线路的山间小屋

冬季入住山间小屋是不需要预约的。费用每晚 NZ$15，如果是露营，则为每晚 NZ$5。

仰望石灰岩组成的绝壁

凯普拉线路

山间小屋图例：
▲ 山间小屋
■ 避难所（不提供住宿）
⛺ 指定露营点

0　　　　　　3km

汉景山谷避难所。这里的视野不错

拉克斯莫小屋→艾里斯本小屋
（约 14.6 公里、需要 5~6 小时）

离开主线路，在岩石坡面上走大概 10 分钟后就到了拉克斯莫山顶。重新回到主线路中，稍稍走点下坡路即到达弗雷斯特本避难所。走过去，前面是一段细长的山脊路段，这段路堪称凯普拉线路的亮点。事实上，山脊上起伏高下，并不好走，但是因为地势高，视野也格外开阔。直到汉景山谷避难所，路上都是此般胜景。由于这段路两侧无遮无拦，一路也要经受强风大雨的考验。

很快就会走过一个可以看到艾里斯本山谷的观景台，之后是一段急速的下坡路，前面是一片树林。一口气穿过林中的弯曲小道，艾旦斯本小屋已经在向你招手。

从拉克斯莫小屋眺望蒂阿瑙湖的山明水秀

艾里斯本小屋→莫拓劳小屋
（约 16.2 公里、需要 5~6 小时）

从艾里斯本小屋出发后，要越过一个小山峰，这之后基本上是林中的平缓下坡。从中途的平地依然可以看到 1984 年山体滑坡的痕迹。没过多久就到了马纳普里湖边的莫拓劳小屋。距离莫拓劳小屋 6.2 公里远的彩虹桥（Rainbow Reach）有前往蒂阿瑙的班车，因此很多游客会将此次 2 晚 3 天的行程的终点定在莫拓劳小屋。由于小屋坐落在湖对岸，风景秀丽，如果时间允许，最好能在这里过 1 晚，细细品味。

在起伏不平的山脊上穿梭前进

莫拓劳小屋→彩虹桥→水闸（停车场）
（约 15.5 公里、需要 4~5 小时）

一条怀奥河沿线的环形平原森林穿行线路。从线路终点水闸到蒂阿瑙，徒步需要 50 分钟左右。

一日游 ~ 住 1 晚的步行线路　　Map p.139

从蒂阿瑙出发的短途步行线路，建议这条往返线路的终点设在拉克斯莫小屋。全程需 8~10 小时，可当天往返，也可以在拉克斯莫小屋住上一晚。如果选择当天来回，出发时（返程也是如此），从蒂阿瑙到布罗德湾最好坐船。从布罗德湾到拉克斯莫小屋往返大概要花 7~9 小时。从小屋再前往拉克斯莫山顶，往返约要 30 分钟。另一条是从彩虹桥到莫拓劳小屋的往返线路。单程约 6 公里，往返需要 3~4 小时。

部分山脊十分陡峭，不过建有台阶可供攀爬

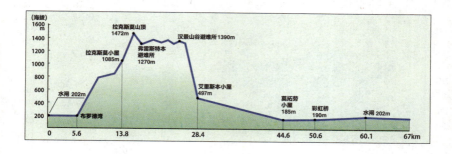

奥马鲁 *Oamaru*

奥马鲁是奥塔戈地区北部的一个滨海小镇，位于达尼丁以北约116公里处。小镇始建于1870年，当时是为了货船安全到港而建造的港口，1882年，经由当地出口冷冻牛肉后，小镇得到了飞速发展。那个时期，不少由当地产的优质石灰岩"奥马鲁石"建造的漂亮楼房拔地而起，于是石材的出口也成了当地的一大支柱产业。奥马鲁石是新西兰各地著名建筑的原材料，其中奥马鲁当地这片白色建筑群最为壮观。在每年11月举办的维多利亚文化节（Victorian Heritage Celebrations）上，奥马鲁全镇都会沉浸在19世纪的氛围中，人们仿佛又回到了维多利亚时代。

此外，小镇周边有2处珍稀企鹅的保护区，能近距离观赏企鹅也是这里的资源优势。

这个历史建筑集中的区域常被用作电影和电视剧的取景地

奥马鲁 前往方法

在长途巴士方面，城际/纽曼长途公司和Atomic Shuttles公司开往达尼丁的巴士都途经奥马鲁。城际/纽曼长途公司从克赖斯特彻奇（基督城）发车，每天有2~3班，需要4小时15分钟左右；从达尼丁发车每天有2~3班，需要1小时40分钟~2小时10分钟。巴士车站位于伊甸街（Eden St.）沿线的咖啡店"Lagonda Tea Rooms"旁的公用洗手间前，车票可以在咖啡馆内购买。

奥马鲁 漫 步

小镇的主干道是泰晤士街（Thames St.），街上有旅游咨询处i-SITE、酒店和银行等。还有不少历史建筑。此外，泰恩街（Tyne St.）和通向港湾地区的港湾街（Harbour St.）上也分布着很多19世纪后半叶建成的精美的石结构建筑。这只是一个小镇，各个景点全在步行可达的范围之内。

郊区有两处企鹅保护区和能欣赏到绝美自然风光的景点。此外，还有一座名为"友好湾游乐场（Friendly Bay Playground）"的公园，里面魔幻和科学共存的蒸汽朋克（Steampunk）的主题美术馆及蒸汽朋克风格玩具很受欢迎。奥马鲁在近些年也逐渐发展成一个广为人知的蒸汽朋克城。

克赖斯特彻奇（基督城）

★ 奥马鲁

人口1万3050人
URL waitakinz.com

主要的活动
Victoria Heritage Celebration
URL vhc.co.nz

在企鹅保护地周边也可能会遇到它们

主要巴士公司（→ p.489）
城际／纽曼长途公司
Atomic Shuttles公司
Coast Line Tours
☎（03）434-7744
URL www.coastline-tours.co.nz
图 从达尼丁出发
周一~周五14:45
费 单程成人 NZ$30、
儿童 NZ$12

长途巴士车站
Map p.142–A2
住 Eden St.

旅游咨询处 i-SITE
Oamaru Information Centre
Map p.142–A1
住 1 Thames St.
☎（03）434-1656
FAX（03）434-1657
URL waitakinz.com
开 9:00~17:00
（各季节时间有所不同）
休 无

主要的出租车公司
Smash Palace
☎（03）433-1444
URL www.smashpalace.org.nz

奥马鲁公共花园
🎫 白天可随时入园

蓝企鹅保护区
🏠 2 Waterfront Rd.
☎ (03) 433-1195
🌐 www.penguins.co.nz
🕙 10:00~闭园为止
　　（闭园时间各季节不同）
💰 配导游的旅游团（白天）
　　成人 NZ$16、儿童 NZ$8
　　私人导游（白天）
　　成人 NZ$10、儿童 NZ$5
　　夜间旅游团
　　成人 NZ$28、儿童 NZ$14
🚶 从市中心步行约 20 分钟

奥马鲁　主要景点

奥马鲁公共花园　　　　　　　　　Map p.142-A1
Oamaru Public Gardens

　　市内的一家占地面积 13 公顷的美丽公园，1876 年建成。这座东西走向的公园内有玫瑰园、喷泉和温室等，非常适合漫步。在公园的小河上有几座桥，其中还有一座东方风格的朱红色小桥。园内有游乐设施，还有适合郊游的大片草地，新西兰特有的鸟类品种也会出没于园内的各个角落。

蓝企鹅保护区　　　　　　　　　　Map p.142-B2
Blue Penguin Colonies

　　位于城南的蓝企鹅（→ p.14）保护区。蓝企鹅在有些国家被称为小企鹅，只有 30~40 厘米，是世界上体形最小的企鹅。游客中心设置了 180 多个巢箱，可以去观景台观赏归巢的企鹅。归巢前，导游还会介绍这种小企鹅（英语）。通过设置在巢箱内的摄像头，游客还能看到企鹅的生活状况。各季不同的观察时间都会在旅游咨询处 i-SITE 内公布。晚上严禁拍照。

蓝企鹅一般在日落之后归巢

142

历史建筑集中区
Oamaru's Victorian Precinct

港湾、泰恩两条大街沿线保留了很多 19 世纪维多利亚时代的古老建筑，还有很多在古建筑基础上改建形成的美术馆和商店。另外，展示了大量蒸汽朋克（维多利亚时代的人们描绘的具有魔幻色彩的未来蓝图）作品的蒸汽朋克HQ（Steampunk HQ）也值得一看。里面有一些独具特色的展

蒸汽朋克 HQ 内有一些废铁制作的、造型夸张的艺术品

品，如用废铁制作的艺术品、通过敲击键盘发声的管风琴以及在音乐中欣赏光旋涡的暗室"The Portal"等。另外，新西兰威士忌公司（The New Zealand Whisky Company）还在 1997 年初不惜代价买下了废弃的达尼丁蒸馏厂及柳岸蒸馏厂的酒窖，建成了今天的品酒和销售中心。

蒸汽朋克 HQ
住 1 Itchen St.
电 （027）778-6547
URL steampunkoamaru.co.nz
开 10:00~17:00
休 无
费 成人 NZ$10、儿童 NZ$2

新西兰威士忌公司
住 14-16 Harbour St.
电 （03）434-8842
URL www.thenzwhisky.com
开 10:30~16:30
休 6~8月的周一、周二
费 试饮 4 种威士忌 NZ$15~

当地后面的公园内还有为方便拍照特意修建的画框

Column　使用奥马鲁石建造的维多利亚时代古建筑

奥马鲁有大量以奥马鲁石为原料建造的历史建筑，其中大部分位于步行线路的两侧。游客可以事先在旅游咨询处 i-SITE 领取宣传册 *Historic Oamaru*。

老邮局 Map p.142-A1
First Post Office

泰晤士街上格外引人注目的老邮局。它旁边有一座建于 1864 年的第一代邮局，这是奥马鲁现存历史最悠久的建筑。如今它已被改建成餐馆"The Last Post"。

国家银行 Map p.142-A2
National Bank

与它斜右前方的森林画廊（现艺术画廊）相同，都是达尼丁建筑师罗伯特·罗森的设计作品。1871 年初建时是奥塔戈银行的办公楼，在 1875 年归国家银行所有。

圣卢克圣公会大教堂 Map p.142-A1
St.Luke's Anglican Church

一家位于泰晤士街南侧、旅游咨询处 i-SITE 斜对面的教堂。始建于 1865 年，最终到 1922 年才形成今天的造型。造型奇特的尖塔高 38.7 米。

圣帕特里克大教堂 Map p.142-A1
St.Patrick's Basilica

位于里德街旁。1893 年开始动工修建，1918 年竣工。用奥马鲁石打造的精美天花板最值得一看。

奥马鲁歌剧院 Map p.142-A1
Oamaru Opera House

1907 年开始修建，最初是作为政府大楼及剧院。如今这里会举办诸如芭蕾舞、电影观映和音乐会等多种活动，晚上也很热闹。

黄眼企鹅保护区
开 夏季 休 冬季 费 免费
交 距离市中心约 3 公里。
※ 拍摄时禁止用闪光灯
※ 为保护企鹅，游客只能在高台上的小屋内观察。并且傍晚以后不得再靠近海边。

大象巨石
费 免费
交 距离市中心约 48 公里。沿 1 号公路北上，在 Pukeuri 左拐进入 83 号公路，随后向西走，注意不要走过 Duntroon 前的桥。看到桥头的黄色标识后，再向左拐。

摩拉基大圆石
URL www.moerakiboulders.com
开 可随时参观
费 NZ$1（从私有道路抄近道时需要支付的费用）
交 距离市中心约 40 公里。在 1 号公路上看到 Moeraki Boulders 的标识后左拐，从停车场朝海边走 5~10 分钟的下坡路即到

Coast line Tours
（→ p.141 边栏）
根据游客的需求，提供往返大象巨石和摩拉基大圆石的巴士。费用为单程 NZ$35、往返 NZ$60。两个景点都要去则为 NZ$100。

Katiki Point Historic Reserve
在摩拉基半岛上的 Light-house Rd.（部分路段不是柏油路面）上径直前行。

Fleur's Place
住 Old Jetty Moeraki
电 (03) 439-4480
URL www.fleursplace.com

卡提基角的灯塔

黄眼企鹅保护区
Yellow Eyed Penguin Colonies

Map p.142-B2

从海岸上方的散步道惊情往灌木丛里瞅瞅吧

距离奥马鲁约 3 公里远的灌木海滩（Bushy Beach）是黄眼企鹅（→ p.14）的栖息地。各季节观赏的时间不同，一般而言太阳出海及企鹅归巢的 15:00~ 日落都是观赏企鹅的绝佳时间。只是近年来企鹅的数量减少，很多时候看不到它们。

奥马鲁 郊 区

大象巨石
Elephant Rocks

Map p.142-A1 外

散落在牧场各个角落的巨石

从 83 号公路进入辅路，再往前一点就可以看到一大片牧场。大象巨石就在牧场上。这片怪石群曾在电影《纳尼亚传奇：狮子、女巫和魔衣橱》中登场，并一举成名。这些宛如从天而降的巨石集中在一起，场面壮观。巨石的原型是 2400 万年前，由在海中堆积的石炭岩硬化而形成的石灰。在距今 300 万~200 万年前，这些石灰随海面的上升隆起至地上，在风雨的侵蚀下逐渐变成了今天的模样。巨石对外开放，但是由于这里是私人用地，因此游客不能随意搭建帐篷。

摩拉基大圆石
Moeraki Boulders

Map 地图①

被海浪冲刷的大圆石

位于奥马鲁以南约 40 公里的摩拉基是一片海岸，海岸上直径 1 米以上、重达 2 吨的奇怪的球形巨石随处可见。在毛利人的传说中，这些圆石是从沉于海底的独木舟内漂浮上来的食物储藏柜，事实上，它们是在自然的风化作用下，最后变成了石头。海水中的矿物均匀地附着并凝固在沉淀于海底的化石及动物骨骼碎片上。经过 6000 万年的风雨侵蚀，最终形成了这般大小。过去的海底地形也发生巨变，裸露在了地表。

位于摩拉基大圆石南侧的摩拉基半岛上有一座 1878 年建造的古老灯塔，灯塔周边是卡提基角自然保护区。这片区域也是黄眼企鹅（→ p.14）和新西兰毛海豹的栖息地。摩拉基半岛上还有一家以著名美食家弗卢·萨利翁经营的人气餐馆——"弗卢之家"。

餐 馆
Restaurant

白石奶酪餐馆
Whitestone Cheese

◆ 一家主要销售有机奶酪的商店内附设的咖啡馆。配着红茶和咖啡，还能享用店里的特色奶酪。薄脆饼干配奶酪的 6 种试拼盘售价 NZ$10。从上午到中午 1:00 左右可在咖啡馆后的工坊参观手工制作奶酪的全过程。

Map p.142-A2

住 3 Torridge St.
电 (03) 434-8098
FREE 0800-8924-3373
URL www.whitestonecheese.co.nz
营 周一~周五 9:00~17:30　周六·周日 10:00~16:00（各季节时间有所不同）
休 无　CC MV

厨房
The Galley

◆ 位于历史建筑集中区靠海一侧的一家咖啡馆。它紧挨着蒸汽朋克主题公园，外观是蒸汽朋克的造型。可以一边欣赏海景，一边品尝足量的汉堡、炸鱼加薯条。

住 1 Esplanade ☎（03）434-2386
URL www.thegalleyoamaru.nz
营 周日～次周周三 9:30～17:30 周四～周六 9:30～19:30（各个季节时间有所不同）
休 无 CC MV

羊毛店咖啡馆
The Woolstore Café

◆ 一栋用奥马鲁石建造的古老建筑，始建于 1886 年。从早餐、午餐到下午茶都有。可以通过设备观察建筑下面的蓝企鹅。店里面还有一家土特产店和一间画廊。

住 1 Tyne St. ☎ / FAX（03）434-8336
URL www.thewoolstorecomplex.co.nz
营 周一～周二 8:00～16:30 周三～周日 8:00～21:00
休 无 CC MV

码头餐馆
Portside Restaurant & Bar

◆ 蓝企鹅保护区前的餐馆。餐馆的露天席位直面蓝色的大海。试吃海鲜价格为 NZ$19，海鲜种类多。顾客可以一边用餐，一边等待日落时分企鹅从海边归巢。

住 2 Waterfront Rd. ☎（03）434-3400
URL www.portsideoamaru.nz
营 周四～次周周二 11:00～Late
休 周三
CC ADJMV

住宿
Accommodation

布赖登奥马鲁酒店
Brydone Hotel Oamaru

◆ 1881 年建设的女王酒店。建筑的材料是奥马鲁石，有沉甸甸的历史厚重感。所有房间带有浴缸，酒店还设有酒吧和餐馆。

住 115 Thames St.
☎（03）433-0480
URL www.brydonehotel.co.nz
费 S D T NZ$120～195
房间数 50 CC ADJMV

红水壶青年旅舍
Red Kettle YHA

◆ 前往各景点的交通很方便。这家小旅舍的特点是院子中间有一个大红水壶。带厨房和聊天室等，气氛温馨。

住 2 Reed St.
☎ / FAX（03）434-5008
URL www.yha.co.nz
费 Dorm NZ$30～ D T NZ$66～
房间数 19 张床 CC MV

海菲尔德缪兹汽车旅馆
Highfield Mews

◆ 位于泰晤士街沿线的一家精致的汽车旅馆。总共 18 间房中有 16 间带浴缸。有可租赁的自行车，订早餐 NZ$15，服务很周到。

住 26 Exe St. ☎（03）434-3437
FREE 0800-843-639
URL www.highfieldmews.co.nz
费 SDT NZ$150～
房间数 18 CC ADJMV

帝国背包客旅馆
Empire Hotel Backpackers

◆ 在过去的帝国酒店的基础上改建的背包客旅馆。会客厅带有壁炉，各层也都有休息室和厨房，十分便利。有很多单人房，还提供洗衣服务（收费）。

住 13 Thames St.
☎ / FAX（03）434-3446
URL www.empirebackpackersoamaru.co.nz
费 Dorm NZ$30 S NZ$46 T NZ$70
房间数 38 张床 CC MV

厨房（所有房间）　厨房（部分房间）　厨房（共用）　吹风机（所有房间）　浴缸（所有房间）
泳池　上网（所有房间/收费）　上网（部分房间/收费）　上网（所有房间/免费）　上网（部分房间/免费）

克赖斯特彻奇
（基督城）
★ 蒂马鲁

蒂马鲁 *Timaru*

人口 4 万 3929 人
URL www.southisland.org.nz

航空公司（→ p.489）
新西兰航空

理查德·皮尔斯机场
Map p.146 外
从机场到市中心约 8 公里。
往返两地需要乘坐出租车

主要的出租车公司
Timaru Taxis
（03）688-8899

主要巴士公司（→ p.489）
城际 / 纽曼长途巴士公司
Atomic Shuttles 公司

旅游咨询处 SITE
Timaru Visitor Centre
Map p.146
2 George St.
（03）688-4452
URL www.southcanterbury.org.nz
开 周一～周五 10:00～16:00
　 周六·周日 10:00～15:00
休 无

石结构的旅游咨询处

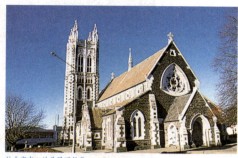

位于市中心的圣玛丽教堂

位于克赖斯特彻奇（基督城）和达尼丁之间的蒂马鲁坐落在坎特伯雷地区的南部，也是该地区的第二大城市。据说蒂马鲁这个名称来源于毛利语 "Te Maru"（意思是"躲避风雨的避难所"），因为这里风平浪静。事实上，这里更像是一个毛利人划独木舟往来于外海时的休息场所。

到了 19 世纪以后，这里因作为向澳大利亚出口鲸鱼身上取下的鲸油的产地，发展成了一个港口城市。当时运送鲸油的"卡洛琳"号轮船的名称也保留了下来，现在"卡洛琳"是蒂马鲁海湾的名称。

蒂马鲁 前往方法

新西兰航空有从惠灵顿至蒂马鲁理查德·皮尔斯机场的直飞航班。每天 1~2 个班次，飞行时间约 1 小时 10 分钟。

包括城际 / 纽曼长途巴士公司在内的多家公司运营抵达蒂马鲁的长途巴士。从克赖斯特彻奇（基督城）出发每天 1~3 班，需 2 小时 15 分钟~3 小时 5 分钟。从达尼丁出发每天 1~3 班，约需 3 小时 5 分钟。巴士车站位于火车站前。

蒂马鲁 漫 步

蒂马鲁的主干道是斯塔福特街（Stafford St.）和与它在火车站交会的乔治大街 George St.。斯塔福特街北面的港口地区被称为步廊（Piazza），地势较高，有不少气氛很棒的餐馆和咖啡馆。

蒂马鲁

至理查德·皮尔斯机场、
克赖斯特彻奇（基督城）
警察局
木制灯塔
Maori Park
卡洛琳湾
Caroline Bay
安克尔汽车旅馆和
蒂马鲁背包客旅馆
韦纽舒适酒店
埃格安泰艺术馆
Aigantighe Art Gallery
Wai-iti Rd.
Marine Parade
步廊
Boat Harbour
Elizabeth St.
火车站
长途巴士车站
Arthur St.
圣玛丽教堂
南坎特伯雷博物馆
South Canterbury Museum
特阿纳
Te Ana
至达尼丁

市中心分布着很多古老的建筑

特阿纳
Te Ana

Map p.146

旅游咨询处 i-SITE 所在建筑内的一间档案馆，介绍原住民毛利人的一个部落乃塔胡族（Ngai Tahu）的岩画、传说和艺术文化等。参观时间约为 1 小时。11 月～次年 4 月的 14:00 开始毛利人导游会带领旅游团参观保留下来的岩画（成人 NZ$130、儿童 NZ$52，需要预约）。

特阿纳
🏠 2 George St.
☎（03）684-9141
FREE 0800-468-3262
URL www.teana.co.nz
🕐 10:00~15:00
休 无
💰 成人 NZ$22、儿童 NZ$11

岩画画在洞穴的穹顶位置

卡洛琳湾
Caroline Bay

Map p.146

从旅游咨询处 i-SITE 走到海滩大概需要 20 分钟。海湾对面的沙滩和沙滩周边的绿地是当地市民的休闲场所。每年圣诞节第二天开始的 2 周内，这里都会举办卡洛琳湾嘉年华（Caroline Bay Carnival）。

海滩在夏季人潮涌动

卡洛琳湾嘉年华
☎（03）686-2136
URL www.carolinebay.org.nz

南坎特伯雷博物馆
South Canterbury Museum

Map p.146

深入浅出地展示了关于蒂马鲁及周边地区历史的图片和资料。馆内最引人注目的恐怕是悬挂在天花板上的飞机。这是出于蒂马鲁附近特姆卡城（Temuka）的飞行员理查德·皮尔斯 Richard Pearse（1877~1953 年）自制飞机的复制品。理查德·皮尔斯于 1903 年驾驶自制飞机在 4 米高空飞行了 100 米，这次成功飞行领先莱特兄弟 9 个月，是人类历史上首次载人飞行，足以载入史册。但是他对此次飞行并不满意而没有公布，因此并没有多少人了解此次伟大的创举。

南坎特伯雷博物馆
🏠 Perth St.
☎（03）687-7212
FAX（03）687-7215
URL museum.timaru.govt.nz
🕐 周二～周五　10:00~16:30
　　周六、周日、节假日
　　　　　　　　13:00~16:30
休 周一
💰 免费（可捐款形式）

埃格安泰艺术馆
Aigantighe Art Gallery

Map p.146

艺术馆收藏了女画家弗朗西斯·堆奇金斯（Frances Hodgkins）和柯林·麦卡宏（Colin McCahon）等多位新西兰知名艺术家的大量作品。馆外有一座美丽的花园，园内陈列着新西兰国内外名家的雕塑作品。

埃格安泰艺术馆
🏠 49 Wai-iti Rd.
☎（03）688-4424
URL www.timaru.govt.nz/
community/facilities/art-gallery
🕐 周二～周五　10:00~16:00
　　周六、周日、节假日
　　　　　　　　12:00~16:00
休 周一
💰 免费

住 宿
Accommodation

韦纽舒适酒店
Comfort Hotel Benvenue

Map p.146

◆艾文斯街沿线的一家连锁型酒店。所有房间都配迷你吧和空调、DVD 播放设备。宾馆还有健身房。有些客房带阳台。

🏠 16-22 Evans St.
☎（03）688-4049　FAX（03）688-4048
URL www.benvenuehotel.co.nz
💰 S D T NZ$140~　客房数 32　CC ADJMV

安克尔汽车旅馆和蒂马鲁背包客旅馆
Anchor Motel & Timaru Backpackers

Map p.146

◆汽车旅馆所有房间都带厨房，空间宽大，青年旅舍的客房装修也很简单，不过整洁舒适。汽车旅馆和青年旅舍共用一个前台。附近的餐厅在步行范围内。

🏠 42 Evans St.　☎（03）684-5067
FREE 0508-227-654　FAX（03）684-5706
URL www.anchormotel.co.nz
💰 Dorm NZ$25~　S NZ$35~
D T NZ$50~　客房数 20　CC MV

厨房（所有房间）　厨房（部分房间）　厨房（共用）　吹风机（所有房间）　浴缸（所有房间）
泳池　上网（所有房间/收费）　上网（部分房间/收费）　上网（所有房间/免费）　上网（部分房间/免费）

克赖斯特彻奇
（基督城）

达尼丁

达尼丁 *Dunedin*

人口 12 万 249 人
URL www.dunedinnz.com

航空公司（→ p.489）
新西兰航空

达尼丁国际机场
Map p.154–A1 外
TEL（03）486-2879
URL www.dunedinairport.co.nz
交 位于达尼丁市中心以南约
30 公里处。往返两地需要乘
坐机场巴士或出租车。

该机场还起降往返澳大利亚
的航班

机场巴士公司
Super Shuttle
FREE 0800-748-885
URL www.supershuttle.co.nz
圏 机场↔市中心（最低）
　1 人 NZ$25
　2 人 NZ$40
　3 人 NZ$50

主要的出租车公司
Dunedin Taxis
TEL（03）477-7777
FREE 0800-505-010
URL www.dunedintaxis.co.nz

主要巴士公司（→ p.489）
城际 / 纽曼长途巴士公司
Atomic Shuttles 公司
高畔联营公司

长途巴士车站
Map p.150–B2
住 7 Halsey St.

Catch-A-Bus South
TEL（03）479-9960
URL www.catchabussouth.
co.nz
　该公司运营达尼丁～因
弗卡吉尔等南部地区的巴士
线路。

达尼丁火车站等历史建筑是小城的亮点

　　位于南岛东南部的达尼丁是奥塔戈地区的中心城市。城区最让人印象深刻的是一批建于 19 世纪末 20 世纪初的英格兰风格的建筑群。

　　早在 19 世纪 60 年代，中部奥塔戈地区发现了金矿，从此淘金热一发不可收拾，小城也因此逐渐繁荣起来。淘金者中大部分是苏格兰的移民，他们将自己建设的城市命名为"旦·伊甸"（凯尔特语中意为"伊甸桥"），兴建了苏格兰建筑，并引入了故土的文化。受此影响，直到今天，达尼丁每年还会举行以苏格兰为主题的活动。此外，达尼丁还是新西兰国歌歌词的作者托马斯·布拉肯等一众作家的故乡，为此，联合国教科文组织将它列入"创意城市网络"成员。这里有新西兰最古老的大学奥塔戈大学，年轻的学子成了这座小城一道别样的风景。在郊区的奥塔戈半岛上，可以观赏黄眼企鹅和信天翁等珍稀的野生动物。

达尼丁 前往方法

　　新西兰航空执飞由克赖斯特彻奇（基督城）、奥克兰和惠灵顿飞往达尼丁国际机场（Dunedin International Airport）的直飞航班。从克赖斯特彻奇（基督城）起飞每天有 6~8 个班次，要飞 50 分钟~1 小时 5 分钟。

　　包括城际 / 纽曼长途巴士公司在内的多家公司运营从南岛各主要城市出发的长途巴士。从克赖斯特彻奇（基督城）出发每天 2~3 班，约需 6 小时。巴士车站位于霍尔西街（Halsey St.）的商业区内。还有些公司，如 Atomic Shuttles 公司等将车站设在达尼丁火车站的大楼内。

　　铁路方面，达尼丁铁道公司运营穿越泰伊里峡谷的观光火车（→ p.155），终点站还有巴士开往昆斯敦（皇后镇）。

达尼丁 漫 步

奥塔戈夜景。市议会大厦在夜间华灯初上时显得格外绚烂

达尼丁的地形起伏不平，因此坡道也相对较多。如果住在坡顶，上下坡可能费劲一些。郊区还有一条列入吉尼斯世界纪录的世界上最陡的街道——鲍德温街 Baldwin St.（→p.154），游客不妨亲自去走走。

小城的中心是一个叫八角广场（The Octagon）的八角形广场，是市民的休闲场所。这里的餐馆和咖啡馆数量众多，呈环绕巴士枢纽之势。八角广场周边可免费接入 Wi-Fi。第一教堂（First Church）和市议会大厦等主要的历史建筑及博物馆、美术馆等都在八角广场周边徒步可到达的范围之内。说起来，达尼丁被称为"苏格兰本土之外最具有苏格兰风情的城市"，还等什么，去看看吧。

圣保罗大教堂

主干道是纵贯南北的乔治街（George St.）和王子街（Princes St.），两条大街从八角广场分别向外延伸。奥塔戈博物馆所在的北部是奥塔戈大学生的聚集地，青春气息浓厚。而到了南部，众多的餐馆、商铺、银行和写字楼也在向外界表明这里是繁华的商业区。达尼丁东部有一个伸入太平洋的奥塔戈半岛（Otago Peninsula），是一座珍稀野生动物的宝库。在这座保存了原始的自然环境的岛上，生活着世界上体形最大的鸟类信天翁，它们的双翅展开可达 3 米。还有黄眼企鹅。海豚、新西兰毛海豹等新西兰的特有物种也是岛上的常住"居民"。如果想观赏野生动物，参加各家旅行社组织的旅游团最合适。

达尼丁的魅力之一在于可以参加旅游团观赏野生动物

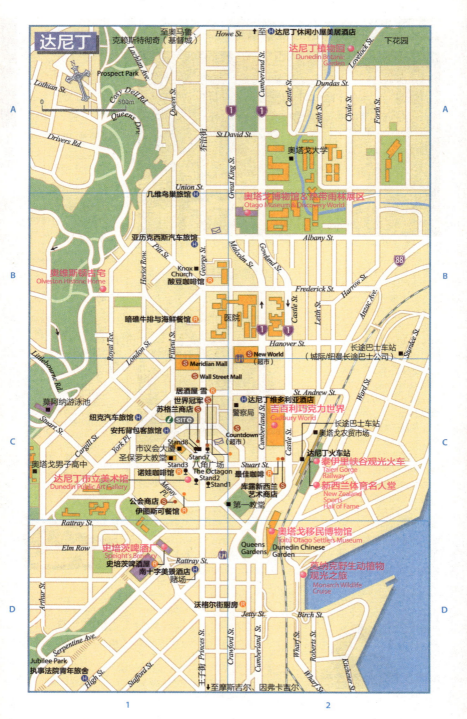

达尼丁

克赖斯特彻奇（基督城）
至奥马鲁、
至

Howe St.

达尼丁休闲小屋美居酒店

达尼丁植物园
Dunedin Botanic Garden

下花园

Lovelock Ave.

Prospect Park

Lothian St.

Lachlan Ave.

Queen St.

Cosy Dell Rd.

500m

Queens Dr.

St David St.

Cumberland St.

Castle St.

Dundas St.

Leith St.

Clyde St.

Forth St.

Drivers Rd.

乔治街

Queen St.

Great King St.

奥塔戈大学

奥塔戈博物馆&热带雨林展区
Otago Museum & Discovery World

Union St.

几维鸟巢旅馆

Albany St.

亚历克西斯汽车旅馆

Pitt St.

Heriot Row

George St.

Malcolm St.

Gowland St.

奥维斯顿古宅
Olveston Historic Home

Knox Church
酸豆咖啡馆

Frederick St.

Harrow St.

Anzac Ave.

88

Castle St.

Leith St.

暗礁牛排与海鲜餐馆

London St.

Filleul St.

医院

Hanover St.

长途巴士车站
（城际/纽曼长途巴士公司）

Stirrdie St.

Littlebourne Rd.

莫阿纳游泳池

New World
超市

Meridian Mall

Wall Street Mall

St. Andrew St.

Ward St.

Royal Tce.

Cargill St.

Stuart St.

纽克汽车旅馆

居酒屋 雪
世界冠军
苏格兰商店
安托背包客旅馆
site

达尼丁维多利亚酒店

警察局

吉百利巧克力世界
Cadbury World

长途巴士车站
奥塔戈农贸市场

York Pl.

市议会大厦
圣保罗大教堂

Stand8
Stand7

Countdown
超市

Cumberland St.

Castle St.

达尼丁火车站

泰伊里峡谷观光火车
Taieri Gorge Railway

奥塔戈男子高中

达尼丁市立美术馆
Dunedin Public Art Gallery

诺娃咖啡馆

八角广场
The Octagon
Stand2
Stand1

Stuart St.

最佳咖啡

库露新西兰
艺术商店

新西兰体育名人堂
New Zealand Sports Hall of Fame

Moray Pl.

公会商店
伊图斯可餐馆

第一教堂

Rattray St.

奥塔戈移民博物馆
Toitu Otago Settlers Museum

Elm Row

史培茨啤酒厂
Speight's Brewery

史培茨啤酒屋
南十字美景酒店
赌场

Rattray St.

Queens Gardens

达尼丁中国园
Dunedin Chinese Garden

莫纳克野生动植物
观光之旅
Monarch Wildlife Cruise

Arthur St.

沃格尔街厨房

Jetty St.

Birch St.

Serpentine Ave.

Jubilee Park
执事法院青年旅舍

High St.

Stafford St.

Crawford St.

王子街 Princes St.

Cumberland St.

Wharf St.

Roberts St.

Kitchener St.

至摩斯吉尔、因弗卡吉尔

A B C D

1 2

奥塔戈移民博物馆
Toitū Otago Settlers Museum

Map p.150-D2

　　主要介绍奥塔戈地区的移民历史，包括从 19 世纪中期开始的欧洲移民的早期生活、发现金矿后的淘金热及现代城市的变迁等。

　　展品有马车、市区电车、服饰、生活用品及战后的家电、电脑等多种类型。另外，玻璃展厅展示了蒸汽机车。机车采用两个机头的形式，保证不用掉头也能双向开行。这种结构在当时是非常罕见的。

奥塔戈博物馆＆热带雨林展区
Otago Museum ＆ Discovery World

Map p.150-B2

　　位于奥塔戈大学旁边的大型博物馆。分为毛利传统文化展区"汤加他·费奴阿"长廊和介绍已灭绝的巨型恐鸟、企鹅等新西兰自然生态的动物展区。

　　二层的热带雨林展区展示了 20 余种热带蝴蝶，还可现场体验电视监控器式的显微镜，可以加深人们对人体、自然及宇宙的认知。

已灭绝的巨型恐鸟的骨骼标本

达尼丁市立美术馆
Dunedin Public Art Gallery

Map p.150-C1

　　这家位于八角广场对面的美术馆创建于 1884 年，是新西兰历史最悠久、藏品最丰富的美术馆。1996 年搬到了现址。除了从 19 世纪到现代多门类的新西兰艺术品外，还有国外的珍品。馆内设有美术馆商店。

不定时举办规划展览

新西兰体育名人堂
New Zealand Sports Hall of Fame

Map p.150-C2

　　位于达尼丁火车站的二层，是新西兰体育界的"荣誉殿堂"。除国球橄榄球外，还有诸如板球和高尔夫球等新西兰十分盛行的运动都能在这里找到翔实的资料。1953 年实现人类首次登顶珠峰的新西兰人埃德蒙·希拉里爵士（当时以英国队成员的名义攀登）的登山纪录是珍贵的档案。

了解名人轶迹

奥塔戈移民博物馆
住 31 Queens Garden
☎ （03）477-5052
URL www.toituosm.com
开 10:00~17:00
休 无
费 免费

早期移民的照片墙最具震撼力

奥塔戈博物馆＆热带雨林展区
住 419 Great King St.
☎ （03）474-7474
URL otagomuseum.nz
开 10:00~17:00
休 无
费 免费（可以募捐）

达尼丁市立美术馆
住 30 The Octagon
☎ （03）474-3240
URL www.dunedin.art.museum
开 10:00~17:00
休 无
费 免费（规划展览另外收费）

新西兰体育名人堂
住 Railway Station，Anzac Ave.
☎ （03）477-7775
URL www.nzhalloffame.co.nz
开 10:00~16:00
休 无
费 成人 NZ$6、学生 NZ$4、儿童 NZ$2

南岛

●达尼丁

吉百利巧克力世界
住 280 Cumberland St.
FREE 0800-42462-8687
URL cadbury.co.nz/cadbury-
world
开 工厂参观旅游团在 9:00~
15:00 间每隔 30 分钟发一个
团。各季节出发时间有所
不同
休 无
费 工厂参观旅游团
成人 NZ$20、儿童 NZ$14
游客中心自由参观
成人 NZ$5、儿童 NZ$5
※ 相机、摄像机、手机和首
饰等禁止带人工厂。参观
前须将物品存放在投币式
存放柜内

吉百利巧克力世界　　Map p.150-C2
Cadbury World

工厂内就堪称巧克力的天堂

工厂内还有直营店

　　紧挨着英国皇家御用甜点供应商——知名巧克力制造商吉百利（Cadbury）工厂的景点。在景点内可自由参观新西兰的巧克力生产史（收费）。还有组织前往参观巧克力生产现场的旅游团（约需 1 小时）。参加旅游团时，首先会让游客看几十分钟的视频，随后戴上消毒帽进入工厂。导游会详细介绍从原材料加工到产品包装的全过程。另外，参观过程中，游客也能领到多种巧克力，可以说是一次"美味"的参观。最大的看点是最后阶段的巨大的巧克力瀑布。如果你经受不住这香味而靠得太近，有可能会被飞落的巧克力砸中。要小心哦。

奥维斯顿古宅
住 42 Royal Tce.
电 (03) 477-3320
FREE 0800-100-880
FAX (03) 479-2094
URL www.olveston.co.nz
开 旅游团出发时间为 9:30、
10:45、12:00、13:30、
14:45、16:00（需要预约）
休 无
费 成人 NZ$19.5、儿童 NZ$10.5
交 从八角广场徒步约 20 分钟

奥维斯顿古宅　　Map p.150-B1
Olveston Historic Home

内部仿佛美术馆

　　19 世纪末至 20 世纪初在达尼丁起家的大商人大卫·席欧明（David Theomin）的私宅现在用来作为景点对外开放。这座宅邸由英国大名鼎鼎的建筑师厄内斯特·乔治爵士设计，建于 1904~1906 年，作为詹姆斯一世时期苏格兰式建筑的典型代表，其特有的壮美外观令人赞叹。各房间内陈设着古董家具、餐具、绘画和铠甲等。其中还有一些东方古典艺术品，由此可见主人当年家底之殷实。参观古宅只能参加旅游团（约需 1 小时）。

达尼丁植物园
电 (03) 477-4000
URL www.dunedinbotanicgarden.
co.nz
开 白天可随时入园（咨询
处及温室的开放时间为
10:00~16:00）
休 无
费 免费
交 从八角广场的巴士车站
Stand 2 乘坐开往 Normanby
的 Citybus，约 5 分钟后
下车。随后步行 20 分钟
左右即到

达尼丁植物园　　Map p.150-A2
Dunedin Botanic Garden

　　这是新西兰最古老的植物园，由东边的上花园（The Upper Garden）和西边的下花园（The Lower Garden）组成。下花园里有玫瑰园及日式庭院，是当地居民节假日休闲散步的理想去处。位于丘陵地带的上花园则是一个保留了

自然地形的森林公园。爱情岩林荫道（Loverock Ave.）对面有一个叫"布莱肯的风景"Bracken's View 的观景台，可以一览市区的街景。

有温室和水池的下花园

史培茨啤酒厂
Speight's Brewery

史培茨啤酒厂 `Map p.150-D1`

史培茨啤酒厂
- 200 Rattray St.
- （03）477-7697
- URL www.speights.co.nz
- 4月、9月
  12:00、14:00、16:00、18:00
  5月~8月
  12:00、14:00、16:00
  10月~次年3月
  12:00、14:00、16:00、
  17:00、18:00、19:00
- 休 无
- 料 成人 NZ$28、儿童 NZ$25

南岛

● 达尼丁

　　史培茨啤酒公司 Speight's 最初是达尼丁的地方品牌，后来才发展成新西兰的著名商标。该公司的啤酒厂创立于 1876 年，历史非常悠久。参观时要加入旅游团，导游会介绍史培茨的历史，同时带领大家参观啤酒的生产过程（约需 1 小时 30 分钟）。参观过后的试饮环节，试饮者需要年满 18 周岁。可畅饮 6 种啤酒和 3 种汽水，喜欢喝啤酒和汽水的游客适合参加这个团。此外，还有特色商品店。

参观有历史感的工厂

来开怀畅饮吧

Column 散布在达尼丁各个角落的苏格兰式建筑

　　由苏格兰移民建设的达尼丁，至今仍能在市区各地看到 19 世纪末至 20 世纪初建造的苏格兰式建筑。这些建筑几乎都分布在八角广场的周边，步行即可到达，十分方便。

圣保罗大教堂 Map p.150-C1
St.Paul's Cathedral

坐落在八角广场的英国圣公会教堂。这是一栋建于 1915~1919 年的新哥特式建筑，使用了奥马鲁 Oamaru（→p.141）生产的石材。

市议会大厦 Map p.150-C1
Municipal Chambers

议会大厦位于八角广场北侧，与圣保罗大教堂比邻而居。今天看到的建筑建于 1880 年，在 1989 年修葺一新。

第一教堂 Map p.150-C2
First Church

新哥特式的长老会教堂。于 1873 年竣工。造型美丽的尖塔高达 54 米。

达尼丁火车站 Map p.150-C2
Dunedin Railway Station

泰伊里峡谷观光火车的始发站更像是一座经过历史沉淀的城堡。火车站始建于 1903~1906 年，外观大气壮观，内部的做工也非常精细，值得一游。

奥塔戈大学 Map p.150-A2
University of Otago

创立于 1869 年，是新西兰最有底蕴的大学。钟楼所在的区域是该校最具历史的地方，哥特式钟楼本身的历史最早也可以追溯到 1878 年。要是去奥塔戈大学，钟楼绝对不能不看。

奥塔戈男子高中 Map p.150-C1
Otago Boys High School

位于八角广场以西，是一座 1884 年创立的古老的男子高中。校区内不能参观，但是它依旧散发着无限的魅力。

如何前往鲍德温街

从八角广场的巴士车站 Stand 2 乘坐开往 Normanby 的 Citybus，约 15 分钟后下车。

鲍德温街上的活动

每年 7 月，这条街都会举办巧克力竞速比赛。挑战者向坡底滚动吉百利公司生产的巧克力球"Jaffas"，巧克力球最先到达坡底者获胜。2015 年一共有 7 万 5000 颗巧克力滚下来。

如何前往信号山

从八角广场的巴士车站 Stand 8 乘坐开往 Opoho 的 Citybus，约 20 分钟后在终点下车，随后步行 40 分钟左右。如果开车，从八角广场出发需要 10～15 分钟。

鲍德温街
Baldwin St.

Map p.154-A1

从北大街（North Rd.）进入住宅区的鲍德温街是达尼丁极其富有象征意义的陡坡街道。虽然长度不过 100 米，但是走上去你才会发现，坡道之陡会让你大吃一惊。因此，这里被吉尼斯世界纪录认定为世界上最陡的街道。道路两旁的房屋根据地形紧贴着地面而建，通过的车辆必须深踩油门才能顺利爬到坡顶。在这个陡坡能拍出各类有趣的照片，还是去挑战一下吧。

站在这条街上，好像置身于滑雪场的陡峭雪道上一样

信号山
Signal Hill

Map p.154-A1

立在信号山观景台上的爱丁堡巨石

这座海拔 393 米的小山位于距离达尼丁植物园以北约 3 公里的郊区。山顶是一个观景台，可以远眺地形起伏的街景、奥塔戈湾及奥塔戈半岛组成的曲折的海岸线景观。观景台中间的自然石是为了纪念英国统治新西兰 100 周年，从遥远的苏格兰爱丁堡运来的。

卡吉尔山 & 风琴管
Mt.Cargil & Organ Pipe　Map p.154-A1

　　卡吉尔山山顶上有一个大型的通信基站，在它的周围是观景台，可以毫不费力地看到市区及周围山地斜面相连形成的特殊岩石景观。这种被称为"风琴管"的岩石形状叫柱状节理，是熔岩慢慢冷却，随后体积缩小从而出现裂缝而形成的。

　　卡吉尔山周边有几条徒步旅行线路，可在旅游咨询处领取徒步指南。从线路起点到卡吉尔山山顶步行约需2小时，再从山顶到风琴管要花30分钟。

看上去就像一架巨大的管风琴

圣基尔达 & 圣克莱尔海滩
St.Kilda & St. Clair Beach　Map p.154-A1

　　距离市中心以南约5公里处的两片海滩，可以享受海水浴。浪高水温低，是冲浪爱好者的天堂。圣克莱尔海滩的西侧还有一个由引进的海水建成的温水泳池"St. Clair Hot Salt Water Pool"。

隧道海滩
Tunnel Beach　Map p.154-A1

　　这个位于圣克莱尔海滩西岸的海滩怪石嶙峋。穿过建于怪石之中的隧道，可以下到一个犹如盆景的海滩。从起点到海滩是一条往返1小时的徒步线路。

泰伊里峡谷观光火车
Taieri Gorge Railway　Map p.154-A1

　　在1879年到1990年间，这趟峡谷列车是人们出行的交通工具，如今达尼丁——米德尔玛奇（Middlemarch）区间已被改为观光列车，游客可以坐在车上领略两旁不断变化的岩石美景。观光列车的优势在于，它会在美景地短暂停留，以方便游客拍照。发车时间和目的地会根据季节及特殊日子而有所变化，除了从达尼丁开往58公里外的凯普兰基Pukerangi（约需2小时）外，还有每周1~2趟开往米德尔玛奇的列车（约需2小时30分钟）。每个车站都有前往昆斯敦（皇后镇）的巴士运行。另外，还有一条在达尼丁——奥马鲁间运行的奥马鲁/摩拉基海滩号列车。只是在6~9月每月只有1~2班，如果想乘坐需要事先确认好日程。

在列车两旁都能欣赏到美景

如何前往卡吉尔山 & 风琴管
　　租车或乘坐出租车。或者从八角广场的巴士车站Stand 2乘坐开往Normanby的Citybus，在终点下车。需要从线路起点的停车场步行30分钟左右。

St. Clair Hot Salt Water Pool
- ☎ （03）477-4000
- 開 周一~周五 6:00~19:00
　 周六・周日 7:00~19:00
- 休 4~9月
- 費 成人NZ$6.5、儿童NZ$3
- 交 从八角广场的巴士车站Stand 2乘坐开往St. Clair的Citybus，约20分钟后在终点下车

可以一边眺望海滩一边游泳的泳池

隧道海滩
- 開 自由进入
- 休 8~10月（是私有土地）
- 交 前往隧道入口可从八角广场的巴士车站Stand 1乘坐开往Corstorphne的Citybus，约15分钟后在终点下车，然后步行40分钟

达尼丁铁路
- URL www.dunedinrailways.co.nz
- 費 达尼丁~米德尔玛奇
　 单程NZ$75、往返NZ$113
　 昆斯敦（皇后镇）~达尼丁间的铁路与巴士通票
　 单程NZ$195~
　 达尼丁~奥马鲁
　 单程NZ$72、往返NZ$109

售票处（达尼丁火车站）
- ☎ （03）477-4449
- 開 周一~周五 8:00~17:00
　 周六・周日 9:00~14:00
　 （各季节有所不同）

终点是米德尔玛奇车站

155

奥塔戈半岛的观光信息
URL otago-peninsula.co.nz

奥塔戈半岛的游览方法
从达尼丁到奥塔戈半岛的小城波特贝罗（Portobello）有巴士运行，但是从波特贝罗到拉纳克城堡、企鹅栖息地等地需要步行相当长的一段距离。所以想要巡游奥塔戈半岛的各个景点，租车或者参加旅游团是最好的办法（→ p.158）。

拉纳克城堡
🏠 145 Camp Rd.Otago Peninsula
☎ （03）476-1616
URL www.larnachcastle.co.nz
🕐 9:00～17:00
（10 月～次年 3 月的夏季，花园开放～19:00）
休 无
💰 成人 NZ$30、
儿童 NZ$10
（园林的门票是成人 NZ$15、儿童 NZ$4）
🚗 距离达尼丁市中心约 15 公里

环境优美的拉纳克城堡

皇家信天翁中心
🏠 1260 Harington Point Rd.
☎ （03）478-0499
URL albatross.org.nz
🕐 5～9 月 10:15～日落
（旅游团出发时间为 10:30）
9 月～次年 4 月 10:30～日落
（旅游团出发时间为 12:00）
※9 月的夏令时开始后时间有所调整
休 无
🚗 距离达尼丁市中心约 32 公里
皇家信天翁中心旅游团
💰 成人 NZ$45、儿童 NZ$15
要塞旅游团
💰 成人 NZ$50、儿童 NZ$15

拉纳克城堡
Larnach Castle
Map p.154-A2

城堡内能让你想起当年富豪们的奢侈生活

新西兰现存唯一的城堡。事实上，这里原本是 19 世纪后半叶因经营银行业务而发家的威廉·拉纳克的宅邸，共由数百名工匠从 1871 年开始历时 3 年建成。外观是模仿中世纪的欧洲城堡，而内部的豪华相对外观则有过之而无不及，可以想象一下当年顶级银行家、事业有成的大富豪的奢华生活。但是为人称颂并进入政界的拉纳克晚年事业遭遇挫折，于是不得不转手宅邸。1967 年，巴卡家族成了这栋豪宅的主人，荒废的城堡在经营修复后，如今作为观光景点对游客开放。城堡内还有住宿设施 "Larnach Lodge"。

皇家信天翁中心
Royal Albatross Centre
Map p.154-A2

皇家信天翁栖息地位于奥塔戈半岛尖部一个叫泰阿罗阿海角（Taiaroa Head）的海角处。这里离市区近，因此显得尤其难得。过去，人类活动及野狗都曾威胁到信天翁的栖息地，现在已得到保护，游客可以跟随管理员仔细地观察信天翁的生活

在这里可以了解皇家信天翁的生活习性

状态。不过 9 月下旬～11 月下旬是繁殖期，游客会被安排到别的地方进行观察，因此不能保证一定能够看到这些大鸟。

皇家信天翁是信天翁的近亲，但是体形更大，双翅展开可达 3 米以上。它们在空中几乎不扇动翅膀就能像滑翔机一样，仅靠翅膀所受的风力翱翔。在栖息地附近设有观察站，能从 30～100 米的距离外观察它们的飞行姿势。不过正如上文所述，它们是靠风力飞行，因此如果没有风就

4～9 月适合观看雏鸟，12 月～次年 3 月适合观看成年鸟的飞行姿态

飞不起来了，这意味着不是任何时候都能见到信天翁翱翔的样子。从空中华丽的姿态，很难把它们与"笨鸟"的外号联系在一起，但是看到落地后的它们，你又会不由自主地对这个外号会心一笑。也许是飞行速度太快的缘故，皇家信天翁着陆时总是会向前扑倒，走起路来摇晃蹒跚，实在是憨态可掬。

泰阿罗阿海角还有在战时修建的要塞，游客可以参观 1888 年建造的半地下式阿姆斯特朗大炮。

企鹅栖息地
Penguin Place

Map p.154-A2

在新西兰几处企鹅群栖息地中，这里是仅有的几个可以近距离观察的场所之一。这片野生黄眼企鹅保护区从1984年开始采取设置企鹅巢箱、驱赶天敌等保护措施，同时不接受任何形式的官方赞助，仅靠收取游客门票来维持运营。

游客乘车到海边。在观察点附近下车后，跟随导游，以10多人一组的形式入场参观（约需1小时30分钟，需要预约）。为了不惊扰企鹅，保护区周边设置了壕沟状观察室，还有观察室的半地下通道。通过观察室的窗户，运气好的时候甚至可以看到几米远的企鹅。

可以超近距离观察企鹅

莫纳克野生动植物观光之旅
Monarch Wildlife Cruise

Map p.154-A2

从奥塔戈半岛尖部的威勒斯岩海角（Wallers Rock）出发的乘船环游线路，耗时1小时。乘船到达从地面无法接近的崖壁周围，还能从海上观察众多野生动物的原始生活状态，包括展翅翱翔的皇家信天翁、潜入海中捕鱼的企鹅、长鼻鸬鹚栖息地等。有时还能看到海豚和新西兰海狗。即

从海上观察野生动物

使在皇家信天翁的繁殖期9月下旬~11月下旬，在这条线路也能看到信天翁的身姿。

从达尼丁市区出发（Map p.150-D2），有乘船、车的半岛半日游，也有花一天时间尽享海上及陆地游的组合游套餐项目。

蓝企鹅普凯库拉公园
Blue Penguins Pukekura

Map p.154-A2

皇家信天翁中心下面的领航员海滩保护区内可以观察太阳下山后归巢的蓝企鹅。可以从观察平台观看仅仅几米外的企鹅。

企鹅栖息地
🏠 45 Pakihau Rd. Harington Point
☎ （03）478-0286
URL www.penguinplace.co.nz
🕐 4~9月 15:45
　　10月~次年3月
　　10:15~17:45
休 无
费 成人 NZ\$52、儿童 NZ\$15
※ 禁止拍照时使用闪光灯

莫纳克野生动植物观光之旅
☎ （03）477-4276
FREE 0800-666-272
FAX （03）477-4275
URL www.wildlife.co.nz
🕐 夏季
　　10:00、12:00、14:00、
　　15:15、16:30 出发
　　冬季
　　14:30 出发
休 无
费 成人 NZ\$52、儿童 NZ\$22

蓝企鹅普凯库拉公园
🏠 1260 Harington Point Rd.
☎ （03）478-0499
URL www.bluepenguins.co.nz
🕐 夏季 20:00 以后、冬季
　　17:00 出发。各季节时间有所不同
休 无（根据情况有可能调整）
费 成人 NZ\$30、
　　儿童 NZ\$10
※ 在皇家信天翁中心
（→p.156）购票。也可以通过网络预约

有时可以看到100余只企鹅

达尼丁的
游览项目

达尼丁城市观光

　　乘坐巴士环游达尼丁周边的主要景点。从旅游咨询处 i-SITE 前出发，经过奥维斯顿古宅、达尼丁植物园、鲍德温街和奥塔戈大学等景点，全程约需 1 小时。另一条线路是前往奥塔戈半岛的步行线路，需要 2 小时。10 月～次年 4 月的出发时间为 10:00、12:30、15:15，5～9 月出发时间为 10:00、13:00。此线路只提供奥维斯顿古宅的外观参观，要进入古宅内参观，需要参加 9:00 出发的奥维斯顿古宅旅游团。

DATA

Good Company Tours
☎ （03）477-3666
URL www.goodcompanytours.co.nz
🗓 全年　🚌 1 小时线路　成人 NZ$25、儿童 NZ$15　2 小时线路　成人 NZ$35、儿童 NZ$20　CC ADJMV

奥塔戈半岛野生动物观赏旅游团

　　是达尼丁最具人气的旅游项目之一。线路包含皇家信天翁中心（→p.156）和企鹅栖息地（→p.157），还能近距离观察海鸟和新西兰毛海豹等野生动物。各家旅行社的观察点和旅游项目略有不同，但是 IS GLOBAL SERVICES 提供外语导游，对于进一步了解野生动物有帮助。

DATA

IS GLOBAL SERVICES
☎/FAX （03）473-6507　📱 027-372-0942
URL www.isglobalnz.com　🗓 全年　🚌 成人 NZ$110、儿童 NZ$60（约需 4 小时）CC MV
Elm Wildlife Tours
☎ （03）454-4121　FREE 0800-356-563
URL www.elmwildlifetours.co.nz
🗓 全年　🚌 NZ$99~（约需 6 小时，冬季 5 小时）CC AMV

骑马旅游团

　　奥塔戈湾北部的德博拉湾有一个赫尔山（Here Hill）牧场，骑马线路即设在这座牧场内，可沿着港口和海岸，享受在马背上的乐趣。在海滩骑马线路中，有阿拉莫纳海滩美景一路相伴，还有海豹和企鹅等野生动物不时与你邂逅。约需 2 小时的港口步道和牧场内也有骑马训练的旅行项目。

DATA

Hare Hill Horse Treks
☎ （03）472-8496　FREE 0800-437-837
URL www.horseriding-dunedin.co.nz
🗓 全年　🚌 骑马训练 NZ$45~（约需 1 小时）、海滩骑马 NZ$195（约需 3 小时）
CC MV

商店
Shop

公会商店
Guild
◆ 店内主要经营达尼丁艺术家的作品，还有新西兰产的日常用品、衣物及化妆品等。设计师们轮流看店，与他们攀谈也是不错的体验。

Map p.150-C1
🏠 45 Moray Place
📠 无
URL www.guilddunedin.co.nz
🕐 周一～周六 10:00~17:00
🚫 周日
CC MV

库露新西兰艺术商店
Koru NZ Art
◆ 这家位于达尼丁火车站正对面的商店经营 80 余位新西兰艺术家的作品。从 NZ$4 的明信片到数千美元的艺术品，无所不有。绿玉饰品的品类也很丰富。

Map p.150-C2
🏠 2 Castle St.
☎ （03）477-2138
URL www.korunzart.com
🕐 周一～周五 10:00~17:00
　　周六、节假日 10:00~15:00
🚫 周日　CC MV

苏格兰商店
The Scottish Shop
◆ 苏格兰传统商品的专卖店。其中格纹类商品多达 500 种以上。其中入选苏格兰格纹协会的具有新西兰特色的格纹商品最适合作为礼物赠送亲友。

Map p.150-C1
🏠 17 George St.　☎/FAX （03）477-9965　FREE 0800-864-686
URL www.scottishshop.co.nz
🕐 周一～周五 9:00~17:30 周六 10:00~15:00、周日 11:00~15:00
🚫 5~10 月的周日　CC ADJMV

世界冠军
Champions of the World

◆位于八角广场的一家橄榄球周边用品店。除了全黑队外,还有达尼丁当地的传统强队"奥塔戈高地"队的队服和运动套衫。也销售橄榄球赛的门票。

住 8 George St.
☎ (03) 477-7852
URL www.champions.co.nz
营 周一~周五 9:00~18:00、周六~周日 10:00~17:00、冬季的周日 11:00~16:00
休 无　CC ADJMV

餐 馆
Restaurant

暗礁牛排与海鲜餐馆
The Reaf Steak & Seafood Restaurant

◆主打近海水产美食的餐馆。在海鲜拼盘中,前菜售价 NZ$19.5,正菜为每人 NZ$45。NZ$30.5 的蓝鳕鱼等也很美味。肉菜包括鸡肉、牛肉和肋眼牛排等。NZ$13.5 的实惠午餐可选的品种很多。还有素食菜单。

住 333 George St.
☎ (03) 471-7185
URL www.reefandbeef.nz
营 12:00~14:00、17:00~22:00
休 无
CC AMV

伊图斯可餐馆
Etrusco

◆位于萨沃伊大厦二层。这家在古建筑基础上改建而来的餐馆气氛雅致,有复古风情,店内供应比萨和意面等意大利美食。NZ$17.5 番茄与凤尾鱼风味意面等最值得一试。比萨一共有 16 种,价格 NZ$16.5~。

住 8A Moray Pl.
☎ (03) 477-3737
URL www.etrusco.co.nz
营 17:30~Late
休 无
CC ADMV

居酒屋 雪
Izakaya Yuki

◆这家日本料理店颇具日本居酒屋的风格。凉拌豆腐、毛豆、干炸食品、烤鸡肉串、猪肉泡菜、刺身拼盘和炒乌冬等日本风味的菜品任你选择。每盘的价格在 NZ$4~12,种类多样。

住 29 Bath St.
☎ (03) 477-9539
URL www.reefandbeef.nz
营 周一~周五 12:00~14:00、17:00~ Late 周六·周日 17:00~Late
休 无　CC ADMV

史培茨啤酒屋
The Speight's Ale House

◆总部位于达尼丁的著名啤酒制造商史培茨经营的啤酒餐馆。除了能够品尝到 7 种特色啤酒之外,菜品的种类也很丰富。店面开在工厂内,因此可以在参观后再去店里坐坐。

住 200 Rattray St.
☎ (03) 471-9050
FAX (03) 471-9030
URL www.thealehouse.co.nz
营 11:30~Late
休 无　CC ADJMV

最佳咖啡
Best Cafe

◆位于达尼丁火车站附近的这家炸鱼加薯条餐馆,是一家始建于 1932 年的老字号店铺。招牌菜是蓝鳕鱼和鳎鱼等,含有墨鱼、淡菜、牡蛎等多种海鲜的传统海鲜什锦 NZ$45.5 也值得推荐。此外,从 3 月到冬季的布拉夫牡蛎是必点菜品。

住 30 Stuart St.
☎ (03) 477-8059
营 周一~周四 11:30~14:30 17:00~20:00、周五·周六 11:30~14:30 17:00~21:00、周日 16:30~20:00
休 无
CC ADMV

沃格尔街厨房
Vogel St Kitchen

◆ 这家咖啡馆的前身是一个仓库。用柴火做的比萨 NZ$22.9 最受欢迎。用应季水果制成的牛奶什锦早餐不会让你失望。午餐意面 NZ$19.50、牛肉汉堡 NZ$23.5 和三明治 NZ$12.9 等也非常不错。

住 76 Vogel St.
☎ （03）477-3623
URL www.vogelstkitchen.co.nz
営 周一~周五 7:30~15:00
　　周六·周日 8:30~16:00
休 无
CC DMV

诺娃咖啡馆
Nova Cafe

◆ 达尼丁市立美术馆内的时尚咖啡馆。位于八角广场对面，既可用餐，也适合在此休憩。简餐和甜点的种类多样。午餐和早午餐持续至15:00。午餐价格 NZ$11.5~23，晚餐为 NZ$18~36。

住 29 The Octagon
☎ （03）479-0808
URL novadunedin.co.nz
営 周一~周五 7:00~Late
　　周六·周日 8:30~Late
休 无
CC ADMV

酸豆咖啡馆
Capers Cafe

◆ 位于乔治街对面的一家咖啡馆。薄脆饼最受青睐，有原味、巧克力和蓝莓等口味，还有酸奶风味及原味奶酪可选。半份售价 NZ$14~，整份 NZ$16~。可外带。

住 412 George St.
☎ （03）477-7769
URL www.capersdunedin.co.nz
営 7:00~14:30
休 无
CC AMV

住 宿
Accommodation

南十字美景酒店
Scenic Hotel Southern Cross

◆ 位于市中心的酒店，交通便利。初建于 1883 年，当时是一家大饭店，后来经过改装，成了一家舒适的酒店。有高级、套房两个房型，设施齐备。酒店内设有健身房和赌场，满足住客的休闲需求。

住 118 High St.
☎ （03）477-0752
URL www.scenichotelgroup.co.nz
費 ⒟⒯ NZ$138~
房间数 178
CC ADJMV

达尼丁休闲小屋美居酒店
Mercure Dunedin Leisure Lodge

◆ 乘车 5 分钟左右可到达市中心。在达尼丁植物园附近，有一个很大的花园。客房分标准、高级和普通套房三种房型，所有客房带有阳台或西班牙式内院。

住 30 Duke St.
☎ （03）477-5360
URL www.mercureleisurelodge.co.nz
費 ⒟ NZ$122~ ⒯ NZ$89~
房间数 76
CC ADJMV

达尼丁维多利亚酒店
The Victoria Hotel Dunedin

◆ 这家酒店的特色是交通便利，价格实惠。有带厨房和适合家庭居住的客房，几乎所有房间都有浴缸。酒店还设有洗衣房。1 层有餐馆和快餐店。

住 137 St.Andrews St.
☎ （03）477-0572
FREE 0800-266-336　FAX （03）477-0293
URL www.victoriahoteldunedin.com
費 ⒮⒟⒯ NZ$150~350
房间数 42　CC ADMV

安托背包客旅馆
On Top Backpackers

◆距离八角广场有 2 分钟左右的步行路程。前台设在 1 层的泳池吧内，2 层是客房。酒吧一直营业到深夜，因此可能会有少许吵闹，但是安全方面大可放心。还有女性专用的宿舍。

住 Cnr.Filleul St. & Moray Pl.
☎（03）477-6121
FREE 0800-668-672
URL www.ontopbackpackers.co.nz
费 Dorm NZ$27~ Ⓢ NZ$54~
Ⓓ Ⓣ NZ$66~ 房间数 89 张床
CC MV

南岛

● 达尼丁

亚历克西斯汽车旅馆
Alexis Motor Lodge

◆这间精致的汽车旅馆距离八角广场有 10 分钟左右的步行路程。带温泉浴设施的房间共有 9 间。所有客房配了电视和 DVD 播放设备，设施完善。厨房里还有微波炉。所有客房禁烟。

住 475 George St.
☎（03）471-7268
FREE 0800-425-394
URL www.alexismotelaccommodation. co.nz 费 Ⓢ Ⓓ Ⓣ NZ$135~220
房间数 18 CC AMV

执事法院青年旅舍
Deacons Court B&B

◆这家旅舍位于一个安静的居民区内，步行至八角广场需要约 15 分钟的时间。其前身是 1891 年建设的一栋建筑，怀旧的气氛与热情的服务备受好评。在有些房间还能看到美丽的花园。由于旅舍位于小山坡上，如果有行李，推荐乘坐出租车前往。

住 342 High St.
☎（03）477-9053
FREE 0800-268-252
FAX（03）477-9058
URL www.deaconscourt.com
费 Ⓓ Ⓣ NZ$170~
房间数 3
CC MV

纽克汽车旅馆
Motel on York

◆虽然它坐落在闹市区，但是环境却十分清幽，再加上其时尚的气息，使得住客对它的评价很高。单间有三种房型，套房有 6 种，可以根据人数和预算选择入住。所有的房间都配有微波炉、烤面包器和电水壶等设备。

住 47 York St.
☎（03）477-6120
FREE 0800-006-666
URL www.motelonyork.co.nz
费 Ⓢ Ⓓ Ⓣ NZ$160~250
房间数 24
CC ADMV

几维鸟巢旅馆
Kiwis Nest

◆在小城的繁华大街——乔治街对面的一家平价旅馆。杏色的外观格外显眼。正门和会客室的彩色玻璃非常绚丽。客房和公共空间整洁有序。距离八角广场有 15 分钟左右的步行路程。

住 597 George St.
☎（03）471-9540
FREE 0800-425-394
FAX（03）477-0293
URL www.kiwisnest.co.nz
费 Dorm NZ$28 Ⓢ NZ$48~
Ⓓ Ⓣ NZ$68~
房间数 20 张床 CC MV

厨房（所有房间）厨房（部分房间）厨房（共用）吹风机（所有房间）浴缸（所有房间）泳池 上网（所有房间/收费）上网（部分房间/收费）上网（所有房间/免费）上网（部分房间/免费）

克赖斯特彻奇
（基督城）

因弗卡吉尔

人口 5 万 1696 人
URL www.invercargillnz.com

航空公司（→ p.489）
新西兰航空

因弗卡吉尔机场
Map p.166
TEL （03）218-6367
URL invercargillairport.co.nz
　从机场到市中心可以乘坐机场巴士。

机场巴士公司
Executive Car Service
TEL （03）214-3434
费 机场↔市中心
　单程 NZ$10~15

主要的出租车公司
Blue Star Taxis
TEL （03）217-7777
URL bluestrtaxis.co.nz

主要巴士公司（→ p.489）
城际／纽曼长途巴士公司
Atomic Shuttles 公司

旅游咨询处 SITE
Invercargill Visitor
Information Centre
Map p.163-A1
住 108 Gala St.
TEL （03）211-0895
URL www.invercargillnz.com
开 周一～周五 8:00~17:00
　周六·周日 8:00~16:00
　（各季节时间有所不同）

金字塔造型的南区博物馆

因弗卡吉尔
Invercargill

　　位于新西兰南岛最南端的因弗卡吉尔跟达尼丁一样，也是苏格兰移民开发出来的城市。大型的建筑不多，但是苏格兰风情的石结构古建筑随处可见，就连城市名称"因弗卡吉尔"也深受苏格兰的影响。
　　被称为"南景观线路"的凯特林斯海岸及作为斯图尔特岛门户的这座小城都是旅行者乐于前往的观光胜地。另外，近郊捕捞的布拉夫牡蛎和蓝鳕鱼等海产品也远近闻名。

在城区各地都能看到历史建筑

因弗卡吉尔　前往方法

　　航空方面，从克赖斯特彻奇（基督城）飞往因弗卡吉尔机场（Invercargill Airport）的新西兰航空每天有 5~8 个航班，约飞行 1 小时 25 分钟。从机场到市中心大概 3 公里，可以乘坐机场巴士或出租车。
　　包括城际／纽曼长途巴士公司在内的多家公司运营前往因弗卡吉尔的长途巴士。从克赖斯特彻奇（基督城）出发每天 1 班，约需 10 小时。如果是直达巴士，要从达尼丁乘坐，并且只在周五、周日开行，需要运行 3 小时 15 分钟左右。巴士车站位于旅游咨询处 i-SITE 前。

因弗卡吉尔　漫 步

因弗卡吉尔的市区是一块面积 1 平方公里的平地。其中泰伊大街（Tay St.）和蒂大街（Dee St.）的交会处是城市主要设施的集中区。旅游咨询处 i-SITE 位于南区博物馆内，长途巴士也从这里发车。另外，小城的超市不销售酒类饮料，有需求的游客需要去旅游咨询处领取地图，寻找酒水商店的地址。

泰伊大街和蒂大街的交会处

因弗卡吉尔 主要景点

南区博物馆
Southland Museum & Art Gallery

Map p.163-A1

　　新西兰南部自古以来就有"Roaring Forty（南纬40° 波涛汹涌的海）"之称，环境极其险恶。馆内展示了航海和捕鲸的历史，让人不禁兴味盎然。还有很多关于新西兰本土南端200~700公里范围内的南极岛屿的资料。此外，科学、设计领域的特别展览同样为数不少。博物馆的"大蜥蜴之家（Tuatara House）"展厅内展示了被称为"恐龙时代唯一存活下来爬行动物"的大蜥蜴，总数约为80只。其中有一个叫亨利的家伙，据说已经活了100多年了。

女王公园
Queens Park

Map p.163-A1·2

这是日式庭院

位于南区博物馆后面的公园。在这个面积约80公顷的大公园内，有玫瑰园、儿童游乐场等，还有小茶室供休息使用。公园的北侧是高尔夫球场。

南区博物馆

- Queens Park，108 Gala St.
- （03）219-9069
- （03）218-3872
- URL www.southlandmuseum.co.nz
- 周一~周五 9:00~17:00 周六·周日 10:00~17:00
- 无
- 免费（可捐款形式）

大蜥蜴是这里的"明星"

女王公园

- （03）219-9070
- URL ice.govt.nz/parks-and-reserves/queens-park
- 自由入场（仅限某些区域）

还有免费参观的动物园

南岛 ●因弗卡吉尔

自来水塔
住 Doon St.

伯特·孟若博物馆
住 168 Dee St.
☎ （03）218-2059
URL ehayes.co.nz
开 周一～周五 7:30~17:30
　　周六 9:00~16:00
　　周日 10:00~16:00
费 免费

1920 款的"印第安侦察兵"摩托

自来水塔　Map p.163-A2
Water Tower

　　这座建于 1889 年的维多利亚风格的水塔高 42.5 米，在高层建筑不多的市区，这座水域完全可以实现输水的目的。2012 年以后，出于安全考虑，禁止游客进入塔内。

因弗卡吉尔的地标性建筑

伯特·孟若博物馆　Map p.163-A1
Ehayes

　　通过电影《世界最快的印第安摩托》被观众熟知的伯特·孟若创造了 1000cc 下列级别最快的世界纪录。伯特·孟若博物馆展示了有关他的档案。伯特·孟若出生于因弗卡吉尔郊区。他在参加了 1967 年在美国举行的比赛，并以改良后的 1920 款 600cc 印第安摩托，创造了时速 308 公里的世界最快纪录。博物馆前立着的铜像，告诉人们伯特·孟若是这里的英雄。

餐　馆
Restaurant

批量咖啡
The Batch Cafe

◆ 位于商务区的咖啡馆，很受附近的上班族及 OL 的欢迎。午餐价格在 NZ$20 左右，薄饼和汤等每天的种类都不同。还有松饼和核仁巧克力饼等甜品。

Map p.163-B2
住 Cnr.Deveron & Spey St.
☎ （03）214-6357
开 周一～周五 7:00~16:30
　　周六·周日 8:00~16:00
休 无　CC ADMV

盆栽餐馆
Bonsai Restaurant

◆ 大洋洲最南端的日本料理餐馆。以斯图尔特岛近海捕捞的三文鱼为原料制作的寿司和照烧三文鱼便当 NZ$13.9~ 是热销美食。还有火锅和乌冬面，NZ$15~22 的价格非常实惠。

Map p.163-B1
住 35 Esk St.
☎ （03）218-1292
FAX （03）218-1293
开 周一～周五 11:30~13:30、17:00~20:00 周六 11:30~14:00
休 周日　CC ADJMV

住　宿
Accommodation

塔楼汽车旅馆
Tower Lodge Motel

◆ 位于自来水塔的汽车旅馆。距离市中心和旅游咨询处 i-SITE 也很近，方便出门观光。有适合旅游团居住的带温泉浴的房间。几乎所有客房都有厨房，不过有些房间没有烹饪器具，需要在预约时予以确认。

Map p.163-A2
住 119 Queens Dr.
☎ （03）217-6729
FREE 0800-802-180
URL www.towerlodgemotel.co.nz
费 Ⓢ Ⓓ Ⓣ NZ$130~160
房间数 17
CC ADMV

大蜥蜴背包客旅馆
Tuatara Backpackers

◆ 位于蒂街对面，交通便利。1 层有咨询台，还开设了一家收费网咖吧。有些客房带沐浴设备和洗手间。预约时可以申请租用免费自行车。

Map p.163-B1
住 30-32 Dee St.　☎ （03）214-0954
FREE 0800-4882-8272　FAX （03）214-0956
URL www.tuataralodge.co.nz
费 Dorm NZ$25 Ⓓ Ⓣ NZ$69
房间数 110 张床　CC MV

布拉夫

Bluff　Map p.165

距离因弗卡吉尔以南约 27 公里，有一个新西兰最南端的边陲小镇——布拉夫。它是因弗卡吉尔的外港，也是前往斯图尔特岛的中转站。作为新西兰为数不多的牡蛎产地之一，这里在每年 5 月下旬还会举办布拉夫牡蛎和海鲜嘉年华。

1 号公路始自南岛南端，穿越库克海峡，直达北岛北部。1 号公路的最南端是一个叫斯特林角（Stirling Point）的地方，这里有一块木牌标注了距离全球各主要城市的距离，也是游客们争相拍照的地方。斯特林角的北侧是布拉夫海洋博物馆（Bluff Maritime Museum），介绍历史上的捕鲸船和布拉夫港口发展的历程，还有当地特产布拉夫牡蛎的养殖情况。

如果有想散步的游客，推荐去布拉夫山（Bluff Hill）看看。从山顶可以将斯图尔特岛尽收眼底。另外，沿着南侧的步道即可走上半岛周游线路。这里也有机动车道，但是走到山顶也只需要 1 小时而已。

高档食材布拉夫牡蛎

距离世界其他城市的距离

布拉夫

布拉夫的观光信息
URL www.bluff.co.nz

如何前往布拉夫
往返于因弗卡吉尔和布拉夫之间的穿梭巴士每天有 1~3 班，约需 1 小时。巴士到达斯图尔特岛~布拉夫的轮渡码头。乘坐巴士时可在市内的主要景点下车，不过需要事先在旅游咨询处 i-SITE 预约。

因弗卡吉尔~布拉夫的穿梭巴士
斯图尔特岛体验公司
Stewart Island Experience
☎ (03) 212-7660（布拉夫）
FREE 0800-000-511
URL www.stewartislandexperience.co.nz
费 成人 NZ$25、儿童 NZ$13

布拉夫海洋博物馆
地 241 Foreshore Rd.
☎ (03) 212-7534
URL bluff.co.nz/museum
开 周一~～周五 10:00~16:30
周六·周日 13:00~17:00
（各季节有所不同）
休 无
费 成人 NZ$3、儿童 NZ$1

凯特林斯海岸

Catlins Coast　Map p.166

凯特林斯海岸是一条起自因弗卡吉尔，向东一直延伸到巴尔克卢萨（Balclutha）的长达 50 公里的海岸线。这条线路距离主干道较远，由于紧贴海岸，车流量不多，人烟稀少。在断崖绝壁与它后面的原始森林是新西兰最原始的美景。这条线路也被称为南岛观光线路（Southern Scenic Route），是面向游客宣传的重点。

想要来这里旅游，可以参加 Bottom Bus 公司组织的旅游团，从达尼丁出发，中途在凯特林斯海岸，最后直奔目的地因弗卡吉尔。海岸边有些路段是泥沙路，租车开行时一定要注意安全。

旅游咨询处
Catlins Information Centre
☎ (03) 415-8371
URL www.catlinsorg.nz
旅游咨询处位于奥瓦卡小镇（Owaka）的美术馆内。

经营小型巴士的旅行社
Bottom Bus
☎ (03) 477-9083
FREE 0800-304-333
URL travelheadfirst.com/local-legends/bottom-bus
费 达尼丁~因弗卡吉尔 成人 NZ$225、儿童 NZ$99

纳盖特角
Nugget Point　　　　　　　　　　　　　Map p.166

　　距离奥瓦卡小镇（Owaka）约20公里的海角上立着一座灯塔。灯塔建于1869年，是新西兰最古老的灯塔之一。朝其四周高耸的断崖不断汹涌而来的大浪和突向大海的岩石令人印象深刻。从灯塔所在的高地可以一览怪石嶙峋的美丽海岸。

　　纳盖特角附近还是海象、黄眼企鹅等野生动物的栖息地。在你的脚下可能就能见到海狗，远处则能看到海豚在海面跳跃的样子。

去往纳盖特角有一段路是未经修整的路面，开车要小心

杰克喷水洞穴
开 全年
休 无
费 免费

杰克喷水洞穴
Jack's Blow Hole　　　　　　　　　　　Map p.166

　　在距离海岸线约200米的草原上，有一个直径达数十米的巨大天坑。天坑深55米，天坑下就是大海。海岸的断崖上也有不少很深的洞穴，这些洞穴跟天坑是相通的。涨潮时风浪大，水花会一直溅到陆地上。从杰克湾（Jack's Bay）的停车场走到草地约需45分钟。

大教堂洞穴
URL www.cathedralcaves.co.nz

库里欧湾
Curio Bay
Map p.166
　　这一片水域据称为1.7亿年前（侏罗纪）的巨树化石群。退潮时会露出真容。在同类化石中堪称世界最大规模，在学术上有重要的研究价值。

大教堂洞穴
Cathedral Caves　　　　　　　　　　　Map p.166

　　海岸的断崖上有两处高30米的大洞穴。正如其名，它们就像两座天然的大教堂。由于两个洞穴内部是相连的，从一个洞口进入后，据说还能从另一个洞出来，非常刺激。从停车场走过森林，前面就是海岸。面向大海沿沙滩往左首边的断崖方向走，约30分钟后就能到达海滨。

　　不过，能直达洞穴的时间段仅限于退潮前后的2小时内，这点需要在出发前做好准备。

斯图尔特岛 *Stewart Island*

在这个岛上生活的卡卡鹦鹉几乎不会遇到天敌

在新西兰常住居民的岛屿中，斯图尔特岛是纬度最南的岛。该岛距离南岛最南端的小镇布拉夫（Bluff）西南约32公里，与布拉夫之间隔着福沃海峡（Foveau Strait）。面积约1680平方公里，毛利人自古在此定居，这里被称为"雷奇欧拉（Rakiura）"，意思是闪光的天空。1770年詹姆斯·库克成功抵达这里后，欧洲的捕鲸人开始将这里作为捕鲸基地。19世纪后半期，这里也发现了金矿和锡矿，不过并没有引起淘金热潮，因此这里得以保存原始的自然风光。2002年，该岛总面积的80%被划为世界最南端的国家公园。

在斯图尔特岛唯一的小镇半月湾Halfmoon Bay（旧称Oban）集中了这里的酒店和餐馆等主要设施，半月湾以外的大部分地区都是杳无人烟的原始自然状态。另外，这里还是新西兰少数几个几维鸟的栖息地之一，卡卡鹦鹉、短翅秧鸡和鸮鹦鹉等新西兰特有的物种也在此生息繁衍。

斯图尔特岛 前往方法

斯图尔特岛航空公司（Stewart Island Flights）的小型飞机每天从因弗卡吉尔飞行3个班次，用时约30分钟。从机场至市内的摆渡车会根据飞机的出发、抵达时间调整出发时刻。

如果要去轮渡码头，需要在布拉夫上船。布拉夫与斯图尔特岛半月湾之间有斯图尔特岛体验公司的高速轮渡运行，每天2~3班，约需1小时。从因弗卡吉尔到布拉夫，在轮渡开船的前1小时，该公司还会组织穿梭巴士开往码头。昆斯敦（皇后镇）和蒂阿瑙也有巴士开往布拉夫。

在半月湾海面上，几艘船只轻轻摇晃

South Island

克赖斯特彻奇
（基督城）

斯图尔特岛

人口 378 人
URL www.stewartisland.co.nz

航空公司
斯图尔特岛航空公司
☎（03）218-9129
FAX（03）214-4681
URL www.stewartislandflights.com
運 全年
費 单程成人 NZ$122.5、儿童 NZ$80
还组织飞行斯图尔特岛上空的景观线路。

轮渡公司
斯图尔特岛体验公司（→p.165）
☎（03）212-7660
FREE 0800-000-511
URL www.stewartislandexperience.co.nz
運 全年

布拉夫~斯图尔特岛轮渡
費 单程成人 NZ$75、儿童 NZ$38

因弗卡吉尔~斯图尔特岛的穿梭巴士＋轮渡
費 单程成人 NZ$99、儿童 NZ$50
还经营其他多种旅游团、租车、自行车租赁，可在轮渡码头和旅游咨询处i-SITE前的办公室内申请。

ℹ 旅游咨询处
DOC 雷奇欧拉国家公园游客中心
Map p.168 下图
🏠 15 Main Rd.
☎（03）219-0009
E-mail stewartisland@doc.govt.nz
開 4~11月
　周一~周五 8:30~16:30
　周六·周日 10:00~14:00
　（其中4月和11月为9:00~16:00）
　12月~次年3月
　周一~周日 8:00~17:00
休 无

ℹ 旅游咨询处
Oban Visitor Centre
Map p.168 下图
🏠 12 Elgin Tce，
☎（03）219-0056
FREE 0800-346-737
E-mail info@sie.co.nz
開 夏季 7:30~18:00
　冬季 8:00~17:00
休 无

南岛

● 因弗卡吉尔／斯图尔特岛

167

斯图尔特岛 漫 步

　　半月湾（Halfmoon Bay）是斯图尔特岛唯一的小镇。这里有轮渡码头和小型机场，也顺理成章地成为岛上唯一的观光起点。岛内的道路从半月湾小镇向外延伸的长度不超过20公里，再往前走，只能采用徒步旅行的方式。游客一般会参加旅游团，或者挑战真正的徒步旅行。

　　旅游咨询处位于轮渡码头边。此外，主大街（Main Rd.）沿线设有DOC游客中心。那里有关于岛内自然环境的展览，可以前往一看。日用品、食品、咖啡馆和邮局等游客必备的设施在岛上一应俱全。不过，这里没有银行，超市里也只有ATM，主要的酒店和商店等地可以使用信用卡，倒是没有特别不方便，但是如果硬要兑换外币，建议在上岛之前就兑换好。半月湾的景点并不多，但是可以在一些视野不错的餐馆、酒店和旅馆欣赏远处的风景。在周边步行10分钟也能到达海滩，附近还有1小时左右的徒步旅行线路。

这里的森林颇有原始森林的风貌

雷奇欧拉博物馆
Rakiura Museum

Map p.168 下图

博物馆不大，在朴素的外观下，展出的内容却十分吸引人，让你有机会了解一下这座岛屿的历史。岛上的原住民是毛利人，后来欧洲捕鲸人和海狗猎人开始登陆这里，当时的用品现在留存了不少。博物馆内也会展出类似这样的介绍历史的展品。

从半月湾出发的徒步旅行线路
Walking Tracks from Halfmoon Bay

Map p.168 下图

如果你想感受斯图尔特岛淳朴的自然风光，步行无疑是最好的方式。在半月湾周边就有一些能轻易征服的步行线路。

观景石 Observation Rock
（往返约 30 分钟）

从小镇走 15 分钟左右上坡路即达的观景平台。可以俯瞰南侧黄金湾到帕特森湾一带的美丽风景。

阿克斯角 Ackers Point （往返约 3 小时）

从小镇沿着岸边走 25 公里后就到了一个有灯塔的海角。站在这个面向外海而立的海角上，可以将苍茫的大海上空翱翔的海鸟尽收眼中。中途你还会经过蓝企鹅（→ p.14）的栖息地，如果运气足够好，你甚至可以遇见它们。

观测几维鸟
Kiwi Spotting

被誉为新西兰国鸟的几维鸟的种群数量正在减少，野生个体几乎绝迹。斯图尔特岛是一个特殊的岛屿，这里的保护区驱赶了几乎所有几维鸟的天敌，游客可以观察到它们接近野生的状态。

几维鸟是夜行动物，因此观测旅游团也会在夜间出发。日程从 1 晚到 3 晚 4 天不等，包住宿的旅游团会解决游客的住宿和用餐问题，还有配导游的徒步旅行及其他娱乐项目。

雷奇欧拉博物馆
住 9 Ayr St.
（03）219-1221
开 6～9 月
　周一～周五 10:00～12:00
　周六 10:00～12:30
　周日 12:00～14:00
　10 月～次年 5 月
　周一～周五 10:00～13:30
　周日 12:00～14:00
成人 NZ$2、儿童 50 分
※ 博物馆内禁止拍照

找找看企鹅和几维鸟的路标吧

白色的灯塔就像指南针

组织几维鸟观测旅游团的旅行社
Ruggedy Range Wilderness Experience
（03）219-1066
URL www.ruggedyrange.com
全年
1 晚 2 天
成人 NZ$695~、儿童 NZ$595~

Kiwi Wilderness Walks
021-359-592
URL www.nzwalk.com
11 月～次年 4 月
3 晚 4 天 NZ$1495~

夏季的夜晚也会很冷，要注意保暖。如果有手电筒就更加方便了。天气不好的时旅游团会取消。另外，组团的机会有限，需要提前预约。

斯图尔特岛的
短途旅行 从半月湾出发的轻松旅行

运营从布拉夫～斯图尔特岛之间轮渡的斯图尔特岛体验公司也会组织一些畅享斯图尔特岛魅力的娱乐活动。

Village & Bays Tour

在名胜古迹中了解斯图尔特岛历史和自然环境的小型巴士之旅。当地的导游会带你参观观景石和雷奇欧拉博物馆的纪念碑。1 天 2~3 个班次，约需 1 小时 30 分钟。成人 NZ$45、儿童 NZ$22。

Paterson Inlet Cruise

乘游艇环游半月湾南部的帕特森湾。中途还会停靠在石莼岛，然后下船步行。11 月～次年 4 月的 12:00 出发，需要花 2 小时 30 分钟左右的时间。成人 NZ$95、儿童 NZ$22。

斯图尔特岛体验公司（→ p.165）

这是给该岛上的一把大锁?!

雷奇欧拉国家公园纪念碑
Rakiura National Park Gateway
Map p.168 上图

为纪念雷奇欧拉国家公园于 2002 年 3 月正式建园,李湾(Lee Bay)的雷奇欧拉步道入口处立了一座巨锁造型的纪念碑。传说毛利人的英雄航海家毛伊将斯图尔特岛作为锚,搭在一艘独木舟上前行。距离半月湾单程约 5 公里。

前往的石莼岛水上出租车公司
Stewart Island Water Taxi & Eco Guiling
☎(03)219-1394
FREE 0800-469-283
URL www.stewartislandwatertaxie.co.nz
费 往返 NZ$25~

新西兰秧鸡不怕人,但是岛上严禁给它们投食

DOC 的网站
URL www.doc.govt.nz
旅行社
Stewart Island Water Taxi & Eco Guiling
(→参照上文)
Ulva Island Discovery Day Walk
举 11 月~次年 4 月
费 NZ$95
Ulvs's Guilded Walks
☎(03)219-1216
URL www.ulva.co.nz
Ulva Island Guilded Walk
举 全年
费 半日游
成人 NZ$125、
儿童 NZ$60

石莼岛
Ulva Island
Map p.168 上图

位于帕特森湾(Paterson Inlet)中心地带的石莼岛上几乎没有任何外来物种,因此岛上的鸟儿们可以自由自在地生活。可以零距离地观察新西兰秧鸡、卡卡鹦鹉、风铃鸟、新西兰鸠等鸟类。岛上还有修整过的步行道路,花 3 小时就能将岛绕一个圈。没有轮渡开往该岛,需要预订水上出租车。码头位于黄金湾的栈桥边,全程约 10 分钟。石莼岛上没有任何生活设施,食品、饮料等都需要自带。

留宿小间小屋的徒步旅行线路
Overnight Trek
Map p.163 上图

岛上有修整过的步行道路,步道上设置了 10 余间山间小屋。这些小屋的设施简陋,睡袋、厨房用品、餐具和食品等都需要自行携带,不太适合徒步旅行的初学者。出发前记得去 DOC 游客中心咨询相关的信息,购买住宿券。

雷奇欧拉步道 Rakiura Track(2 晚 3 天)

从半月湾出发沿帕特森湾(Paterson Inlet)环游的线路。一路有山有海,是岛上最有人气的线路。一般每天大概徒步 12 公里,在威廉港小屋和北臂小屋住宿,是一条 2 晚 3 天的线路。

西北环路 North-West Circuit(9~11 天)

环游岛屿北部的线路,全长约 125 公里,需要相当的体力和耐力。在攀登岛上最高峰安格冷山 Mt.Anglem(海拔 980 米)的途中,可以从圣诞村小屋穿过一条小道。全程往返约 6 小时。

住宿
Accommodation

南海酒店
South Sea Hotel
Map p.168 下图

◆坐落在半月湾对面的老字号酒店。内部设有以海鲜著称的餐馆。

住 26 Elgin Tce. ☎(03)219-1059
FAX(03)219-1120 URL www.stewart-island.cc.nz
费 ⑤ NZ$65~ ⑩ NZ$85~ 房间数 27 CC MV

斯图尔特岛背包客旅馆
Stewart Island Backpackers
Map p.168 下图

◆一家设有露营地的背包客旅馆。可免费租借吹风机。

住 18 Ayr St. ☎(03)219-1114
URL www.stewartislandbackpackers.co.nz
费 Dorm NZ$36~ ⑤ NZ$56 ⑩ ⑪ NZ$76~
房间数 28 CC MV

厨房(所有房间) 厨房(部分房间) 厨房(共用) 吹风机(所有房间) 浴缸(所有房间) 泳池 上网(所有房间/收费) 上网(部分房间/收费) 上网(所有房间/免费) 上网(部分房间/免费)

凯库拉 *Kaikoura*

凯库拉全年都适合观赏鲸、海豚和海狗等各种海洋生物。这在全球都是不多见的，十分难得。因此这里的观鲸团等旅行项目也十分兴盛，受到很多游客的追捧。

至于凯库拉为什么会如此受海洋生物的欢迎，这得从当地的地理位置说起。凯库拉地处寒、暖流交汇处，海中有大量的浮游生物，吸引了以它们为食的鱼类聚集在此，进而以食鱼为生的大型海洋生物和鸟类也开始游向这里。如此一来，凯库拉在拥有广阔大陆架的海滨地区中，难得的是这里的大陆架突然下降1000米，于是形成了庞大的生物链。

小镇的名称"凯库拉"是毛利语中的"凯"（意为食物）与"库拉"（意为淡水螯虾）组合而成。这里的特产淡水螯虾以及其他海鲜为这座小镇增添了不少魅力。

这里是新西兰国内少数几个观鲸点之一

想不想尝尝当地名产淡水螯虾

凯库拉 前往方法

城际／纽曼长途巴士公司及 Atomic Shuttles 公司运营的往来于克赖斯特彻奇（基督城）与皮克顿之间的巴士途经凯库拉。从克赖斯特彻奇（基督城）出发每天有 2~3 班，需 2 小时 40 分钟~3 小时。城际／纽曼长途巴士公司运营的北线巴士车站位于西尽头路 West End 沿线的 The Fish Tank Lodge 前，南线巴士车站位于 Cray Pot Cafe 前。Atomic Shuttles 公司的巴士在旅游咨询处前发车。铁路方面，在 9 月 23 日~次年 4 月 30 日期间，沿海岸开行的"太平洋海岸之旅"线路会在这里停车。从克赖斯特彻奇（基督城）7:00 出发，从凯库拉 9:59 出发。

凯库拉 漫 步

凯库拉小镇位于半岛北部，面积不大。海岸边的西尽头路（West End）和西尽头路前方的滨海大道（The Esplanade）是小镇的主干道。大道的尽头也就快到半岛的尽头了，再往前走就是一条徒步旅行的小道。

人口 3621 人
URL www.kaikoura.co.nz

主要巴士公司（→ p.489）
城际／纽曼长途巴士公司

铁路公司（→ p.489）
几维铁路公司

旅游咨询处 SITE
Kaikoura Visitor Centre
Map p.172-A1
West End
（03）319-5641
URL www.kaikoura.co.nz
周一~周五 9:00~17:00
周六·周日 9:00~16:00
（各季节时间不同）
无

在这里咨询信息

凯库拉的镇内交通
凯库拉小镇本身面积不大，步行也能轻松逛完。不过要是需要去周边区域或者行李较多时，乘坐穿梭巴士会更加方便。
Kaikoura Shuttle
（03）319-6166
URL www.kaikourashuttles.co.nz
作为凯库拉的镇内出租车
NZ$15（超过 2 人时每人 NZ$8）
1 小时旅行 NZ$30
2 小时旅行 NZ$58
经过海狗栖息地、法伊夫旧居和南海湾。

乘船观鲸之旅

Whale Watch Kaikoura

住 The Whaleway Station
TEL （03）319-6767
FREE 0800-655-121
FAX （03）319-6545
URL www.whalewatch.co.nz
营 全年
时 7:15、10:00、10:30、12:45
（11月～次年3月的13:15、
15:30也会组织旅游团）
休 无
费 成人NZ$145、儿童NZ$60
（约需3小时30分钟，
船上时间为2小时20分钟
左右）

观鲸飞机

可以从空中观赏鲸鱼和
海豚群。直升机停机坪设在
火车站附近。在旅游咨询处
i-SITE报名，只要凑足最少
的开团人数即可出发。

Kaikoura Helicopters

TEL （03）319-6609
URL worldofwhales.co.nz
营 全年
费 NZ$220~（约需30分钟，
3-4人组团时每人的费用标准）
CC MV

Wings Over Whales

TEL （03）319-6580
URL www.whales.co.nz
营 全年
费 成人NZ$180、儿童NZ$75
（约需30分钟）
CC MV

凯库拉 主要景点

乘船观鲸之旅
Whale Watching Cruise

Map p.172-A1

这是凯库拉最具人气的观光项目。游客可一年四季乘船观赏体形庞大的抹香鲸。能观赏到抹香鲸的概率非常高。申请的手续是：先在火车站内的报名处报名，然后乘坐巴士前往南海湾的码头，最后坐上船去观鲸。在船驶向外海的途中，游客可通过船内3D影像，了解船的航

乘坐双体船去观赏鲸鱼

线、海底地形及各种海洋生物的生态等。期间，通过与外部的联系及巨大声呐设备探知鲸鱼的位置，以便前往观测。

抹香鲸在水下一次逗留的时间约为40分钟，之后会浮出水面呼吸。个头大的抹香鲸长达18米，它们的身体在海浪中若隐若现。当你看到它

海豚群看起来像在引导船只

们的背露出水面时，不一会儿又拍起巨尾游向深海。运气好的时候，一天能看到好几次。

不只是鲸鱼，你还可能遇到信天翁（笨鸟）等海鸟、灰海豚群和新西兰海狗等海洋生物。天气不好时，出海计划常常被取消。此时可以延期到第二天，当然，这种情况的前提是你得有足够充足的旅行时间。

凯库拉

太平洋 Pacific Ocean

Armers Bay

乘船观鲸之旅集合点 Whale Watching Cruise

凯库拉海鲜餐馆 R

龙虾汽车旅馆 H
Beach Rd.
海豚水疗旅舍 H 信天翁背包客旅馆
索尼克餐馆 R
凯库拉火车站 制桶工人 滨海波浪酒店 绿海豚 R
餐馆 法伊夫故居 Fyffe House
至奥豪角 皮克顿 Kaikoura Top 10 Holiday Park site 白色变形体汽车旅馆 凯库拉半岛徒步旅行线路 Kaikoura Peninsula Walkway
懒惰的背包客旅馆 H West End 游泳池 The Esplanade 观景台
图提斯餐馆和酒吧 Torquay St.
乡村补丁 S Scarborough St. 观景台 海狗栖息地
南方鲍鱼馆与太平洋珠宝店 Churchill St.
凯库拉通道汽车旅馆 H
与海狗一起游泳的旅游团 Seal Swim
Mt. Fyffe Rd. South Bay Pier 南海湾 South Bay
一定要来咖啡园
徒步旅行线路（海滨）
凯库拉博物馆 Kaikoura District Museum & Archives 与海豚一起游泳的旅游团 Dolphin Swim ※仅在退潮时才徒步旅行
信天翁观赏之旅 Albatross Encounter
Ludstone Rd.
0 1km
至毛利跳跃洞穴、
法伊夫乡村旅馆

A A

1 2

172

与海豚、海狗一起游泳的旅游团
Dolphin & Seal Swim `Map p.172-A1~2`

不少人都梦想有一天能跟海豚一起游泳。这个旅游团能助你圆梦。在海中跳跃着引导船只的灰海豚群在高峰时甚至可以达到 500 只。穿上潜水服和氧气设备下海后，海豚群马上就会向你聚拢过来。最佳季节是夏季的 2~3 月。其他时间也需要预约。

另外，与傲娇的新西兰毛海豹（海狗）一起游泳也是一次难忘的体验。海狗通常不会在深海，因此游客可以不用坐船，直接从岸边下海。

信天翁观赏之旅
Albatross Encounter `Map p.172-A2`

悠闲地在海面游泳的信天翁赫然出现在眼前

与专业的鸟类导游一起乘船出海近距离观赏海鸟。信天翁（笨鸟）展开大翅膀在天空自由飞翔的姿态最令人动容。还可以见到鸬鹚、海燕和海鸥等海鸟。如果你撒一些饵料，还能吸引海鸟类飞到身边。该旅游团全年都会组织，其中在 5~9 月的冬季能见到最多的海鸟种类。

凯库拉半岛徒步旅行线路
Kaikoura Peninsula Walkway `Map p.172-A2`

位于凯库拉半岛尽头处的一条滨海步道。在徒步途中，还能欣赏到大海、海岸与海浪侵蚀下形成的悬崖绝壁等景观。在线路沿岸还有新西兰毛海豹（海狗）栖息地，到处都能见到海狗的身影。从小镇中心到步道入口处的停车场，约需 40 分钟。从那里走上一段上坡路就到了观景台。再往前走 1 公里，前面是一段通向海岸的下坡阶梯。涨潮和海浪较大时徒步一定要万分小心。虽然沿岸可以见到慵懒的海狗，但是请记住一定要离它们 10 米开外，也不要触碰、惊扰它们。对待野鸟也一样。步道的前方是沿南海湾建的机动车道，可以沿着车道走回小镇，不过路程稍微有些远。

停车场附近有很多海狗

步道两旁的美景

与海豚一起游泳的旅游团
Dolphin Encounter
Map p.173-A2
住 96 The Esplanade
☎ (03) 319-6777
FREE 0800-733-365
URL www.dolphinencounter.co.nz
举 5~10 月
 8:30、12:30
 11 月～次年 4 月
 5:30、8:30、12:30
休 无
海豚观赏
费 成人 NZ$95、儿童 NZ$50
 （约需 3 小时 30 分钟）
※ 参加者须年满 3 周岁
游泳
费 成人 NZ$175、儿童 NZ$160
 （约需 3 小时 30 分钟）
※ 参加者须年满 8 周岁

与海豚一同游泳吧

与海狗一起游泳的旅游团
Seal Swim Kaikoura
Map p.172-A1
住 58 West End
☎ (03) 319-6182
FREE 0800-732-579
URL www.sealswimkaikoura.co.nz
举 12 月～次年 3 月
 9:30、10:30、12:30、14:00
 （10 月中旬～11 月、4~5
 月的时间需要另行确认）
休 6~10 月上旬
海狗观赏
费 成人 NZ$80、儿童 NZ$60
 （约需 2 小时 30 分钟）
游泳
 成人 NZ$110、儿童 NZ$70
 （约需 2 小时 30 分钟）

信天翁观赏之旅
Albatross Encounter
Map p.172-A2
住 96 The Esplanade
☎ (03) 319-6777
FREE 0800-733-365
URL www.albatrossencounter.co.nz
举 5~10 月
 9:00、13:00
 11 月～次年 4 月
 6:00、9:00、13:00
休 无
费 成人 NZ$125、儿童 NZ$60
 （约需 2 小时 30 分钟）

DOC 的网站
URL www.doc.govt.nz

法伊夫旧居

住 62 Avoca St.
☎ (03) 319-5835
📠 (03) 319-5837
🕐 5~9月
　周四~次周周一
　10:00~16:00
　10月~次年4月
　10:00~17:00
🚫 5~9月的周二、周三
💰 成人 NZ$10、学生 NZ$5、
　儿童免票

外观是可爱的粉色

凯库拉博物馆

住 96 West End
☎ (03) 319-7440
🚌 从旅游咨询处 i-SITE 徒
　步即到。

毛利跳跃洞穴

📠 (03) 319-5023
🕐 全年
　10:30~15:30间，每1小
时出发一班。
💰 成人 NZ$25、儿童 NZ$9
🚌 没有公共交通工具，没有
　车的乘客，需要乘坐出租
　车前往

法伊夫旧居
Fyffe House

　　位于渔港附近的法
伊夫故居的地基是用鲸鱼
骨搭建而成的，它是凯
库拉最古老的建筑。1842
年，在罗伯特·法伊夫的
主导下，这里建立了怀奥
普卡捕鲸基地后，最初是
为鲸油装桶工作修建的屋
子，后来由罗伯特的弟弟
乔治·法伊夫进行了扩建，

这里让人回想起曾经那个以捕鲸为生的年代

到 1860 年，初建了今天的规模。如今里面的房间恢复了当年法伊夫时代
的模样，对游客开放。

凯库拉博物馆
Kaikoura District Museum & Archives

　　全方位介绍凯库拉的博物馆。内
容包括 950 年前移居至此的毛利人
的生活和传统、19 世纪末开始盛行
的捕鲸业中使用的渔叉、鲸鱼骨、欧
洲殖民史等颇有价值的材料。在主馆
的靠里侧，有移建到这里的古代拘留
所，在摆满日常用品的小屋里也有丰
富的展品。

新址就在旅游咨询处 i-SITE 前

毛利跳跃洞穴
The Maori Leap Cave

Map p.172-A1 外

　　从凯库拉小镇沿 1 号公路向南走约 3 公里，有一个形成于大约 200
万年前的钟乳石洞。这就是毛利跳跃洞穴。毛利跳跃洞穴参观团一天有 6
次（约需 45 分钟）。可以在洞穴前的 Caves Restaurant 或旅游咨询处 i-SITE
预约。

Column　在瀑布潭里嬉戏的小海狗们

　　从凯库拉沿 1 号公路向北走约 20 公里，
有一个地方叫奥豪角（Ohau Point），那里是
海狗的栖息地。不过让这里出名的并不是它靠
近大海，而是这里的瀑布潭。海狗宝宝们在
11~12 月出生，为了让孩子们顺利成长，海狗
妈妈不得不去海洋深处捕食，而这里海狗宝宝
会成群结队地向河流的上游游去，一直游到瀑
布潭，在那里练习游泳。它们逆流而上，一路
过河、攀岩，然后来到步道上，用笨重的脚步
迈向前方。大概 10 分钟后就到了瀑布潭。潭
并不大，但是数量多的时候，有数十头海狗宝

宝在这里嬉闹。
它们或跳跃，或
与别的小海狗打
闹，好不欢快。
能见到这群可爱
的小海狗的时期
是 4~10 月。没
有巴士通向这里，
只能租车或乘坐
出租车。

小海狗聚集的瀑布潭

商店
Shop

南方鲍鱼与太平洋珠宝店
Southern Paua & Pacific Jewels

Map p.172-A1

◆ 这个像仓库一样的商店内鲍鱼的颜色和饰品最让人眼花缭乱。该店有自己的贻贝加工处，经营自制饰品和日用品。耳坠 NZ$50 左右。牛骨和绿玉制品种类很多。

住 2 Beach Rd.　☎ （03）319-6871
URL southernpaua.co.nz
营 夏季 9:00~20:00
　 冬季 9:00~18:00
休 无
CC ADMV

乡村补丁
A Patch of Country

Map p.172-A1

◆ 经营拼布、针织品和布偶玩具等传统女工及手工艺品、相关书籍等商品的手工艺商店。新西兰特色花布 NZ$6.8~ 很适合买来作为礼物。

住 22 Beach Rd.
☎ （03）319-5465
URL www.apatchofcountry.co.nz
营 周一 ~ 周五 9:00~17:00
周六 10:00~14:00
休 周日
CC AV

餐馆
Restaurant

绿海豚
Green Dolphin

Map p.172-A2

◆ 使用渔夫直接捕捞的鱼、新西兰各地的精选肉类及当地蔬菜制作的菜品最受欢迎。坐在店内可透过玻璃幕墙直接欣赏海景。推荐的美食包括海鲜杂烩 NZ$16~22，主推的菜品还包括烤淡水螯虾（时价）。需要预约。

住 12 Avoca St.
☎ （03）319-6666
URL greendolphinkaikoura.com
营 17:00~Late
休 无
CC MV

索尼克餐馆
The Sonic

Map p.172-A1

◆ 店外巨大的鱼雕像最让人难忘。5 种美味比萨价格分别为：S 号 NZ$18.5，L 号 NZ$25，另外海鲜与薯条为 NZ$19.5，所有的简餐都在 NZ$20 左右。当地产的海鲜美食的种类很丰富。

住 413 Old Beach Rd.
☎ （03）319-6414
URL www.thesonic.co.nz
营 17:00~Late
休 无 CC MV

一定要来咖啡馆
Why Not Cafe

Map p.172-A1

◆ 位于西尽头路上，营业时间从早到晚。早餐和中餐主要供应水果派、三明治和沙拉等。也可在露天席位小憩片刻。下图是三文鱼班尼迪克蛋 NZ$17。

住 66 West End
☎ （03）319-6486
FAX （03）31906864
营 6:00~19:00
休 无
CC MV

凯库拉海鲜餐馆
Kaikoura Seafood BBQ

Map p.172-A2

◆ 由拖车改造成的餐车。摊主也是一位渔夫，新鲜的淡水螯虾半仅仅NZ$25~，整只NZ$50~，炸淡水螯虾NZ$9。点餐前要看看当天的特色菜品。NZ$9~ 的烤鲍鱼和贻贝等也很美味。

住 Fyffe Quay
☎ 027-433-9691
🕐 10:30~17:00
休 无
CC 不可

图提斯餐馆和酒吧
Tutis Restaurant & Bar

Map p.172-A1

◆ 装修时尚的餐馆。推荐品尝当地产的淡水螯虾（时价）。食材为渔夫直接供应，可以品尝到新鲜、个儿大的虾。主要的肉菜为 NZ$27.5~。

住 35 Beach Rd.
☎ （03）319-3370
URL www.tutis.co.nz
🕐 夏季 11:00~Late 冬季 周一~周四、周六 17:00~21:00 周五 11:00~15:00、17:00~21:00
休 冬季的周日 CC MV

制桶工人餐馆
Coopers Catch

Map p.172-A1

◆ 炸鱼加薯条的人气餐馆。顾客可以从黑板上看到当天捕获的鱼的种类。招牌菜是柠檬鱼块NZ$3.5。薯条的种类和分量都可自选。套餐 NZ$12.5，其他还有 NZ$8~ 的汉堡。可堂食也可外带。

住 9 Westend
FREE 0800-319-6362
🕐 9:30~24:00
休 无
CC MV

住 宿
Accommodation

滨海波浪酒店
Waves on the Esplanade

Map p.172-A1

◆ 位于市中心的时尚公寓型酒店。一间房内最多可同时住 5 人。所有房间配厨房，也几乎所有都是海景房。温泉浴池免费使用，还租赁自行车和独木舟。还可以买海鲜来在烧烤区烧烤，别有一番乐趣。

住 78 The Esplanade
☎ （02）2089-5233
URL www.kaikouraapartments.co.nz
费 S D T NZ$195~
房间数 8
CC MV

白色变形体汽车旅馆
The White Morph

Map p.172-A1

◆ 是一座有 3 层建筑的高档汽车旅馆。有的海景房带温泉浴池，还有的双人房适合家庭居住，房型很多。所有客房都带阳台和厨房。旅馆的餐馆以海鲜为主打菜品。

住 92-94 The Esplanade
☎ （03）319-5014
FAX （03）319-5015
URL www.whitemorph.co.nz
费 S D T NZ$130~330
房间数 31 CC ADJMV

龙虾汽车旅馆
Lobster Inn Motor Lodge

Map p.172-A1

◆ 位于凯库拉市中心以北约 1 公里处。房间共有 4 种，包括单人间和适合家庭的多人间。还有的房间带温泉浴池。如店名所述，旅馆的餐馆以龙虾为特色。还有可以容纳房车的假日公园。

住 115 Beach Rd.
☎ （03）319-5743
FREE 0800-562-783 FAX （03）319-6343
URL www.lobsterinn.co.nz
费 S D T NZ$125~
房间数 24 CC AJMV

信天翁背包客旅馆
Albatross Backpacker Inn

◆一家从古建筑改建而成的背包客旅馆。会客厅也被打理得十分整洁，十分舒适。有些是2个房间共用，即厨房和浴室，因此适合旅游团居住。免费租借自行车。

Map p.172-A1

住 1 Torquay St.
☎（03）319-6090
FREE 0800-222-247
URL www.albatross-kaikoura.co.nz
费 Dorm NZ$29~ ⒹⓉ NZ$69~
房间数 43 张床
CC MV

懒惰的背包客旅馆
Lazy Shag Backpackers

◆这家背包客旅馆有一个大花园，可享受静谧的气氛。6~8人的宿舍是男女混住。所有房间带沐浴间和洗手间。提供免费停车场。距离市中心约需步行5分钟。

Map p.172-A1

住 37 Beach Rd.
☎（03）319-6662
URL www.lazy-shag.co.nz
房间数 54 张床
CC MV

法伊夫乡村旅馆
Fyffe Country Lodge

◆位于凯库拉市中心以南约6公里的一家旅馆，坐落在恬静的牧场内。旅馆的建筑材料是古树，给人以深沉的厚重感。雅致的客房让人备感温馨。旅馆的餐馆只在10月~次年4月间供应晚餐。

Map p.172-A1 外

住 458 State Hwy.1
☎（03）319-6869
FAX（03）319-6865
URL fyffecountrylodge.com
费 ⒮ⒹⓉ NZ$250~675
房间数 6
CC ADMV

海豚水疗旅舍
Dolphin Lodge Spa

◆位于从西尽头路往上走的一个高地上，小巧而精致。能看到大海的观景平台最适合休憩。温泉浴池免费使用，还提供自行车租赁。有带沐浴室和洗手间的双人间。

Map p.172-A1

住 15 Deal St.
☎（03）319-5842
FAX（03）319-6148
URL www.dolphinlodge.co.nz
费 Dorm NZ$29 ⒹⓉ NZ$66~
房间数 20 张床
CC MV

凯库拉通道汽车旅馆
Kaikoura Gateway Motor Lodge

◆所有房间都带厨房，还有12间配温泉浴池，是一家颇受欢迎的舒适型汽车旅馆。从1号公路沿上坡路走，穿过公园后即可到达市中心。早餐服务需要加钱。

Map p.172-A1

住 16-18 Churchill St.
☎（03）319-6070
FREE 0800-226-070
URL www.kaikouragateway.co.nz
费 ⒮ⒹⓉ NZ$138~225
房间数 20
CC ADJMV

南岛

● 凯库拉

🛠厨房（所有房间）🛠厨房（部分房间）🛠厨房（共用）📻吹风机（所有房间）🛁浴缸（所有房间）
🏊泳池 🖥上网（所有房间/收费）🖥上网（部分房间/收费）🖥上网（所有房间/免费）🖥上网（部分房间/免费）

新西兰的海洋生物

Wildlife in New Zealand

新西兰的太平洋沿岸海域是大型海洋哺乳动物的宝库。据称这里有近40种的鲸鱼和海豚出没。其中关于观鲸点，凯库拉最为著名，其他地方也有不少组织观鲸的旅游团。此外，新西兰的海岸还栖息着新西兰毛海豹（海狗）和企鹅。

DATA

体长：雄鲸 15~18 米
　　　雌鲸 11~12 米
体重：20~50 吨
鲸群规模：1~50 头

鲸【凯库拉 ➡ p.171】

抹香鲸
Sperm Whale

新西兰的近海有近40种鲸鱼和海豚洄游。尤其是位于南岛东海岸的凯库拉，由于其海底地形和洋流的特殊性，这里成为齿鲸之一的抹香鲸的出现概率高的地区。

抹香鲸是一种巨型齿鲸，主要捕食墨鱼和鱼虾。它们的平均寿命达50~70岁。抹香鲸的头部巨大，像方形的箱子，可占身体的1/3。抹香鲸肠内分泌物的干燥品称"龙涎香"，为名贵的中药，抹香鲸也因此而得名。抹香鲸的英文名直译过来是"精子鲸鱼"，为何会有此种说法？那是因为此前，人们一直相信抹香鲸的巨大的脑袋里装满了抹香鲸的精液。事实上，抹香鲸的大脑袋里装满的不是精液，而是液态的脑油。雄鲸的脑油量能达到1900L。抹香鲸的脑油是非常优质的机械用油，于是抹香鲸成了捕鲸者们疯狂捕杀的对象，不少鲸鱼就这样消失了。直到1988年，商业捕鲸活动才在全球范围内被全面禁止。

现在活体抹香鲸据推测为数十万头，个体数量依然比较大。抹香鲸广泛分布于全世界不结冰的海域，由赤道一直到两极都可以发现它们的足迹，主要栖息于南北纬70°之间的海域中。

抹香鲸喜群居，雌鲸通常与幼鲸同行，往往由大群雌鲸、仔鲸结成10~15头的鲸群在暖水海域中生活。成年雄鲸为求偶，通常独自在广阔的海域内洄游。

雄鲸会在14~20岁时离开鲸群，凯库拉见到的抹香鲸大抵是这个年龄段的雄鲸，总量据推算为60~80头，一般不成群出没，个体与个体之间似乎也没什么交流。

抹香鲸会潜入600~1600米深的海中觅食，一次潜水时间长达40分钟左右。两次潜水的间隔为10~12分钟，这段时间也恰好是我们能观赏到抹香鲸的最佳时机。此时抹香鲸一般不会流动，而是悠闲地漂浮在水面。1分钟之内，它们会喷出3~4次水柱，声音很大，即使在很远的地方也能听见。

海豚 【阿卡罗阿➡ p.64、凯库拉➡ p.171、派希亚➡ p.332 等】

DATA
体长：1.6~2.1 米
体重：50~90 千克
群体规模：6~500 头

灰海豚
Dusky Dolphin

灰海豚体型较小，喙短而扁。经常会游到船只旁边，或跳跃，或翻腾。在新西兰本岛最东端的东角以南海域时常能看到这种海豚。灰海豚喜欢群体活动，但是到了冬季（通常是 6~11 月）会游向近海，海豚群也会因此分散，很难见到它们的身影。

DATA
体长：1.9~4 米
体重：150~650 千克
群体规模：1~25 头

宽吻海豚 / 尖嘴海豚
Bottlenose Dolphin

多见于新西兰北部近海。如其名所述，吻较长，嘴短小，嘴裂外形似乎总是在微笑，是水族馆里的"常客"。各个海域的宽吻海豚及个体在个头大小和颜色等外部特征上有明显的差异。

真海豚
Common Dolphin

体型比灰海豚稍大，在身体的侧面有淡黄色条纹。

在新西兰，这种海豚主要生活在北岛附近海域。2~3 月才向南游到凯库拉，有时会组成一个 20~30 头的群体，同灰海豚一起活动。

DATA
体长：2~2.5 米
体重：70~110 千克
群体规模：10~500 头

赫氏海豚
Hector's Dolphin

赫氏海豚是最稀有的物种之一，也是最小的海洋海豚，只生活在新西兰沿岸海域。独特的圆形背鳍形似米老鼠的耳朵，有着"海豚米老鼠"的美名。它们生活在距离海岸几公里远的近海，目前只能在凯库拉和阿卡罗阿湾等地见得到。

DATA
体长：1.2~1.5 米
体重：35~60 千克
群体规模：2~10 头

海边的生物

新西兰毛海豹
New Zealand fur seals
奥塔戈半岛➡ p.156
凯库拉➡ p.171
西海岸➡ p.209

在毛利语中被称为 kekeno。据悉新西兰全境有 10 万只左右，主要生活在海边沿岸地区。雄性毛海豹体长可达 2.5 米，雌性一般在 1.5 米左右。

企鹅
Penguin
奥马鲁➡ p.141
奥塔戈半岛➡ p.156
斯图尔特岛➡ p.167

新西兰南岛主要有三种企鹅，分别是世界上体型最小的蓝企鹅、黄眼企鹅和峡湾竖冠企鹅。奥马鲁和奥塔戈半岛上有一些企鹅观测点。

皇家信天翁
Royal Albatross
奥塔戈半岛➡ p.156

皇家信天翁（笨鸟）展开双翅后有近 3 米。达尼丁郊区的泰亚罗亚角有皇家信天翁的保护区，那里也是全球最大的皇家信天翁繁殖基地。在新西兰生活着 10 余种信天翁。

布莱纳姆

克赖斯特彻奇
（基督城）

布莱纳姆 *Blenheim*

位于南岛东北部的马尔堡地区（Marlborough）是新西兰最大的葡萄酒生产基地，堪称葡萄酒爱好者的天堂。尤其以苏维翁干白和霞多丽等白葡萄酒最为著名。长时间的日照和肥沃的土壤，加上当地人对葡萄酒最纯朴的热爱，使得这里能酿造出品质最高的葡萄酒。

参观葡萄酒庄的集合地是马尔堡地区最大的城镇布莱纳姆。城市本身并没有值得一看的景点，往西 11 公里左右有一个叫兰威客（Renwick）˙的地方，其周围分布着 40 余个葡萄酒庄。每年 2 月举办的马尔堡美酒节 The Marlborough Wine & Food Festival（→ p.443）也吸引了众多游客。

人口 2 万 8200 人
URL www.cityofblenheim.co.nz

航空公司
新西兰航空公司（→ p.489）
峡湾航空公司（→ p.223）

马尔堡机场
Map p.181-A1 外
☎（03）572-8651
URL www.marlboroughairport.co.nz
✉ 距离市中心以西约 8 公里。从机场到市中心可以乘坐出租车或穿梭巴士。穿梭巴士需要预约。

穿梭巴士公司
Executive Shuttle
☎（03）578-3136
FREE 0800-777-313
URL executiveshuttle.co.nz
Blenheim Shuttles
☎（03）577-5277
FREE 0800-577-527
URL www.blenheimshuttles.co.nz

主要巴士公司（→ p.489）
城际 / 纽曼长途巴士公司
Atomic Shuttles 公司

铁路公司（→ p.489）
几维铁路

旅游咨询处 🅖 SITE
Blenheim i-SITE Visitor
Information Centre
Map p.181-A2
🏠 8 Sinclair St.
☎（03）577-8080
URL www.newzealand.com
OPEN 周一～周五 8:30～17:00
周六·周日·节假日
9:00～15:00
（各季节有所不同）
休 无

郊外有大片的葡萄园

布莱纳姆 前往方法

新西兰航空公司运营从马尔堡机场（Marlborough Airport）飞往奥克兰和惠灵顿的航班，峡湾航空公司则运营从马尔堡机场至克赖斯特彻奇（基督城）及惠灵顿之间的航线。从克赖斯特彻奇（基督城）起飞每天有 0～2 班，需要飞行 50 分钟。

在长途巴士方面，城际 / 纽曼长途巴士公司运营从克赖斯特彻奇（基督城）至布莱纳姆的巴士，1 天 2 班，约需 4 小时 50 分钟。

另外，铁路方面，在海岸边穿行的"太平洋海岸之旅"线路连接着克赖斯特彻奇（基督城）和皮克顿。从克赖斯特彻奇（基督城）7:00 出发，11:55 抵达布莱纳姆。

布莱纳姆 漫 步

旅游咨询处 i-SITE 位于火车站旁，长途巴士车站就设在那里。从旅游咨询处 i-SITE 到市中心的集市街（Market St.），步行只需 10 分钟左右。有喷泉和钟楼的公园西摩广场（Seymour Square）是市民休闲的好去处。公园正对面是一个叫千禧艺术画廊（Millennium Art Gallery）的地方。市中心酒店、旅馆不多，汽车旅馆和青年旅舍主要分布在主干道的两侧。来布莱纳姆的游客一定要去参观一下葡萄酒庄。可以租上一辆车尽情游玩（驾驶员禁止饮酒），也可以参加旅游团。

钟楼有 16.5 米高

玛卡纳巧克力工厂
Makana Chocolate Factory

Map p.181-A2 外

位于郊区的一家小型巧克力工厂。不添加防腐剂和人工色素，所有产品都是纯手工制作的。在工厂内可以试吃，也可以购买。添加了当地产的黑皮诺葡萄的松露（130g NZ$22.5）是布莱纳姆的特产，适合馈赠。

还可以现场参观巧克力的制作过程

马尔堡博物馆
Marlborough Museum

Map p.181-A2 外

介绍当地历史的博物馆。通过大量的文献资料、图片、历史上使用过的器具、影像资料等，向游客展示19世纪中叶欧洲殖民者进入当地时的景象。博物馆内还保存着再现当年布莱纳姆农村景象的海狸镇（Beavertown）和保存了珍贵古文献的文史馆。

其次，还有大量关于马尔堡地区葡萄酒产业的相关展览。你可以了解到葡萄酒的生产史、与害虫的搏斗史及古老的器具等。

去了解一下马尔堡地区的历史吧

玛卡纳巧克力工厂
住 Cnr Rapaura Rd. & O'Dwyer Rd.
电 (03) 570-5370
传 (03) 570-5360
URL www.makana.co.nz
开 9:00~17:30
休 无
交 距离布莱纳姆市中心以南约10公里。沿1号公路北上，在斯普林克里克（Spring Creek）左拐进入62号公路，前进3公里左右看到的左边的建筑即是。

马尔堡博物馆
住 Brayshaw Park, 26 Arthur Baker Pl.
电 (03) 578-1712
URL www.marlboroughmuseum.org.nz
开 10:00~16:00
（文史馆只在周二、周四开门。需要预约）
休 无
交 距离布莱纳姆市中心约3公里，可沿 Maxwell Rd. 一直向西南方面行进

南岛

● 布莱纳姆

181

马尔堡城堡酒店
Chateau Marlborough

◆一家尖顶、砖墙建筑风格的古朴酒店。从火车站步行至此只需10分钟左右。这家时尚、精致的酒店设施完善，有泳池和健身房等。所有房间都配大床，还有带温泉浴池的高级套房。

Map p.181-A1

住 Cnr.High St. & Henry St.
☎ （03）578-0064
FREE 0800-752-275　FAX （03）578-2661
URL www.marlboroughnz.co.nz
费 ⑤ⒹⓉ NZ$180~
房间数 45　CC ADMV

艾舍乐格苑汽车旅馆
Ashleigh Court Motel

◆从市中心步行5分钟就能到这里。在各个单元前都有宽敞的停车场，是一家适合租车旅行者居住的汽车旅馆。房间里有厨房、电视等设施，室外还有泳池，是长期旅行者的首选。提供早餐。

Map p.181-A2

住 48 Maxwell Rd.
☎ （03）577-7187
FREE 0800-867-829
URL www.ashleigh-court-motel.co.nz
费 ⑤ NZ$135~ ⒹⓉ NZ$149~
房间数 12
CC AMV

布莱纳姆水疗汽车旅馆
Blenheim Spa Motor Lodge

◆是一家距离市区较远的新建汽车旅馆，用色彩活泼的布料装饰的房间宽敞而舒适。部分客房还带有温泉浴池。附近有营业到深夜的商店，非常方便。

Map p.181-A2 外

住 68 Main St.
☎ （03）577-7230
FREE 0800-334-420
FAX （03）577-7235
URL www.blenheimspamotorlodge.co.nz
费 ⒹⓉ NZ$140~170
房间数 10　CC ADJMV

科阿努伊背包客旅馆
Koanui Lodge & Backpackers

◆距离市区稍远。有4间带沐浴和卫生间的套间，还有长期逗留游客喜欢住的多人宿舍。旅馆配有公共厨房和会客室等。前台的上班时间是8:30~15:00和17:00~22:00。

Map p.181-A2

住 33 Main St.
☎ （03）578-7487
URL www.koanui.co.nz
费 Dorm NZ$23~31 ⑤ⒹⓉ NZ$58~ 85
房间数 49 张床
CC MV

Column　从布莱纳姆出发的葡萄酒庄之旅

　　马尔堡地区具备充足的日照时间和较大的昼夜温差等条件，非常适合酿造葡萄酒。如今，马尔堡地区约有100家葡萄酒庄，新西兰葡萄酒产量的75%都来自这里。最著名的当数口感清爽、略带果香味的苏维翁干白。还种植了其他多个品种的葡萄，酿造出口感特别的葡萄酒。

　　游客可以跟着导游在参观葡萄酒庄时了解葡萄酒的魅力及口感上的差异，还有能试饮的旅游团哦。跟着这么旅游团，能加深你对葡萄酒的认知。

　　"Wine Tours by Bike"会出租山地自行车和头盔，游客可以通过骑行穿梭于各个酒庄之间。如果没有体力骑车返程，"Wine Tours by Bike"还会开车来接你，不必担忧。

Kimura Cellars
E-mail wine@kimuracellars.com
URL www.kimuracellars.com
營 全年
费 半天 NZ$150、1 天 NZ$250（2 人以上组团时每人的费用标准。只有团员1名，需加收 NZ$50）
CC 不可

Wine Tours by Bike
☎ （03）572-7954
URL www.winetoursbybike.co.nz
營 全年
费 NZ$45（约需 5 小时）
CC MV

这里还有外国导游

🍳厨房（所有房间）　🍳厨房（部分房间）　🍳厨房（共用）　吹风机（所有房间）　浴缸（所有房间）
泳池　上网（所有房间/收费）　上网（部分房间/收费）　上网（所有房间/免费）　上网（部分房间/免费）

皮克顿 *Picton*

海湾深处是以港口为中心向外辐射形成的小城皮克顿

位于南岛北部的港口小城皮克顿是横渡南、北岛之间的轮渡码头，是名副其实的海上枢纽。皮克顿现已被划入马尔堡峡湾沿海公园（Marlborough Sounds Maritime Park），拥有美丽的海岸，海岸边小海湾数量众多，海岛星罗棋布。皮克顿就在其中的一个海湾——夏洛特皇后湾（Queen Charlotte Sound）的腹地，从市区的滨海区眺望的海面，就像一个灵巧的小湖。大型客轮进入狭小的水面时，都会格外小心。这也构成了小城一道独特的风景。这里的娱乐项目也很丰富，例如在高低不平的地形上开发出的海上静谧之旅及海上皮划艇、沿海湾延伸的徒步旅行等。

皮克顿 前往方法

峡湾航空公司在这片地区运营小型飞机（→ p.223）。皮克顿机场 Picton Airport（克罗米克机场 Koromiko Airport）距离市中心大概 8 公里，从机场去市区需要乘坐穿梭巴士。

包括城际／纽曼长途巴士公司在内的多家公司运营从南岛各主要城市出发前往皮克顿的长途巴士。从克赖斯特彻奇（基督城）出发前往凯库拉的巴士在上、下午各有一班经过这里，约需 5 小时 20 分钟（从凯库拉出发则需 2 小时 10 分钟）。从布莱纳姆出发有 3 班，其中两班是从克赖斯特彻奇（基督城）方向开来的，另外 1 班是从纳尔逊出发的过路巴士，需 25~35 分钟。从皮克顿开往纳尔逊方向的沿海道路——夏洛特皇后自驾线路（Queen Charlotte Drive）是一条欣赏沿途明媚风光的景观线路，可惜城际／纽曼长途巴士公司的巴士不走这条路，而是取道经过布莱纳姆的国道。开车的游客一定要走走这条路。

在铁路方面，可以乘坐从克赖斯特彻奇（基督城）发车，途经怀帕拉、凯库拉、布莱纳姆等，终抵皮克顿的几维铁路公司的"太平洋海岸号"列车（→ p.464）。此外，岛际人公司（Interislander）和蓝桥公司（Blurbridge）还运营横穿皮克顿与北岛惠灵顿之间的海峡的轮渡。

岛际人公司的候船大厅

皮克顿
克赖斯特彻奇（基督城）

人口 2928 人
URL marlboroughnz.com

南北岛间的交通（→ p.223）

航空公司
峡湾航空公司（→ p.223）
FREE 0800-505-005（预约）
URL www.soundsair.com

　　在旅游咨询处 i-SITE 斜对面的皮克顿火车站大楼内设有办事处，穿梭巴士（单程 NZS7，需要预约）的运行时间会根据航班起降时间来定。

办事处设在皮克顿火车站大楼内

主要巴士公司（→ p.489）
城际／纽曼长途巴士公司

长途巴士车站
Map p.184-A1
➕ Interislander Ferry Terminal

铁路公司（→ p.489）
几维铁路公司

轮渡公司（→ p.223）
岛际人公司
☎ (04) 498-3302
FREE 0800-802-802
URL www.interislander.co.nz
🚶 步行 2 分钟可到达旅游咨询处 i-SITE

蓝桥公司
☎ (04) 471-6188
FREE 0800-844-844
URL www.bluebridge.co.nz
🚶 距离旅游咨询处 i-SITE 约 2 公里。根据轮船的运营时间，旅游咨询处前的免费穿梭巴士会调整出发的时刻（需要预约）。

Picton i-SITE Visitor Centre
Map p.184-A1

🏠 The Foreshore
☎ （03）520-3113
URL marlboroughnz.com
🕐 周一~周五 9:00~16:00
　 周六·周日 9:00~15:00
　 （各季节有所不同）
🚫 无

哈夫洛克的游船旅行公司
Marlborough Tour Company

☎ （03）577-9997
FREE 0800-990-800
URL www.marlboroughtour
company.co.nz

皮克顿 漫步

　　这是一座精致的小城，游客走起来很轻松。城际／纽曼长途巴士公司的巴士停靠在岛际人公司的轮渡码头前，其他长途巴士则停在一路之隔的火车站斜对面的旅游咨询处 i-SITE 前。

　　在可以观海的伦敦码头（London Quay）一带，有数家气氛极佳的餐馆和咖啡馆。路北边是一座绿树成荫的公园，可以在这里一边看海一边休憩。小城的主干道是高地街（High St.），这条道路沿线有一家叫水手商城（Mariners Mall）的购物中心。

　　市中心聚集了不少酒店和旅馆，从市区一直延伸至东边的怀卡瓦湾（Waikawa Bay）的怀卡瓦路（Waikawa Rd.）附近有很多汽车旅馆和假日公园。

　　距离皮克顿以西约 33 公里处有一个叫哈夫洛克（Havelock）的地方，是著名的青口贝产地。夏季还可以加入游船旅游团参观马尔堡峡湾内的青口贝养殖基地，品尝由新鲜的青口贝制作的美食和白葡萄酒。

港区的散步道环境优美

埃德温·福克斯海事博物馆
Edwin Fox Maritime Museum

`Map p.184-A1`

在现存全球的大型古老木结构帆船中，这座博物馆珍藏的"埃德温·福克斯"号排名第九。1853年从印度加尔各答将红茶运往英国伦敦的长途旅行是该船的处女航，后来还将殖民者运到了新西兰。1897年，皮克顿成了它的最终港口，之后历经漫长的岁月，日渐衰朽。1965年，志愿保护协会用10美分将它收购。博物馆内展示了当年船上的用品。

博物馆旁边展示的帆船

环保世界水族馆
Ecoworld Aquarium

`Map p.184-A1`

在这家水族馆里既有近海鱼类，还饲养了大蜥蜴、巨沙螽和蓝企鹅（→p.14）等。馆内还通过防腐溶液保存了体长5米的大王乌贼的标本。每天11:00和14:00有投食表演，还能接触到大蜥蜴。

皮克顿博物馆
Picton Museum

`Map p.184-A1`

一家展示历史上捕鲸时代的小型博物馆。里面还有捕鲸船上使用过的炮台。通过填海造陆而形成的这座小城的发展历程也在展出的图片中得以体现。

埃德温·福克斯海事博物馆
- 🏠 1 Dunbar Wharf,The Foreshore
- ☎ (03) 573-6868
- URL www.edwinfoxsociety.com
- 🕐 5~10月
  10:00~15:00
  11月~次年4月
  9:00~17:00
- 休 无
- 费 成人 NZ$15、儿童 NZ$5

环保世界水族馆
- 🏠 Dunbar Wharf,The Foreshore
- ☎ (03) 573-6030
- URL www.ecoworldnz.co.nz
- 🕐 5~9月
  9:30~17:00
  10月~次年4月
  9:30~19:00
- 休 无
- 费 成人 NZ$22、高年级学生 NZ$20、儿童 NZ$11

还饲养了大蜥蜴

皮克顿博物馆
- 🏠 9 London Quay
- ☎ (03) 573-8283
- URL www.pictonmuseum-newzealand.com
- 🕐 10:00~16:00
- 休 无
- 费 成人 NZ$5、学生 NZ$3、儿童 NZ$1

南·岛 ● 皮克顿

主要的游船公司

神话与传奇生态游旅行社
☎/FAX（03）573-6901
URL www.eco-tours.co.nz

神秘湾之旅
◈ 9:30～17:00
费 成人 NZ$250、儿童 NZ$125

半天游船之旅
◈ 13:00～17:00
费 成人 NZ$200、儿童 NZ$100
从 Waikawa 湾出发。报名者超过 2 人时才开团。

The Cougar Line
☎（03）573-7925
FREE 0800-504-090
URL www.cougarline.co.nz

1 hour Cruise & Walk
◈ 5～9月
　9:00 出发
　10 月～次年 4 月
　8:00、10:00 出发
费 成人 NZ$85、儿童 NZ$42.5

Beachcomber Cruises
☎（03）573-6175
FREE 0800-624-526
URL www.beachcombercruises.co.nz

The Mail Boat Cruise
◈ 周一～周六的 13:30 出发
费 成人 NZ$97、儿童 NZ$53
乘坐往来于海湾、给居民派送邮件的船。一周内每天的线路可能不同。

观赏海豚及走近自然之旅公司
☎（03）573-8040
URL www.e-ko.co.nz

Motuara Island & Dolphin Cruise
◈ 13:30 出发
费 成人 NZ$99、儿童 NZ$49
Swimming With Dolphines
◈ 8:30 出发
费 NZ$165

在船上观赏海豚优美的泳姿

海上皮划艇旅行社
Marlborough Sounds Adventure Company
☎（03）573-6078
FREE 0800-283-283
URL www.marlboroughsounds.co.nz

Half Day Guide
◈ 9:00、12:30 出发
费 NZ$95

1 Day Guide
◈ 9:00～16:00
费 NZ$130

夏洛特皇后峡湾的游船之旅
Queen Charlotte Sound Cruises
`Map p.185-A2`

在马尔堡峡湾中，夏洛特皇后峡湾拥有众多海岸线曲折的小海湾。这些小海湾是优良的港口，因此成了旅行线路的起点，或者私密度假酒店的入口。多家旅行社组织的游船项目都精心设计了旅行内容。有的穿过突出于库克海峡的杰克逊海角（Cape Jackson），探访毛利人传说中的航海大英雄库佩曾到过的地方 Kupe's Footprint；有的参观位于船湾（Ship Cove）的库克船长纪念碑；有的还加上夏洛特皇后徒步旅行线路的一小段路程。

其中神话与传奇生态游旅行社（Myths & Legends Eco-Tours）有世代居住在当地的毛利族工作人员为游客讲解当地的历史和开天辟地的神话。还有参观周边的小岛，观察野生动物的神秘湾之旅（Bay of Mystery）等多条线路。

在夏洛特皇后峡湾观赏海豚
Dolphin Watching in Queen Charlotte Sound
`Map p.185-A2`

在风平浪静的海湾中，生活着樽鼻海豚、灰海豚等多种海豚及新西兰毛海豹（海狗）、企鹅、海鱼鹰等海鸟。观赏海豚及走近自然之旅公司（Dolphin Watch & Nature Tours）组织的旅游团中，游客可以登上船湾附近的摩图阿拉岛（Motuara Island），一直走到岛上的山顶（约需 4 小时）。运气好的时候，海豚就一直游到你的游船边嬉戏。

如果你想跟海豚离得再近一些，那么来参加夏季组织的"与海豚一起游泳"的旅游团吧。与可爱的灰海豚一起游泳一定会成为你美好的回忆。季节和天气状况都有可能影响到你和海豚是否能"不期而遇"，但是 11 月～次年 4 月遇上它们的概率还是很高的。

在夏洛特皇后峡湾划海上皮划艇
Sea Kayaking in Queen Charlotte Sound
`Map p.185-A2`

以深水湾著称的马尔堡峡湾通常海面较为平静，适合划海上皮划艇。配导游的半日体验较为轻松，配导游的全天皮划艇体验有可以充分领略夏洛特皇后峡湾的动人美景。除此之外，还会组织 2～4 天的露营旅游团等。

人在艇上划，艇在画中游

夏洛特皇后线路
Queen Charlotte Track
`Map p.185-A1~2`

夏洛特皇后线路是马尔堡峡湾内的一条景观线路，外接外海方向的船湾（Ship Cove），内达皮克顿西北方向的阿纳基瓦（Anakiwa），全长近 71 公里。这条线路由较平缓的森林路段和海岸路段组成，沿途既能欣赏到平静的海湾，又能看到宜人的绿色风光，十分迷人。

走完全程，如果步行需要 3～5 天，如果是山地自行车则要 2～3 天。也可以乘船先到船湾，再从那里开始当日往返或住 1～2 晚的旅行。可以通过船只将行李托运到离下一站自己的住宿地最近的港口（收费项目），从而

减轻行李负担。如果是配导游的步行，不管起点是哪里，一般都会朝着皮克顿的方向一直南下。DOC 的露营点一共有 6 处，另外还有一些分散的小屋旅馆、别墅和度假酒店等，住宿设施很丰富。要留意的是，步行线路在中途将多次穿行私人土地，在这些地区行走时，需要缴纳过路费（NZ$10~）。

曲折的海岸线构成了特殊的美景

从皮克顿出发的当日往返徒步游

船湾 Ship Cove →决心湾 Resolution Bay
（约 4.5 公里，需要约 2 小时）
欣赏摩图阿拉岛和夏洛特皇后湾风光。

决心湾 Resolution Bay →努力湾 Endeavour Inlet
（约 10.5 公里，需要约 3 小时）
线路高低不平，适合年轻人和资深徒步旅行人士。

蒂玛希亚避难所 Te Mahia Saddle →阿纳基瓦 Anakiwa
（约 12.5 公里，需要约 4 小时）
适合上年纪者和新手。

夏洛特皇后路线的旅行信息
URL www.qctrack.co.nz
乘船方式
Beachcomber Cruises
（→ p.186）
The Great track and Pack Pass
🕐 5~9 月 9:00
10 月~次年 4 月
8:00、9:00
💰 成人 NZ$99、儿童 NZ$51
配导游的 1 日徒步游
Natural Encounters Waiks
☎ 021-268-8879
URL www.natural-encounters.com
1 Day Guided Walk & Boat Cruise
🕐 7:30 出发
💰 NZ$275
※ 船湾至露营湾的路段每年 12 月~次年 2 月间禁止山地自行车进入，要注意

 餐馆
Restaurant

海风咖啡馆和酒吧
Seabreeze Cafe & Bar
◆位于伦敦码头对面，从露天席位上可以眺望海港景色。法式土司和薄煎饼等早餐在 NZ$15 左右。新鲜淡菜和鱼制作的美食最受欢迎。晚餐人均消费 NZ$40 左右。店内还有布莱纳姆产的葡萄酒。

Map p.184-A1
🏠 24 London Quay
☎（03）573-6136
URL www.seabreezecafeandbar.info
🕐 7:00~Late
休 无
CC MV

皮克顿乡村面包房
Picton Village Bakkerij
◆这家面包房长年顾客盈门。2012年还曾获得"新西兰年度面包房"称号。除肉饼 NZ$4.1~ 和奶油甜甜圈 NZ$3.5 外，三明治也是人气美味。

Map p.184-B1
🏠 46 Auckland St.
☎（03）573-7082
🕐 周一~周五 6:00~16:00、周六 6:00~15:30 休 周日、冬季有两周的休息时间（需要提前咨询）
CC MV

Column 库克船长曾经到访的马尔堡峡湾

马尔堡峡湾一带海域与 18 世纪到新西兰探险的英国航海家詹姆斯·库克（→ p.370）有很深的渊源。库克于 1769 年 10 月成为第一位成功登陆新西兰的欧洲人，之后一行人沿着海岸一边探险，一边行进，终于在 1770 年 1 月来到了马尔堡海域。库克一行人在这里穿过了南岛、北岛间的海峡，并将此海峡用他自己的名字命名为库克海峡（Cook Strait）。这片海岸线曲折蜿蜒的海湾似乎非常适合船只的修理和食物的补给，于是库克将其中一处海湾用当时王妃的名字命名为夏洛特皇后湾，并在那里度过了 3 周时间。当地的毛利人大多热情好客，通过以物易物的方式为库克一行补给了食品。而努力湾（Endeavour Inlet）的名字来自库克船队中的一艘船——努力号。库克在此后的第二、第三次太平洋探险中也曾到访这里，决心湾（Resolution Bay）的名称也源于当时的船名。对库克而言，马尔堡峡湾是他颇为中意的南太平洋补给站，为了给日后的航海做准备，据说他还将船上运来的绵羊放生于此（那里带来的绵羊是新西兰的最初的羊），并尝试种植蔬菜等。

187

住宿
Accommodation

千洞湾度假村
Bay of Many Coves

◆从皮克顿乘船30分钟左右即到。所有房间都是海湾景观房。公寓式房间的装修使用的是天然原料，居住环境舒适。餐馆的味道也不错。

Map p.185-A2

住 Arthur's Bay，Bay of Many Coves，Queen Charlotte Sound
☎（03）579-9771
FREE 0800-579-9771
FAX（03）579-9777
URL www.bayofmanycoves.co.nz
费 ⓈⒹⓉ NZ$485~　房间数 11
CC ADJMV

皮克顿游艇俱乐部酒店
Picton Yacht Club Hotel

◆区位好，可以俯瞰港湾美景。距离市区近，交通便利。所有客房配有空调和迷你吧，并且几乎所有房间都是海景房。

Map p.184-B2

住 25 Waikawa Rd.
☎（03）573-7002
FAX（03）573-7727
URL www.cpghotels.com
费 ⓈⒹ NZ$115~
房间数 48　CC ADJMV

皮克顿盖维汽车旅馆
Gateway Motel Picton

◆位于市中心的一家汽车旅馆。房型丰富，所有房间都带简易厨房。免费提供 Wi-Fi，设施齐备，环境舒适。家庭房最多可同时居住6人。

Map p.184-A1

住 32 High St.
☎（03）573-6398
FREE 0800-104-104
FAX（03）573-7892
URL www.gatewaypicton.co.nz
费 ⓈⒹⓉ NZ$117~
房间数 27　CC MV

格伦盖瑞民宿
Glengary B & B

◆步行5分钟即到市中心。提供到皮克顿机场和轮渡码头的免费接送服务。自制的面包、松饼和牛奶什锦等早餐丰盛有营养。旅馆还提供观光和旅游团方面的咨询服务。

Map p.184-B2

住 5 Seaview Cres.
☎（03）573-8317
URL www.glengary.co.nz
费 Ⓢ NZ$95~ Ⓓ NZ$145~ Ⓣ NZ$140~
房间数 3
CC MV

亚特兰蒂斯背包客旅馆
Atlantis Backpackers

◆距离市区和港口都很近。客房内的装修颜色鲜丽，并免费供应饮品和甜品。还有带厨房的公寓式双人间，适合旅游团居住。

Map p.184-A1

住 Cnr. London Quay. & Auckland St.
☎（03）573-7390
FREE 0800-423-676
URL atlantishostel.co.nz
费 Dorm NZ$23~ Ⓢ NZ$40~ Ⓓ NZ$58~
Ⓣ NZ$61~　房间数 42 张床　CC MV

别墅背包客旅馆
The Villa Backpackers Lodge

◆在拥有110年历史的建筑的基础上改建而来的青年旅舍。后院有烧烤区和自由出入的温泉浴池。晚餐后还有免费甜点。住客还可免费租借自行车和钓具。

Map p.184-A1

住 34 Auckland St.
☎（03）573-6598
URL www.thevilla.co.nz
费 Dorm NZ$29~33 Ⓓ NZ$68~86
Ⓣ NZ$86~
房间数 62 张床　CC MV

188　厨房（所有房间）　厨房（部分房间）　厨房（共用）　吹风机（所有房间）　浴缸（所有房间）
泳池　上网（所有房间/收费）　上网（部分房间/收费）　上网（所有房间/免费）　上网（部分房间/免费）

纳尔逊 *Nelson*

去画廊搜寻可爱的物件吧

纳尔逊是一个位于南岛北部的中型城市。纳尔逊的发展史要追溯到 19 世纪 40 年代前半期。当时，一家英国人开办的新西兰公司运送了大批移民，这些移民构成了纳尔逊发展的基础。

纳尔逊是新西兰晴天率最高的地区之一，素有"阳光纳尔逊"的美名，这一带也成了瓜果、蔬菜的高产区。另外，它还是一个艺术之城，城内有不少有个性的商店和画廊。

纳尔逊周边有三家国家公园，分别是亚伯·塔斯曼国家公园 Abel Tasman National Park（→ p.201）、纳尔逊湖国家公园 Nelson Lakes National Park（→ p.194）和卡胡朗吉国家公园 Kahurangi National Park，去这些国家公园参观的游客中也有很多会来纳尔逊转转。

纳尔逊 前往方法

新西兰航空运营从克赖斯特彻奇（基督城）、奥克兰和惠灵顿飞往纳尔逊机场（Nelson Airport）的直飞航班。从克赖斯特彻奇（基督城）出发每天 4~7 班，约需 50 分钟。峡湾航空公司还运营从惠灵顿到纳尔逊的航班。

长途巴士方面，城际／纽曼长途巴士公司每天运营 1 班从克赖斯特彻奇（基督城）出发的巴士，需要在皮克顿转车。另外，从福克斯冰河出发每天也有 1 班，约需 11 小时。Atomic Shuttles 公司的情况跟城际／纽曼长途巴士公司一样。城际／纽曼长途巴士公司的车站设在大桥街（Bridge St.）上的纳尔逊旅游中心（Map p.190-A·B1），Atomic Shuttles 公司的车站设在旅游咨询处 i-SITE 内。

纳尔逊 漫 步

纳尔逊市区的核心区域是大教堂所在的特拉法尔加广场（Trafalgar Square）。从广场向北延伸的特拉法尔加街（Trafalgar St.）、在特拉法尔加街中段与其交会的大桥街（Bridge St.）是两条商业街，街上商店、餐馆等密集分布。旅游咨询处 i-SITE 位于特拉法尔加大街与哈利法克斯街（Halifax St.）的交叉口，里面还有 DOC 游客中心。

特拉法尔加街是一条主要的步行街

南岛

纳尔逊

克赖斯特彻奇
（基督城）

人口 4 万 6437 人
URL www.nelsonnz.com

航空公司
新西兰航空公司（→ p.489）
峡湾航空公司（→ p.223）

纳尔逊机场
Map p.191–A1
☎（03）547-3199
URL www.nelsonairport.co.nz
✈ 距离纳尔逊市中心约 8 公里。从机场到市区可乘坐机场巴士或出租车。出租车费用约为 NZ$23~。

机场巴士公司
Super Shuttle
FREE 0800-748-885
URL www.supershuttle.co.nz
🚌 机场↔纳尔逊市中心
1 人　NZ$19
2 人　NZ$23
3 人　NZ$27

主要的出租车公司
Nelson City Taxis
FREE 0800-108-885
URL www.nelsontaxis.co.nz

主要巴士公司（→ p.489）
城际／纽曼长途巴士公司
Atomic Shuttles 公司

旅游咨询处 i-SITE
Nelson i-SITE Visitor Centre
Map p.190–A1
🏠 75 Trafalgar St.
☎（03）548-2304
URL www.nelsonnz.com
🕐 周一~周五 8:30~17:00
　 周六·周日 9:00~16:00
休 无

纳尔逊的市内交通
Nelson Coachlines
☎（03）548-0285
URL www.nelsoncoachlines.co.nz
　 主要运营从纳尔逊旅游中心到纳尔逊市中心及西南部的市区巴士。运营线路图和时刻表可在旅游咨询处 i-SITE 领取。

基督大教堂
☎ (03) 548-1008
URL nelsoncathedral.org
开 8:00～17:00
（各季节有所不同）
费 免费（可以募捐）

基督大教堂
Christ Church Cathedral

Map p.190-B1

　　纵然克赖斯特彻奇（基督城）的大教堂声名远播，但纳尔逊的大教堂也是这座小城的象征。第一代教堂始建于 1851 年，如今的大教堂已是第三代了。尽管 1925 年就开始了第三代的修缮工程，但是由于郊区发生了地震，同时受制于外观争议以及资金问题，设计方案不得不几经修改，于 1972 年才最终建成。大教堂的内部对外开放，游客可以看到由大理石和芮木泪柏精制而成的日常用品及精美绝伦的彩色玻璃。

大教堂的入口处位于尖塔南边

通过彩色玻璃照射进来的阳光
在教堂内营造出梦幻的空间

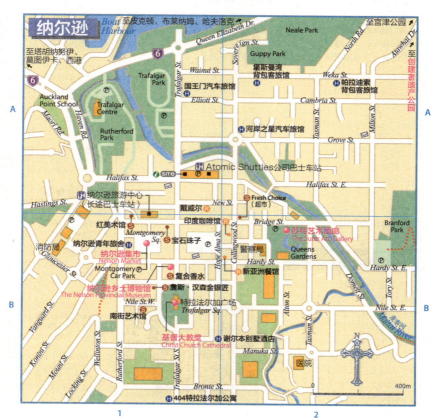

苏特艺术画廊
The Suter Art Gallery

Map p.190-B2

这是一家位于市中心附近的安静的皇后花园。大桥街一侧的瓦顶小建筑被改造成了一间美术馆。每1~2个月会改变展览的内容，主题五花八门。美术馆内有一个剧场，使用环绕音响播放电影，还会举行现场演出。

美术馆内的小店出售当地艺术家的作品。能欣赏花园的咖啡馆也常常人头攒动。

展示了国内外艺术家的绘画和工艺美术作品

创建者遗产公园
Founders Heritage Park

Map p.191-A2

公园里到处都能见到19世纪后半叶的银行和商店等建筑，再现历史城池的大规模展览是这里最大的看点。园内还有利用古建筑改造而成的旧书店和咖啡馆，让人有种时光穿梭的错觉。此外，还有过去的巴士和飞机也向游客开放，从这些可以了解当地产业和技术的发展概况。

园内还有一家传承6代的老字号酒庄，游客在这里可以品尝到源自16世纪、由传统德国工艺酿造的美味啤酒。公园内全年都有各类活动，无论什么时候来这里游玩都不会让你失望而归。

这里的街区仿佛电影中的布景

苏特艺术画廊
住 208 Bridge St.
☎ (03) 548-4699
URL www.thesuter.org.nz
开 9:30~16:30
休 无
费 免费

还有一家美术馆商店

创建者遗产公园
住 87 Atawhai Dr.
☎ (03) 548-2649
URL www.founderspark.co.nz
开 9:00~16:30
休 无
费 成人 NZ$7、儿童免费
交 距旅游咨询处 i-SITE 有大概15分钟的步行路程。入口位于靠近 Atawhai Dr. 的一侧。

创建者有机酒庄
☎ (03) 548-4638
URL foundersbrewery.co.nz
开 9:00~16:30
　　（各季节有所不同）
休 无

可以品尝到6种当地的啤酒

納爾遜鄉土博物館

Cnr.Hardy St. & Trafalgar St.

☎ （03）548-9588

URL www.nelsonmuseum.co.nz

開 周一~周五 10:00~17:00
周六·周日 10:00~16:30

費 成人 NZ$5、儿童 NZ$3
（展览另收费）

前往新西兰地理中心碑的交通方式

Milton St. 沿线的 Botanics Sports Field 和 Maitai Rd. 布兰福德广场都有一条步道通向新西兰地理中心碑。两条线路都需要 1 小时左右。线路要穿过森林，因此请提前备好适合步行的服装、鞋子和饮用水。

从新西兰地理中心碑所在的观景台可将小城一览无余

戴维斯观景台
Map p.191-A2

交 从纳尔逊市中心沿着 Rocks Rd. 向西南方向行进，在 Richardson St. 左拐，然后在 Princes Dr. 右拐。开车 5 分钟即到。

帕蒂山丘
Map p.191-A1

交 从纳尔逊市中心沿着 Rocks Rd. 向西南方向行进，在 Bisley Ave. 左拐。之后在第一个环形交叉路口右转即到。

前往塔胡纳努伊海滩的交通方式

坐上开往里士满（Richmond）方向的巴士，约 10 分钟后在 Tahunanui 下车。

这里晴天的日子多，当地市民也很喜欢在这里休闲。还能看到慢跑者的身影

纳尔逊乡土博物馆　　　　　Map p.190-B1
The Nelson Provincial Museum

博物馆内除了展示当年欧洲殖民者的资料外，还以图片等形式详细介绍了亚伯·塔斯曼国家公园的设立始末。其中反映 19 世纪末纳尔逊的历史的纪录片 *Town Warp* 很值得一看。馆内还展示了毛利工艺品，可以简单地体验一下。

除常设展览外，还有当地艺术家举办的美术展

新西兰地理中心碑　　　　　Map p.191-A2
The Centre of New Zealand

地理学上的中心点，如澳大利亚的爱丽丝温泉等，很多都成为著名的景点。而新西兰的中心点位于纳尔逊市内。具体位置是市中心东侧的森林公园 Botanical Reserve 中。花 20~30 分钟登上一座小山丘的山顶，一座象征新西兰中心点的纪念碑便矗立在那里，从这里可以很轻松地看到市区的街景。

纳尔逊的观景台　　　　　Map p.191-A1·2
Lookouts

纳尔逊市区靠近海岸的地方，有一大片被称为巨石岸 Boulder Bank 的沙滩。从市内西侧的高地上可以一睹这片美丽的风景。最热门的观景台有戴维斯观景台（Davis Lookout）和帕蒂山丘（Paddy's Knob）。位于巨石岸前方的豪拉斯霍雷岛（Haulashore Island）上树木郁郁葱葱，与它的友好城市湖北省黄石市如出一辙。从市区前往这两个观景台只能坐车，但是没有巴士。

从戴维斯观景台看到的景色

塔胡纳努伊海滩　　　　　Map p.191-A1
Tahunanui Beach

距离市中心 5 公里的塔胡纳努伊（当地人称为塔胡纳 Tahuna）是一条有长长沙滩的美丽海滩。一到夏季的周末，这里满满当当全是游客，有的来郊游，有的享受海水浴，还有玩帆板的人群，一派热闹的景象。海滩上还有迷你高尔夫球场和给孩子们建的小型动物园等景点，适合家庭出游者。

世界穿着艺术和老爷车博物馆
World of Wearable Art & Classic Cars Museum

Map p.191-A1

在艺术气息浓厚的纳尔逊，最令人兴奋的盛典莫过于一年一度的世界穿着艺术大奖。所谓"穿着艺术"，其实就是穿衣的艺术。自1987年以来，运用各种各样的材料和科技，全球诞生了大量富有想象力的服饰。这家艺术馆展示了过去的部分获奖作品。而在老爷车博物馆，游客除了可以观赏到珍贵的古董车外，还能了解到汽车技术和趋势的发展轨迹。

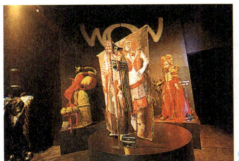

很多充满想象力的梦幻作品

世界穿着艺术和老爷车博物馆

🏛 Cadillac Way off.Quarantine Rd.Annesbrook
☎ （03）547-4573
URL www.wowcars.co.nz
🕐 10:00~17:00
休 无
💰 成人 NZ$24、儿童 NZ$10
🚌 乘坐开往里士满方向的巴士，约15分钟后在Annesbrook下车，然后步行5分钟左右即到。

造型精致

世界穿着艺术大奖
　　发布获奖作品的时装秀每年秋天在惠灵顿举办。
URL worldofwearableart.com

Column　艺术家云集的小城——纳尔逊

去画廊和商店"寻宝"

由于气候温暖，纳尔逊盛产瓜果。大概是被小城清丽的环境吸引，这里成了众多艺术家云集的知名艺术城。绘画、玻璃工艺、金属雕刻等，艺术门类齐全。除艺术馆外，还有工坊商店一体店铺，游客可以参观制作过程。旅游咨询处 i-SITE 提供艺术馆和商店的导览图，游客可以一边逛街，一边搜寻心仪的工艺品。

在纳尔逊的艺术馆中，有一处不得不提，这就是世界穿着艺术和老爷车博物馆。博物馆展示了当地极富个性的新潮服饰，很受欢迎。

宝石珠子（→ p.195）的制作现场

可以作为逛街的参考

红美术馆
Red Art Gallery

Map p.190-B1
🏠 1 Bridge St. ☎（03）548-2170　🕐 周一～周五 8:00~16:00　周六 10:00~14:00　休 周日　URL redartgallery.com

在卡罗琳和萨拉共同经营的美术馆，展示了30余位艺术家的"看家"作品。馆内还有一间优雅的咖啡馆。

去集市淘宝吧

每周六，蒙哥马利广场上都有纳尔逊集市。这是一个拥有30多年历史的集市，可以在那里找到当地艺术家的作品。

纳尔逊集市 The Nelson Market
Map p.190-B1　🏠 Montgomery Sq.　☎（03）546-6454
URL www.nelsonmarket.co.nz　🕐 周六 8:00~13:00

旅游咨询处
DOC Rotoiti / Nelson Lakes Visitor Centre
Map p.194
🏠 View Rd.St.Arnaud
☎ （03）521-1806
🕐 8:00~16:30
（各季节时间有所不同）
休 无

还能咨询天气信息

前往纳尔逊湖国家公园的交通方式

从纳尔逊市中心沿6、63号公路前进约100公里。从纳尔逊到罗托缇湖畔小城圣阿诺有穿梭巴士，路上约需2小时。从皮克顿出发也有直达车，约需1小时30分钟（需要预约）。

巴士公司
Nelson Lakes Shuttles
☎ （03）547-6896
🔗 www.nelsonlakesshuttles.co.nz
🚌 夏季的周一、周三、周五
💰 纳尔逊 ~ 圣阿诺
单程 NZ$50（需要预约）
皮克顿 ~ 圣阿诺
单程 NZ$60（需要预约）

周边的滑雪场
Rainbow Ski Area
☎ （03）521-1861
🔗 www.skirainbow.co.nz
距离圣阿诺约32公里，旺季（7月中旬~10月中旬，需要预约）时，巴士会从圣阿诺前面出发。

纳尔逊湖国家公园
Nelson Lakes National Park

Map p.194

从罗托缇湖畔线路上欣赏到的美景

这家国家公园位于从纳尔逊驱车约1小时30分钟的内陆地区。靠近南阿尔卑斯山脉北侧的尽头。大约8000年前，由后退的冰河痕迹形成了一片富于变化的风景。公园的主体是两个美丽的冰河湖——罗托罗阿湖（Lake Rotoroa）和罗托缇湖（Lake Rotoiti）。这里盛行露营、徒步游、水上的士等休闲活动。周边还有彩虹滑雪场（Rainbow Ski Area）和罗伯特山雪上运动俱乐部（Mt.Robert Snow Sports Club），可以尽享滑雪的乐趣。

旅行的集合地位于罗托缇湖畔的圣阿诺（St.Arnaud）。在另一侧的罗托罗阿湖边也有一个叫罗托罗阿（Rotoroa）的小村，从纳尔逊及其周边有巴士开放以上两地。

由于这个国家公园主要是自然景观，因此能提供给游客的观光相关设施相关较少。在功能相对完善的圣阿诺，既有住宿地，也能采购日常用品和食品。而罗托罗阿的住宿设施要么是面向登山者的简朴露营地，要么是高级旅馆，可谓两极分化。

公园内有多条修整好了的步行线路，从圣阿诺即可轻松步行。游客可以花几天时间走走环游线路，也可以去挑战山岳线路。

商店
Shop

Map p.190-B1

南街艺术馆
South Street Gallery

◆ 这家独门独院的艺术馆商店位于新西兰科洛尼亚式民宅聚集的南街。店内摆满了当地陶艺师的作品。从色彩缤纷到充满古朴感情怀，这里的商品个性鲜明。菜碟和杯子 NZ$15~，价格亲民。

住 10 Nile St.W.
☎/FAX （03）548-8117
URL www.nelsonpottery.co.nz
營 周一～周五 8:30~16:30
　 周六·周日 10:00~16:00（各季节时间有所不同）
休 无
CC AMV

Map p.190-B1

复合香水
Aromaflex

◆ 新西兰第一家香水店。店内有多种采用有机原料生产的精油，达 100 余种，5mL 的小瓶装 NZ$7.5~。还有一些店内调配的商品和喷雾类商品。

住 280 Trafalgar St.
☎ （03）545-6217
FAX （03）545-6216
URL www.aromaflex.co.nz
營 周一～周五 9:00~17:30
　 周六 10:00~16:00
休 周日 CC MV

Map p.190-B1

詹斯·汉森金银匠
Jens Hansen Gold & Silversmith

◆ 这家经营金银珠宝的店铺内设计了电影《魔戒》和《霍比特人》中使用的指环，并因此一跃成为一家名店。在电影中亮相的指环 "The One Ring" 的镀金复制品价格为 NZ$195~。这里还卖婚戒。

住 320 Trafalgar Sq.
☎ （03）548-0640
URL www.jenshansen.com
營 周一～周五 9:00~17:00
　 周六 9:00~14:00
休 周日
CC ADJMV

Map p.190-B1

宝石珠子
Jewel Beetle

◆ 主要销售两位女性艺术家的作品，甲壳虫造型的多彩珠宝种类丰富。另外还有可爱的几维鸟吊坠和马鞍造型的耳钉。价格为 NZ$69~。

住 56 Bridge St.
☎/FAX （03）548-0487
URL jewelbeetle.co.nz
營 周一、周二、周五 9:30~16:00 周三、周四 9:30~17:00 周六 10:00~13:00
休 周日
CC MV

餐馆
Restaurant

Map p.190-A1

戴威尔
Deville

◆ 内部装修和院子都充满了艺术气息。院子里有时会看到举家出游的住客。以养生类菜品为主，早餐 NZ$11.5~，午餐 NZ$14.5~。墨西哥菜油炸玉米粉饼 NZ$18 也颇受青睐。

住 22 New St.
☎ （03）545-6911
URL www.devillecafe.co.nz
營 周一～周四、周六、周日 8:00~16:30
　 周五 8:00~Late
休 无
CC DMV

印度咖啡馆
The Indian Café

◆店主是印度人。仅鸡肉咖喱就有 7
种，可外带。口感醇厚、略带辣味的
的黄油鸡肉咖喱售价 NZ$17.98。4 种
咖喱配米饭的午餐套餐为 NZ$9.98。
还有 NZ$12.98 的素菜。

Map p.190-B2

住 94 Collingwood St.
☎ （03）548-4098
URL www.theindiancafe.com
營 周一～周五 12:00~14:00、17:00~ Late
　　周六·周日 17:00~Late
休 无
CC AJMV

新亚洲餐馆
New Asia Restaurant

◆基本都是口味比较清淡的菜品，包
括扬州炒饭 NZ$13.5~ 和馄饨 NZ$7.5
等。在炒面、油炸菜和糖醋里脊等超
过 12 种美食中，相信总有一款能征
服你的胃。外带 NZ$7.9~。

Map p.190-B2

住 279 Hardy St.
☎ （03）546-6238
URL www.theindiancafe.com
營 周一～周五 11:30~14:30、16:30~
　　Late 周六·周日 16:30~Late
休 无
CC AJMV

船屋
Boat Shed

◆建在水面上的餐馆。顾客可以一
边欣赏塔斯曼湾的美景，一边享用
用新鲜海鲜制作的地中海风味美食。
主厨推荐的菜品 NZ$45~、带甜品的
价格为 NZ$57.5~。还供应羔羊臀肉
NZ$32.5~ 等肉菜。

Map p.191-A2

住 350 Wakefield Quay
☎ （03）546-9783
URL www.boatshedcafe.co.nz
營 周一～周五 10:00~Late
　　周六·周日 9:30~Late
休 无
CC DMV

住 宿
Accommodation

谢尔本别墅酒店
Shelbourne Villa

◆距离购物区仅 5 分钟左右步行路
程，地理位置优越。所有房间都带浴
室和空调，并且各个房间拥有各自不
同的装修风格。含在房费里的全套早
餐深受住客好评。

Map p.190-B1

住 21 Shelbourne St.
☎ （03）545-9059
📱 （027）447-4186
URL www.shelbournevilla.co.nz
费 D T NZ$275~436
房间数 4
CC AJMV

国王门汽车旅馆
Kings Gate Motel

◆距离市中心仅 5 分钟左右的步行路
程。全单元都有温泉浴池，还有免费
洗衣房和 BBQ 设施等，基础设施完
善。夏季可用温水泳池。

Map p.190-A1

住 21 Trafalgar St.
☎ （03）546-9108
FREE 0800-104-022
FAX （03）546-6838
URL www.kingsgatemotel.co.nz
费 D T NZ$115~
房间数 11
CC ADJMV

巴尔莫勒尔汽车旅馆
Balmoral Motel

◆ 旅馆位于塔胡纳努伊地区一个海滩边的幽静住宅区内。各个单元的空间都很宽敞。厨房内设备足够使用。有带温泉浴池的房间和可容纳 6 人居住的家庭房，适合长期旅行者。

住 47 Muritai St.
☎（03）548-5018
FREE 0800-222-413
URL nelsonmotel.co.nz
费 Ⓢ Ⓓ NZ$110~
房间数 14
CC ADJMV

河岸之屋汽车旅馆
Riverlodge Motel Apartments

◆ 距离市中心仅 5 分钟左右步行路程。白色设计风格的房间面积虽然不大，却很精致，适合居住。早餐可以享用到新鲜的蔬菜和当季水果，大受欢迎。

住 31 Collingwood St.
☎（03）548-3094
FAX（03）548-3093
URL www.riverlodgenelson.co.nz
费 Ⓢ Ⓓ Ⓣ NZ$110~
房间数 12
CC ADJMV

纳尔逊青年旅舍
YHA Nelson

◆ 虽然位于市中心，价格却不高。厨房和休息室非常宽敞。在活动室可以玩乒乓球和投镖游戏。旅馆内配有桑拿房和烧烤区。租借自行车费用为 NZ$25~。

住 59 Rutherford St.
☎（03）545-9988
URL www.yha.co.nz
费 Share NZ$26~36 Ⓢ NZ$60~70 Ⓓ Ⓣ NZ$99~110
房间数 32
CC MV

塔斯曼湾背包客旅馆
Tasman Bay Backpackers

◆ 旅馆的院子里树木葱茏，宛如世外桃源。内部装修时尚而明丽。每晚 8:00 有巧克力布丁供应。公共浴室也很整洁、卫生。

住 10 Weka St.
☎（03）548-7950
FREE 0800-222-572
URL www.tasmanbaybackpackers.co.nz
费 Dorm NZ$26~ Ⓓ Ⓣ NZ$74~
房间数 65 张床
CC MV

帕拉迪索背包客旅馆
Paradiso Backpackers

◆ 由私人住宅改建而成的大型旅馆，旅馆内还有一个排球场地。住客可免费使用泳池、温泉泳池和桑拿房等设施。还有烧烤区。

住 42 Weka St.
☎（03）546-6703
FREE 0800-269-667
FAX（03）546-7533
URL www.backpackernelson.co.nz
费 Dorm NZ$25~ Ⓓ Ⓣ NZ$66
房间数 120 张床
CC MV

404 特拉法尔加公寓
404 Trafalgar Apartments

◆ 这家公寓式旅馆最大的特色是房间超大。所有房间都有带波浪形浴缸的温泉浴池、专用洗衣房和简易厨房，居住舒适。除了提供旅游咨询外，还有前往机场的接送服务。

住 404 Trafalgar St.
☎（03）539-4046
URL www.404.co.nz
费 Ⓓ Ⓣ NZ$245~
房间数 5
CC MV

厨房（所有房间）厨房（部分房间）厨房（共用）吹风机（所有房间）浴缸（所有房间）泳池 上网（所有房间/收费）上网（部分房间/收费）上网（所有房间/免费）上网（部分房间/免费）

位于南岛最北端的科灵伍德
是一个安静的小镇

黄金湾 *Golden Bay*

　　1642 年，荷兰航海家亚伯·塔斯曼将该地方命名为 "Murderer's Bay（杀人者湾）"。由于 1843 年内陆地区发现了金矿，于是地名也变成了今天大家看到的这个美丽的名称。19 世纪 50 年代，一度要将科灵伍德 Collingwood（当时的名称是吉布斯城 Gibbstown）定为首都，其繁华程度可见一斑。但是无节制的淘金热导致这里的资源渐渐枯竭。现在，它的周边是国家公园，是一片原始自然保护区。

主要巴士公司
黄金湾巴士快线
☎（03）525-8352
URL goldenbaycoachlines.
co.nz
🚌 从纳尔逊出发 15:15
　　从塔卡卡出发 9:15
　　可以在纳尔逊的旅游咨
询处 i-SITE 或酒店等地预
订。

ℹ **旅游咨询处**
**Golden Bay Visitor
Centre**
Map p.202-A1
🏠 Willow St.Takaka
☎（03）525-9136
URL www.goldenbaynz.co.nz
🗓 夏季
　　周一～周日 9:00~17:00
　　（各季节时间有所不同）
　　冬季
　　周一～周五 10:00~15:00
　　周六 10:00~13:00
🚫 冬季的周日

塔卡卡的旅游咨询处是一栋
醒目的白色建筑

黄金湾 前往方法

　　黄金湾巴士快线（Golden Bay Coachlines）运营从纳尔逊出发，途经塔卡卡（Takaka），前往科灵伍德（Collingwood）的巴士。1 天 1 班，约需开行 3 小时。还有一条从塔卡卡出发，经过希菲步行道，最后返回塔卡卡的巴士线路，也是 1 天 1 班，抵达希菲步行道约需 1 小时。

黄金湾 漫 步

　　该地区的中心城市是塔卡卡（Takaka）。旅游咨询处、银行和各种商店都集中在那里。
　　位于 60 号公路尽头的科灵伍德（Collingwood）是一个比塔卡卡还小的小镇，但是也有餐馆和超市等设施，不会让人感觉到生活不便。小镇的邮局兼有旅游咨询处的功能。

普普泉
Pupu Springs

Map p.198

普普泉的全称是蒂怀科鲁普普泉（Te Waikoropupu Springs），不过当地人一般都亲切地称它为普普泉。在新西兰所有的泉水中，这汪泉一天的出水量是最大的，不仅如此，它的透明度也非常高。砂砾在泉水中跃动的样子甚是美丽，相信你一定会被它迷上。普普泉发源自塔卡卡河，确切地说是塔卡卡河上游的河床地下的一条暗河。当时，为了证明普普泉是一条暗河，当地还做了一个大型试验。试验过程是趁夏季塔卡卡河

普普泉全程清澈见底

枯水期到来前，从上游的大坝放水，以此测算泉水的水位变化情况。

游客可以在两口泉旁边的步道上散步，主泉往返大概需要30分钟，两口泉都走，往返大概45分钟。

送别角
Farewell Spit

Map p.198

这片看上去光怪陆离的地形，事实上是一个沙堤。被侵蚀的西海岸岩盘在洋流影响下被带到这里，经年累月堆积形成了今天的沙堤，长约35公里，平均宽度为800米左右。17世纪的荷兰航海家亚伯·塔斯曼也曾到过这里，但是给它命名的是詹姆斯·库克。作为库克一行1770年新西兰之行的最后一站，这个海角也被称为"送别角（有'分别、再见'之意）"。

这个海水浅且海滩长的海域是海难高发区，为此，1870年在它的尖角处建了一座灯塔。曾有人在此值班守夜，自1984年实现自动化后，灯塔也实行了无人化管理。为了让过往的船只看到陆地，值班者在这里种了不少树木。沙堤内侧海水清浅，潮水涨落差异明显，因此也经常发生鲸鱼搁浅事件。沙堤尖角处也是海鸟的栖息地，生活着多达90种以上的海鸟，它们大多隶属鹬科。这些海鸟在9月~次年3月迁徙到这里，等南半球冬季一到，又飞回西伯利亚的冻土带和阿拉斯加等北半球各地。

位于沙堤尖角处的灯塔

南岛 ● 黄金湾

FAX（03）546-9612
URL booking.doc.govt.nz
費 小屋 NZ$32
　　露营点 NZ$14
※ 走希菲小屋到科嗨嗨避难所的路段前需要确认潮汐信息

希菲步行道

Heaphy Track

Map p.200

连接黄金湾与西海岸的步行线路。线路全长约 78.4 公里，穿越卡胡朗吉国家公园（Kahurangi National Park）。公园内主要是山毛榉，不过温润的草原和海岸等也给这条线路增色不少。这里在历史上曾是毛利人用来运输从西海岸采集来的翡翠的线路。

中途有山间小屋和露营点，游客一般会选择在这些地方留宿，走完全程需 4~6 天。从科灵伍德走到西海岸是一条热门的线路。走这条线路，先要穿过布朗小屋至佩里马鞍小屋（Perry Saddle Hut）之间海拔落差较大的路段，这也是线路中最陡的部分。最后走上一段美丽海岸边的平坦路面。整体而言，这条线路不算陡峭，走起来也比较轻松，但是由于路途遥远，因此需要带足装备。

山间小屋和露营点都需要预约，可以在出发前在纳尔逊、莫图伊卡和塔卡卡等地的 DOC 办事处购买住宿券。线路东端距离科灵伍德有 28 公里，西端距卡拉梅阿（Karamea）约 15 公里，可以分别乘坐巴士、出租车抵达。巴士会根据季节和乘客人数调整运营时间，因此需要事先在 DOC 办事处确认清楚。线路两端（布朗小屋、科嗨嗨避难所）都安装了电话，可以用它预约交通工具。

希菲步行道

住宿

Accommodation

安妮的涅磐旅馆
Annie's Nirvana Lodge
塔卡卡

◆位于塔卡卡市区的一家气氛温馨的 YHA/BBH。免费出租自行车，可骑行至普普泉。还有露天烧烤区。

Map p.202-A1

住 25 Motupipi St.Takaka　TEL（03）525-8766
URL www.nirvanalodge.co.nz
費 Dorm NZ$28~ ⑤ NZ$53~ ⑩⑪ NZ$66~
房间数 8　CC MV

莫化汽车旅馆
Mohua Motels
塔卡卡

◆一家位于塔卡卡市中心、设施完备的四星级汽车旅馆。宽阔的草坪上划出了一片烧烤区。

Map p.202-A1

住 22 Willow St.Takaka　TEL（03）525-7222
FREE 0800-664-826　FAX（03）525-7199
URL www.mohuamotels.com
費 ⑤⑩ NZ$135~　房间数 20　CC ADJMV

科灵伍德旅馆
The Innlet
科灵伍德

◆距离科灵伍德以北约 10 公里的一家背包客旅馆和汽车旅馆。前方 200 米就是海滩。附近还有步行线路。

Map p.198

住 1 Pakawau Rd.Collingwood　TEL（03）524-8040
URL www.theinnlet.co.nz
費 ⑤ NZ$69~ ⑩⑪ NZ$80~　房间数 9　CC MV

萨默塞特之家背包客旅馆
Somerset House Backpackers
科灵伍德

◆位于科灵伍德市中心的一家旅馆。免费提供自行车、皮划艇和早餐面包。

Map p.198

住 12 Gibbs Rd.Collingwood　TEL（03）524-8624
URL www.backpackerscollingwood.co.nz
費 Dorm NZ$28~ ⑤ NZ$46~ ⑩⑪ NZ$70~
房间数 6　CC MV

🍳厨房（所有房间）　🍳厨房（部分房间）　🍳厨房（共用）　💨吹风机（所有房间）　🛁浴缸（所有房间）
🏊泳池　📶上网（所有房间/收费）　📶上网（部分房间/收费）　📶上网（所有房间/免费）　📶上网（部分房间/免费）

亚伯·塔斯曼国家公园
Abel Tasman National Park

海岸线层次分明的普卡提湾

在位于南岛北部附近的亚伯·塔斯曼国家公园内可以尽情地玩海上皮划艇，还能在海岸步道上欣赏美丽的海景，备受游客推崇。这个公园面积只有225平方公里，是新西兰所有国家公园中规模最小的，不过游客数量却排在首位。这有赖于它温暖的气候及长年均可游玩的娱乐项目。

它的名称取自荷兰探险家亚伯·塔斯曼的姓名。1642年，亚伯·塔斯曼（→p.204）成为首位发现新西兰的欧洲人。

URL www.abeltasman.co.nz

主要巴士公司
亚伯·塔斯曼巴士快线
☎（03）548-0285
（纳尔逊）
URL www.abeltasmantravel.co.nz
黄金湾巴士快线（→p.198）

主要的租车公司
Bay Rentals Motueka
☎（03）528-7664
URL www.bayrentalsmotueka.co.nz

旅游咨询处 *i-SITE*
Abel Tasman i-SITE Visitor Centre
Map p.202-B1
20 Wallace St.Motueka
☎（03）528-6543
URL www.motuekaisite.co.nz
开 夏季
周一～周五 8:30~17:30
周六·周日 9:00~17:00
冬季
周一～周五 9:00~16:30
周六·周日 9:00~16:00
休 无
从莫图依卡市区的60号公路开始，在进入Wallace St.时即可看到。在这里还可预约、销售山间小屋的住宿券。

主要的水上出租车公司
Abel Tasman Centre
☎/FAX（03）527-8176
FREE 0800-808-018
URL www.abeltasmancentre.co.nz

亚伯·塔斯曼国家公园 前往方法

国家公园的大本营设在马拉霍（Marahau）。隶属于城际/纽曼长途巴士公司的亚伯·塔斯曼巴士快线（Abel Tasman Coachlines）等公司运营从纳尔逊出发，途经莫图依卡（Motueka）最终抵达马拉霍的巴士。1天1班，约需运行1小时45分钟。从马拉霍出发每天有1~2班。

另外，黄金湾巴士快线公司还运营从塔卡卡开往海岸步道北部的怀努伊湾（Wainui Bay）和托塔拉纽（Totaranui）的巴士。

亚伯·塔斯曼国家公园 漫步

马拉霍（Marahau）只是一个小村庄，却是前往亚伯·塔斯曼国家公园的集结地。从马拉霍向西驱车约20分钟可到达一个叫莫图依卡（Motueka）的小镇，那里有商店、餐馆和住宿地，生活十分便利，因此也可以作为前往国家公园的大本营。

坐在水上出租车上，可以近距离观察到公园内多变的地形地貌

如果走完海岸步道全程，需要花几天时间，但是选择乘坐水上出租车，不仅不会错过徒步旅行的乐趣，还能欣赏海滩及沿岸美景。水上出租车码头位于马拉霍，全年通航，出发时间依据从纳尔逊及莫图依卡开来的巴士的抵达时间来定。别忘记提前订票。

与徒步旅行结合起来就更棒了

海上皮划艇
Sea Kayak

海上皮划艇旅行社
The Sea Kayak Company
☎ (03) 528-7251
📠 (03) 528-7221
FREE 0508-25-2925
URL www.seakayaknz.co.nz
🗓 10月~次年5月
（6~9月期间，只有团员达到6人时才开团）
🎫 半日游 NZ$85~
1日游 NZ$100~
2日游 NZ$265~

在清爽的海风中，荡舟前行

一定要看看这些可爱的动物

去了亚伯·塔斯曼国家公园，在美丽的海岸线划船观景的海上皮划艇绝对不容错过。那种与海融为一体的畅快感受十分美妙。如果是配导游的体验，导游还会教你怎么划桨，因此菜鸟也完全无须担心。据说曾有82岁的老太太在这里体验过海上皮划艇。全年都能玩，夏、秋季节最热闹。

很多旅游团都是早上乘坐水上出租车从马拉霍出发，在国家公园中心下，随后开始划皮划艇。除了当天往返的旅行外，还有选择露营或在旅馆住宿的2~3天旅行。在汤加岛海洋保护区（Tonga Island）的周边可以观察新西兰毛海豹（海狗），也可以去游客较少的海滩享用午餐，还能去海岸步道徒步旅行，游玩方式多种多样，游客可根据自己的喜好和体力做出相应选择。有些旅游团组织的次数少，也有些旅游团会前往纳尔逊或莫图依卡接送，这些信息都需要事先确认好。

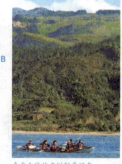
来自全球的皮划艇爱好者

亚伯·塔斯曼海岸线路
Abel Tasman Coast Track

Map p.202-A1~B1

新西兰九大步道之一,南起马拉霍(Marahau),北抵怀努伊(Wainui),全长近60公里,走完需要花3~5天(→p.420)。线路隐藏在森林与海岸之间,景色迷人,人气很高。线路整体平缓,还有部分路段需要乘坐水上出租车,因此步行的路程只有其中一个区间,不用导游带领也能挑战全程。

线路的特点之一是涨落潮时水位落差大,有些潮浸区只在退潮前后几小时内才能通行。不过打湿裤管走路也是一种愉快的体验,只是千万别忘记事先查询好潮汐的时间。

海岸线路沿线一共有4间小屋、19处露营点。需要提前购买住宿券和露营通行证。组织方不提供餐具,需要自带。也可以住在阿瓦罗瓦辣椒小屋酒店(→p.204)等地。

马拉霍 Marahau~ 安克雷奇小屋 Anchorage Hut
(约 12.4 公里,约需 4 小时)

安克雷奇小屋 Anchorage Hut~ 巴克湾小屋(Bark Bay Hut 8.4~11.5公里,需3~4小时,中途有潮汐)

要在退潮前后大概2小时内通过托伦特湾(Torrent Bay)。其他时间要通过这个海湾只能绕山路(4公里),这样大概要多花1小时。

巴克湾小屋 Bark Bay Hut~ 阿瓦罗瓦小屋 Awaroa Hut
(约 13.5 公里,约需 4 小时 30 分)

阿瓦罗瓦小屋 Awaroa Hut~ 法利法兰基湾小屋 Whariwharangi Bay Hut(约16.9公里,约需5小时35分)

阿瓦罗瓦湾 Awaroa Bay 只能在退潮前1小时30分钟、退潮后2小时内通过。

法利法兰基湾小屋 Whariwharangi Bay Hut~ 怀努伊 Wainui
(约 5.7 公里,约需 2 小时)

DOC 的网站
URL www.doc.govt.nz

山间小屋的预约申请
Nelson Marlborough
Bookings Helpdesk
(→p.200)
山间小屋　NZ$32
露营点　　NZ$14

精选短途线路

除了主要线路外,还有很多短途线路。尤其值得推荐的是从水上出租车码头的安克雷奇小屋前的海滩出发,环绕半岛尖端 Pitt Head 行走的线路,全程约需1小时20分钟。途中将穿越风光秀丽的普卡提湾(Pukatea Bay)。

一条在沙滩和森林间穿行的线路

亚伯·塔斯曼国家公园的
动感体验

海豹保护区之旅

从马拉霍乘坐水上出租车,在秀美的风景中一路北上。行进约25公里后即进入昂他胡提海滩。一到海滩,旋即改划皮划艇,开启汤加岛探索之旅。你可以一边划桨,一边细细欣赏萌萌的海狗和蓝企鹅。加上休息时间,皮划艇大概需要2小时,这其中还包含了充分与海洋生物接触的时间。

Abel Tasman Kayaks
☎ (03) 527-8022　FREE 0800-732-529　URL www.abeltasmankayaks.co.nz
10月~次年4月 8:30~13:30(夏季也会~15:00)、5月 9:00~14:00
半日游 NZ$199(须年满14周岁)　CC MV

风筝冲浪

风筝冲浪是一项将帆船的畅快与冲浪的快感结合起来的运动。放起大风筝,借助风筝拉力在海面上随心飞翔。教练会悉心指导,装备也可以租借。初学者也能放心尝试。

Kitescool
☎ 021-354-837　FREE 0800-548-326　URL www.kitescool.co.nz
9月~次年5月　半日组团学习 成人 NZ$170(也有私人学习项目)
CC MV

海景小屋酒店
Ocean View Chalets　　　马拉霍

◆从马拉霍市中心沿小山坡走 4 分钟左右，就到达能饱览海面风景的最高处，这就是海景小屋酒店的所在地。各单元独立设计，面积宽大，是山间小屋的风格。NZ$15 的自助早餐很美味。

Map p.202-B1

住 305 Sandy Bay Rd.Marahau
电（03）527-8232
URL www.accommodationabeltasman.co.nz
费 ⑤①① NZ$145~
房间数 10
CC ADJMV

谷仓酒店
The Barn　　　马拉霍

◆靠近皮划艇旅行社的一家背包客酒店，交通便利。从草地上的部分露营区可以看到大海。新建了一栋多人间宿舍楼。公共厨房很宽敞。

Map p.202-B1

住 14 Harvey Rd.Marahau
电（03）527-8043
URL www.barn.co.nz
费 Camp NZ$20~ Dorm NZ$32~
①① NZ$68~
房间数 50
CC MV

马拉霍海滩营地酒店
Marahau Beach Camp　　　马拉霍

◆位于 Abel Tasman Centre（→ p.201）内的一家旅馆，距离海滩只有 100 米。分为胶囊旅馆和青年旅舍。旅馆内设有餐厅。

Map p.202-B1

住 Waterfront.Marahau
电/FAX（03）527-8176 FREE 0800-808-018
URL www.abeltasmancentre.co.nz
费 Camp NZ$25 Dorm NZ$25 ① NZ$60
Cabin NZ$75
房间数 5（Cabin） CC MV

马术汽车旅馆
Equestrian Lodge Motel　　　莫图伊卡

◆虽然位于市中心，面积却不小，旅馆内还划有露天烧烤和郊游区。有最多能容纳 6 人的家庭房。高尔夫球场就在附近。

Map p.202-B1

住 2 Avalon Court.Motueka
电（03）528-9369 FREE 0800-668-782
URL www.equestrianlodge.co.nz
费 ⑤①① NZ$130~
房间数 15
CC ADJMV

帽子戏法小屋旅馆
Hat Trick Lodge　　　莫图伊卡

◆这家背包客旅馆位于市中心，在旅游咨询处 i-SITE 和巴士车站的正对面，位置极佳。旅馆有足够大的停车场和烧烤区。厨房和大堂也十分宽敞。

Map p.202-B1

住 25 Wallace St.Motueka
电（03）528-5353
URL www.hattricklodge.co.nz
费 Dorm NZ$27~ Share NZ$30~
①① NZ$31~
房间数 51 张床
CC MV

阿瓦罗瓦辣椒小屋酒店
Peppers Awaroa Lodge　　　海岸线路

◆坐落于阿瓦罗瓦湾的一家高档酒店。各单元独立设计，有最多能容纳 6 人的家庭房。酒店餐馆供应的餐点十分美味。

Map p.202-A1

住 11 Awaroa Bay.Motueka
电（03）528-8758 FREE 0800-275-373
URL www.peppers.co.nz/awaroa
费 ①① NZ$189~549
房间数 26
CC ADJMV

Column　荷兰航海家亚伯·塔斯曼

　　亚伯·扬松·塔斯曼 Abel Janszoon Tasman（1603~1659）是一位荷兰探险家。也有人称他为阿贝尔·扬松·塔斯曼。他率舰队赴南太平洋探险，发现了澳大利亚南部的塔斯马尼亚岛。之后又来到新西兰南岛的西海岸，并于 1642 年 12 月 18 日在现在的怀努伊附近命令两艘船暂作休整。但是第二天早上却发生了意想不到的事。两艘船被大量毛利独木舟攻击，其中 4 名船员被杀。塔斯曼急令撤退，并给该地取了一个恐怖的名称——"杀人者湾"。这就是后来的黄金湾。塔斯曼随后沿北岛东海岸北上，试图再度登陆，不幸的是又遭到了当地原住民的攻击。最终，塔斯曼未登岛便遗憾地踏上归途。塔斯曼将这个国家命名为斯塔兰，不知何时起，一个与荷兰地名泽兰省相近的叫法"诺沃泽兰蒂亚"出现了。首位踏上这片土地的欧洲人是 127 年后的詹姆斯·库克（→ p.370）。

厨房（所有房间）　厨房（部分房间）　厨房（共用）　吹风机（所有房间）　浴缸（所有房间）
泳池　上网（所有房间/收费）　上网（部分房间/收费）　上网（所有房间/免费）　上网（部分房间/免费）

阿瑟隘口国家公园

Arthur's Pass National Park

可以抵达环境清幽的高山国家公园的南岛高山观景火车

位于南岛南阿尔卑斯山脉北端的山口名为阿瑟隘口。这其实是一条从东西向横贯南岛的通道，它在古代是毛利人前往西海岸探寻翡翠（毛利语中称为 Pounamu）的线路。1864 年，勘测员兼土木工程专家阿瑟·多布森（Arthur Dobson）开辟了这条线路，这条线路也由他的名字命名。1866 年，马车通道开通，不过山路的险路依然很难走。为了打破交通瓶颈，当时人们考虑建设一条全长 8.5 公里、穿越山区的隧道。这在当时是一项伟大的工程。开工以后，历时 15 年，终于在 1923 年竣工。之后，阿瑟隘口就渐渐地成为一个山区景点。

在这座国家公园内，海拔超过 2000 米以上的山峰中就有 16 座已被命名。以集结地阿瑟隘口村（Arthur's Pass Village）为起点，规划了多条线路。即便从克赖斯特彻奇（基督城）出发的一日游也能充分感受大山的魅力，因此这里备受游客欢迎。

阿瑟隘口国家公园 前往方法

运营从克赖斯特彻奇（基督城）开往格雷茅斯的巴士的 Atomic Shuttles 公司和西海岸穿梭巴士（West Coast Shuttle）经停阿瑟隘口国家公园。1 天 1 班，约需 2 小时 30 分钟。从格雷茅斯出发则需 1 小时 45 分钟。

列车方面，几维铁路运营克赖斯特彻奇（基督城）至格雷茅斯的南岛高山观景火车，1 天 1 趟，这让从克赖斯特彻奇（基督城）出发的一日游变成了现实。单程约需 2 小时 37 分钟。

阿瑟隘口国家公园 漫 步

游客集结地阿瑟隘口村的中心是 i-SITE，它距离火车站 200 米，距游客中心也不过 300 米左右。长途巴士车站位于食品店阿瑟隘口商店（Arthur's Pass Store）前，商店周围有一些旅馆和餐馆等。DOC 游客中心提供周边徒步线路的详细信息，即使你走的是一条比较轻松的线路，也建议先去游客中心咨询一番。

阿瑟隘口
国家公园

克赖斯特彻奇
（基督城）

亚伯·塔斯曼国家公园／阿瑟隘口国家公园

URL www.arthurspass.com

主要巴士公司（→ p.489）
Atomic Shuttles 公司
从克赖斯特彻奇（基督城）7:30 出发
从格雷茅斯 13:30 出发

西海岸穿梭巴士
（03）768-0028
027-492-7000
URL www.westcoastshuttle.co.nz
从克赖斯特彻奇（基督城）14:15 出发
从格雷茅斯 7:45 出发

长途巴士车站
Map p.206
85 West Coast Rd.

铁路公司（→ p.489）
几维铁路
从克赖斯特彻奇（基督城）8:15 出发
从格雷茅斯 13:45 出发

旅游咨询处
DOC Arthur's Pass National Park Visitor Centre
Map p.206
State Hwy.73
（03）318-9211
10 月～次年 4 月
8:30～16:30
5～9 月
8:00～17:00
休 无

还展示徒步旅行的资料

脚下容易打滑的地方路面被
修整一新，可放心行走

阿瑟隘口国家公园的短途线路 `Map p.206、207`
Short Walks in Arthur's Pass National Park

下面这些线路所需时间短，像穿牛仔裤或轻便运动鞋这样的轻装也能征服线路，于是这种从克赖斯特彻奇（基督城）出发的一日游就显得很有乐趣。

水花四溅的魔鬼大酒杯瀑布

魔鬼大酒杯瀑布
Devil's Punchbowl Waterfall
（往返约 1 小时）

去观赏附近最高瀑布（131米）的线路。起点设在阿瑟隘口商店往北约 450 米的停车场内，从那里按标示牌行进。走到瀑布下方需要大概 30 分钟，部分路段比较陡。从新建的观景台可以感受瀑布飞流直下的震撼气势。瀑布潭周边禁止靠近。

阿瑟隘口步道　Arthur's Pass Walking
（单程 1 小时 20 分钟）

起点跟前往魔鬼大酒杯瀑布一样，因此可以将两个景点合在一起玩。几乎全程都是在树木之下的平坦道路，尽管没有让你眼前一亮的美景，但在美丽的森林中漫步也会是一种特别的体验。途中有一片被称为"新娘面纱"的、充满浪漫气息的小湿地，穿过湿地后，前方会有一段较短的颠簸路面。从起点出发 1 小时后就能走到国道，这也就意味着线路结束了。在国道上行走十分危险，所以最好原路返回。

奥蒂拉山谷　Otira Valley
（往返约 1 小时 30 分钟）

在阿瑟隘口村以北大约 6 公里的地方，穿过山口后有一个停车场，那里就是起点。沿着奥蒂拉河流经的山谷，在草丛和灌木丛中穿行。一路上没有陡峭的颠簸路段，但是部分地方脚下容易打滑，要格外小心。游客可以看到被冰河切削过后具有开阔感的山谷美景。线路终点有一座古桥，再往前走就需要可靠的装备了。尤其是冬季，有发生雪崩的危险。

至奥蒂拉、
格雷茅斯
Cons Track
阿瑟隘口步道
Arthur's Pass Walking
Scotts Track
魔鬼大酒杯瀑布
Devil's Punchbowl
Waterfall
Punchbowl Rd.
至艾肯山
艾肯山
Mt. Aicken
长途巴士车站
Arthur's Pass Store
山间小屋旅馆
阿瑟拉隧道
（全长8.55公里）
DOC阿瑟隘口国家公园
游客中心
Avalanche Creek
Avalanche Creek Shelter
Campsite
雪崩峰
Avalanche Peak
比利河
Bealey River
阿瑟隘口火车站
阿瑟隘口
高山汽车旅馆
0 　40m
N
阿瑟隘口村
克赖斯特彻奇（基督城）
至斯普林菲尔德

阿瑟隘口国家公园的徒步旅行线路　Map p.206、207
Tramping Tracks in Arthur's Park

一边欣赏高山植物一边前行

雪崩峰　Avalanche Peak
（往返 6~8 小时）

　　雪崩峰的名字果然名不虚传，大小碎石分布在山间各地，一派荒凉的光景。从海拔 1833 米的峰顶可以看到阿瑟隘口国家公园的主峰罗尔斯通山 Mt.Rolleston（海拔 2275 米）和它南面的冰河，山川景色确实壮丽无比。这样的美景吸引了不少游客，不过却不是登山初学者能轻松征服的。尤其是峰顶正下方的山脊上，不仅线路模糊，而且脚底的岩石也不太稳，在视线不好和天气恶劣时走起来十分危险。

　　起点位于 DOC 游客中心的后面，从一开始就是陡峭的坡路。在树林中视线受阻，渐行渐远的山村在树木间若隐若现的情景却是令人难以忘怀的。大约需要 1 小时 30 分钟才能穿越海拔 1200 米的森林。从那之后，视野开阔起来，眼下呈南北向延展的比利河谷一览无余。再往前，就是草丛和岩石路段，坡度也开始变得平缓。线路上每隔 20 米就有一个木牌，游客要跟着指示牌走。峰顶的正下方是这条线路的最后 100 米，这是一段狭窄的石块路面，需要慢慢攀爬。爬过去后，眼前就是峰顶！那里并没有什么标识，但是峰顶独有的壮阔风景是它最好的注脚。

雪崩峰峰顶。一定要十分留意脚底

　　可以原路返回，更多的人则选择从北侧的斯科特线路（Scott's Track）下行。这条线路从峰顶

别忘记登山申请书

登山者在走雪崩峰等需要一定经验的徒步线路，或要留住山间小屋时，需要事先申请登山证。可以用电子邮件的方式将所需信息告知对方，也可以通过网站下载专用表格，然后填入相应信息。详情请参照以下网址。

URL www.adventuresmart.org.nz/outdoors-intentions

下方与来峰顶的路分开，与原路相比，坡度要缓得多。当然，你也可以走这条路来峰顶。它的正面是魔鬼大酒杯瀑布，最后将在阿瑟隘口村北侧的国道旁穿过，全程结束。

圣殿盘　Temple Basin（往返约 3 小时）

从村子向西走 5 公里，在 73 号公路沿线有一个停车场，那里就是起点。顺着通往滑雪场的路一直向上走。大概 1 小时 30 分钟后来到一个滑雪俱乐部用的山间小屋，然后折返。如果遇上天气好的日子，可以一眼望到罗尔斯通山。从山间小屋到缆车线路的终点圣殿山坳的路段没有路标，只适合资深驴友行走。

艾肯山　Mt.Aicken（往返需 3~4 小时）

艾肯山是一座海拔 1858 米的山峰，与雪崩峰遥相呼应，两山之间隔着阿瑟隘口村。这条线路的起点设在魔鬼大酒杯瀑布的停车场。途中会从当年修建隧道时使用过的老发电站。

住宿
Accommodation

比利酒店
The Bealey

◆从阿瑟隘口沿 73 号公路向南行进 12 公里左右就到达一家安静的酒店。酒店内还没有背包客旅馆，适合团体游客居住。酒店内设餐馆。

Map p.207-B2 外
住 State Hwy .73 Main Rd.
☎（03）318-9277　FAX（03）318-9214
URL www.thebealeyhotel.co.nz
费 CabinNZ$135~ Lodge⑤ NZ$65~ ⑩⑪NZ$155~
房间数 26　CC MV

阿瑟隘口高山汽车旅馆
Arthur's Pass Alpine Motel

◆位于 73 号公路沿线、火车站南侧的一家汽车旅馆。看上去有点古旧，不过内部在装修过后非常整洁。所有单元都有浴室和洗手间，还配有冰箱、微波炉和餐具等厨房用具。第一次住汽车旅馆的游客也完全无须担忧。

Map p.206
住 52 Main Rd.State Hwy .73
☎（03）318-9233
URL www.apam.co.nz
费 ⑩⑪NZ$125
房间数 9
CC MV

阿瑟隘口荒野小屋酒店
Wilderness Lodge Arthur's Pass

◆从阿瑟隘口沿 73 号公路向南行进 16 公里，再沿考拉林路向南开 1 公里即可看到的一家全包酒店。酒店周围的环境优美，从客房内也可以看到美景。有两种房型可供选择。

Map p.207-B2 外
住 State Highway 73
☎（03）318-9246
URL www.wildernesslodge.co.nz
费 ⑤⑩⑪NZ$499~
房间数 24
CC MV

山间小屋旅馆
Mountain House

◆位于阿瑟隘口村中央的背包客旅馆。这家旅馆提供丰富的徒步旅行信息。有多种房型，除女性专用宿舍外，还有汽车旅馆和别墅等。房间的浴室和洗手间是共用的。

Map p.206
住 84 West Coast Rd.
☎（03）318-9258
FAX（03）318-9058
URL www.trampers.co.nz
费 Dorm NZ$32~⑤⑩⑪NZ$88~
房间数 65 张床　CC MV

厨房（所有房间）厨房（部分房间）厨房（共用）吹风机（所有房间）浴缸（所有房间）泳池 上网（所有房间/收费）上网（部分房间/收费）上网（所有房间/免费）上网（部分房间/免费）

西海岸 *West Coast*

位于普纳凯基的怪石林立的薄饼岩

西海岸的旅游信息
URL www.westcoastnz.com

主要巴士公司（→ p.489）
城际／纽曼长途巴士公司
Atomic Shuttles 公司

铁道公司（→ p.489）
几维铁路

　　塔斯曼海沿岸的南岛西海岸素来被认为是"边远地区"。受断崖不绝的曲折海岸线和临海群山的限制，这里交通不便，没能形成较大规模的城镇。再加上这里降雨充沛，孕育了大面积的原始森林。

　　这里自古以来就是新西兰的翡翠产地。毛利人将翡翠称为"普纳姆"（Pounamu），是制作装饰用品、制造武器的上等原料。

　　欧洲殖民者的到来，使当地在19世纪末期形成了一股煤炭和淘金热。始于1878年的西海岸北部煤炭热，终于在1910年迎来高潮，现如今这里的煤炭产业依然繁盛。金矿主要分布在格雷茅斯至霍基蒂卡一带，1865年是淘金热的鼎盛时期。不过这一带金矿储量并不大，即使幸运的人也只能找到很少的金子。

西海岸 前往方法

　　城际／纽曼长途巴士公司运营纳尔逊～福克斯冰河间的长途巴士，1天1班，途经西海岸、普纳凯基、格雷茅斯和弗兰兹·约瑟夫冰河。Atomic Shuttles 公司除该区间外，还运营克赖斯特彻奇（基督城）～福克斯冰河间的长途巴士（详请请参考各城市的信息页）。两个区间都是1天1班。

　　另外，几维铁路开行从克赖斯特彻奇（基督城）出发，途经阿瑟隘口国家公园，终抵格雷茅斯的南岛高山观景火车。

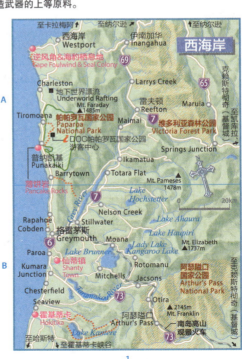

西港

克赖斯特彻奇（基督城）

人口 4035 人
URL www.buller.co.nz

主要巴士公司（→ p.489）
城际 / 纽曼长途巴士公司
Atomic Shuttles 公司

长途巴士车站
Map p.210–A2
住 197 Palmerston St.

宽阔的帕默斯顿街

旅游咨询处 ● SITE
Westport i-SITE Visitor
Centre
Map p.210–A1
住 123 Palmerston St.
☎（03）789-6658
FAX（03）789-6668
URL www.buller.co.nz
开 周一～周五 9:00~16:30
周六·周日 10:00~16:00
休 无

西海岸

西港 *Westport*

　　西港是西海岸地区为数不多的港口小城之一。在西海岸，它的面积仅次于格雷茅斯，坐落于布勒河（Buller River）畔。历史上，煤炭运输船来往繁忙，现在穿梭河面的主要是水泥运输船。煤炭挖掘仍在持续，但已没有当年的盛况。小城以北约 30 公里处的格兰尼提（Granity）周边有多座矿山。

可远眺塔斯曼海的逆风角

西港 前往方法

　　城际 / 纽曼等长途巴士公司运营的纳尔逊～福克斯冰河间的长途巴士 1 天 1 班，途经西港。从纳尔逊出发需要 3 小时 40 分钟，从格雷茅斯出发约需 2 小时 20 分钟，从福克斯冰河则需要 7 小时 20 分钟。几乎所有的巴士都经停普纳凯基（Punakaiki）著名的薄饼岩（→ p.211）景点。巴士车站位于帕默斯顿街（Palmerston St.）边的加德士加油站 Caltex 的前面。也会在旅游咨询处 i-SITE 的前面停车。

西港 漫 步

　　商店、餐馆等主要集中在与沿布勒河的帕默斯顿街（Palmerston St.）上。旅游咨询处 i-SITE 也在这条街上，距离巴士车站大约 3 个街区。

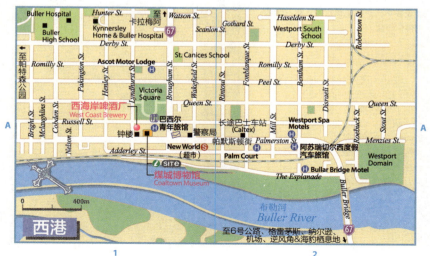

西港

Buller River

煤城博物馆
Coaltown Museum　　Map p.210-A1

　　以煤矿和金矿为主题的博物馆。模仿煤矿挖掘现场的工具让人身临其境。展厅内还有一辆可装载 8 号燃煤的大货车，不过它不是西港矿山所用，而是内陆矿山丹尼斯顿用过的货车。为了将煤炭从海拔 600 米高的地方运下来，这辆车需要在 47°的大斜坡上作业。

西海岸啤酒厂
West Coast Brewery　　Map p.210-A1

　　西港当地啤酒品牌西港啤酒 West Coast Draught 的酿造厂。工厂很小，不过游客可以参观装瓶过程，也可以试饮（需要预约）。还销售一些特色周边商品。

逆风角 & 海豹栖息地
Cape Foulwind & Seal Colony　　Map p.209-A1

　　所谓逆风角，意指"暴风之角"，由库克船长命名。海角的尖部有条步道（全长约3.4公里），在终点附近的新西兰毛海豹（海狗）栖息地，游客可从设置在崖顶的观景平台上看到海豹群。

海岸和海豹栖息地风急浪高

薄饼岩
Pancake Rocks　　Map p.209-A1

　　西港与格雷茅斯的正中间位置是一个叫普纳凯基（Punakaiki）的地方。这里的海岸都是石灰岩层，就好像把多块薄饼堆在一起。走近一看，你会发现岩石上有很多喷水孔。涨潮时，汹涌而来的海水会从岩石层中间的小孔中喷射出来。从国道沿线沿步道街一圈约需 30 分钟。

几百块薄饼岩堆积在一起的景象极其壮观

煤城博物馆
🏠 123 Palmerston St.
📞 （03）789-6658
🕐 4~11 月
　　周一 - 周五 10:00~16:00
　　周六 · 周日 9:00~16:30
　　12 月 - 次年 3 月
　　9:00~17:00
休 无
💰 成人 NZ$10、儿童 NZ$2

西海岸啤酒厂
🏠 10 Lyndhurst St.
📞 （03）789-6201
URL www.westcoastbrewing.com
🕐 周一 - 周五 9:30~17:00
　　（各季节有所不同）
休 周六 · 周日

畅饮当地啤酒

前往逆风角 & 海豹栖息地的交通方式
　　从西港沿 67 号公路向西行进约 15 公里后有一个停车场。从停车场走到灯塔大概需要 15 分钟，走到海豹栖息地约需 1 小时。栖息地附近也有停车场，因此也可以从栖息地倒着走。

前往薄饼岩的交通方式
　　从西港沿 6 号公路向南行约 56 公里即到。开往格雷茅斯的长途巴士会在普纳凯基停车。

住 宿
Accommodation

阿苏瑞切尔西度假汽车旅馆
ASURE Chelsea Gateway Motor Lodge　　Map p.210-A2

◆主干道旁的一家豪华旅馆。房间宽大整洁。在单身公寓内有阳台和花园，可以安静休息。其中 6 间房带温泉浴池。有最多可容纳 6 人的房间。

🏠 330 Palmerston St.　📞（03）789-6835
FREE 0800-660-033　FAX（03）789-6379
URL chelseagateway.co.nz
💰 Ⓢ Ⓓ Ⓣ NZ$130~　房间数 20　CC ADJMV

巴尔尔青年旅舍
Bazil's Hostel　　Map p.210-A1

◆紧挨着旅游咨询处 i-SITE。宿舍里有公用厨房、沐浴室、洗手间和带电视会客厅。有家庭房，最多可容纳 6 人居住。

🏠 54-56 Russell St.　📞（03）789-6410
FAX（03）789-6240　URL www.bazils.com
💰 Dorm NZ$26 Ⓓ Ⓣ NZ$66~
房间数 68 张床　CC ADJMV

🏠厨房（所有房间）　🏠厨房（部分房间）　🏠厨房（共用）　🏠吹风机（所有房间）　🏠浴缸（所有房间）
🏊泳池　🏠上网（所有房间/收费）　🏠上网（部分房间/收费）　🏠上网（所有房间/免费）　🏠上网（部分房间/免费）

格雷茅斯

克赖斯特彻奇
（基督城）

人口 1 万 3371 人
URL www.greydistrict.co.nz

主要巴士公司（→p.489）
城际/纽曼长途巴士公司
Atomic Shuttles 公司

西海岸穿梭巴士（→p.205）
铁路公司（→p.489）
几维铁路公司

旅游咨询处 SITE
Greymouth i-SITE
Visitor Information
Centre
Map p.213
住 164 Mackay St.
☎（03）768-7080
FREE 0800-767-080
FAX（03）768-7090
URL www.westcoasttravel.
co.nz
开 3~11 月
周一~周五 9:00~17:00
周六、周日、节假日
10:00~16:00
12 月~次年 4 月
9:00~17:00
休 无

钟楼是小城的地标，从任何
地点都能看到它

西海岸

格雷茅斯 *Greymouth*

从防洪堤上欣赏格雷河

面积不大的格雷茅斯是西海岸一带最大的城镇。过去人们曾在周边开采金矿，后来这里逐渐发展成为西海岸地区乳畜业、林业中心及海陆交通枢纽。

格雷茅斯位于格雷河（Grey River）的河口平原，当地居民通常称之为格雷。历史上，毛利人将这里唤作马维拉（Mawhera），意为"宽阔的河口地区"。在这里设置了"帕"（建有要塞的村落），并长居于此。

河口小城格雷茅斯曾多次遭遇洪水的侵袭。在 1988 年 5 月和 9 月，该区域连续爆发大规模的洪涝灾害，为应对洪水危害，当地还修建了名为格雷茅斯长城（The Great Wall of Greymouth）的防洪大堤。城镇的主要地区得到全面保护，大堤上还设有一条步道。

格雷茅斯 前往方法

Atomic Shuttles 公司和西海岸穿梭巴士公司运营从克赖斯特彻奇（基督城）经由阿瑟隘口国家公园开往格雷茅斯的巴士。两家公司的发车站都位于克赖斯特彻奇（基督城），每天 1 班，约需 3 小时 45 分钟~4 小时 15 分钟。另外，城际/纽曼长途巴士公司和 Atomic Shuttles 公司还运营从纳尔逊出发前往福克斯冰河和西海岸的巴士，这条线路也经过格雷茅斯。从纳尔逊出发每天 1 班，约需 6 小时 15 分钟；从福克斯冰河出发则需要 4 小时 45 分钟。巴士车站就设在火车站旁。

铁路方面，几维铁路运营从克赖斯特彻奇（基督城）出发的南岛高山观景火车，每天 1 趟。这条线路横穿南阿尔卑斯山，景色优美，是全球著名的观光线路。

格雷茅斯 漫 步

火车站位于格雷茅斯市中心北侧的麦凯街（Mackay St.）对面。旅游咨询处 i-SITE 就建在火车站大楼内。城际/纽曼等长途巴士公司的车都停在火车站前。沿着站前的大道向西走，不一会儿商店开始增多，而阿尔伯特商城（Albert Mall）无疑是最繁华的地段。市中心景点不多，开车最为便利。

市区也有多条步行道。如果想走一条轻松一点的线路，沿布勒河而建的大堤步道防洪墙步道（Floodwall Walk）最合适。从面向外海的防洪堤上，晴天时可看到海湾对岸的南阿尔卑斯山，景色宜人。

魔徒矢啤酒厂
Monteith's Brewing Company

`Map p.213`

一家拥有近 150 年历史的老字号啤酒

魔徒矢啤酒是西海岸的老字号，很受当地人喜爱。现在已经成为新西兰全国的知名品牌，而原厂就位于格雷茅斯。近年来，经过改造的啤酒厂开始对外开放，游客可以参观生产过程，也可以试饮。去尝尝新西兰的名优啤酒吧。

仙蒂镇
Shanty Town

`Map p.209-B1`

格雷茅斯周边区域在1865 年首次发现金矿。而仙蒂镇就是一座见证了当年淘金热的城镇。冶炼厂、银行和监狱等设施都原样复制了，有一种时光穿梭之感。小镇内还建有当时的蒸汽机车，坐车往返一次大概需要20 分钟。游客可以现场体验淘金。

还有可以喝到当地啤酒的酒店

魔徒矢啤酒厂
🏠 Cnr.Turamaha St.& Herbert St.
☎ （03）768-4149
URL www.monteiths.co.nz
🕐 11:30~19:00
🚩 旅游团
　　11:30、15:00、16:30、18:00
休 无
💰 NZ$25（参观约需 30 分钟，需要预约）

仙蒂镇
🏠 Rutherglen Rd.Paroa
☎ （03）762-6634
FREE 0800-742-689
URL www.shantytown.co.nz
🕐 8:30~17:00
休 无
💰 成人 NZ$33、儿童 NZ$16（淘金体验 NZ$7）
🚌 从格雷茅斯出发，沿 6 号公路南下 8 公里，经过小镇帕罗阿（Paroa）后，往内陆方向走 3 公里即到。

体验淘金

格雷茅斯

前往霍基蒂卡的交通方式

　　如果是从格雷茅斯出发，城际/纽曼长途巴士公司和 Atomic Shuttles 公司开往福克斯冰河的巴士都经停霍基蒂卡。需要 35 分钟~1 小时 25 分钟。

翡翠雕刻体验

Bonz's Stonz

住 16 Hamilton St. Hokitika
☎（03）755-6504
FREE 0800-214-949
URL www.bonz-n-stonz.co.nz
开 4~10 月
　　周一～周六 9:00~17:00
　　（需要预约）
　　11 月～次年 3 月
　　8:00~17:00
休 周日
费 NZ$85~（原料决定费用高低）

霍基蒂卡峡谷

Map p.209-B1 外

格雷茅斯　郊　区

霍基蒂卡　Map p.209-B1

Hokitika

　　位于格雷茅斯以南 40 公里左右的沿海小镇。流经小镇北部的阿拉呼拉河流域是西海岸地区知名的翡翠（绿玉，毛利人称为普纳姆 Pounamu），过去贩卖翡翠的毛利商人就是从这个小镇出发将商品销往全国的。小镇上有经营翡翠首饰的商店和工坊，游客可以现场体验翡翠雕刻全过程。另外，向东走 25 公里左右有一个霍基蒂卡峡谷（Hokitika Gorge）。翡翠一般的蓝绿色湖面让它与众不同，从桥上欣赏湖上风景更是浸润身心的享受。这条轻松的步行线路往返只需 15 分钟。

　　由于霍基蒂卡位于西海岸沿线，年降水量多，不过晴天依然可以透过层层云雾望到微露容姿的奥拉基/库克山的山脊线。此外当地的娱乐活动也有不少。

被眼前神秘的蓝绿色湖水征服　©Thinkstock

住宿
Accommodation

格雷茅斯金丝凯特酒店
Kingsgate Hotel Greymouth

◆位于火车站旁，交通方便。客房宽敞，气氛温馨。从有些客房可以看到格雷河。酒店内设有酒吧和餐馆。

Map p.213

住 32 Mawhera Quay　☎（03）768-5085　FREE 0800-808-228　FAX（03）768-5844　URL www.millenniumhotels.co.nz
费 S D T NZ$129~
房间数 98　CC ADJMV

黄金海岸 B&B
Golden Coast B&B

◆外观时尚的 B&B，酒店内有一个花园。装修给人沉稳感。酒店会组织旅游团前往仙蒂镇和薄饼岩。在玻璃外墙的餐馆内可用早餐。

Map p.213

住 10 Smith St.
☎（03）768-7839
URL www.goldencoastbnb.co.nz
费 S NZ$100~115 D T NZ$100~130
房间数 5　CC MV

科尔雷恩汽车旅馆
Coleraine Motel

◆从这家位于高地街沿线的旅馆步行10 分钟即到市中心。公寓式双床房最多可同时容纳 4 人居住。客房带沙发和桌子，足够宽敞，可以享受轻松时刻。

Map p.213

住 61 High St.　☎（03）768-0077
FREE 0800-270-077
URL colerainegreymouth.nz
费 S D T NZ$169~　房间数 22
CC AJMV

全球背包客青年旅舍
Global Village Backpackers

◆独具特色的内饰兼具颜色艳丽的非洲和亚洲风格，温泉浴池、桑拿和健身房等设施也一应俱全。还能免费租用皮划艇和自行车。

Map p.213

住 42-54 Cowper St.
☎（03）768-7272
URL www.globalvillagebackpackers.co.nz
费 Dorm NZ$31~ S D T NZ$78~
房间数 15　CC ADJMV

厨房（所有房间）　厨房（部分房间）　厨房（共用）　吹风机（所有房间）　浴缸（所有房间）
泳池　上网（所有房间/收费）　上网（部分房间/收费）　上网（所有房间/免费）　上网（部分房间/免费）

韦斯特兰国家公园

Westland Tai Poutini National Park

URL www.glaciercountry.co.nz

去体验有趣的冰河漫步吧

　　位于南岛西海岸中部的韦斯特兰国家公园是新西兰最高峰奥拉基／库克山西侧陡然插入海中所形成的。在气候温暖的新西兰，且距离海岸线的直线距离只有 10 公里左右的地方竟然有蕴藏冰河的壮观山色，这种多变的地形令人啧啧称奇。公园内的最大看点莫过于弗兰兹·约瑟夫和福克斯两条冰河。在奥拉基／库克山周边的 140 余处冰河中，这两条的交通最为便利，无论是谁都可以轻松体验冰河观光的乐趣。直升机和小型飞机的飞行观光以及漫步冰河等娱乐项目都值得体验。

主要巴士公司（→p.489）
城际／纽曼长途巴士公司
Atomic Shuttles 公司

铁路公司（→p.489）
几维铁路公司

韦斯特兰国家公园 前往方法

　　城际／纽曼长途巴士公司的长途巴士有两条线路，每天各 1 班。北侧线路的起点是纳尔逊，途经西港、格雷茅斯、弗兰兹·约瑟夫冰河，前往福克斯冰河。到终点福克斯冰河约需 10 小时 25 分钟。南侧线路的起点是昆斯敦（皇后镇），途经瓦纳卡、福克斯冰河，前往弗兰兹·约瑟夫冰河，全程约需 7 小时 14 分钟。Atomic Shuttles 公司的长途巴士从克赖斯特彻奇（基督城）发车至格雷茅斯，每天 1 班。也可以先从克赖斯特彻奇（基督城）乘坐南岛高山观景火车，然后在格雷茅斯换乘前往冰河的巴士。

　　从瓦纳卡出发的自驾游线路会穿越哈斯特山口（Hasst Pass），到终点冰河为止，一路都能从车上欣赏到醉人的风景。从瓦纳卡城向北行进，到达哈威亚湖、瓦纳卡湖沿岸后，再徒步走向哈斯特山口。海拔 564 米的哈斯特山口是一个分界线，这边是草原，那边是原始森林，景色差异很大。不久就来到了海边，之后顺着断崖连绵的海岸线一路向北走。

　　韦斯特兰国家公园位于奥拉基／库克山国家公园的西侧，两地之间直线距离为 50 公里左右。但是陆上的最短距离就是途经瓦纳卡和哈斯特山口的这条线路，但它也有近 480 公里。这唯一一条线路名为科普兰步道（Copland Track），需要较高的雪山登山技巧，因此只适合登山高手。

开往南阿尔卑斯山的自驾游

如果非要说说二者的区别，弗兰兹·约瑟夫冰河表面有很多大裂缝，似乎受到过强烈的冲刷。而福克斯冰河则相对更加平缓。话说回来，一般游客很难看出这两条冰河有何差异。

韦斯特兰国家公园 漫 步

韦斯特兰国家公园内，弗兰兹·约瑟夫和福克斯这两条冰河对于普通游客而言也能轻松抵达，所以人气很高。最靠近这两条冰河的村庄都与冰河同名，两个村子也都有住宿、娱乐项目公司等完善的旅游设施。若是论规模，弗兰兹·约瑟夫冰河村稍大于福克斯冰河村，政府设立的旅游咨询处 i-SITE 和 DOC 游客中心也在这个村子。不过福克斯冰河村虽然面积略小，旅游设施却一点也不滞后，开展的娱乐项目也与弗兰兹·约瑟夫冰河村完全相同。

最受欢迎的娱乐项目是乘坐直升机和小型飞机的飞行观光。飞机或停在冰河雪面上，或盘旋于冰河上空。两条航线都会起飞多个架次，但是至少需要2~4人报名才会起飞。天气不好时经常会取消飞行。不过一旦恶劣天气过去，迎来晴好日子时，飞行观光就会游客爆满，有时早早地就被订满了。因此最好是一到当地后立即预订。

此外还有一种被称为直升机徒步游的旅游项目。意思是先乘坐直升机欣赏美景，飞机在冰河上降落后，再与导游一同步行游览冰河。这个项目可以同时体验飞行观光和冰河徒步，因此人气爆棚。或者也可以不乘坐直升机，直接从冰河末端出发，与导游一同徒步游览。末端与冰河前半部比起来景色稍逊一筹，但可喜的是你能更近距离地感受冰河的魅力。

颇具人气的直升机飞行徒步

弗兰兹·约瑟夫冰河
Franz Josef Glacier

Map p.217

这是一个只有330余人的小村

弗兰兹·约瑟夫冰河是由前来当地勘探的奥地利地质学家朱丽叶斯·万·哈斯特（Julius von Haast）于1865年命名的，他以奥地利国王的名字"弗兰兹·约瑟夫"命名了它。从作为起点的村庄可以看到背后冰河的模样，山区度假村的感觉油然而生。

村庄面积不大，主干道是一条国道，沿线有旅行社和娱乐活动公司的办事处，此外还有餐馆和食品店等，长途巴士也会停靠在这条路旁。

旅馆多集中在国道以东的科隆街（Cron St.）。旅游咨询处i-SITE是这条道路上的一栋精美建筑，温水泳池和娱乐活动公司也在这栋建筑内。它兼有DOC韦斯特兰国家公园的功能，提供周边徒步线路的咨询服务。

弗兰兹·约瑟夫冰河 主要景点

直升机飞行观光
Scenic Flights by Helicopter

Map p.217

多家直升机公司都设置了弗兰兹·约瑟夫冰河飞行观光项目，几乎所有航线都会降落在冰河上，但是如果是短途飞行，也有可能不会中途降落。要想近距离感受冰河，这种中途降落的飞行观光最合适不过了。视气象情况而定，一般达到最低开团人数（2~4人）即起飞。一般20分钟的飞行收费NZ$235左右，各家公司的收费标准相差无几。

乘坐直升机享受畅快飞行

旅游咨询处
DOC Westland Tai Poutini National Park Visitor Centre

旅游咨询处 ⓘ SITE
Map p.217
🏠 63 Cron St.
☎ （03）752-0795
🕐 4~10月 8:30~16:45
11月~次年3月
8:30~18:00
休 无

直升机公司
Fox & Josef Franz Heliservices
☎ （03）752-0793
FREE 0800-800-793
FAX （03）752-0764
URL www.scenic-flights.co.nz

Glacier Helicopters
☎ （03）752-0755
FREE 0800-800-732
FAX （03）752-0778
URL www.glacierhelicopters.co.nz

Mountain Helicopters
☎ （03）751-0045
FREE 0800-369-423
FAX （03）752-0778
URL www.mountainhelicopters.co.nz

The Helicopter Line
☎ （03）752-0767
FREE 0800-807-767
URL www.helicopter.co.nz

弗兰兹·约瑟夫冰河村

至格雷茅斯

Franz Josef Hwy.

Wallace St.

Cron St.

6

0   100m

ⓘ SITE
DOC韦斯特兰国家公园游客中心
Franz Josef Glacier Guides

🏨 热带雨林度假旅馆
🏨 朋加树林旅馆
🏨 Bella Vista

Franz Josef Glacier
(Douglas Graham Wings)
Glacier Helicopters ■
Fox & Josef Franz Heliservices ■

Cowan St.
■ Air Safaris
■ Mountain Helicopters

■ West Coast Wildlife Centre
🏨 Glow Worm Cottages

巴士车站 ■
Ⓢ 超市
ⓘ 斯科特基地咨询中心

加油站 ■ The Helicopter Line
Condon St.
至福克斯冰河、哈斯特山口方向
至 🏨 弗兰兹城堡旅馆、
🏨 弗兰兹·约瑟夫冰河青年旅舍

欣赏脚下宽广的冰河

导游会选一条稳妥的线路

从停车场步行 10 分钟左右即
到哨兵岩

小型飞机飞行观光
Scenic Flights by Plane

飞机降落在村庄西边 8 公里处的停机坪。乘坐小型飞机环游弗兰兹·约瑟夫冰河、福克斯冰河和奥拉基／库克山国家公园。飞机不在冰河上降落，不过由于飞行高度高于直升机，因此视野更加开阔。

飞行徒步和冰河行走
Heli-Hike & Glacier Walk

飞行徒步指的是直升机在冰河上降落后，再向上徒步攀登 2 小时。这项服务可以同时享受到飞行和徒步的乐趣，是热门的旅游项目。

冰河行走是指结束飞行后，在冰河的山谷和洞穴中穿行。这种体验更具有探险的乐趣。有导游随行，所以可以放心、安全地前行。

弗兰兹·约瑟夫冰河周边的徒步线路　　Map p.216-A2
Walking Tracks around Franz Josef Glacier

冰河谷徒步　Glacier Valley Walk（Franz Josef）
（约 5.4 公里，往返约 1 小时 30 分钟）

通向弗兰兹·约瑟夫冰河末端的冰河路（Glacier Rd.）的终点处有一座停车场，从那里出发一路走森林中的步道，步道前方是河滩，到了河滩就能近距离看到冰河末端部分的景色。近年来由于全球气候变暖，冰河的冰开始融化，因此冰河上禁止行走。确实想在冰河上走走，必须参加直升机飞行旅游团。冰河谷生态旅行社（Glacier Valley Eco Tours）会组织旅游团前往停车场。停车场附近有一个叫哨兵岩（Sentinel Rock）的观景台。受雪崩和飞石的影响，线路可能取消，出发前需要在旅游咨询处 i-SITE 咨询线路情况。

冰河谷徒步线路的终点

罗伯茨海角　Roberts Point
（约 11 公里，往返约 5 小时 20 分钟）

同样是进入冰河路，沿国道走 2 公里左右的地方就是线路的起点。穿过河面上的长吊桥后，前面只有一条道路。有一大段路是岩石路面，脚下容易打滑，另外还有一些坡度较陡的路段，尤其是雨后步行一定要十分小心。

阿莱克斯环形岩　Alex Knob
（约 17.2 公里，往返约 8 小时）

这条线路要攀登 1303 米的高海拔地区，因此只适合登山健将。从顶峰可以看到冰河的全貌，反方向则能一眼望到塔斯曼海。从小村往返需要 8 小时左右，要选择晴好的天气尽量早出发，然后带足水、食品和雨具等。线路的起点是罗伯茨海角线路起点的对面。出发后 1 小时即看到温博特湖（Lake Wombat）。之后再走 3 小时左右就到了阿莱克斯环形岩的顶峰。

福克斯冰河
Fox Glacier

Map p.219

福克斯冰河村位于弗兰兹·约瑟夫冰河村西南方向约 25 公里处，以 1869~1872 年间担任新西兰总理的威廉·福克斯爵士（William Fox）的名字命名的。

福克斯冰河线路的大本营福克斯冰河村比弗兰兹·约瑟夫冰河村略小，只有 280 人左右。这个小村素有"交通线上的村落"的美名，显得很朴实。

福克斯冰河旅行社（Fox Glacier Guiding）是村子的中心，也是长途巴士车站的所在地。那里除了可以预约 Atomic Shuttles 公司的巴士外，还组织福克斯冰河的娱乐项目。其他的直升机公司等旅行相关的办事处、餐馆和旅馆等也都在同一条街上。福克斯冰河村里没有政府设置的旅游咨询处 i-SITE，但是村庄南侧的福克斯冰河咨询中心提供旅游信息，还能预约城际/纽曼长途巴士公司的大巴。村子北边的 DOC 西南地区办事处里放置了周边徒步旅行线路的地图。

小小的福克斯冰河村

旅游咨询处
DOC Southwestland Weheka Area Office
（03）751-0807
（03）751-0858
周一～周五 10:00~14:00
周六·周日

直升机公司
Fox & Josef Franz Heliservices
（03）751-0866
FREE 0800-800-793
（03）751-0886
URL www.scenic-flights.co.nz

Glacier Helicopters
（03）751-0803
FREE 0800-800-732
（03）751-0709
URL www.glacierhelicopters.co.nz

Mountain Helicopters
（03）751-0045
FREE 0800-369-423
URL www.mountainhelicopters.co.nz

The Helicopter Line
（03）751-0767
FREE 0800-807-767
URL www.helicopter.co.nz

南岛

韦斯特兰国家公园

福克斯冰河 主要景点

直升机飞行观光
Scenic Flights by Helicopter

Map p.219

跟弗兰兹·约瑟夫冰河一样，多家直升机公司都设置了福克斯冰河飞行观光项目。观光内容、费用大抵相同，飞到福克斯冰河约需 20 分钟，收费 NZ$235 左右。两条冰河同时游览为 NZ$310，需要 30 分钟。有些公司还提供飞至奥拉基/库克山国家公园的服务。

一定要体验一次直升机冰河降落

219

组织飞行徒步和冰河行走的旅行社

福克斯冰河旅行社

Map p.219

[住] 44 Main Rd.State Hwy.6

[电] （03）751-0825

[FREE] 0800-111-600

[URL] www.foxguides.co.nz

[费] 飞行徒步
成人 NZ$425、儿童 NZ$399
冰壁攀登
成人 NZ$525

闪着蓝光的冰河如梦如幻

每日冰河通行状况相关信息查询

[URL] www.glaciercountry.co.nz

配导游的旅行社

福克斯冰河旅行社

[费] 成人 NZ$65、儿童 NZ$50

冰河谷生态旅行社

[电]（03）752-0699

[FREE] 0800-925-586

[URL] www.glaciervalley.co.nz

[费] 成人 NZ$75、儿童 NZ$37.5

从小屋观景台欣赏风景

飞行徒步
Heli-Hike

脚下不好走，要格外小心

福克斯冰河的飞行徒步项目由福克斯冰河旅行社（Fox Glacier Guiding）组织。先到旅行社办事处租借专用的防滑钉鞋，从村庄外的直升机机场起飞。经过一阵空中盘旋后，在一块冰面上仅有的平地轻轻着落。给鞋子装上简易冰爪，带上手杖就可以出发了。脚下不稳的地方导游会用冰镐为游客凿出落脚点。在横穿冰河的途中将穿越浅蓝色的冰隧道，还能看到深深的冰河裂缝。冒险感十足。全程约需 4 小时。

除了飞行徒步外，还有使用冰镐和冰爪攀越冰壁的项目，这样一来将需要 8~9 小时。

福克斯冰河周边的徒步线路
Walking Tracks around Fox Glacier

Map p.216-A1

冰河谷徒步　Glacier Valley Walk（Fox）
（约 2.6 公里，往返约 1 小时）

通往福克斯冰河末端的道路

从通往冰河的冰河路（Glacier Rd.）终点处的停车场出发，一直到冰河末端都是平坦的道路。近年来由于全球气候变暖，冰河的冰开始融化，冰河随时存在崩塌的可能，因此冰河上禁止行走。确想在冰河上走走，必须参加直升机飞行旅游团。出发前先确定冰河的最新情况。由福克斯冰河旅行社和冰河谷生态旅行社（Glacier Valley Eco Tours）组织旅游团前往游览。

小屋观景台　Chalet Lookout
（约 3.6 公里，往返约 1 小时 30 分钟）

起点设在福克斯冰河左侧通往冰河方向的冰河风景路（Glacier View Rd.）的终点处，从那里开始向上攀登。从峡谷旁稍高处的瞭望台可以俯瞰冰河的美景。

马瑟森湖　Lake Matheson（约 2.6 公里，1 圈约 1 小时 30 分钟）

线路起点距离小城以西约 6 公里。从那里徒步绕湖一周。一路的美景就是倒映在湖面上的南阿尔卑斯山，所以尽量挑选晴好的日子出发。另外，从湖畔看日落也很惬意。只是看完日落返程的路会稍显昏暗，路上要多多注意。

住宿
Accommodation

朋加树林旅馆
Punga Grove

◆新建的高档汽车旅馆。旅馆后面就是树木，环境清幽。有些房间有温泉浴池，有些则带地暖、DVD播放设备等。

弗兰兹·约瑟夫冰河　　Map p.217

住 40 Cron St.
☎（03）752-0001
FREE 0800-437-269
FAX（03）752-0002
URL www.pungagrove.co.nz
费 ⑤ⒹⓉ NZ$165~　房间数 20　CC MV

热带雨林度假旅馆
Rainforest Retreat

◆位于科隆街对面的一家汽车旅馆。有多种房型，还有最多可容纳12人的树屋。所有房间带浴室、洗衣房及其他设备。旅馆内还有背包客房。

弗兰兹·约瑟夫冰河　　Map p.217

住 46 Cron St.
☎（03）752-0220
FREE 0800-873-346
FAX（03）752-0003
URL www.rainforestretreat.co.nz
费 ⒹⓉ NZ$135~　房间数 19　CC ADMV

弗兰兹·约瑟夫冰河青年旅舍
YHA Franz Josef Glacier

◆这是一家比较大的青年旅舍，但是夏季也常常被订满，需要提早订房。靠里的公共厨房宽大，还有免费使用的桑拿房。

弗兰兹·约瑟夫冰河　　Map p.217 外

住 2-4 Cror. St.
☎（03）752-0754
FAX（03）752-0080
URL www.yha.co.nz
费 Share NZ$22~ ⑤ NZ$70~
ⒹⓉ NZ$75~　房间数 103 张床　CC MV

弗兰兹城堡旅馆
Chateau Franz

◆旅馆配有公用厨房、洗衣房和电视电影室等，还提供周边旅行和娱乐项目的咨询服务。有些汽车旅馆式房间带专用厨房，价格为NZ$75~115。温泉浴池免费使用。

弗兰兹·约瑟夫冰河　　Map p.217 外

住 8 Cron St.　☎（03）752-0738
FREE 0800-728-372
FAX（03）752-0743
URL sircedrics.co.nz
费 Dorm NZ$24~ ⒹⓉ NZ$65~
房间数 43　CC MV

福克斯冰河旅馆
Fox Glacier Lodge

◆这家木结构的旅馆采光很好，令人心情愉悦。几乎所有单元都带温泉浴池。还提供自行车出租，同时组织旅游团。

福克斯冰河　　Map p.219

住 41 Sullivan Rd.　☎（03）751-0888
FREE 0800-369-800
FAX（03）751-0026
URL www.fcxglacierlodge.com
费 ⑤ NZ$170~205 ⒹⓉ NZ$130~235
房间数 6　CC MV

韦斯特黑文汽车旅馆
The Westhaven Motel

◆位于福克斯冰河村中央，交通便利。高标准的服务和设施是它的特色。宽敞的客房陈设简单，但是装修时尚。

福克斯冰河　　Map p.219

住 State Hwy.6　☎（03）751-0084
FREE 0800-359-452
URL www.thewesthaven.co.nz
费 ⑤ⒹⓉ NZ$120~
房间数 23　CC AMV

象牙塔背包客旅馆
Ivory Towers Backpackers Lodge

◆位于镇中心的青年旅舍。由3栋房屋组成，各有厨房和浴室等设施。住客可免费使用桑拿房和温泉浴池。

福克斯冰河　　Map p.219

住 35 Sullivan Rd.
☎（03）751-0838
URL www.ivorytowers.co.nz
费 Dorm NZ$29 ⑤ NZ$60 ⒹⓉ NZ$79~
房间数 85 张床　CC MV

福克斯冰河十佳假日公园
Fox Glacier Top10 Holiday Park

◆从镇中心沿库克平路（Cook Flat Rd.）向西步行约10分钟即到。有多种房型，包括露营点和汽车旅馆等。附近没有路灯，走夜路要注意安全。

福克斯冰河　　　Map p 219

- Kerr Rd.
- （03）751-0821
- FREE 0800-154-366
- URL www.fghp.co.nz
- 费 Cabin NZ$60~ Motel NZ$110~
- 房间数 33　　CC MV

Column　　**冰河的成因与惊人的运动**

乘坐直升机从冰河上空俯瞰，就会真切地感受到冰河确实是流淌在山谷间的"冰的河流"。这些冰原本是高山上堆积的积雪，积年累月变成了冰。

新西兰的南阿尔卑斯山有多座连绵的高峰，而山峰之下较为平缓的平原部分终年覆盖着积雪。这些雪被称为永久冰雪 Névé，是冰河的源头，向下一直流向山谷。永久冰雪不断堆积，受自身重量压迫，冰雪中的空气被挤压出来，而夏季的冰雪融水和雨水到了冬季再度结冰，逐渐变成坚硬的冰层。积雪厚度达到20米时，雪的样子就完全消失了，取而代之的是完全意义上的冰。随着冰块向下滑落，原来平整的雪面开始出现龟裂，这就形成了冰河上深深的冰隙（Crevasse）。

福克斯冰河和弗兰兹·约瑟夫冰河的永久冰雪最深处据说超过了300米，这是冰河巨大的"原料"供给源头。分布在南阿尔卑斯一带的大小冰河中，只有这两条冰河能出现在海拔仅300米的较低地区，正是大面积的永久冰雪和狭窄的山谷两者合力形成的结果。

这里的冰河据推测形成于19世纪末，不过现在冰河的末端已经后退了数公里。这种冰河面积的变化与天气有密不可分的联系。冰河像河一样不断流动前进，而当融化的冰的总量超过前进的冰时，冰河末端就会出现后退现象。据此也可以推断，近100年来冰河后退的"罪魁祸首"是全球气候变暖。

在漫长的历史长河中流淌的冰河

不过也需要指出，冰河的运动并不简单。20世纪60年代，它们再次向前推进，特别是1965至1968年间，弗兰兹·约瑟夫冰河前行了180米，高峰时的1966年4月，一天之内就向前移动了7米之多。

这种剧烈的冰河运动一度停滞，1985年再次变得活跃起来。此后一直以较快且稳定的速度向前移动，持续到今天。

究其原因，不少人认为是受到了过去的冷夏和大雪的影响，此外，由于降水量大，雨水在冰河底部起到了"润滑剂"的效果，如此也推动了冰河前行。当然，关于冰河的运动机制尚有众多谜团。

关于这些冰河的运动情况，福克斯冰河和弗兰兹·约瑟夫冰河两处的旅游咨询处有详细的介绍。

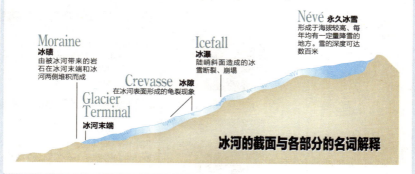

Névé 永久冰雪
形成于海拔较高、每年均有一定量降雪的地方。雪的深度可达数百米

Moraine 冰碛
由被冰河带来的岩石在冰河末端和冰河两侧堆积而成

Icefall 冰瀑
陡峭斜面造成的冰雪断裂、崩塌

Crevasse 冰隙
在冰河表面形成的龟裂现象

Glacier Terminal 冰河末端

冰河的截面与各部分的名词解释

222

南北岛间的交通

新西兰由南、北岛组成，两岛之间隔着库克海峡。往来于两岛之间必须乘坐飞机或轮渡通过海峡。

乘坐飞机

峡湾航空公司 Sounds Air 运营在库克海峡上空飞行的飞机。1 天有 2~6 个航班往返于北岛的惠灵顿和南岛的皮克顿之间（约需 25 分钟）。其他还有飞往布莱纳姆（约需 25 分钟）和纳尔逊（约需 40 分钟）的航班。

峡湾航空公司（票价为成人单程）
☎（03）520-3080　FREE 0800-505-005（预约）
URL www.soundsair.com
💺 惠灵顿～布莱纳姆 NZ$99~（1 天 3~6 班）
　惠灵顿～皮克顿 NZ$99~（1 天 2~6 班）
　惠灵顿～纳尔逊 NZ$120~（1 天 1~4 班）

乘坐轮渡

岛际人公司（Interislander）和蓝桥公司（Bluebridge）两家公司运营惠灵顿～皮克顿航线，岛际人公司需要 3 小时 10~30 分钟，蓝桥公司需要 3 小时 30 分钟。两家公司的轮渡上都可以装载摩托车和自行车（订票时需要提出申请）。

天气不好时，两家公司的轮渡可互相调配。

轮渡时刻表

岛际人公司

从惠灵顿出发	3:30※1	9:00	14:45※2 17:00※3	20:00※4
抵达皮克顿	7:00※1	12:30	17:55※2 20:30※3	11:10※4
从皮克顿出发	9:05※5	10:45※6 14:15	18:45※6 22:15※7	
抵达惠灵顿	12:35※5	13:55※6 5:45	21:55※6 次日1:45※7	

蓝桥公司

从惠灵顿出发	2:30	8:00	13:30	20:45
抵达皮克顿	6:00	11:30	17:00	次日0:15
从皮克顿出发	8:00	14:00	19:00	
抵达惠灵顿	11:30	17:30	22:30	

*各季节出发的班次不同，需要在订票时确认清楚 ※1　只周二~周六、※2　只周一~周日、※3　只周一15:30出发、19:00抵达、※4　只周一~周五、※5　只周二~周六、※6　只周二~周日、※7　只周一~周六

客服联系方式

岛际人公司 Interislander

☎（04）498-3302
FREE 0800-802-802
FAX 0800-101-525
URL www.interislander.co.nz
💺 成人 NZ$75~、儿童 NZ$38~、装载摩托（自行）车 NZ$81~
※ 上述价格为变更或取消班次时，可全额退款的 Easy Change 票价。Save Change 确实便宜一些，但是在退票时要收取手续费

蓝桥公司 Bluebridge

☎（04）471-6188
FREE 0800-844-844
URL www.bluebridge.co.nz
💺 成人 NZ$59~、儿童 NZ$30~、装载摩托（自行）车 NZ$56~
※ 上述价格为 Super Sail 票价。开船前 24 小时以上可更换班次，但不可全额退票。提前 24 小时以上退票要扣除票价的 50%。Save Sail 不能退票，但是票价较低；而 Flexi Sail 可办理退票

岛际人公司的客轮

蓝桥公司的客轮

前往轮渡码头的交通方式

岛际人公司

●惠灵顿

距离惠灵顿火车站约 1 公里（Map p.396-A1）。从火车站到码头有穿梭巴士，路上约需 5 分钟。巴士会在各个班次的轮渡开船前 50 分钟从火车站出发。

●皮克顿

从皮克顿火车站徒步约 4 分钟（Map p.184-A1）。考虑到换长途巴士的乘客的需求，巴士停在码头的正前方。

乘船手续

以岛际人公司的皮克顿 / 惠灵顿航线为例，介绍如何乘船。相反方向同理。

①在出发前一天订票

尽量提前订票。各镇的旅游咨询处、旅行社、岛际人公司的订票中心及官方网站均可订票。申请人需填写乘船日期、目的地、单程还是往返、人数、姓名、是否需要搭载车或摩托车等。在旅游咨询处、旅行社订票，需要当场支付票价。在线预订、电话预订的情况下，需要告知对方信用卡的号码和有效期。预订结束后，妥善保管对方发过来的预订编号，这将作为预订凭证。

②在窗口取票

前往码头的售票窗口，告知工作人员预订编号，领取船票。

在售票窗口办理买票手续

蓝桥公司

●惠灵顿

位于从惠灵顿火车站徒步 2 分钟可达的滑铁卢码头 Waterloo Quay Termina（Map p.397-B2）即是。

●皮克顿

距离皮克顿火车站大概 1 公里（Map p.184-A1）。巴士会依据轮渡的出发时间，从旅游咨询处 i-SITE 前出发（需要预约）。

③托运大件行李

大件行李需要在打包托运窗口办理托运，领取托运凭条。

在这里托运。下船后在大转台领取行李

④从登船口上船

上到码头大楼的 2 层，从登船口上船。2 层有自助餐馆，可以用餐。天气不好或出现迟延、停运时，也可能改坐别的公司的客轮，需要认真听取从码头广播的通知。

通过一段摆渡桥后，进入船舱

●租车前往

轮渡码头前有多家大型租车公司。通常情况下，机动车不得上船。需要在登船前还车，然后下船后重新租车（→ p.466）。

如何度过愉快的船上时光（以岛际人公司为例）

客轮设计新颖，设有小卖铺和自动餐馆，可以买到简餐和葡萄酒。船尾有玻璃观景房。航线经过的海域海鸟众多，可以欣赏海鸟打发时间。船上还有 Wi-Fi。

座位除了自由座位外，还有团体客座位、婴幼儿父母包间和带床包间等。探险者号和阿乐蒂利号上的收费休息室"高级休息室"内备有报纸和杂志，葡萄酒、啤酒、咖啡和红茶等随意畅饮。根据运营时间，船上免费供应三餐中的一餐。进入餐馆需支付 NZ$45。票可在码头的售票处或船内商店购买。

眺望室绝佳的景色令人心情舒畅

有多种类型的座位

船上的早餐

马尔堡峡湾的美丽海面与海岸线

北　岛

North Island

北岛

INTRODUCTION
简 介

首都惠灵顿以及新西兰第一大城市奥克兰等主要城市都位于北岛。集中了全新西兰 3/4 的人口，每个地区都有许多有趣的历史文化景点。其中不乏火山活动频繁的汤加里罗国家公园以及以地热闻名于世的罗托鲁阿、陶波等非常值得一看的地方。

1 奥克兰 　　　　　P.230

新西兰第一大城市，国际化的经济中心。城市面向港口，港湾内停泊着许多帆船，因此这里被称为 City of Sails（帆船之城）。市内多为坡路，站在高处可以眺望港口的美景。

2 哈密尔顿 　　　　　P.279

位于北岛中央部，在新西兰第一大河怀卡托河流域内。这里的人口数量居新西兰第四，以汉密尔顿为中心的怀卡托地区土地肥沃，是新西兰国内著名的乳业地区。

3 怀托摩 　　　　　P.285

虽是一座小镇，但全年都有大批游客来此观察怀托摩洞中的萤火虫。可以在这里体验一下梦幻般的洞穴探险。

4 罗托鲁阿 　　　　　P.289

北岛最有人气的观光地。除了泡温泉、在地热地区闲游之外，还可以观赏到羊群成片的壮美景色。而且有许多与毛利文化有关的景点，可以参加游览毛利村落的团体游。

5 陶波 　　　　　P.311

位于新西兰最大的陶波湖畔，是著名的度假地。可以在湖上体验各种水上运动以及乘坐游船。陶波郊外的怀拉基公园内有丰富的地热资源，景色壮美，可以充分感受到大地的力量。

6 汤加里罗国家公园 　　　　　P.322

整个国家公园包括北岛中央的群山以及周边地区。除了自然风光，这里还有值得纪念的历史，毛利人把祖先起源的圣地捐献给了国家，因此联合国教科文组织把这里同时列为了世界自然遗产和世界文化遗产。可以登山远足，眺望鲁阿佩胡火山、瑙鲁霍伊山等成层火山的美丽身姿。

7 北部地区 　　　　　P.330

奥克兰以北、北岛最北部的细长形区域。该地区景点众多，有北岛最北端的雷因格海角、新西兰诞生之地的《怀唐伊条约》签署地、生长着巨大贝壳杉的怀波阿森林，等等。

（主要城市）
派希亚/凯利凯利/旺阿雷/远北地区/贝壳杉海岸

8 科罗曼德尔半岛 　　　　　P.349

与奥克兰隔豪拉基湾而望。半岛的自然环境保持良好，有许多美丽的海滩。主要景区是东海岸一带的怀蒂昂格等度假地。

（主要城市）
科罗曼德尔/怀蒂昂格 & 哈海/泰晤士/泰努阿 & 帕瓦努伊

9 陶朗阿 　　　　　P.362

拥有新西兰国内最大规模商业港的一座港口城市。由于周边环境非常适合开展海上运动，使这里成为新西兰最受欢迎的疗养胜地。通过海港大桥可以往来于位于对岸的芒格努伊山。

10 芒格努伊山 　　　　　P.362

美丽的海滨沙滩长约22公里，是颇具人气的海滨度假地。冲浪者也很多。

11 吉斯伯恩 　　　　　P.368

东部地区最大城市。距离国际日期变更线最近，可以看到"世界上最早的日出"。

12 内皮尔 　　　　　P.372

日照时间长，气候变化小，因此内皮尔所在的霍克湾地盛产葡萄酒。建筑多为色彩丰富的装饰派风格，很适合徒步游览。

13 新普利茅斯 　　　　　P.381

塔拉纳基地区的中心城市。城市东面有形似富士山的塔拉纳基山，电影《最后的武士》曾在这里拍摄。

14 旺阿努伊 　　　　　P.386

曾因旺阿努伊河的水上交通而繁荣一时，古老的街区向人们静静地讲述着过去的历史。有许多水上户外运动项目可供游客娱乐。

15 北帕默斯顿 　　　　　P.390

位于惠灵顿以北约143公里处，是马纳瓦图地区的中心，由乳业基地发展而来的文化教育城市。有梅西大学等规模较大的大学，市内有很多学生。

16 惠灵顿 　　　　　P.393

位于北岛南端，是新西兰的首都，担负着政治中心的功能。城市面向港口，背后是一片丘陵地带，因此多坡路，红色的缆索有轨电车是市民们的重要代步工具。

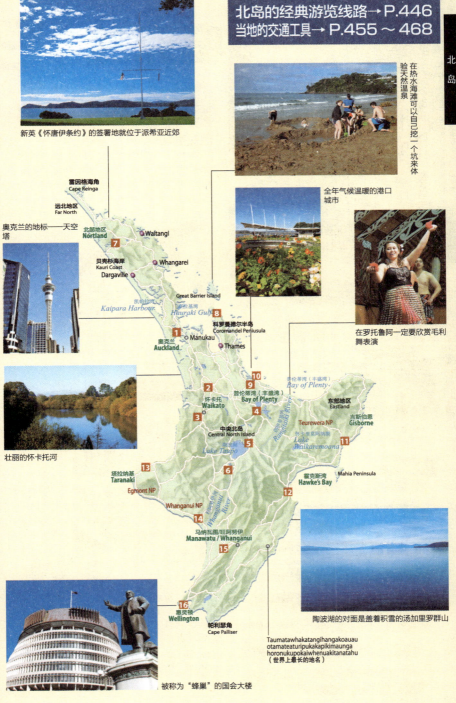

北岛的经典游览线路→ P.446
当地的交通工具→ P.455～468

新英《怀唐伊条约》的签署地就位于派希亚近郊

在热水海滩可以自己挖一个坑来体验天然温泉

全年气候温暖的港口城市

奥克兰的地标——天空塔

在罗托鲁阿一定要欣赏毛利舞表演

雷因格海角
Cape Reinga

远北地区
Far North

北部地区
Nortland

Waitangi

7

贝壳杉海岸
Kauri Coast
Dargaville

Whangarei

Great Barrier Island

凯帕拉港
Kaipara Harbour

豪拉基湾
Hauraki Gulf

8

科罗曼德尔半岛
Coromandel Peniusula

奥克兰
Auckland

1

Manukau

Thames

壮丽的怀卡托河

怀卡托
Waikato

2

3

中央北岛
Central North Island

10

9

普伦蒂湾（丰盛湾）
Bay of Plenty

普伦蒂湾（丰盛湾）
Bay of Plenty

东部地区
Eastland

Teurewera NP

吉斯伯恩
Gisborne

5

怀卡雷莫阿纳湖
Lake
Waikaremoana

11

塔拉纳基
Taranaki

13

Egmont NP

6

Mahia Peninsula

霍克斯湾
Hawke's Bay

Whanganui NP

12

14

马纳瓦图/旺阿努伊
Manawatu / Whanganui

15

陶波湖的对面是盖着积雪的汤加里罗群山

惠灵顿
Wellington

16

帕利瑟角
Cape Palliser

Taumatawhakatangihangakoauau
otamateaturipukakapikimaunga
horonukupokaiwhenuakitanatahu
（世界上最长的地名）

被称为"蜂巢"的国会大楼

227

奥克兰1日

1 高矮不同的建筑物林立 **2** 路两边是商业设施

9:30
10:25

奥克兰的主要街道
女王大街

是奥克兰最繁华的一条街道，从伊丽莎白二世广场向南延伸。街道两侧有很多餐馆和商铺，大量游客及商务人员会集于此。

Start!

1 女王大街	Map P.239	
	徒步约5分钟	
2 高架桥港 温亚德海滨新区	Map P.239-A1 Map P.238-A1	
LUNCH 奥克兰鱼类市场	Map P.238-A1	
	徒步约10分钟→乘内环巴士约20分钟	
3 奥克兰战争纪念博物馆	Map P.247-B～C1	
	徒步约5分钟	
4 帕内尔	Map P.236-B2/P.251	
	徒步约10分钟	
5 新市场	Map P.236-B2/P.251	
	乘火车约10分钟→徒步约10分钟	
6 天空塔	Map P.239-C1	
	徒步约7分钟	
DINNER 西方比利时啤酒咖啡馆	Map P.239-B2	

※移动时间、所需时间会存在个体差异，仅供参考

10:30
12:15

海风拂面
高架桥港 ➡P.242
温亚德海滨新区 ➡P.242

港口内停泊着许多帆船，可以欣赏到具有风帆之都特色的风景。2011年建成的温亚德海滨新区很有人气，可以乘坐具有怀旧情调的有轨电车游览。

1 入口为毛利风格的雕刻大门 **2** 环线全长1.5公里，红色的有轨电车共有4个车站停车 **3** 帆船港口

LUNCH

1 海鲜市场啤酒屋的海鲜套餐一人份NZ$19.9 **2** 鱼类市场是各类新鲜海产品的宝库

奥克兰鱼类市场
Auckland Fish Market

位于温亚德海滨新区（→p.242），可以品尝到各种美味海鲜。除了餐馆，还有小吃摊，可以买好外卖美食，一边观赏海上美景，一边品尝。

🏠 22-32 Jellicoe St.Freemans Bay
☎ （09）303-0262 🔗 www.afm.co.nz
🕐 7:00~18:00（各店铺不一）🚫 无
💳 各店铺不一

游市街漫步

景点分布范围很广，利用好公交巴士是市街漫步的秘诀。奥克兰是新西兰最大的城市，所以有很多外国美食的餐馆以及时尚商铺。可以从市内主要街道女王大街开始旅行。

3 了解新西兰的历史
奥克兰战争纪念博物馆 ➡P.244

12:45 ▼ 15:00

馆藏丰富，是南半球最大的博物馆之一。馆内有恐鸟以及其他与新西兰自然环境有关的展品。还有毛利舞表演，可以事先查询好演出时间。

P O I N T
每天 11:00、12:00、13:30、14:30 有毛利舞蹈表演。14:30 的表演只在 11 月～次年 3 月期间进行。

一定要参观有关毛利人历史的展示

4 历史悠久的教堂与美丽的街景
帕内尔 ➡P.246

15:15 ▼ 16:30

帕内尔位于一座小山丘之上，可以参观圣三一大教堂。有许多维多利亚风格的建筑，即便只是徒步闲逛一下也很有乐趣。这里还有不少咖啡馆，游览之余不妨坐下来喝一个下午茶。

1 圣三一大教堂
2 可以找一个喜欢的咖啡馆小憩一下

5 当地人会聚的热闹街区
新市场 ➡P.246

16:40 ▼ 17:40

从帕内尔徒步 10 分钟即可到达新市场。这里商铺种类齐全，既有超市，也有高档服装店，人来人往，非常热闹。在此游览可以了解到当地人的日常生活。

可以乘坐内环和外环巴士

P O I N T
从新市场车站乘火车返回中心城区会比较便捷。

6 观景台上的美景不容错过
天空塔 ➡P.242

18:00 ▼ 19:20

奥克兰的地标建筑，高 328 米。一定要登上观景台俯瞰奥克兰的街景。夜景美得令人窒息。

DINNER

西方比利时啤酒咖啡馆 ➡P.273

正餐可以尽情尝新西兰的翡翠贻贝。口感富有弹性，汤汁味道鲜美。还可以品尝到啤酒。

1 在市内的任何地点都能看到天空塔
2 从观景台上俯瞰街景
3 观景台的一部分为玻璃幕墙
4 夜景也很美

菜量较大，2～3 人共享一份可

奥克兰

奥克兰
Auckland

奥克兰是新西兰的商业中心

人口 **141 万 5550 人**
URL www.aucklandnz.com

中华人民共和国驻奥克兰总领馆
Auckland, New Zealand
588 Great South Road, Ellerslie,
（649）5251588 或 5251589
（649）5250733
URL www.chinaconsulate.org.nz
周一～周五 上午 09:00~
12:00，下午 14:00~17:30
周六、周日、法定节日
奥克兰国际机场
Map p.237-D2
（09）275-0789
FREE 0800-247-767
URL www.aucklandairport.
co.nz

外观酷似帆船的奥克兰国际机场

奥克兰是新西兰最大的城市，人口约 141.5 万，新西兰全国 1/3 的人生活于此，是新西兰的经济、商业中心。

1841~1865 年，这里曾为首都，所以文化设施也不少。虽然是大城市，但大量的绿色景观以及美丽的海滩给奥克兰增添了许多魅力。这里位于奥克兰火山带，周边有伊甸山等大约 50 座火山，不过多为休眠火山。北面是怀特玛塔湾，南面是曼努考湾，所以这里的水上运动十分兴盛。据说这里拥有帆船、游艇等小型船舶的人口比例为世界第一，有"City of Sails（帆船之城）"的美誉。现代化的街区与美丽的大海、充满绿色的公园，可以带给游客无尽的乐趣。

奥克兰 前往方法

乘飞机抵达

奥克兰国际机场（Auckland International Airport）是新西兰国内旅客量最大的机场。在北京、上海、广州等城市有中国国际航空、南方航空、东方航空、新西兰航空等航空公司的航班飞往奥克兰。现代化的奥克兰机场，设计以帆船之城为主题。一层为到达大厅及办理登机手续区的柜台，二层为出发大厅。新西兰国内航线航站楼（→p.231 边栏）距此约 1 公里。

奥克兰国际机场 国际航线航站楼
Auckland International Airport International Terminal

1层
入境审查通道
行李提取处
汽车租赁公司
海关
换乘新西兰航空
国内航线柜台
到达出口
值机柜台
A～E
到达大厅
通往2层
2层
就餐区
免税店、商店
通往国际航线
登机口
免税店
通往国际航线
登机口
通往3层观景平台
海关、检验检疫
出境通道
通往1层
通往1层
巴士站
出租车&
机场巴士乘车处
租赁汽车
乘车处
电梯
通往国内航线
航站楼
通往1层（室外）
电梯
SITE

从机场到市内

奥克兰国际机场位于市中心以南约22公里的曼格列地区（Mangere）。有多种交通工具往来于机场与市区，其中天空巴士（Sky Bus）是旅客最常乘坐的。如果去往的目的地不在天空巴士运行的线路上，或者同行人数较多，可以选择机场巴士或出租车。去往市中心的沿途，景色极好，如果在白天到达，就可以透过车窗观赏美景。

天空巴士 Sky Bus

从国际航班候机楼出发，经停国内航班航站楼，在市内各主要住宿设施停车，最后到达游轮码头。无须提前预订车票，可在机场的旅游服务中心及巴士车站旁的售票处购票。

车内有免费 WiFi 可供乘客使用

从市内去往机场时，也可以上车后直接从司机处购票。早晨每隔15~30分钟发一班车，白天每隔10~15分钟发一班车，夜间每隔20~30分钟发一班车。从机场到市内需要45分钟~1小时。需要注意的是，在无乘客上下车的车站，巴士不停车，直接通过。

天空巴士的车站

	下车地点（机场至市内）		上车地点（市内至机场）
	Mt.Eden Rd.（Mt.Eden Rail Station）/Dominion Rd.（根据需要可在此下车）	1	23 Customs St.E.
1D	Upper Queen St.	2	64 Hobson St.
2D	Cnr.Mayoral Dr. & Queen St.		
1	Langham Hotel（City Rd.YHA/Turner St.YHA）	3	380 Queen St.（Town Hall）
2	Queen St.（BASE/Surf'N'Snow Crowne Plaza）	4	490 Queen St.
3	Middle Queen St.	5	Mt.Eden Rd.（根据需要可在此乘车）
4	Lower Queen St.（Queen Street Backpackers/Nomads Fusion/Nomads Fat Camel）	6	Dominion Rd.（根据需要可在此乘车）
5	23 Customs St.E		

※ 机场至市内的车次，分为沿伊甸山路行驶并经过1、2的（E）与沿多米尼恩路行驶并经过1D、2D的（D）

机场穿梭巴士 Airport Shuttle

乘客达到一定人数即发车，类似可以拼车的出租车。Supper Shuttle 运营的面包车会在国际航班候机楼外等候乘客，乘车时告知目的地及乘车人数即可。🈷️ 根据去往地点及乘车人数而定。

出租车 Taxi

从国际航班候机楼出来就是出租车乘车处。到达市中心需要40分钟左右。跟中国一样为打表计费，大概需要花费NZ$75~90。

机场内的旅游咨询处
国际航线航站楼
☎ (09) 365-9925
🕐 6:00~22:00
国内航线航站楼
☎ (09) 365-9928
FREE 0800-282-552
🕐 6:00~22:00

国际航线到达出口

换乘国内航线
国际航线航站楼与国内航线航站楼之间相隔1公里，有免费的接驳车Interternminal Bus 在其间通行。运行时间是5:00~22:30，每15分钟一趟车。也可徒步前往，只需按照指示标识步行10分钟即到。如果是准备换乘新西兰航空的国内航线，可以在国际航线站楼到达口旁边的换乘柜台办理行李托运手续。但是，只接受起飞前1小时以上的行李托运。

天空巴士
☎ (09) 366-6400
FREE 0800-103-080
URL www.skybus.co.nz
🕐 国际航线航站楼24小时 国内航线航站楼6:00~次日1:45
🈷️ 单程 成人 NZ$18，儿童 NZ$6 往返 成人 NZ$32，儿童 NZ$12

国际航线航站楼外的巴士售票处

可以通过巴士宣传彩页确认车辆出发的时刻表和线路

超级机场巴士
☎ (09) 522-5100
FREE 0800-748-885
URL www.supershuttle.co.nz
🈷️ 机场↔市中心（预估）
1人 NZ$35
2人 NZ$43
3人 NZ$51
如果提前预约去机场方向的巴士，可以在指定的地点和时间接送客人上车。

主要城市间的航班
(→ p.457)
主要巴士公司 (→ p.489)

城际长途公司 / 纽曼长途公司

北方快运
URL www.intercity.co.nz
※ 详情请咨询城际长途公司

城际长途公司的售票处
Map p.239-C1
⌂ 102 Hobson St.
☎ (09) 300-6130
URL www.intercity.co.nz
🕐 7:00~19:50
🚫 无

布里托玛特火车站
Map p.239-B2
⌂ 8-10 Queen St.
URL at.govt.nz

布里托玛特火车站正门

站内问询处
Britomart Information Kiosk
☎ (09) 366-6400
🕐 周一～周六 7:30~20:00
周日、法定节日 8:30~17:00

铁路公司 (→ p.489)
几维铁路公司 Kiwi Rail
交通发展公司
☎ (09) 969-7777
URL www.transdev.co.nz
🎫 成人票价 (右侧是使用
AT HOP 卡后的价格)

段	票价	(AT HOP)
1 段	NZ$3	(1.8)
2 段	NZ$5	(3.1)
3 段	NZ$7	(4.9)
4 段	NZ$9	(6)
5 段	NZ$10	(6)
6 段		(8.8)
7 段		(10.1)
8 段		(11.2)

※ 如果使用现金支付，需要
将尼尔森卡的费用加分开
来支付。没有行驶超过 5
段以上的巴士和火车

AT HOP 卡
URL at.govt.nz/bus-train-ferry/
at-hop-card
可以使用 IC 卡专用的
自动检票口。购买方法请参
考 p.233 边栏的页边内容。

自动检票口

前往国内各地

长途巴士

共有两大巴士公司——城际长途公司 Intercity Coachlines（简称城际）与纽曼长途公司 Newmans Coach Lines 联手提供服务，线路基本上覆盖了北岛全境。此外，还有运营着奥克兰与派希亚、旺阿雷、凯塔亚等北部地区城市之间巴士线路的北方快运 Northliner Express（城际系）以及运营着奥克兰与罗托鲁阿、怀托摩等城市之间巴士线路的大视野巴士公司 Great Sights（乘坐长途巴士的方法→ p.461）。

位于天空城旅游中心的 Intercity 车站

巴士的始发站 / 终点站设在天空塔西侧霍布森街（Hobson St.）上的天空城旅游中心（Skycity Travel Centre）。从这个旅游中心徒步 10 分钟左右就能到达火车站及游轮码头，也可以乘坐内环巴士（Inner Link）。

长途火车

火车发车、到达都在码头街（Quay St.）旁的布里托玛特火车站（Britomart Station）。火车站周边汇集了很多公交巴士车站，该区域被称为布里托玛特交通运输中心（Britomart Transport Centre）。火车站内发车及到达的列车分为两类。

交通发展公司运营的列车为当地人出行提供了巨大的便利

一类是几维铁路公司（Kiwi Rail）的长途列车"北方探险家号" Northern Explorer，在奥克兰与惠灵顿之间开行（乘坐长途火车的方法→ p.463）。

另外一类是开行于奥克兰市中心与附近城镇之间的交通发展公司 Transdev 运营的列车。运行线路共有 4 条，包括列车从布里托玛特站开往怀塔克雷（Waitakere）方面的西线、开往普基科希（Pukekohe）方面的东线、南线、开往奥内洪加（Onehunga）方面的奥内洪加线。乘车前在车站的自动售票机或售票窗口购票，经过自动检票机后进入站台乘车。需要注意，如果不在乘车前买好车票，会被视为无票乘车而遭受罚款。另外，使用 AT HOP 卡乘车，可以享受 10% 的优惠。AT HOP 卡还可用于乘坐游轮及部分巴士。票价根据行驶距离而定。

布里托玛特火车站的站台

环线巴士 Link Bus

在奥克兰市内的巴士中，有三类环线巴士（Link Bus）的线路设置简单、票价体系明了、方便游客乘坐。如果能够合理地乘坐环线巴士，凭借公交就可以前往市内的绝大多数景点。去郊外的话，可以乘坐环铁巴士 Metrolink（→p.234）。可使用现金支付车费，或者使用可在巴士、游轮等公共交通工具上通用的 AT HOP 卡乘车。

■环城巴士 City Link

在市中心主要街道女王大街一带行驶的环线巴士。从温亚德海滨新区，经过布里托玛特火车站、女王大街，在卡朗加哈佩路停车。车费 NZ$1，如果有 AT HOP 卡的话，仅需 NZ$0.5。

环城巴士的红色车身非常醒目

■内环巴士 / 外环巴士 Inner Link/Outer Link

从市中心区域开往帕内尔、新市场，线路经过各旅游区域。内环巴士车身为绿色，外环巴士车身为橘黄色，很容易分辨。绝大部分的景点都可以乘内环巴士到达，去往奥克兰大学及郊外的话，可乘坐外环巴士。两条环线的巴士，分别按顺时针或逆时针方向行驶，与线路复杂的环铁巴士（Metrolink）相比更便于乘客乘坐。

内环巴士

购买 AT HOP 卡的方法

在旅游服务中心 I SITE 及布里托玛特火车站内的便利店等地可以购买，1 张 NZ$10。如果卡内余额不足，可以通过现金（Top Up）进行反复充值。

环城巴士
- ☎（09）366-6400
- FREE 0800-103-080
- URL at.govt.nz
- 運 周一～周六 6:25~11:25
  周日 7:00~23:20
  周一～周六是 7~15 分钟一班车、周日、法定节日是 10~20 分钟一班车。
- 費 NZ$1

使用 AT HOP 卡仅需在车内的专用读卡器上拍一下即可

内环巴士
外环巴士
- 運 周一～周六 6:30~23:00
  周日、法定节日 7:00~23:00
- 費 NZ$2.5（内环巴士）
  NZ$2.5~4.5（外环巴士）
  每 15 分钟一班车。工作日的内环巴士运行至 20:00，每 10 分钟一班车。

外环巴士

乘环线巴士可至的奥克兰市中心区主要景点

①新西兰海洋博物馆
②天空塔
③维多利亚公园市场
④庞森比
⑤奥提广场
⑥阿尔伯特公园 / 奥克兰美术馆
⑦奥克兰大学
⑧奥克兰中央公园
⑨奥克兰战争纪念博物馆
⑩新市场
⑪帕内尔

奥克兰市中心的环线巴士线路图

环铁巴士

☎ （09）373-9100
URL www.metrolinkbus.co.nz
$ 成人票价（右侧括号内是使用 AT HOP 卡后的价格）

市中心　NZ$2

1 段	NZ$3	（1.8）
2 段	NZ$5	（3.1）
3 段	NZ$7	（4.9）
4 段	NZ$9	（6）
5 段	NZ$10	（7.5）
6 段		（8.8）
7 段		（10.1）
8 段		（11.2）

※ 如果使用现金支付，巴士和铁路的费用需要分开单独支付。没有连续行驶 5 段以上的巴士、铁路。

巴士车站设有标明巴士线路号及去往方向的站牌

乘坐巴士时

看见可去往游览目的地的巴士时，将手臂沿水平方向伸出，以告知司机自己要乘车。另外，巴士会直接通过无人上下车的车站，所以巴士的实际到站时间可能会比预计的要早。最好提前去往车站候车。

自由上下车观光巴士

FREE 0800-439-756
URL www.explorerbus.co.nz

$	1 小时有效票	NZ$30
	1 日通票	NZ$45
	2 日通票	NZ$75

可以乘坐双层巴士观赏沿途美景

环铁巴士 Metrolink

该巴士运行范围覆盖了从市中心到郊区的奥克兰全境，为市民出行提供了很大的方便。除了环铁巴士（Metrolink），还有北极星巴士（North Star）、西行巴士（Go West）等公司运营的在一定区域内通车的巴士。布里托玛特交通运输中心及女王大街周边分布着许多巴士车站。票价采用累进制，金额根据乘车距离而定。从巴士前门上车，将自己要去往的车站名或乘车阶段数（Stage）告诉司机，然后按要求付费。

在市内游览，购买 AT HOP 一日通票 NZ$16 会比较便捷。凭这种通票，可以在一天之内任意乘坐奥克兰市内的轻轨列车、开行于 A 和 B 区域内的巴士以及游轮，向北可至奥尔巴尼，向西可至怀塔克雷，向南可至德鲁里，还可以乘坐开往怀希基岛的游轮以及在岛上乘坐巴士，使用范围非常广。

■上下巴士的方法

从巴士的前门上车。上车后就要支付车费，自行把钱放到司机身旁的容器里，得到司机确认后，可自行找回零钱并取票。到

乘坐环铁巴士 Metrolink 可以拓展活动范围

站前车内会播放广播以告知站名，屏幕上还会显示巴士所在位置。即将到达目的地车站前，要按下车上的红色按钮。前后门都可下车，按照当地的礼仪习惯，下车时应说一声"Thank you，Driver！"。

自由上下车观光巴士 Hop On Hop Off Explorer Bus

在市内 14 个主要景点之间开行的观光巴士。分为红色环线和蓝色环线。红色环线 10 月~次年 4 月中旬每天 9:00~16:00，每隔 30 分钟发一班车，4 月中旬~9 月每天 10:00~15:00，每隔 1 小时发一班车。夏季有双层巴士。蓝色环线每天 10:30~15:30（冬季至 14:30），每隔 1 小时发一班车。购买一日通票可全天任意乘车。在部分区域，住宿设施会提供免费的接送服务，应事先确认。

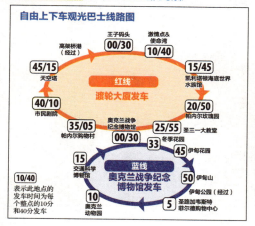

自由上下车观光巴士线路图

高架桥海港（经过）
王子码头 00/30
激情点&使命湾 10/40
45/15 天空塔
15/45 凯利塔顿海底世界水族馆
红线 渡轮大厦发车
40/10 市民剧院
20/50 帕内尔玫瑰园
35/05 帕内尔物村
奥克兰战争纪念博物馆
25/55 圣三一大教堂
00/30
33 冬季花园
45 伊甸花园
15 交通科学博物馆
蓝线 奥克兰战争纪念博物馆发车
50 伊甸山
10/40 表示此地点的发车时间为每个整点的 10 分和 40 分发车
10 奥克兰动物园
伊甸公园（经过）
5 圣路加主教磨菲尔德购物中心

下车时要提前按下金属杆上的按钮

出租车 Taxi

基本上没有行驶在路上寻找乘客的出租车。因此只能在女王大街及 Customs St. 的出租车站或者大型酒店乘坐出租车。打表计费，各出租车公司的起步价不一，但一般在 NZ$3 左右。

乘出租车无须支付小费

主要出租车公司
Alert Taxis
☎ (09) 309-2000
Auckland Coop Taxis
☎ (09) 300-3000
North Shore Taxis
☎ (09) 488-8000

Column 牧羊之国——新西兰

羊的数量正在减少

可提供高级羊毛的美利奴羊

一说到新西兰，人们马上就会联想到羊，羊与这个国家有着极为密切的关系。在新西兰，很多游客都会有这样的体验，只要乘巴士或自驾离开城市，便会有羊群不断映入眼帘。

新西兰牧羊的历史，可以追溯到150年前的英国殖民时代。为了开拓一片新天地而来到这里的移民们带来了羊。之后，他们通过辛勤的劳动把荒凉的土地逐渐变成了绿色的牧场。在人们的努力下，如今草场面积已经占到了新西兰国土面积的近一半。

不过，近年来，羊的数量正在减少。统计显示，1982年新西兰全国有7030万只羊，数量达到顶峰，随后开始减少，根据畜牧业从业者公布的数字，现在已经减少到3130万只。其原因是羊毛消费量的减少及由此产生的羊毛价格的低迷，还有欧洲一体化而导致的非欧洲经济体在欧洲市场中的竞争力相对下降。另外，农场经营者们开始倾向于养殖比羊的经济价值更高的牛和骆驼，也对羊的数量产生了影响。尽管如此，新西兰的人均羊饲养量仍然在7只左右，在我们看来，这已经不是一个很小的数字了。

羊的品种以罗姆尼绵羊为主

新西兰的农民养殖的羊，品种很多，农场之间也可能会有很大的区别，但主流还是罗姆尼绵羊。这种羊，品种十分优良，既可以用于获取羊毛，也可以用来食用。羊毛品质最高的美利奴羊是最早被引进新西兰的品种，在19世纪后期以前，当地主要饲养的就是这种羊。不过现在其数量已经减至不到总数的10%。最近，用美利奴羊毛与有袋类动物负鼠的毛混纺而成的织物，重量轻且手感好，因此深受欢迎。

在农场住宿是一种难得的体验

有些农场可以接待游客住宿，这种体验能够让游客真正了解新西兰。

从夏季到秋季，农场里都会剪羊毛。但剪羊毛还没能实现机械化，只能靠人来一只一只地剪。虽说剪羊毛的工作非常辛苦，要把羊按住，然后用电动羊毛剪把羊毛剪掉，但熟练工用1~2分钟就能剪完一只。刚被剪过毛的羊看上去非常冷，不过据说之后羊的皮下脂肪会在短时间内增厚。另外，每年的7~9月是小羊降生的季节。一些出生后不满一年的小羊会被当作食用羊，其他的羊则会被用来获取羊毛，被饲养5~8年，最终会成为宠物食品。

一望无际的羊群

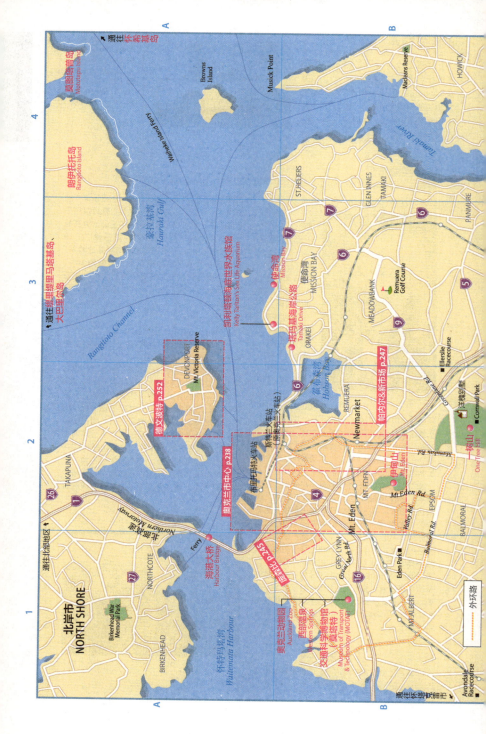

通往怀希基岛

莫图塔普岛
Motutapu Island

朗伊托托岛
Rangitoto Island

Browns
Island

Musick Point

HOWICK

Maclans Reserve

怀希基渡轮渡口
Waiheke Jump Ferry

豪拉基湾
Hauraki Gulf

Tamaki River

ST. HELIERS

GLEN INNES

TAMAKI

PANMURE

⑦

⑦

⑥

通往蒂里蒂里马塔基岛、
大巴里尔岛

凯利塔尔顿海底世界水族馆
Kelly Tarton's Sea Life Aquarium

使命湾
Mission Bay

MISSION BAY

使命湾

⑥

⑤

塔玛基海岸公路
Tamaki Drive

ORAKEI

奥拉基
ORAKEI

Remuera
Golf Course

MEADOWBANK

⑨

Rangitoto Channel

通往北部地区

DEVONPORT

Mt. Victoria Reserve

德文波特 p.252

豪布森湾
Hobson Bay

Ellerslie
Racecourse

Greenlane Rd.

洋槐别墅
Cornwall Park

REMUERA

帕内尔&新市场 p.247

德文波特火车站（德文波特火车站）

斯旺森火车站

奥克兰市中心 p.238

Newmarket
Newmarket

一树山
One Tree Hill

伊甸山
Mt. Eden

TAKAPUNA

北岸市
NORTH SHORE

Birkenhead War
Memorial Park

BIRKENHEAD

㉖

①

北部高速
Northern Motorway

通往北部地区

㉗

NORTHCOTE

Ferry

海港大桥
Harbour Bridge

怀特玛塔湾
Waitemata Harbour

MT. EDEN

Mt. Eden

Mt. Eden Rd.

Hurley Rd.

EPSOM

Manukau Rd.

Mt. Eden Rd.

BALMORAL

Balmoral Rd.

④

罗斯基尔 p.245

GREY LYNN

Great North Rd.

Eden Park

⑯

MT. ALBERT

奥克兰动物园
Auckland Zoo

西部温泉
Western Springs

交通科学博物馆
（莫塔特）
Museum of Transport
& Technology (MOTAT)

Avondale
Racecourse

通往乐桃机场等市

外环路

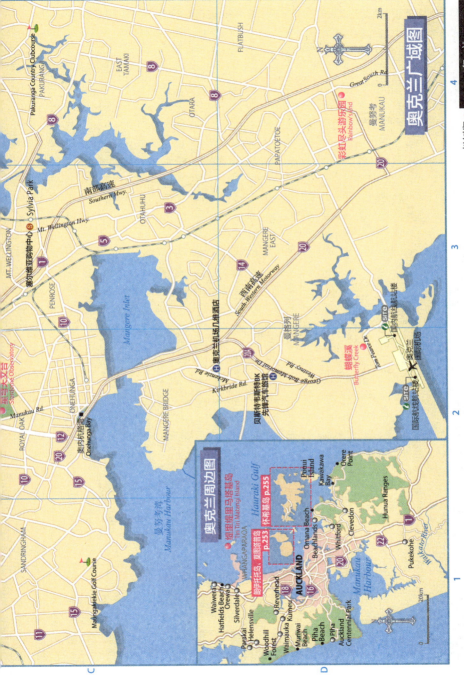

奥克兰广域图

2km

Pakuranga Country Clubcourse

PAKURANGA

EAST
TAMAKI

OTARA

FLATBUSH

Great South Rd.

彩虹旨乐游乐园
Rainbow Ynd

曼努考
MANUKAU

PAPATOETOE

Southern Mwy.
南部高速

OTAHUHU

Mt. Wellington Hwy.

迈尔维亚购物中心
Sylvia Park

MT. WELLINGTON

PENROSE

South Western Motorway
南部环路

MANGERE
EAST

曼格里
MANGERE

Mangere Inlet

奥克兰主机场几维酒店

George Bolt Memorial Dr.

Mckenzie Rd.

Kirkbride Rd.

贝斯特韦斯特BK
先驱汽车旅馆

蝴蝶溪
Butterfly Creek

Tom Pearce Dr.

奥克兰
国际机场

国际航线航站楼

Stardome Observatory
星空天台

ONEHUNGA

MANGERE BRIDGE

奥克兰桥普岛
Onehunga Bay

ROYAL OAK

Manukau Rd.

曼努考湾
Manukau Harbour

SANDRINGHAM

Maungakiekie Golf Course

奥克兰周边图

怀特玛塔马塔基岛
Tiri Tiri Matang Island

WANGAPARAOA

Hauraki Gulf

Ponui
Island

Kawakawa
Bay

Oere
Point

帕里塔普岛、奥图塔普岛
p.253

怀菲基岛 p.255

Omana Beach

Beachlands

Clevedon

Whitford

Hunua Ranges

Manukau Harbour
曼努考湾

朗伊托托岛
p.

AUCKLAND

Pukekohe

Waikato River

Waiwera
Hatfields Beach
Orewa
Silverdale
Helensville
Parakai
Woodhill
Forest
Waimauka Kumeu
Muriwai
Beach
Piha
Piha
Beach
Auckland
Centennial Park

Revenhead

20km

237

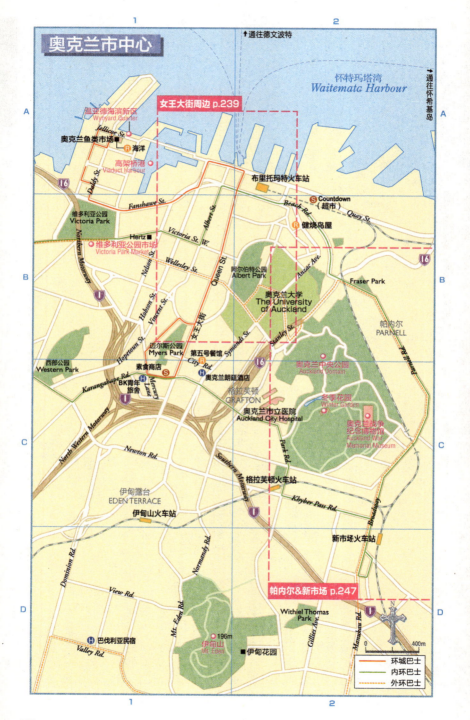

奥克兰市中心

通往德文波特 →

通往怀希基岛 →

怀特玛塔湾
Waitemata Harbour

女王大街周边 p.239

温亚德海滨新区
Wynyard Quarter

奥克兰鱼类市场
海洋
高架桥港
Viaduct Harbour

布里托玛特火车站

Countdown
（超市）

健烧鸟屋

Fanshawe St.

维多利亚公园
Victoria Park

Hertz

维多利亚公园市场
Victoria Park Market

阿尔伯特公园
Albert Park

Fraser Park

奥克兰大学
The University
of Auckland

帕内尔
PARNELL

迈尔斯公园
Myers Park

第五号餐馆

素食商店

BK青年旅舍

奥克兰朗廷酒店

格拉夫顿
GRAFTON

奥克兰市立医院
Auckland City Hospital

奥克兰中央公园
Auckland Domain

冬季花园
Winter Garden

奥克兰战争
纪念博物馆
Auckland War
Memorial Museum

西部公园
Western Park

Newton Rd.

格拉芙顿火车站

伊甸露台
EDEN TERRACE

伊甸山火车站

新市场火车站

Khyber Pass Rd.

帕内尔&新市场 p.247

Withiel Thomas
Park

View Rd.

巴伐利亚民宿

196m
伊甸山
Mt. Eden

伊甸花园

N

400m

环城巴士
内环巴士
外环巴士

女王大街周边

環城巴士
内環巴士
外環巴士

奥克兰希尔顿酒店 Ⓗ

Y not 餐馆&酒吧 Ⓡ

Winyard
Crossing

新西兰
海洋博物馆
New Zealand
Maritime Museum

王子码头
Princes Wharf

骄傲与快活

女王码头
Queens Wharf

库克船长码头
Captain Cook Wharf

高架桥港
Viaduct Harbour

SITE

OK礼品店

Ⓢ

360 Discovery Cruise

博茨瓦纳肉食餐馆
港湾大洋吧&烧烤
DOC
Fullers

Explore NZ ■

渡轮码头

渡轮大厦

灵魂酒吧&餐馆

麦卡卢医生

码头大街

Ⓡ 米尔赛

Customs St. W.

奥克兰奥提尔
礼品店

伊丽莎白
二世广场

布里托玛特
火车站

Ⓢ 特来里斯·库帕
Quay St. ⑥

Pakenham St.
大港中餐馆

Market Pl.

Customs St. W.

奥克兰
美居酒店

Galway

Commerce St.

Tyler St.
Ⓡ 凯伦·沃克

DFS Ⓢ

从N到Z

世界冠军

安贝克力

Gore St.

Customs St. E.

浓缩咖啡
工坊

Britomart Pl.

奥克兰大富酒店 Ⓗ

Hobson St.

Mills Ln.

太平洋艺廊

河内咖啡馆

商店

Fanshawe St.
⑥

Swanson St.

奥克兰斯坦福德广场酒店

Ⓡ

Ⓡ 女王大街背包客青年旅舍

奥克兰奥克斯海湾酒店 Ⓗ

Wyndham St.

拓冰者

Ⓢ

警察局
卡皮蒂大石

奥康奈尔街餐馆

Ⓗ 玖斯
酒店

Avis ▦

Nelson St.

奥克兰传统酒店 ■

莎士比亚酒店
与酿造厂

富士金太郎

Ⓡ

Queen St.

Ⓢ

Fort St.

Shortland St.

Emily Pl.

Eden Cres

新西兰留学信息中心
新西兰永驻信息中心

西方比利时啤酒咖啡馆

Ⓡ Vulcan
Lane

魔力咖啡馆 Ⓡ

奥克兰
普尔曼酒店 Ⓗ

Victoria St. W.

原始世界

Ⓢ

O'Connell St.

Chancery St.

Waterloo Quandrant

天空塔
Sky Tower

墨西哥咖啡屋

帕瓦内西亚

High St.

奇安瑟瑞 Ⓡ

天空城旅游中心
（长途巴士总站）

Ⓡ

Bowen Ave.

SITE

Countdown（超市）

Ⓢ

Kitchener St.

Lorne St.

Lane

阿尔伯特公园
Albert Park

奥克兰
The University of Auckland

Ⓗ 天空城酒店

迪波餐馆 Ⓡ

Ⓗ 奥克兰皇冠假日酒店

法鲁餐馆

Ellieot St.

有朋背包客青年旅舍 Ⓗ

面达

市中心伊克诺旅馆 Ⓗ

史密斯与科威 Ⓢ

Federal St.

Mayoral Dr.

市民剧院

罗恩街托尼餐馆

Prince St.

奥克兰美术馆
Auckland Art Gallery (Toi O Tamaki)

Cook St.

奥提亚中心

奥提亚广场

Queen St.

■ 中央警察局

奥克兰千禧大酒店 ■

Vincent St.

Mayoral Dr.

奥克兰市政府

城市大厅

Wakefield St.

女王大街

Auckland University
of Technology

Wellesley St. E.

Grafton Rd.

狸猫居酒屋 Ⓡ

Symonds St.

N

Airedale St.

0   200m

王子港的旅游服务中心
ISITE
Auckland Visitor Centre
Princes Wharf
Map p.239–A1

📍 137 Quay St.
☎（09）365-9914
FAX（09）307-2614
URL www.aucklandnz.com
開 9:00～17:00
休 无

天空塔内的旅游服务中心
Auckland Visitor Centre
Skycity Atrium
Map p.239–C1

📍 Cnr.Victoria & Federal St.
☎（09）365-9918
FAX（09）363-7181
開 夏季 9:00～18:00
休 无

为游客提供帮助的人

在布里托玛特火车站附近及女王大街等市中心区域，有被称为 Auckland City Ambasador 的市政府职员在路上巡逻。如果需要问路或者遇到什么麻烦，可以向他们求助。

可以获取各种地图

有用的信息
奥克兰市立医院
Auckland City Hospital
Map p.238–C2

📍 2 Park Rd.Grafton
☎（09）367-0000

中央警察局
Map p.239–D1
Auckland Central Poilce Station

📍 Cnr.Cook St. & Vicent St.
☎（09）302-6400

汽车租赁公司
Hertz
机场（国际航线航站楼内）
☎（09）256-8692
市中心
Map p.238–B1
📍 154 Victoria St.
☎（09）367-6350
Avis
机场（国内航线航站楼内）
☎（09）275-7239
市中心
Map p.239–B1
📍 17-19 Nelson St.
☎（09）379-2650

市中心

奥克兰市中心高楼林立，是新西兰的经济中心，同时也是新西兰的文化中心，集中了许多商店、餐馆以及娱乐设施。

来到这里，可以先登上奥克兰的地标建筑天空塔（Sky Tower），观赏 360°的街景。在观景台可以把整个城市尽收眼底。

主要街道女王大街十分热闹

从伊丽莎白二世广场向南延伸的女王大街（Queen St.）上有伴手礼店、餐馆、电影院、银行等各种商业设施，是奥克兰的主要街道。漫步于这条大街，看着街上不同人种的过客，能够感受到奥克兰确实是一个国际化程度很高的城市。大街旁边的布里托玛特火车站是市内交通的枢纽，车站东侧是时尚商铺集中的区域。在女王大街东侧与女王大街平行的高街（High St.）是一条热闹的小巷，有很多时尚的咖啡馆及精品店，当地的年轻人喜欢来这里逛街。

在高架桥港（Viaduct Harbour）和温亚德海滨新区（Wynyard Quarter），停泊着豪华游轮及色彩丰富的帆船，来到这里可以感受到"City of Sails"的风情。海湾周围集中了很多餐馆和酒吧，每到周末夜晚，都有大量当地人来此休闲娱乐。

市中心周边地区～奥克兰郊外

位于市中心西侧的庞森比（Ponsonby），有时尚的咖啡馆和餐馆。可以跟个性商铺聚集的维多利亚市场（Victoria Park Market）一块游览。另外，在庞森比及市区南部东西向延伸的卡朗加哈皮路 Karangahape Rd.（简称 K路）一带是奥克兰的夜店区，有很多酒吧和俱乐部。

帕内尔路有许多精致的商铺，是一个很有情调的地方

市中心以东约 25 公里的地方是环境安静的帕内尔（Parnell）。在那里的主街道帕内尔路（Parnell Rd.）的两边，有环境很好的餐馆以及杂货店、古董店。另外，帕内尔还有许多艺术品店。可以在欣赏完新西兰艺术家们的作品后，到露天咖啡馆喝上一杯。

沿帕内尔路南行，路名会变为布劳德路（Broadway）。跟帕内尔的安静不同，这里的新市场（Newmarket）有很多现代城市风格的商铺。现在布劳德路两边商铺林立，开发进程正在持续。

郊外地区非常值得一去的就是从市中心开车东行6公里左右可到的使命湾（Mission Bay）。那里有品位很好的咖啡馆、餐馆、绿化很好的公园以及美丽的海滩，是男女老少都很喜欢的地方。

从渡轮码头乘船约12分钟，或者驾车穿过海港大桥，就能来到德文波特（Devonport）。那里是欧洲人在新西兰最早的定居点之一，保留着许多维多利亚式的建筑。登上著名的观景点维多利亚山（Mt.Victoria）之后，可以去带有19世纪情调的街区走一走。有很多不错的B&B，很适合长期度假。

在新市场体验购物的乐趣

奥克兰周边的岛屿

奥克拉周边分布着大约50座岛屿。其中，乘渡轮35分钟左右可到达的怀希基岛（Waiheke Island）是著名的葡萄酒产地，许多艺术家也居住于此，是很有人气的度假胜地。在缇里缇里马塔基岛（Tiri Tiri Matangi Island），可以花上一整天来观察濒临灭绝的鸟类等珍稀野生动物。游览西海岸的团体游也很受欢迎，还有各种户外运动项目，可供选择的休闲方式很多。

奥克兰 主要景点

天空塔
Sky Tower

Map p.239-C1

高328米，是南半球最高的塔。每年来此游览的游客多达75万人次，也是奥克兰的地标性建筑。设有高度不同的三处观景台，在186米高的主观景台，除了可以远眺奥克兰的街景，还可以透过玻璃地板俯瞰地面。继续向上，在220米高的大观景台，透过360°的玻璃幕墙，可以看到80公里以外的景色。塔内有可观景的餐馆、咖啡馆以及酒吧等餐饮设施。

天空塔下面的天空城（Skycity）里有天空城赌场（Skycity Casino）、天空城酒店（→p.275）、剧场、餐馆、酒吧等商业设施。

奥克兰最著名的景点

主要活动
Auckland Arts Festival
☎ (09) 309-0101
URL www.aucklandfestival.co.nz

Fine Food New Zealand Auckland
☎ (09) 555-1141
URL www.finefoodne.co.nz

The Addias Auckland Marathon
☎ (09) 303-0379
URL www.aucklandmarathon.co.nz

奥克兰市内团体游
Auckland City Highlights Tour
可游览奥克兰战争纪念博物馆、海港大桥、温亚德海滨新区等市内主要景点。可前往游客的住宿地点接送。
Gray Line New Zealand
🏠 172 Quay St.
☎ (09) 307-7880
FREE 0800-698-687
URL www.grayline.com
🕐 全年 10:00 出发
💰 成人 NZ$46，儿童 NZ$23
CC ADMV

超值套票
Auckland Multipass
包括天空塔（→p.241）、凯利塔顿海底世界水族馆（→p.250）、彩虹尽头游乐园（→p.250）、蝴蝶溪（→p.251）这4个景点的门票以及去往朗伊托托岛（→p.253）船票。有效期为套票开始使用之日起3个月以内，可以在旅游服务中心购买。
☎ (09) 365-9918
URL multipass.aucklandnz.com
💰 成人 NZ$135，儿童 NZ$75

天空塔
🏠 Cnr.Victoria St. & Federal St.
☎ (09) 363-6000
FREE 0800-759-2489
FAX (09) 363-6383
URL www.skycityauckland.co.nz
🕐 5~9月 9:00~22:00
10月~次年4月
周日~次周周四
8:30~22:30
周五、周六 8:30~23:30
（入场截至闭馆前30分钟）
休 无
💰 成人 NZ$28，儿童 NZ$11
🚌 内环巴士可达

天空城赌场
🕐 24小时 休 无
※ 不满20岁者以及穿短裤、拖鞋者不能入场。赌场内禁止拍摄

蓝色的装饰彩灯代表着奥克兰的橄榄球队 Blues

天空塔上的户外运动项目
Sky Jump（→p.259）
Sky Walk

在 192 米高处、宽 1.2 米的边缘上，系好安全带，跟随导游步行。可以欣赏到 360°的风景。用时约 1 小时 15 分钟。

☎（09）368-1835
FREE 0800-759-925
URL skywalk.co.nz
⊙ 全年 10:15～16:30 期间每 30 分钟（因天气而变）
費 成人 NZ$145，学生 NZ$125，儿童 NZ$115（10 岁以上）
CC MV

新西兰海洋博物馆
住 Cnr.Quay St & Hobson St.
☎（09）373-0800
URL www.maritimemuseum.co.nz
開 9:00～17:00（入馆截至 16:00）
費 成人 NZ$20，老人、学生 NZ$17，儿童 NZ$10
交 城市巴士可达
乘船
⊙ 周二～周五 11:30、13:30，周六、周日 12:00、14:00
費 成人 NZ$50，儿童 NZ$25（包含入场门票）

温亚德海滨新区
☎（09）336-8820
URL www.wynyard-quarter.co.nz

帆船通过时桥会开启

奥克兰有轨电车
☎（09）377-7701
URL www.aucklandtram.co.nz
曾因修复工程而停运过。

高架桥港
Viaduct Harbour
Map p.239-A1

可以看到很多帆船往来于此，在这里游客会对"帆船之城"有实际的了解。港湾周围有许多时尚的咖啡馆、餐馆、酒吧。2000 年、2003 年，这里曾举办过最高水平帆船赛事之一的美洲杯帆船赛，因此也被称为美洲杯帆船赛村（America's Cup Village）。

停泊在码头的帆船似乎向人们讲述着帆船之城奥克兰的故事

新西兰海洋博物馆
New Zealand Maritime Museum
Map p.239-A1

这座博物馆面向维多利亚港附近的码头而建。展品丰富，从波利尼西亚人使用的小舟到欧洲人在大航海时代远航来到新西兰时使用的移民船、豪华游轮，再到先进的海上休闲用游艇都有展示。周二～周日，可以参加历史悠久的泰德阿什比号（Ted Ashby）的乘船体验活动，每天举行两次。

温亚德海滨新区
Wynyard Quarter
Map p.238-A1

位于高架桥港西侧的海滨区域，穿过名为温亚德跨海大桥（Wynyard Crossing）的可动桥便可到达。除了奥克兰鱼类市场（Auckland Fish Market）以及举办各种活动的会展中心，在仓库式的建筑中还有许多不错的餐馆，奥克兰当地人都很喜欢这里。另外，时隔 50 多年，这里

在怡人的海风中悠闲地散步游览

还恢复了新西兰国内最初开行的有轨电车（Auckland Dockline Tram）。

布里托玛特火车站
Britomart
Map p.239-B2

位于市中心码头附近的布里托玛特火车站一带在 2011 年橄榄球世

界杯比赛举行之后开发建设一直在进行。中央邮局旧址等历史文化建筑与现代建筑共存，有交通运输中心、品位很好的咖啡馆、商店、服饰店、艺术品店，让这里的氛围变得非常独特。车站位于地下，所以街道上并不喧嚣。建议到此转一转。

阿尔伯特公园 / 奥克兰美术馆
Albert Park/Auckland Art Gallery（Toi O Tāmaki）

Map p.239-C~D2

植物丰富的阿尔伯特公园

公园位于市中心区域的中心地带，里面有绿色的草坪、高大的树木以及喷泉、色彩鲜艳的花卉时钟。在天气好的日子，有很多奥克兰大学的学生会来此看书，普通市民的数量也很多。

公园的一角建有奥克兰美术馆。这座美术馆是新西兰最大的美术馆，2011年完成整修，馆内藏有毛利人的工艺品及各国的现代艺术作品，藏品超过15000件，内举办免费的画廊参观团。

奥克兰中央公园
Auckland Domain

Map p.238-B2

位于奥克兰的一座山丘之上，面积广大，可以俯瞰市中心。该地区形成于火山运动，火山口现在被当作圆形剧场使用。园内种植有许多原产于新西兰的波胡图卡瓦（Pohutukawa），12月会开花，这种植物也被称作新西兰圣诞树。

奥克兰市内历史最久的公园

奥克兰战争纪念博物馆
Auckland War Memorial Museum

Map p.247-B~C1

这里是新西兰历史最久的博物馆，馆藏丰富。1层展出有关毛利人及南太平洋群岛的藏品，2层为有关新西兰大自然的展区，3层以第一次世界大战及第二次世界大战相关艺术品为主题。如果仔细参观的话，至少需要半天的时间。

布里托玛特交通运输中心
- 8-10 Queen St.
- （09）355-3553

布里托玛特组
URL britomart.org

有很多非常时尚的商铺

奥克兰美术馆
- Cnr.Kitchener St. & Wellesley St.
- （09）379-1349
- URL www.aucklandartgallery.com
- 10:00~17:00
- 无
- 免费（特展除外）
- 环城巴士、外环巴士可达
- 画廊参观团
- 11:30、13:30
- 免费
- ※ 参加者需要是10岁以上，并且提前2周以上进行预约

展品种类丰富

奥克兰中央公园
- Park Rd.
- 外环巴士、内环巴士均可到达

经常举办可免费观看的露天音乐会。具体信息到旅游服务中心了解。每天圣诞节期间会在此举办可口可乐庆祝圣诞节活动（→p.251）。

奥克兰战争纪念博物馆

- 住 Auckland Domain Parnell
- 电 （09）309-0443
- URL www.aucklandmuseum.com
- 开 10:00~17:00
- 休 无
- 费 成人 NZ$25、儿童 NZ$10
- 交 内环巴士、外环巴士均可到达。

门票＋馆内热门景点导览团"Kiwi"的联票价格是成人 NZ$40、儿童 NZ$20；门票＋毛利表演"Tui"的联票价格是成人 NZ$45、儿童 NZ$20；门票＋馆内热门景点导览团＋毛利表演"Moa"的联票价格是成人 NZ$55、儿童 NZ$25。可以在官网上查询详细的时间。

冬季花园

- 住 Auckland Domain Parnell
- 开 11月~次年3月
  周一、周六 9:00~17:30
  周日 9:00~19:30
  4~10月 9:00~16:30
- 休 无
- 费 免费
- 交 内环巴士、外环巴士均可到达

色彩绚丽的花朵竞相开放

奥克兰大学

- 住 Princes St.
- 电 （09）373-7999
- URL www.auckland.ac.nz
- 交 外环巴士可到达

奥克兰大学的钟楼

海港大桥户外运动项目的关联公司
AJ Hackett Bungy

- 电 （09）360-7748
- FREE 0800-286-4958
- URL www.bungy.co.nz
- CC ADMV
  攀爬大桥
  → p.259
  蹦极
- 营 全年
- 费 成人 NZ$160，
  儿童 NZ$130（10岁以上）
- ※ 有从新西兰海洋博物馆（→p.242）出发的接送巴士

笃立于山城之上的庄严的建筑

另外，还有毛利人的舞蹈表演以及艺术团体游，游客可以通过这些活动来了解毛利文化。

冬季花园　　　Map p.247-B1
Winter Garden

位于面积广大的奥克兰中央公园（→ p.243）内，自1913年建成开放以来，这座植物园作为一个休闲场所很受当地市民的喜爱。里面有两个温室，栽培着热带植物以及新西兰当地的野花，花的种类多达几十种，每个季节都有色彩鲜艳的花朵绽放。在这座位于城市中心的花园里，还有100多种新西兰当地的蕨类植物，非常值得一看。新西兰国徽上也有一种名为银蕨（Sliver Fern）的植物叶子。

奥克兰大学　　　Map p.239-C~D2
The University of Auckland

创立于1883年的一所综合大学，虽然位于奥克兰市中心，但广阔的校园内充满了绿色。在校学生约4万人，是新西兰规模最大的大学，校内有很多咖啡馆及小吃摊，校园氛围浓郁。

海港大桥　　　Map p.236-A1
Harbour Bridge

双向八车道的机动车专用大桥

连接市区与北奥克兰的大桥，全长1020米，高43米。1959年大桥竣工后，奥克兰北部地区便开始了迅猛的发展。最早为四车道，随着交通量的增加，现已被改为八车道。近年来，早晚交通高峰时拥堵严重，而且桥体结构也出现老化，所以正在讨论是否重建。不过，这座美丽的大桥现在仍为奥克兰的交通动脉以及城市的象征。

海港大桥上有攀桥及蹦极等户外运动项目，不妨一试。

维多利亚公园市场
Victoria Park Market

Map p.238-B1

维多利亚公园市场
- 210-218 Victoria St.
- （09）309-6911
- URL victoriaparkmarket.co.nz
- 内环巴士、外环巴士均可到达

过去是一个垃圾处理厂，现在有许多出售新西兰艺术品、工艺品以及民族风格时尚用品的商铺。周末有自由市场以及现场演奏、街头表演，十分热闹。

烟囱是这个市场的标志性建筑

可以在咖啡馆小憩一下

庞森比
Ponsonby

Map p.236-A1~B1·2/p.245

庞森比
- URL iloveponsonby.co.nz
- 乘坐内环巴士

庞森比路（Ponsonby Rd.）长约1公里，行驶于市内的内环巴士线路经过这里。这条路与帕内尔路（Parnell Rd.）、高街（High St.）都是奥克兰著名的繁华街道，路两边有许多餐馆及商铺。餐馆中尤以融合菜及意大利菜的店家居多。如果是人气度较高的餐馆，最好在用餐前预约。

另外，该区域也是"咖啡馆间竞争激烈的地区"，每隔几米就有一家环境优雅且咖啡非常美味的咖啡馆。这里的咖啡馆一般都不是很大，周六、周日客人会比较多，但都非常值得一试。咖啡店、杂货店、服装店到了傍晚时，基本上都会关门，但很多酒吧及俱乐部会营业至深夜，每到周末会有不少精心打扮的奥克兰当地人来此小酌并欣赏音乐。

庞森比路边富有个性的商铺

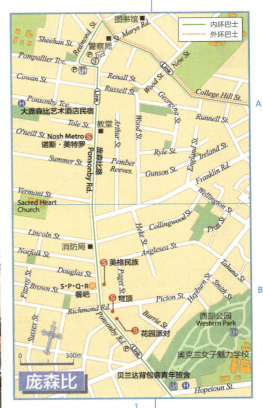

帕内尔 & 新市场
Parnell & Newmarket

Map p.236-B2/p.247

帕内尔
URL parnell.net.nz
🚌 内环巴士、外环巴士均可到达

圣三一大教堂
Map p.247-B2
🏠 Cnr.St Stephens Ave. & Parnell Rd.
☎ (09) 303-9500
URL www.holy-trinity.org.nz
🕐 9:00~18:00
休 无

帕内尔玫瑰园
Map p.247-A2
🏠 85 Gladstone Rd.
☎ (09) 301-0136（奥克兰城市热线）
URL Parnells.co.nz
🕐 24 小时
休 无
💰 免费

新市场
URL www.newmarket.co.nz
🚌 可乘坐内环巴士、外环巴士。或者从布里托玛特车站乘 Transdev 的南线、西线、奥内杭格线至新市场车站

新市场火车站

奥克兰市中心以东约 1 公里处有一条名为帕内尔路的街道。那里是奥克兰最古老的街区，环境氛围让人立即会联想起欧洲，路两边保存着建于 19 世纪后半叶的维多利亚风格的建筑。帕内尔路一带最吸引人的是帕内尔购物村（Parnell Village）。白色的建筑里面开设了许多时装店的综合商场。

充满怀旧情调的帕内尔村

漫步于帕内尔，会被出售当地作品的艺术品店、手工珠宝店等富有个性的商铺所吸引。另外，融合了西方文化与毛利文化而建的圣三一大教堂（Holy Trinity Cathedeal）以及与帕内尔路平行的格拉德斯通路（Gladstone Rd.）旁边的帕内尔玫瑰园（Parnell Rose Gardens）等景点都很值得推荐。

圣三一大教堂中画有动植物图案的花窗玻璃代表着新西兰的历史

从帕内尔继续南行，就能到达新市场地区。这里的地名虽叫新市场，但实际上并没有什么市场，而是指以从帕内尔路开始延伸的布劳德路（Broadway）周围的商业区域。这一带仍在不断发展，店铺密集，其中有很多设计师品牌的时尚商品店。商品的特点是风格自然且注重实用性。

新市场地区的中心是名为新市场韦斯特菲尔德 277 Westfield 277 Newmarket（→p.266）的综合商场。除了新潮时尚商品，也有品种丰富的日用品，还设有超市和食品专区。另外，在新市场车站周边的纳菲尔德街（Nuffield St.），最近也有很多时尚的店铺开业，即便只是逛一逛也是一件很有乐趣的事情。

有很多咖啡馆与时装店的纳菲尔德街

Column 周末前往法国市场

在帕内尔，每个周末都有法国市场。市场开设在拉希加乐，除了出售生鲜食品的摊位，还有出售牛角面包、酥皮饼、可丽饼、肉类食品、意大利面、葡萄酒的摊位，很适合来这里吃早餐和午餐。也可以买到家居用品、餐具、厨具等物品，不妨在这里挑选一些馈赠朋友的小礼物。

拉希加乐市场
Map p.247-A2
🏠 69 St Georges Bay Rd.
☎ (09) 366-9361
URL www.lacigale.co.nz
🕐 周六 8:00~13:30
　 周日 9:00~13:30。

市场里的面包店摆放着刚出炉的面包

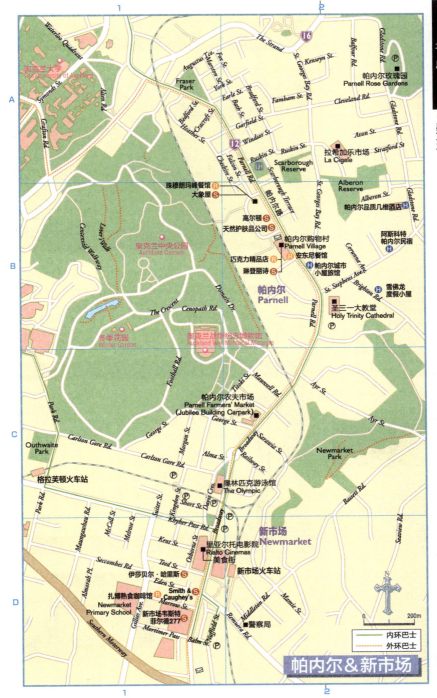

奥克兰大学
The University of Auckland

Waterloo Quadrant

Fraser Park

帕内尔玫瑰园
Parnell Rose Gardens

Scarborough Reserve

拉希加乐市场
La Cigale

Alberon Reserve

帕内尔品质几维酒店

珠穆朗玛峰餐馆 ®
大象屋 ⑤

高尔顿 ⑤
天然护肤品公司 ⑤

帕内尔购物村
Parnell Village

阿斯科特
帕内尔民宿 ℍ

巧克力精品店 ®
琳登丽诗 ⑤

安东尼餐馆

帕内尔城市
小屋旅馆 ℍ

雪佛龙
度假小屋 ℍ

奥克兰中央公园
Auckland Domain

帕内尔
Parnell

Lovers Walk

Centennial Walkway

The Crescent

Cenopath Rd.

Domain Dr.

圣三一大教堂
Holy Trinity Cathedral

冬季花园
Winter Garden

奥克兰战争纪念博物馆
Auckland War Memorial Museum

帕内尔农夫市场
Parnell Farmers' Market
(Jubilee Building Carpark)

Park Rd.

Outhwaite Park

Carlton Gore Rd.

Carlton Gore Rd.

George St.

George St.

Newmarket Park

格拉芙顿火车站

奥林匹克游泳馆
The Olympic

新市场
Newmarket

里亚尔托电影院
Rialto Cinemas
美食街

新市场火车站

伊莎贝尔·哈里斯 ⑤

扎博熟食咖啡馆

Newmarket Primary School

Smith & Caughey's ⑤

新市场韦斯特
菲尔德277 ⑤

警察局

帕内尔&新市场
Newmarket

内环巴士
外环巴士

0   200m

N

伊甸山
Mt.Eden Map p.238-D1

宽广的自然风光令人心旷神怡

奥克兰市内 50 多座死火山之一，是由火山喷发堆积起来的山丘。海拔虽然只有 196 米，但山顶上的景色非常好，可以看到奥克兰市区及大海。在山顶的观景台可以俯瞰椭圆形的火山口。半山腰处有一个小餐馆，很适合眺望市区的夜景。伊甸花园（Eden Garden）是依伊甸山东面山坡上的地势而建的一座公园。园内种植着 1000 多棵树木，有英式花园，当地居民经常去那里休息或读书。

一树山
One Tree Hill Map p.236-B2

位于康沃尔公园（Cornwall Park）内，与伊甸山一样为死火山，海拔 183 米。山顶有奥克兰市创立者约翰·罗根·坎贝尔（John Logan Campbell）爵士为了向原住民毛利人表达敬意而建造的塔，现已成为这里的标志性建筑。公园内有放牧的羊群，还保存着奥克兰现存最古老的建筑——洋槐别墅（Acacia Cottage）。景色很好，可以远眺奥克兰的郊外。

塔高 33 米

星穹天文台
Stardome Observatory Map p.237-C2

位于一树山南坡，可以 360° 观测星空，是一个了解南十字星座等南半球可见星座的好地方。夜间有多种天象仪展示活动。活动内容随时间而变，需要到该天文台网站上确认。如果天气情况较好，在天象仪展示之后，还有通过天文望远镜观测天体的活动。另外，周二晚上

可以了解到利用星象导航而到达新西兰的毛利人的传说

伊甸山
住 250 Mt.Eden Rd.Mt.Eden
开 7:00~23:00
伊甸花园
住 24 Omana Ave.Epsom
电 （09）638-8395
URL www.edengarden.co.nz
开 9:00~16:00
休 无
费 成人 NZ$8，儿童免费
交 环铁巴士 #274、#277（7044 站台）大约 25 分钟。也可以乘坐外环线

一树山
住 Cornwall Park，203 Greenlane Rd.
电 （09）630-8485
URL cornwallpark.co.nz
开 7:00~日落
交 环铁巴士 #312、#392（7006 站台）大约 10 分钟。下车后徒步约 15 分钟即到。也可以乘坐外环线。
洋槐别墅
开 夏季 7:00~日落
冬季 7:00~16:00
休 无

可以看见奥克兰市区以及牧场上的羊群

星穹天文台
住 670 Manukau Rd.One Tree Hill Domain
电 （09）624-1246
URL stardome.org.nz
开 周一 10:00~17:00
周二~周四 10:00~17:00
18:00~21:30
周五 10:00~17:00
18:00~23:00
周六、周日 11:00~23:00
休 无
费 免费（天象仪展示是成人 NZ$15，老人、学生、儿童 NZ$12）
交 环铁巴士 #302、304、305、#312（7006 站台），约需 30 分钟。也可乘坐外环巴士。

会举办 Wine，Cheese & Astronomy（年满 18 岁 NZ$35），可以在观测天体的同时品尝到葡萄酒和乳酪。

奥克兰动物园
Auckland Zoo
`Map p.236-B1`

　　位于市中心西南，是新西兰国内规模最大的动物园之一，饲养着 138 种、超过 800 只的动物。在面积广阔的园内，按动物的种类被划分成不同的区域，也很适合大人游玩。除了常见的大象、长颈鹿、狮子这些动物，这里还有新西兰国鸟几维鸟以及被称为"活恐龙"的喙头蜥等当地特有的动物。几维鸟属夜行性动物，但在这里又可以在黑暗的小屋中看到几维鸟活动的身姿。

可以见到缓慢行走的长颈鹿

西部温泉
Western Springs
`Map p.236-B1`

　　紧邻奥克兰动物园及交通科学博物馆，园内有面积广大的草坪。有黑天鹅优雅地游戈在湖面上。除此之外，园内还随处可见介绍各种鸟类的牌子，可以体验观鸟的乐趣。每到节假日，会有很多家庭来此野餐，还有很多情侣以及进行体育运动的年轻人，公园会变得十分热闹。

交通科学博物馆（莫塔特）
Museum of Transport & Technology（MOTAT）
`Map p.236-B1`

　　可以通过参观馆内收藏的汽车、火车机车、医疗器械、机器等展品来了解新西兰的交通、农业、医疗方面的历史。展品中还包括理查德·皮尔斯（有一种观点认为他比莱特兄弟更早地实现了动力飞行）以及在世界上首次实现了从英国驾驶飞机飞往新西兰的琴·G. 巴腾的相关资料和遗物。另外，还有再现了 20 世纪 90 年代初期当地居民生活的展区，可以了解当时的风土人情。从博物馆每隔 30 分钟有一班有轨电车可去往奥克兰动物园，单程运行时间约 12 分钟。

奥克兰动物园
住 Motions Rd.Western Springs
电 (09) 360-3805
URL www.aucklandzoo.co.nz
开 5~8 月
　　9:30~17:00
　　9 月~次年 4 月
　　9:30~17:30
　　（入场截止~16:15）
休 无
费 成人 NZ$28，儿童 NZ$12
交 乘坐环铁巴士 #020、#090、
　#113（7041 号站台）大
　约需要 28 分钟

西部温泉
住 731 Great North Rd.Grey
　Lynn
交 乘坐环铁巴士 #049、#087、
　#113（7041 号站台）大
　约需要 20 分钟

最适合散步和野餐

交通科学博物馆（莫塔特）
住 805 Great North Rd. &
　Meola Rd.Western Springs
电 (09) 815-5800
URL www.motat.org.nz
开 10:00~17:00
　　（入场截止~16:30）
休 无　费 成人 NZ$16，儿
童 NZ$8
交 乘坐环铁巴士 Metrolink
　#087、#113、#030（7041
　号站台）大约需要 20 分钟

有轨电车
运 10:00~16:45
费 单程成人 NZ$1、儿童
　NZ$0.5（持有博物馆门
　票可免费乘坐）

室外展品

北岛　奥克兰

Column 海岸步道

　　这条被称为 Coast to CoastWalkway 的步道，连接着奥克兰北面的怀特玛塔湾与南面的曼努考湾。起点在高架桥港（→ p.242）。出发后，经过奥克兰中央公园、伊甸山、一树山，最后到达奥内杭格湾 Onehunga Bay（Map p.237-C2），全程约 16 公里，用时 4 小时。可以在旅游服务中心获取线路图。也可选择从南至北的线路。

　　从南边的终点奥内杭格，可乘坐 Metrolink 的 38 路巴士以及奥内杭格线的列车去往布里托玛特火车站。

按黄色箭头指示前行即可

249

URL www.missionbay.co.nz

交 从市中心乘环铁巴士
Metrolink#745、#767、
#769（7010 号站台）约
15 分钟

可以在海滩上的咖啡馆里度过
美好的下午时光

前往塔玛基海岸公路的方法
从市中心沿 Quay St. 东行。
乘环铁巴士 Metrolink#717、#757
（7010 号站台）约 7 分钟。

塔玛基海岸公路上的户外运动

Fergs Kayaks
可以租借皮划艇、立桨
冲浪板，还有皮划艇的团体
游以及教练课程。
住 12 Tamaki Dr.Okahu Bay
电 (09) 529-2230
URL fergskayaks.co.nz
开 周一～周三
9:00～17:00
周四～周日
9:00～18:00
休 无
皮划艇租赁
费 1 小时 NZ$20～
朗伊托托岛皮划艇团
费 NZ$150

凯利塔顿海底世界水族馆
住 23 Tamaki Dr.Orakei
电 (09) 531-5065
FREE 0800-446-725
URL www.kellytarltons.co.nz
开 9:30～17:00
（入场截至 16:00）
休 无
费 成人 NZ$39、儿童 NZ$22
交 从市中心乘环铁巴士
Metrolink#745、#757、
#769（7010 号站台）约
10 分钟。渡轮码头对
面有免费的接送巴士，
9:30～15:30 每隔 30 分钟
发一班车
Shark Cage
开 周四～次周周二 13:00、
14:30（需要预约）
费 NZ$99
Shark Dive
开 周五～次周周一 10:00(需
要预约）
费 NZ$200～(18 岁以上，需
要有一定的英语能力）

使命湾
Mission Bay
Map p.236-A3

从奥克兰市中心向东约 6 公里就是使命湾。在高级住宅较多的市区内，这里也算是屈指可数的人气区域。有非常适合游泳的海滩，还可以看到海面上的朗伊托托岛。到了夏季，这里就是帆船、帆板等水

在环境优雅的海滩上散步

上运动的乐园，会有大量游客聚集于此。在沿海滩延伸的公园里散步，是一件非常惬意的事。有很多环境不错的餐馆及咖啡馆，所以也完全可以专程来此吃饭。

塔玛基海岸公路
Tamaki Drive
Map p.236-B3

可以看见对岸的朗伊托托岛

塔玛基海岸公路建在霍布森湾的堤防上。从奥克兰市中心沿海向东延伸，漫步于海风之中，两侧视野开阔，令人心旷神怡。海面上有帆船、帆板，道路上有玩轮滑、跑步、骑自行车的人，海边垂钓的人也很多，每个人都十分悠闲地在此度过美好的时光。中途有奥拉基码头，可以观赏美丽的黄昏和夜景。

凯利塔顿海底世界水族馆
Kelly Tarltom's Sea Life Aquarium
Map p.236-A3

可以近距离观察鲨鱼

在这里的海底世界，最吸引人的是巨大的水槽和连接水槽用的长达 110 米的海底隧道。游客走在水下的通道里，可以看见鲨鱼、鳐鱼在身边游动，仿佛置身海水之中。有关南极的展示内容也很多，有再现的南极探险营地，还可以看到帝企鹅、巴布亚企鹅。另外，也有可近距离接触鲨鱼的 Shark Cage 及 Shark Dive 等体验项目（收费）。

彩虹尽头游乐园
Rainbow's End
Map p.237-D4

新西兰国内唯一的大型游乐园。园内有 15 种非常有趣的游乐设施。

极具人气的游乐设施Fearfall
会在相当于18层楼的高度
暂时停止，然后以高达80
公里的时速突然下落。还
有螺旋形前进的Corkscrew
Coaster、在金矿中穿行的
Gold Rush等非常刺激的设
施。另外，在180°视野
的球形银幕影院、Motion
Master，可以欣赏到3D影
像，座椅也可根据影像情节
运动，非常有震撼力。

螺旋过山车非常刺激

蝴蝶溪
Butterfly Creek
Map p.237-D2

从机场的国际航班航站楼乘车约2分钟可至。在蝴蝶屋Butterfly
House里，饲养着从亚洲、美洲等地采集而来的各种珍稀蝴蝶，游客能够
观赏到颜色各异的蝴蝶在室内飞舞的景象。还有水族馆以及可以接触到
兔子等小动物的区域，很适合全家人来此游玩。

德文波特
Devonport
Map p.236-A2~3/p.252

从布里托玛特火车站附近的女王码头（Queens Warf）乘渡轮约12分
钟就可以到达对岸的德文波特（驾车经港湾大桥前往需20分钟左右）。
这里是欧洲最初在新西兰开始殖民的地方，所以保存着许多维多利亚风
格的建筑。可以在德文波特博物馆（Devonport Museum）及鱼雷湾海军

彩虹尽头游乐园
住 2 Clist Cres.Off Wiri Station
Rd.Manukau City
电（09）262-2030
URL rainbowsend.co.nz
开 10:00~17:00
休 无
费 自由乘坐的巴士（门票＋
任意乘坐）大人 NZ$59，
小孩 NZ$48
交 位于市中心东南约20公
里处的曼努考（Manukau
City）。乘坐环铁巴士
Metrolink #471、#472
（7019 站台）约1小时。
也可从布里托玛特火车
站乘火车前往

蝴蝶溪
住 10 Tom Pearce Dr.
电（09）275-8880
URL www.butterflycreek.co.nz
开 11月~次年 3月
周一~周五 9:30~17:00
周六·日 9:00~17:30
4~10月
9:30~17:00
（入场截至闭馆前1小时）
休 无
费 成人 NZ$23~，儿童 NZ$15~
（动物农场单票 成人
NZ$13，儿童 NZ$10）
交 从奥克兰机场徒步至此约
需 15 分钟，乘车约 2
分钟

北岛

●奥克兰

Column 夏天里的圣诞节

位于南半球的新西兰，季节跟北半球相反。
最能让人意识到这一点的是圣诞节。每到那
时，街道上就会被装点上许多圣诞树以及圣诞
老人形象的装饰
物，但是行人们
却穿着夏季的服
装。而且太阳落
山的时间会非常
晚，因此可以观
赏圣诞彩灯的时
间很短。
不过，这里
会举办许多夏季
特有的圣诞庆祝
活动。在基督城

盛夏的夜空中升起了庆祝圣诞节
的烟花

与奥克兰这两座大城市，会举办名为公园内的
可口可乐庆祝圣诞节活动 Coca Cola Christmas
in the Park 的大型室外庆典。届时可以欣赏到新
西兰著名艺术家们的圣诞歌曲演唱会以及烟花
大会，整个城市都会变得非常热闹。但是 12 月
25 日那一天，基本上所有人都会在家中与家人
团聚，所以餐馆、商铺以及其他商业设施都会
关门。

公园内的可口可乐庆祝圣诞节活动
【基督城】
哈格雷公园（→ p.45）
历 11/24［2018 年］
【奥克兰】
奥克兰中央公园（→ p.243）
历 12/8［2018 年］
URL www.coke.co.nz/christmas-in-the-park

开往德文波特的渡轮
Fullers
Map p.239-A2
住 Pier1 99 Quay St.
电 (09) 367-9111
FAX (09) 367-9148
URL www.fullers.co.nz
交 奥克兰→德文波特
　　周一～周四 5:45~23:30
　　周五 5:45~次日 1:00
　　周六 6:15~次日 1:00
　　周日 7:15~22:00
　　德文波特→奥克兰
　　周一～周四 6:00~23:45
　　周五、周六6:00~次日1:15
　　周六 6:00~次日 1:15
　　周日 7:30~22:15
　　每隔15~30分钟一趟航班。
费 单程成人 NZ$6.2，儿童 NZ$3.7
　　往返成人 NZ$12，儿童 NZ$6.5

德文波特的旅游服务中心
Devonport Visitor Centre
Map p.252-A1
住 Devonport Wharf
电 (09) 365-9906
URL www.devonport.co.nz
开 周一～周五 10:00~14:00
　　周六、周日 8:00~12:00
休 无

德文波特博物馆
住 33A Vauxhall Rd.
电 (09) 445-2661
URL devonportmuseum.org.nz
开 周二～周四 10:00~12:00
　　周六、周日 14:00~16:00
休 周一 费 免费（随意捐赠）

鱼雷湾海军博物馆
住 64 King Edward Pde.
电 (09) 445-5186
URL navymuseum.co.nz
开 10:00~17:00 休 无 费 免费

徒步 15 分钟左右可以到达维多利亚山顶

博物馆（Torpedo Bay Navy Museum）了解当地的历史，而且有许多小型的 B&B，很在此适合悠闲地小住几日。在主街道维多利亚路（Victoria Rd.），有不少装修时尚的古董店、餐馆以及咖啡馆。

沿维多利利亚路向北，就是维多利亚山（Mt.Victoria）。很容易攀登，在海拔 80.69 米的山顶上，可以看到海湾对面市中心的楼群和无数帆船漂浮其间的怀特玛塔湾的美景。

另外，海岸上有向东延伸一直通往北角（North Head）的道路，很适合散步。从渡轮码头到北角，徒步需 15 分钟左右。每到夏天，海滩上的游客就非常多。

奥克兰 周边岛屿上的景点

在海岸线复杂的奥克兰及其周边的近海上分布着大约 50 座岛屿。这里介绍的岛屿均为从市区可当日往返的岛屿，很适合登岛旅游。岛上的自然环境独特，游客可以体验徒步远游等户外运动，怀希基岛（→ p.255）、大巴里尔岛（→ p.256）上还有住宿设施，如果时间充裕可以在岛上多停留几日的话，会让身心得到极大的放松。

朗伊托托岛
Rangitoto Island
Map p.236-A3~4/p.253

从市区乘坐渡轮 25 分钟左右可以到达。因 600 年前的火山爆发而形成的比较新的火山岛，最近一次爆发在 250 年前。该岛直径约 5 公里，山坡向左右缓缓延伸，其形状非常奇特，从远处看仿佛是一个倒扣在海面上的钵。岛上有几条步行线路，用 1 小时左右的时间可以登上海拔 259 米的山顶。有部分路段因熔岩密布而有些难走，但基本上都铺设有步道，所以游客完全可以放心前往。在山顶环看四周，可以看到奥克兰市区以及远处的科罗曼德尔半岛。岛上的交通工具只有 Volcanic Explorer Tour 的拖车。游客可以从渡轮码头乘车经过山顶在岛上环游一周并有导游跟随。没有任何住宿设施，用半天时间就能玩遍。

从山顶的观景点远眺四周。岛上生长着新西兰的原生植物

莫图塔普岛
Motutapu Island
Map p.236-A4/p.253

莫图塔普岛位于怀特玛塔湾内，西侧紧邻朗伊托托岛。第二次世界大战期间，修建了道路将这两座岛屿连接起来，可徒步来往于两岛。从朗伊托托岛的渡轮码头步行至此约 6 公里，用时 1 小时 40 分钟左右。朗伊托托岛因火山爆发距今时间较短，所以岛上布满了熔岩，相比之下，莫图塔普岛要好很多，有一些草地。虽然还有比较宽阔的宿营地，但岛上禁止用木柴生火，所以应带上可用来做饭的燃气炉。岛上设施仅有饮水处及厕所。无论是前往朗伊托托岛还是前往莫图塔普岛都需要自带水和食物。

前往朗伊托托岛的渡轮
Fullers（→ p.252）
奥克兰→朗伊托托岛 9:15、10:30、12:15 出发，周六、周日有 7:30 出发的航班。
朗伊托托岛→奥克兰 周一～周五 12:45、14:30、15:30 出发，周六、周日 9:45、12:45、14:30、16:00 出发。
※ 从朗伊托托岛出发的渡轮，除 9:45、14:30 的航班外，均经由德文波特
往返成人 NZ$30，儿童 NZ$15

Volcanic Explorer Tour
9:15、12:15 出发
www.fullers.co.nz/tours/rangitoto-island-volcanic-explorer-tour
成人 NZ$65，儿童 NZ$32.5
包含往返的渡轮及导游的费用，全程需 4 小时 30 分钟。可向 Fullers（→ p.252）问询详情。需要预订。

让游客有参加探险的感觉

前往莫图塔普岛的方法
从朗伊托托岛的渡轮码头徒步 1 小时 40 分钟左右。

253

缇里缇里马塔基岛的旅游信息
URL www.tiritirimatangi/org .nz
缇里缇里马塔基岛的渡轮
Fullers(→ p.252)
Map p.239-A1
住 Pier 4, 139 Quay St.
☎（09）307-8005
URL www.fullers.co.nz
🕐 周三～周日 9:00 发船
（返回奥克兰大约是在
16:45 左右）
💰 往返 成人 NZ$70, 儿童
NZ$40

要自己带上午餐
　　导览团的终点是一座灯
塔，附近有的 DOC 的办公室
兼商店，可以为游客提供免
费的咖啡、红茶等饮料。不
过这里不出售食品，所以要
自带午餐。附近有 2 个厕所
分别在灯塔附近和直升机降
落起飞点。

有导游带领游客游览，可了解
岛上的自然环境

缇里缇里马塔基岛

Tiri Tiri Matangi Island

　　位于奥克兰东北约 30 公里、旺格帕罗阿半岛（Whangaparaoa Peninsula）以东约 4 公里处，乘渡轮 1 小时 15 分钟可以到达，岛上的植物丰富。这里作为鸟类保护区，在 DOC 环境保护局与环保志愿者团体的严格管理之下，这里栖息着很多濒临灭绝的珍稀鸟类。像这种对普通游客全面开放的自然保护区在新西兰并不多。在这座面积为 2.2 平方公里的小岛上，曾经为建立牧场而把岛上

在缇里缇里马塔基岛可以近距离观赏稀有的南秧鸡

94% 的原生林砍掉。不过，从 1984 年到 1994 年这 10 年间，深深热爱这座岛以及岛上鸟类、植物的志愿者们，在岛上种植了 25 万~30 万棵树木，让这里的森林覆盖率得以恢复。

　　岛上没有外来物种，也没有肉食动物，因此成了鸟类的乐园，有南秧鸡、紫水鸡等不会飞的鸟类，以及卡卡鹦鹉、垂耳鸦、鞍背鸦、绣眼鸟等新西兰特有的珍稀种类，另外还有扇尾鹟、新西兰鸲鹟等非常令人喜欢的鸟类。其中也有小斑几维鸟等出于保护和繁殖的目的而被从别的地方带到该岛的濒危鸟类。

　　因为这里的环境为人们了解远古时期的新西兰提供了宝贵的资料，所以到访这里的新西兰人及外国游客络绎不绝，不过志愿者团体、缇里缇里马塔后援组织 SoTM 以及国家环保局都在努力地保护着当地的自然环境。各环保组织的成员们为了把岛上的环境维持在最有利于岛上动植物生存的状态，自己出资从事志愿者活动。游客可以自行在岛上游览，但还是建议参加由鸟类及植物专家们组成的 SoTM 举办的团体游（成人 NZ$10，儿童 NZ$2.5，用时 1 小时 30 分钟）。可以听着导游的讲解沿海岸漫步，了解这座岛屿的历史、独特的生态环境以及有关鸟类和植物的有趣知识。或者来到寂静的森林中，听着鸟儿们的鸣叫声，用相机拍下美丽的景色。总之，在这里可以让身心得到很好的放松。可以在渡轮码头的售票处预订团体游。

走过栈桥进入缇里缇里马塔基岛

怀希基岛

Waiheke Island

Map p.237-D1~2/p.255

有很多葡萄园

从市区乘渡轮约 40 分钟可到达岛屿，岛上人口 8000 多人，环境优美。是距离市区较近的度假地，在旅游季节，每天的游客能达到 3 万人。可以在海滩享受海水浴或者野餐，也可以骑山地自行车在岛内骑行。在岛上的中心奥内罗阿（Oneroa）有咖啡馆和商店。另外，奥内罗阿东侧的小奥内罗阿（Little Oneroa）以及棕榈滩（Palm Beach）也是非常安静、适合休闲的场所。

岛内的交通，可乘坐根据渡轮到达及起航时间发车的环线巴士，也可租车自驾或租自行车骑行。如果想要游览多个葡萄酒庄园，则可以参加渡轮公司组织的团体游。如果想体验登山和海上划皮艇等活动，建议在岛上住宿。

奥内罗阿
Waiheke Community Art Gallery
奥内罗阿湾
Oneroa Bay
Oneroa Beach
Little Oneroa Beach
Korora Rd.
Oue Rd.
Beach Pde.
Ocean View Rd.
Weka
Mako St.
Puriri
Matai Rd.
Manuka
Ridge Rd.
Tui St.
Moa Av.
Kiwi St.
Huia St.
Queens Dr.
Goodwin Ave.
Hekerua Lodge
Goodwin South Res
200m

怀希基岛旅游服务中心

Waiheke Visitor Centre

Map p.255-A1

住 118E Oceanview Rd.

电 （09）372-1234

开 周一～周六 9:00~17:00
周日 9:30~16:00

休 无休

怀希基岛渡轮码头

Fullers（→p.252）

交 奥克兰→怀希基岛
周一～周五 5:35~23:45
周六 6:15~23:45
周日 7:00~21:30
怀希基岛→奥克兰
周一～周五 6:05~次日 0:30
周六 7:15~ 次日 0:30
周日 8:00~22:15

费 往返
成人 NZ$36，儿童 NZ$18

怀希基岛岛内巴士

Fullers

从渡轮码头所在的马蒂亚蒂亚，有 5 条驶往奥尼汤吉的航线。票价为根据距离变动。

· 第 1 级	NZ$2
· 第 2 级	NZ$3.5
· 第 3 级	NZ$4
· 第 4 级	NZ$4.5
通票	NZ$10

Wine on Waiheke

上述的 Fullers 举办的葡萄酒庄游项目。出发地位于奥克兰的渡轮码头。

举 13:00 出发（约需 4 小时 30 分钟） 费 NZ$130

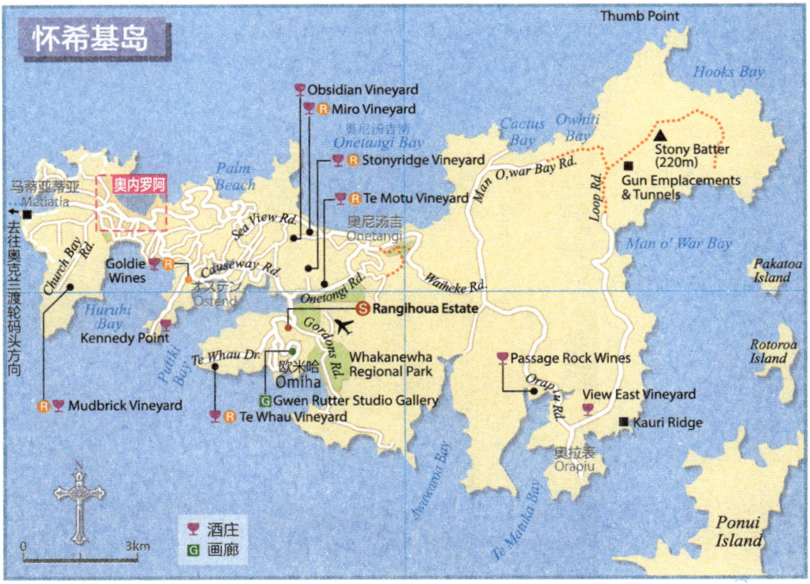

怀希基岛
Thumb Point
Hooks Bay
Obsidian Vineyard
Miro Vineyard
奥尼汤吉湾
Onetangi Bay
Cactus Bay
Owhiti Bay
Stonyridge Vineyard
Stony Batter (220m)
Gun Emplacements & Tunnels
Palm Beach
马蒂亚蒂亚
Matiatia
奥内罗阿
Te Motu Vineyard
Man O'war Bay Rd.
Loop Rd.
Sea View Rd.
奥尼汤吉
Onetangi
去往奥克兰渡轮码头方向
Church Bay Rd.
Goldie Wines
Causeway Rd.
Onetangi Rd.
Waiheke Rd.
Man o' War Bay
Pakatoa Island
奥斯汀
Ostend
Rangihoua Estate
Huruhi Bay
Kennedy Point
Gordons Rd.
Te Whau Dr.
欧米哈
Omiha
Whakanewha Regional Park
Putiki Bay
Passage Rock Wines
Rotoroa Island
Orapiu Rd.
View East Vineyard
Mudbrick Vineyard
Gwen Rutter Studio Gallery
Te Whau Vineyard
Kauri Ridge
奥拉表
Orapiu
Awaawaroa Bay
Te Matuku Bay
Ponui Island
酒庄
画廊
3km

怀希基岛的葡萄酒庄园

有一些人选择住在怀希基岛，但去奥克兰市内上班。不过，这里总的来说还是一个度假岛屿，周末来此度假或在此长期休假的人占绝大多数。怀希基岛还是著名的酒产地，出产单宁和色素丰富并略带酸味的最高等级的赤霞珠红葡萄酒以及单宁较少的梅洛红葡萄酒，酒庄和餐馆数量都在增加。

可以在酒庄里试饮美味的葡萄酒

岛上有 20 多座酒庄，其中有一些酒庄还设有餐馆和住宿设施。酒庄大多集中在岛屿的西侧，要前往各个酒庄，可以乘坐岛上的环线巴士、出租车，或者参加团体游。酒庄游客最多的时候是夏季的 11 月～次年 3 月，所有酒庄届时都会对游客开放，可以试饮，也可以在餐馆用餐。过了旅游季节，一些酒庄会关门，有关详情可到旅游服务中心问询。渡轮码头立有酒庄的地图。

大巴里尔岛
Great Barrier Island

Map p.236-A3 外

位于奥克兰东北方。在豪拉基湾的岛屿中，这里是距离奥克兰市区最远的一座岛屿，乘渡轮 4 小时 30 分钟，乘飞机 30 分钟可达。大巴里尔岛曾是繁荣一时的白银及贝壳杉木材的产地，不过现在人口只有 800 人。岛屿总面积的 60% 被列为自然保护区，有丰富的森林、湿地环境，还有美丽的海岸，很适合在这里体验户外运动及休闲。能够从事的户外运动项目很多，如冲浪、海上皮艇、登山、钓鱼，还可以体验潜水参观沉船。住宿设施既有面向背包客的廉价旅馆，也有高级客栈，选择在菲茨罗伊港（Port Fitzroy）及特赖菲纳（Tryphena）住宿会比较方便。岛上没有银行，但基本上所有地方都能使用信用卡。另外，岛上生长着大量松红梅，因此养蜂业很兴盛，可以购买岛上的蜂蜜作为伴手礼。

美丽海岸线上的美德兰海滩 Medland Beach

大巴里尔岛的徒步旅行

岛中央的森林里有多条可以徒步旅行的线路，既有当天可往返的线路也有需要在山间小屋留宿的专业级线路，徒步爱好者可以在这里体验各种难度。其中最有名气的线路要数 Hot Spring Track，这条线路不仅需要穿过湿地和森林，还要向着河中涌出的温泉地前行。Whangaparapara Rd. 单程大约需要 40 分钟。如果准备从这里向着霍布森山（Mt. Hobson）的山顶进发，大约需要 3 小时 30 分钟的路程。沿途有不少比较陡的坡路，需要一定的徒步基础。在霍布森山脚下使用贝壳杉修建的大型水坝默默地向人们讲述着这座岛的历史。

进入温泉需要穿着泳装

接驳巴士公司
G.B.I.Shuttle Buses
☎（09）429-0062
URL greatbarrierisland.co.nz/
　　Transfers_&_Shuttles.htm
渡轮公司
**The Sir Edmund Hillary
Outdoor Pursuits Centre**
☎（09）429-0762
FREE 0800-688-843
URL www.hillaryoutdoors.co.nz
大巴里尔岛的住宿设施
Mount St.Paul Estate
Map p.257-B2
住 29 Kaitoke Lane.
☎（09）429-0999
URL www.mountstpaulestate.
　　co.nz
料 ⑤ ⑥ ⑦ NZ$195~
房间数 4
CC M V

北岛

● 奥克兰

奥克兰的
游览项目

如果想要高效率地游览奥克兰的近郊景点，参加当地的短途旅游团是最好的选择之一。可以参加西海岸的游览项目欣赏没有被修饰过的大自然，或是参加分布在西奥克兰的葡萄酒庄园巡游项目。基本上2人以上可以成团，需要提前跟旅游公司确认。

《指环王》拍摄地巡游

这条线路主要是参观因拍摄电影《指环王》中的霍比特村而知名的怀卡托地区的 Matamata（→ p.281）等地。根据参加的项目不同，有些还顺路去怀托摩洞穴（→ p.286）或罗托鲁阿（→ p.289）等地。

Free Wheeling NZ.com
☎（09）948-6238　FREE 0800-623-827　FAX（09）276-5902
URL www.freewheelingnz.com　營 全年　圈 成人 NZ$260~，儿童 NZ$130~
CC MV

飞行游览

乘坐可以在水上降落的水陆两用飞机进行游览。从温亚德海滨新区出发，根据参加人数所花费的费用也不同。飞行线路有可以在朗伊托托岛上空巡游的朗伊托托环游线路（所需时间约40分钟，飞行18分钟）、可以展望豪拉基湾的海岸线·港湾风景线线路（所需时间约60分钟，飞行30分钟），还有可以眺望整个西海岸的飞行线路。费用依据参加的人数而不同。

Auckland Sea Planes
☎（09）390-1121　URL www.aucklanseaplanes.com　營 全年
圈 朗伊托托岛 NZ$200~，海岸线·港湾 NZ$300~
CC MV

西海岸的丛林与海滩团体游

探索奥克兰近郊的原生林和西海岸的团体游项目。半天游每天12:30出发，所需时间约5小时。与奥克兰市内观光的组合1日游每天9:00出发，所需时间约8小时30分钟。都是包含接送的。

Bush & Beach
☎（09）837-4130　FAX（09）837-4193
URL bushandbeach.co.nz
營 全年　圈 半日游 NZ$150、1日游 NZ$220
CC M V

探访绵羊牧场、葡萄酒庄园和怀塔克雷

这条线路的内容十分丰富，首先从市中心出发向西北方向移动约40公里参观怀塔克雷山脉，还可以在周边的葡萄酒庄参加试饮，然后游览穆里怀海滩、鲣鸟保护区（栖息地）等景点。在穆里怀谷参观私营的绵羊牧场也非常有趣。所需时间为8小时。可以从住宿地接送客人。最少成团人数2人。

Coast to Coast Tours
☎（09）411-7080
URL www.coast2coastnz.com
營 全年（5~8月参观度假区需要提前咨询）
圈 NZ$250~　CC MV

怀希基岛葡萄酒庄园和艺术家工坊巡游

居住在怀希基岛上的麦克斯先生带领游客参观岛内有特色的景点。根据游客的要求可以提供咖啡馆、葡萄酒庄园（1~7家）、皮划艇、海滩散步、艺术画廊等众多景点导游服务。

Waiheke Island Tours
☎（09）372-7262　FREE 0800-566-366
FAX（09）372-7230
URL old.gotowaiheke.co.nz/waiheketours.htm
營 全年　圈 依内容而不同
CC 不可

奥克兰的
动感体验

在这里你可以体验各式各样的户外运动，既可以试着从天空塔上挑战高空蹦极，也可以在奥克兰周边海域享受海上运动。如果稍微再往郊外移动一下，可以体验下与大自然亲密接触的乐趣。

高空蹦极

从新西兰国内最高的建筑物——天空塔（→ p.241）上向地面一跃而下的刺激项目。穿着安全防护衣，从楼顶垂直落下，虽说是有安全绳挂着，但是从高192米的高空落下时大约是85公里/时，可以说这是超高速自由落体了。不过在大都市高楼林立的建筑群中体验一把飞流而下的感觉还是非常爽的。

DATA Sky Jump
☎（09）368-1835　**FREE** 0800-759-586　**URL** skyjump.co.nz　**營** 全年
费 成人 NZ$225，儿童 NZ$175
CC MV

攀爬大桥

这是一个在奥克兰标志性建筑之一的海港大桥的桥拱上徒步行走的户外项目。全程大约需要1小时30分钟，一边徒步一边有工作人员讲解这座桥的历史和建筑结构等。最高点距离海面大约有65米，可以将停泊有众多游艇的怀特玛塔湾的景色尽收眼底。

DATA AJ Hackett Bungy
☎（09）360-7748　**FREE**（0800）286-4958　**URL** www.bungy.co.nz
營 全年　**费** 成人 NZ$125，儿童 NZ$85，与蹦极的联票是 NZ$230
CC ADMV

出海赏鲸、观海豚的游轮之旅

从高架桥港至豪拉基湾的出海游轮游。项目的名称是"Whale & Dolphin Safari"，除了可以观赏到真海豚、樽鼻海豚之外，根据季节的不同还可以与虎鲸和须鲸等不同的鲸鱼邂逅。游轮的出发时间是12:30，全程需要4小时30分钟。

DATA Auckland Whale And Dolphin Safari
☎（09）357-6032　**FREE** 0508-365-744　**URL** www.awads.co.nz　**營** 全年
费 成人 NZ$160，儿童 NZ$105
CC AMV

骑马

这个项目是在位于奥克兰以北大约1小时30分钟车程的帕基里海滩上体验骑马乐趣的户外运动。有许多种组合可供选择，既有适合初学者的，也有适合专业人士的；既有1小时的体验项目，也有需要5天时间中途需要住宿的长时间项目。迎着海风，在白沙滩上享受马背上的摇曳，是一种多么惬意的感受啊！

DATA Pakiri Beach Horse Rides
住 317 Rahuikiri Rd.Pakiri Beach　☎（09）422-6275　**URL** www.horseride-nz.co.nz
營 全年　**费** 1 小时 NZ$65，2 小时 NZ$140，半日 NZ$199，1 日 NZ$335
CC MV

喷射快艇

乘坐喷射快艇从高架桥港出发，途经海港大桥，向使命湾方向急速行驶的户外项目。既可以享受高速快艇带来的刺激感又能欣赏城市风景。沿途可以在以朗伊托托岛为背景的地方拍照留念。

DATA Auckland Jet Boat Tours
☎（09）948-6657　**URL** www.aucklandjetboattours.co.nz　**營** 全年
费 成人 NZ$90，儿童 NZ$45
CC DJMV

前往景点众多的西奥克兰

游览美丽的森林及神秘的海滩

从奥克兰市中心驾车西行约 1 小时可到达。植物丰富的西奥克兰，是游客们远足及参观酒庄的著名地点。这里有面积达 160 平方公里的怀塔克雷山地公园及奥克兰百年纪念公园等森林保护区，很适合短程的徒步游览。原来一直举办可参观园内巨大贝壳杉的徒步团体游，但几年前，贝壳杉林中出现枯萎病害，为保护树木，个别区域已经禁止游客进入。出发前应问清游览的线路。

退潮后的贝尔斯海滩

西海岸为富含铁元素的黑沙海滩，给人以奇妙的感觉。退潮后的沙滩十分美丽。在阳光的照射下，海滩上会出现大片的阴影，仿佛是被风吹动的布一样。电影《钢琴课》的拍摄地卡里卡里海滩以及可以冲浪的皮哈海滩都非常有名。另外，褐鲣鸟会在在穆里怀海滩的巨石

穆里怀海滩是褐鲣鸟的繁殖地

上筑巢，每年 8 月～次年 3 月，数千只褐鲣鸟在此繁殖，把岩石完全覆盖。

参观酒庄也十分有趣

另一个不可错过的游览项目是参观酒庄。西奥克兰也是著名的葡萄酒产地，在马腾山谷、诺比罗等酒庄里可以试饮及吃饭。游客能够在欣赏美丽的葡萄园的同时，品尝各个酒庄富有特色的美酒。另外，西奥克兰还有很多艺术品店以及咖啡馆、餐馆、B&B 等住宿设施也不少。从市中心的布里托玛特火车站乘西部线的列车，或者乘坐公交巴士均可到达，但如果想提高游览效率的话，参加旅游团是更好的选择。

周围有多条徒步游览线路

西奥克兰的酒庄之旅
URL westauckland.net.nz

可游览西奥克兰的黑沙海滩、褐鲣鸟繁殖地、库姆地区酒庄的团体游。用时约 4 小时。有导游带领。

Navi Outdoor tours NZ
TEL （09）373-5740
FAX （09）373-5760
URL navi.co.nz/Tours
营 全年
费 巡游酒庄 NZ$165
CC MV

还有 Bush & Beach、Coast to Coast Tour 等游览项目（→ p.258）

照片提供：Auckland Tourism.Events and Economic Development Ltd.

商店
Shopping

奥克兰作为大型城市，拥有各式各样的商店。无论是个性鲜明的新西兰制品还是时尚可爱的杂货你都可以尽情地挑选。高街、庞森比和帕内尔等地非常适合逛街。

奥克兰奥提尔礼品店
Aotea Gifts Auckland　　伴手礼
市中心　　Map p.239-B1

◆ 是在新西兰国内共拥有 7 家店铺的大型综合礼品店。主要经营限定品牌"AVOCA"系列的化妆品、保健药、麦卢卡蜂蜜、美利奴时装等。尤其是麦卢卡蜂蜜和护肤品的种类繁多，品质也十分有保障。店内专门有懂外语的店员可以为你服务，即便是深夜也可以在这里购物。

住 Lower Albert St.
☎ （09）379-5022
FAX （09）366-1679
URL www.aoteanz.com
营 夏季 9:30~22:00，冬季 10:00~22:00
休 无
CC ADJMV

OK 礼品店
OK Gift Shop　　伴手礼
市中心　　Map p.239-A1

◆ 这里是由一位叫作大桥巨泉的日本人开办的礼品店。于 2016 年 7 月搬至码头街沿线。这里有各式各样深受游客喜爱的商品，家用麦卢卡蜂蜜 NZ$16.8~，高级麦卢卡蜂蜜 250g NZ$38.5。适合亚洲人使用的美容精华液是 NZ$49.9。特制的环保包也非常受欢迎，价格是 NZ$9.9。

住 131 Quay St.
☎ （09）303-1951
URL okgiftshop.co.nz
营 夏季 9:00~22:00，冬季 10:00~22:00
休 无
CC ADJMV

太平洋艺廊
Gallery Pacific　　伴手礼
市中心　　Map p.239-B2

◆ 主营新西兰珠宝，有翡翠、艺术家雕刻作品、各类宝石、玻璃制品等。自 1975 年作为珍珠方面的专家开始经营这家艺廊以来，店内所收集的商品都是艺术品级别的。虽然价格昂贵，却是物有所值。

住 34 Queen St.
☎ （09）308-9231
URL www.gallerypacific.co.nz
营 周一～周六 10:00~17:30，
　 周日 12:00~17:00
休 无
CC ADMV

DFS
DFS Galleria Gustomhouse　　免税店
市中心　　Map p.239-B1

◆ 这家免税店位于一栋文艺复兴风格的建筑内（Gustomhouse），这栋大楼曾经是海关的办公楼，现在则被指定为国家重要的文化遗产。卖场共有 4 层，有路易威登、古驰、普拉达、菲拉格慕等高端品牌，另外化妆品、酒类、名表、首饰等店铺也应有尽有。在此购买的商品需要在机场领取。

住 Cnr.Customs St. & Albert St.
☎ （09）308-0700
FREE 0800-388-937
URL www.dfs.com
营 11:30~21:30
休 无
CC ADJMV

麦卢卡医生
Manuka Doctor　　麦卢卡蜂蜜
市中心　　Map p.239-B2

◆ 经营麦卢卡蜂蜜的专卖店。主营加入由蜂毒调配而成的抗衰老自有品牌的护肤系列产品、加入蜂胶的麦卢卡蜂蜜等产品。麦卢卡蜂蜜的价格随着其中 UMF 含量的增高而上升，UMF5 的价格是 250g NZ$24.95，500g NZ$47.95。含有蜂毒的护肤品十分受欢迎，价格为 NZ$49.95~84.95。

住 Cnr.Quay St. & Lower Albert St.
☎ （09）369-5876
FAX （09）379-6956
URL www.manukadr.co.nz
营 10:30~18:00
休 周日
CC ADJMV

帕瓦内西亚
Pauanesia　　杂货

市中心　　Map p.239-C2

◆大部分商品都是由新西兰国内的艺术家们创作的作品。店内有使用鲍鱼壳制作而成的首饰、相框、美利奴质地的手包、围巾等各式各样的个性杂货商品。其中最受欢迎的商品要数几维鸟的布偶，它是由4位手工匠人用亲手织造的古董毛毯制作而成的，价格是NZ$18.9~。餐桌布大号NZ$119~，也是当地自产的。

住 35 High St.
☎ (09) 366-7282
URL www.pauanesia.co.nz
营 周一、周六 10:00~17:00，周二~周四 9:30~19:30，周日 10:30~16:30
休 无
CC MV

从 N 到 Z
From N to Z　　杂货

市中心　　Map p.239-B2

◆这家小巧精致的杂货铺位于女王大街沿线。店内收集了不少富有新西兰特色的小商品，精美的鲍鱼壳材质的相框价格是NZ$49.9~，店内虽然不算宽敞但是摆满了几维鸟木雕和提基神像的工艺品NZ$12。毛利人的壁挂装饰品的价格是NZ$69。可以免费提供包装服务，还可以直邮海外。

住 75 Queen St.
☎ (09) 302-1447
URL fromntoz.co.nz
营 夏季 周一~周五 9:30~20:00，周六、周日 9:30~20:30；冬季 9:30~20:30
休 无
CC ADJMV

穹顶
The Vault　　杂货

庞森比　　Map p.245-B1

◆将这家纪念品店推荐给喜欢艺术品、喜欢杂货的游客朋友。店内整体氛围充满艺术感，主要销售新西兰国内艺术家的一些作品，以及珠宝首饰、餐具、摆件等个性十足的商品。逛这家店的时候给人一种参观画廊的感觉。商品中不乏孤品，如果有心仪的物件千万不要犹豫，赶快入手。惠灵顿也设有一家店铺。

住 95 Ponsonby Rd.
☎ (09) 377-7665
URL www.thevaultnz.com
营 周一~周四 9:30~17:30，周五 10:00~19:00，周六 10:00~18:00，周日 10:00~16:00
休 无
CC ADJMV

花园派对
The Garden Party　　杂货

庞森比　　Map p.245-B1

◆主营以新西兰野生鸟类和植物为主题的手绘陶器和布艺等商品，价格经济实惠。画有野生鸟类的毛巾价格是NZ$20~，非常受欢迎。另外，还有当地艺术家设计可爱的首饰、耳环、手链等商品，价格是NZ$35~，厨房用品、婴儿用品等也是种类繁多。

住 71 Ponsonby Rd.
☎ (09) 378-7799
URL thegardenparty.co.nz
营 夏季 周一~周五 10:00~18:00，周六、周日 10:00~17:00；冬季 周一~周五 9:30~17:30，周六、周日 10:00~17:00
休 无
CC MV

大象屋
Elephant House　　杂货

帕内尔　　Map p.247-B2

◆这家店铺收集了新西兰国内大约150多位艺术家的手工艺作品。其中最受欢迎的要数木制工艺品，毛利人的木雕作品和贝壳杉的拼插木头玩具，价格都在NZ$30上下。另外，相框、餐具等生活实用品的种类也很丰富。具有新西兰特色的羊毛制品、翡翠饰品和化妆品也很有人气。

住 237 Parnell Rd.
☎ (09) 309-8740
URL www.nzcrafts.co.nz
营 周一~周五 9:30~17:30，周六日 10:00~17:00（根据季节而变化）
休 无
CC MV

高尔顿
Galtons 厨房用品

◆ 这家杂货店主营欧洲产的高品质陶器和厨房用品。另外，还有居住在帕内尔当地的女性设计师设计的妖精的装饰品等。每年都会出 4~5 款新产品。照片中的蜡烛价格是 NZ$29.5。

帕内尔　Map p.247-B2
住 287 Parnell Rd.
☎ （09）3792371
FAX （09）3792241
URL www.galtons.co.nz
営 周一～周五 9:30~17:30，
　 周六 10:00~16:00
休 周日　CC ADJMV

天然护肤品公司
The Natural Skincare Company 化妆品

◆ 店内的工作人员全部是日本人的一家天然护肤品专卖店。明星产品是手工皂，价格是 NZ$8.5，手工皂都是在店内制作的。由于使用的是纯植物油和精油等 100% 的天然素材，味道让人感觉非常舒服。店内还有样品可供使用。只需 5~10 分钟便可制成的定制化妆品价格是 NZ$10~，有机的花草茶 30gNZ$23.8 也非常受欢迎。

帕内尔　MAP p.247-B2
住 Ground floor rear area, 283-285
　 Parnell Rd.
☎FAX （09）377-8923
URL www.ringaringa.net
営 周一～周五 10:00~17:30
休 周六、周日
CC AMV

琳登丽诗
Linden Leaves 化妆品

◆ 将冷冻干燥后的花朵或者水果加入精油中，不仅外观漂亮而且是纯天然的植物护肤品，这也是新西兰的知名品牌。这家店铺是新西兰国内唯一一家直营店，商品种类十分齐全。值得推荐的是手工制作的加入玫瑰的身体油，价格是 NZ$24.9~。另外还有香味齐全的浴盐，价格是 NZ$23.99。沐浴液的价格是 NZ$24.99~。

帕内尔　Map p.247-B2
住 317 Parnell Rd.
☎ （09）309-0015
URL lindenleaves.com
営 周二～周五 10:00~17:00，
　 周六 10:00~16:00
休 周日、周一
CC MV

伊莎贝尔·哈里斯
Isabel Harris 化妆品

◆ 位于新市场百老汇附近的小巷子里。店铺面积虽然不大，但是里面摆满了美体护肤品、沐浴用品和一些高档的香薰蜡烛和无火香薰用品等，只是看一看也是非常养眼的。除了特制的化妆品之外，这里的小杂货商品也非常可爱，店家还可以免费帮你包装礼物。

新市场　Map p.247-D1
住 Shop 3, 1 Teed St.
☎ （09）522-1705
URL www.isabelharris.co.nz
営 周一～周五 9:30~17:00，
　 周六 10:00~17:00，周日 10:30~16:30
休 无
CC MV

库世拉
Cushla's 布料

◆ 当地人经常光顾的一家手工艺品和布料店。布料的价格是 1 米 NZ$26~。蜡染、复古设计的商品种类非常繁多，其中以新西兰的动植物为主题设计的布料最受欢迎。除了桌旗等完成品外，还有手工必需的各种配件产品，价格是 NZ$40~ 等，即便是缝纫初学者也可以制作简单的苏格兰短裙。

德文波特　Map p.252-A2
住 38 Victoria Rd.
☎ （09）445-9995
FAX （09）445-9926
URL www.cushlasvillagefabrics.co.nz
営 周一～周五 10:00~16:30，
　 周六 10:00~16:00，周日 11:00~15:00
休 无
CC AMV

世界冠军
Champions of the World

运动衣

◆这是一家体育用品连锁店，在新西兰的国内共拥有8家店铺。以新西兰全黑队为首，各大橄榄球队的队服和外套一应俱全。全黑队的球衣NZ$150~，T恤衫NZ$45~等是这里的热销产品。有儿童款又有成人款，商品线十分广泛。儿童版的球衣和裤子组合套装价格是NZ$60，非常适合当作礼物送人。

市中心   Map p.239-B2

住 30 Queen St.
☎（09）307-2357
URL www.champions.co.nz
营 9:00~19:00（根据季节而变化）
休 无
CC ADJMV

拓冰者
Icebreaker

时装

◆100%使用新西兰南岛产的美利奴羊毛面料制成的户外运动服装，也是新西兰的本岛品牌。美利奴被称为最高档的羊毛制品，它拥有良好的保温性和透气性，另外还有使用纳米技术制造的防水外衣。平时穿的内衣和袜子等的产品也备受好评，即便多次洗涤也完全不影响它的功能性。

市中心   Map p.239-B2

住 105 Queen St.
☎（09）969-1653
URL nz.icebreaker.com
营 周一～周五 9:00~18:00，周六、周日 10:00~17:00，
休 部分法定节日
CC AJMV

原始世界
Untouched World

时装

◆在克赖斯特彻奇（基督城）和惠灵顿等新西兰各地均有分店，主营新西兰制造的高品质的服装。畅销产品是使用上等美利奴或者负鼠毛制成的毛衣。骑行服等使用美利奴材质制成的运动系列服装，无论男款女款都非常齐全。设计实用大方非常有魅力。

市中心   Map p.239-C2

住 20 High St.   ☎（09）303-1382
URL www.untouchedworld.com
营 周一～周四 10:00~18:00，周五 10:00~18:30，周六 10:00~18:00，周日 11:00~16:00
休 无
CC ADJMV

凯伦·沃克
Karen Walker

时装

◆凯伦沃克是新西兰的时装设计师，深受时尚圈人士的喜爱，在巴黎和纽约也大受欢迎。主营成年女性的时装。另外，与凯伦服装非常搭调的畅销产品海魂衫也有销售。在庞森比、新市场等地，以及奥克兰市区内共有4家店铺。

市中心   Map p.239-B2

住 18 Te Ara Tahuhu Walking St.
☎/传（09）309-6299
URL www.karenwalker.com
营 周一～周五 10:00~18:00，周六 10:00~17:30，周日 11:00~17:00
休 无
CC ADMV

特来里斯·库帕
Trelise Cooper

时装

◆国际上非常知名的在奥克兰出生的时装设计师特来里斯·库帕直营的精品店。性感的丝绸质地连衣裙和外套等，高雅的时装商品一应俱全，也是当地贵妇名流们的御用品牌。在奥克兰地区除了本店之外，在帕内尔也有店铺，在庞森比还设有折扣店。

市中心   Map p.239-B2

住 2 Te Tahuhu Walking St.
☎（09）366-1964
URL www.trelisecooper.com
营 周一～周五 9:30~18:00，周六、周日 10:00~17:00
休 无
CC ADMV

艺术世界
Art of this World

艺术品

◆ 位于德文波特港附近的一家艺廊。
主要经营新西兰制造的各种商品，有
大型的照片、绘画、陶器、铁艺以
及木制艺术品。可以发带包装，也
可以发国际快运。如果有喜欢的商
品不妨问问看。杯子垫、手工皂等的
价格是 NZ$9.9~20，特别适合作为伴
手礼。

| 市中心 | Map p.252-A2 |

住 10 Victoria Rd.
☎ （09）446-0926
URL www.artofthisworld.co.nz
营 10:00~17:00
休 无
CC ADJMV

美格民族
Mag Nation

书店

◆ 杂志爱好者喜爱的杂志书屋。主营
从新西兰、澳大利亚以及全世界各国
搜集而来的各类杂志。其中值得关注
的是，最受年轻喜爱的时装、艺术、
自然系的杂志。当然，其他领域的杂
志种类也非常齐全。在高街也设有一
家店铺（住 24 High St.）。

| 庞森比 | Map p.245-B1 |

住 123 Ponsonby Rd.
☎ （09）376-6933
URL www.magnation.com
营 周一～周六 9:00~19:00，周日 9:00~
　 18:00
休 无
CC MV

德文波特巧克力
Devonport Chocolates

巧克力

◆ 这家店铺所出售的巧克力均是在隔
壁的巧克力工厂内制作的。最受欢迎
的是松露巧克力，共有杏仁、生姜白
兰地等 10 种口味可供选择。双层夹心
的新西兰风奇异巧克力非常适合作为
伴手礼。每种 NZ$13.9~19.9 不等。在
女王大街沿途和庞森比也有分店。

| 德文波特 | Map p.252-A1 |

住 17 Wynyard St.
☎ （09）445-6001
URL www.devonportchocolates.co.nz
营 9:30~17:00（依季节变化）
休 无
CC ADMV

素食商店
The Cruelty Free Shop

有机

◆ 新西兰唯一一家 100% 的素食主义
专卖店。所营商品从食品到服装、鞋
帽、化妆品、宠物用品，种类丰富，
全部商品都是非常亲和的自然制品。
马卡龙 125g 是 NZ$12、薄脆饼干
100g NZ$11 都非常适合作为伴手礼。
热销产品是可以通过微波炉加热使用
的马铃薯派，价格是 NZ$5。

| 市中心 | Map p.238-C1 |

住 Shop 7, St.Kevin's Arcade, 179
　 Karangahape Rd.
☎ （09）368-7266
URL www.thecrueltyfreeshop.co.nz
营 夏季 周一～周六 10:30~17:30，周日
　 11:00~16:00，冬季 周一～周六 10:30~
　 17:00，周日 11:00~16:00
休 无
CC MV

诺斯 · 美特罗
Nosh Meltro

百货商店

◆ 这家高档的超市位于庞森比路沿
线，全黑的外观非常醒目。国产商品
和有机商品居多，是喜爱健康食品人
士的首选超市，除了生鲜食品以外，
熟食区域商品的种类也非常丰富。酒
类产品种类繁多，各种加工食品也都
是高质量的，包装也都非常可爱，很
适合做伴手礼。

| 庞森比 | Map p.245-A1 |

住 254 Ponsonby Rd.
☎ （09）360-5557
URL www.noshfoodmarket.com
营 8:00~19:00
休 无
CC AMV

史密斯与科威
Smith & Caughey's

百货商店

◆创办于 1880 年的老牌高级百货店。除了 Kate Sylvester、凯伦·沃克、Twenty-Seven Names 等新西兰首发的品牌之外，还有种类丰富的化妆品。男装和童装也有销售，每年的 2 月和 7 月是折扣季，非常值得选购。在新市场的主街百老汇街沿线上也设有一家店铺。

市中心　　　　　　　　　Map p.239-C1

住 253-261 Queen St.
FREE 0508-400-500
URL smithandcaugheys.co.nz
营 周一~周四 9:30~18:30，周五 9:30~19:00，周六 10:00~18:00，周日 10:30~17:30
休 无
CC ADJMV

奇安瑟瑞
Chancery

购物广场

◆这里是著名设计品牌的精品店和时尚咖啡馆云集的购物区，位于高街附近。鞋店、箱包店、家具食品店等精致的商品也是一家挨着一家，令人眼花缭乱。区域内还有餐馆、咖啡吧和冰激凌店等设施，购物间歇还可以在这里休息片刻。

市中心　　　　　　　　　Mapp.239-C2

住 Cnr.Chancery St. & Courthouse Lane
电/FAX 依店铺而异
URL www.chancerysq.co.nz
营 周一~周四 10:00~18:00，周五 10:00~19:00，周六 10:00~17:00，周日 11:00~16:00（依季节变化）
休 无　CC 依店铺而异

新市场韦斯特菲尔德 277
Westfield 277 Newmarket

购物广场

◆拥有大面积玻璃外墙的购物广场的外观非常醒目，这也是新市场区域的地标性建筑。除了最流行的品牌之外，还有一些小众的品牌。购物广场内设有餐饮区、餐馆和超市等设施。

新市场　　　　　　　　　Map p.247-D1

住 277 Broadway
电（09）978-9400
URL www.westfield.co.nz
营 周一~周三、周六 9:00~18:00，周四、周五 9:00~19:00，周日 10:00~17:00
休 无
CC 依店铺而异

塞尔维亚购物中心
Sylvia Park

购物广场

◆从布里托玛特火车站乘坐东线列车大约 20 分钟可达，购物中心就位于塞尔维亚购物中心 Sylvia Park 站的正前方，也是新西兰最大的购物中心。共有 200 家店铺，同时拥有大型的超市、折扣店。还有餐饮区、巨屏电影院等设施。

郊外　　　　　　　　　　Map p.237-C3

住 286 Mt.Wellington Hwy.
电（09）570-3777
FAX（09）573-4387
URL sylviapark.org
营 购物中心 周六~周三 9:00~19:00，周四、周五 9:00~12:00
休 无　CC 依店铺而异

餐馆
Restaurant

　　奥克兰是一座国际大都会，这里拥有来自世界各地的美食餐馆。海滨区域大多数都是海景餐馆，你可以一边享受美食一边欣赏海景。而布里托玛特火车站附近的餐馆则多为氛围极好的高档餐馆和酒吧。

奥康奈尔街餐馆
O'Connell Street Bistro

新西兰菜

◆ 这家位于路边的小餐馆内装修非常雅致，给人一种高档餐馆的感觉。菜肴大都使用应季的新鲜食材，晚餐的主菜价格大约在 NZ$40。值得推荐的菜式是非常爽口的油封鸭胸肉，价格是 NZ$42；南岛地区产的羔羊排 NZ$40 等。各式甜点 NZ$17~ 起。另外，店员还会为你推荐适合各种菜肴的起泡酒。

市中心 Map p.239-B2
- 住 3 O' Connell St.
- ☎ （09）377-1884
- URL www.oconnellstbistro.com
- 营 周一～周五 11:30~15:00，17:30~ Late，周六 17:30~Late
- 休 周日
- CC ADJMV

第五号餐馆
Number 5

新西兰菜

◆ 这家餐馆的外观建筑是红砖结构的，老板是一位德国美女。店内有壁炉，给人的感觉非常舒适，有些座席可以一览天空塔一侧的景观。酒单非常丰富，有大量的新西兰国产葡萄酒，几乎所有种类都有按单杯出售。羔羊腿肉 NZ$42 等正餐主菜的价格大约在 NZ$40 上下。除了单品菜式之外，还有 5 种套餐可供享用，价格是 NZ$129。

市中心 Map p.238-B · C1
- 住 5 City Rd.
- ☎ （09）309-9273
- FAX （09）309-9174
- URL www.number5.co.nz
- 营 周一～周五 11:30~15:00，17:30~ Late，周六 17:30~Late
- 休 周日
- CC ADJMV

灵魂酒吧 & 餐馆
Soul Bar & Bistro

新西兰菜

◆ 这家餐馆面向高架桥港而建。开放式的空间有充足的阳光照进来，座席分为屋内座席和露台座席，菜肴以海鲜为主。前菜的价格是 NZ$19.5~，炸小鲱鱼是 NZ$28~，除了鱼类菜肴之外，羔羊排是 NZ$39.5，意大利面的价格是 NZ$15.5~。鸡尾酒的种类也非常齐全，除了餐馆的功能这里还可以当作酒吧。

市中心 Map p.239-A1
- 住 Viaduct Harbour
- ☎ （09）356-7249
- URL www.soulbar.co.nz
- 营 11:00~Late
- 休 无
- CC ADJMV

博茨瓦纳肉食餐馆
Botswana Butchery

新西兰菜

◆ 该餐馆于 2012 年在渡轮大厦内开业，并且以绝对实力被选入当地杂志 *Metro* 中奥克兰 50 佳餐馆的行列。座席分为轻奢风格的店内座席和可以吹吹海风的露台座席，你可以一边欣赏进出港口的渡轮一边品尝美食。很多菜肴都是使用应季食材烹制的，午餐套餐的价格是 NZ$15.95。晚餐主菜价格是 NZ$35.95，建议提前预约。

市中心 Map p.239-A2
- 住 99 Quay St.
- ☎ （09）307-6966
- URL www.botswanabutchery.co.nz
- 营 11:00~Late
- 休 无
- CC ADJMV

港湾大洋吧 & 烧烤
Harbourside Ocean Bar Grill 　海鲜

◆这家餐馆位于滨水区的渡轮大厦。这里经常接待来自世界各地的名人。有两个单间。以奥克兰近海所打捞的海鲜为主，品种非常齐全，可以选择刺身、烧烤、油炸等烹饪方法。午餐的主菜是鱼派 NZ$26.95~，晚餐的主菜鱼类菜肴价格是 NZ$36.95~，肉类是 NZ$39.95~。

市中心　Map p.239-A2
住 99 Quay St.
☎（09）307-0556
URL www.harbourside restaurant.co.nz
营 11:30~Late
休 无
CC ADJMV

迪波餐馆
Depot 　海鲜

◆这家餐馆是牡蛎吧形式的，位于天空塔的脚下，天空城的一角处。专门为客人提供马尔堡地区和北奥克兰等来自新西兰全国各地的新鲜牡蛎，1个 NZ$4~6。另外，非常适合与牡蛎搭配的葡萄酒的种类也比较齐全，一杯 NZ$8~25。因为这家店铺非常有人气，所以不接受预订，根据就餐时间段可能会出现排队等待的现象。

市中心　Map p.239-C1
住 86 Federal St.
☎（09）363-7048
URL www.eatadepot.co.nz
营 周一、周二 7:00~22:00，周三~周五 7:00~22:30，周六、周日 11:00~22:00
休 无
CC ADMV

罗恩街托尼餐馆
Tony's Lorne Street 　牛排

◆这是一家牛排店，是位于罗恩街上的老铺，创办于 1968 年。2 层的座席是复古风格的，仿佛是火车车内格子间座位的模样。霍克湾产的羔羊肉味道鲜美，备受好评，羔羊排 NZ$36.5、羔羊腿肉 NZ$26.5 都是这里的名菜。另外，使用烤箱烤制的、加入土豆泥和苹果汁的烤猪五花，价格是 NZ$30.5，也非常值得推荐。所有午餐的套餐价格都是 NZ$15。

市中心　Map p.239-C1
住 32 Lorne St.
☎/FAX（09）373-2138
URL www.tonyslornestreet.co.nz
营 周一~周五 11:30~14:30，17:00~Late，周六 17:30~Late
休 周日
CC ADJMV

安东尼餐馆
Antoine's Restaurant 　法国菜

◆位于帕内尔购物村内，建于 1973 年的老字号餐馆。在这里你可以享用正宗的法式料理的味道，前菜价格是 NZ$25~30，主菜是 NZ$45~48。另外鸭肉 NZ$45，炖牛舌 NZ$45 也非常值得推荐。还是使用应季时蔬烹制的特别菜式。建议提前预约。

帕内尔　Map p.247-B2
住 333 Parnell Rd.
☎（09）379-8756
URL www.antoinesrestaurant.co.nz
营 周一、周二、周六 18:00~Late，周三~周五 12:00~14:00，18:00~Late
休 周日
CC ADJMV

珠穆朗玛峰餐馆
Everest Dine 　法国菜

◆于 2015 年 4 月开业的专营印度、尼泊尔菜的餐馆。店主曾经开过 15 年餐馆。菜肴主要是使用当地的食材烹制而成的。味道浓郁的烤羔羊肉、珠穆朗玛羔羊赛库瓦 NZ$15、珠穆朗玛咖喱烤鸡 NZ$12，尼泊尔饺子 NZ$8。

帕内尔　Map p.247-B2
住 279 Parnell Rd.
☎（09）303-2468
URL www.everestdine.co.nz
营 11:30~15:00，17:00~Late
休 无
CC MV

法鲁餐馆
Faro Restaurant　　　　　市中心

◆店内装修氛围时尚舒适，价格亲民，主要经营韩国传统料理和烤肉，深受韩国人的喜爱。烤牛肉 NZ$25~、招牌烤肉附带 5 种小菜 NZ$29。含有沙拉、甜品的超值烤肉套餐 Ara 的价格是 NZ$80（双人份），Miru 的价格是 NZ$160（4 人份）。特别午餐套餐韩国 BBQ 的价格是 NZ$15 也非常值得推荐。

韩国料理	Map p.239-C1・2

- 住 5 Lorne St.
- ☎（09）379-4040
- URL www.faro.co.nz
- 营 周一～周五 11:30~14:30、17:30~22:30，周六・周日 17:30~22:30
- 休 无
- CC ADJMV

河内咖啡馆
Café Hanoi　　　　　市中心

◆位于时尚的布里托玛特地区，内装修给人一种用旧仓库改装而成的效果，非常时尚。菜谱中的菜肴大都是越南北部地区的传统小吃，使用大盘装菜类似中餐一样大家一起分享品尝的形式受到食客们的好评。每盘是 NZ$12~39。辣度和香草的用量可以调整，如果需要可以跟店员沟通。

越南菜	Map p.239-B2

- 住 Cnr.Galway St. & Commerce St.
- ☎（09）302-3478
- URL cafehanoi.co.nz
- 营 周一～周五 12:00~Late，周六・周日 17:00~Late
- 休 无
- CC AMV

大港中餐馆
Grand Harbour Chinese Restaurant　　　市中心

◆位于高架桥港附近的高档中餐馆。主厨曾经在香港一流酒店工作过 20 多年，有相当高的水平，午餐可以提供 80 多种茶点。晚餐的蒜味蒸大虾 NZ$40、北京烤鸭 NZ$50~ 等也一定不能错过。晚餐套餐的价格是 NZ$40~。无论是午餐还是晚餐都需要提前预约。

中国菜	Map p.239-B1

- 住 Cnr.Pakenham St. & Customs St.W.
- ☎（09）357-6889
- FAX（09）357-6885
- URL www.grandharbour.co.nz
- 营 周一～周五 11:00~15:00、17:30~22:00，周六・周日 10:30~15:00、17:30~22:00
- 休 无　CC AJMV

富士金太郎
Izakaya Kintaro on Fuji　　　　市中心

◆日本福冈地区的连锁餐馆——富士金太郎在奥克兰开设的分店。值得推荐的菜肴是豚骨汤拉面 NZ$16.9、寿司拼盘 NZ$12.9、刺身拼盘 NZ$15.9~ 等。店内十分宽敞，座席很舒适，价格也便宜。烧酒、日本酒以及小菜等种类也很丰富。在这里你可以享受日式居酒屋的别致体验。

日本料理	Map p.239-B1

- 住 Stamford Plaza Swanson St.
- ☎（09）377-1347
- URL www.kintaroonfuji.co.nz
- 营 周一～周五 11:45~14:30、17:30~22:30，周日 18:00~22:30
- 休 周六
- CC ADJMV

健烧鸟屋
Ken Yakitori Bar Anzac　　　　市中心

◆这家日式烧烤屋位于安扎克路，开业于 1997 年。主营正宗的炭火烧烤，酒水有啤酒和日本酒等。烤鸡肉串 2 串 NZ$4.5~。小编推荐鸡腿肉、鸡肉丸子等 5 串的拼盘 NZ$13。卷心菜可以免费吃（日式味噌、蛋黄酱需要支付 NZ$3）。啤酒 NZ$7~，日本酒 140mL NZ$7.5~。店内总是非常热闹。

日本料理	Map p.238-B2

- 住 55 Anzac Ave.
- ☎（09）379-6500
- URL www.kenyakitori.co.nz
- 营 18:00~ 次日 1:00
- 休 无
- CC MV

狸猫居酒屋
Japanese Sushi & Sake Bar Tanuki　日本料理

◆ 这家餐馆使用新西兰的新鲜食材为客人提供纯正的日本料理。使用当天采购来的新鲜鱼类制成的寿司价格为NZ$24~，精选握寿司 7 个 NZ$18~，还有 25 种日本酒可供选择。此外，还有照烧鸡、炸鸡、蛋黄酱大虾、天妇罗、炒面条等日式居酒屋的传统菜式。

市中心　Map p.239-D1

住 319 Queen St.
電 （09）379-5353
URL www.sakebars.co.nz/tanuki
營 周二～周四、周日 17:00~23:00，周五、周六 17:00~23:30
休 周一
CC DMV

面达
Mentatz　日本料理

◆ 正宗的和风拉面店。汤底分为豚骨汤和鸡汤，还有混合汤底，根据组合的汤底不同再加上自制面条的筋道，味道棒极了。拉面的价格是NZ$8~14。味噌炸猪排的价格是 NZ$9.5，居酒屋风格的小菜品种也非常齐全。宇治金时 NZ$5、抹茶冰激凌 NZ$5 等日式甜点的品种也很丰富。

市中心　Map p.239-C1・2

住 28 Lorne St.
電 （09）357-0960
營 周一～周五 11:30~22:00，周六 18:00~Late，周日 18:00~22:00
休 无
CC MV（消费满 NZ$30 以上可使用）

墨西哥咖啡屋
Mexican Cafè　墨西哥菜

◆ 这家墨西哥餐馆的装修五彩斑斓，富有朝气，给人留下了深刻的印象。晚餐食谱有墨西哥卷饼、安琪拉达等主菜，价格 NZ$15~。首先是前菜，然后有玉米饼、牛排等菜量十足的套餐也很值得推荐，价格是 NZ$20~30。每周五还有舞蹈和萨尔萨舞 DJ 表演，届时店内十分热闹。午餐套餐只需 NZ$10，很划算。

市中心　Map p.239-C1

住 67 Victoria St.W.
電 （09）373-2311
URL www.mexicancafe.co.nz
營 周一～周五 11:30~Late，周六、周日 12:00~Late
休 无
CC ADMV

浓缩咖啡工坊
Espresso Warkshop　咖啡馆

◆ 如果在奥克兰想要喝到美味的咖啡，不妨到这里来试试看。在这里你可以品尝到，由工坊签约农场提供的工艺考究的单一产区咖啡豆冲泡的咖啡。咖啡的价格是 NZ$3.5~。特制的调和咖啡"Mr.White"制成的拿铁味道也很好。夏季的时候喝上一杯泡沫丰富的氮气冷泡咖啡也是非常享受的一件事情。另外，还有派或者三明治等简餐。

市中心　Map p.239-B2

住 11 Britomart Pl.
電 （09）302-3691
URL britomart.org/restaurants-and-bars/espresso-workshop-britomart
營 周一～周五 6:30~16:30，周六、周日 7:30~16:30
休 无
CC AMV

商店
The Store　咖啡馆

◆ 位于再开发后的布里托玛特地区的一家文创咖啡馆。外卖区域和店内就餐区是独立分开的。小编推荐店内烤制的面包和点心，还有品种繁多的蛋挞等价格是 NZ$19。所用的食材都是自己种植和栽培的蔬菜和水果，菜谱是根据季节而变化的。酒类的品种也很丰富。

市中心　Map p.239-B2

住 5B Gore St.
電 （09）366-1864
URL britomart.org/the-store
營 6:30~16:00
休 无
CC AMV

Y not 餐馆 & 酒吧
Y not Restaurant & Bar 咖啡馆

◆餐馆位于王子港，可以将怀特玛塔湾和高架桥区的景色尽收眼底。意式咖啡的价格是 NZ$3，特制咖啡是 NZ$13。日落时分可以一边瞭望海港风景一边在这里来上一杯啤酒，这也是一件非常惬意的事情。晚餐有意大

利面，价格是 NZ$25.5、羔羊腿肉 NZ$28.5 等。午餐套餐的价格是 NZ$17.9~。小编推荐 Y not fresh of the day 价格是 NZ$25.9。

巧克力精品店
Chocolate Boutique 咖啡馆

◆这是一家名店，美国前总统克林顿曾经造访过这里，店内面积虽然不算大，但总是挤满了客人。小编推荐热巧克力 NZ$4~6.5，巧克力布朗尼 NZ$4.95~7.95。外卖的巧克力 1 个 NZ$1.9~4。马卡龙 1 个 NZ$3.2 等商品也有销售，这里可是购买伴手礼的好地方。

扎博熟食咖啡馆
Zarbo Delicatessen Cafe 咖啡馆

◆这家店铺是当地的名店，还被咖啡杂志评选为最佳的咖啡馆。菜肴的品种也很丰富，沙拉、馅饼、法国咸派、蛋糕等应有尽有。除了午餐套餐 NZ$6.5 之外，还有早餐 NZ$6.95 也非常实惠。另外，还单独出售自制的沙拉酱、果酱、调味汁等产品，新西兰产的葡萄酒和世界各国的调味料等食材种类也非常齐全。

安贝克力
The Unbakery 咖啡馆

◆这家店铺主要出售健康食品等有机商品。在奥克兰共有 3 家商铺。最受欢迎的商品是装点有食用花卉的蛋糕、沙拉、烤肉等。茶的种类也很丰富。另外，还有其他自然有机食品。店内有一张桌子，可供 4 人使用。

米尔赛
Milse 咖啡馆

◆是一家开业于 2013 年的甜点店。店内虽然不大但是屋顶上阿拉伯宝石风格的装修非常有趣。这里的甜点都是使用当地所生产的食材制成的。冰激凌、巧克力、蛋糕价格是 NZ$8，搭配合适的葡萄酒一起食用也是非常值得推荐的。马卡龙的价格是 NZ$2。

魔力咖啡馆
Mojo　　　　　　　　　咖啡馆

◆发祥于惠灵顿的人气咖啡馆。在奥克兰共有5家店铺，其中火神巷（Vulcan Lane）店最温馨，充满了热情洋溢的感觉。店内咖啡的价格是意式咖啡NZ$3.9，馥芮白Flat White NZ$4.4~等。尤其是这里经过8小时滴漏泡制而成的冰咖啡（Cold Brewed Coffee）NZ$5.15，咖啡豆的香味被发挥得淋漓尽致，非常值得推荐。面包等简餐的价格是NZ$4.5~9.5。

市中心	Map p.239-C2

- 住 Cnr.Vulcan Lane & O'Connell St.
- ☎ （09）373-9903
- URL www.mojocoffee.co.nz
- 营 周一～周五 7:00~17:00
- 休 周六、周日
- CC DMV

德文波特石烤炉面包房
Devonport Stone Oven Bakery　　面包房

◆店内摆满了使用古法烤制的面包和蛋糕。使用酸酵母制成的德国风味有机面包、土耳其风味面包、佛卡夏面包都没有使用任何人工添加剂。早餐的价格是NZ$6.9~，午餐的价格是NZ$10.9~。各种面包圈的价格是NZ$7.9~13.9。外卖食谱的种类也很丰富。

德文波特	Map p.252-A2

- 住 5 Clarence St.
- ☎ （09）445-3185
- URL www.stoneoven.co.nz
- 营 周一～周五 6:30-16:30（午餐是10:30~14:30 L.O.），周六、周日 6:30~16:30（午餐是10:30~15:00 L.O.）
- 休 无
- CC ADJMV

海洋
Oceanz Map　　　　　　鱼和薯条

◆这家店铺位于鱼类市场一角处。可以根据自己喜爱的白身鱼或者贝类来选确定鱼和薯条的内容，然后现场炸制即可食用。有当日鲜鱼NZ$5，鲷鱼NZ$6.9等可供选择。市场鱼2种和薯条、饮料的套餐价格是NZ$15。来一份外卖带走，然后一边欣赏海景一边品美味也是一个不错的选择。

市中心	p.238-A1

- 住 Cnr.Jellocce St. & Daldy St.
- ☎ （09）303-3416
- URL www.oceanz.co.nz
- 营 周一～周四 9:00~19:00，周五～周日 9:00~19:30（依季节而变化）
- 休 无
- CC MV

骄傲与快乐
Pride & Joy　　　　　　冰激凌

◆这家店铺位于与海洋博物馆相邻的建筑物一角处。周末这里经常排起长队。可以在众多小料中自由挑选用来点缀冰激凌。销量冠军是HOKEY POKEY的口味。1个球是NZ$5，2个球是NZ$7（包含小料费用）。店铺外有一个牛的模型。

市中心	Map p.239-A1

- 住 149 Quay St.
- ☎ （09）279-8783
- URL www.joyicecream.com
- 营 10:30~22:30
- 休 无
- CC MV

卡皮蒂大石
Kapiti Stone　　　　　　冰激凌

◆销售美味乳酪和品牌冰激凌卡皮蒂的店铺。冰激凌的口味会根据季节而变化，但常设有19种口味。单个是NZ$4，两个是NZ$6。小编推荐使用切达干酪制成的烤乳酪三明治NZ$5.5，味道好极了。另外还有面包和咖啡出售。当然，每种乳酪来上一点点，然后搭配红酒一起品尝，体会其中滋味也是一个不错的选择。

市中心	Map p.239-B2

- 住 19 Shortland St.
- ☎ （09）358-3835
- URL www.kapiticollection.co.nz
- 营 周一～周三 9:00~17:00（夏季~18:00），周四、周五 10:00~18:00，周六 11:30~16:30
- 休 周日
- CC ADJMV

西方比利时啤酒咖啡馆
The Occidental Belgian Beer Cafe 夜店

◆在品尝这种种类丰富的比利时啤酒屋的同时，一定不要忘记点上一盘使用菠菜和蓝乳酪蒸制而成的牡蛎 NZ$19.5~。以马尔堡和霍克湾为中心，产自新西兰全境的葡萄酒的种类也很丰富，不妨让店员推荐几款与你所点菜式搭调的葡萄酒。比利时华夫饼 NZ$14.5、比利时巧克力慕斯 NZ$13 等甜品的种类也很丰盛。

市中心 Map p.239-B2

住 6-8 Vulcan Lane
☎ （09）300-6226
URL www.occidentalbar.co.nz
营 周一~周五 7:30~Late·周六、周日 9:00~ Late
休 无
CC ADJMV

莎士比亚酒店与酿造厂
The Shakespeare Hotel & Brewery 夜店

◆位于酒店 1 层，可以看见吧台里酿造啤酒的模样，是一家非常正宗的酒吧。除了在这里酿造的 3 种啤酒之外，还有 5 种其他品牌的啤酒。每杯 NZ$9~，可以试饮。还有烤肠 NZ$12 等简餐食谱。有橄榄球比赛的日子，这里会因转播赛事而变得非常热闹。

市中心 Map p.239-B1

住 61 Albert St.
☎ （09）373-5396
URL www.shakespearehotel.co.nz
营 9:00~ 次日 4:00
休 无
CC AMV

S·P·Q·R 餐吧
S·P·Q·R 夜店

◆在拥有众多精品店的庞森比地区，这家餐吧可以称得上是精品中的精品，深受奥克兰当地人的喜爱。加入海鲜的 SPQR 肉饭的价格 NZ$30.5。小编推荐的意大利炖鱼 NZ$35.5。另外还有带有 3 品菜式的套餐，价格为 NZ$52.5，以及适合 4 人以上团体就餐的套餐食谱。6 人以上可以预约。

庞森比 Map p.245-B1

住 150 Ponsonby Rd.
☎ （09）360-1710
URL www.spqrnz.co.nz
营 12:00~Late
休 无
CC ADMV

Column 在帆船之都奥克兰体验午餐出海游

奥克兰是一座四周被美丽的大海所环抱的港口城市，全年气候宜人。这里人均拥有船或者游艇的拥有率位居世界首位，海港附近停泊有令人惊叹的大量船只。如果来到奥克兰旅游，一定要体验一下乘船出海的乐趣。提到游艇出海似乎给人一种很高端的感觉，其实在这里大可不必担心，体验海湾游轮的价格非常亲民，而且全年通航，非

11 月~次年 3 月 13:00 出发的出海游可以选择带午餐的项目（NZ$20）

常方便游客参加。还可以应客人的需求指导你驾驶船只，不过要尽量避免穿带后跟的鞋，尽量穿着舒适的鞋子和方便活动的服装。

出海游的游轮从位于高架桥港（Map p.239-A1）的码头出发。曾经在美洲杯赛上打拼的船艇从眼前慢慢移过，一路向怀特玛塔湾前行，正前方是海港大桥和德文波特，回首望向身后是一片大城市繁荣的景象，在海滨区深

穿过海港大桥后，船就开始返航了。从桥的正下方看拥有 8 车道的大桥相当有震撼力

处还可以看见高高耸立的天空塔。全程大约需要 1 小时 30 分钟。通过这趟行程你可以体验到陆地上所欣赏不到的风景。

Auckland Harbour Sailing
☎ （09）359-5987 FREE 0800-397-567
URL www.exploregroup.co.nz
料 出海游 成人 NZ$85、儿童 NZ$55
时 11 月~次年 3 月 13:00、15:15，4~10 月 15:15（11 月~次年 3 月 13:00 出发的行程追加 NZ$20 可以附带午餐盒饭）
CC MV

住宿
Accommodation

如果追求方便的话，市中心有不少住宿设施可供选择，从高档酒店到方便快捷的背包客旅馆，种类多样。如果想要寻找一些有个性的住宿设施，就需要稍微向郊区延展一下选择范围了，这里有更好的床和早餐等着你。根据预算和需求一定能找到适合自己的住宿设施。

奥克兰希尔顿酒店
Hilton Auckland 　高级酒店

◆2016年全面重新装修的高级酒店。位于怀特玛塔湾突出的王子港的最前端，所有客房都带有露台。从湾景房观赏的景色非常壮观，海鲜餐馆"Fish"和酒吧等设施也非常完善。

市中心　Map p.239-A1
- 住 Princes Wharf, 147 Quay St.
- ☎ （09）978-2000
- FAX （09）978-2001
- URL hiltonhotels.com
- 费 ⑤ⒹⓉ NZ$369~
- 房间数 166　CC ADJMV

奥克兰斯坦福德广场酒店
Stamford Plaza Auckland 　高级酒店

◆奥克兰最高级的酒店。地理位置优越，适合观光和购物。客房内的家具摆设十分有考究，宽敞的浴室也让你可以在这里享受旅途的奢华。酒店内有铁板烧餐馆"Kabuki Teppanyaki Restaurant"等4家餐馆和酒吧。

市中心　Map p.239-B1
- 住 22-26 Albert St.
- ☎ （09）309-8888　FREE 0508-658-888
- FAX （09）379-6445
- URL www.stamford.com.au/spak
- 费 ⑤ⒹⓉ NZ$199~
- 房间数 286
- CC ADJMV

奥克兰传统酒店
Heritage Auckland 　高级酒店

◆酒店是利用过去的老百货商场改建而成的，除了这栋富有历史感的建筑之外，隔壁还有移动现代式的塔楼，这也是酒店的客房楼。从客房可以将怀特玛塔湾和高架桥港的风景尽收眼底。桑拿、发廊、餐馆、网球场等设施也比较完善。

市中心　Map p.239-B1
- 住 35 Hobson St.
- ☎ （09）379-8553
- FREE 0800-368-888
- URL www.heritagehotels.co.nz
- 费 ⑤ⒹⓉ NZ$159~
- 房间数 219
- CC ADMV

奥克兰普尔曼酒店
Pullman Auckland 　高级酒店

◆酒店位于阿尔伯特公园附近的高地上，从客房可以欣赏到港湾、公园的景色，还可以远眺朗伊托托岛。这里大多数的房间都是优雅的欧式风格，还有附带宽敞露台的别墅式房间。酒店承接婚礼业务。

市中心　Map p.239-C2
- 住 Cnr.Waterloo Quadrant & Princes St.
- ☎ （09）353-1000
- FAX （09）353-1002
- URL www.pullmanauckland.co.nz
- 费 ⑤ⒹⓉ NZ$225~
- 房间数 347
- CC ADJMV

奥克兰朗廷酒店
The Langham Auckland 　高级酒店

◆从繁华的街区徒步10分钟便可到达这家位于高地的酒店，这里为你提供五星级的优质服务。如果你有幸入住于仅有47间的俱乐部套房内，还可以享受更加周密的服务。水疗馆、健身房等设施也比较完善。与市区之间还有接驳巴士运行。

市中心　Map p.238-C1
- 住 83 Symonds St.
- ☎ （09）379-5132
- FAX （09）377-9367
- URL www.langhamhotels.com
- 费 ⑤ⒹⓉ NZ$189~
- 房间数 411
- CC ADJMV

艾斯普奈德酒店
The Esplanade Hotel　　高级酒店

德文波特　　Map p.252-A2

◆酒店建于 1903 年，至今仍然保留着初建时的外观，酒店内部是现代化的便捷舒适的装修，总体上是一家高格调的酒店。客房内爱德华皇室的内饰风格看上去格外优雅。透过客房的玻璃窗可以一览海湾对面广阔的奥克兰城市之景和维多利亚山的景色。酒店的顶层是观景台。

- 住 1 Victoria Rd.
- ☎ （09）445-1291
- FAX （09）445-1999
- URL esplanadehotel.co.nz
- 费 ⑤ⓓ NZ$195～
- 房间数 15
- CC AMV

天空城酒店
Skycity Hotel　　中档酒店

市中心　　Map p.239-C1

◆酒店位于奥克兰地标建筑天空塔下的天空城内，紧邻长途巴士——城际长途客运的客运中心，交通十分方便。大多数的房间都是海港景观房。水疗中心、餐馆、酒吧等设施也都比较完善，另外还有赌场和剧院。

- 住 Cnr. Victoria St. & Federal St.
- ☎ （09）363-6000
- FREE 0800-759-2489
- FAX （09）363-6383
- URL www.skycityauckland.co.nz
- 费 ⑤ⓓⓣ NZ$199～
- 房间数 323　　CC ADJMV

奥克兰千禧大酒店
Rendezvous Hotel Auckland　　中档酒店

市中心　　Map p.239-D1

◆中庭式风格的酒店，格调高雅。所有客房的天井挑高都非常高，从地面到天井使用的是一整面的大玻璃窗，视野开阔，非常适合于眺望市中心的景色。有包含人气日料店"桂"在内的3 家餐馆和茶座。

- 住 71 Mayoral Dr.
- ☎ （09）366-3000
- FREE 0800-666-777
- FAX （09）366-0121
- URL www.tfehotels.com
- 费 ⑤ⓓⓣ NZ$151～
- 房间数 452　　CC ADJMV

奥克兰皇冠假日酒店
Crowne Plaza Auckland　　中档酒店

市中心　　Map p.239-C1

◆地处中心城区，无论是观光、购物还是就餐都非常方便。酒店的地下部分与购物广场"Atrium on Elliott"之间是互通的。时尚雅致的客房装修，是这里受欢迎的秘密。酒店大堂可以享受 20 分钟的免费上网服务。

- 住 128 Albert St.
- ☎ （09）302-1111
- FREE 0800-154-181
- FAX （09）302-3111
- URL www.auckland.crowneplaza.com
- 费 ⑤ⓓⓣ NZ$173～
- 房间数 352　　CC ADJMV

奥克兰美居酒店
Mercure Hotel Auckland　　中档酒店

市中心　　Map p.239-B2

◆酒店位于布里托玛特火车站附近，属于法国雅高集团旗下的四星级酒店。可以望见港湾景色的房间较多。在位于酒店顶层的餐馆"Vue"，不仅可以品尝到地道的新西兰菜和葡萄酒，还能欣赏美景。可以眺望女王大街风景的"Attica Bar"也是内城的一道新的风景线。

- 住 8 Customs St.
- ☎ （09）377-8920
- FAX （09）307-3739
- URL www.mercure.com
- 费 ⓓ NZ$199～ ⓣ NZ$223～
- 房间数 189　　CC ADJMV
- 免费 00531-61-6353

奥克兰大富酒店
Hotel Grand Chancellor Auckland City　　中档酒店

市中心　　Map p.239-B1

◆这家现代化的酒店建于高架桥港附近。有客房区和公寓区，可以长期在这里居住，可以与公寓内居住的奥克兰人在同一屋檐下共同生活。酒店内有游泳池、健身房、水疗馆等设施。

- 住 1 Hobson St.
- ☎ （09）356-1000
- FREE 0800-275-337
- FAX （09）356-1001
- URL www.grandchancellorhotels.com
- 费 ⑤ⓓⓣ NZ$131～
- 房间数 71　　CC ADJMV

厨房（所有房间）　厨房（部分房间）　厨房（共用）　吹风机（所有房间）　浴缸（所有房间）
泳池　上网（所有房间/收费）　上网（部分房间/收费）　上网（所有房间/免费）　上网（部分房间/免费）

奥克兰奥克斯海湾酒店
Auckland Hobour Oaks　　经济型酒店

◆ 酒店的建筑非常醒目，是一家公寓式高层酒店。有投币洗衣机、全套厨房等设施。非常适合长期逗留的客人居住。从位于高层的露台可以眺望天空塔和怀特玛塔湾的景色。玄关有门禁，前台 24 小时提供服务。

市中心　　Map p.239-B2

住 16 Gore St.
☎ （09）909-9999
FREE 0800-565-333
FAX （09）909-9500
URL vrhotels.co.nz
费 Ⓢ Ⓣ NZ$99~
房间数 150　　CC ADJMV

市中心伊克诺旅店
Econo Lodge City Central　　经济型酒店

◆ 该旅馆位于繁华地段，无论是观光还是购物都非常方便。房型十分丰富，从单人间到家庭房，有各式类型可供选择。所有房间都带有浴室、电视、咖啡机和电话。旅馆的 1 层有网吧（收费）和酒吧。

市中心　　Map p.239-C1

住 37 Wellesley St.
☎ （09）307-3383
FREE 0800-323-6000
FAX （09）307-0685
URL www.econolodgecitycentral.co.nz
费 Ⓓ Ⓣ NZ$99~
房间数 104　　CC ADJMV

玖斯酒店
Jucy Hotel　　经济型酒店

◆ 酒店面对 Emily Place，非常僻静，但距离繁华街区徒步仅需数分钟。这里是廉价汽车租赁公司"Jucy Rentals"的附属经济型酒店，入住这里客人租车可以享受 10% 的折扣。停车场 1 晚收费 NZ$15。酒店内设有咖啡馆。有些客房是卫生间、浴室共用型的。

市中心　　Map p.239-B2

住 62 Emily Place
☎ （09）379-6633
FREE 0800-427-736
FAX （09）379-6634
URL www.jucyhotel.co.nz
费 Ⓢ NZ$49~、Ⓓ Ⓣ NZ$69~
房间数 60　　CC AJMV

帕内尔品质几维酒店
Quality Hotel Parnell　　经济型酒店

◆ 客房的采光超好，几乎所有的房间都可以看到怀特玛塔湾的湾景。另外，还有附带厨房、阳台的套房等各式房型，你可以根据自己的入住目的来选择适合自己的房型。酒店还承接婚礼。

市中心　　Map p.247-B2

住 20 Gladstone Rd.
☎ （09）303-3789
FREE 0800-504-466
FAX （09）377-3309
URL www.theparrell.co.nz
费 Ⓓ Ⓣ NZ$160~
房间数 105　　CC ADJMV

奥克兰机场几维酒店
Auckland Airport Kiwi Hotel　经济型酒店

◆ 巨大的几维鸟造型是这家酒店最醒目的标志。酒店的距离机场驱车仅需 5 分钟，24 小时提供接送服务，入住这里你可以完全不用担心航班的起降时间。酒店内有酒吧和餐馆，还提供免费的欧陆式早餐。客人专用的投币式洗衣房等设备也比较完善。

郊外　　Map p.237-C2

住 150 McKenzie Rd.Mangere
☎ （09）256-0046
FREE 0800-801-919
FAX （09）256-0047
URL www.kiwiairporthotel.co.nz
费 Ⓓ Ⓣ NZ$89~ 房间数 52
CC ADJMV

贝斯特韦斯特 BK 先锋汽车旅馆
Best Western BK's Pioneer Motor Lodge　汽车旅馆

◆ 距离机场驱车仅需 5 分钟，地理位置优越，特别适合在起飞前夜入住。酒店内有免费的停车场，还有免费的洗衣设备。接机服务和机场接驳巴士 24 小时提供服务，还提供叫早服务。房间非常整洁干净。

郊外　　Map p.237-D2

住 205 Kirkbride Rd.
☎ （09）275-7752
FREE 0800-222-052
FAX （09）275-7753
URL bkspioneer.co.nz
费 Ⓓ Ⓣ NZ$120~
房间数 37　　CC ADMV

帕内尔城市小屋旅馆
Parnell City Lodge 　　汽车旅馆

◆ 客房分为工作室式的房间和附带厨房的公寓式房间。所有房间都带有浴室、电视、电话、电熨斗等设备。除旺季以外，酒店接受长期住宿的客人入住。距离帕内尔购物村徒步仅需 1 分钟。

帕内尔　　　　　　　　　Map p.247-B2

住 400 Parnell Rd.
☎（09）377-1463
FREE 0800-890-128
URL parnellcitylodge.co.nz
费 D T NZ$105~150
房间数 21
CC ADJMV

德文波特汽车旅馆
Devonport Motel 　　汽车旅馆

◆ 旅馆位于德文波特地区，距离渡轮码头、维多利亚大街、海滩等地徒步 3 分钟可达，地理位置十分便捷。拥有一张床的组合房间宽敞舒适，窗户较多，拥有比较私密的花园。

德文波特　　　　　　　　Map p.252-A2

住 11 Buchanan St.
☎（09）445-1010
URL www.devonportmotel.co.nz
费 D NZ$150~180
房间数 2
CC MV

大庞森比艺术酒店民宿
The Great Ponsonby Arthotel 　　B&B

◆ 这家民宿位于伊甸山附近，是用建于 19 世纪末的建筑改建而成的。每间客房都装点有当地艺术家的绘画和来自太平洋诸岛的装饰品。早餐可以点餐，食谱里甚至还有可丽饼。空闲的时候可以在院子里慢悠悠地度过。

庞森比　　　　　　　　　Map p.245-A1

住 30 Ponsonby Tce.
FAX（09）376-5989
FREE 0800-766-792
FAX（09）376-5527
URL www.greatpons.co.nz
费 S D NZ$230~
房间数 11　　CC AJMV

巴伐利亚民宿
Bavaria B&B 　　B&B

◆ 位于伊甸山附近的小型民宿设施。外观建筑有 100 多年的历史了，房间虽然感觉有些陈旧，但是非常干净整洁。公共区域有免费的咖啡、红茶提供，冰箱和微波炉也可以随意使用。

市中心　　　　　　　　　Map p.238-D1

住 83 Valley Rd.
☎（09）638-9641
URL www.bavariabandbhotel.co.nz
费 S NZ$140~，D T NZ$190~
房间数 11
CC AMV

阿斯科特帕内尔民宿
Ascot Parnell Boutique B&B 　　B&B

◆ 从帕内尔购物村徒步数分钟便可到达这里，距离玫瑰园和奥克兰博物馆徒步 10 分钟即可。从客房内可以欣赏奥克兰美丽的海景和市街的风景。早餐的品种也很丰富，还提供比利时风味的松饼和不含麦麸的美食等。有免费的停车场。

帕内尔　　　　　　　　　Map p.247-B2

住 32 St Stephens Ave.
☎（09）309-9012
URL www.ascotparnell.com
费 D T NZ$185~
房间数 3
CC AMV

和平 & 丰盛民宿
Peace & Plenty Inn 　　B&B

◆ 这家民宿距离渡轮码头徒步仅需 5 分钟，外观建筑是维多利亚风格的优雅小屋。无论是内装修、家具还是餐具等风格都非常统一，给人一种非常高品质的感觉。早餐可以从使用散养鸡蛋烹制而成的蛋包饭、松饼、比利时华夫饼等中选择，无论哪一种，味道都非常不错。

德文波特　　　　　　　　Map p.252-A2

住 6 Flagstaff Tce.
☎（09）445-2925
URL www.peaceandplenty.co.nz
费 D T NZ$165~
房间数 7
CC MV

雪佛龙度假小屋
Chalet Chevron B&B Hotel　　　B&B

◆这家民宿位于帕内尔购物村附近，外观看上去很像英式的度假小屋。屋内的采光极好，而且非常宽敞，客房也是近几年重新翻修过的。小编推荐入住可以望见怀特玛塔湾的房间。早餐的鸡蛋类菜肴和玛芬蛋糕等味道好极了。

帕内尔　　Map p.247-B2
住 14 Brighton Rd.
☎ （09）309-0290
FAX （09）373-5754
URL www.chaletchevron.com
费 ⑤NZ$115~165，①①NZ$165~
房间数 14
CC AJMV

BK 青年旅舍
Bk Hostel　　　青年旅舍

◆地理位置极好，徒步5分钟便可达到市中心和时尚的庞森比地区。客栈入口位于 Mercury Lane 一侧。周边有食品店、餐馆、酒吧、银行、邮局等，非常适合长期人住。

市中心　　Map p.238-C1
住 3 Mercury Lane Newton
☎ （09）307-0052
FAX （09）307-0017
URL www.bkhostel.co.nz
费 Dom NZ$26~，⑤NZ$48~，①①NZ$64~
房间数 100 个床位　CC MV

女王大街背包客青年旅舍
Queen Street Backpackers　　　青年旅舍

◆这家背包客旅馆有许多来自国外的回头客。地处市中心，距离超市和便利店都很近。旅馆内有酒吧和台球吧，即便是互不相识的住客也可以在这里轻松地交谈。有女生专用的多人间，还有公用的互联网设施。

市中心　　Map p.239-B2
住 4 Fort St.
☎ （09）373-3471
FREE 0800-899-772
URL www.qsb.co.nz
费 Dorm NZ$25~29，⑤NZ$61，①①NZ$75
房间数 157 个床位　CC MV

有朋背包客青年旅舍
Frienz Backpackers　　　青年旅舍

◆距离阿尔伯特公园仅有100米远，无论购物还是就餐都非常方便。每个楼层都有浴室和卫生间，适合长期滞留者入住。卧室的风格非常多彩，给人的感觉非常可爱。有女生专用的多人间客房。还设有保险柜和共用的电脑等设施。

市中心　　Map p.239-C2
住 27-31 Victoria St.E.
☎ （09）307-6437
FAX （09）307-3751
URL www.frienz.com
费 Dorm NZ$25，①①NZ$80~
房间数 108 个床位
CC MV

奥克兰贝斯青年旅舍
Base Auckland　　　青年旅舍

◆这是一家在澳大利亚和新西兰比较多见的连锁客栈。地处城市的中心位置，地理位置优越，交通方便。内部设有网吧和酒吧，规模也是奥克兰市内最大型的。有女性专用的客房，有保险柜等设备。

市中心　　Map p.239-C1
住 229 Queen St.
☎ （09）358-4877
FREE 0800-22-7369
URL www.stayatbase.com
费 Dorm NZ$28~34，⑤①①NZ$90~120
房间数 500 个床位
CC MV

贝兰达背包客青年旅舍
Verandahs Backpackers Lodge　　　青年旅舍

◆客栈是利用历史悠久的古民居改建而成的，而且古民居是使用比较珍贵的贝壳杉建造而成的。站在宽敞的阳台上可以欣赏奥克兰的街景和西部公园的景色。有共用的厨房，有比较宽敞的公共空间，还有投币式洗衣房、BBQ等设施。

庞森比　　Map p.245-B1
住 4~6 Hopetour St.
☎ （09）360-4180
FAX （09）360-9465
URL www.verandahs.co.nz
费 Dorm NZ$31~，⑤NZ$59~，①①NZ$80~
房间数 48 个床位
CC AMV

哈密尔顿 *Hamilton*

奥克兰

哈密尔顿

哈密尔顿是新西兰第四大城市。新西兰国内最长的一条河流——怀卡托河纵贯整个城市，这条河流源于陶波湖，最终由奥克兰南部的怀卡托港流入大海。因此，虽然哈密尔顿地处内陆，但是却因为水路交通也十分发达而繁荣至今。包含这一地区在内的怀卡托地区属于肥沃的平原地带，也是新西兰屈指可数的农业和酪农集中的地区。作为农业中心的哈密尔顿，自古以来就一直是毛利各部族之间经常争夺的地区，自1860年以后转变为毛利族与外来移民之间的战争，这片土地一直都作为必争之地，频繁发生斗争。

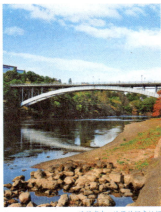

流经市中心地区的怀卡托河

哈密尔顿 前往方法

有从奥克兰、克赖斯特彻奇（基督城）直飞此地的航班。哈密尔顿国际机场（Hamilton International Airport）位于市区以南约14公里处，与市区之间有往来的接驳巴士。

长途巴士方面，无论是城际长途巴士公司（Intercity Coachlines）还是纽曼长途巴士公司（Newmans Coach Lines）都有多条线路可以到达这里。从奥克兰出发到达此地的巴士每天有16班次，所需车程为1小时55分钟~2小时20分钟。从罗托鲁阿出发到达此地的巴士每天有5班次，所需车程1小时20分钟~1小时55分钟。始发站和终点站都位于市中心的客运中心（Transport Centre）。

铁路方面，有从奥克兰出发的几维铁路公司（Kiwi Rail）的长途列车"北方探险家号"Northern Explorer，每周3趟列车。约需2小时30分钟（→p.462）。

植被和草坪比较茂盛的花园广场

哈密尔顿 漫步

哈密尔顿市区被流经市区的怀卡托河分为东西两侧，西侧集中了许多餐馆和商店，比较繁华，而东侧大部分都是住宅区。维多利亚街（Victoria St.）是这座城市的主要街道。BUSIT的市内巴士覆盖整座城市，可以到达大部分景点。如果只在市区游览也可以乘坐免费的On Board巴士。

人口 14 万 1612 人
URL www.hamilton.gov.nz

航空公司（→ p.489）
新西兰航空

哈密尔顿国际机场
Map p.280-B2 外

机场巴士公司
Super Shuttle
FREE 0800-748-885
URL www.supershuttle.co.nz
⟲ 机场 ↔ 市中心（最低）
　1 人　　NZ$30
　2 人　　NZ$37
　3 人　　NZ$44

主要出租车公司
Hamilton Taxis
☎ (07) 847-7477
FREE 0800-477-477

主要巴士公司（→ p.489）
城际长途巴士公司／纽曼长途巴士公司
长途巴士始发站
Map p.280-A1
住 Cnr.Bryce St. & Anglesea St.
☎ (07) 839-6650

铁路公司（→ p.489）
几维铁路

哈密尔顿火车站
Map p.280-B1
　徒步至市区约需 15 分钟
旅游服务中心
Hamilton Visitor Centre
Map p.280-B2
住 Cnr.Caro St. & Alexandra St.
☎ (07) 958-5960
URL www.visithamilton.co.nz
开 周一～周五 9:00~17:00
　周六、周日、法定节日
　9:30~15:30
休 无

哈密尔顿的市内巴士
BUSIT
FREE 0800-4287-5463
URL www.busit.co.nz
⟲ 成人 NZ$3.3，儿童 NZ$2.2
On Board
运 周一～周五 7:00~18:00
　周六 9:00~13:00
休 周日

哈密尔顿近郊的小镇 拉格兰
URL www.raglan.net.nz

从哈密尔顿沿国道23号向西行驶大约50公里有一座海滨小镇——拉格兰。这里作为度假海滩拥有相当高的人气，夏季时经常挤满了来海水浴场度假的游客。冲浪比较著名的几个海滩是距离拉格兰以西8~9公里处的玛努湾（Manu Bay）或者鲸湾（Whale Bay）。

哈密尔顿 主要景点

哈密尔顿湖（罗托鲁阿湖）
Hamilton Lake（Lake Rotoroa）

Map p.280-B1

在毛利语中哈密尔顿是"长湖"的意思，也被称为罗托鲁阿湖。从市中心步行至此大约需要30分钟。在湖区可以享受皮划艇、小船、迷你高尔夫等项目，还经常举办音乐会或者游艇狂欢活动。这里是哈密尔顿市民悠闲娱乐的好场所。还有一条环湖一周大约4公里长的游步道，可以一边散步一边欣赏湖景。

湖畔是市民们悠闲娱乐的场所

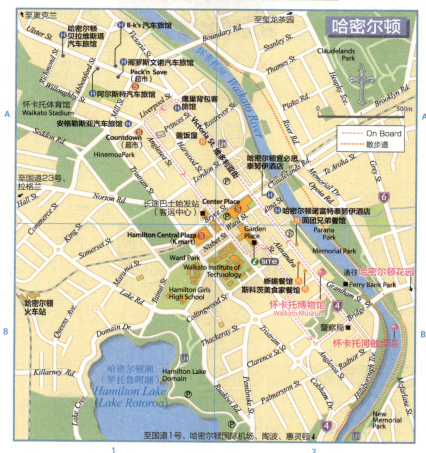

哈密尔顿花园
Hamilton Gardens　Map p.280-B2 外

公园位于怀卡托河沿岸，是市区最大的庭院式花园。内部是由各种不同主题的小花园组成的，有花草园、英式花园等，每一个主题花园都有各自的特色。在公园里散步是一件非常惬意的事情。

印度四分园式的庭园

怀卡托河散步道
Waikato River Walk　Map p.280-B2

沿河畔而建的公园和散步道，非常适合散步和野餐。位于维多利亚街南端的码头公园（Ferry Bank Park）和对岸的帕拉纳公园（Parana Park）植被丰富，非常适合散步。沿途还有为了纪念第一次世界大战中的死难者而修建的公园（Memorial Park）。

在植被丰富的小路上漫步

怀卡托博物馆
Waikato Museum　Map p.280-B2

这家博物馆内关于怀卡托地区毛利族的历史和装饰品的展品较为丰富。150 年以前在战斗中使用的被称为 Te Winaka 的巨型木雕船上，拥有令人十分震撼的雕刻。另外，博物馆外面还有展示当地艺术家作品的画廊"Arts Post"和博物馆咖啡屋。

哈密尔顿花园
住 Cobham Dr.
☎（07）838-6782
URL www.hamiltongardens.co.nz
开 4/6~9/27
　7:30~17:30
　9/28~4/5
　7:30~20:00
· 游客中心
　9:00~17:00
休 无
費 免费
交 从市中心沿散步道南下，徒步约需 30 分钟。还可以乘坐市内巴士 #10 Hillcrest、#29 Hamilton Lake

怀卡托博物馆
住 1 Grantham St.
☎（07）838-6606
URL waikatomuseum.co.nz
开 3~10 月
　10:00~16:30
　11 月~次年 2 月
　10:00~17:00
休 无
費 免费（随意捐赠）

设计新颖的建筑物

北岛

● 哈密尔顿

Column　电影《霍比特人》的拍摄地——霍比特村

新西兰具有代表意义的电影《霍比特人》和《指环王》中霍比特人居住的村庄的拍摄地——霍比特村（Hobbiton）。这座村庄是霍比特族的故乡，从距离哈密尔顿以东约 37 公里的玛塔玛塔（Matamata）镇，继续驱车 30 分钟便可到达霍比特村所在的亚历山大牧场。由于这一带的土地属于亚历山大家族所有，所以参观时必须参加 Hobbiton Movie Set Tours（霍比特电影之旅）。有从奥克兰和哈密尔顿出发的各旅行公司的旅游团。

如果单独前往的话，需要在玛塔玛塔的 i-SITE 或者罗托鲁阿的霍比特电影周边商店（Map p.292-B1），或在霍比特村内的夏尔小站 The Shire's Rest（需要提前预约）申请参加团体游。因为这个景点非常受欢迎，因此推荐提前在网上预约。

玛塔玛塔 Matamata *i* SITE
住 45 Broadway.Matamata
☎（07）888-7260
开 9:00~17:00
休 无
URL www.matamatanz.co.nz

霍比特电影周边商店 Hobbiton Movie Set Tours
☎（07）888-1505
URL www.hobbitontours.com
开 9:30~15:30 期间每 30 分钟一团（依季节而变化），行程约需 2 小时，附赠饮料。
休 无

从玛塔玛塔、夏尔小站出发的团
費 成人 NZ$79，9~16 岁 NZ$39.5
周三、周日有附赠晚餐的 Evening Banquet Tour 团
費 成人 NZ$190，10-14 岁 NZ$150，5-9 岁 NZ$100

从罗托鲁阿出发的团
費 成人 NZ$114，9~16 岁 NZ$114，8 岁以下 NZ$35

玛塔玛塔的 i-SITE

哈密尔顿的
游览项目

几维热气球

黎明时分从罗托鲁阿湖旁出发，大约在空中飞行1小时。迎着朝阳，在热气球上可以从高空将怀卡托河和宽广的农田、植被茂密的哈密尔顿城市风光尽收眼底。着陆后还会为你提供香槟、简餐等，绝对是一顿难忘的早餐。整个旅程大约需要4小时。

DATA **Kiwi Balloon**
☎（07）843-8538　URL www.kiwiballooncompany.co.nz
🗓 9月～次年7月　💰 成人 NZ$370，儿童 NZ$300
CC MV

玺龙茶园

位于哈密尔顿郊外的茶园，驱车约需12分钟。茶园的土地没有被农药污染，种植纯正的有机茶叶，也被人们称为"世界最纯净的茶叶"。茶园内可供参观，可以参加参观团学习茶的历史和传统制法，还可以对比试饮不同种类的茶。下午茶需要提前预约，非常受欢迎。

DATA **Zealong Tea Estate**
☎（07）853-3018　URL zealong.com　🏠 495 Gordonton Rd.
🚗 从哈密尔顿驱车约需12分钟　🍵 茶园参观团 周二～周日 9:30、14:30（需要预约）
🛌 无　💰 NZ$25，附带下午茶 NZ$60　CC MV

怀卡托河探险者

从哈密尔顿花园出发巡游怀卡托河的游轮游项目。在船上可以购买午餐、酒水等，沿途景观有原生林、瀑布、历史悠久的桥等。参加周日出发的游轮还可以在哈密尔顿郊外的神秘河畔活动中心（Mystery Creek Event Centre）吃午餐或者试饮葡萄酒（需要追加费用）。

Waikato River Explorer
☎（07）239-7567　URL waikatoexplorer.co.nz
🗓 周四～周日 10:30、12:30、14:30（依季节而异）
💰 成人 NZ$30，儿童 NZ$15
CC MV

餐馆
Restaurant

蜥蜴餐馆
Iguana

◆ 这是一家氛围非常好而且很宽敞的酒吧 & 餐馆。在热腾腾的石头上的烤肉和鱼类 Iguana Hot Rock NZ$29.9~，还有各种比萨（L 号 NZ$26.9）。在餐馆的网站上还有根据日期不同的各种优惠菜肴。最受欢迎的是周二的甜品。

Map p.280-B2
🏠 203 Victoria St.
☎（07）834-2280
FAX（07）834-2290
URL www.iguana.co.nz
🕐 周一～周五 11:30~Late 周六、周日 11:00~ Late
🛌 无　CC ADJMV

盖饭屋
Donburi-Ya

◆ 店主是在新西兰生活了20多年的日本人。有日式味噌炸猪排盖饭 NZ$13，照烧三文鱼盖饭 NZ$15，还有乌冬面、咖喱饭等。午餐套餐附带味噌汤的价格是 NZ$11。酒水有日本酒和烧酒等，晚间还可以当作居酒屋。

Map p.280-A1
🏠 789 Victoria St.
☎（07）838-3923
🕐 周二～周五 11:30~14:00、18:30~21:00，周六 17:30~21:00
🛌 周日·周一
CC MV

斯科茨美食家餐馆
Scotts Epicurean

◆ 餐馆位于维多利亚街上，深受当地客人的喜爱。整个餐馆是利用一栋建筑年份在 100 年以上的老房子改建而成的，可以看到屋顶上漂亮的雕刻。意大利面、咖喱饭、甜品等食物的味道都深受好评，种类也非常齐全。午餐套餐的价格是 NZ$10.5~21。

Map p.280-B2

住 181 Victoria St.
☎（07）839-6680
URL scottsepicurean.co.nz
开 周一～周五 7:00~15:00，周六、周日 8:30~16:00
休 无
CC ADMV

面团兄弟餐馆
Dough Bros

◆ 2015 年新开张的窑烤比萨店。店内设计时尚，飘着木头的香气。使用麦卢卡木烤制的比萨价格是 NZ$19~NZ$28。新西兰产乳酪拼盘，3 种 NZ$28。

Map p.280-B2

住 250 Victoria St.
☎（07）834-2363
URL doughbros.co.nz
开 周二～周六 11:30~Late，周日 17:00~Late
休 周一 CC AMV

住宿
Accommodation

哈密尔顿诺富特泰努伊酒店
Novotel Hamilton Tainui

◆ 位于市中心地区，靠近巴士中心，地理位置优越，而且面朝怀卡托河而建环境也非常好。还有可以欣赏河畔景观的客房，预约时不妨提出要求。

Map p.280-A2

住 7 Alma St.
☎（07）838-1366
FAX（07）838-1367
URL www.accorhotels.com
费 Ⓢ Ⓓ Ⓣ NZ$186~
房间数 177
CC ADJMV

哈密尔顿宜必思泰努伊酒店
Ibis Hamilton Tainui

◆ 酒店建于怀卡托河河畔，是一家夜景非常漂亮的城市酒店。酒店内有专营新西兰菜的餐馆。如果你准备悠闲地度过假期，推荐入住这里。

Map p.280-A2

住 18 Alma St.
☎（07）859-9200
FAX（07）859-9201
URL www.ibis.com
费 Ⓢ NZ$111~ Ⓓ Ⓣ NZ$127~
房间数 126 CC ADJMV

阿尔斯特汽车旅馆
Ulster Lodge Motel

◆ 客房打扫得非常干净。还有 4 间附带浴缸淋浴房的客房，预约时可以注明。在旅馆内还有一家出售日杂和食品的小商店，作旅行补给也是很方便的。

Map p.280-A1

住 211 Ulster St.
☎（07）839-0374
FREE 0800-857-837
URL ulsterlodge.co.nz
费 Ⓓ Ⓣ NZ$99~250
房间数 17 CC AMV

厨房（所有房间） 厨房（部分房间） 厨房（共用） 吹风机（所有房间） 浴缸（所有房间）
泳池 上网（所有房间 / 收费） 上网（部分房间 / 收费） 上网（所有房间 / 免费） 上网（部分房间 / 免费）

哈密尔顿贝拉维斯塔汽车旅馆
Bella Vista Motel Hamilton

◆老板非常友善，旅馆内有华人服务生。房间有很多种类可供选择，空间也很宽敞。院子里有 BBQ 区。

Map p.280-A1

住 1 Richmond St.
☎ （07）838-1234
URL bellavistahamilton.co.nz
费 ⑤ⒹⓉ NZ$135~240
房间数 18
CC ADJMV

B-K's 汽车旅馆
B-K's Settlers

◆距离市中心徒步仅需 10 分钟，地理位置极好。2014 年重新装修过，房间舒适便捷。可以享受 CD & DVD 的设施也很完善。有许多房间都带有浴缸，适合团队入住。

Map p.280-A1

住 200 Ulster St.
☎ （07）839-3060
FREE 0800-222-990
URL www.b-ksettlers.co.nz
费 ⑤ NZ$115~ ⒹⓉ NZ$130~
房间数 16 CC DMV

阁罗斯文诺汽车旅馆
Grosvenor Motor Inn

◆外观是英国都铎风格的建筑。旅馆内有一个小型的温水游泳池，全年可以免费使用。虽然客房内比较简单，但是有微波炉等，设施还是比较完善的。餐馆只在早晚营业。

Map p.280-A1

住 165 Ulster St. ☎ （07）838-3399
FREE （0800）100-241
FAX （07）838-0792
URL www.grosvenor.co.nz
费 ⑤ NZ$95~110，家庭套房 NZ$150~180
房间数 40 CC AJMV

安格勒斯亚汽车旅馆
Anglesea Motel

◆拥有游泳池、健身房、DVD 音响设备、网球场等设备的大型住宿设施。距离 On Board 巴士的运行线路较近，交通方便。客房有附带浴缸的普通房间和附带厨房的别墅式房间等，种类较多。另外还有许多组合优惠套餐，预约时可以咨询店家。

Map p.280-A1

住 36 Liverpool St.
☎ （07）834-0010
FREE 0800-426-453
URL www.angleseamotel.com
费 ⑤Ⓣ NZ$140~150，1 栋 NZ$150~
房间数 50
CC ADMV

鹰巢背包客旅馆
Eagles Nest Backpackers

◆徒步至怀卡托河仅需 2 分钟。旅馆位于免费巴士 On Borad 巴士的线路上，市内旅游非常方便。接待处位于 2 层。客房虽然简单质朴，但非常干净。还有一个可以 BBQ 的小露台。

Map p.280-A1

住 937 Victoria St.
☎ （07）838-2704
URL www.eaglesbackpackers.co.nz
费 Dorm NZ$25~，⑤ⒹⓉ NZ$60~
房间数 22 张床
CC MV

怀托摩 *Waitomo*

由大自然长年累月缔造出的壮丽景观

怀托摩地区最著名的观光景点是怀托摩洞穴（别名：萤火虫洞 Glowworm Caves），每年大约有 25 万名游客造访这里。附近还有阿拉努伊洞穴（Aranui Cave）、鲁阿库利洞穴（Ruakuri Cave）等洞穴，在部分洞穴内也有发光性的昆虫，一样可以看到这种学名为小真菌蚋的新西兰萤火虫发出的神秘光芒。这种名曰小真菌蚋的萤火虫是新西兰特有的物种，十分珍贵。虽然在新西兰国内各地都可以见到，但是怀托摩洞穴是规模最大型的，由于洞顶比较开阔，因此整个顶部都被萤火虫所覆盖，这种美景绝对会让你感觉不虚此行。

1887 年，毛利族的族长塔·帝努老（Tane Tinorau）及一位英国测量师法兰德·梅西（Fred Mace）首次进入萤火虫洞探查。经过多次探险后，塔·帝努老族长将这一洞穴对外开放。虽然在 1906 年将洞穴的所有权移交给政府，但是 1989 年，政府又将这座洞穴以及周边的土地归还给了当初土地所有者的子孙们，至今也是由毛利族的子孙在管理和运营着。

怀托摩 前往方法

怀托摩与其他城市之间没有往来的巴士。如果想要当天往返去参观怀托摩洞穴，可以乘坐连接奥克兰与罗托鲁阿之间的观光巴士，这趟巴士可以在怀托摩停车 1 小时，停车期间可以组团进洞参观。从奥克兰出发大约需要 2 小时 40 分钟，从罗托鲁阿大约需要 2 小时，每天各有 1 班次。无论从哪边发车几乎都是同一时间到达怀托摩，所以可以在返程换乘另一辆巴士，返回原住地。在购票时必须要申请是否需要进入洞穴和其他目的地。准备住宿的客人，需要确认是否持有从怀托摩发车当天进入洞穴的门票。

虽然巴士停靠在怀托摩洞穴的入口处，但在旅游咨询中心 i-SITE 前也会停车。不去洞穴的人可以提前告知司机。

另外，奥克兰→怀托摩→罗托鲁阿这条线路，在中途也有去霍比特村的组合。需要在中途换乘，请注意听车内的广播。

怀托摩周边

前往哈密尔顿、奥克兰方向

Pirongia
Mt.Pirongia
959m
Oparau
蒂阿瓦木图
Te Awamutu
Kawhia
Kawhia
Harbour
Hauturu
Tihiroa
Taharoa
Kinohaku
奥克罗杭格火车站
怀托摩周边的餐馆
奥克罗杭格
Awamarino
Otorohanga
Te Karaha
Waitomo Valley
怀托摩 p.286
Hangatiki
Te Anga
德奎特
Te Kuite
0 10km
前往新普利茅斯、惠灵顿方向

前往哈密尔顿、奥克兰方向
前往罗托鲁阿方向

人口 9441 人
URL www.waitomo.org.nz

读者来信

宛如飞行石般炫目的光芒

在新西兰众多观光景点中怀托摩洞穴的萤火虫是最吸引人的。这种黑暗中放射出梦幻般光芒的景象，有着让人难以用语言表达的感动。据说，电影《天空之城》中飞行石的灵感便是来源于此。有可以结合周围洞穴巡游的团体游，不妨参加看看，一定会令你满意的。

主要巴士公司（→ p.489）
大视野巴士公司
Great Sights

新西兰
灰线巴士
**Gray Line
New Zealand**
游览怀托摩洞穴、毛利表演、罗托鲁阿湖等的 1 日游巴士。从奥克兰市内的各住宿设施接送。包含门票和午餐。
☎（09）307-7880
FREE 0800-698-687
URL www.graylinetours.co.nz
**怀托摩 & 罗托鲁阿
豪华 1 日游**
🚌 奥克兰发车 7:30（所需时间 13 小时）
💰 成人 NZ$335，儿童 NZ$167.5
CC AMDV

旅游服务中心 SITE

Waitomo Caves Visitor Information Center

Map p.286

住 21 Waitomo village Rd.
☎（07）878-7640
FREE 0800-474-839
FAX（07）878-6184
URL www.waitomocaves.com
开 夏季 8:30～18:00
　冬季 9:30～17:30
休 无

旅游服务中心 i-SITE

怀托摩洞穴

住 585 Waitomo village Rd.
☎（07）878-8228
FREE 0800-456-922
URL www.waitomo.com
开 4～10 月 9:00～17:00
　11 月～次年 3 月 9:00～17:30
　（每隔 30 分钟出发一团）
休 无
费 成人 NZ$49，儿童 NZ$22
※ 与阿拉努伊洞穴、鲁阿
　库利洞穴之间的通票价
　格是成人 NZ$95，儿童
　NZ$42

怀托摩洞穴周围的徒步步道

　　洞穴周围是拥有众多珍贵植物的原始森林。森林内和洞边都设有整修完善的散步道（地图上用红色的线标识），可以在这些游步道上漫步，享受天然氧吧带来的乐趣。

怀托摩周边的餐馆

Waitomo Homestead

Map p.285

住 584 Main South Rd.
☎（07）873-8753
营 8:00～16:00
　（夏季延长）
休 无
CC MV

　　位于国道 3 号线沿途的一间自助式餐馆。这里还是大视野巴士公司 Great Sights 等长途巴士的停靠车站。

阿拉努伊洞穴

☎（07）878-8228
FREE 0800-456-922
URL www.waitomo.com
举 9:30、11:00、13:00、14:30、
　16:00 出发
休 无
费 成人 NZ$49，儿童
　NZ$22

鲁阿库利洞穴

☎（07）878-6219

怀托摩　漫　步

　　旅游集散地位于旅游服务中心 i-SITE，这里同时设有探索中心（→ p.287），还可以顺便获取近郊的户外运动项目、交通信息和地图等资料。周边有几家小店和咖啡馆，虽然商品种类不算多，但是普通的日用品还是可以在这里购买的。

　　想要看怀托摩洞穴的新西兰萤火虫，还需要从这里向西徒步 10 分钟（上坡）方可到达洞穴入口，团体游巴士可以直接抵达洞穴的入口。

　　这一区域周边还有阿拉努伊洞穴、鲁阿库利洞穴等景点，可以在这些洞穴内探险的黑水漂流 Black Water Rafting（→ p.287）等户外项目也非常有趣。在洞穴周围的原始森林中漫步也是一件充满乐趣的事情。

怀托摩　主要景点

怀托摩洞穴
Waitomo Cave `Map p.286`

　　在怀托摩 3 大洞穴中，游客最多的要数怀托摩洞穴（别名：萤火虫洞）。洞内的参观新西兰萤火虫（Glowworm）团体游项目，是怀托摩观光的主要项目之一。

　　进洞后跟随导游前行，先是欣赏积年累月形成的美丽钟乳石洞，接着途中换乘小船去到布满萤火虫的洞厅。整个洞顶宛如星空般密密麻麻地布满了萤火虫，闪闪发出的光芒犹如霓虹灯般闪烁，使得到访者瞬间陶醉其中。

　　参观约需 45 分钟。洞内禁止单独进入，必须参加由导游带领的团体游项目。新西兰萤火虫是非常敏感的昆虫，一定不要试图用手去触摸它们，也千万不要在洞内吸烟。另外，洞内禁止拍照。如果遇到大雨，洞内水位上升时不方便划船进入，只能从入口处窥视内部。

犹如满天星空般神秘的新西兰萤火虫

阿拉努伊洞穴 & 鲁阿库利洞穴
Aranui Cave & Ruakuri Cave `Map p.286`

　　阿拉努伊洞穴距离怀托摩洞穴大约 3 公里。虽然洞内没有萤火虫，

但是这里的钟乳石还是非常值得一看的，有粉色、白色、浅茶色等五彩斑斓的各种石柱、石笋等钟乳石。洞内不可单独参观，只能通过参加旅游团才可入内，全程所需时间大约 1 小时。

鲁阿库利洞穴比阿拉努伊洞穴更远一些，虽然被封锁了 18 年，但在 2005 年 7 月终于又一次可供参观。在这个有萤火虫生息的洞穴里，参加用时 2 小时的旅游团既可以看到神秘而又梦幻的萤火虫，还能探索钟乳石聚集的神秘世界。

鲁阿库利洞穴是 400~500 年前被早起的毛利人发现的洞穴

🆓 0800-782-464
URL www.waitomo.com
🎫 9:00~16:00 期间每 30 分钟出发一团
休 无
费 成人 NZ$71，儿童 NZ$27
怀托摩洞穴探索中心
☎ （07）878-7640
FAX （07）878-6184
URL www.waitomocaves.com
开 夏季 8:30~18:00
　 冬季 9:30~17:30
休 无
费 成人 NZ$5，儿童免费

怀托摩洞穴探索中心　　　Map p.286
Waitomo Caves Discovery Centre

　　位于旅游咨询中心 i-SITE 内的博物馆。馆内展示以新西兰萤火虫为首的溶洞内的生物、钟乳石的形成，以及 1886 年发现洞穴后的探险故事和探险装备等，十分有趣。来馆游客可以扮成探险队员，在与实物等大的狭窄洞穴模型内体验探险。

i-SITE 内有许多纪念品出售

怀托摩的
户外运动
黑水漂流
Black Water Rafting

　　黑水漂流是具有新西兰特色的户外远动项目，它再现了 19 世纪的萤火虫洞探洞团体游的情景。体验者身着防水服，头戴矿灯帽，乘坐使用轮胎制成的救生圈沿着洞穴内的河流顺流而下。虽说是漂流但是没有什么激流，都是比较缓慢的漂流。不过也有从 3 米高的高台处戴着救生圈跳入深潭的刺激场面。

　　另外，在洞穴内可以参加的项目还有许多，比如乘坐绳索下到洞底，一旦进入洞底就仿佛到了另一个世界，空间之大令人瞠目结舌。除此之外的户外项目可以参照各旅游公司的信息。

黑水漂流的公司
Waitomo Adventures
☎ （07）878-7788
🆓 0800-924-866
URL www.waitomo.co.nz

仿佛进入了未知的世界一般神秘

🎫 全年
费 NZ$190
CC MV
　（所需时间约 4 小时，未满 12 岁、体重不足 40kg 者不可参加）
Black Water Rafting
☎ （07）878-6219　🆓 0800-228-464
URL www.waitomo.com/black-water-rafting/pages/desault.aspx
🎫 全年　费 NZ$135
CC DMV
　（所需时间约 3 小时，未满 12 岁、体重不足 45kg 者不可参加）
Cave World
☎ （07）878-6577　🆓 0800-228-396
URL www.caveworld.co.nz
🎫 全年
费 成人 NZ$139，儿童 NZ$124
CC AMV
　（所需时间约 2 小时，未满 12 岁、体重不足 36kg 者不可参加）
　※ 需携带游泳衣和毛巾

住宿
Accommodation

怀托摩洞穴酒店　　📱❌　　Map p.286
Waitomo Caves Hotel

◆酒店建于山丘之上，外观的建筑是殖民风格。这栋白墙红屋顶的建筑物非常醒目，也是怀托摩村最大的建筑物。木质的部分建于 1908 年，部分客房附带浴缸。还有厨房等设施，入住体验非常舒适。

🏠 Waitomo Cave Access Rd.
☎ （07）878-8204
FAX （07）878-8205
URL www.waitomocaveshotel.co.nz
费 Ⓢ Ⓓ Ⓣ 99~125
房间数 30
CC MV

🍳 厨房（所有房间）🍳 厨房（部分房间）🍳 厨房（共用）💨 吹风机（所有房间）🛁 浴缸（所有房间）
🏊 泳池 💻 上网（所有房间/收费）💻 上网（部分房间/收费）💻 上网（所有房间/免费）💻 上网（部分房间/免费）

伍莱德公园特色汽车旅馆
Woodlyn Park World Unique Motels

◆ 备受住客好评的汽车旅馆，在这间汽车旅馆内可以享受非常有趣的入住体验。使用 20 世纪 50 年代的火车车厢、越南军用飞机等改造而成的住宿设施，从外观看根本想象不到这里是住宿的地方。只有公共区域可以享受免费的上网服务。在伍莱德公园内还可以享受文化表演等项目的乐趣。

	Map p.286
住 1177 Waitomo Valley Rd.	
☎（07）878-6666	
URL www.woodlynpark.co.nz	
费 ⑩ NZ$180~285	
房间数 10	
CC MV	

怀托摩洞穴度假屋
Waitomo Caves Guest Lodge

◆ 每间客房都是独立的小木屋风格的住宿设施，房间内有电视、茶具等。还有一个非常适合观景的景观餐馆，早餐是欧陆式，味道好极了。

	Map p.286
住 7 Te Anga Rd.	
☎（07）878-7641	
FREE 0800-465-762	
URL www.waitomocavesguestlodge.co.nz	
费 ⑩Ⓣ NZ$125~	
房间数 8 CC MV	

怀托摩几维帕克旅馆
Kiwi Paka Waitomo

◆ 酒店位于 i-SITE 的徒步范围内。厨房、淋浴房等公用设施的区域非常宽敞干净。店内并设有咖啡馆，每天 8:00~20:00 开放。

	Map p.286
住 Hotel Access Rd.	
☎（07）878-3395	
URL www.waitomokiwipaka.co.nz	
费 Share NZ$32~	
Ⓢ NZ$65~ ⑩Ⓣ NZ$70~	
房间数 117 个床位 CC MV	

怀托摩十佳假日公园酒店
Waitomo Top 10 Holiday Park

◆ 汽车旅馆的全部客房都带有厨房、卫生间、淋浴、电视等设施。房车可以使用公用设施。

	Map p.286
住 12 Waitomo Caves Rd.	
☎（07）878-7639 FREE 0508-498-666	
FAX（07）878-6815	
URL www.waitomopark.co.nz	
费 Camp NZ$24~	
Cabin NZ$95~ Mctel NZ$150~	
房间数 18 CC AMV	

Column 奇妙的新西兰萤火虫生态圈

新西兰萤火虫（Glowworm 学名：小真菌蚋 Arachnocampa Luminosa）是一种与蚊子类似的双翅膀昆虫的幼虫，与我国所说的萤火虫完全是两个不同的物种。这种昆虫对生活环境的要求非常特殊，喜欢洞穴、森林等湿度较大不干燥的地方，还必须有凹凸不平的崖壁可以让它们抓住并且分泌出黏稠的丝下垂以便捕食，会成为猎物的小虫子比较密集的河边也是它们喜爱的场所，但还需要避风以便使垂下来的丝不会粘连，可以使猎物看到发出光芒的阴暗场所也是必备条件，具备以上所述条件的地点才有它们的身影。

这种生物的生长周期从卵孵化为幼虫约需 3 周，幼虫期是 6~9 个月，然后是虫蛹期 2 周，羽化成成虫后的寿命仅有 2~3 天。幼虫从 2 毫米生长到火柴棍大小需要一个漫长的过程。幼虫通过分泌出横丝和多条垂下的竖丝，制成仿佛陷阱般的巢穴，等待猎物的到来。竖丝上附着有黏液，一旦猎物上钩就会被粘住，然后萤火虫将头伸到猎物附近吸食猎物的体液。原来发出的美丽光芒是为了吸引猎物上钩。结茧成蛹，脱皮后蛹化作成虫，大约比蚊子大一圈。羽化之前雌性的蛹会有一段时间是释放光芒的，这是为了召唤先羽化的雄虫。

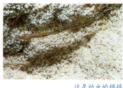
这是幼虫的模样

罗托鲁阿 *Rotorua*

罗托鲁阿湖畔散步的人群

罗托鲁阿位于北岛的中心位置，也是岛内最大的旅游观光地。美丽的罗托鲁阿湖在毛利语中是"第二之湖"的意思，也是北岛上除陶波湖之外第二大的湖泊。

从罗托鲁阿到陶波之间的地带属于世界上比较少见的大地热地带，在这一地区你可以见到以罗托鲁阿湖为首的火山湖和位于蒂普亚（Te Puia）的间歇泉等，是复杂且特别的地貌景观。利用这里的地热资源——温泉修建的水疗馆、疗养院和温泉泳池等设施也吸引了不少来此地疗养的客人。整个城市随处可见白色温泉烟雾，空气中也飘浮着温泉圣地特有的硫黄味道。

罗托鲁阿自古以来就是毛利人聚居的地区，这里的毛利人较多，尤其这里还是势力较大的特拉瓦族 Te Arawa 的中心地，其传统文化以及渊源和历史等被保存得比较完好。在位于罗托鲁阿郊外的毛利村等地，还有机会接触到比较稀有的毛利人的生活、传统文化等（→ p.295）。

罗托鲁阿 前往方法

乘飞机抵达

新西兰航空公司运营着从新西兰国内主要城市通往这里的国内航线。从奥克兰每天有 2~3 个航班，所需时间 40 分钟。从惠灵顿每天有 2~3 个航班，所需时间 1 小时 10 分钟。克赖斯特彻奇（基督城）每天有 1~2 个航班，所需时间 1 小时~1 小时 45 分钟。罗托鲁阿国际机场（Rotorua International Airport）距离市中心约 10 公里。机场至市区之间有接驳巴士 Cityride 的 10 号线通行，车程 20 分钟。也可以乘坐 Super Shuttle 公司运行的机场巴士。

前往国内各地

城际长途巴士公司 / 纽曼长途巴士公司、大视野巴士公司等长途巴士都在此运行。从奥克兰每天有 6 班车，所需时间 3 小时 35 分钟~6 小时。从惠灵顿经由北帕默斯顿和陶波的巴士每天有 3 班车，所需时间 7 小时 5 分钟~7 小时 35 分钟。从陶朗阿还有双城快速（Twin City Express）通车。

人口 6 万 5280 人
URL www.rotoruanz.com

罗托鲁阿国际机场
Map p.290-A1
住 State Hwy.30
☎（07）345-8800
URL www.rotorua-airport.co.nz
Cityride
机场线（10 号线）
运 机场→市中心
周一~周六 6:50~17:53
周日 7:53~16:53
市中心→机场
周一~周六 7:05~18:05
周日 7:35~16:35
周一~周六每 30 分钟一趟，周日是每 1 小时一趟。
费 单程 成人 NZ$2.6，儿童免费

机场巴士
Super Shuttle
FREE 0800-748-885
URL www.supershuttle.co.nz
费 机场 ↔ 市中心（最低）
1 人 NZ$21
2 人 NZ$26
3 人 NZ$31

主要巴士公司（→ p.489）
城际长途巴士公司 / 纽曼长途巴士公司
大视野巴士公司

双城快速
FREE 0800-422-9287
URL www.baybus.co.nz
运 周一~周五 每天 2 趟
陶朗阿出发 8:05、17:10
罗托鲁阿出发 9:30、18:50
休 周六、周日
费 成人 NZ$11.6、儿童免费

Cityride

- FREE 0800-422-9287
- URL www.baybus.co.nz
- 运 6:40~18:50 期间大约每30 分钟一班车
- 费 单程成人 NZ$2.6，儿童 免费
  1 日通票（Day Saver）NZ$8.2

观光巴士 Geyser Link Shuttle

- ☎（03）477-9083
- URL travelheadfirst.com/local-legends/geyser-link-shuttle

怀芒古火山谷半日游
- 运 9:15 发车
- 费 成人 NZ$75~，儿童 NZ$35~

怀欧塔普地热世界半日游
- 运 9:15、12:30 发车
- 费 成人 NZ$65~，儿童 NZ$30~
  （包含门票）

怀芒古 & 怀欧塔普一日游
- 运 9:15 发车
- 费 成人 NZ$125~，儿童 NZ$65~
  （包含门票）

罗托鲁阿 市内交通

　　罗托鲁阿的景点相对比较分散，虽然从市中心徒步均可到达，但对于没有车的游客来说还是利用 Cityride 的巴士比较便捷。Cityride 共有 10 条线路连接郊区与市区，分别是 1~11 号站台（没有 2 号站台）。车站位于旅游咨询处 i-SITE 的主要办公室前。长途巴士的车站不在芬顿街一侧，而是在阿拉瓦街（Arawa St.）一侧的车站乘车。（Map p.292-B2）

　　如果时间比较宽裕，想去郊外的几个景点，参加从罗托鲁阿出发的旅游团也是不错的选择。大视野巴士公司的半日游一共可以去 4 个景点巡游，中午过后大概就可以返回市区（→ p.291 边栏）。观光巴士 Geyser Link Shuttle 可以去到怀芒古火山谷（Waimangu Volcanic Valley）等地。各个巴士公司具体的运行线路可以在旅游咨询处获取。

公交巴士可以到达的景点

		罗托鲁阿空中缆车 Skyline Rotorua	p.299
Cityride	线路1	彩虹泉几维鸟野生公园Rainbow Springs Kiwi Wildlife Park	p.299
		爱歌顿皇家牧场Agrodome	p.300
	3	红杉树森林公园 The Redwoods Whakarewarewa Forest	p.297
	11	蒂普亚/蒂华卡雷瓦雷瓦地热谷 Te Puia/Te Whakarewarewa Thermal Valley	p.297
Geyser Link Shuttle		怀芒古火山谷 Waimangu Volcanic Valley	p.298
		怀欧塔普地热世界 Wai-O-Tapu Thermal Wonderland	p.298

拥有红砖屋顶和白色墙壁的建筑物。营业时间内可以行李寄存，需要支付 NZ$5。

罗托鲁阿的市中心是以位于芬顿街（Fenton St.）沿途的旅游信息中心 i-SITE 为中心半径 500 米以内的区域，基本上步行都可以到达。街道布局宛如棋盘一般整齐，应该是不会迷路的。主要的长途巴士和观光巴士，以及连接市区和郊区的 Cityride 的总站都位于 i-SITE 所在的建筑物周围，所以以这里为起点出发游览是最好的选择。中心内还有货币兑换处、伴手礼商店等设施。

城市的主干道有两条，分别是芬顿街、餐馆和商店林立的图塔内凯街（Tutanekai St.）。这两条大街上分布着来自世界各地的美食餐馆和咖啡馆。

罗托鲁阿观光的另一个魅力所在是可以享受温泉的乐趣。波利尼西亚温泉 Polynesian Spa（→ p.294）被美国的旅行杂志评为全世界十佳温泉之一，在罗托鲁阿以这家温泉为首还有各式各样的温泉住宿设施，即便是汽车旅馆、B&B 等也都带有温泉。

奥海因姆图毛利村 Ohinemutu Maori Village（→ p.293）位于罗托鲁阿湖畔，可以从另一个角度观察保留于此的毛利文化。欣赏毛利表演秀和品尝毛利菜肴可以通过参加团体游拜访不同的毛利村落，或是去市内高档的酒店参加晚餐秀。在罗托鲁阿湖畔还有体验毛利传统运动和直升机游览等户外项目。总之这里的旅游项目十分丰富，还可以去欣赏雄伟秀丽的自然景观或者去牧场看绵羊秀，也都是非常有趣的项目。

住宿设施大都建于可以观湖景的罗托鲁阿湖畔沿线和从市中心向南延伸的芬顿街上。

位于蒂普亚的矿泥温泉"青蛙池"。得名于沸腾的泥浆上下翻滚蹦跳的样子。

北
岛

● 罗托鲁阿

旅游咨询处　i SITE
Tourism Rotorua
Map p.292-B2
🏠 1167 Fenton St.
📞（07）348-5179
FREE 0800-768-678
URL www.rotoruanz.com
开 5~10 月 7:30~18:00
　9 月~次年 4 月 7:30~19:00
休 无

在旅游咨询处前有免费的温泉泡脚池

另一个旅游咨询处
Map p.292-C1
位于图塔内凯街和海妮默阿街（Hinemoa St.）交叉路口处，是一间较小的信息服务中心。巴士的总站等旅行的起点都位于芬顿街上的旅游信息服务中心。
🏠 Corner Tutanekai Hinemoa St.
📞（07）348-5179
开 9:00~17:00
休 无

有用的信息
医院
Lakes Care Medical Centre
Map p.292-B1
🏠 1165 Tutanekai St.
📞（07）348-4094
警察局
Rotorua Central Police Station
Map p.292-B2
🏠 1190-1214 Fenton St.
📞（07）348-0099
汽车租赁公司
Hertz
机场
📞（07）348-4081
市中心
Map p.292-C1
🏠 1233 Amohau St.
📞（07）348-4081
Avis
机场
📞（07）345-7133

罗托鲁阿市内观光
Rotorua Sights
蒂普亚 / 蒂华卡雷瓦瓦地热谷、爱歌顿皇家牧场的绵羊秀等罗托鲁阿的主要景点之间巡游的半日游项目。返回罗托鲁阿 12:15。
大视野
📞（09）583-5790
FREE 0800-744-487
URL www.greatsights.co.nz
🚌 7:25 发车
　（旅游咨询处前）
🎫 成人 NZ$152、儿童 NZ$76
CC MV

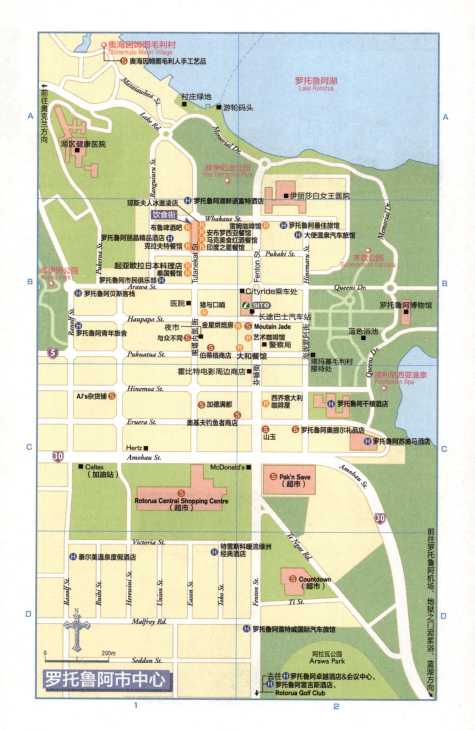

罗托鲁阿市中心

 北岛

● 罗托鲁阿

罗托鲁阿湖与战争纪念公园
Lake Rotorua，War Memorial park
Map p.292-A1~2

面朝罗托鲁阿湖的战争纪念公园是市民休息的好场所

罗托鲁阿湖位于市中心的东北侧，环湖一周大约是40公里，是仅次于陶波湖北岛上的第二大湖泊。湖畔有宽广的绿地，非常适合散步和野餐。绿地内放置有专供小朋友玩耍的娱乐道具，许多家庭都带孩子来这里玩耍。另外，周末休息时这里还会举办贩卖各种商品的集市。

在湖畔栖息的黑天鹅

库伊劳公园
Kuirau Park
Map p.292-B1

公园内的徒步步道修得非常平整

从罗托鲁阿市中心一直向西延伸的地热公园，可以免费参观具有罗托鲁阿特色的地热活动。如果没有时间去蒂普亚或者华卡雷瓦雷瓦地热村，一定要来这里看看。公园内有宽敞的温泉池和泥温泉池，空气中飘散着硫黄的味道，而且随处是地底下冒出来的白色烟雾。还有可以歇脚的足浴池。

另外，每周六的7:00~13:00这里还会举办罗托鲁阿最大规模的集市。届时会有40~50个露天店铺，主要出售蔬菜、手工艺品、首饰等，有许多当地人回来这里凑热闹。

库伊劳公园
住 Pukuatua St. & Ranolf St.
费 免费

园内有大大小小的温泉池

还可以享受足浴的乐趣

奥海因姆图毛利村
Ohinemutu Maori Village
Map p.292-A1

这座毛利村落位于市中心的北侧，从旅游咨询处徒步10分钟可达。有毛利人在此居住，白天面向游客开放。村内有毛利人的房屋、集会场所、墓地、教堂 St.Faith's Anglican Church 等设施。这间教堂虽然是基督教教堂，但内部装饰却是毛利风格的。窗户上绘有身着毛利服装的耶稣像，从教堂内部向湖畔看过去有种仿佛耶稣走在罗托鲁阿湖上的感觉。

教堂内有漂亮的教堂玻璃

奥海因姆图毛利村
住 1 Hurunga St.
电 (07) 346-8332
开 夏季
　9:00~18:00
　冬季
　9:00~17:00
　（入场截至16:00）
费 免费

从教堂的玻璃上也能见到毛利的图案。这座教堂还是欧洲人将自己的文化带入新西兰并且和毛利文化互相融合的标志性建筑

在市政公园里还可以见到新西兰雉鸡

罗托鲁阿博物馆

🏠 Oruawhata Dr.Government Gardens
☎ （07）350-1814
📠 （07）349-2819
URL www.rotoruamuseum.co.nz
🕐 3~11月　　9:00~17:00
　 12月~次年2月 9:00~18:00
🚫 无
💰 成人 NZ$20，儿童 NZ$8
导览团
📅 3~11月　　　10:00~16:00
　 12月~次年2月 10:00~17:00
　 （每小时整点出发，包含门票）
蓝色浴池
☎ （07）350-2119
URL www.bluebaths.co.nz
泳池
🕐 12:00~18:00
　 （依季节而变化）
💰 成人 NZ$11，儿童 NZ$6

美丽的蓝色浴池的外观建筑

波利尼西亚温泉

🏠 1000 Hinemoa St.
☎ （07）348-1328
FREE 0508-765-977
URL www.polynesianspa.co.nz
🕐 8:00~23:00
　 （最终入场截至 22:15）
🚫 无
成人温泉
💰 NZ$25
家庭温泉
💰 成人 NZ$15，儿童 NZ$7
单间温泉
💰 成人 NZ$18~，儿童 NZ$7
湖畔温泉
💰 成人 NZ$45，儿童 NZ$45
CC ADMV

适合孩子们玩耍的家庭温泉

市政公园　　　　Map p.292-B2
Government Gardens

　　这座幽雅的庭园是在 1890 年由建筑师卡米尔·马尔夫（Camille Malfroy）建造的。使用毛利雕刻装点的大门是公园的地标，非常醒目（在波利尼西亚温泉一侧也有入口）。
　　园内的罗托鲁阿博物馆（Rotorua Museum）是在 1908 年中最早一批由新西兰政府投资建造的观光产业，外观是仿照欧洲温泉设施样式而建的，具有一定的历史价值。馆内保留着当时的浴池和一些有趣的治疗法的模样，地下还有当时的泥浴池系统，整体参观下来非常有趣，值得一看。另外，还有关于罗托鲁阿的火山和温泉，以及欧洲人与毛利人的关系史等，结合毛利的传说制成的影片（预约可能有中文），1886 年塔拉韦拉山大喷发的影像等珍贵影像资料必看。馆内还有导览团。屋顶上有观景台，可以欣赏罗托鲁阿湖和公园的景色。
　　罗托鲁阿博物馆前有一个实际使用于 1933~1982 年的设施——蓝色浴池（The Blue Baths），游客可以在室外泳池里游泳。

过去是温泉疗养设施的建筑物如今被改造成了罗托鲁阿博物馆

波利尼西亚温泉　　　Map p.292-C2
Polynesian Spa

　　这里是位于罗托鲁阿湖畔最具代表性的温泉设施。温泉主要是硫黄泉、碱性离子温泉等，馆内设有家庭温泉、单间温泉、成人温泉等。夜间照常营业，在这里一边仰望星空一边享泡温泉。可租借泳衣和毛巾（各 NZ$5），还有带锁的储物柜。
　　各种各样的水疗术也很充实，最

一边欣赏罗托鲁阿湖的美景，一边泡温泉

受欢迎的要数罗托鲁阿泥浆抛光浴 Rotorua Mud Body Polish（60 分钟 NZ$155），这种水疗主要是将罗托鲁阿的泥浆和奇异果涂抹身上，使皮肤变光滑之后利用温泉的压力进行按摩；另外，麦卢卡蜂蜜身体抛光浴 Manuka Honey Body Polish（60 分钟 NZ$155），使用麦卢卡蜂蜜和有机椰子油对身体进行按摩，也非常受欢迎。如果预约了水疗可以从早上开始使用温泉，不妨早点来先泡个温泉，然后再慢慢享受按摩推油。

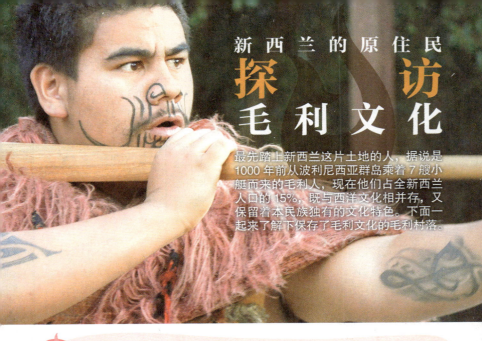

新西兰的原住民
探访
毛利文化

最先踏上新西兰这片土地的人，据说是1000年前从波利尼西亚群岛乘着7艘小艇而来的毛利人，现在他们占全新西兰人口的15%。既与西洋文化相并存，又保留着本民族独有的文化特色。下面一起来了解下保存了毛利文化的毛利村落。

毛利村
必看
POINT

传统音乐 & 表演秀

为你表演因在橄榄球队黑星队比赛前必跳而知名的毛利战舞，和一边合唱表现喜怒哀乐一边跳舞的 Waiata 等舞蹈。

Haere mai = 欢迎你

表示欢迎？

表示欢迎的时候是彼此鼻子贴鼻子。如果把舌头伸出来则表示威胁恐吓（B）

使竖立的棍子不倒接力到下一个人手中的游戏。游客们也可以参加（B）

游客到达之后首先在前院为你表演表示欢迎的舞蹈（B）

在毛利村的集会场所进行的表演秀，观众也可参与其中（A）

虽然舞台不是很大，但就在观众眼前表演的歌舞还是相当有震撼力的（B）

〰️〰️〰️ 位于**罗托鲁阿**的**毛利村** 〰️〰️〰️

A 　**蒂普亚** Te Puia

　　参观在地热地带环绕下的毛利村，内部有再现毛利人以前生活的区域，还可以参观毛利传统工艺学校，一圈下来能了解不少关于毛利的知识。还可以在村里的集会场所观看表演秀。品尝自己动手制作的毛利美食（→p.296）的环节也非常有趣。

信息➡️ **P.297**

B 　**塔玛基毛利村** Tamaki Maori Village

　　将森林中的绿植与村落完美结合再现的毛利村。走在园内随处可见类似抛球杂耍等的小表演，游客还可以参加到例如不让棍子倒下的体验游戏中去。表演秀和歌舞都非常精彩，距离观众较近，非常有冲击力。

塔玛基毛利村接待处 Map P.292-B2
URL www.maoriculture.co.nz 开 18:15
费 成人 NZ$115、儿童 10~15 岁 NZ$60、5~9 岁 NZ$25（包含接送和自助餐）CC MV

艺术品 &
手工艺品

毛利村 购物 POINT

毛利族没有文字，想要了解他们的文化和思想大都是通过雕刻技术。通过在木材、骨头、翡翠等雕刻，或者刺青等表现。

被雕刻于木柱成或者木船上的神圣雕像（A）

把草劈开取出中间纤维，编织成衣物和日用品（A）

演示制作腰间饰物等传统手工技巧的区域（A）

在雕刻学校里，即便是年轻人也继承了传统的技术

与剩余的纤维部分巧妙结合制成的模型

集会场所 Marae

注重沟通的毛利部落每个村庄都会有一个集会场所。注意观察屋顶下木柱子上的雕刻。

集会场所的屋顶下木柱凝聚了毛利雕刻的精髓（奥海因姆图毛利村→ p.293）

雕刻中蕴含的含义

提基 Tiki
（万能的神）

以万能的神提基为原型雕刻出来的神像。可以保障土地的安全和丰收，还是幸运的标志，也能让人们内心变得强大。

科鲁 Koru
（新的开始）

这是以银蕨的幼芽形状为原型雕刻而成的。标志着新生命的开始、成长等。

鱼钩
Fish Hook
（旅行安全）

象征着出行安全、繁荣、权力等。有各种形象，深受年轻人的喜爱。

马奈亚 Manaia
（和谐）

守护神。鸟头人身。3根手指代表出生、生存、死亡，代表着世界的和谐。

特威斯特 Twist
（融合）

体力的造型互相交织，代表着生命与爱的永恒。有些作品可能交织的结数会更多一些。

毛利村 美食 POINT

毛利的传统美食是一种叫作 Hangi 的菜肴。具体的做法是把土地挖一个坑，将烤热的石头放入其中，然后将红薯等食材蒸熟。在地热资源丰富温泉倍出的罗托鲁阿也有利用地热资源进行烹饪的方法。味道非常质朴，不妨一试。

工作人员将餐盒带到喷出蒸汽的地方，1~2小时后就蒸好了

将一种带有香草的面包碎放入锡纸餐盒底部，然后摆上菜和肉，最上层用菜盖住

将四边包严实，并在表面写上自己的名字

天气好的时候可以一边欣赏间歇泉，一边在野外就餐

※ 蒂普亚的午餐观光团

1人份大概就是这种感觉。味道是咸味的，还有少许温泉的香味。刚出锅的最棒

蒂普亚 / 蒂华卡雷瓦雷瓦地热谷

Map p.290-A1

Te Puia/Te Whakarewarewa Thermal Valley

波胡图间歇泉时而喷出 30 来高的温泉水

蒂普亚是以传承毛利文化为目的设立于雷瓦雷瓦地热地带的一处文化中心。在宽广的辖区内有各种设施，创办于 1967 年的新西兰毛利美术工艺学校（New Zealand Māori Arts & Crafts Institute）内的工作间是对外开放，游客可以参观学生们创作作品的场面。这所学校的入学条件只限毛利族的男性，入学后研修 3 年，每个学年只有 5 名学生。

波胡图间歇泉（Pohutu Geyser）是世界上单次喷水量最大的间歇泉，场面非常壮观。另外还有饲养新西兰国鸟——几维鸟的几维小屋等景点。可以跟随导览团参观，也可以单独参观。

华卡雷瓦雷瓦地热村

Map p.290-A1

Whakarewarewa Thermal Village

从市中心沿着芬顿街南下 3 公里左右便可到达这处复原的毛利村落。在这里你可以参观毛利的表演秀、参加华卡雷瓦雷瓦地热地带健走导览团、品尝毛利族美食等体验毛利文化的各类项目。

红杉树森林公园

Map p.290-A1

The Redwoods Whakarewarewa Forest

在寂静的森林里尽情享受森林浴

红杉树是外来物种的贝壳杉。园内有巨大的加利福尼亚红杉，还有最高可达 20 米的蕨类植物、新西兰特有物种的鸟类等，生态圈十分有趣。此外还有许多项目，比如你可以参加用时 30 分钟的健走导览团，或者选择骑山地自行车、骑马等游玩项目。

2015 年 12 月开始的 Redwoods Tree walk 项目是行走在架于红杉树上吊桥的游览项目。最高的地方距离地面大约有 12 米。

蒂普亚 / 蒂华卡雷瓦雷瓦地热谷

住 Hemo Rd.
☎（07）348-9047
FREE 0800-405-619
URL www.tepuia.com
开 4 月上旬~9 月下旬
　　8:00~17:00
　　9 月下旬~次年 4 月上旬
　　8:00~18:00
休 无
费 成人 NZ$51，儿童 NZ$25.5
交 距离旅游咨询处 i-SITE
　　约 3 公里。可以乘坐
　　Cityride 的 11 号线
导览团
举 9:00~16:00
　　（每小时整点出发，所
　　需时间 1 小时）
毛利表演秀
举 10:15、12:15、15:15
费 成人 NZ$64，儿童 NZ$32
午餐观光团
举 11:00~13:30
费 成人 NZ$99，儿童 NZ$75
　　（包含导览团和毛利
　　表演秀）

华卡雷瓦雷瓦地热村

住 17 Tryon St.
☎（07）349-3463
URL www.whakarewarewa.com
开 8:30~17:00
休 无
费 成人 NZ$35，儿童 NZ$15
　　（包含健走导览团和毛
　　利表演秀）
交 距离旅游咨询处 i-SITE
　　约 3 公里。

红杉树森林公园

住 Long Mile Rd.
☎（07）350-0110
URL redwoods.co.nz
开 周一~周五 8:30~17:30
　　周六、周日 10:00~17:00
　　（依季节而变化）
休 无
费 免费
交 距离旅游咨询处 i-SITE
　　约 6 公里。可以乘坐
　　Cityride 的 3 号线
Redwoods Tree walk
☎（07）350-0110
营 4~10 月 9:00~17:00
　　11 月~次年 3 月 9:00~18:00
休 无
费 成人 NZ$25，儿童 NZ$15

整条线路全长 533 米，约需 30 分钟

帝怀罗阿埋没村
住 1180 Tarawera Rd.
電/FAX（07）362-8287
開 5~9月 9:00~16:30 10月~
次年 4月 9:00~17:00
URL www.buriedvillage.co.nz
費 成人 NZ$32.5，儿童 NZ$10
交 距旅游咨询处 i-SITE 15
公里。可以参加 Grumpy's
Transfers & Tours 的团体
游。

Grumpy's Transfers & Tours
住（07）348-2229
費 往返 NZ$30（需要预约）

复原后的房子

怀芒古火山谷
住 587 Waimangu Rd.
電（07）366-6137
FAX（07）366-6607
URL www.waimangu.co.nz
開 8:30~17:00（依季节而变化）
休 无
交 距旅游咨询处 i-SITE 约 25
公里。沿着国道 5 号线向
南行驶大约 19 公里，进入
位于道路左侧的 Waimangu
Rd. 继续前行 6 公里。也
可乘坐 Geyser Link Shuttle
（→ p.290）的巴士。

Walking & Hiking
費 成人 NZ$36，儿童 NZ$12
观光船
費 成人 NZ$42.5，儿童 NZ$12
健走导览团 & 观光船
費 成人 NZ$78.5，儿童 NZ$24

怀欧塔普地热世界
住 201 Waiottapu Loop Rd.
電（07）366-6333
FAX（07）366-6010
URL www.waiotapu.co.nz
開 4~10月 8:30~17:00
（入场截止至 15:45）
11月~次年 3月 8:30~18:00
（入场截止至 16:45）
休 无
費 成人 NZ$32.5，儿童 NZ$11
交 距旅游咨询处 i-SITE 约 30
公里。可以乘坐 Geyser Link
Shuttle （→ p.290）的巴
士，或者乘坐 Summerland
Shuttle 的巴士。

Summerland Shuttle
FREE 0800-894-287
運 罗托鲁阿出发 9:15（需要
预约） **費** NZ$25

撒旦池

帝怀罗阿埋没村
Buried Village of Te Wairoa
Map p.290-B2

　　1886 年的塔拉韦拉山（Mt.Tarawera）的火山大爆发，有大约 150 人殉难。这里是后来人们将当时埋没在火山灰、泥石里的村庄遗址挖掘出来展示的地方。辖区内还设有博物馆，馆内展示了当时生活在这一地区人们的生活用品。此外，还有由火山爆发前生活在这里的毛利族的后代们担当导游的导览团项目。

怀芒古火山谷
Waimangu Volcanic Valley
Map p.290-B2

　　过去这一地区是美丽的丘陵地带，因为 1886 年的火山大爆发使地形发生了变化，才形成了今天的地热地带。这次火山爆发之后使这一地区形成了 7 个火山口。辖区内有从 45 分钟~4 小时的各种徒步远足线路，沿途可以欣赏热气腾腾的煎锅湖（Frying Pan Lake）、泛着神秘乳白色水雾的蓝色的地狱火山湖（Inferno Crater Lake）等奇观。到达终点罗托玛哈纳湖（Lake Rotomahana）约需 1 小时 30 分钟。也可以乘船游览。

地狱火山湖的湖底拥有世界上最大的间歇泉

怀欧塔普地热世界
Wai-O-Tapu Thermal Wonderland
Map p.290-B2

　　怀欧塔普地热世界是保护区内的热水循环系统中规模最大的一个地热活动区域。这里还是新西兰国内色彩最绚烂的地热地带，由于热泉中含有硫黄、酸化铁、砷等化学物质，因此水的颜色也会有相应的变化，分别呈现出淡黄色、红铜色、绿色等变幻多彩的天然色拼。火山坑也有各种名字，例如"恶魔的墨水瓶""彩虹火山坑"等。含有天然苏打丰富气泡水涌出的"香槟池"是这里最大的温泉，另外还有因含有砷而拥有梦幻色彩的"撒旦池"、因矿物质混合而色彩斑斓的"画家调色板池"、名副其实的"新年面纱瀑布"等景点都非常值得一看。
　　距此地 1.5 公里处还有一个人工的间歇泉——诺克斯夫人间歇泉

冒出苏打水的"香槟池"

（Lady Knox Geyser）。每天上午 10:15 人为的向池内投掷肥皂，届时会喷出 10~20 米高的泉水。

天堂谷温泉野生动物园
Map p.290-A1

Paradise Valley Springs Wildlife Park

凶猛的狮子

这里是新西兰的野生动物保护区，你可以观察到栖息在自然林中的鳟鱼、鸟类等野生动物。还可以与绵羊、沙袋鼠、库娜库娜猪等饲养的新西兰特有的动物们亲密接触。每天 14:30 还会向游客展示喂狮子。动物园辖地内还有自古以来毛利人世代喜爱的矿泉水涌出。

罗托鲁阿空中缆车
Map p.290-A1

Skyline Rotorua

欣赏罗托鲁阿周边的风景

乘坐缆车登上 Mt.Nongotaha，然后在观景台上俯瞰整个城市和罗托鲁阿周围的景色。在海拔 487 米的终点区域有一家观景餐馆，可以品尝到"艺术烧烤晚餐"等各种美食。另外，山顶上还有多种户外项目，比如可以观湖景的徒步远足线路、高空秋千（Skyswing）、高空滑索（Zipline）等。

彩虹泉几维鸟野生公园
Map p.290-A1

Rainbow Springs Kiwi Wildlife Park

清澈的池里有许多鳟鱼在游泳

广阔的自然公园——彩虹泉几维鸟野生公园，是新西兰原生动物的宝库。园内有数个清澈透明的泉眼，泉水池中的水清澈透明，可以清晰地看到虹鳟鱼在水中游泳的模样，池边还有许多新西兰固有物种的蕨类植物等。如果参加前往米塔伊毛利村 Mitai（Map p.290-A1）的夜间观光团，还可以看到在色彩斑斓的灯光的照射下梦幻般

天堂谷温泉野生动物园
住 467 Paradise Valley Rd.
电 (07) 348-9667
FAX (07) 349-3359
URL www.paradisev.co.nz
开 8:00~ 日落
（最后入场截止 ~17:00）
休 无
费 成人 NZ$30，儿童 NZ$15
交 从旅游咨询处驶入国道 5 号然后转入 Paradise Valley Rd. 向西行驶 18 公里。也可以参加 Grumpy's Transfers & Tours（→p.298），包含门票费 NZ$58

罗托鲁阿空中缆车
住 185 Fairy Springs Rd.
电 (07) 347-0027
FAX (07) 348-2163
URL www.skyline.co.nz
缆车
运 每天 9:00~20:00
（依季节而变化）
费 成人 NZ$29，儿童 NZ$14.5
滑行
运 9:00~17:00
（依季节而变化）
费 缆车 +1 次滑行 NZ$43
交 距旅游咨询处 i-SITE 约 4.5 公里。可以乘坐 Cityride 的 1 号线路巴士。

滑行项目非常刺激

彩虹泉几维鸟野生公园
住 192 Fairy Springs Rd.
电 (07) 350-0440
FREE 0800-724-626
FAX (07) 350-0441
URL www.rainbowsprings.co.nz
开 夏季
8:30~22:30
冬季
8:30~22:00
休 无
费 成人 NZ$40，儿童 NZ$20
交 距旅游咨询处约 6 公里。可以乘坐 Cityride 的 1 号线路巴士。
彩虹泉 + 米塔伊毛利村
运 夏季 18:30~Late
冬季 17:30~Late
费 成人 NZ$148，儿童 NZ$48
彩虹泉 + 几维鸟保育中心
开 每天 10:00~16:00
（每天整点出发，约需 30 分钟）
休 无
费 成人 NZ$50，儿童 NZ$30

小火车巡游
住 11 Kaponga St.
FREE 0800-724-574
URL railcruilsing.com
举 11:00、13:00 出发
（夏季期间 15:00 也出发）
费 成人 NZ$76、儿童 NZ$38
（根据参加人数有变化）
交 距旅游咨询处 i-SITE 约
20 公里。有从市区接送
的巴士 NZ$25（需要预
约）

偶尔还会有些颠簸，全程都非
常有趣

爱歌顿皇家牧场
住 141 Western Rd.
电 （07）357-1050
FAX （07）357-5307
URL www.agrodome.co.nz
开 每天 8:30~17:00
休 无
交 距旅游咨询处 i-SITE 约
10 公里。也可以乘坐
Cityride 的 1 号线路巴士。
农场秀
举 每天 9:30、11:00、14:30
费 成人 NZ$33.5、儿童 NZ$16.8
农场观光团
举 每天 10:40、12:10、13:30、
15:40
费 成人 NZ$47.3（NZ$65）、
儿童 NZ$23.1（NZ$32）
※（）内是与农场秀的联票
价格
冷泉保护区森林公园
住 Hamurana Rd.
URL hamurana-springs.co.nz
交 距旅游咨询处 i-SITE 约
17 公里。
地狱之门泥浆浴
住 State Hwy.30、Tikitere
电 （07）345-3151
URL www.hellsgate.co.nz
开 8:30~20:30
（各设施不同）
休 无
费 成人 NZ$35、儿童 NZ$17.5
**地狱之门泥浆浴门票 + 泥
浆浴 + 温泉浴**
费 成人 NZ$90、儿童 NZ$45
单间泥浆浴 + 温泉浴
费 成人 NZ$105、儿童 NZ$55
（附赠毛巾）
交 距旅游咨询处 i-SITE 约 16
公里。预约水疗可提供免
费的接送服务。

的泉水池。

公园的辖地内还有几维鸟保育中心（Kiwi Encounter），参加导览团
可以参观这里。

小火车巡游 Map p.290-A1
Rail Cruising

利用废弃线路改建而成的有特色的游览项目。从罗托鲁阿的近郊一
处叫作马马库村（Mamaku）的地方出发，往返约 19 公里，乘坐可同时
承载 4 人的混合动力小火车安全地行驶。车窗外是田园风光，深受铁道
控们的喜爱。

爱歌顿皇家牧场 Map p.290-A1
Agrodome

位于罗托鲁阿湖西岸的
牧场，辖地广阔，牧场内有
绵羊秀等各种体验项目。绵
羊秀是绵羊们陆续登上舞台，
然后由牧场的工作人员表演
剪羊毛的活动（约需 1 小时）。
还可以报名参加给小羊喂奶、
挤牛奶等各种体验活动。牧
场还有牧场观光团，可以参
观游览牧场。另外，还有俯冲（Swoop）NZ$49、极限自由落体（Freefall
Xtreme）NZ$49 等个性的体验项目。

有色含能产出温暖羊毛的美利奴羊在内，共 19 种羊

冷泉保护区森林公园 Map p.290-A1
Hamurana Springs Recreation Reserve

如果有车这里还是非常值得一去的，从市区开车大约需要 20 分钟。
公园位于罗托鲁阿湖的北侧，辖地内有非常丰富的泉水涌出，池水的透
明度极高。原本这里是毛利人的私有土地，后来有 DOC 自然保护局接
手，并且修建了简易的游步道。从停车场出发经过一座小桥后便可以进
入到园内，共有 3 条游步道可供游客选择。推荐沿着红杉树林徒步的线
路，全程约需 20 分钟。在四周都是高 50 米的红杉树之间穿梭，伴着潺
潺的泉水声，顿时有一种置身世外桃源、人间仙境的感觉。

地狱之门泥浆浴 Map p.290-A2
Hells Gate Mud Spa

在大约有 20 万平方米的广阔
地热地带区域，分布着不少类似
"恶魔温泉"这样比较活跃的沸腾
泥泉。游客们可以沿着专门的徒步
线路参观这些温泉（约需 1 小时）。

辖区内的温泉设施，过去是
毛利人专门给受伤的战士疗伤的地
方。园内还有利用天然矿泥制成的
泥浆浴和硫黄温泉。如果有时间不妨体验一下手感丝滑的泥浆浴。可以
租借泳衣。

富含矿物质的泥温泉

罗托鲁阿的
游览项目

在罗托鲁阿有许多可以接触毛利文化的机会，绝对不容错过的是观赏毛利表演秀。另外，以罗托鲁阿湖、地热地带为背景舞台的各种游览飞行项目、游船观光项目等户外体验项目也是种类繁多。最有新西兰观光特色的农产游也非常值得推荐。

汤加里罗国家公园、陶波 1 日游

可以在当地经验丰富的导游的带领下游览位于罗托鲁阿近郊的陶波（→ p.311）和世界遗产汤加里罗国家公园（→ p.322）。可以在国家公园参加面向初级徒步远足爱好者的远足线路，大约 1 小时，全程可以学习关于大自然的许多知识。1 日游附赠汤加里罗城堡酒店（→ p.328）的午餐。全程约需 9 小时。

DATA **Link New Zealand Tours**
☎ （07）348-9956
举 全年　票 成人 NZ$270，儿童 NZ$135
CC MV

罗托鲁阿半日游

在当地导游的带领下，从蒂普亚、爱歌顿皇家牧场、彩虹泉、红杉树森林公园等常规景点中挑选 3~4 个进行游览。所需时间 4 小时。另外还有各种能量景点（→ p.304）和怀欧塔普、陶波等的团体游项目。

DATA **Japan Tourist Services**
☎ （07）346-2021　📱 （021）211-9551　**URL** rotoruaguidejp.com
E-mail rotoruainfojts@gmail.com　举 全年
票 成人 NZ$185，儿童 NZ$120　**CC** 不可

地热地带名胜观光

这条旅游线路所需时间 8 小时，是游览罗托鲁阿各大名胜的一日游项目。可以游览怀欧塔普、怀芒古、市政公园、蓝湖，甚至还可以在塔拉韦拉湖的观景台、帝怀罗阿埋没村、红杉树森林等地散步。另外还有鸟类观察游和毛利文化学习游等团体游项目。

DATA **Nature Connections**
☎ （07）347-1705　**URL** www.natureconnections.co.nz
举 全年　票 成人 NZ$240，儿童 NZ$120
CC MV

《指环王》拍摄地巡游

一边听导游讲解一边游览距离罗托鲁阿约 54 公里的玛塔玛塔 Matamata 镇（→ p.281）的牧场。可以体验剪羊毛、给动物们喂饲料等具有新西兰特色的牧场之旅。半日游是 8:15 和 13:15 每天出发 2 团。上车地点位于罗托鲁阿市中心的霍比特电影周边商店（Map p.292-C2）。

DATA **Hobbiton Movie Set Tours**
☎ （07）888-1505　**FAX**（07）888-1507　**URL** www.hobbitontours.com
举 全年　票 成人 NZ$114，儿童 NZ$74.5
CC MV

水陆两用车 Duck 导览团

乘坐水陆两用车游览观光的团体游项目。环罗托鲁阿湖游览只有从市政公园（→ p.294）穿出，之后游览蓝湖和奥卡莱卡湖，所需时间约 1 小时 30 分钟。夏季是每天出发 3 团，冬季只有上午和下午 2 团。

DATA **Rotorua Duck Tours**
☎ （07）345-6522　**FAX**（07）345-6527
URL rotoruaducktours.co.nz
举 全年
票 成人 NZ$68，儿童 NZ$38
CC MV

罗托鲁阿的
动感体验

身处罗托鲁阿的大自然中，不亲身体验一下这里的户外项目是很遗憾的！郊外的主要景点几乎都可以参加户外项目，不妨在观光游览的同时参加一下户外运动的项目。

漂流

罗托鲁阿地区漂流运动盛行，其中最受欢迎的是凯图纳河（Kaituna River）漂流。这条漂流线路有从 7 米高的瀑布落下的惊险体验，沿途还有多处小瀑布和 10 多处浅滩，河两岸的植被茂盛，河流走向富有变化，是一条非常有乐趣的漂流线路。包含事前培训，所需时间约 3 小时。需要携带游泳衣和毛巾。另外，还有皮划艇。

DATA **Kaituna Cascades**
☎（07）345-4199　FREE 0800-524-8862
URL kaitunacascades.co.nz　举 全年　费 凯图纳河 NZ$89
CC MV

钓鱼

在罗托鲁阿周边地区盛行鳟鱼溪钓。在技术娴熟的陪钓的带领下，造访罗托鲁阿、陶波周围的钓鱼景点，享受溪钓和湖钓带来的乐趣。除了乘坐四驱车前往，还可以选择乘坐直升机前往垂钓地点。费用包含租借钓具、午餐、钓鱼资格证，一共是 NZ$25。

DATA **Rotorua Trout Safaris**
☎（07）362-0016　URL www.wildtrout.co.nz
举 全年　费 溪钓 1 天 NZ$875
CC MV

空中滑翔

以生态旅游为主题的一项户外运动。主要用安全带将乘客固定在滑轨车上，然后通过绑在粗大树木之间的绳索，穿梭于罗托鲁阿的原始森林之中。10 人以下的团体可以配备专门的导游，即便是初学者也可以放心参加。一边俯瞰脚下宽广的森林，一边滑行的感觉真是爽快至极。所需时间约 3 小时。

DATA **Rotorua Canopy Tours**
☎（07）343-1001　FREE 0800-226-679
URL canopytours.co.nz　举 全年　费 成人 NZ$139，儿童 NZ$95
CC MV

太空球

起源于新西兰的一种新式极限运动太空球 Zorb，是一项人钻入一个巨大的球中通过斜坡的坡度翻滚而下的运动。共有两种形式，一种是需要穿着游泳衣进入巨大的球体内在水中行走，还有一种是将人用安全带固定于球内回旋翻滚前行。如果你想寻求刺激，这项运动是不二的选择。

Zorb Rotorua
（→ p.300 爱歌顿皇家牧场内）
DATA ☎（07）357-5100　FREE 0800-227-474
URL zorb.com/world　举 全年
费 各 NZ$39~
CC MV

水上漂移

身着防水服、雨鞋、救生衣、安全帽，然后将上半身趴在一块塑料制的滑板上乘着溪流而下的极限运动。有教练协助，即便是没有经验的人也可以参加。有接送服务。需要自带游泳衣和毛巾。

Kaitiaki Adventures
DATA ☎（07）357-2236　FREE 0800-338-736
URL www.kaitiaki.co.nz
举 全年
费 凯纳河 NZ$95
CC DMV

四驱车越野

自行驾驶四驱车穿越森林中的越野道路。沿途时而是激烈的上下坡颠簸路况，时而需要穿过狭窄的道路，时而又需要涉水，相当刺激。没有驾照的乘客可以乘坐导游驾驶的车辆，享受同样的刺激感。

OFF ROAD NZ
DATA ☎（07）332-5748
URL www.offroadnz.co.nz
举 全年
费 NZ$97
CC DMV

商店
Shopping

在毛利文化根深蒂固的罗托鲁阿，由毛利人亲手制作的手工木雕、翡翠雕刻、骨雕等工艺品是最受游客欢迎的伴手礼。另外，绵延周边产品和使用温泉矿泥（火山泥）等制成的护肤品也是不错的选择。

山玉
Mountain Jade   伴手礼

◆ 主要出售使用产自新西兰的青玉（nephrite）和硬玉（jadeite），在店内工坊加工而成的首饰。首饰的设计中融入了毛利的传统设计，吊坠、戒指、摆件等品种丰富。另外，还有使用鲍鱼壳制成的项链 NZ$30~也可以亲自参加工坊的体验制作活动，亲手制作独创的作品。

市中心   Map p.292-C2

住 1288 Fenton St.
☎ （07）349-1828
FAX （07）349-3128
URL www.mountainjade.co.nz
营 9:00~18:00
休 无
CC ADJMV

罗托鲁阿奥提尔礼品店
Aotea Gifts Rotorua   伴手礼

◆ 主营限定品牌"AVOCA"的基础化妆品、营养品，另外还有具有毛利民族特色的产品等各色商品。使用罗托鲁阿温泉泥制成的香皂、面膜等当地产的护肤品深受游客的喜爱，最适合当作伴手礼。店内有可以讲中文的店员。夜间也会营业十分方便。

市中心   Map p.292-C2

住 Cnr.Hinemaru St. & Eruera St.
☎ （07）349-2010
FAX （07）349-4030
URL www.aoteanz.com
营 9:30~22:00
休 无
CC ADJMV

吉利贝糖果店
Jelly Belly Shop   糖果

◆ 位于登山缆车终点站的一家吉利贝糖果店。一整面墙大约有 100 种五颜六色的吉利贝糖，均是由果汁和蜜蜡制成的。糖豆是 10g NZ$1，200g NZ$14。另外，使用 17000 个糖豆拼成蒙娜丽莎肖像和使用 25000 个糖豆拼成的格拉维奇船长的全身像非常值得一看。

郊外   Map p.290-A1

住 185 Fairy Springs Rd.Skyline Rotorua 内
☎ （07）347-0027
URL www.skyline.co.nz/rotorua/jelly-bean-store-rotorua
营 9:00~17:00
休 无
CC MV

AJ's 杂货铺
AJ's Emporium   杂货

◆ 这是一家名副其实的杂货铺，有文具用品、厨具用品等日杂用品，还有化装舞会用品、钓具、户外用品、手工艺品等。商品摆放自由，非常有趣，有种淘宝贝的感觉。既可以深入了解当地人的生活，又能挑选几件有特点的伴手礼。

市中心   Map p.292-C1

住 1264 Hinemoa St.
☎ （07）350-2476
营 周一～周五 8:30~17:00，周六 9:00~16:00，周日 10:00~14:00
休 无
CC MV

伯蒂格商店
Portico   杂货

◆ 这是一家杂货商店。在售的商品种类繁多，其中新西兰地图、古董品、艺术海报、化妆品、山羊香皂 NZ$6 等都是热销商品。当地艺术品有木制工艺品、首饰（胸针 NZ$25、耳环 NZ$35、项链 NZ$35~）、羊毛艺术品 NZ$59~ 等店主亲选商品。

市中心   Map p.292-B1

住 1155 Pukuatua St.
☎ （07）347-8169
URL porticogallery.co.nz
营 周一～周五 8:30~17:00，周六 9:00~17:00
休 周日
CC MV

与众不同
Simply Different　　　　　　　杂货

◆ 除了新西兰当地的产品之外，还从欧洲等地、世界各国收集而来的魅力商品。有许多高品位的商品，例如厨具用品、手工陶艺品、客厅杂货、蜡烛、手工皂、首饰、围巾等。店内还为客人提供礼品包装服务。

市中心　　　　　　　　　Map p.292-B1
住 1199 Tutanekai St.
℡/FAX （07）347-0960
营 5～9月 周一～周五 9:00～17:00，周六 10:00～15:00，周日 10:30～14:30；10月～次年4月 周一～周三、周五 9:00～17:30，周四 8:30～19:00，周六 9:30～15:30，周日 10:30～14:30
休 无
CC ADJMV

奥海因姆图毛利人手工艺品
Ohinemutu Maori Handcrafts　　艺术品

◆ 位于面朝罗托鲁阿湖的奥海因姆图毛利村（→ p.293）中的一家小型工坊兼伴手礼商店。手工雕刻的艺术品大部分都出自第三代毛利雕刻师托尼先生之手，在店内创作时的模样可以参观（工作日10:00～15:00）。另外，也有价格实惠的适合作为伴手礼的项链、钥匙链等商品。

市中心　　　　　　　　　Map p.292-A1
住 Mataiwhea St.
℡ （07）350-3378
E-mail tkapua@clear.net.nz
营 夏季 9:00～17:00，冬季 9:00～16:00
休 无
CC MV

奥基夫钓鱼者商店
O'Keefe's Anglers Depot　　户外用品

◆ 如果想要在罗托鲁阿周边钓鱼的话一定要来这家店看看。除了出售钓具，这里还可以提供修理钓具、垂钓向导、发行钓鱼许可证等服务，另外还会举办钓鱼培训班等活动。即便是初学者来这里光顾也是非常欢迎的。钓具均带有保修1年以上的保修证书，个别商品还可以享受9折优惠。

市中心　　　　　　　　　Map p.292-C1・2
住 1113 Eruera St.
℡ （07）346-0178
URL www.okeefesfishing.co.nz
营 周一～周四 8:30～17:00，周五 8:30～17:30，周六 9:00～14:00，周日 9:00～13:00
休 周日
CC ADMV

加德满都
Kathmandu　　　　　　　户外用品

◆ 在新西兰国内拥有40多家店铺的户外用品专卖店。店内非常宽敞，所售商品从帐篷、睡袋等户外专用的器具到休闲服饰、针织服饰等多种多样，另外耐寒性能极好的美利奴材质的毛衣等种类也很齐全。每年会有数次打折活动。

市中心　　　　　　　　　Map p.292-C1
住 1266 Tutanekai St.
℡ （07）349-2534
URL www.kathmandu.co.nz
营 周一～周五 9:00～17:30，周六 9:00～17:00，周日 10:00～16:00
休 无
CC AMV

Column　罗托鲁阿是新西兰最棒的"能量景点"！

蒂普亚的间歇泉

罗托鲁阿是新西兰原住民毛利文化世代相传的神圣土地，也是拥有众多间歇泉的地热地带，还是可以能切身感受大自然神奇力量的地方。以罗托鲁阿湖为首，近郊散布着许多湖泊、瀑布、密林等可以治愈心灵的景点，有不少人说这里是"能量景点"。另外也有不少评论称这里是"土地波动较高的场所"，大多数的团体游项目都是围绕"能量景点"的主题而进行的。

想要感受这片土地活跃的地热现象以及大地的能量，还要你身临其境地体会。

餐馆
Restaurant

　　餐馆和咖啡馆大都集中在市中心地区，图塔内凯街周边居多。因为是旅游胜地，因此这里除了可以品尝到新西兰著名的牛羊肉类菜肴之外，还有来自欧洲、亚洲、中东地区的各种菜式。

安布罗西亚餐馆
Ambrosia　　　　　新西兰菜

◆店内的整体色调是白色的，墙壁上有绘画装点，给人的感觉非常时尚舒服。在这里你可以品尝到使用应季食材烹制而成的新西兰菜肴。意式大虾与牡蛎粥的价格是NZ$18，午餐的主菜价格是NZ$20左右。晚餐在NZ$40上下。吧台处还有吧空间，可以慢慢品酒。周日有NZ$12的午餐食谱。

市中心　　　　　Map p.292-B1
住 Lake End 1096 Tutanekai St.
☎ （07）348-3985
FAX （07）348-3986
URL www.ambrosiarotorua.co.nz
営 11:30~Late
休 无
CC ADMV

克拉夫特餐馆
Craft Bar & Kitchen　　　新西兰菜

◆位于图塔内凯街上的一家休闲餐馆。招牌菜是石头烧烤类菜肴，价格为NZ$23.9~37.9，所谓石头烧烤就是将喜欢的海鲜、牛羊肉等食材放在加热后的石头上慢慢烤制的菜肴，这种吃法深受当地人的喜爱。葡萄酒和海鲜全部都是新西兰原产的。鱼和薯条的价格是NZ$21.9。

市中心　　　　　Map p.292-B1
住 1115 Tutanekai St.
☎ （07）347-2700
URL www.cbkrotorua.co.nz
営 9:00~Late
休 无
CC AMV

奥拉基峰餐馆
Aorangi Peak　　　　　新西兰菜

◆位于农奥塔哈山 Ngongotaha 半山腰上的一家景观餐馆，可以一边享受美食一边将罗托鲁阿城的景色尽收眼底。菜谱上有麦卢卡蜂蜜香草鸭肉NZ$42，带骨羊排NZ$45等。从市中心驱车到这里需要15分钟。

郊外　　　　　Map p.290-A1
住 353 Mountain Rd.
☎ （07）347-0036
FAX （07）346-0571
URL aorangipeak.co.nz
営 10:00~15:00、18:00~22:00（晚餐需要预约）
休 无　　CC ADJMV

马克美食红酒餐馆
Mac's Food & Wine　　　牛排

◆获得过众多美食大奖的人气餐馆。拒绝使用冻肉，对于菜肴的品质管理非常细腻，无论是哪一款肉类菜肴都非常美味。菜肴的价格根据季节而变化，新西兰产的牛眼肉大约是NZ$30.5。午餐的价格是NZ$8~16，晚餐是NZ$40左右。除了肉类菜肴之外还有海鲜类，葡萄酒的种类也很丰富。

市中心　　　　　Map p.292-B1
住 1110 Tutanekai St.
☎ （07）347-9270
URL macsfoodandwine.co.nz
営 11:30~14:00、17:30~Late
休 无
CC ADJMV

西乔意大利咖啡屋
Ciccio Italion Cafe　　　意大利菜

◆这是一家休闲餐馆位于芬顿街，外观呈大红色，十分醒目。使用在新西兰比较常见的一种叫作 Kumara 马铃薯制成的薯饼等，午餐菜肴价格都是NZ$15.9。晚餐的预算大约在NZ$25~。适合搭配菜肴的意大利和新西兰产葡萄酒的种类也很丰富，单杯葡萄酒的价格是NZ$7.5~。

市中心　　　　　Map p.292-C2
住 1262 Fenton St.
☎ （07）348-1828
URL www.ciccio.co.nz
営 周二～周四、周日 11:30~14:30、17:00~21:00，周五、周六 11:30~14:30、17:00~21:30
休 周一
CC MV

印度之星餐馆
Indian Star　　　　　印度菜

◆ 这家餐馆是当地相当有人气的餐馆，因此也获得了许多美食大奖，如果你想吃正宗的印度菜这里是不二的选择。而且这里不仅菜肴的味道好，服务也是备受好评的。咖喱的食谱有 40 种以上，价格是 NZ$13.5~26.9。如果你不知道该挑选哪些菜肴，套餐也是不错的选择。可以根据顾客个人喜好调节菜肴的辣度。外卖优惠 15%。

市中心　　　　　Map p.292-B1

住 1118 Tutanekai St.
☎（07）343-6222
URL www.indianstar.co.nz
營 11:00~14:00，17:00~Late
休 无
CC ADJMV

泰国餐馆
The Thai Restaurant　　　泰国菜

◆ 想要吃正宗的泰国菜，这家餐馆是不错的选择。店内的装饰非常有特点，色彩艳丽的阳伞和纸质饰品显得很有格调。人气的秘密在于菜肴的甜辣度，酸辣口味的冬荫功汤价格是 NZ$13.5，味道柔和的绿咖喱价格是 NZ$23.5。午餐价格是 NZ$13.5~17.5。可以外卖。

市中心　　　　　Map p.292-B1

住 1141 Tutanekai St.
☎（07）348-6677
URL thethairestaurant.co.nz
營 12:00~14:30，17:00~Late
休 无
CC ADJMV

起亚欧拉日本料理店
Kia Ora Japan　　　　日本料理

◆ 店主曾经在日本箱根的日本料理店担任大厨 13 年，有相当高的厨艺，菜肴的味道备受好评。菜量十足的午餐寿司套餐价格是 NZ$10，拥有众多当地的粉丝。晚餐套餐有前菜、锅仔料理、油炸料理、寿司、甜品等价格是 NZ$48。来这里就餐你一定会非常满意的。

市中心　　　　　Map p.292-B1

住 1139 Tutanekai St.
☎FAX（07）346-0792
營 周二 ~ 周六 12:00~14:30，17:30~21:30
休 周日、周一
CC AJMV

大和餐馆
Yamato Japanese Restaurant　日本料理

◆ 到了晚上会亮起红色的提灯，非常有范儿。店内分为吧台座席和餐桌座席，非常典型的日式装修。菜单上的菜肴种类繁多，有从近郊的鱼市购入的新鲜鱼类捏制成的寿司价格是 NZ$5~，此外还有刺身、盖饭、乌冬面等。午餐餐盒可以挑选 4 种菜肴，价格是 NZ$17，非常受欢迎。

市中心　　　　　Map p.292-B2

住 1123 Pukuatua St.
☎（07）348-1938
營 周二 ~ 周日 12:00~14:00，18:00~21:00L.O.
休 周一
CC ADJMV

Column　周四晚上的夜市

当你不知道选什么餐馆的时候，不妨去夜市看看。每周四的晚上，在图塔内凯街（→ Map p.292-B1）的一角处有夜市，届时会有许多露天店铺出摊，有馅饼、肉菜、甜品、点心等。除了可以喜欢吃的每样都吃点以外，还有出售水果、蔬菜、手工皂、食品、手工艺品的摊位，边走边吃，同时寻找自己喜欢的商品是旅途中一件非常开心的事情。

另外，罗托鲁阿地区各地每周六日都会有集市开市。周六早上的库伊劳公园（→ p.293）有慈善早市，周日的早上在村庄绿地（→ Map p.292-A1）上也会举办集市，无论哪里的集市都会非常热闹。

深受当地人喜爱的集市

艺术咖啡馆
The Art Café　　　　咖啡馆

◆位于 i-SITE 旁的一家经济实惠的咖啡馆，老板约翰是马来西亚人，非常友善。店内装饰的艺术作品都是有标价的，喜欢的话可以购买。各种汉堡的价格是 NZ$14.9，鸡肉咖喱的价格是 NZ$14.9 等，都很受欢迎。也可以把这里当成网吧来使用，每 30 分钟 NZ$2。

住 1195 Fenton St.
电 （07）348-3288
营 8:00～16:00
休 无
CC MV

雷姆咖啡馆
Lime　　　　咖啡馆

◆店内色调明快，白与黑的家具摆设非常统一而且时尚。获得过"Best Café"的大奖，午餐时间和周末客人较多。所有商品都是手工制作的，非常考究。蛋糕橱窗里整齐排列的手工蛋糕价格是 NZ$4.5~5.5，早午餐的食谱到 15:30 都可以下单，价格是 NZ$14.5~19。

住 Cnr.Fenton St. & Whakaue St.
电 （07）350-2033
营 7:30～16:30
休 无
CC AMV

金星烘焙房
Gold Star Bakery　　　　馅饼店

◆荣获"Pie Award"金奖的店铺，也是罗托鲁阿最受欢迎的烘焙房。常设 30 多种馅饼，店内香气袭人，非常能唤起人的食欲。获奖的馅饼是鸡蛋火腿馅饼，价格 NZ$4.4，水果甜橙咖喱馅饼 NZ$4.9，此外制作毛利菜肴必不可少的甘薯和猪肉馅饼等特殊种类的馅饼也有出售。三明治的种类也很丰富。临近闭店时间所剩的种类会变少。

住 1114 Haupapa St.
电 （07）347-9919
营 周一～周五 7:00～15:30，周六 8:30～14:00
休 周日
CC MV

琼斯夫人冰激凌店
Lady Janes Ice Cream Parlour　　　　冰激凌

◆店内的冰激凌共有 45 种以上的口味，包含蜂蜜和奇异果口味、费约果口味、蜂蜜太妃糖香草冰激凌等。还可以选择纸杯装或者玉米华夫饼装等，价格是 NZ$5.7~6.7。奶昔的价格是 NZ$6～，单球价格是 NZ$3～。在店外还可以租借自行车，每天 NZ$35。

住 1092 Tutanekai St.
电 （07）347-9340
营 10 月～次年 3 月 10:00～22:00，4～9 月 10:00～17:00
休 无
CC MV

猪与口哨
Pig & Whistle　　　　夜店

◆利用建于 1940 年的旧警察局的古典建筑改建而成的城市酒吧。有精酿啤酒"Swine Lager"等国内外的各种酒类。啤酒 500ml 的价格是 NZ$9～。来上一杯芳醇的艾尔黑啤，搭配刚刚出炉的脆皮烤猪排 NZ$25.7，绝对是最佳的组合。周五～周六的晚间有乐队现场表演。

住 Cnr.Haupapa St. & Tutanekai St.
电 （07）347-3025
FAX （07）347-3028
URL www.pigandwhistle.co.nz
营 11:30～ Late
休 无
CC ADMV

布鲁啤酒吧
Brew　　　　夜店

◆主营以当地的精酿啤酒"Croucher Pilsner"为首的，来自新西兰各地的精酿啤酒。试饮套餐包含 4 种口味的小杯装啤酒，价格是 NZ$18。另外，比萨、牛排等主食的种类也很丰富，店内焙煎的咖啡和甜品的味道也是备受好评。

住 1103 Tutanekai St.
电 （07）346-0976
URL www.brewpub.co.nz
营 周一～周五 11:00~Late，周六、周日 9:00~Late
休 无
CC AMV

市中心分布着不少旅馆，芬顿街向南延伸至华卡雷瓦雷瓦地热地带沿途汽车旅馆比较集中。罗托鲁阿有特色的住宿设施比较多，例如湖景房、可以观看毛利表演秀的大型酒店、带有温泉和BBQ的酒店等。

罗托鲁阿千禧酒店
Millenium Hotel Rotorua 高级酒店

◆位于罗托鲁阿湖畔，波利尼西亚温泉附近。可以看到湖景的房间价格较高。酒店内有餐馆、酒吧等，此外SPA、健身房中心等设施也比较完备。餐馆会定期举行毛利音乐会，自助晚餐也很丰盛。

市中心　Map p.292-C2
- 住 1270 Hinemaru St.
- ☎ （07）347-1234
- FAX （07）348-1234
- URL www.millenniumhotels.co.com
- 费 S D T NZ$110~
- 房间数 227　CC ADJMV

罗托鲁阿卓越酒店 & 会议中心
Distinction Rotorua Hotel & Conference Centre 高级酒店

◆品质上乘能给人留下深刻印象的四星级酒店。距离华卡雷瓦雷瓦地热地带较近，幽静私密，可以悠闲地享受假期。有些客房带有阳台。酒店内有可以享受下午茶的餐馆和烧烤酒吧等餐饮设施，还有定期的毛利晚餐秀。

郊区　Map p.292-D2 外
- 住 390 Fenton St.
- ☎ （07）349-5200
- FREE 0800-654-789
- FAX （07）349-5201
- URL www.distinctionhotelsrotorua.co.nz
- 费 S D T NZ$160~
- 房间数 133　CC ADMV

罗托鲁阿瓦伊奥拉度假酒店
Waiora Lakeside Spa Resort 高级酒店

◆距离市中心驱车仅需7分钟，位于罗托鲁阿湖畔一处附带水疗温泉的度假酒店。专业的水疗馆和餐馆设施比较齐全，你可以在这里享受轻松悠闲的假期生活。另外还有接送到地狱之门泥浆浴、附带门票等组合的住宿套餐。

郊区　Map p.291-A1
- 住 77 Robinson Ave.
- ☎ （07）343-5100
- FAX （07）343-5150
- URL waiorаresort.co.nz
- 费 D T NZ$189~
- 房间数 30
- CC AMV

罗托鲁阿湖畔诺富特酒店
Novotel Rotorua Lakeside 中档酒店

◆位于战争纪念公园旁的一家近现代的酒店。酒店的正前方就是罗托鲁阿湖，距离游船码头也比较近。另外，紧邻图塔内凯街，外出就餐也非常方便。酒店内SPA、桑拿等设施也比较齐全，晚餐时有毛利表演秀。住宿套餐。

郊区　Map p.292-B1
- 住 Lake End Tutanekai St.
- ☎ （07）346-3888
- FAX （07）347-1888
- URL www.accorhotels.com
- 费 D T NZ$134~
- 房间数 199
- CC ADJMV

罗托鲁阿苏迪马酒店
Sudima Hotel Lake Rotorua 中档酒店

◆距罗托鲁阿湖和波利尼西亚温泉较近的一家环境极好的酒店。徒步可达市中心，十分方便。部分客房面朝湖面而建，从大部分房间都可以欣赏到湖景。酒店的辖地内有温泉涌出，有一个较小的温泉池。餐馆会定期举办毛利音乐会。

市中心　Map p.292-C2
- 住 1000 Eruera St.
- ☎ （07）348-1174
- FREE 0800-783-462
- FAX （07）346-0238
- URL www.sudimahotels.com/lake-rotorua
- 费 S D T NZ$110~
- 房间数 250　CC ADJMV

厨房（所有房间）　厨房（部分房间）　厨房（共用）　吹风机（所有房间）　浴缸（所有房间）　泳池　上网（所有房间/收费）　上网（部分房间/收费）　上网（所有房间/免费）　上网（部分房间/免费）

罗托鲁阿雷吉斯酒店
Rydges Rotorua　　中档酒店

◆ 酒店位于芬顿街沿途，徒步15分钟可达市中心地区。酒店内有餐馆、酒吧、健身房等，位于酒店中央天井的"Atrium Restaurant"非常有人气。共有90间豪华客房，内附SPA和阳台。

市中心　　Map p.292-D2 外
住 272 Fenton St.
☎（07）349-0099
URL www.rydges.com/accommodation/
　　newzealand/rotorua
费 Ⓢ Ⓓ NZ$139~
房间数 135
CC ADMV

罗托鲁阿丽晶精品酒店
Regent of Rotorua　　中档酒店

◆ 徒步数分钟可达市中心地区，交通非常方便。酒店整体色调使用黑白和绿色，十分时尚。餐馆、酒吧、温水游泳池、室内矿物水温水泳池、健身房、按摩室等设施也都比较完善。在这里你可以舒适地度过假期。

市中心　　Map p.292-B1
住 1191 Pukaki St.
☎（07）348-4079
URL regentrotorua.co.nz
费 Ⓢ Ⓓ NZ$225~
房间数 32
CC ADJMV

泰尔美温泉度假酒店
Terume Hot Spring Resort　　汽车旅馆

◆ 店主是一对中国夫妇，但是酒店却是日式温泉酒店风格的，有流水的露天硫黄温泉池，是男女交替裸浴的温泉泳池。推荐在天黑后入浴，届时可以一边看星空一边泡温泉。长期入住者可以打折。

市中心　　Map p.292-D1
住 88 Ranolf St.
☎（07）347-9499
FAX（07）347-9498
URL terumeresort.co.nz
费 Ⓢ NZ$120~，Ⓓ Ⓣ NZ$130~
房间数 12
CC MV

大使温泉汽车旅馆
Ambassador Thermal Motel　　汽车旅馆

◆ 这家汽车旅馆距离罗托鲁阿湖和市中心都可以步行到达。有两个市内矿泉水泳池和室外温水泳池，还有一个室外SPA池，入住期间你可以尽情享受这里的温泉设施。有7间，特别适合团体或者家庭出行的长期入住者。

市中心　　Map p.292-B2
住 Cnr.Whakaur St. & Hinemaru St.
☎（07）347-9581
FREE 0800-479-581
FAX（07）348-5281
URL ambassrotorua.co.nz
费 Ⓢ Ⓓ Ⓣ NZ$120~190
房间数 19　CC MV

罗托鲁阿盖特威国际汽车旅馆
Gateway International Motel　　汽车旅馆

◆ 位于芬顿街沿途，距离购物中心只有100米。客房有标准间、附带SPA浴缸的豪华间和带有SPA池的家庭房，所有客房都带有厨房。可以免费使用住客专用的温泉。。

市中心　　Map p.292-D2
住 263 Fenton St.
☎（07）347-9199
FREE 0800-588-988
FAX（07）347-9198
URL www.gatewayrotorua.co.nz
费 Ⓢ Ⓓ NZ$109~
房间数 15　CC MV

罗托鲁阿最佳旅馆
Best Inn Rotorua　　B&B

◆ 一对夫妇经营的民宿，店主夫妇妻子是日本人，原来是空姐，丈夫是新西兰人。有单间的流水硫黄温泉池，是可以裸浴的日式温泉。住宿需要预约。

市中心　　Map p.292-B2
住 1068 Whakaue St.
☎（07）347-9769
URL bestinnrotorua.wixsite.com/best
费 Ⓢ NZ$110，Ⓓ Ⓣ NZ$135
房间数 5
CC AJMV 支付现金享受10%折扣

特雷斯科暖流绿洲经典酒店
Classic Tresco Thermal Oasis B&B　　B&B

◆位于芬顿街外围的一家僻静的B&B。这里的天然温泉的单间非常值得一提，可以裸浴慢慢享受私密的空间。客房是欧式的装修给人感觉很舒服。早餐有培根、煎蛋等分量很足。

市中心　　　　Map p.292-D1
住 3 Toko St.
☎（07）348-9611
FAX（07）348-9611
URL www.trescorctorua.co.nz
费 ⑤NZ$80，⑩NZ$150~，⑦NZ$150~
房间数 5
CC MV

罗托鲁阿贝斯客栈
Base Rotorua　　青年旅舍

◆距离图塔内凯街仅隔2个街区，位于库伊劳公园附近，是一家深受年轻人喜爱的客栈。有酒吧和BBQ设备，可以跟室友互相交流。客栈内还有罗托鲁阿近郊的景点参观项目和户外体验等项目。在这里入住可以节省旅费。

市中心　　　　Map p.292-B1
住 1286 Arawa St.
☎（07）348-8636
FREE 0800-227-369
URL www.stayatbase.com
费 Dorm NZ$30~，⑤⑩⑦NZ$90~
房间数 160 个床位
CC MV

罗托鲁阿青年旅舍
YHA Rotorua　　青年旅舍

◆客栈内设计很酷，有附带观景台的厨房和宽敞的就餐区域，开放式的空间给人感觉非常舒服。有单人带锁的储物柜、自行车保管处，电视间内还可以免费观看DVD。前台还可以预约户外运动团体游项目。

市中心　　　　Map p.292-B1
住 1278 Haupapa St.
☎（07）349-4038
FAX（07）349-4086
URL www.yha.co.nz/hotels/north-island-
　　hotels/yha-rotorua
费 Dorm NZ$20~，⑩NZ$70~，⑦NZ$70~
房间数 186 个床位　　CC MV

罗托鲁阿市民俱乐部
Rotorua Citizens Club　　青年旅舍

◆这间客栈位于市区和湖区之间，地理位置极好。价格便宜，可以大幅度节约旅费。客栈内感觉整洁。位于客栈一层的酒吧和餐馆当地人也经常光顾，非常热闹。入住期间可以加入NZ俱乐部成为会员，在享受新西兰国内加盟酒店和餐馆的会员折扣（1年内有效）。

市中心　　　　Map p.292-B1
住 1146 Rangiuru St.
☎（07）348-3066
URL www.rotoruacitizensclub.co.nz
CC MV
费 Dorm NZ$35~，⑤⑦Ⓦ NZ$75~
房间数 15 间，多人间 2 间

Column　参观罗托鲁阿高尔夫俱乐部

1906 年开业的罗托鲁阿高尔夫俱乐部，是新西兰国内历史悠久（第三位）的高尔夫球场。果岭的边缘有泥坑、温泉等，还可以经常见到从地面或者水池中有热气冒出，这都是地热地带高尔夫球场的特色。另外，由于受到地热活动影响，球场的地形也在慢慢地发生变化。作为见证高尔夫球场历史的俱乐部咖啡屋，也是鲜为人知的美食名所。手工曲奇的价格是 NZ$1.5，肉汁鲜美的汉堡肉饼是 NZ$6 等，价格也十分实惠。即便是不打球的客人，也可以乘坐高尔夫球车在场内参观游览。长期滞留的客人可以与之协商会员价格，还可以享受高尔夫课程。

Rotorua Golf Club
Map p.292-D2 外
住 399 Fenton St.　☎（07）348-4051
URL rotoruagolfclub.kiwi.nz
费 果岭费 NZ$70，高尔夫球杆租借 NZ$30，高尔夫球车 NZ$45
CC MV

陶波 *Taupo*

夕阳下的陶波湖与鲁阿佩胡山（北岛最高峰）

　　位于北岛中部、面积达 616 平方公里的新西兰最大湖泊——陶波湖（Lake Taupo）东北方的湖岸边，是一座环境幽雅的小镇。陶波湖由是火山爆发形成的淡水湖，在毛利人的传说中，这里被视为北岛的心脏。湖上除了可以进行水上运动，也有很多人垂钓。

　　从陶波至罗托鲁阿是地热地带，分布着许多间歇泉和温泉。位于近郊的怀拉基公园内有地热发电站及养殖场。冬季，会有很多游客前往驾车 1 小时可到的法卡帕帕滑雪场。

陶波 前往方法

　　从奥克兰和惠灵顿均有新西兰航空飞往陶波的直飞航班。从奥克兰起飞的航线 1 天 1~2 个航班，用时约 45 分钟。还有从惠灵顿或基督城起飞、经停其他地方的航班。陶波机场位于陶波以南约 6 公里处，可以乘机场巴士前往市区。

　　开行于奥克兰与惠灵顿之间的 Intercity/Newmans Coach Lines 等长途巴士都经停陶波。从奥克兰每天发 4 班车，用时 4 小时 50 分钟~5 小时 15 分钟。从惠灵顿出发每天也有 4 班车，用时 5 小时 55 分钟~6 小时 20 分钟。巴士始发及到达地点均在旅游服务中心前。

陶波 漫 步

　　旅游咨询处周边就是陶波的中心区域。在主街道东的加里罗街（Tongariro St.）以及与其相交的霍罗马汤基街（Horomatangi St.）、修修街（Heuheu St.）的两边有很多餐馆及商店。如果只游览市中心的话，完全可以徒步，但是绝大部分景点都位于陶波周边地区，所以没有汽车的话，还是会有些不便。住宿设施的话，面对湖水的 Lake Terrace 边有很多汽车旅馆，可以欣赏湖景，不过价格也非常高。想要寻找价格便宜的旅馆，可以去修修街附近。

罗托鲁阿／陶波

人口 3 万 2907 人
URL www.greatlaketaupo.com

航空公司（→ p.489）
新西兰航空

陶波机场
Map p.314-B2
☎（07）378-7771
URL taupoairport.co.nz

机场巴士公司
Great Lake Taxis
☎（07）377-8990
URL www.greatlaketaxis.co.nz

主要巴士公司（→ p.489）
Intercity/Newmans
Coach Lines
旅游咨询处 SITE
Taupo Visitor Centre
Map p.312-B1
🏠 30 Tongariro St.
☎（07）376-0027
FREE 0800-525-382
URL www.greatlaketaupo.com
🕐 8:30~17:00
休 无

陶波服务中心

陶波市内交通
　　开行于市内的 Taupo Connector 巴士有北、中、西三条线路，但车次较少。在陶波周边游览，一定要租车自驾或乘出租车。

Taupo Connector
☎（07）378-2172
💰 成人 NZ$3，儿童 NZ$2.2

陶波博物馆
Taupo Museum

Map p.312-B1

陶波博物馆
🏠 Story Pl.
📞（07）376-0414
🔗 www.taupodc.govt.nz
🕐 10:00~16:30　🚫 无
💰 成人 NZ$5，老人、学生
NZ$3　儿童免费

地热地带的标识

Marae（集会所）的装饰非常精美。里面有展品

介绍城市的历史、鳟鱼养殖业的相关情况以及火山的构造。最吸引人的是有关居住在陶波周边的 Tuwharetoa 族人的展示。展品中有用桃柘罗汉松制造的毛利划艇，重约 1.2 吨，是当地最大的划艇。毛利艺术风格的奥拉花园（Ora Garden）也非常值得一去。

A.C. 温泉浴场
A.C.Baths

Map 312-A2

A.C. 温泉浴场
🏠 26 A.C.Bath Ave
📞（07）376-0350
🔗 www.taupodc.govt.nz
🕐 6:00~21:00　🚫 无
💰 成人 NZ$8，老人 NZ$5，
儿童 NZ$4
🚌 Taupo Connector 中央线周
一~周六 1 天 3~5 个车次

陶波会展中心（Taupo Events Centre）内的大型设施。从市中心驾车约 5 分钟可达。有很大的休闲泳池，还有单间的温泉水池、桑拿浴以及水滑梯（NZ$5）等，可在这里玩一整天。

有很多全家来此游玩的客人

陶波湖游船
Lake Taupo Cruises

Map 312-B1

可以乘坐游船在宽阔的水面上游览。乘船地点在船码头（Map p.312-B1）。最受欢迎的是可观赏到矿山湾（Mine Bay）南端毛利石雕的游船线路。这些石雕只有乘船才能看见。另外，可以在乘船游览的同时享用美食的 Sunday Brunch Scenic Cruise 也很值得推荐。

乘坐游船观光

地热温泉公园
Spa Thermal Park

Map p.312-A2

从温泉路（Spa Rd.）进入 County Ave. 县道后就可到达公园入口。那里有沿怀卡托河而建并一直延伸至胡卡瀑布的步道，单程约 1 公里，一路上可以看到气势恢宏的河流以及断崖等美景。徒步前行 10 分钟左右，便到达一座架在小河上的桥梁。桥下有温泉涌出，可以享受免费的天然温泉，游客非常多。那里没有更衣室，前往时最好事先换好泳衣并尽量不要携带贵重物品。

很多游客专为温泉而来

体力比较好的游客，还可以去走一走从汤加里罗街（Tongariro St.）开始的沿河步道。至陶波蹦极 Taupo Bungy（→ p.318）大概需要 30 分钟。

陶波德布雷特温泉度假村
Taupo Debretts Spa Resort

Map p.314-B2

沿去往内皮尔方向的 5 号国道前行，途中左转可至的一个温泉度假村。沿游客接待处左边的一条坡路下来，可以看到森林中的游泳池及售票处。除了带水滑梯的主泳池外，这里还有温度在 38℃ ～ 42℃各种单间温泉可供选择，来此度假的游客非常多。按摩、治疗的项目很多，建议在这里玩上一整天。

室外温泉泳池

主要游船公司
Chris Jolly Outdoors
☎（07）378-0623
FREE 0800-470-079
URL chrisjolly.co.nz
Scenic Cruise
💰 成人 NZ$44，老人 NZ$38，儿童 NZ$16
Sunday Brunch Scenic Cruise
💰 成人 NZ$62，老人 NZ$56，儿童 NZ$34

停在码头的游艇

享受温泉时的注意事项
泡温泉时，绝不能把脸浸在水中。因为温泉水如果进入鼻腔后可能引起脑膜炎，甚至有致死的危险。另外，还要注意看管好自己的行李。

桥下有温度适中的浴场

陶波德布雷特温泉度假村
🏠 76 Hwy.5
☎（07）377-6502
URL www.taupodebretts.co.nz
🕐 8:30～21:30
休 无
💰 成人 NZ$22，老人、儿童 NZ$11
　 水滑梯 NZ$7
🚌 距离市中心约 4 公里

单间的温泉有不同的温度可供选择。可以锁门，不需要穿泳衣

怀拉基公园
Wairakei Park

可从观景台远眺怀拉基地热发电站

　　从陶波向北沿怀卡托河而下，就是怀拉基公园，那里也是陶波地区著名的景区。除了胡卡瀑布、马拉蒂亚亚急流，作为新西兰著名的地热带，那里还有许多与火山运动有关的景点。1958年开始运转的怀拉基地热发电站（Wairakei Geothermal Power Station）现已成为新西兰主要的地热发电基地。周边景点都分布在一条线路上，因此游览效率很高。非自驾游客可以参加从当地出发的团体游（→ p.319）。怀卡托河沿岸还建有步道。

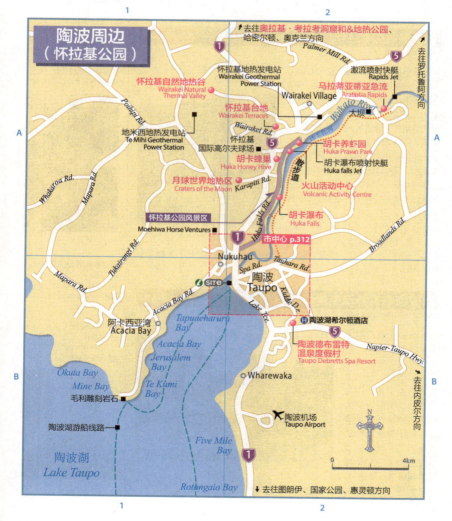

陶波周边
（怀拉基公园）

去往奥拉基·考拉考洞窟和&地热公园、哈密尔顿、奥克兰方向

去往罗托鲁阿方向

Palmer Mill Rd.

激流喷射快艇
Rapids Jet

马拉蒂亚蒂亚急流
Aratiatia Rapids

怀拉基地热发电站
Wairakei Geothermal Power Station

Wairakei Village

怀拉基自然地热谷
Wairakei Natural Thermal Valley

怀拉基台地
Wairakei Terraces

Wairakei Rd.

怀拉基

胡卡养虾园
Huka Prawn Park

胡卡瀑布喷射快艇
Huka falls Jet

地米西地热发电站
Te Mihi Geothermal Power Station

Paihipi Rd.

国际高尔夫球场

胡卡蜂巢
Huka Honey Hive

Whakaroa Rd.

Mapara Rd.

月球世界地热区
Craters of the Moon

Karapiti Rd.

火山活动中心
Volcanic Activity Centre

胡卡瀑布
Huka Falls

Huka Falls Rd.

散步道

Waikato River

大坝

Broadlands Rd.

怀拉基公园风景区
Moehiwa Horse Ventures

市中心 p.312

Tukairangi Rd.

Nukuhau

Spa Rd.

Tauhara Rd.

陶波
Taupo

Mapara Rd.

Acacia Bay Rd.

Lake Terr.

Kidde Dr.

陶波湖希尔顿酒店

阿卡西亚湾
Acacia Bay

Tapuaeharuru Bay

陶波德布雷布特温泉度假村
Taupo Debretts Spa Resort

Napier-Taupo Hwy.

去往内皮尔方向

Acacia Bay

Jerusalem Bay

Wharewaka

Okuta Bay

Mine Bay

Te Kumi Bay

毛利雕刻岩石

陶波湖游船线路

陶波机场
Taupo Airport

Five Mile Bay

陶波湖
Lake Taupo

Rotongaio Bay

去往图朗伊、国家公园、惠灵顿方向

0　　　　4km

胡卡瀑布
Huka Falls

Map p.314-A2

　　胡卡瀑布被称为新西兰游客数量最多的自然景区。胡卡 Huka 一词是毛利语地名 "Huka-nui" 的简称，原意为 "巨大的水花"。瀑布的水源地是陶波湖，清澈的怀卡托河水流过峡谷，变成薄荷蓝色，在瀑布处溅起白色的水花，场面十分壮观。这个瀑布的高度虽然只有十几米，但是水量大的时候，每秒钟会有 22 万升水从此流过，流水的轰鸣声及速度感，让人望而生畏。

胡卡瀑布气势恢宏，不容错过

月球世界地热区
Craters of the Moon

Map p.314-A2

　　这是一片荒凉的地热区，从名字就能让人立即联想起月球上的环形山。可以沿徒步游览线路自由行走，能够观赏到路边从地下喷出的烟雾以及从泥土中涌出的温泉。这里是陶波地热带上地热活动最活跃的地方，有几年前刚刚爆发过的火山口。从停车场出发，漫步游览，1 小时左右就能回来。不能骑自行车游览。

大地上冒出的热气，看上去十分壮观

胡卡蜂巢
Huka Honey Hive

Map p.314-A2

　　出售新西兰产蜂蜜以及使用蜂蜜制造的香皂、面霜等商品。有多种蜂蜜及蜂蜜葡萄酒可供品尝，可以找一找自己喜欢的味道。另外，还可以隔着玻璃参观蜂巢以及通过视频资料来了解蜜蜂的生活习性。在附设的咖啡馆里有着名食品品牌卡皮蒂（Kapiti）的蜂蜜冰激凌。

可以品尝麦卢卡蜂蜜

胡卡瀑布
- URL www.hukafalls.com
- 费 洗手间 50¢
- 交 距离陶波市中心约 4.8 公里。Taupo Connector 北线周一～周五每天从当地的旅游服务中心发两班车。9:40、1:40 发车。归程 10:15、14:15 发车

在桥上观赏瀑布的游客

月球世界地热区
- ☎ 027-496-5131
- URL www.cratersofthemoon.co.nz
- 开 10 月～次年 3 月 8:30~18:00 4-9 月 8:30~17:30
- 休 无
- 费 成人 NZ$8，儿童 NZ$4
- 交 距离陶波市中心约 5 公里。距离胡卡瀑布约 3 公里。徒步单程约 45 分钟

徒步游览时可观赏生长在地热带的植物

胡卡蜂巢
- 住 65 Karetoto Rd.Wairakei Park
- ☎ (07) 374-8553
- URL www.hukahoneyhive.com
- 营 夏季 9:00~17:00 冬季 10:00~17:00
- 休 无
- 交 距离陶波市中心约 5 公里。距离胡卡瀑布约 2 公里，徒步单程约 30 分钟

使用蜂蜜制造的护肤品是这里的主打商品

火山活动中心

火山活动中心

- 🏠 Crn.Karetoto Rd. & Huka Falls Rd.
- ☎ (07) 374-8375
- 📠 (07) 374-8370
- 🌐 www.volcanoes.co.nz
- 🕐 周一～周五 9:00~17:00
  周六、周日、法定节日 10:00~16:00
- 休 无
- 💰 成人 NZ$12, 老人 NZ$10, 儿童 NZ$7
- 🚗 距离陶波市中心约 5.3 公里。距离胡卡瀑布约 2.5 公里。徒步约 35 分钟

火山中心

胡卡养虾园

- 🏠 Karetoto Rd.
- ☎ (07) 374-8474
- 🌐 www.hukaprawnpark.co.nz
- 🕐 夏季 9:00~16:00
  冬季 9:30~16:30
- 休 无

团体游

- 💰 成人 NZ$28, 儿童 NZ$16（包含钓虾）

胡卡养虾园餐馆

- 🕐 夏季 9:00~16:30
  冬季 9:30~15:00
- 休 无
- 🚗 距离陶波市中心约 7 公里。距离胡卡瀑布约 3 公里。徒步约 45 分钟

可以在餐馆品尝到用虾做成的美味

怀拉基台地

- ☎ (07) 378-0913
- 🌐 www.wairakeiterraces.co.nz
- 🕐 8:30~17:00
- 休 无

步道门票

- 💰 成人 NZ$15, 儿童 NZ$9

毛利文化体验

- 💰 成人 NZ$105, 儿童 NZ$52

温泉浴池

- 💰 成人 NZ$25（入浴需 14 岁以上）
- 🚗 距离陶波市中心约 8 公里

火山活动中心
Volcanic Activity Centre

Map p.314-A2

在新西兰北岛，火山活动最为活跃的就是陶波至罗托鲁阿一带。陶波湖是由巨大的火山口积水形成的。该中心通过地震模拟及立体模型等寓教于乐的方法，向游客介绍新西兰火山活动的机理以及地热资源的利用情况。

胡卡养虾园
Huka Prawn Park

Map p.314-A2

养殖场内插着许多伞

设有纪念品店

这里是一个非常奇特的养殖场，利用地热产生的温水来养殖对虾。这种虾原产自马来西亚，但从产卵、饲养到捕捞的全部养殖过程均在这里进行。每天有 4 次为时 25 分钟左右的团体游，游客可以参观养殖场并给幼虾喂食或者体验钓虾。在养殖场内设有餐馆，游客可以一边品尝各种用虾做成的美味，一边欣赏怀卡托河畔的美景。

怀拉基台地
Wairakei Terraces

Map p.314-A2

壮观的阶梯

1886 年塔拉乌伊拉火山（Mt.Tarawera）喷发，当地的台阶地貌消失，之后进行了人工再建。沿着步道游览，可以看到泥温泉、足浴温泉、间歇泉。18:00 开始，有可体验毛利传统文化的团体游（需预约）。参加完 Marae（毛利人的集会所）的入场仪式之后，可以参观再现了从前毛利人生活场景的村落，还可以观看毛利歌舞表演以及品尝当地的特色美食。用时约 3 小时（表演约 40 分钟，观看需预订）。利用地热的健康水疗 Thermal Health Spa，可以让客人享受温泉浴池以及按摩。

怀拉基自然地热谷
Wairakei Natural Thermal Valley

Map p.314-A1

　　木质步道在大自然中向前延伸，走在上面可以近距离地观赏怀拉基地热区的景色。沿着道步行 1 周需要 30 分钟，途中可以看到温泉从地下涌出，把岩石和泥土染成粉色、灰色等奇妙的颜色。每个温泉涌出的地点都有诸如"魔王花园""巫女之釜"的名字。园内个别地方有岩石松动或崩塌的情况，所以未必所有游客都能适应在此徒步游览。应该穿着适合登山的服装。

可近距离观察温泉从地下涌出

奥拉基·考拉考洞窟 & 地热公园
Orakei Korako Cave & Thermal Park

Map p.314-A2 外

岩石上的橘红色与褐色搭配在一起，看上去很美

　　新西兰面积最大的地热地带。奥拉基·考拉考在毛利语中意为"崇敬之地"，可以感受到大自然的神秘及伟大。乘船穿过绿色的湖水进入热气腾腾的地热地带，会被台地的颜色深深吸引。台地由二氧化硅构成，在白色的岩石表面上有橘红色的泥沙流过。泥潭中的热水冒着气泡，白色的台地仿佛冰川，一些洞穴的底部充满了温水，可以游览的景点非常多。园内有木质步道，用 1 小时左右的时间可以游览完。乘船处有露天咖啡馆，可以坐下来欣赏湖景。

马拉蒂亚蒂亚急流
Aratiatia Rapids

Map p.314-A2

　　顺着怀卡托河延伸的怀拉基公园最北端的景点，就是马拉蒂亚蒂亚大坝。每天 10:00、12:00、14:00（夏季还有 16:00）开闸放水，之前水量很少的溪谷，水位会迅速升高，最后变

每秒钟有 90 立方米的水流过

成急流注入怀卡托河。游客到此会被壮丽的景色深深吸引，这里也因此成了人气景点。大部分游客都会选择在大坝顶端的道路上观赏景色，不过也可以沿河边步道徒步 10 分钟左右前往观景台。

怀拉基自然地热谷
- （07）374-8004
- 开 9:00~18:00 左右
- 休 无
- 费 成人 NZ$18，儿童 NZ$12
　　宿营地
　　成人 NZ$16，儿童 NZ$10
- 交 距离陶波市中心约 10 公里

奥拉基·考拉考洞窟 & 地热公园
- 住 494 Orakei Korako Rd.
- （07）378-3131
- URL www.orakeikorako.co.nz
- 开 夏季
　　8:00~16:30
　　冬季
　　8:00~16:00
　　（结束时间均为最后一班游船出发的时间）
- 休 无
- 费 成人 NZ$36，儿童 NZ$15
- 交 距离陶波市中心约 35 公里

由二氧化硅构成的台地看上去仿佛冰川

前往怀拉基公园的步道
　　从市区边缘（从陶波蹦极继续向前）到马拉蒂亚蒂亚大坝，怀卡托河右岸上建有步道，途中顺便游览胡卡瀑布的话，往返需要 4 小时左右。不过，徒步往返是非常辛苦的。在市中心的体育用品店或者酒店租借一辆山地自行车，能让旅途变得轻松很多。但是，山路上有许多角度很大的上下坡，不习惯在山路骑行的游客需要多加注意。可以从旅游咨询处获取游览地图，内容不仅限于怀卡托河沿线，而是覆盖了整个陶波地区。

北岛

陶波

陶波的
动感体验

蹦极

陶波是北岛地区最受欢迎的蹦极胜地。站在 47 米的蹦极跳台上，向绿宝石色的怀卡托河河面一跳而下。因为景色绝佳，参观的游客络绎不绝。参加蹦极的条件是必须在 10 岁以上，体重在 45kg 以上。

Taupo Bungy ☎ (07) 377-1135　FREE 0800-888-408　URL www.taupobungy.co.nz　営 全年
営 夏季 9:30~17:00，冬季 9:30~16:00　休 无　料 单人跳 NZ$169，双人 NZ$338（需要预约）　CC AMV

挑战一杆进洞

将球一杆打入悬于湖中的果岭的项目。如果一杆进洞可以获得 1 万新西兰元的赏金！击打点距离果岭 102 米，1 个球 NZ$1 可以开始挑战，18 个球是 NZ$15，25 个球 NZ$20。打偏了落入湖中的球会有专门的负责人进行回收。

Hole in One Challenge ☎ (07) 378-8117
URL www.holein1.co.nz　営 全年
営 夏季 9:00~24:00，冬季 9:00~ 日落
休 恶劣天气时休业
CC MV

喷射快艇

Hukafalls Jet 公司有乘坐喷射快艇直达胡卡瀑布附近的团体项目。Rapids Jet 公司有在马拉蒂亚蒂亚大坝，乘坐快艇凌驾于以每秒 9 万升的流速开闸泄水的汹涌水面之上的超刺激的体验项目。一边欣赏瀑布、急流等雄伟的景观，一边体验刺激的急转弯，360° 大回旋等快艇的速度感。所需时间 30 分钟。乘坐 1 次过瘾的游客可以追加 NZ$19，再次乘坐一次。

Hukafalls Jet ☎ (07) 374-8572　FREE 0800-485-253　URL www.hukafallsjet.com
営 全年　料 成人 NZ$115，儿童 NZ$69　CC MV
Rapids Jet ☎ (07) 374-8066　FREE 0800-727-437　URL rapidsjet.com
営 全年　料 成人 NZ$105，儿童 NZ$60　CC MV

高空跳伞

新西兰有许多地方都可以体验高空跳伞，其中陶波是著名的跳伞地。从高 3657.6 米和 4572 米的高空落下，飞行时间 40 秒~1 分钟。虽然时间比较短，但是可以从高空俯瞰陶波湖、汤加里罗国家公园雄伟壮丽的自然风光，这也是一件畅快淋漓的事情。跳伞受天气的影响较大，如果行程比较宽裕可以选择。

Taupo Tandem Skydiving ☎ (07) 377-0428　FREE 0800-826-336
URL taupotandemskydiving.com　営 全年
料 3657.6 米 NZ$249　CC MV
Skydive Taupo FREE 0800-586-766
URL www.skydivetaupo.co.nz　営 全年
料 3657.6 米 NZ$249　CC MV

飞钓

陶波周边是有名的鳟鱼溪钓场所，有许多专业的垂钓爱好者和教练可以提供教学服务。溪流两旁的风景也是美不胜收，在这一地区溪钓是非常值得推荐的一项户外运动。陶波周边的飞钓是以汤加里罗河为中心展开的，主要在距离陶波约 50 公里远的图朗伊（Turangi）附近。在陶波钓鱼需要有专门的许可证（→ p.428）。

Mark Aspinall Fly Fishing Guides ☎/FAX (07) 378-4453　URL www.markaspinall.com　営 全年　料 半天 NZ$300，1 天 NZ$650（最多 2 人，CC MV）
Go Fish Taupo Reginoal Guides ☎ (07) 378-9395　📱 027-673-6261
URL www.gofishtaupo.co.nz　営 全年
料 半天 NZ$250~300　CC 不可

乘坐直升机或者水上飞机进行飞行游览

乘坐直升机或者水上飞机等从上空俯瞰怀拉基公园和陶波湖的景色。有 10~30 分钟的短途飞行，也有周游汤加里罗国家公园的 1 小时飞行游览套餐。

Taupo's Floatplane ☎ (07) 378-7500　URL www.tauposfloatplane.co.nz
営 全年（依天气而变化，恶劣天气时停飞）　料 成人 NZ$109~，儿童 NZ$54.5~　CC MV
Inflite Taupo ☎ (07) 377-8805　URL www.inflitecharters.com
営 全年　料 NZ$99~　CC MV

湖畔餐馆
Waterside Restaurant & Bar

◆ 餐馆位置极佳，可以眺望到陶波湖的风景。店内有沙发座席和壁炉，让人有一种如家的感觉。海陆大餐的几个是 NZ$32，意大利面是 NZ$20~，乳酪蛋糕是 NZ$15 等，菜单内容十分丰富。

Map p.312-B1

住 3 Tongariro St.
☎ （07）378-6894
URL www.waterside.co.nz
营 周二～周六 11:30~21:00，
　 周日 10:00~20:00
休 周一　CC AMV

布朗特里餐馆
The Brantry Restaurant

◆ 利用筑龄 60 年以上的塘屋改建而成的餐馆。以新西兰菜为主，有牛肉、羊肉、海鲜等，食材均为新西兰国产，味道备受好评。套餐的价格是 NZ$55~。

Map p.312-B1

住 45 Rifle Range Rd.
☎/FAX （07）378-0484
URL www.thebrantry.co.nz
营 周二～周六 18:00~Late
休 周一、周日
CC AMV

迪克·布朗餐馆
Dixie Brown's

◆ 餐馆位于湖畔。推荐品尝早餐的班尼迪克蛋 NZ$17.9。午餐和晚餐有汉堡包 NZ$18.9、意大利面 NZ$17.9、比萨 NZ$15.9~ 等，还有海鲜类等。最受欢迎的是牛排 NZ$26.9~39.9。

Map p.312-B1

住 38 Roberts St.
☎ （07）378-8444
URL www.dixiebrowns.co.nz
营 6:00~22:00
休 无
CC AMV

吃饱乐咖啡馆
Replete Café

◆ 位于 Heuheu St 上的一家非常可爱的咖啡馆。食谱以意大利面和三明治为主。早餐的价格是 NZ$7~19.5，午餐是 NZ$8.5~17.5。店内同时设有出售厨房杂货的商店。

Map p.312-B1

住 45 Heuheu St.
☎ （07）377-3011　FAX （07）378-7896
URL replete.co.nz
营 周一～周五 8:00~17:00，周六、周日 8:00~16:00
休 无　CC ADMV

陶波的

短途旅行

参加游览怀拉基公园的团体游

　　由天堂旅行社提供的游览陶波湖、陶波体育馆、胡卡瀑布、月球世界地热区、胡卡蜂巢、马拉蒂亚蒂亚急流等地的团体游项目，用时大约 3 小时 30 分钟，可以节省时间更高效率地观光。每天 10:00 出发。可以从游客住宿的地方接送非常方便。另外，导游理查德先生曾经是地道的陶波人，还曾担任陶波当地的消防员。他不仅熟悉适合拍照留念的景点，还熟知陶波周边的信息，被评价为最详细的导游。行程还可以根据要求更改，具体事宜可以在预约的时候提出要求。

Paradise Tours
☎ （07）378-9955　📱 027-490-4944
URL www.paradisetours.co.nz　营 全年
费 陶波周边游　成人 NZ$99，儿童 NZ$45　CC MV

球场运动酒吧
Pitch Sportsbar

◆ 这是一家宽敞的运动酒吧。还可以给橄榄球赛和赛马等运动下注。新西兰国产啤酒共有 15 种。肉眼牛排的价格是 350g NZ$28，鱼和薯条的价格是 NZ$28。周六的晚间有现场音乐表演。

Map p.312-B1

住 38-40 Tuwharetoa St.
☎ （07）378-3552
營 周一～周六 10:00~Late，
周日 11:00~Late
休 无
CC MV

勺子＆船桨餐馆
Spoon & Paddle

◆ 2015 年 10 月新开业的餐馆。菜肴的食材都选用有机食材，还专门提供不含麦麸的菜肴等。早餐是 NZ$14~，午餐是 NZ$12~，简餐的种类比较丰富。店内装修是纯木质风格，非常温馨。坐在露台座席就餐也是一个不错的选择，在植被茂盛的树林的环绕下十分惬意。

Map p.312-B1

住 101 Heuheu St.
☎ （07）378-9664
營 周一～周六 8:00~16:00，
周日 8:00~15:00
休 无
CC MV

住宿
Accommodation

陶波湖希尔顿酒店
Hilton Lake Taupo

◆ 距离机场仅有 15 分钟车程，去市中心的交通也比较方便，还可以望见陶波湖和汤加里罗山的风景。酒店分为建于 19 世纪的 Heritage Wing 和 Mountain Wing，酒店内还设有一流的餐馆 "Bistro Lago Restaurant"。

Map p.314-B2

住 80-100 Napier Rd.
☎ （07）378-7080
URL www.3.hilton.com
费 ⒟⒯ NZ$189~
CC ADJMV

阿斯科特汽车旅馆
Ascot Motor Inn

◆ 虽然地处闲静的住宅街区，但徒步至市中心仅需 7 分钟，还有接送服务。客房非常宽敞，附带浴缸的房间较多。早餐的价格是 NZ$6.5~。

Map p.312-B1

住 70 Rifle Range Rd.
☎ （07）377-2474
FREE 0800-800-670
FAX （07）377-2475
URL www.ascotattaupo.co.nz
费 ⒮⒟⒯ NZ$118~
房间数 15　CC ADJMV

陶波奥克斯汽车旅馆
Tui Oaks Motor Inn

◆ 旅馆直面陶波湖，徒步至城区也比较方便。有半数以上的客房可以望见湖景。早餐是 NZ$12~16。有 BBQ 设备。

Map p.312-B1

住 84-86 Lake Tce.
☎ （07）378-8305
FREE 0800-884-6257
FAX （07）378-8335
URL www.tuioaks.co.nz
费 ⒮ NZ$125~170，⒟⒯ NZ$150~
房间数 18
CC ADJMV

厨房（所有房间）　厨房（部分房间）　厨房（共用）　吹风机（所有房间）　浴缸（所有房间）
泳池　上网（所有房间/收费）　上网（部分房间/收费）　上网（所有房间/免费）　上网（部分房间/免费）

陶波湖畔温泉水疗汽车旅馆
Lakefront MotorLodge Thermal Spa

Map p.312-B2

◆距离市中心徒步约需 15 分钟。旅馆是由日本人经营的。有温泉水引入，旅馆内有温泉池和私汤温泉，带有按摩浴缸的客房较多。可以带宠物入住。

住 Cnr.Lake Tce. & Teharepa Rd.
☎ （07）378-9020
FREE 0800-331-166
FAX （07）378-9021
URL www.lakefrontmotorlodge.co.nz
费 ⑤ⓄⓉ NZ$130~340
房间数 17
CC AJMV

盖布尔湖畔汽车旅馆
Gables Lakefront Motel

Map p.312-B1

◆建于陶波湖畔的时尚汽车旅馆。客房从单人间至三人间，房型比较齐全，房间带有厨房是这里的特色。适合家庭和团体在此入住。有些客房还带有露天温泉。

住 130 Lake Tce.
☎ （07）378-8030
URL www.gableslakefrontmotel.co.nz
费 ⑤ NZ$180~，ⒹⓉ NZ$200~
房间数 15
CC MV

陶波阿德菲汽车旅馆
Adelphi Motel

Map p.312-B1

◆位于 Heuheu St. 的一家温馨的汽车旅馆。客房宽敞，整洁舒适。距离市中心徒步仅需 5 分钟，地理位置极好，价格却很实惠。可以同时入住 6 人的双大床房，特别适合家庭旅行使用。所有客房都带有吹风机。

住 41 Kaimanawa St.
☎ （07）378-7594
FREE 0800-233-574
URL www.adelphitaupo.co.nz
费 ⒹⓉ NZ$100~135
房间数 10
CC DMV

陶波梯金旅馆
Tiki Lodge

Map p.312-B1

◆是一家设备齐全干净整洁的背包客旅馆。有共用厨房，可以望见陶波湖和鲁阿佩胡火山的景色。旅馆提供免费的红茶和咖啡。双人间带有浴室。还有水疗池。

住 104 Tuwharetoa St.
☎ （07）377-4545
FAX （07）377-4585
URL www.tikilodge.co.nz
费 Dorm NZ$25~，Ⓓ NZ$70~
房间数 14
CC MV

芬恩国际背包客旅馆
Finn's Glboal Backpackers

Map p.312-B1

◆1 层是爱尔兰酒吧，2 层是接待处。房型有多人间、家庭间等各种。有投币式洗衣房、BBQ 设备等。可以免费使用网络 20 分钟，周末时酒吧有现场音乐表演。

住 8 Tuwharetoa St.
☎ （07）377-0044
FAX （07）378-7493
URL www.finnsglobal.com
费 Dorm NZ$21~，⑤ NZ$50~，
ⒹⓉ NZ$65~
房间数 90 个床位
CC ADMV

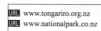
汤加里罗国家公园

URL www.tongariro.org.nz
URL www.nationalpark.co.nz

The Sacred Tuku

DOC 汤加里罗国家公园游客中心内的毛利首长半身像

主要巴士公司（→ p.489）
城际长途巴士 / 纽曼长途巴士
Intercity/Newmans Coach Lines

铁路公司（→ p.489）
几维铁路

去往法卡帕帕村的巴士
Naked Bus
☎ (09) 9176-1616
URL nakedbus.com
图朗伊～法卡帕帕村
费 单程 NZ$14.99~
陶波～法卡帕帕村
费 单程 NZ$15.99~
Roam Aotearoa Ltd.
☎ 027-514-4661
FREE 0800-762-612
URL www.roam.net.nz
国家公园车站～法卡帕帕村
费 单程 NZ$20，往返 NZ$30，
需要预订
Alpine Hot Bus
FREE 0508-468-287
URL www.nzonline.org.nz/
nzo/business/alpine-hot-bus-
tongariro-crossing-transport-
service-taupo-shuttle
陶波～法卡帕帕村
费 NZ$60~（2 人以上～）

**汤加里罗高山步道的巴士
（→ p.325）**

汤加里罗国家公园
Tongariro National Park

汤加里罗国家公园里的三大火山。从左往右，分别为汤加里罗火山、瑙鲁霍伊火山、鲁阿佩胡火山

位于北岛中部的山地国家公园汤加里罗，成立于 1887 年，是新西兰最早的国家公园，每年有约 100 万名游客到访。公园内耸立着北岛最高峰鲁阿佩胡火山 Mt.Ruapehu（海拔 2797 米）、瑙鲁霍伊火山 Mt.Ngauruhoe（海拔 2291 米）、汤加里罗火山 Mt.Tongariro（海拔 1967 米）。这些山峰自古以来就被毛利人视为圣地，毛利酋长霍洛努克·蒂修修·图基诺四世（Horonuku Te Heuheu Tukino Ⅳ）为了防止欧洲殖民者对这里进行无度的开发，便决定把土地无偿交给国家管理。现在，加上原毛利人土地的周边区域，国家公园的面积已经超过 7 万公顷。汤加里罗国家公园被联合国教科文组织列为世界遗产，正是因为这里具有很高的历史文化价值以及有因火山活动形成的稀有自然景观。

因为这里火山活动非常活跃，所以没有森林覆盖，而火山口和火山湖却很多，形成了独特的景观。可以欣赏这里美丽风光的汤加里罗高山步道（→ p.325）是新西兰著名的观光线路。另外，这里独特的火山景观看上去非常荒凉，因此成为了电影《指环王》《霍比特人》的外景点。

公园主峰鲁阿佩胡火山上有法卡帕帕（Whakapapa）与图罗阿（Turoa）两大滑雪场，所以这里也是一个滑雪胜地。

汤加里罗国家公园 前往方法

可以把位于汤加里罗国家公园中心的法卡帕帕村（Whakapapa Village）作为此旅游的基地。鲁阿佩胡火山耸立于眼前，周围有多条徒步游览线路。当然，也可以把国家公园车站（National Park Station）附近、图朗伊（Turangi）、陶波（→ p.311）当成游览时的基地。法卡帕帕村距离陶波约 100 公里，距离图朗伊约 56 公里，距国家公园车站约 15 公里。

从奥克兰或惠灵顿乘巴士前往的话，需要在图朗伊换乘。乘坐从奥克兰发车的 Intercity/Newmans Coach Lines 的巴士可以去往图朗伊，每

天 3 班，用时约 5 小时 55 分钟。从惠灵顿出发的话，每天有 4 班车，用时 5 小时 10 分钟~5 小时 35 分钟。从陶波出发，每天有 4 班车，用时 40~50 分钟。

乘坐火车的话，可以从奥克兰乘几维铁路公司的北方探险家号列车，在国家公园车站（National Park Station）下车，周一、周四、周六各有 1 个车次。从惠灵顿出发的话，周二、周五、周日各有 1 个车次（→ p.464）。国家公园车站有开往汤加里罗高山步道的巴士。

查询汤加里罗国家公园内休息小屋的相关信息

2012 年汤加里罗火山喷发后，汤加里罗高山步道（→ p.325）上的凯泰塔希 Ketetahi 小屋便不能住宿了。游览线路仍然开放，不过应事先了解最新的相关信息。

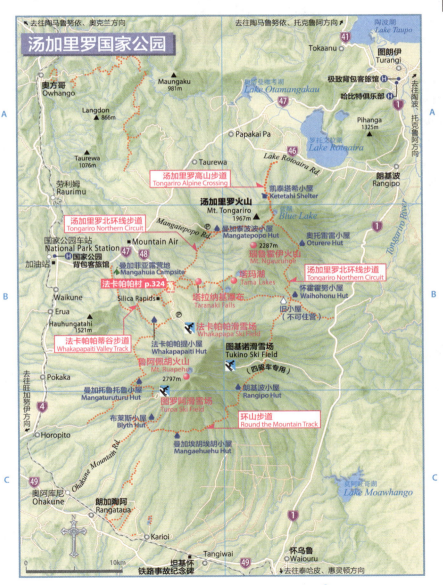

Tongariro National Park Visitor Centre

Map p.324

☎（07）892-3729

URL www.doc.gort.nz/tongarir ovisitorcentre

🕐 5~10 月中旬
8:30~16:30
10 月中旬~次年 4 月
8:00~17:00

休 无

可以观看讲述火山的形成以及当地历史的视觉秀（NZ$3~）。

法卡帕帕村的商店

法卡帕帕假日公园商店

Whakapapa Holiday Park Store

Map p.324

住 State Hwy.48，Whakapapa Village

☎（07）892-3897

URL whakapapa.net.nz

🕐 8:00~18:00

休 无

CC MV

法卡帕帕唯一的商店。有水、饮料、方便食品以及零食。关门时间较早，如需购物，应提早前往。

汤加里罗国家公园 漫 步

首先应前往游客中心

游览此地的基地是法卡帕帕村。那里有 DOC 汤加里罗国家公园游客中心以及若干的住宿设施。进入从公园西侧的 47 号国道分出的 48 号国道，沿位于山脚的漫长上坡路前行，见到的第一个标志物是汤加里罗城堡酒店 Chateau Tongariro Hotel （→ p.328）。继续沿坡路向上就是 DOC 汤加里罗国家公园游客中心。因为是山地国家公园，所以主要的户外运动是徒步游览。游客中心有各种公园内徒步及登山的相关信息。旅游手册的内容详尽，从入门级的徒步线路到需要花几天时间才能完成的公园一周线路都有介绍，并且配有地图，可在游客中心获取。游客中心内还有整个公园的立体模型以及地图，可以多看一看来加深对当地地形的印象。另外，游客中心也提供住宿信息并出售休息小屋的使用券及保暖物品。

汤加里罗城堡酒店的背后耸立着鲁阿佩胡火山

村子位于海拔 1157 米的地方，所以即使在夏季也需要卫衣、夹克等保暖服装。

在法卡帕帕村可以吃饭的地方，只有游客中心外的咖啡馆、汤加里罗城堡酒店内的餐馆、斯格特尔阿尔卑斯山度假酒店 Skotel Alpine Resort（→ p.328）内的餐馆，酒店内的餐馆价格会高一些。在法卡帕帕假日公园商店可以买到日用品、食材以及三明治等简单餐食。

从村子向山上前行 6 公里左右，就是法卡帕帕滑雪场（→ p.327），在滑雪季节有接送的巴士运行。冬季（7~10 月）的汤加里罗国家公园，滑雪的游客非常多，特别是在周末，最好提前预订酒店。

法卡帕帕村

去往国道47号方向

Whakapapanui Stream

酒吧

城堡高尔夫球场
Chateau Golf Course

Bruce Rd.

H 汤加里罗城堡酒店

斯格特尔阿尔卑斯山度假酒店 H

去往塔玛湖、塔拉纳基瀑布方向

去往泰波波小屋方向

P

48 DOC 汤加里罗国家公园游客中心

法卡帕帕村奴伊步道
Whakapapanui Walk

法卡帕帕假日公园

法卡帕帕假日公园商店 S

去往 Silica Rapids、法卡帕帕蒂谷步道方向

山脊步道
Ridge Track

法卡帕帕自然步道
Whakapapa Nature Walk

Bruce Rd.

N

0 200m

去往法卡帕帕滑雪场方向

汤加里罗高山步道

Map p.323-A-B2

Tongariro Alpine Crossing

从曼加泰波波（Mangatepopo）小屋出发沿汤加里罗高山步道前行

作为可当日往返的徒步游览线路非常有人气，每年有来自新西兰国内及海外的8万多名游客慕名前来体验这条汤加里罗高山步道。在夏季（10月～次年5月）周末，最多时1天有500~600名游客在此徒步游览。该线路为单向线路，风景会随着海拔高度的变化而变化，可以观赏到不同风格的景观是这里受到游客青睐的原因。

前往汤加里罗高山步道

夏季很多为接送徒步游览游客而开行的当日往返巴士，乘坐起来十分方便。巴士从法卡帕帕村、国家公园车站附近、图朗伊、陶波的住宿设施把游客送至位于曼加泰波波小屋（Mangatepopo Hut）附近的步道入口处，然后在终点处的凯泰塔希小屋（Ketetahi Hut）旁的停车场有同一巴士公司的巴士等候游客到达。

无论从何地出发，巴士的发车时间都在早晨。尤其是从陶波出发的巴士，发车时间为5:00~7:00。法卡帕帕村的发车时间为6:00~9:00。返程发车时间各巴士公司规定不一，但基本上在15:00~17:00，一定要赶在返程巴士发车前到达线路终点的停车场。

如果中途决定终止徒步游览，可以用手机打电话请求巴士到线路入口处的停车场迎接。在终点会清点人数，确认所有游客是否均已上车，如果无法按集合时间赶到终点，应尽早打电话联系工作人员或者请来时同乘一辆巴士的游客把自己的情况转告给工作人员。乘坐巴士，需至少提前一天预订。

汤加里罗高山步道是一条单向行走的山地徒步线路，所以即使在夏季也要带上足够的登山装备。而且那里天气多变，应准备好可应付各种天气情况的服装（有关出发前的准备→p.418）。

另外，天气状况不佳时，最好不要勉强前行，应及时停止徒步游览。除了极端恶劣的天气，巴士都会按时运行，所以如果担心天气状况的话，可以在前一天到游客中心询问。

汤加里罗高山步道的行程

全程约17公里。从曼加泰波波的停车场出发后，步道向河边的草地延伸。可以清楚地看见位于右前方的瑙鲁霍伊火山。在接近河流源头的地方开始出现坡度很大的上坡路，走过岩石较多的崎岖道路，便可去往南火山口（South Crater）。要登瑙鲁霍伊火山的话，从这里走右侧道路。

走过平坦的南火山口，又是一段坡度很大的上坡路，可通往喷出热气的红火山口（Red Crater）。走到坡路尽头，来到红火山口（Red Crater），视野会变得非常开阔。这里有通往汤加里罗山顶的岔路（往返

汤加里罗高山步道
URL www.tongarirocrossing.org.nz

去往汤加里罗高山步道（曼加泰波波）的巴士
Tongariro Expeditions
TEL (07) 377-0435
FREE (0800) 828-763
URL www.thetongariroexpeditions.com
巴士 往返
从凯泰塔希停车场出发 NZ$30
从图朗伊出发 NZ$45
从陶波出发 NZ$65
Turangi Alpine Shuttles
从凯泰塔希停车场出发 NZ$30
从曼加泰波波出发 NZ$30
从图朗伊出发 NZ$45

携带物品清单
①充足的食物、饮用水
②雨衣
③冲锋衣
④已穿习惯的登山鞋
⑤羊毛或化纤质地的卫衣
⑥羊毛质地的帽子
⑦手套
⑧防晒霜
⑨简单的急救用品
⑩地图、指南针
⑪手机
※冬季还需准备冰镐、鞋底钉、登山用鞋套等物品

谨防车上物品被盗
不仅是汤加里罗国家公园，在新西兰，只要是人烟稀少的地方，都会经常发生针对汽车的盗窃案件。为了防止出现意外，应尽量避免在曼加泰波波、凯泰塔希的停车场长时间停车。如果不得不停车的话，则一定不要将贵重物品放在车上。

徒步游览的旺季
通常，10月～次年5月是最佳季节，但其实全年都可走，冬季有团体游。不过，需要注意的是，冬季气温会降到0℃以下，还可能遇到强风暴雪，如果不是装备精良且有丰富户外运动经验的游客，不建议前往。

如何使用休息小屋

汤加里罗高山步道上建有曼加泰波波小屋与凯泰塔希小屋。在旅游旺季住宿一晚需 NZ$32，其他时候每晚 NZ$15。可以在 DOC 游客中心的网站上预订。夏季（10月下旬~次年4月）可使用燃气炉。床的分配不按预订的先后顺序，而是按到达的先后。凯泰塔希小屋因受到火山爆发的影响，也许无法住宿，请事先确认。

仿佛月球一般的景观

其他线路

这里将介绍两条距离长且游客相对较多的线路，需要在休息小屋住宿，花几天时间走完。可在游客中心获取有关线路的游览手册和通行证。

汤加里罗北环线步道
Tongariro Northern Circuit
Map p.323-B1·2

为 DOC 游客中心选定的优良线路之一。线路环绕瑙鲁霍伊火山。沿途经过曼加泰波波、怀霍霍努、奥图里里、曼加泰波波的休息小屋，3~4日可走完一周。

环山步道
Round the Mountain Track
Map p.323-C1

绕鲁阿佩胡火山一周的线路。4~6天可走完。

塔玛湖
Tama Lakes
Map p.323-B2

环绕鲁阿佩胡火山与瑙鲁霍伊火山之间两个火山湖的线路，往返约17公里。5~6小时可走完往返路程。

站在山顶俯瞰美丽的翡翠湖

约2小时）。之后的道路向着中央火山口（Central Crater）延伸并变成较缓的下坡路。走在路上可以看到脚下的翡翠湖（Emerald Lake）。走下坡路后回头仰望，红火山口和瑙鲁霍伊火山的雄姿，构成了火山地带独特的风景。这时，向回走一段，就能看见该地区最大的火山湖——蓝湖（Blue Lake）。这里的湖是最主要的景点。

之后沿着一个急坡向下，经过凯泰塔希小屋，随着海拔高度的下降，风景也开始变得有绿色了。走过凯泰塔希·斯普林斯 Ketetahi Springs（虽然是一处温泉，但因是私有土地，所以游客不能进入），再翻过一段陡峭的坡路就可到达终点。

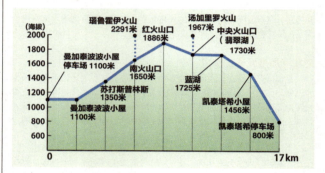

攀登瑙鲁霍伊火山 | Map p.323-B2
Mt.Ngauruhoe Climb

据推测，瑙鲁霍伊火山形成于 2500 万年前，是汤加里罗国家公园内三座主要山峰中最年轻的一座。山的形态呈圆锥形。可以在走完汤加里罗高山步道后登上这座山峰，站在海拔 2291 米的山顶上，可以看到北侧的蓝湖、南侧山脚下的塔玛湖及鲁阿佩胡火山，还有西侧较远处的塔拉纳基山。从南火山口出发，往返需 3 小时左右。山坡上布满沙砾及岩石，非常不便于行走。要注意的是，一路上没有任何线路标识。还要留意滚石。从曼加泰波波出发并登上瑙鲁霍伊火山，往返大约需要 7 小时。不过，乘坐巴士前往该地会比较浪费时间，应选择自驾或者在曼加泰波波小屋住上一晚。从法卡帕帕村出发，无法徒步当日往返。

攀登鲁阿佩胡火山 | Map p.323-B1
Mt.Ruapehu Climb

鲁阿佩胡火山海拔 2797 米。先后乘坐两部缆车可到达海拔 2020 米处，如果天气晴朗，能够看到非常壮丽的景色。登顶的话，需从缆车的终点继续向上攀爬。往返需 5 小时左右。一定要带上防寒装备食物、以及地图。全程基本都是岩石、沙砾密布的地带，很难找到前进的标识，因此登顶线路只适合体力好且有足够登山经验的登山者。还有导游带领的登山项目，初级登山者可以参加。

在鲁阿佩胡火山的山顶，可以看到山下巨大的火山口，让人觉得仿佛已经离开地球

山上有 1995 年、1996 年火山爆发时流下的泥浆。山顶有直径近 1 公里的巨大火山口，让人感觉仿佛来到了月球。

从法卡帕帕村出发的徒步游览 Map p.323、324
Whakapapa Walks

法卡帕帕自然步道
Whakapapa Nature Walk（1 周约 15 分钟）

位于游客中心后面，道路经过铺装，轮椅可通过。线路旁还有很多有关植物及生态系统的知识牌。

山脊步道 Ridge Track（往返 30~40 分钟）

起点位于游客中心上面 150 米处的山坡上，对面有商店。步道穿行于林中，距离很短，但是能看到鲁阿佩胡火山和瑙鲁霍伊火山的全貌。

塔拉纳基瀑布 Taranaki Falls（1 周约 2 小时）

很受欢迎的一条线路，最终可到达顺着 15000 年前鲁阿佩胡火山爆发而形成的熔岩通道落下的瀑布。尤其是在雨后，瀑布水量增大，气势恢宏。从法卡帕帕村出发，有两条步道，在瀑布附近会合。靠山一侧的线路"Upper Track"主要沿草原地带延伸，山下线路"Lower Track"沿溪流延伸，十分清净。

落差达 20 米的塔拉纳基瀑布

法卡帕帕滑雪场 Map p.323-B1
Whakapapa Ski Field

鲁阿佩胡火山东北坡上的滑雪场。在新西兰的滑雪场中，滑道面积可排在前列，海拔落差高达 675 米。有适合初级、中级滑雪者的平缓滑道，因此也很受家庭游客的欢迎。种类各异的滑道多达 65 条。在滑雪季节，法卡帕帕村与滑雪场之间会开行 Mountain Shuttle 的接送巴士。

可到达鲁阿佩胡火山中段的缆车
Summer Scenic Chairlift
FREE 0508-782-734
URL www.mtruapehu.com/summer/chairlift-rides
運 12 月中旬~次年 4 月下旬
9:00~16:00
（最后一次发车 15:30）
費 往返成人 NZ$30，老人 NZ$15，儿童 NZ$17
从法卡帕帕村沿公路向上前行 6 公里便可到达缆车乘坐处。

在导游带领下攀登鲁阿佩胡火山
Guided Crater Lake Hike
囿（07）782-734
URL www.mtruapehu.com/summer/crater-lake-walk
費 成人 NZ$99，儿童 NZ$75
有在导游带领下登上鲁阿佩胡火山山顶的项目。需要预订。

法卡帕帕蒂谷步道
Whakapapaiti Valley Track
Map p.323-B1
从法卡帕帕谷经过法卡帕帕河、法卡帕帕小屋到达法卡帕帕村的线路。往返需 4~5 小时。

徒步游览的注意事项
左边正文所述的线路均为穿普通运动鞋即可完成的简单线路。但是，如果是距离较长的线路，则需要准备好防寒装备、饮用水及食品。出发前不要忘记去 DOC 汤加里罗国家公园游客中心询问一下天气及线路的情况。有关村子周边的线路介绍，可以在 DOC 游客中心的网站上看到。

法卡帕帕滑雪场
囿（07）892-4000
URL www.mtruapehu.com/winter/whakapapa
運 6 月下旬~10 月中旬的 9:00~16:00（根据天气情况而定）
費 缆车一日通票
成人 NZ$95，儿童 NZ$57
半日通票
成人 NZ$70，儿童 NZ$42

图罗阿滑雪场
TEL（06）385-8456
URL www.mtruapehu.com/
Winter/turoa
圏 6月下旬~10月中旬的9:00~
16:00（视天气情况而定）
費 缆车一日通票
成人 NZ$95，儿童 NZ$57
半日通票
成人 NZ$70，儿童 NZ$42

图罗阿滑雪场
Turoa Ski Field

Map p.323-C1

图罗阿滑雪场位于鲁阿佩胡火山的西南坡。宽达 2 公里的滑道是这个滑雪场的最大特点。在大洋洲，这里是滑道长度最长的滑雪场，雪质也属最佳。另外，站在滑道的顶部向下看，可以看到美丽的风景，仰望鲁阿佩胡火山，山峰的轮廓线构成了美丽的图画。附近可以住宿的城镇是距离滑雪场约 18 公里的奥阿库尼（Ohakune）。

图罗阿滑雪场。鲁阿佩胡火山的景色十分美丽

住 宿
Accommodation

汤加里罗城堡酒店
Chateau Tongariro Hotel

◆创业于 1929 年的历史悠久的高档度假酒店。酒店背靠雄伟的鲁阿佩胡火山，拥有蓝色的屋顶外观非常漂亮。除了有餐馆和酒吧等基础设施之外，还有高尔夫球场、游泳池等。

法卡帕帕村　　　　　　Map p.324
住 State Hwy.48，Mt.Ruapehu
TEL（07）892-3809　FREE 0800-242-832
FAX（07）892-3704
URL www.chateau.co.nz
費 S D NZ$205~　房间数 115
CC ADJMV

斯格特尔阿尔卑斯山度假酒店
Skotel Alpine Resort

◆除了酒店楼之外，还有背包客旅馆式的另一个楼。酒店的部分房间带有浴室。有共用厨房、淋浴房等，打扫得非常干净。退房当天也可以免费使用淋浴设施。酒店内还设有餐馆和酒吧。

法卡帕帕村　　　　　　Map p.324
住 Whakapapa Village，Mt.Ruapehu
TEL（07）892-3719　FREE 0800-756-835
URL www.skotel.co.nz
費 酒店楼 S T NZ$140~，旅馆 Dorm
NZ$60~，D NZ$100~，Cabin NZ$225
房间数 46 间，37 张床　CC AJMV

法卡帕帕假日公园
Whakapapa Holiday Park

◆有帐篷区、小木屋区、联排木屋区。投币式洗衣房、BBQ 等设施也比较完备。没有床单、地垫等物品，需要自行携带，但如果预约的时候提出了申请可以免费为你准备。辖地内设有法卡帕帕假日公园商店（→p.324）。

法卡帕帕村　　　　　　Map p.324
住 Whakapapa Village，Mt.Ruapefu
TEL（07）892-3897　FAX（07）892-3026
URL whakapapa.net.nz
費 Camp NZ$21~，Lodge NZ$28~，
Cabin D T NZ$76~，Unit NZ$99~
房间数 Lodge 32 个床位，Cabin 6　Unit 1
CC MV

国家公园背包客旅馆
National Park Backpackers

◆旅馆内设有一个小型的商店，对于入住的背包客来说非常方便。隔壁还有酒吧和餐馆。大部分房间都带有淋浴房和厕所，攀岩墙（NZ$15）非住客也可以使用。还可以办理巴士和团体游的预约。

国家公园车站周边　　　Map p.323-B1
住 4 Findly St.National Park
TEL/FAX（07）892-2870
URL www.npbp.co.nz
費 Dorm NZ$26，S D T NZ$62~，
Camp NZ$15（只限夏季）
房间数 28　CC MV

厨房（所有房间）　厨房（部分房间）　厨房（共用）　吹风机（所有房间）　浴缸（所有房间）
泳池　上网（所有房间/收费）　上网（部分房间/收费）　上网（所有房间/免费）　上网（部分房间/免费）

哈比特俱乐部
Club Habitat

◆ 距离图朗伊的旅游咨询处 i-SITE 徒步仅需 5 分钟。有多种房型，虽然很质朴但是很干净整洁。有共用的浴室。入住 Unit 的客人有专用的厨房。

图朗伊　　　　　　　　Map p.323-A2

住 25 Ohuanga Rd.Turangi
☎（07）386-7492　FAX（07）386-0106
URL www.clubhabitat.co.nz
费 Dorm NZ$25～，⑤NZ$33～，Unit NZ$125～
房间数 38　CC AMV

极致背包客旅馆
Extreme Backpackers

◆ 共用活动区非常宽敞，有暖炉和电视，在中庭院子里还可以 BBQ 和吊床。提供穿越汤加里罗阿尔卑斯山的巴士（NZ$45）服务，冬季有导游带领的徒步观光团。可以租借登山设备。

图朗伊　　　　　　　　Map p.323-A2

住 26 Ngawaka Pl.Turangi
☎（07）386-8949　FAX（07）386-8946
URL extremebackpackers.co.nz
费 Dorm NZ$26～，⑤NZ$50～，ⒹⓉNZ$64～
房间数 52 个床位　CC MV

Column　　## 新西兰的火山带

贯穿北岛的陶波火山带

　　新西兰的北岛与南岛，湖的形状存在差异。北岛上多为由火山喷发形成的圆形湖，与此相对，南岛上的湖是由冰川侵蚀而成的，因此形状比较复杂。把北岛最大（也是新西兰全境最大）的陶波湖与南岛最大的蒂阿瑙湖进行一下对比，就能很清楚地看出这种差异。

　　位于汤加里罗国家公园东北约 50 公里处的陶波湖，是公元 186 年的火山大爆发所形成的。那次火山爆发被认为是地球上最大规模的火山爆发，同时代的古代罗马及古代中国的历史文献中都有"白天天色变暗，太阳变成异样红色"的记载，说明火山爆发的影响之大。

　　圆形的湖是因火山而形成，所以在北岛也能见到许多火山。这是因为新西兰处在太平洋板块与澳大利亚板块相重合的位置，所以在板块交界处的北岛上才出现了许多火山。尤其是包括汤加里罗国家公园在内的北岛中部，至今仍是火山活动非常活跃的地区，被称为陶波火山带。

　　该火山带从汤加里罗国家公园内的鲁阿佩胡火山、瑙鲁霍伊火山、汤加里罗火山这三座活火山开始，经过陶波、罗托鲁阿，再到 1886 年曾发生大爆发的塔拉乌伊拉火山，最终到达普伦蒂湾中的白岛。鲁阿佩胡火山在 1995 年、1996 年及 2007 年曾喷发过。2012 年，汤加里罗火山也曾喷发，火山活动现在仍很活跃。

地热利用与火山灾害

　　陶波与罗托鲁阿有火山带特有的风景，而且在地热利用方面也非常有名。温泉资源也得到了积极的开发，吸引了不少游客。另外，陶波的怀拉基地热发电站也广为人知。利用地热产生的蒸汽驱动涡轮发电机来发电的地热发电，其发电量可以满足新西兰 5% 的电力消耗。

　　但是，火山在给人类提供了资源的同时也给人类带来了灾害。罗托鲁阿近郊的塔拉乌伊拉火山，在 1886 年大爆发时，将 8000 公顷的土地埋于熔岩与火山灰之下，并且夺走了 153 人的生命。

　　另外，1953 年的平安夜，发生了新西兰历史上最为惨重的铁路事故。在汤加里罗附近的汤基怀，火山喷发时的泥沙溢出形成泥石流，将铁路桥冲垮。不幸的是，几分钟后正好从大桥通过的列车坠入了谷底，151 人在事故中丧生。事故原因是 1945 年鲁阿佩胡火山喷发时形成的火山湖崩溃，导致大量的火山灰、岩石及冰块随着湖水流出。

在北岛能见到的火山活动痕迹

　　在北岛随处都能见到火山活动留下的痕迹。例如，位于新普利茅斯近郊的圆锥形山峰塔拉纳基山（又名埃格蒙特山），据推测就是因两万年前的火山活动而形成的。最近一次喷发发生在 1775 年。

　　汤加里罗国家公园东北约 200 公里处的普伦蒂湾中，有一座名为白岛（White Island）的岛屿，至今仍有白烟喷出。位于法卡塔尼（Whakatane）外海岸约 50 公里处的这座岛屿为私人所有，但是有乘坐直升机或游艇登岛的团体游以及乘飞机在天空观看火山口的团体游。除此之外，奥克兰市区也分布着 60 多个规模较小的火山口遗迹（著名的有伊甸山、一树山等），首都惠灵顿的海湾其实也是巨大火山口的遗迹。总之新西兰的北岛，随处都能见到火山对当地环境造成的影响。

主要巴士公司（→p.489）
Intercity Northliner
Express
URL www.intercity.co.nz
※ 预订及咨询请联系 Intercity

定期开往北部地区的巴士非常
便捷

在北部地区游览

如果选择乘坐巴士在北部地区游览，可从奥克兰出发，经旺阿雷，沿东海岸线北上，在派希亚或凯塔亚参加去往远北地区的团体游。返回时，可以选择沿西海岸线南下，也可以仍走东海岸线。还有很多住宿 1~3 晚的团体游可以游览岛屿湾地区，如果觉得乘坐游轮游玩半日即可，则也可以选择当天往返的团体游。

从奥克兰出发并到达的团体游
Bay of Islands Two Day

7:30 从奥克兰出发，第一天经由旺阿雷游览《怀唐伊条约》签约地和拉塞尔，之后在派希亚住宿。第二天乘坐 Hole in the Rock 游轮游览（根据天气情况）。

Gray Line New Zealand
Coach Tours
📍 172 Quay St.（出发）
📞 (09) 307-7880
FREE 0800-698-687
URL www.graylinetours.com
🕐 全年 7:30 出发
💰 NZ$394~
CC ADMV

北部地区 *Northland*

怀波瓦森林中的巨大贝壳杉

从奥克兰向北至北岛最北端的雷因格海角的细长地带被称为北部地区。岛屿湾是由复杂的海岸线及大小 144 座岛屿组成的南太平洋海湾地带，全年气候温暖，也是著名的度假地。

这里有可停靠游轮的码头，除了可以去游客众多的派希亚，还可以到北岛最北部的远北地区长达 100 公里的沙滩上开车兜风或者参加滑沙的团体游。面向塔斯曼海的西海岸，亚热带植物繁茂，被称为贝壳杉海岸。其中，怀波瓦森林里的巨大贝壳杉尤其值得一看。

据说，1000 年前，毛利人的祖先从传说中的故乡哈瓦基驾小舟跨海而来时，首先抵达的就是远北地区。从这里为数众多的毛利语地名就能知道这里保持着浓厚的毛利文化传统。另外，这里还有 1840 年毛利人与英国女王缔结《怀唐伊条约》的怀唐伊等许多历史上的著名地点，因此也被称为新西兰建国之地。

北部地区 前往方法

奥克兰距离北岛门户旺阿雷约 162 公里。Intercity 公司与 Northliner Express 公司合作运营的巴士连接着该地区的各个城镇（详情参阅本书介绍各城市的部分）。去往北岛最北端的远北地区，可以参加团体游或者租车自驾。另外，有从贝壳杉海岸出发直抵达加维尔的巴士，不过还是建议参加从奥克兰或北部地区出发并到达的团体游，或者选择租车自驾。

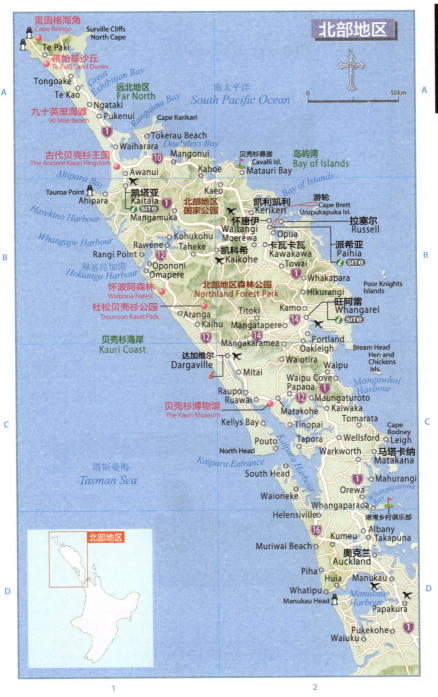

北部地区

雷因格海角
Cape Reinga

Surville Cliffs
North Cape

Te Paki

蒂帕基沙丘
Te Paki Sand Dunes

Tongoake

Te Kao

Great Exhibition Bay

远北地区
Far North

南太平洋
South Pacific Ocean

Ngataki

九十英里海滩
90 Mile Beach

Pukenui

Cape Karikari

Rangaunu Bay

Tokerau Beach

Doubtless Bay

Waiharara

Mangonui

贝壳杉悬崖
Cavalli Isl.
Matauri Bay

岛屿湾
Bay of Islands

古代贝壳杉王国
The Ancient Kauri Kingdom

Awanui

Kahoe

Kaeo

Bay of Islands

Ahipara Bay

Tauroa Point

Ahipara

凯塔亚
Kaitaia

Mangamuka

北部地区
国家公园

凯利凯利
Kerikeri

游轮
Cape Brett
Urupukapuka Isl.

拉塞尔
Russell

Harekino Harbour

怀唐伊
Waitangi
Moerewa

Opua

派希亚
Paihia

Whangape Harbour

Kohukohu

Taheke

凯科希
Kaikohe

卡瓦卡瓦
Kawakawa

Rawene

Rangi Point

赫基昂加港
Hokianga Harbour

Opononi
Omapere

Towai

Whakapara

Hikurangi

Poor Knights
Islands

怀波阿森林
Waipoua Forest

北部地区森林公园
Northland Forest Park

Kamo

旺阿雷
Whangarei

杜松贝壳杉公园
Trounson Kauri Park

Aranga

Kaihu

Titoki

Mangatapere

贝壳杉海岸
Kauri Coast

Mangakaramea

达加维尔
Dargaville

Portland

Oakleigh

Waiotira

Waipu

Bream Head
Hen and
Chickens Isls.

Mitai

Waipu Cove
Papaoa

Mangawhai
Harbour

Raupo
Ruawai

Matakohe

Maungaturoto

Kaiwaka

Tomarata

贝壳杉博物馆
The Kauri Museum

Kellys Bay

Tinopai

Cape
Rodney
Leigh

Pouto

North Head

Tapora

Wellsford

马塔卡纳
Matakana

Kaipara Entrance

South Head

Kaipara Harbour

Warkworth

Mahurangi

塔斯曼海
Tasman Sea

Orewa

Whangaparaoa

Whangaparaoa Bay

Waioneke

Helensiville

港湾乡村俱乐部

Muriwai Beach

Kumeu

Albany
Takapuna

奥克兰
Auckland

Piha

Huia

Manukau

北部地区

Whatipu
Manukau Head

Manukau
Harbour

Papakura

Pukekohe

Waiuku

331

★ 派希亚

● 奥克兰

人口：1770 人
URL www.paihia.co.nz

航空公司（→ p.489）
新西兰航空
岛屿湾机场
Map p.331-B2
🏠 218 Wioa Rd.Kerikeri
☎（09）407-6133
URL www.bayofislandsairport.
co.nz

从机场到派希亚
根据飞机起落时间有接
送巴士开行。
Super Shuttle
URL www.supershuttle.co.nz
💰 1 人 NZ$27，2 人 NZ$32

主要巴士公司（→ p.489）
Northliner Express
URL intercity.co.nz
※ 预订、问询可联系 Intercity

长途巴士车站
Map p.333-B1
🏠 Maritime Building，Paihia
Wharf

旅游咨询处 ⊙site
Bay of Islands Visitor Centre
Map p.333-B1
🏠 The Wharf, 101 Marsden Rd.
☎（09）402-7345
URL www.northlandnz.com
🕐 8:00～17:00
（会有变动）
休 无

北部地区

派希亚 *Paihia*

夏季的海滩游客非常多

这个地名是由毛利语中表示"好"的 pai 与英语表示"这里"的 here 组合而成，意为"好地方"。这里是北部地区中最具度假氛围的岛屿湾（Bay of Islands）地区的中心区域，也是各种水上运动的基地。

另外，市中心以北约 2 公里处的海岸地带有怀唐伊国家自然保护区。在《怀唐伊条约》签约地，有相关设施可以让游客了解到毛利人及英国殖民者对该条约持何观点。

派希亚 前往方法

有从奥克兰飞往这里的新西兰航空的航班。每天 2~4 个航班，用时约 45 分钟。岛屿湾机场（Bay of Islands Airport）位于凯利凯利以西，距派希亚约 25 公里。

从奥克兰乘坐长途巴士的话，有 Intercity 与 Northliner Express 合作运营的巴士，每天 4~5 个车次，用时 3 小时 50 分钟~6 小时。从旺阿雷出发的巴士，每天有 3~4 个车次，用时 1 小时 10 分钟~1 小时 20 分钟。派希亚的巴士车站位于派希亚码头广场前。

派希亚 漫 步

市中心道路周围一派南国气象

这里是一个非常热闹的度假地，城市的中心区域是位于海边的主街道马斯登路（Marsden Rd.）。道路两边有很多住宿设施及餐馆，每到周末都有大量游客来此玩至深夜。尤其是夏季的周末，住宿设施基本上都会住满客人，所以最好提早预订房间。住宿设施不光有高级酒店，经济型酒店也不少，可以根据自己的预算选择合适的酒店入住。纪念品店以及商铺多集中在旅游服务中心以西的威廉姆斯路（Williams Rd.）上。徒步就能游遍市中心区域。前往市中心以北 2 公里左右的《怀唐伊条约》签约地的话，徒步 30 分钟左右可达。也可以租自行车骑行前往。

在派希亚码头（Paihia Wharf）有很多载游客出海的游船。码头大楼内有旅游服务中心及旅行社的接待柜台。另外，想体验各种户外运动的话，可以到各旅行社的接待柜台及旅游服务中心处报名。

岛屿湾游船
Cruises in Bay of Islands

Map p.333-B1

岩中洞 / 海豚游船 Hole in the Rock/Dolphin Cruise

　　游客可乘坐大型双体船在近海巡游并近距离观察海豚。能见到海豚的概率很高，有时还能见到鲸鱼和虎鲸。海豚的种类包括宽吻海豚与真海豚等。派希亚近海是海豚养育幼子的区域，11月～次年4月可以看到可爱的小海豚。

　　另外，游船还会前往乌鲁普卡普卡岛（Urupukapuka Island），以及从陡峭崖壁上立有灯塔的布莱特角（Cape Brett）以及从岩中洞下穿过，周边海域的主要景点都能见到。

奶油之旅 Cream Trip

　　将向蒂蒂湾内的各个小岛运送物资的功能与载客旅游的功能合二为一而产生的游览项目。当船接近岛屿时会鸣笛，然后有人从甲板向栈桥上投掷物品，由岛上的人接收。这样的运送方式已经在这里持续了80多年。游船还会经过前面提到的布莱特角和岩中洞。

海面上的岩中洞

　　参加前面提到的游船公司举办的与野生海豚同游的团体游。在参加普通的游船团体游的基础上报名，就能下水游泳。戴好呼吸管，在水中近距离观察海豚及其他海洋生物，尽情体验大海的乐趣。

如果环境适宜的话能够实现与海豚同游

主要的游船公司

Fullers Great Sights Bay of Islands
☎（09）402-7421
FREE 0800-653-339
URL www.dolphincruises.co.nz
Hole in the Rock Dolphin Cruise
全年 9:00、13:30 出发
成人 NZ\$105，儿童 NZ\$52.5
The Cream Trip
5/1～10/9　9:30 出发
成人 NZ\$127，儿童 NZ\$63.5
Dolphine Eco Experience
全年 8:00、12:30 出发
成人 NZ\$115，儿童 NZ\$57.5

Explorer NZ–Dolphin Discoveries
☎（09）359-5987
FREE 0800-397-567
URL www.exploregroup.co.nz
CC AMV
Discover the Bay（Hole in the Rock & Dolphin Watching）
5～10 月
　周一～周六 10:00 出发
　11 月～次年 4 月
　9:00、13:00 出发
成人 NZ\$125，儿童 NZ\$75
※ 参加与海豚同游，需另付 NZ\$15

北岛

北部地区 派希亚

《怀唐伊条约》签约地
Waitangi Treaty Grounds

Map p.333-A1

《怀唐伊条约》签约地

住 1 Tau Henare Dr.
电 (09) 402-7437
FAX (09) 402-8303
URL www.waitangi.org.nz
开 3 月~12 月下旬
　9:00~17:00
　12 月下旬~次年 2 月
　9:00~18:00
休 无
费 成人 NZ$40, 儿童免费
（包含团体游、观看毛利歌
舞表演的费用）
团体游
发 10:00、11:00、12:00、
　13:00、14:00、15:00、
　16:00 出发
毛利歌舞表演
举 4~9 月
　10:00、13:00、14:00
　10~11 月
　11:00、13:00、15:00
　12 月~次年 3 月
　11:00、12:30、14:00、15:30
交 从派希亚市中心乘坐出
　租车约 5 分钟，沿着海岸
　步行约 30 分钟。没有公
　共交通工具

1840 年，英国人与毛利人在此签订条约，并以地名命名为《怀唐伊条约》。该条约让毛利人承认了英国人对新西兰拥有主权，新西兰从此沦为殖民地。前往怀唐伊自然保护区内的景点，应先到达位于保护区入口附近的游客中心，购买门票。观看完条约复制品及讲述条约签订过程的影视资料后，沿着两边生长茂密的蕨类植物的步道前往条约纪念馆。再往深处前行，就是毛利人集会所。远眺迎风飘扬的三面国旗以及宽阔的绿色草坪与海水交相辉映的美景，沿海边步道向下，可以到达划艇展厅，里面放置着作为毛利人大型战舰的划艇。仔细参观所有景点的话，大概需要半日的时间。

气氛热烈的毛利歌舞表演

宽敞的室内摆放着许多展品

条约纪念馆 Treaty House

　　建于 1833 年，当时为英国公使詹姆斯·巴斯比（James Busby）的官邸，是新西兰现存历史最久的住宅建筑。自从 1932 年成为国家历史遗迹以来，这里的建筑及四季鲜花盛开的花园都受到很好的维护，展出着许多有关《怀唐伊条约》的历史资料。在曾举行过条约签订仪式的院子里，悬挂着 19 世纪 30 年代使用的旧新西兰国旗。

毛利集会所 Meeting House

　　这里是毛利人集会的场所，柱子及屋顶上有造型独特的雕刻。同时，这里也是毛利人祖先灵魂的聚集之所，即使是白天，屋内的光线也比较昏暗，进入时需要脱鞋。到了晚上，这里又会变成毛利歌舞表演的场地，可以在观赏精彩演出的同时了解毛利文化。

划艇展厅 Canoe House

　　展出着长 35 米、可乘坐 80 人的划艇，这艘划艇过去为毛利人的大型战舰。在每年 2 月 26 日，也就是被定为法定假日的怀唐伊节，作为纪念活动的一个环节，这艘划艇会被放入海中供人们划行。该展厅跟上面提到的毛利人集会所一样，都是 1940 年为纪念《怀唐伊条约》签订 100 周年时建造的。

非常少见的大型划艇。上面有做工精细的雕刻

拉塞尔
Russell

从派希亚乘坐渡轮约10分钟便可到达对岸的拉塞尔。在毛利语中，拉塞尔被称为 Kororareka，意为"美味的企鹅"，19世纪上半叶作为捕鲸船基地而繁荣一时。1840年，签订《怀唐伊条约》之后，距现在的拉塞尔约8公里处的奥基亚托（Okiato）小镇被改名为拉塞尔，并成为新西兰最早的首都，但1842年的火灾把小镇完全烧毁，最终科罗拉莱卡继承了拉塞尔的名字。这个小城虽然过去发生过多次毛利人与欧洲移民的冲突，但也保存着新西兰最早获得酒类销售许可的马尔伯勒公爵酒店（Duke of Marlborough Hotel）以及现存最古老的教堂等许多历史建筑。景点集中在渡轮码头前，均在徒步可游览的范围之内。

保存着许多历史建筑的小城

拉塞尔 主要景点

庞帕里尔
Pompallier
Map p.335

建于1841年的二层木结构住宅。法国传教士弗朗西斯·庞帕里尔为传教而向当地传授印刷技术，最早的毛利语印刷品就诞生于此。在导游的解说下，游客可以了解当时如何印制书籍。

展出着印刷机器及鞣皮工具等物品

拉塞尔博物馆
Russell Museum
Map p.335

主要展出1769年在周边海域从事航海活动的库克船长的相关资料。有库克船长乘坐的努力号帆船的1/5比例的模型，非常逼真。

基督教堂
Christ Church
Map p.335

1836年由殖民者建造，是新西兰现存最古老的教堂。因毛利人与殖民者曾在此发生过冲突，所以教堂的墙壁上至今仍有遭受炮击的痕迹。

拉塞尔旅游信息
URL www.russellnz.co.nz

前往拉塞尔
派希亚与拉塞尔之间有渡轮通航。可在两地的码头购买船票。
運 7:00~22:30
（会有变动）
費 往返成人NZ$12，儿童NZ$6
大概每30分钟1个航班。还有每隔15分钟1班的快船。

前往拉塞尔的团体游
Fullers Great Sights Bay of Islands（→ p.333）
Discover Russell
舉 全年 10:00~16:00，每隔1小时出发
費 成人NZ$29，儿童NZ$14.5

庞帕里尔
住 The Strand
☎ (09) 403-9015
URL www.heritage.org.nz
開 5~10月 10:00~16:00
11月~次年4月 10:00~17:00
休 无
費 成人NZ$10，儿童免费

拉塞尔博物馆
住 2 York St.
☎/ (09) 403-7701
URL russellmuseum.org.nz
開 1月 10:00~17:00
2~12月 10:00~16:00
休 无
費 成人NZ$10，儿童NZ$5（与成人同行的话，儿童免费）

基督教堂
住 Church St.
開 8:00~17:00
休 无
費 适当捐款

335

餐馆
Restaurant

35 度南部水族餐馆
35 Degrees South Aquarium Restaurant & Bar

◆餐馆位于派希亚码头，外观建筑是六角形的，过去当作水族馆被使用过。在这里你可以品尝到在海湾地区打捞的生蚝 6 个 NZ$20、绿牡蛎 NZ$18~ 等，新鲜的海产品。特制的鸡尾酒品种也很丰富。

Map p.333-B1

🏠 69 Marsden Rd.
☎ （09）402-6220
URL www.35south.co.nz
🕐 11:30~23:30
休 无
CC AMV

铁托餐馆
Tito's Bistro & Bar

◆使用海鲜类制成的墨西哥菜、意大利菜、环太平洋地区菜肴等价格实惠，味道好。菜量十足的炸乌贼的价格是 NZ$10.5~（照片）、生蚝（只在夏季提供）等菜肴非常受欢迎。午餐的价格是 NZ$9.5~。晚间有乐队表演，非常热闹。

Map p.333-B1

🏠 24 Kings Rd.
☎ （09）402-5001
🕐 8:00~Late
休 无
CC JMV

海鲜餐馆
Only Seafood

◆餐馆的外观看起来十分有趣，白色外墙上画有鱼的图案。大多数食谱都是选用在近海打捞的鱼类，主菜的价格在 NZ$30 前后。三文鱼排搭配照烧酱汁的价格是 NZ$31.5，海鲜拼盘的价格是 NZ$23。

Map p.333-B1

🏠 40 Marsden Rd
☎ （09）402-6066
URL onlyseafood.co.nz
🕐 17:00~Late
休 无
CC ADJMV

Column 让卡瓦卡瓦成名的公共厕所

卡瓦卡瓦 Kawakawa（Map p.331-B2）是位于派希亚与旺florez雷之间的一个小镇。这里有世界著名建筑大师佛登斯列·汉德瓦萨（Friedensreich Hundertwasser）设计的公共厕所。他出生于维也纳的汉德瓦萨，有自己独特的设计风格，在设计中多用曲线。

热爱自然的汉德瓦萨在卡瓦卡瓦度过晚年，应小镇的邀请，以"活着的财产"为主题设计了这座公共厕所。瓷砖是当地高中生制造，砖头来自被拆掉的旧房子。

使用空瓶子修建的窗户非常漂亮

汉德瓦萨是一个经常拒绝设计请求的建筑大师，不过因为卡瓦卡瓦是他的第二故乡，所以他很爽快地接受了设计请求，甚至自己提

茅草屋顶十分引人注目

出要为整个小镇做一个设计规划。但是，小镇的财政收入有限，所以最终只建成了这座公共厕所。因为有了这座公共厕所，卡瓦卡瓦成了游客纷至沓来的著名景点。卡瓦卡瓦地方行政部门对此不免有些后悔，觉得如果在汉德瓦萨生前请他为整个小镇进行设计的话，就能引来更多的游客。这座公共厕所位于主街道的中间点，可免费使用。

336

露天餐馆
Alfresco's Restaurant & Bar

◆ 可以欣赏海景的时尚餐馆。主菜的价格在 NZ$30 上下。招牌菜海鲜拼盘 NZ$49 是使用无麦麸技术烹制而成的，非常健康。还有素食餐谱。早餐的价格是 NZ$11~，午餐是 NZ$12~。

住 6 Marsden Rd.
☎（09）402-6797
URL www.alfrescosrestaurantpaihia.com
營 8:00~Late
休 无
CC ADMV

住 宿
Accommodation

阿拉莫纳汽车旅馆
Ala Moana Motel

◆ 位于派希亚码头附近，海滨区域的一家汽车旅馆。所有的客房都带有厨房，另外还有 BBQ 区域和储物柜等设施。

住 52 Marsden Rd.
☎（09）402-7745
FAX（09）402-7752
URL www.alamoanamotel.co.nz
费 D T NZ$95~
房间数 9 CC ADJMV

海军上将景色小屋
Admirals View Lodge

◆ 这是一家比较新的汽车旅馆，外观是以白色为基调度假村风格的建筑物。位于一座缓坡的中腰位置，二层的客房是海景房。部分客房带有浴缸。点早餐要单独支付费用。

住 2 Macmurray Rd.
☎（09）402-6236 FREE 0800-247-234
FAX（09）402-6237
URL www.admiralsviewlodge.co.nz
费 D T NZ$79~350
房间数 11 CC ADMV

浪漫农舍小屋
Chalet Romamtica

◆ 旅馆由一对来自瑞士的夫妇经营，感觉非常可爱，地处一座高坡的顶上。大多数客房都带有阳台，可以望海。有 2 间客房还带有厨房。带有露台的房间同时还附带室内泳池和 SPA，十分豪华。冬季休业。

住 6 Bedggod Close
☎（09）402-8270
URL www.chaletromantica.co.nz
费 D T NZ$180~380
房间数 4
CC MV

蓝色太平洋品质公寓
Blue Pacific Quality Apartments

◆ 于 2012 年重新装修过的高档公寓。距离市区约 2 公里，怀唐伊高尔夫球俱乐部约 5 公里，通往周边设施的交通也比较方便。除了有超薄型电视（附带数字信号），还有厨房（附带冰箱）、微波炉、洗碗机等设备。

住 166 Marsden Rd.
☎（09）402-0011
FREE 0800-86-2665
URL www.bluepacific.co.nz/accommodation
费 D T NZ$199~
房间数 11
CC ADJMV

厨房（所有房间） 厨房（部分房间） 厨房（共用） 吹风机（所有房间） 浴缸（所有房间）
泳池 上网（所有房间/收费） 上网（部分房间/收费） 上网（所有房间/免费） 上网（部分房间/免费）

阿弗里尔阁楼汽车旅馆
Averill Court Motel

◆地理位置极好，徒步至海滩仅需1分钟，距离市中心也在可徒步范围之内。客房宽敞明亮，有厨房间、电视、冰箱、书桌等。室外还有游泳池、BBQ区域。

住 62 Seaview Rd.
☎ （09）402-7716　FREE 0800-801-333
FAX （09）402-8512
URL www.averillcourtmotel.co.nz
费 ⑤ NZ$85~，⑩① NZ$135~
房间数 18　CC MV

胡椒树旅馆
Peppertree Lodge

◆地理位置极佳，距离海滩仅有80米，距离巴士站只有380米。另外，旅馆还有矿场的室外活动区，可以享受BBQ的乐趣。旅馆可以免费租借小船、录像带、自行车等。位于旅馆附近的网球场也可以免费使用。

住 15 Kings Rd.
☎ / FAX （09）402-6122
FREE 0800-473-7737
URL peppertree.co.nz
费 Dorm NZ$26.5~，⑩① NZ$76.5~
房间数 52 个床位
CC MV

捕鼠器背包客旅馆
Mousetrap Backpackers

◆名曰"捕鼠器"的个性背包客旅馆。屋顶上的捕鼠器模型也非常醒目。客房内整洁摆放有木质的床。共有3个厨房，2个淋浴房，工作人员也非常热情。可以租借自行车。

住 11 Kings Rd. 电话（09）402-8182
FREE 0800-402-8182
URL mousetrap.co.nz
费 Dorm NZ$25~29，NZ$55~，
　⑩① NZ$66~
房间数 35 个床位　CC M V

海床背包客旅馆
Seabeds Backpackers

◆距离市中心仅有800米，走30米可达海滩，位于稍微偏离主干道的僻静小路上。旅馆内是时尚明快的装修风格，有设计感十足的厨房等令大多数背包客难以相信的高端设计。宽敞的公共活动区域内摆放着大型的等离子电视。

住 46 Davis Cres.
☎ （09）402-5567
URL www.seabeds.co.nz
费 Dorm NZ$32~，⑤ NZ$69~，
　⑩① NZ$89~
房间数 8
CC MV

北部地区

凯利凯利 *Kerikeri*

位于岛屿湾区域内的内陆河岸小镇，也曾隶属于远北地区。欧洲殖民者刚刚进入这里时，当地毛利少年看见使用马匹与犁耕地的传教士塞缪尔·马斯登后，连声高呼意为"挖掘"的"凯利"。该地因此得名凯利凯利。

凯利凯利河畔的石屋与传教屋（远处）

这里的气候温暖，又有凯利凯利河作为水源，因此有许多果园，盛产猕猴桃、橙子、柠檬等水果。虽然不算繁华，但有很多历史建筑及艺术家工作室，整个小镇给人的感觉非常安静舒适。

凯利凯利 前往方法

新西兰航空有从奥克兰直飞这里的航班。每天2~4个航班，用时约45分钟。最近的机场是位于凯利凯利以西约6公里的岛屿湾机场。

Northliner Express 运营着可前往这里的长途巴士。从奥克兰出发每天3~4班车，用时4小时15分钟~4小时40分钟。从旺阿雷出发每天2~4班车，用时1小时35分钟~1小时50分钟。

凯利凯利 漫步

景点集中在凯利凯利路 Kerikeri Rd. 与凯利凯利河相交的大桥周围。从长途巴士车站所在区域徒步前往石屋（Stone Store）需要20分钟左右，不过坡路较多，走起来并不轻松。艺术家工作室以及巧克力作坊等景点分布在市内各地。不驾车的游客，可以参加从派希亚出发到达的凯利凯利团体游（→ p.341）。在河岸上往返需3小时的步道中途，有名为仙女池（Fairy Pool）的野餐区及彩虹瀑布等景点。

人口 6507 人
URL www.kerikeri.co.nz

航空公司（→ p.489）
新西兰航空
岛屿湾机场（→ p.332）

从机场至凯利凯利
根据飞机起降时间并行有接送巴士。
Super Shuttle
URL www.supershuttle.co.nz
翼 1人 NZ$12，2人 NZ$15

主要巴士公司（→ p.489）
Northliner Express
URL intercity.co.nz
※ 预订、问询可联系 Intercity

长途巴士车站
Map p.339
住 9 Cobham Rd.

旅游咨询处
Kerikeri Information Centre
Map p.338
住 334 Kerikeri Rd.
☎ （09）407-7618
开 周一～周五 9:00~17:00
　　周六、周日 9:30~15:30
休 无

石屋 & 传教屋
住 246 Kerikeri Rd.
☎ (09) 407-9236
URL www.heritage.org.nz
开 10:00~16:00
　（会有变动）
休 无
石屋（1层）
费 免费
石屋 2 层的画廊 + 传教屋
费 成人 NZ$10，儿童 NZ$3.5

所有陈设保持原貌

建筑前的花园是殖民者进入此地时修建的

莱瓦村 & 发现者花园
住 1 Landing Rd.
☎ (09) 407-6454
URL rewasvillage.co.nz
开 冬季 10:00~16:00
　夏季 9:00~17:00
休 无
费 成人 NZ$10，儿童 NZ$5

入口很小，不弯腰无法进入

皮特开拓者与交通博物馆
住 460 Kerikeri Rd.
☎/fax (09) 407-7618
URL www.petesmuseum.co.nz
开 周二~周日 10:00~16:00
休 周一
费 成人 NZ$10，儿童 NZ$4

凯利凯利　主要景点

石屋
Stone Store

Map p.339

位于凯利凯利河大桥旁边，建于 1835 年，是新西兰现存最古老的石造建筑。1 层有再现了殖民地时期风貌的商店，出售从英国进口的陶器、布料、糖果等商品。服务员身着当时的传教士或毛利人的服装，让人感到如同时间穿越一般。2 层展示着过去的物品，向游客讲述着传教士及毛利人开发此地的历史。

穿着毛利传统服装的工作人员

传教屋
Mission House
Map p.339

位于石屋旁边的 2 层木结构建筑，建于 1822 年，是新西兰最古老的欧式建筑。传教士坎普一家曾居住于此，所以也被称为"坎普之家（Kemp House）"。屋内的家具、亚麻织物、餐具等物品均模仿当时的样式。为了防止损坏室内设施，进门时需脱鞋。

莱瓦村
Rewa's Village
Map p.339

从石屋和传教屋所在位置过桥到对岸就是莱瓦村。这个村庄是 1969 年仿照 200 年前的毛利村庄而建，从这里的住宅及粮仓等建筑可以了解到当时的日常生活情况。旁边的空地里有成体系地种植着北部地区原生植物的发现者花园（Discover's Garden）。

皮特开拓者与交通博物馆
Pete's Pioneer & Transport Museum
Map p.339 外

展厅分为两部分，一部分展出了 20 世纪 90 年代的葡萄酒与老爷车，另一部分是再现了当时街区的模型展区。博物馆虽然不大，但是有很多可以真实反映当时开拓者日常生活的展品。

石板路旁立着路灯，完全再现了殖民地时代的景象

餐馆
Restaurant

梨树餐馆
The Pear Tree

◆ 拥有众多美食大奖的餐馆，2013 年因由牛肉与羊肉烹制的菜肴而荣获烹饪大奖，之后又多次获奖。猪五花肉价格是 NZ$32，其他主菜的价格也在 NZ$30 上下。另外，海鲜类菜肴的品种也是丰富多样。午餐的价格是 NZ$16~31。

Map p.339
住 215 Kerikeri Rd.
☎ (09) 407-8479
URL www.thepeartree.co.nz
营 周四~下周一 10:00~22:00
休 周二·周三
CC MV

黑橄榄餐馆
The Black Olive

◆建于凯利凯利路上的一家专营意大利菜与新西兰菜的餐馆。菜肴的种类丰富，其中最受欢迎的要数比萨类，价格在 NZ$12~36，共有 20 多种口味，还可以外卖。

住 308 KeriKeri Rd.
☎（09）407-9693
URL www.theblackolive.net
營 3~12 月的周二～周日 16:00~Late；
1・2 月 16:00~Late
休 3~12 月的每周一　CC MV

住宿
Accommodation

阿瓦隆度假旅馆
Avalon Resort

◆是一家占地面积约 2.8 公顷，周边植被茂盛的汽车旅馆。客房分为小木屋和套房两种形式。旅馆的整体装修是按照亚热带风格设计的，还有室外游泳池。

住 340 A KeriKeri Rd.
☎（09）407-1201
URL avalonresort.co.nz
费 D T NZ$130~250
房间数 7
CC ADMV

果园汽车旅馆
Orchard Motel

◆在旅馆的辖地内有果园，收获时节，住宿的客人可以随意摘取食用。设施还包含水疗浴缸、微波炉、BBQ 设备等。

住 Cnr.KeriKeri Rd. & Hall Rd.
☎（09）407-8869
FREE 0508-808-869
费 D T NZ$95~150
房间数 9　CC ADMV

石屋旅馆
Stone Store Lodge

◆位于石屋附近的一家漂亮的 B&B。使用土窑烤制的比萨晚餐和室外的按摩池受到住客们的好评（需要预约、付费）。

住 201 KeriKeri Rd.
☎（09）407-6693
URL www.stonestorelodge.co.nz
费 S NZ$175~ D T NZ$230
房间数 3
CC ADMV

林地酒店
Woodlands

◆酒店位于偏离大道的丛林里，周围被原始森林覆盖着。部分客房内带有独立的露台。淋浴、卫生间共用的客房住宿一晚的价格是 NZ$75~。

住 126 Kerikeri Rd.
☎（09）407-3947
FREE 0800-407-394
URL www.woodlandskerikeri.co.nz
费 S D NZ$110~140
房间数 20　CC MV

Column　艺术家之城——凯利凯利

凯利凯利有很多橙子园和葡萄酒庄，与南岛的纳尔逊一样，有很多艺术家在此居住。有以红嘴的紫水鸡图案与鲜艳的蓝色相搭配的陶器而闻名的"Keriblue"，还有很多画廊以及兼为艺术家工作室的商铺。从旅游咨询处可以获取介绍各工作室以及印有当地地图的小册子"Kerikeri Art & Craft Trail"，最好在开始旅游前拿到。艺术家工作室与市中心有一定的距离，而且当地没有公共交通工具，所以最好租车自驾。另外，Fullers Great Sights Bay of Islands 公司（→ p.333）举办派希亚出发并到达的半日游"Discover Kerikeri"，参观艺术家工作室。（举 派希亚出发 13:00 费 成人 NZ$60，儿童 NZ$30，13:00 出发，用时约 3 小时）。

很受欢迎的凯利蓝陶器

旺阿雷

奥克兰

北部地区

旺阿雷 *Whangarei*

人口 7 万 6995 人
URL Whangareinz.com

航空公司（→ p.489）
新西兰航空
旺阿雷机场
Map p.331-B2
URL whangareiairport.co.nz
　往来机场与市区，乘坐出租车最方便，但也可以乘坐公交巴士 Citylink（→ p.343）#2（周日、法定节日停运）

主要巴士公司（→ p.489）
Northliner Express
URL www.northliner.co.nz
※ 预订、问询可联系 Intercity

长途巴士车站
Map p.342-A2
住 91 Dent St.

城市港湾里停泊着许多帆船

从奥克兰沿 1 号国道北上约160 公里可达。这里是新西兰北部地区最大的城市，有天然良港，经济以渔业和工业为主。设有火力发电站、石油化工基地，在城市港湾的码头，每到夏季都会有大量帆船和游艇为躲避南太平洋上的飓风而进港停泊。近海还有著名的潜水水域，尤其适合喜欢水上运动的游客。

旺阿雷 前往方法

　新西兰航空有从奥克兰飞往这里的航班，每天 2~4 个航班，用时约 35 分钟。从旺阿雷机场（Whangarei Airport）至市中心约 7 公里。Intercity 与 Northliner Express 合作运营的长途巴士，从奥克兰出发每天 3~4 班车，用时 2 小时 20 分钟~2 小时 55 分钟。旺阿雷的长途巴士车站位于丹特街（Dent St.）。

旺阿雷　漫步

　　景点分布范围很广，驾车游览会比较方便。市内有巴士开行，但车次较少，而且很多线路周日停运。旅游咨询处位于与市中心区域有一定距离的塔雷瓦公园。

旺阿雷　主要景点

城市湾
Town Basin

`Map p.342-A2`

岸边有很多海鲜餐馆

　　该区域位于市中心附近，旁边就是海泰阿河（Hatea River）畔的帆船码头，"Basin"意为泊船之地。面对着众多落下风帆的帆船及游艇，有很多带室外座位的餐馆、酒吧，还有旅游信息中心及杂货店等设施。放置着大型日晷的广场上，有克拉彭国家钟表博物馆（Claphams National Clock Museum）。馆内展示着1300多个来自世界各地的老旧钟表，工作人员会为游客讲解有趣的机械报时钟的构造，还会向游客展示八音盒时钟如何工作。

旺阿雷瀑布
Whangarei Falls

`Map p.342-A2 外`

有步道通向瀑布

　　位于市中心以北约5公里外的蒂基喷加（Tikipunga）地区的瀑布，落差26米，气势恢宏。瀑布周边为公园，有步道及野餐区。

帕里哈卡山
Mt. Parihaka

`Map p.342-A2 外`

高高耸立的战争纪念碑

　　可远眺旺阿雷全景的观景点，海拔241米。山顶立有战争纪念碑，要是步行的话，可从城市港湾对岸的邓达斯路（Dundas Rd.）进入步道，然后登上山顶。如果驾车，可沿纪念碑大道（Memorial Dr.）上行，在通往山顶的石阶路起点附近有停车场。但是需要注意，傍晚过后治安状况并不理想。

博物馆＆几维屋遗址公园
Museum & Kiwi House Heritage Park

`Map p.342-B1 外`

　　在面积达25公顷的范围内，有可透过玻璃观察几维鸟的几维屋及建于1886年的住宅Homestead。另外，这里还设有博物馆，有关新西兰历史的展品丰富，游客可以参观殖民开发时代使用的蒸汽机车，并且登上铁路旁边的小山丘，参观有关毛利人的展示以及欧洲移民来到新西兰时所乘坐船只的大型模型。

旅游咨询处 @ site
Whangarei Visitor Centre
Map p.342-B1
🏠 92 Otaika Rd.
☎ （09）438-1079
URL whangareinz.com
开 夏季 9:00~17:00
　　冬季
　　周一～周五 9:00~17:00
　　周六、周日 9:00~16:30
休 无

旺阿雷的交通
Citylink Whangarei
☎ （09）438-7142
URL citylinkwhangarei.co.nz
票 单次车票
　　成人 NZ$3、儿童 NZ$2
　　可换乘车票
　　成人 NZ$4、儿童 NZ$2.5
开 周一～周六
绿色车身的Citylink Whangarei巴士开行于整个市区。巴士在旅游中心出发及抵达。有开往旺阿雷以北的蒂基喷加（Tikipunga）以及经由遗址公园至毛努（Maunu）的多条线路。非节假日的运行时间为6:00~18:30，周六车次会减少。

克拉彭国家钟表博物馆
🏠 Dent St. Quayside Town Basin
☎ /📠 （09）438-3993
URL claphamsclocks.com
开 9:00~17:00
休 无
票 成人 NZ$10、老人、学生NZ$8、儿童 NZ$4

最古老的展品是一个制造于1720年的时钟

前往旺阿雷瀑布
乘坐开往蒂基喷加方面的Citylink #3。

帕里哈卡山
🏠 Memarial Dr.

博物馆＆几维屋遗址公园
🏠 500 State Hwy. 14，Maunu
☎ （09）438-9630
URL www.kiwinorth.co.nz
开 10:00~16:00
休 无
票 成人 NZ$15、老人、学生 NZ$10、儿童 NZ$5
交 乘坐开往毛努方面的Citylink #6

餐 馆
Restaurant

贻贝之恋餐馆
Love Mussel

◆位于哈提亚河畔的一家餐馆，深受当地人的喜爱。在这里你可以品尝到在当地打捞的各式海鲜的味道。牡蛎拼盘 NZ$26，生蚝 NZ$19~，奶油焦糖布蕾 NZ$13 等。餐馆内同时还设有酒吧。

Map p.342-A2

住 8 Quayside Town Basin Whangarei
☎ （09）971-8199
URL www.lovemussel.co.nz
營 16:00~Late
休 无
CC MV

斯普利特酒吧 & 餐馆
Split Bar & Restaurant

◆这家餐馆是由一对兄弟经营的。主要选用当地的一些食材进行烹制，例如海鲜类和羊肉类等。午餐的价格非常经济实惠 NZ$13.5。晚餐的主菜价格是 NZ$29~，菜量很足的套餐也非常受欢迎 NZ$44.5~。在餐馆外的酒吧还可以品尝到美味的新西兰葡萄酒。

Map p.342-A1

住 15 Rathbone St.
☎ （09）438-0999
URL splitrestaurant.co.nz
營 周一～周六 11:00~Late
休 周日
CC AMV

住 宿
Accommodation

旺阿雷区别酒店
Distinction Whangarei

◆酒店与城市之间隔着哈提亚河。无论是去旺阿雷瀑布还是帕里哈卡山都非常方便。几乎所有的客房都带有浴缸，另外冰箱、电视、空调、咖啡机等基础设施也都非常完备。

Map p.342-A2

住 9 Riverside Dr.
☎ （09）430-4080
FAX （09）438-4320
URL www.distinctionhotelswhangarei.co.nz
費 ⑤ⒹⓉ NZ$159~
房间数 115 CC ADJMV

勒普顿客栈
Lupton Lodge

◆位于旺阿雷瀑布附近的一家舒适型 B&B。客栈所在的建筑物建于 1896 年，曾经是一位名仕的宅邸，现如今被指定为旺阿雷地区的历史性建筑。这里的早餐很受欢迎，有蛋圈饭和英式玛芬蛋糕。

Map p.342-A2 外

住 555 Ngunguru Rd. Glenbervie
☎ （09）437-2989
URL luptonlodge.co.nz
費 ⑤ NZ$125~，ⒹⓉ NZ$155~
房间数 5
CC ADMV

上下铺旅馆
Bunkdown Lodge

◆这里是一家背包客旅馆，距离中心街区步行仅需 15 分钟。建筑是由一栋建于 20 世纪 90 年代的老房子改建而成的。要是提前预约的话，工作人员可以到巴士中心或者旅游咨询处 i-SITE 接送客人。虽然有浴缸可供使用，但必须在规定的时间内使用。吹风机是 NZ$5。

Map p.342-B1

住 23 Otaika Rd.
☎ （09）438-8886
URL www.bunkdownlodge.co.nz
費 Dorm NZ$27、Share NZ$28，ⒹⓉ NZ$54~
房间数 22 个床位
CC 不可

切维厄特公园汽车旅馆
Cheviot Park Motor Lodge

◆位于国道 1 号线沿线的一家汽车旅馆。客房非常宽敞，有沙发、桌子等家具。还有厨房、微波炉等，非常适合长期居住的客人。可以预订早餐。

Map p.342-B1

住 1 Cheviot St. ☎ （09）438-2341
FREE 0508-243-846
URL www.cheviot-park.co.nz
FAX （09）438-0442
費 Motel NZ$130~210
房间数 17 CC ADJMV

厨房（所有房间） 厨房（部分房间） 厨房（共用） 吹风机（所有房间） 浴缸（所有房间）
泳池 上网（所有房间/收费） 上网（部分房间/收费） 上网（所有房间/免费） 上网（部分房间/免费）

北部地区

远北地区 *Far North*

　　北岛最北端的细长形半岛区域，从半岛尾部的凯塔亚（Kaitaia）至半岛最顶端的雷因格海角被称为远北地区。沿1号国道一直北上，就能到达这里。沿途，居民的数量逐渐减少，视线可及之处，都是没有树木生长的低矮山丘，让人感觉确实来到了大地的尽头。

雷因格海角上建有一个不大的白色灯塔

远北地区　前往方法

　　去往远北地区的起点城市为凯塔亚。巴利亚航空有从奥克拉直飞这里的航班，除周六外，每天1~2个航班，用时1小时~1小时30分钟。凯塔亚机场（Kaitaia Airport）位于凯塔亚市区以北约7公里处。

　　有 Intercity 与 Northliner Express 合作运营的长途巴士开往这里。从奥克兰出发的话，没有直达巴士，需要在凯利凯利换乘。每天1班车，算上换乘时间，全程大约需要6小时25分钟。从贝壳杉海岸去往凯塔亚的陆路，中途因有赫基昂加湾（Hokianga Harbour）而需向东绕行，赫基昂加渡轮公司（Hokianga Ferry）运营着在赫基昂加湾沿岸的拉威尼（Rawene）与科胡科胡（KohuKohu）之间航行的渡轮，乘坐该渡轮的话，可以节省1小时30分钟左右的时间。

远北地区　主要景点

古贝壳杉王国 `Map p.331-A1`
The Ancient Kauri Kingdom

　　一个贝壳杉木材加工作坊，位于凯塔亚以北约8公里处的阿瓦努伊（Awanui）小镇。贝壳杉是面临灭绝的珍稀树种，禁止采伐，所以现在使用的贝壳杉木材全部为数万年前因地貌变动或自然灾害而被埋于地下的古贝壳杉。宽阔的店内出售各种贝壳杉工艺品，还设有咖啡馆。

有很多以毛利人及动物作为图案的新西兰木工艺品

航空公司（→p.489）
新西兰航空

巴利亚航空
Barrier Air
☎（09）275-9120
FREE 0800-900-600
URL www.barrierair.kiwi

凯塔亚机场
Map p.331-B1
🏠 Quarry Rd.
从机场至凯塔亚市内可乘坐出租车。

主要出租车公司
Kaitaia Taxis
☎（09）408-1111

主要巴士公司（→p.489）
Northliner Express
URL www.intercity.co.nz
※ 预订、问询可联系 Intercity

长途巴士车站
🏠 9 Cobham Rd.

旅游咨询处（SITE）
Far North Visitor Centre
Map p.331-B1
🏠 Te Ahu Cnr. Matthews Ave. & South Rd. Kaitaia
☎（09）408-9450
FAX（09）408-2546
URL www.fndc.govt.nz/about-the-district/visitor-information
🕐 8:30～17:00
休 无

赫基昂加渡轮
☎（09）405-2602
FAX（09）405-2607
🚢 拉威尼 出发
　周一～周五 7:00～19:30
　周六、周日 7:30～19:30
　每隔30分钟~1小时一个航班，航行用时15分钟左右。
💰 单程 NZ$2
　1辆汽车单程 NZ$20~

古贝壳杉王国
🏠 229 SH1 Awanui
☎（09）406-7172
URL www.ancientkauri.co.nz
🕐 8:00～17:30
　（会有变动）
休 无

远北地区团体游
Far North Outback Adventures

☎ (09) 409-4586
URL farnorthtours.co.nz
◫ 全年
💰 2人 NZ$900，4人 NZ$1000

经由蒂帕基沙丘、九十英里海滩前往雷因格海角的私享团体游项目。在阿希帕拉、凯塔亚、凯塔亚机场、古贝壳杉王国等处可以参加。9:00出发，17:00左右返回。游客可以选择线路。

九十英里海滩
90 Mile Beach

Map p.331-A1

巴士伴随着波浪在海滩上疾驰

位于远北地区西部，海滩从阿希帕拉（Ahipara）一直向北延伸，是当地的著名景点。海滩的实际长度为64英里（约100公里），面向塔斯曼海的沙滩也被当成公路使用，有在海滩上破浪前往的巴士团体游（租车自驾者禁止驶入）。团体游的出发地点为派希亚及凯利凯利等地。

蒂帕基沙丘
Te Paki Sand Dunes

Map p.331-A1

对穿比基尼的游客来说，雪橇比冲浪板更适合使用

在前往雷因格海角的中途可遇到的巨大沙丘。比九十英里海滩更靠近半岛的内陆一侧。沙丘高度超过15米，所以仅仅登上沙丘顶部也并不轻松，大概需要10分钟时间。站在沙丘上，可以远眺大海与沙丘交相辉映的壮丽景色。使用冲浪板或雪橇从沙丘上滑下的户外运动很有人气。可以在凯塔亚的旅游咨询处租赁冲浪板等滑沙工具。应从坡度较缓的沙丘开始练习。

前往雷因格海角

距凯塔亚约110公里。从凯塔亚继续前行，便进入没有公共交通工具开行的区域，因此游客需要参加团体游或者租车自驾。沿1号国道北上是唯一的线路，所以不会迷路。见到海角入口的指示牌后，继续前行就能到达停车场。中途没有加油站，应事先加满油。

凯塔亚的古董店
Main Street Lodge

位于凯塔亚繁华道路旁的背包客旅馆。
🏠 235 Commerce St.
☎ (09) 408-1275
URL www.mainstreetlodge.co.nz
💰 Dorm NZ$30~，ⓓⓣ NZ$76~
🛏 65个床位
CC AJMV

雷因格海角
Cape Reinga

Map p.331-A1

位于新西兰北端的雷因格海角是远北地区的重要景点。雷因格是毛利语"飞翔之地"的意思。因此这里被认为是死者灵魂升天的

神圣之地。海角最前端的海拔156米的高地上有一座不大的白色灯塔以及标记着世界各主要城市方向和距此地距离的指示牌。眺望宽阔的海面，可以看见太平洋与塔斯曼海的洋流交汇线。

另外，新西兰领土最北端位于距此30公里左右的萨威尔克利夫斯（Surville Cliffs）。不过，路况很差，普通人难以到达。

海角最前沿的灯塔

贝壳杉海岸 *Kauri Coast*

12号国道在面向塔斯曼海的新西兰西海岸上蜿蜒曲折地延伸。该地区没有较大的城镇，可作为旅游基地的只有名为达加维尔（Dargaville）的小镇。这一带被称为贝壳杉海岸，大部分地区都被划为了森林保护区，以保护新西兰北岛的原生树种贝壳杉。过去这里是参天大树密布的森林，但到了19世纪，因欧洲移民的乱砍滥伐，大部分大树消失。即便如此，森林中还是有一些树龄超过1000年、树干直径达数米的大树存活下来，并且与小树一起不断成长。如果想深入了解贝壳杉及其相关历史，就一定要来这里看一看。

怀波阿森林中新西兰树围最大的树木，被毛利人称为森林之父

贝壳杉海岸 前往方法

没有从奥克兰直达达加维尔的巴士，所以需要先乘坐Intercity与Northliner Express合作运营的长途巴士到旺阿雷（→p.342），然后换乘West Coaster运营的本地巴士往返达加维尔。非节假日每天开行两个车次，用时约50分钟。但是，当地的景点分布得比较分散，前往贝壳杉海岸的话，建议租车自驾或者参加从奥克兰出发的团体游。

贝壳杉海岸 主要景点

贝壳杉博物馆 `Map p.331-C2`
The Kauri Museum

位于名为马塔科希（Matakohe）的小镇，博物馆内有对贝壳杉非常详尽的介绍。

博物馆的面积很大，分为多个展区，有实物展示可让游客了解到贝壳杉究竟有多大，还有使用贝壳杉的木材制作的家具、玩偶以及介绍如何使用机械采伐、搬运贝壳杉的相关展示，展品非常丰富。馆内有很多由贝壳杉树脂凝固后形成的贝壳杉琥珀。

世界上最大的贝壳杉平板，长达22米

贝壳杉海岸旅游信息
URL www.kauricoast.co.nz

主要巴士公司（→p.489）
Northliner Express
URL www.northliner.co.nz
※预订、问询可联系Intercity

West Coast
☎（09）439-4975
URL www.dargaville.co.nz/d_community_services.cfm
旺阿雷～达加维尔
10:20出发~11:20到达
16:20出发~17:20到达
达加维尔～旺阿雷
7:30出发~8:20到达
12:30出发~13:20到达
运 周一～周五
费 单程NZ$10

旅游咨询处
Dargaville Kauri Coast Visitor Infomation Centre
Map p.331-C2
住 4 Murdoch St. Dargaville
☎（09）439-4975
URL www.kauricoast.co.nz
开 9:00~17:30（会有变动）
休 无

贝壳杉博物馆
住 5 Church Rd. Matakohe
☎（09）431-7417
URL www.kau.nz
开 9:00~17:00
休 无
费 成人NZ$25，老人、学生NZ$20，儿童NZ$8
交 距离达加维尔约45公里，途经名为卢阿外（Ruawai）的小镇，从12号国道下来，前行4公里可达

前往杜松贝壳杉公园
从达加维尔沿 12 号国道前行约 30 公里，然后右转进入山路行驶 8 公里后可达。从宿营区可进入环形步道。

🎫 **旅游咨询处**
Waipoua Visitor Centre
🏠 1 Waipoua River Rd.
📞（09）439-6445

怀波阿森林的步道
在怀波阿森林，除了有本页内容中所述的可见到巨大贝壳杉的区域，还有观景步道、托瓦托瓦步道等 7 条步行游览线路。游客可以畅游这个蕨类植物、苔类植物丛生的神秘森林。所有游览线路均在 12 号国道旁立有标识，可从停车场出发步行。

杜松贝壳杉公园
Trounson Kauri Park
Map p.331-B1

位于达加维尔西北、怀波阿森林东南的国家自然保护区。沿步道行走一周需要 40 分钟左右，途中可以看到树龄超过 1000 年的贝壳杉以及多棵树形巨大的大树。这里也是野生鸟类保护区，有新西兰国鸟几维鸟栖息于此。

怀波阿森林
Waipoua Forest
Map p.331-B1

在贝壳杉海岸多个可见到贝壳杉的地点中，最具观赏性的是怀波阿北部。沿着从 12 号国道路边的停车场向森林中延伸的步道前行，就能看到巍然挺立着的大贝壳杉。"森林之王"是新西兰最大的一棵贝壳杉，树干周长 13.77 米，树高 51.2 米。"森林之父"是新西兰第二大贝壳杉，树干周长 16.1 米，树高 29.9 米。树龄均超过 2000 年。还有四棵贝壳杉生长在一起的 Four Sisters（四姐妹）以及新西兰第七大贝壳杉——亚克斯。

Tane Mahuta 在毛利语中意为"森林之王"

"森林之王"步行小道 166米/约5分钟
森林之王
森林之父　四姐妹
"森林之父"步行小道 730米/约20分钟
"四姐妹"步行小道 350米/约10分钟
"亚克斯"步行小道 1.7公里/约40分钟
亚克斯
N
去往怀波阿游客中心、观景台、托瓦托瓦步行小道、杜松贝壳杉公园方向
1km
怀波阿森林

Column　生长于北部地区的巨树

贝壳杉是生长于南太平洋地区的树种，与南洋杉为同属植物。这种树木只有在新西兰北方、北部地区、科罗曼德尔半岛才能见到，是世界上树形最大的树种。过去这里有很多树龄达到 4000 年的树木，也就是说树木的年龄比新西兰有人居住的历史还要久。贝壳杉的特点是树干挺拔且非常高，刚开始生长时，树干上有很多树枝，但随着树龄的增长，树枝会自然脱落，只有树冠上的枝叶非常繁茂。这是为了能够充分接受阳光的照射。

树形如此巨大的贝壳杉也是重要的木材资源。古时候，毛利人就使用贝壳杉来制造战斗用的独木舟。但是真正的大规模砍伐则始于大量欧洲殖民者来到新西兰之后。19 世纪时，贝壳杉开始被用于造船、建筑以及家具制造等多个领域，砍伐量不断增加。甚至有人将森林开垦成了牧场。就这样，到了 20 世纪初，大部分贝壳杉森林已经消失。

进入 20 世纪 90 年代，砍伐贝壳杉开始需要经过政府的许可，不过此时尚存的贝壳杉森林面积只有原来的百分之几。北部地区就是至今还保存着贝壳杉森林的地方。

科罗曼德尔半岛
Coromandel Peninsula

科罗曼德尔半岛与奥克兰隔豪拉基湾（Hauraki Gulf）相望，大部分土地被森林覆盖着，保持了原始的生态，自然环境非常好。约 1/3 的区域已被列为森林保护区，可以在这里看到现已十分稀少的贝壳杉大树。

有长达 400 公里的海岸线

以贯穿半岛中部的科罗曼德尔山脉为界，东西两侧的自然环境大不一样。西海岸多山地，有在 19 世纪后半叶兴起的淘金热中繁荣一时的科罗曼德尔城以及泰晤士等僻静的小镇，还留有过去的印迹。

与此相对，东海岸有参差的海岸线及美丽的白色海滩，总是阳光明媚，具有度假地的氛围。尤其是怀蒂昂格所在的水星湾（Mercury Bay）地区，距离奥克兰不远，驾车 3 小时可达，是新西兰著名的度假胜地。

科罗曼德尔半岛　前往方法

除了 Intercity/Newmans Coachlines 的长途巴士外，还有 Go Kiwi Shuttle 运营的接送巴士。有多条行车线路。可从奥克兰出发，进入位于半岛西海岸底部的泰晤士，换乘后继续北上，到达科罗曼德尔城后，沿东海岸开往怀蒂昂格。也有从泰晤士分别开往怀蒂昂格及泰鲁阿等地的线路。

乘坐渡轮的话，有 360 Discovery Cruises 运营的渡轮在奥克兰与科罗曼德尔城之间航行。用时约 2 小时。

科罗曼德尔半岛　主要景点

贝壳杉博物馆　　　　Map p.331-C2
The Kauri Museum

科罗曼德尔半岛观光的主要城镇是西海岸的泰晤士、北部的科罗曼德尔城以及东海岸的怀蒂昂格等地。均为海滨度假地，有很多汽车旅馆、客栈等住宿设施。该地区的自然环境完全没有受到人类的影响，游客可以体验森林及海滩上漫步的乐趣。在水星湾一带体验各种流行的水上运动，可以在海面上欣赏曲曲折折海岸线以及岸上的美景。半岛上的公共交通工具开行班次很少，如果想游览多个景点的话，还是选择租车自驾会比较方便一些。不过，需要注意的是，部分地区会因路况较差而禁止车辆行驶（→ p.465）。

科罗曼德尔半岛旅游服务中心
URL www.thecoromandel.com

主要巴士公司（→ p.489）
Intercity/Newmans Coachlines

开行于奥克兰与科罗曼德尔半岛之间的接送巴士
Go Kiwi Shuttle
☎ (07) 866-0336
FREE 0800-446-549
URL www.go-kiwi.co.nz
运营 全年
奥克兰市内 13:15 出发
奥克兰国际机场 14:00 出发
费 单程
至科罗曼德尔城　　NZ$59~
至怀蒂昂格　　　　NZ$59~
至泰晤士　　　　　NZ$44~
至泰鲁阿　　　　　NZ$49~
乘客人数越多则票价越便宜。开往怀蒂昂格、泰晤士、泰鲁阿的车次，有 Door to Door 的购票方式。

渡轮公司
360 Discovery Cruises
☎ (09) 307-8005
URL www.fullers
运营 奥克兰出发
2/7~4/31、10 月中旬~12/24
周二·周四·周六·周日
8:45 出发
周五 18:30 出发
5~9 月
周六·周日 8:45 出发
12/26~ 次年 2/6
8:45 出发
费 单程成人 NZ$55，儿童 NZ$35
从位于奥克兰 Quay St. 的 Discovery Cruises 渡轮码头（Map p.239-A2）出发。到达地点为科罗曼德尔城的汉纳福德码头（Hannaford's Wharf）。从那里有连接码头与市中心的巴士根据渡轮的出发及到达时间开行。

度假地怀蒂昂格有很多几维鸟栖息着

科罗曼德尔半岛

Cape Colville
Port Jackson
Fletcher Bay
Stony Bay
Port Charles
Rauporoa Bay
Mt.Moehau
841m

Waikawau
Little Bay
Tuateawa

Kennedy Bay

Mercury Islands
墨丘利群岛

Great Mercury Isl.

Red Mercury Isl.

科尔维尔
Colville
Colville General Store S

Kennedy Bay
Kuaotunu
Opito Bay

Opito

豪拉基湾
Hauraki Gulf

科罗曼德尔镇
Coromandel
Town
贝壳杉区
Whangapoua
Matarangi

Matarangi

怀蒂昂格
Whitianga

Colomandel Harbor

怀希基岛
Waiheke Island

自来水厂
城堡岩

教堂湾
哈海
Haheil

渡轮码头
Manaia
怀奥大瀑布

贝壳杉林

Kaimarama
Mil Creek

Wheruakita

309公路
309 Road

Ponui Isl.
去往奥克兰方向

Kereta

Coroglen

泰鲁阿
Tairua

Orere Point

Matingarahi

Waikawau

Mt.Maumaupaki
819m

Shoe Isl.

帕瓦努伊
Pauanui

Kohukohunui
686m

Te Mata
Tapu

Firth of Tames

Tapa Coroglen Rd.

Table Mountain
846m

Slipper
Isl.

Waiomu
TePuru
Thonton Bay

贝壳杉树广场

The Pinnacles
759m

考埃朗格谷
Kauaeranga Valley

Ohui

Whakatete Bay

怀欧姆
贝壳杉林

Opoutere

Kaiaua

Tararu

泰晤士
Thames

Kauaeranga

Wharekawa
Onemana

Mangatangi

米兰达
Miranda

Kopu

Mt.Pakirarahi
785m

考埃朗格贝壳杉步道

怀塔卡鲁鲁
Waitakaruru

Pipiroa
Orongo
Turua

Matatoki
Puriri

旺格玛塔
Whangamata

Nagatea
Kerepehi
Hikutaia

Waiharakeke

Mangatarata

Whiritoa

Okaeria
Torehape

Netherton

Golden Cross

Waerenga

Kaihere

Paeroa
Waikino

Waihi

Golden
Valley

Patetonga

Tirohia
Goldfield
Railway

怀希海滩
Waihi Beach

Lake Waikare

去往哈密尔顿、陶朗阿、罗托鲁阿方向

去往蒂阿拉罗阿方向

去往陶朗阿方向

350

科罗曼德尔半岛

科罗曼德尔城

Coromandel Town

1820 年，欧洲货船"H.M.S 科罗曼德尔号"到此谋取可制造桅杆的贝壳杉木材，这里因此得名科罗曼德尔城。而且，这里也曾因淘金热而繁荣一时。1852 年，从事木材业的查尔斯·林格在流经小镇北侧加庞格河附近发现了黄金。

位于科罗曼德尔湾旁的科罗曼德尔城

人口: 1503 人
URL www.thecoromandel.com

主要巴士公司（→ p.489）
Intercity/Newmans
Coachlines

✆旅游咨询处
Coromandel Town
Information Centre
Map p.352-B1
住 85 Kapanga Rd.
☎（07）866-8598
URL www.coromandeltown.co.nz
开 10:00~16:00
休 无

看上去非常可爱的建筑物

科罗曼德尔城 前往方法

从泰晤士沿 25 号国道向北约 55 公里可达。道路沿曲折的海岸线延伸，所以应有稍微好一些的驾驶技术，途中会不断出现形状各异的小海湾，是一条风光明媚的驾车游览线路。Intercity/Newmans Coachlines 的长途巴士，有从奥克兰出发并在泰晤士换乘后开往怀蒂昂格的线路以及在哈密尔顿换乘后开往科罗曼德尔的线路，均为每天 3 个车次。用时 3 小时 35 分钟~7 小时 10 分钟。巴士车站位于旅游咨询处门前。

科罗曼德尔城 漫 步

城镇的中心区域很小，仅限卡潘加路（Kapanga Rd.）周边地区。旅游咨询处、咖啡馆、商店均集中在这条路上，用不了 10 分钟就能转遍。但是在郊外，有许多当地艺术家的工作室、艺术品店，还有美丽的海滩以及花园。

科罗曼德尔城 主要景点

科罗曼德尔金矿 & 碎石机
Coromandel Goldfield Centre & Stamper Battery

Map p.352-A1

可以参加团体游，了解金矿最为繁盛时使用的碎石机的结构以及观看其工作场景。100 年前制造的机械，非常值得一看。景区内设有花园及野餐区域，沿步道行走，在中途可以远眺城区。还有新西兰最大的水车也不容错过。

科罗曼德尔金矿 & 碎石机
住 410 Buffalo Rd.
☎（07）866-8758
URL coromandelstamperbattery.
weebly.com
团体游
图 夏季 10:00~15:00
每小时都有
冬季除周五以外的时间均
需预订
费 成人 NZ$10，儿童 NZ$5

科罗曼德尔矿业历史博物馆
School of Mines & Historical Museum

Map p.352-B1

位于小镇东北部、指环路（Rings Rd.）旁的一个小型博物馆。馆内展出许多珍贵的历史照片，大部分照片是关于 19 世纪初砍伐、运输

展出着许多淘金热时代的照片

科罗曼德尔矿业历史博物馆
住 841 Rings Rd.
☎（07）866-8039
开 10 月下旬 ~12 月下旬，
5~6 月上旬
周六·周日 13:00~16:00
12 月下旬 ~ 次年 4 月
13:00~16:00

休 6月上旬~10月下旬
費 成人 NZ$5，儿童免费

车道溪铁路
住 380 Driving Creek Rd.
電（07）866-8703
URL www.drivingcreekrailway.
　　co.nz
運 10:15、11:30、12:45、
　 14:00、15:15 发车（想乘
　 坐的游客超过 5 人并且提
　 前预订，可增开）
休 无
費 成人 NZ$35，老人、学
　 生 NZ$32，儿童 NZ$13

贝壳杉的情况以及 19 世纪 70 年代金矿开采最繁荣时期的情况，如实地记录了小镇发展的历史。展品有砍伐巨大贝壳杉使用的木锯以及开采金矿使用的各种工具等，十分有趣。

车道溪铁路
Driving Creek Railway

Map p.352-A1

很受欢迎的小火车曼经过 3 座隧道以及桥梁

在小镇的游览项目中，最受欢迎的是铁轨宽度只有 38 厘米的迷你铁路。这条铁路最初是该片土地的所有者、陶艺家巴里·布里克尔为运送陶土以及松木而亲自修建，可运行小火车。工程开始于 1975 年，之后铁路不断被延长，现在长度已

达到 6 公里。小火车会经过隧道、桥梁，在蕨类植物茂盛的森林中穿行，最终达到海拔 165 米的观景台——全景塔（Eyeful Tower）。乘坐的游客都会变得像孩子一样开心，整个线路充满变化，往返需 1 小时左右。

309 公路
309 Road
Map p.350-B1-2

309 公路位于科罗曼德尔城东南约 3 公里处，从 25 号国道下来后，向内陆方向前行可达。一路上有很多美丽的自然风光。这条路也是去往水星湾的近路，全程基本上都是未铺装的道路，但路边有许多值得一去的景点。

水乐园 The Waterworks
适合家庭游玩的游乐园，从 25 号国道下来进入岔路，继续前行 4.7 公里可达。虽说是游乐园，但园内全是与水有关的游乐器具。有全靠水力驱动的大时钟、可演奏乐曲的水声自动点唱机等非常有趣的游客设施。还有儿童玩耍区、不收场地费的 BBQ 区域以及咖啡馆。

岩石堡 Castle Rock
耸立于森林之中宛如城堡的山石是半岛上著名的可观赏美景的地方。经过水乐园后左转，继续前行 2.6 公里便到达山脚下。有通往山顶的步道，步行登顶需 2 小时，中途多坡度较大的路段，尤其是接近山顶的道路，非常陡峭，在雨后或者有大风的日子应十分注意。

怀阿乌瀑布 Waiau Falls
进入 25 号国道的岔路后前行 7 公里左右，前方左侧会出现一个不大的停车区域。沿着从那里开始的步道前行，没过多久就能看见呈阶梯状下落的美丽瀑布。瀑布高约 10 米。标识不太醒目，需要注意。

贝壳杉林 The Kauri Grove
从怀阿乌瀑布入口继续前行约 1 公里，在贝壳杉林中修建有步道。这里有著名的双生贝壳杉 Siamese Kauri，道路边有高耸的大贝壳杉树，还有可眺望贝壳杉林的观景点。DOC 游客中心将步道维护得很好，步行一周需要 30 分钟。

长年大量砍伐后所剩无几的大贝壳杉

科尔维尔以北
Upper Area from Colville
Map p.350-A1

科尔维尔位于科罗曼德尔城以北约 25 公里处，是科罗曼德尔半岛最北端的城镇。不过，小镇非常小，只有一家兼为日用杂货店、食品店以及加油站、咖啡馆的商店"科尔维尔综合商店（Colville General Store）"。从科尔维尔至半岛最北端的弗莱彻湾（Fletcher Bay）有一条未铺装的道路。距离附近的石头湾（Stony Bay）约 7 公里，修建有步道，单程需 3 小时。

怀阿乌水乐园
住 471, 309 Rd.
電 (07) 866-7191
URL www.thewaterworks.co.nz
開 4~10 月　　10:00~16:00
　 11 月~次年 3 月
　　　　　　 10:00~18:00
休 无
題 成人 NZ$24，老人、学生 NZ$20，儿童 NZ$18

309 公路与岩石堡

夏季有人在怀阿乌瀑布下游泳

两棵树长在一起的 Siamese Kauri

被命名为家族树的贝壳杉林

科尔维尔以北的团体游
Coromandel Discovery
住 39 Whangaqoua Rd.
電 (07) 866-8175
URL www.coromandeldiscovery.co.nz
期 全年
題 成人 NZ$130，儿童 NZ$85（是否成行要根据天气情况，参加者至少 2 人）

奥克兰
•
★
怀蒂昂格&哈海

科罗曼德尔半岛

怀蒂昂格 & 哈海

Whitianga & Hahei

科罗曼德尔半岛东部有着曲折海岸线的地区被称为水星湾（Mercury Bay），是半岛上一处比较热闹的旅游区。同时这里也是划艇、潜水等水上运动的胜地。该地名源自 1769 年库克船长曾在此观测水星。

这一带的旅游基地是小镇怀蒂昂格。在生长着高大椰子树的海滩上，住宿设施及餐馆林立，度假地氛围浓郁。

可在大自然中轻松地体验户外运动是水星湾的魅力所在

怀蒂昂格 & 哈海 前往方法

怀蒂昂格距奥克兰约 202 公里。Intercity/Newmans Coachlines 每天开行 1~2 个车次。用时 4 小时 35 分钟。没有直达车次，需要在泰晤士换乘。Go Kiwi Shuttle 每天往返于奥克兰与怀蒂昂格之间。长途巴士车站位于旅游咨询处前。距离科罗曼德尔城约 45 公里。要是自驾的话，可沿横穿半岛的 309 公路向东海岸行驶，但中途有未铺装的路段。

怀蒂昂格 & 哈海 漫步

怀蒂昂格作为旅游中心城市，虽然不大，但全年都洋溢着浓厚的度假氛围。从怀蒂昂格码头（Whitianga Wharf）向北延伸的布法罗海滩（Buffalo Beach）有很多汽车旅馆等住宿设施。商店、银行、公共设施则集中在当地的主街道阿尔伯特街（Albert St.）。乘坐渡轮约 5 分钟可到达怀蒂昂格码头对岸。没有巴士等公共交通工具，前往哈海方向的景点，则需租车自驾，也可以乘坐接送巴士或参加团体游。

哈海是位于怀蒂昂格移动约 35 公里处的一个僻静的度假地。在穿过小镇中心的哈海海滩路（Hahei Beach Rd.）旁有许多 B&B 及小旅馆。道路的尽头就是哈海海滩。海滩上有步行 1 小时可到达大教堂湾的步道。大教堂湾是电影《纳尼亚传奇》的外景地。热水海滩距离哈海海滩约 7 公里。

人口 3768 人
（怀蒂昂格）
URL www.whitianga.co.nz

主要巴士公司（→ p.489）
Intercity/
Newmans Coachlines
Go Kiwi Shuttle
☎（07）866-0336
FREE 0800-446-549
URL www.go-kiwi.co.nz
费 奥克兰 ~ 哈海 NZ$69
　奥克兰 ~ 怀蒂昂格 NZ$59
　从奥克兰出发 13:15，从
　泰晤士出发 15:15，到达哈海
　17:00，到达怀蒂昂格 17:15。

旅游咨询处 ⚫ SITE
Whitianga i-SITE
Visitor Centre
Map p.355-A1
住 66 Albert St. Whitianga
☎（07）866-5555
URL www.whitianga.co.nz
开 10 月 ~ 次年 4 月
　　　　　　9:00~17:00
　5~9 月
　周一 ~ 周五　9:00~17:00
　周六　　　　9:00~16:00
　周日　　　　9:00~14:00
休 无

主要接送巴士公司
Cathedral Cove Shuttle
☎ 027-422-5899
URL www.cathedralcoveshuttles.
co.nz
费 从渡轮码头（单程）
　至库克海滩 NZ$12
　至哈海 NZ$38
　至大教堂湾 NZ$50
　至热水海滩 NZ$58
　（1~3 人费用）
CC 不可

在艺术家工作室体验雕刻
来到紧邻水星湾博物馆的雕刻工作室，可以在职业雕刻家的指导下自己制作有毛利风格的首饰。用时 1 小时 30 分钟 ~2 小时。

海湾雕刻
Bay Carving
Map p.355-A1
住 5 Coghill St.
☎ 021-105-2151
URL www.baycarving.com
岸 全年　休 无
费 NZ$50~（需要预订）

渡轮码头
Ferry Landing

Map p.355-A1

　　在怀蒂昂格不远处的对岸一带，被称为渡轮码头。搭载游客的渡轮往返在两岸之间仅有 100 米宽的水路之上。如果不乘坐渡轮而选择陆路的话，会比较绕远，所以当地人出行基本上离不开渡轮。渡轮码头旁有建于 1837 年的石堤，是大洋洲历史最久的石堤。

水星湾博物馆
Mercury Bay Museum

Map p.355-A1

　　该博物馆建于 1979 年，位于怀蒂昂格码头对面。每年参观人数超过 6000 人，是该地区最受欢迎的博物馆。馆内有货船 "H.M.S. Buffalo" 号的照片，这艘船于 1840 年在此沉没，当地的海滩也因此得名布法罗海滩。除此之外，还有从毛利人祖先库佩于公元 800 年在此登陆后直至今日的各种珍贵展品。

介绍当地历史的博物馆

怀蒂昂格岩
Whitianga Rock

Map p.355-A1

　　过去居住于此的毛利人将岩石作为堡垒。在新西兰现存的古代堡垒中，这座堡垒是历史最久的堡垒之一。沿着山脚下的步道（起点处有标识牌）前行，8 分钟左右就可以登上视野开阔的山顶。全程有多个适合观景的地方，可以俯瞰位于海滨小城怀蒂昂格的街景。

沿着毛利人在岩石上开凿的山路前行

渡轮公司
Whitianga Water Transport
☎（07）866-5472
📠（07）866-5413
URL www.whitiangaferry.co.nz
运 7:30~19:30
　　20:30~22:30
休 无
费 单程成人 NZ$4，儿童 NZ$2
　　往返成人 NZ$6，
　　儿童 NZ$4
　　每隔 10~15 分钟有一班船

航行于怀蒂昂格与哈海之间的渡轮

水星湾博物馆
住 11 The Esplanade，Whitianga
☎（07）866-0730
URL www.mercurybaymuseum.co.nz
开 夏季 10:00~16:00
　　冬季 11:00~15:00
休 无
费 成人 NZ$7.5，儿童 NZ$2

前往怀蒂昂格岩

　　从渡轮码头停车场旁的山坡开始攀爬。只要按标识指示前行就不会迷路，但道路较滑，要注意脚下。从渡轮码头步行去往 Back Bay 需要 2 分钟左右。

透过树木可以看到远处的怀蒂昂格

迷失温泉
The Lost Spring
Map p.355-A1

　　位于怀蒂昂格中心区域的温泉设施。这里的老板用了 20 年时间从地下 644 米深处挖出了温泉，水温为 38℃～40℃，不算很高。温泉设施的建筑具有自然情趣，可以感受到豪华度假地的氛围。还设有餐馆及水疗设施。

🏠 121A Cook Dr.
☎ (07) 866-0456
URL www.thelostspring.co.nz
🕐 周一～周五・周日
　　10:30~18:00
　　周六 10:30~20:00
休 无
费 1 小时 30 分钟 NZ$38、1 日 NZ$68
　　（入场是 14 岁以上的人）

温泉设施入口

前往大教堂石拱

　　要是驾车的话，沿哈海海滨路向海滨方向前行，会路过哈海唯一的商店哈海综合商店（Hahei General Store），从那里左转，前行 1.5 公里后有停车场。从停车场所在地开始有步道，步行约 15 分钟可到达宝石湾（Gemstone Bay），步行约 20 分钟可到达魔鬼鱼湾（Stingray Bay），步行约 40 分钟可到达大教堂石拱。

穿过岩洞继续前行的话，应注意波浪

莎士比亚陡崖
Shakespeare Cliff
`Map p.355-A1`

　　面向大海站在莎士比亚陡崖上，可以看见右侧的孤独湾（Lonly Bay）以及左侧的弗莱克斯米尔湾（Flaxmill Bay）。白色的陡崖突出于海面之上，看上去酷似莎士比亚的脸部侧面轮廓，因此得名莎士比亚陡崖。从停车场出发登上山坡，可以到达海角的最前端，从那里能够远眺海岸线平缓的水星湾。立有纪念库克船长观测水星的石碑。

右边远处为库克海滩

哈海　主要景点

大教堂石拱
Cathedral Cove
`Map p.355-A2`

　　从哈海市区至北边的海岸线，因长年受波浪侵蚀而形成了复杂的地形。悬崖之上修建有步道，可以悠闲地漫步，可以看见狭窄海湾内海浪平稳的海滩以及海面上的一座座小岛。走下一段很长的阶梯，可以来到大教堂海滩。这里有碧蓝的海水、白色的奇石以及布满了粉色樱蛤贝壳的海滩，是一个非常美丽的海滩。海滩左侧有一个带有石洞的巨大岩石被称为大教堂石拱。石洞后面还有一个小海滩。

海滩与大教堂石拱

哈海海滩
Hahei Beach
`Map p.355-A2`

　　位于海洋保护区最前端的哈海海滩是一个非常适合海水浴及水上运动的地方，很受当地人喜欢。绵延 1.5 公里的美丽海岸线，很适合早晚散步。沙滩表面的粉色是由于白沙之上覆盖了大量的樱蛤贝壳。海滩附近还是划艇及游船等海湾内水上运动的基地。

海岸线平缓的哈海海滩

热水海滩
Hot Water Beach

可以同时体验到大海与温泉之趣

位于哈海以南约 7 公里处的海滩，在沙滩上挖坑就能涌出天然温泉，因此非常有名。但是可以体验温泉的时间仅有退潮前后的 1 小时。去往海滩前，应先到怀蒂昂格的旅游咨询处了解下退潮时间。挖掘温泉所用的铁锹可以在海滩入口处的商店租借。虽然设备比较简单，但还是设有可供更衣室的厕所以及冲洗脚的地方。这里也是冲浪的地点，不过海浪较强，游泳时要注意。如果海面上立有旗帜，表示仅可在该区域内游泳。

热水海滩的商铺
Hot Water Beach Store
[住] 29 Pye Pl.
[电] (07) 866-3006
[时] 9:00~
（根据海况而定）
[休] 无
租赁铁锹
[费] NZ$5（押金 NZ$20）

出售泳装、救生圈等物品

怀蒂昂格 & 哈海的
游览项目

海湾游船
由自称"探险家"的奈吉利亚运营的海湾游船。游客可参加团体游，坐上可乘 8 人的橡皮舟，游览成为鸟类筑巢地的爱图爱卡岛与喷水海岸。能够领略到已被列为海洋保护区的水星湾地区的魅力。用时约 1 小时。

Hahei Explorer
[电] (07) 866-3910　[URL] haheiexplorer.co.nz
[营] 全年
[费] Hahei Explorer Tour 成人 NZ$85，儿童 NZ$50
[CC] MV

大教堂石拱 & 热水海滩游
可以游览水星湾的两大景点——大教堂石拱与热水海滩。退潮时出发，可向组织游览的旅行社或当地的旅游咨询处确认出发时间。也可在怀蒂昂格的住宿地点参加。用时约 5 小时。

Aotearoa Tours
[电] (07) 866-2807　[FREE] 0508-868-769
[URL] www.tournz.co.nz
[营] 全年　[费] NZ$45
[CC] MV

大教堂石拱 & 岛屿探险
乘坐长 8.5 米的小舟，游览大教堂石拱以及海洋保护区内的岛屿，之后参观位于哈海与热水海滩之间的美丽海滨。分别在 8:00、11:00、14:00、16:30 出发，用时约 2 小时。可在旅游咨询处报名参加。

Whitianga Adventures
[FREE] 0800-806-060
[URL] www.whitianga-adventures.co.nz
[营] 全年
[费] 成人 NZ$75，儿童 NZ$45
[CC] MV

怀蒂昂格 & 哈海的
动感体验

海上划艇
水星湾一带有许多小岛以及因海浪侵蚀而成的奇石，很适合划艇。由经验丰富的导游带领，所以初涉户外运动的游客也可放心。从哈海海滩出发，游览周围的岛屿后去往大教堂石拱。中途可以体验浮潜。用时 3 小时 ~3 小时 30 分钟。

Cathedral Cove Kayak Tours
[DATA] [电] (07) 866-3877　[FREE] 0800-529-258
[URL] seakayaktours.co.nz　[营] 全年
[费] 成人 NZ$105~，儿童 NZ$65~　[CC] AMV

科罗曼德尔半岛

泰晤士 *Thames*

URL www.thamesinfo.co.nz
主要巴士公司（→ p.489）
Intercity
/Newmans Coachlines
旅游咨询处 ⓔ site
Thames Visitor Centre
Map p.358-A1
[住] 200 Mary St.
[电]（07）868-7284
URL www.thamesinfo.co.nz
[开] 夏季周一～周五　8:30～17:00
　　周六、周日、法定节日
　　　　　　　　　9:00～16:00
　　冬季周一～周五　9:00～17:00
　　周六　　　　　　9:00～13:00
　　周日　　　　　 12:00～16:00
　　法定节日　　　　9:00～16:00
[休] 无

位于半岛底部的泰晤士可以说是"进入科罗曼德尔半岛的门户"，人口约7000人，是半岛上最大的城市。有购物中心、各种商店以及餐馆、医院、学校等设施，是半岛上生活方便程度最高的地方。

主街道旁有许多具有怀旧情调的建筑

这里最繁荣的时期是19世纪70年代淘金热的鼎盛时期。当时，除了开采金矿外，这里还有非常兴盛的贝壳杉砍伐业，人口曾增长到2万人。

现在小镇已经变得非常宁静，但也有许多利用老建筑经营的酒店、酒吧、博物馆等设施。步行参观古建筑的行程也很受游客欢迎。

泰晤士　前往方法

Intercity/Newmans Coachlines 运营的开行于奥克兰与陶朗阿之间的长途巴士，每天有2~3个车次，途中经过泰晤士。从奥克兰发车的车次用时1小时45分钟左右，从陶朗阿发车的车次用时1小时35分钟~1小时55分钟。车站位于旅游咨询处旁。乘坐去科罗曼德尔半岛其他城镇的车次，也需在这里乘车。

泰晤士　漫　步

泰晤士的主街道是有很多餐馆及商店的波伦街（Pollen St.）。这里虽然是一座历史悠久的小镇，但观光景点并不多，而且基本上都集中在城镇中心，靠步行就能游遍。兼为巴士车站的旅游咨询处位于玛丽街（Mary St.）上。可以在生长着红树林的泰晤士湾（First of Thames）沿岸观察野生鸟类，悠闲地放松身心。

泰晤士

去往科罗曼德尔城方向▶
碎石机与金矿探险之旅
Stamper Battery & Gold Mine Tour
Sunkist Guesthouse
战争纪念碑 War Memorial Monument
矿业矿物博物馆 School of Mines & Mineralogical Museum
汇合酒店
泰晤士历史博物馆 Thames Historical Museum
Victoria Park
野生鸟类观察屋
长途巴士站
Goldfields Shopping Centre
警察局
医院
St. Georg's Anglican Church
Danby Field
Imperial Thames High School
Brew Cafe and Bar Thames
泰晤士湾 Firth of Thames
Thames South School
Shortland Court Motel
游艇码头
至考埃朗格谷方向
去往奥克兰方向
0　300m

泰晤士历史博物馆 `Map p.358-A1`
Thames Historical Museum

　　该博物馆位于整洁美丽的花园内。馆内展出着 19 世纪 70 年代淘金热时的生活用品，向人们讲述着当时的日常生活，而且还再现了当时的理发店及服装店。可以通过参观博物馆来了解泰晤士的历史。

矿业矿物博物馆 `Map p.358-A1`
School of Mines & Mineralogical Museum

　　该博物馆所在建筑原为矿业学校的校舍，改建后对外开放，现已被列为新西兰的重点文物。据说在 19 世纪 80~90 年代，新西兰全国有 30 多家矿业学校。馆内除了有采集于新西兰的各种矿石，还有保存完好的珍贵化石。

被列为重点文物

战争纪念碑 `Map p.358-A1`
War Memorial Monument

　　小镇北面的山丘上，有为纪念第一次世界大战中的战死者而建的纪念碑。从山顶附近可以俯瞰小镇，而且也是极好的观看泰晤士夜景的地点。

考埃朗格谷 `Map p.358-B2`
Kauaeranga Valley

　　从泰晤士出发向着内陆方向前行 13 公里左右就能到达这个风光明媚的峡谷。游客中心兼为 DOC 的办公室，同时这里也是多条步道的起点，这些步道都是 19 世纪 70 年代 ~20 世纪 20 年代砍伐贝壳杉的人们所建，其中最著名的就是通往海拔 759 米的尖峰（The Pinnacles）的线路，单程用时 3 小时 10 分钟~3 小时 40 分钟。虽然途中会遇到多个陡坡，但只要登上山顶就能看到气势恢宏的美丽海景。

泰晤士历史博物馆
🏠 Cnr. Pollen St. & Cochrane St.
☎ （07）868-8509
URL thameshistoricalmuseum.weebly.com
開 10:00~16:00
休 无
費 成人 NZ$5，儿童 NZ$2

矿业矿物博物馆
🏠 Cnr. Brown St. & Cochrane St.
☎ （07）868-6227
FAX （07）868-6995
開 1·2 月　　　　11:00~15:00
　 3~12 月
　 周三 ~ 周日　11:00~15:00
休 3~12 月的周一、周二
費 成人 NZ$10，儿童 NZ$3.5

在战争纪念碑所在的山丘上可以远眺街区及海岸线

前往考埃朗格谷
　　该峡谷也是森林保护区，城镇中心距此约 8 公里。没有接送巴士开行，需乘坐出租车。从城区去往步行游览的出发地，需要 20 分钟左右。

泰晤士的
户外运动　游览 碎石机与金矿的探险之旅

　　有把采集来的矿石粉碎后提炼重金属的大型机械"Stamper"以及 19 世纪后半期实际使用过的金矿设备，保存状态良好，至今仍能开动。在此游览的最大亮点是头戴头灯沿巷道前行的探险游。中途，在漆黑的巷道中会播放曾在此工作过的矿工的声音记录，让人感觉非常惊险刺激。用时 40 分钟左右。

費 大人 $15、子供 $5
CC 不可

Goldmine Experience
🏠 Cnr. Moanataiari Rd. & SH 25
☎ （07）868-8514
URL www.goldmine-experience.co.nz
開 夏季 10:00~16:00（依季节变化）　休 冬季

进入后左手方向的山里有金矿的巷道

科罗曼德尔半岛

泰鲁阿 & 帕瓦努伊

Tairua & Pauanui

人口 1227 人（泰鲁阿）
人口 750 人（帕瓦努伊）

主要巴士公司（→ p.489）
Intercity Coachlines /
Newmans Coach Lines、
Go-kiwi 接驳巴士
→ p.354

● 泰鲁阿的旅游咨询处
Tairua Information Centre
223 Main Rd. Tairua
(07) 864-7575
URL www.thecoromandel.com
9:00~17:00（依季节变化）

● 帕瓦努伊的旅游咨询处
Pauanui Information Centre
23 Centreway Pauanui
URL www.thecoromandel.com
/ (07) 864-7101
9:00~17:00（依季节变化）

在半岛东侧的中央位置，有一对被人们称为"双生镇"的安逸小镇，分别是泰鲁阿和帕瓦努伊，两个镇子之间隔着泰鲁阿湾。虽然这里没有什么特别令人瞩目的观光名胜，但是却拥有美丽的海滩、悠闲漫步的小路、高端假小屋等，因此这一地区被当地人誉为休闲度假胜地。

泰鲁阿 & 帕瓦努伊 前往方法

从怀蒂昂格至泰鲁阿大约有 40 公里。从奥克兰乘坐城际长途巴士公司（Intercity Coachlines）与纽曼长途巴士公司（Newmans Coach Lines）的巴士，中途在泰晤士换乘。每天一趟车，大约需要 3 小时。从奥克兰出发经由泰鲁阿去往怀蒂昂格的 Go-kiwi 接驳巴士，每天也有 1 趟车。从泰鲁阿至帕瓦努伊，如果从陆地上走需要绕很大一圈的路才能抵达，大约需要 30 分钟车程；如果乘坐渡轮只需要 5 分钟。夏季时每天通航（冬季班次减少）。详情请在泰鲁阿旅游咨询处查看。

泰鲁阿 & 帕瓦努伊 主要景点

火山丘帕库 Paku   Map p.360

位于泰鲁阿中心地区以东，是一座海拔 178 米的向海面凸起的火山丘，曾经作为毛利的要塞"帕 pa"被使用。从帕库风景车道（Paku Drive）步行 15 分钟可以到达山顶，站在这里可以将泰鲁阿和帕瓦努伊两座镇子的美景尽收眼底。

几维邓迪探险之旅 Kiwi Dundess Adventures

在 Dag 和 Jan 的带领下探索大自然的私人定制型旅游项目，这两位导游都是资深的环保人士，他们参加过以原始森林再生计划为首的各种保护大自然的活动。在他们的带领下，探索贝壳杉茂盛的森林和海滩，认识新西兰特有的生态圈和固有动植物。

可以愉快学习的几维邓迪探险之旅

住 宿
Accommodation

安克尔汽车旅馆
Anchor Lodge Motel

◆ 旅馆位于镇中心，周围被绿植环绕着，十分有人气。小木屋形式的汽车旅馆，所有客房都带有小露台。其中有 6 间客房带有按摩浴缸。

科罗曼德尔镇	Map p.352-B1

住 448 Wharf Rd. Coromandel Town
☎（07）866-7992　FAX（07）866-7991
URL anchorlodgecoronmandel.co.nz
费 Dorm NZ$29~，ⓈⒹⓉ NZ$65~87，汽车旅馆 NZ$125~165　房间数 25　CC AMV

科罗曼德尔科特汽车旅馆
Coromandel Court Motel

◆ 位于旅游咨询处后方，距离长途巴士车站非常近。步行 3 分钟即可到达周边的商店、餐馆、超市，地理位置极好。除了双人间之外，还有适合家庭出行的双大床房。

科罗曼德尔镇	Map p.352-B1

住 365 Kapanga Rd, Coromandel Town
☎（07）866-8402　FAX（07）786-8403
URL www.coromandelcourtmotel.co.nz
费 ⓈⒹⓉ NZ$135~
房间数 9　CC DMV

教堂酒店
The Church Accommodation

◆ 共有 11 栋别墅，3 种房型，周围的自然环境极好，每个房间都非常独立、私密性强。花费 NZ$12，可以为你准备早餐。步行 5 分钟之内的周边地区还有商店和咖啡馆。

哈海	Map p.355-A2

住 87 Hahei Beach Rd, Hahei
☎（07）866-3533
URL www.thechurchhahei.co.nz
费 ⓈⒹ NZ$120~230
房间数 12　CC MV

塔塔西旅馆
Tatahi Lodge

◆ 地理位置优越，附近有商店和餐馆。房型比较多，有多人间、汽车旅馆式房间、别墅式、工作室式房间等，可以根据自己的预算选择合适的房型。

哈海	Map p.355-A2

住 9 Grange Rd, Hahei
☎（07）866-3992　FAX（07）866-3993
URL www.tatahilodge.co.nz　费 Dorm NZ$29~，ⓈⒹⓉ NZ$80~，汽车旅馆式 NZ$130~，别墅 NZ$180~　房间数 10　CC MV

怀蒂昂格海军旅馆
Admiralty Lodge Whitianga

◆ 所有客房都宽敞明亮，而且可以欣赏海景。辖地内还有温水游泳池，另外还可以租借高尔夫用具、山地车等。

怀蒂昂格	Map p.355-A1

住 69 Buffalo Beach Rd. Whitianga
☎（07）866-0181　FAX（07）866-0182
URL www.admiraltylodge.co.nz
费 ⓈⒹ NZ$290~410
房间数 18　CC A DMV

蓝枪鱼旅馆
Blue Marlin Apartments

◆ 这家精品公寓与布法罗海滩之间仅隔一条马路，地理位置极佳。从二层的小阳台可以望见海景。房间内虽然带有厨房但是比较小。

怀蒂昂格	Map p.355-A1

住 4 Buffalo Beach Rd. Whitianga
☎（07）866-0077
URL bluemarlinapartments.co.nz
费 ⒹⓉ NZ$110~230
房间数 6　CC MV

汇合酒店
The Junction Hotel

◆ 酒店所在的建筑物是泰晤士最古老的房子，内部是被重新装修过的。位于酒店一层的酒吧深受当地人喜爱。

泰晤士	Map p.358-A1

住 700 Pollen St. Thames
☎（07）868-6008
URL www.thejunction.net.nz　费 Dorm NZ$28~，Ⓢ NZ$50~，Ⓓ NZ$60~，Ⓣ NZ$70~　房间数 17　CC AJMV

帕库公寓美居度假大酒店
Grand Mercure Puka Park Resort

◆ 雅高旗下的度假酒店。酒店别墅的四周在大然的环绕下，可以称之为"隐秘的小屋"。所有单间都带有小阳台，带有床幔的床富有浪漫的格调。

帕瓦努伊	Map p.360

住 42 Mount Ave. Papanui Beach
☎（07）864-8088
FAX（07）864-8112
URL www.accorhotels.com
费 NZ$130~　房间数 48　CC ADJMV

🗝厨房（所有房间）　厨房（部分房间）　厨房（共用）　吹风机（所有房间）　浴缸（所有房间）
泳池　上网（所有房间/收费）　上网（部分房间/收费）　上网（所有房间/免费）　上网（部分房间/免费）

北岛

科罗曼德尔半岛　泰鲁阿 & 帕瓦努伊

奥克兰

芒格努伊山

陶朗阿

人口 11 万 4789 人
URL www.tauranga.govt.nz

航空公司（→p.489）
新西兰航空
陶朗阿机场
Map p.363
☎（07）575-2456
URL airport.tauranga.govt.nz
✉ 从机场至市中心约 5 公
里。可乘坐出租车、接
送巴士或者 Bay Hopper
的 #2

主要巴士公司（→p.489）
Intercity/Newmans
Coachlines

双城快速
FREE 0800-422-928
URL www.baybus.co.nz
🚌 周一～周五每天 2 个车次
从罗托鲁阿出发 6:20、
15:40
到达陶朗阿 8:05、17:10
休 周六、周日
费 成人 NZ$11.6，儿童免费

陶朗阿的旅游咨询处
🌐SITE
Tauranga i-SITE
Map p.364-A1
🏠 95 Willow St.
☎（07）578-8103
URL www.bayofplentynz.com
开 周一～周日 8:30～17:00
休 无

可介绍普伦蒂湾全部相关信息

科罗曼德尔半岛

陶朗阿 & 芒格努伊山

Tauranga & Mount Maunganui

陶朗阿海岸的主街道

该地区位于奥克兰东南约 204 公里的北岛东海岸，被称为普伦蒂湾（丰盛湾）Bay of Plenty，是新西兰国内著名的几维度假地。普伦蒂湾这个地名意为"丰盛湾"，是古代毛利人独木舟海上交通的中转地，1769 年詹姆斯·库克作为首个欧洲人来到此地并给这里命名为普伦蒂湾。全年气候温暖，可以体验与海豚同游等多种水上运动。

另外，这里土壤肥沃，出产新西兰 80% 的奇异果（→p.366）。当地最大的城镇陶朗阿在毛利语中意为"停船休息之地"。作为新西兰规模最大的天然港之一，有许多商船往来于此，使得该地区充满了活力。

从陶朗阿穿过港湾大桥，就来到对岸的芒格努伊山。细长的半岛状陆地边缘都覆盖着沙滩，半岛的顶端有毛奥火山（芒格努伊山），景色美丽。有很多退休老人居住的住宅及别墅，是新西兰人比较向往的地方。东北方向的帕帕默阿海滩长度超过 20 公里，是新西兰最长的海滩。

陶朗阿 & 芒格努伊山 前往方法

新西兰航空运营着奥克兰与陶朗阿之间的直飞航线，每天 4~8 个航班。用时约 40 分钟。从惠灵顿出发的话，每天有 3~5 个航班，用时约 1 小时 5 分钟。机场距离市中心约 5 公里。

Intercity/Newmans Coachlines 运营的长途巴士把陶朗阿与其他城市连接了起来。从奥克兰至陶朗阿每天 2~3 个车次，用时约 4 小时。哈密尔顿至陶朗阿每天 2 个车次，用时约 2 小时。惠林顿至陶朗阿每天 1 个车次，用时约 9 小时。还有经由陶波及内皮尔的车次。除此之外，Twin City Express 运营着罗托鲁阿与陶朗阿之间的双城快速（→p.289）。用时约 1 小时 30 分钟。巴士车站位于旅游咨询处旁边。

陶朗阿 & 芒格努伊山 漫步

1988 年连接陶朗阿与芒格努伊山的港湾大桥建成，两地之间的交通变得便利起来。当地开行有被称为 Bay Hopper 的公交巴士 #1 和 #2，往返于市中心与芒格努伊山麓的山温泉池（→p.365）之间，所以即使不驾车也很方便。

陶朗阿市区位于地形狭长的半岛上。主街道为海边的德文波特路（Devonport Rd.）。与德文波特路相交的斯特兰街（The Strand）与码头街

（Wharf St.）周边，也有很多餐馆及商店。想到海滩游玩的话，可以前往芒格努伊山。

芒格努伊山市区的主街道是延伸至毛奥山脚下的芒格努伊路（Maunganui Rd.）。在毛奥山一侧尤为热闹，有很多餐馆和商店。芒格努伊山的魅力在于不管什么地点都距离大海及海滩很近。住宿设施多集中在毛奥一侧以及滨海大道（Marine Pde.）沿线。在夏季及周末前往，最好提前预约。

当地的象征——毛奥火山

陶朗阿 主要景点

第十七古村庄 Map p.363

Historic Village on 17th

将 19 世纪殖民地时期建于陶朗阿的银行、牙科医院、住宅等建筑移建至此或进行复建而形成的小村庄。所有建筑均为慈善商店，出售负鼠相关制品、毛衣、木雕及首饰等手工商品。平时顾客不多，但每到周末就会变得非常热闹。

殖民地风格的建筑看上去非常美观

● 科罗曼德尔半岛　陶朗阿 & 芒格努伊山

Bay Hopper
FREE 0800-422-9287
URL www.baybus.co.nz
運 周 一 ~ 周 五 6:00~21:30 左右
周六、周日 6:00~19:00 左右
（各线路不一）
费 成人 NZ$3.2，儿童 NZ$1.9
　1 日通票
　成人 NZ$7.4，儿童 NZ$5.3

第十七古村庄
住 17 Ave. West
電 (07) 571-3700
URL www.villageon17.co.nz
開 村庄　　　　　7:30~22:00
商店 / 咖啡馆
各商家不一
休 村庄无休，商店 / 咖啡馆
各商家不一
费 免费
交 从陶朗阿市中心乘 Bay
Hopper 的 #1 或 #2 约 10
分钟

罗宾斯公园
Robbins Park

Map p.364-A1

这个公园位于市区北部比海边区域略高一些的地方，有很多历史景点。19世纪60年代初，在北岛中部的怀卡托地区（哈密尔顿周边），毛利人与欧洲人之间因土地所有权的问题而爆发了毛利战争，随后战火蔓延至陶朗阿。在多次毛利战争中，盖伊德帕（Gate Pa）之战是规模最大的战斗之一。公园内保存着土筑的堤防状蒙莫斯堡垒（Monmouth Redoubt）。为了能让英国女子及儿童在必要时在此避难并逃至奥克兰，这座建于1864年的堡垒内放置有船。

森林中的蒙莫斯堡垒遗迹

公园下方有大型独木舟 Te Awanui Canoe，于1973年仿毛利人曾用于航海的船只而建造。

传教士之家
The Elms Mission House

Map p.364-A1

传教士之家
住 15 Mission St.
电（07）577-9772
URL www.theelms.org.nz
开 10:00~16:00
休 无
费 院落免费
　　参观住宅及图书馆的团体游 NZ$5

1838年，英国传教士来到这里，成为了最早在此定居的欧洲人。当时他们便居住于此。传教士之家建于1847年，在毛利战争中曾被用于收留伤病者。

树木环绕着的房子

铁路桥
Rail Bridge

Map p.363、364-B1

这座铁路桥的建设工程开始于1910年，之后因第一次世界大战而延缓建设，1928年才得以完工。这条线路可以通往奥克兰，所以现在仍有货运列车开行。

可以沿桥的边缘走过大桥

去往芒格努伊山方向
Chapel St.
Harbour Bridge
罗宾斯公园
Robbins Park
Marsh St.
Dive Crescent
传教士之家
The Elms Mission House
Mission St.
Cliff St.
Willow St.
植物园
猛犸要塞
Tauranga Domain
Monmouth St.
蒂阿瓦努伊木筏
McLean St.
陶朗阿美术馆
长途巴士客车站
港湾城际汽车旅馆
Wharf St.
港畔城背包客旅馆
渡轮　游船栈桥
Loft 109背包客旅馆
The Strand
Spring St.
Elizabeth St.
First Ave.
陶朗阿海滨汽车旅馆
Second Ave.
Glasgow St.
铁路桥
Rail Bridge
Third Ave.
Fourth Ave.
Takitimu Drive
Arundel St.
Fifth Ave.
Sixth Ave.
Cameron Rd.
Seventh Ave.
Eighth Ave.
Graham Park
Edgecumbe Rd.
Ninth Ave.
德文波特路 Devonport Rd.
Tenth Ave.
纪念公园
Memorial Park
Eleventh Ave.
0　　400m
陶朗阿市中心

A

B

纪念公园
Memorial Park

从斯特兰德街沿海岸向南就可来到面对德文波特路的纪念公园。园内有迷你铁路、迷你高尔夫球场、室外游泳池等设施，还有很多家庭来此野餐。有很久以前建造的喷泉，夜晚还有灯光。

在节假日会有许多游客带着全家人在公园游玩

科罗曼德尔半岛　陶朗阿 & 芒格努伊山

芒格努伊山　主要景点

毛奥火山（芒格努伊山）
Mauao (Mount Maunganui)
Map p.363

毛奥是芒格努伊山的一处著名景点。这是一座直插入海的圆锥形小山，海拔232米。山的周围地形平坦，修建有登山步道，无须特殊装备就能登上山顶，很适合普通游客步行游览。过去这里曾是毛利人的要塞。登上山顶大约需要30分钟。这里还有环海岸的步道，走完一周需要45分钟左右。站在山顶可以环看四周的美景。

可以轻松地登上毛奥火山

前往毛奥火山

从陶朗阿市中心乘 Bay Hopper #1 或 #2 约 20 分钟。从芒格努伊山出发则乘坐 #1 或 #30。

有很多人在此进行徒步及马拉松运动

主海滩 & 帕帕默阿海滩
Main Beach & Papamoa Beach
Map p.363、p.363 外

位于芒格努伊山地区东北部的主海滩，属于海湾外侧水域，所以海浪略大一些，有很多冲浪爱好者。与毛奥火山有一些距离的帕帕默阿海滩游客较少，可以悠闲地游玩。另外，芒格努伊山对面的领航湾为海湾内水域，海水深度较浅，适合海水浴。

从主海滩有通往莫图里基岛（Moturiki Island）的步道，步行 10 分钟左右可达。海浪较大时，可以看到海水从岩石缝隙中喷出的壮观场景。

在主海滩玩沙滩排球的游客

前往帕帕默阿海滩

从陶朗阿市中心乘 Bay Hopper #33 约 50 分钟。从芒格努伊山出发则乘坐 #30。

山温泉池
Mount Hot Pools
Map p.363

过滤海水并引入地下温泉的室外温泉泳池。位于毛奥火山山麓，可以在步行游览之后下水体验一下。还有按摩服务。

步行游览后在泳池中愉快地放松身心

山温泉池
🏠 9 Adams Ave.
☎ (07) 577-8551
URL www.bayvenues.co.nz/Venues/Aquatic+Venues/mthotpools
🕐 周一～周六 6:00~22:00
周日 8:00~22:00
休 无
💰 成人 NZ$10.8，儿童 NZ$8.1
🚌 从陶朗阿市中心乘 Bay Hopper #1 或 #2 约 20 分钟。从芒格努伊山出发则乘坐 #1 或 #30。

与海豚共泳的团体游

海面平静的陶朗阿湾非常适合与海豚共泳。乘船接近野生海豚群，然后下水跟海豚一起在水中畅游。航行途中还能见到蓝企鹅及新西兰毛皮海豹。可以租借潜水服、呼吸管等装备。

Dolphin Seafaris
- ☎ (07) 577-0105　FREE 0800-326-8747
- URL www.nzdolphin.com
- 11 月~次年 5 月
- 成人 NZ$150，儿童 NZ$110
- CC MV

串联跳伞

乘坐小型飞机升空，然后跳伞降落在海滩上。有导游跟游客绑在一起完成跳伞，游客完全可以放心。起跳高度有约 3048 米和 3657.6 米可供游客选择，不同的高度，费用也不同。可以在空中俯瞰鲁阿佩胡火山及白岛。

Tauranga Tandem Skydiving
- ☎ (07) 574-8533
- URL www.tandemskydive.co.nz
- 全年　约为 3048 米 NZ$325
- 约 3657.6 米 NZ$375　CC MV

冲浪

使用四角平滑的冲浪板，这样会更加安全，即便是初学者也能较好地适应。还有讲解细致的课程，非常适合初学者参加。报名及冲浪地点设在芒格努伊山的主海滩，方便游客前往。初学者课程每天 13:30 开始，用时约 2 小时。可租借冲浪服。

Hibiscus Surf Lessons & Hires
- ☎ (07) 575-3792　URL surfschool.co.nz
- 全年
- 初学者课程 NZ$95，从第二次开始的集体课程 NZ$95，单独指导课程 NZ$155
- CC MV

Column　好吃且有益于健康的奇异果

奇异果是众所周知的新西兰著名的农产品。以陶朗阿为中心的普伦蒂湾沿岸地区，日照充足，因此盛产奇异果，产量占到新西兰全国的 80%。其中，从陶朗阿沿 2 号国道向罗托鲁阿方向驾车行驶约 30 分钟可达的蒂普基（Te Puke）是奇异果的生产基地，被称为"奇异果之都"。那里有名为奇异果 360（Kiwi 360）的主题公园，可以乘上特别的游览车参观农场。

奇异果，是原产自中国长江流域的猕猴桃科植物，会像葡萄一样在架子上生长，果实结在枝蔓上。新西兰人在 20 世纪 30 年代开始尝试商业种植，到了 20 世纪 50 年代正式开始出口。最初被称为中国醋栗，后来为了强调该水果产自新西兰而借用新西兰国鸟几维来重新命名，中文译名则被翻译成与几维发音近似的奇异果。20 世纪 70 年代至 20 世纪 80 年代是奇异果生产的高速增长期，在普伦蒂湾地区，出现了依靠奇异果生产而获得了巨额财富的富豪。

近几年，果肉为黄色且糖度很高的黄金奇异果已经进入市场。该新品种富含更多的维生素 C、维生素 E 及钾，因此更有益于健康，很受消费者欢迎。

巨大的奇异果标识 Kiwi 360

奇异果360
- 住 35 Young Rd. Rangiuro
- ☎ (07) 573-6340
- FAX (07) 573-6345
- URL kiwifruitcountrytours.co.nz　全年

陶朗阿海滨汽车旅馆
Tauranga On The Waterfront

◆ 这家汽车旅馆的地理位置好，步行至陶朗阿市中心仅需 5 分钟。客房面朝陶朗阿湾而建，风景优美。如果你希望入住拥有意大利风格水疗浴室的客房，建议提早预约。

陶朗阿　Map p.364-B1
- 住 1 Second Ave.　☎（07）578-7079
- FREE 0800-109-007　FAX（07）578-0812
- URL www.thetauranga.co.nz
- 费 ⑤Ⓓ NZ$149~299
- 房间数 26　CC AMV

港湾城际汽车旅馆
Harbour City Motor Inn

◆ 地理位置极佳，特别适合观光旅游，出门即到旅游咨询处。所有房间都带有宽敞的浴室，还带有 Sky TV 和杂志等。

陶朗阿　Map p.364-A1
- 住 50 Wharf St.　☎（07）571-1435
- FREE 0800-253-525　FAX（07）571-1438
- URL www.taurangaharbourcity.co.nz
- 费 ⒹⓉ NZ$145~
- 房间数 20　CC ADMV

港畔城背包客旅馆
Harbourside City Backpackers

◆ 位于斯特兰街附近，无论是就餐还是购物都非常方便。旅馆内有厨房和公共活动区域，露台可供烧烤用。一层的房间都带有淋浴和卫生间。来自外国的背包客较多。

陶朗阿　Map p.364-A1
- 住 105 The Strand
- ☎（07）579-4066
- URL www.backpacktauranga.co.nz
- 费 Dorm NZ$30~，⑤ⒹⓉ NZ$78~
- 房间数 82 个床位　CC MV

山脉背包客旅馆
Mount Backpackers

◆ 位于市中心附近。旅馆内有许多旅行社的资料，可以在这里申请各种户外运动项目。内部还同时设有网吧。如果准备节约旅费不妨在这里入住。

芒格努伊山　Map p.363
- 住 87 Maunganui Rd.
- ☎／FAX（07）575-0860
- URL www.mountbackpackers.co.nz
- 费 Dorm NZ$22~26，D NZ$78
- 房间数 40 个床位　CC MV

百丽梅尔公寓式酒店
Belle Mer Apartments

◆ 面朝海滩而建的 3 层楼高的公寓房。所有房间都带有浴缸和淋浴房，有 1~3 个房间的房型，即便是家庭或者团体入住也可以非常舒适地度过。几乎所有房间都带有可以望海的露台。预约的前提条件是必须入住 2 晚以上。

芒格努伊山　Map p.363
- 住 53 Marine Parade.
- ☎（07）575-0011
- FREE 0800-100-235
- FAX（07）575-0211
- URL www.bellemer.co.nz
- 费 ⒹⓉ NZ$235~　房间数 15　CC AMV

海滨 B & B
Beachside B & B

◆ 风景优美的可以观景的 B&B。共有 3 种房型，每个房间都有独立的淋浴房。还有热情的工作人员 Jim 和 Lorraine 为大家服务。距离中心地区约 3 公里。有可供人专用的自行车。

芒格努伊山　Map p.363
- 住 21B Oceanbeach Rd.
- ☎（07）574-0960
- URL www.beachsidebnb.co.nz
- 费 ⑤Ⓓ NZ$120~
- 房间数 3　CC MV

Loft 109 背包客旅馆
Loft 109 Backpackers Hostel

◆ 旅馆地理位置优越，附近有超市和餐馆，步行至长途巴士车站仅需 4 分钟。有女性专用的多人间。从阳台上可以望见陶朗阿湾。无线网络可以免费用 50MB。

芒格努伊山　Map p.364-B1
- 住 109 Devonport Rd.
- ☎（07）579-5638
- URL Loft109.co.nz
- 费 Dorm NZ$28~，ⒹⓉ NZ$75~
- 房间数 30 个床位　CC MV

帕帕默阿海滩度假村
Papamoa Beach Resort

◆ 面朝帕帕默阿海滩而建的度假村。内有宿营区、别墅区等各式住宿设施。无论是客房还是公共澡堂都非常干净。距离中心地区约 10 公里。

芒格努伊山　Map p.363 外
- 住 535 Papamoa Beach Rd.　☎（07）572-0816　URL www.papamoabeach.co.nz
- 费 Camp 1 人 NZ$21~，Cabin NZ$78~，Unit NZ$130~，Villa NZ$175~395
- 房间数 Camp 260，Cabin 9，Unit 7，Villa 19
- CC MV

🔵 厨房（所有房间）　🟢 厨房（部分房间）　🟦 厨房（共用）　🟧 吹风机（所有房间）　🟪 浴缸（所有房间）
🔵 泳池　🔷 上网（所有房间/收费）　🔷 上网（部分房间/收费）　🔷 上网（所有房间/免费）　🔷 上网（部分房间/免费）

奥克兰

吉斯伯恩

人口 4 万 4496 人
URL www.outeast.co.nz

航空公司（→ p.489）
新西兰航空

吉斯伯恩机场
Map p.369-A1 外
住 Aerodrome Rd.
☎（06）867-1608
URL www.eastland.nz
　　从机场至市中心需要乘坐出租车。

主要出租车公司
Gisborne Taxis
☎（06）867-2222
FREE 0800-505-555

主要巴士公司（→ p.489）
城际长途巴士公司
Intercity
Coachlines / 纽曼长途巴士
公司 Newmans Coach Lines

旅游咨询处 ● SITE
Gisborne Visitor Centre
Map p.369-A1
住 209 Grey St.
☎（06）868-6139
FAX（06）868-6138
URL www.outeast.co.nz
開 周一～周五　8:30~17:00
　　周六　　　　9:00~17:00
　　周日　　　10:00~17:00

东部地区的交通
　　从吉斯伯恩沿海岸线北上至希克斯湾（Hicks Bay）之间有接驳巴士。始发站位于旅游咨询处前。需要预约。
Cooks Couriers
☎（021）371-364
運 周一～周六 13:30~13:45 发车
休 周日

吉斯伯恩 *Gisborne*

　　北岛的东岸，如同半岛一般突出伸向海面，也常被人们称为东部地区（Eastland）。这一带有着绵延的海岸线，沿途的风景非常优美。吉斯伯恩是东部地区最大的城市。这里还是新西兰最东端的城市，也是"世界上第一个迎接日出"的城市（当然

拥有温暖气候的魅力海滨城市

还有更靠近国际日期变更线的太平洋岛国）。由于日照充足，因此作为优良的葡萄产地也是相当知名的。另外，因为这一地区的海浪条件较好，还深受冲浪爱好者喜爱。

　　1769 年，英国航海家詹姆斯·库克是第一位登上吉斯伯恩这片土地的欧洲人。但是，由于后续与毛利人的交流不是很通畅，所以没有得到期望补给的水和粮食。当时给这里取名为贫穷湾（Pcverty Bay），这个名字延续至今。

吉斯伯恩 前往方法

　　新西兰航空等航空公司有从各大主要城市直飞吉斯伯恩机场（Gisborn Airport）的航班。从奥克兰每天有 3~5 个班次，飞行时间 1 小时。从惠灵顿每天有 1~3 个班次，飞行时间 1 小时 5 分钟。机场位于市中心以西约 5 公里的地方。
　　长途巴士方面，无论是城际长途巴士公司（Intercity Coachlines）还是纽曼长途巴士公司（Newmans Coach Lines）都有从奥克兰直达这里的班次。每天 1 趟车，所需时间 9 小时 15 分钟。从惠灵顿出发需要乘坐途经内皮尔的巴士，每天 1 趟车，所需时间 9 小时 35 分钟。长途巴士是在旅游咨询处 i-SITE 前发车和到达的。

吉斯伯恩 漫 步

　　格拉德斯通路（Gladstone Rd.）是这座城市最热闹的街道，与这条路相交叉的啤梨街（Peel St.）周边汇集了不少餐馆和商铺。城市北部地区的格拉斯通路的沿线周边有不少汽车旅馆，临近贫穷湾（Poverty Bay）的怀卡尼海滩（Waikanae Beach）沿岸也有假日公园和汽车旅馆零星分布着。
　　另外，市区还有因詹姆斯·库克登陆而建造的纪念碑等，具有历史意义的景点（→ p.370）。可以从旅游咨询处领取一份"A Historic Walk"的小册子，按照上面的指示在城市漫步非常有趣。

建于高台上的库克船长登陆纪念碑

吉斯伯恩　主要景点

泰拉怀提博物馆
Tairawhiti Museum

Map p.369-A2

　　建于塔鲁荷鲁河（Taruheru River）畔的博物馆。有关于这一地区的地质环境、毛利文化、欧洲人入侵殖民的历史等方面的介绍。另外，与英国航海家詹姆斯·库克登陆吉斯伯恩有关的资料也比较齐全。博物馆的后面是一艘于1912年在吉斯伯恩远海区域沉没的大型船只、Star of Canada 船桥等，部分打捞上来的展品。博物馆的前庭是1872年开拓时代建造的民居、威利小屋（Wyllie Cottage）等也都对外公开展览。

吉斯伯恩葡萄酒中心
Gisborne Wine Centre

Map p.369-B2

　　东部地区是新西兰国内屈指可数的葡萄酒产地，其中吉斯伯恩被人们誉为"新西兰的霞多丽之都"。车市周边共有16家葡萄酒庄，中心还举办了酒庄巡游的团体游项目，另外还以出厂价出售的当地产葡萄酒。还同时设有葡萄酒吧，可以在此试饮比较一下不同口味的葡萄酒，如果觉得有适合自己口味的还可以现场购买。

北岛

●吉斯伯恩

泰拉怀提博物馆
住 Kelvin Rise. Stout St.
☎ （06）867-3832
URL www.tairawhitimuseum.
　　org.nz
开 周一～周六 10:00~16:00
　　周日 13:30~16:00
休 无
钱 成人 NZ$5，儿童免费

展示着保留有浓郁毛利文化色彩之城市的历史

吉斯伯恩葡萄酒中心
住 Shed 3, 50 Esplanade St.
☎ （06）867-4085
URL www.gisbornewine.co.nz
营 11:00~20:00
休 无
葡萄酒庄巡游
举 11:00~16:00
休 无
钱 NZ$110

369

蒂·波霍·奥·拉维奥（毛利集会场所）

住 Queens Dr.
URL ngationeone.weebly.com
开 参观内部需要提前预约，可以在旅游咨询处预约
费 免费

东木山森林公园
住 2392 Wharekopae Rd. RD2, Ngatapa
电 （06）863-9003
FAX （06）863-9093
URL www.eastwoodhill.org.nz
开 夏季
　周一～周五　9:00～17:00
　周六·周日　9:30～16:00
　冬季
　周一～周五　9:30～16:00
休 冬季的周六·周日
费 成人 NZ$15，儿童 NZ$2
交 从吉斯伯恩市中心地区沿国道 2 号线向南行驶，中途进入 Wharekopar Rd.，然后继续行驶 23 公里

蒂·波霍·奥·拉维奥（毛利集会场所）　Map p.369-B2
Te Poho O Rawiri

位于凯蒂山北侧的毛利集会场所。建于 1930 年，是新西兰国内最大级别的毛利集会场所。附近还有一座小型的毛利教堂（Toko Toru Tapu Church）。

可以见到艺术价值非常高的雕刻作品

东木山森林公园　Map p.369-A1 外
Eastwoodhill Arboretum

从吉斯伯恩市区开车前往这里约需 30 分钟，公园占地面积广阔，内有 4000 多种各式各样的树木，既有来自北美或者欧洲的品种也有原生林。这里树种之丰富、面积之宽广在世界上也是享有盛名的，一年四季都可以欣赏到不同的美景。园内共有 6 条步行线路，起点位于旅游咨询处，短途的线路仅需 1 小时，选择在森林里漫步的游客非常多。

Column　太平洋探险家——詹姆斯·库克

伟大的航海家的功绩

詹姆斯·库克 James Cook（1728~1779 年）就是我们所熟知的库克船长，他是一位将毕生精力都奉献给了太平洋探险事业的英国航海家。1768 年，库克船长等人乘坐奋进号从英国出发，一年后于 1769 年 10 月成功登陆如今新西兰所在的岛屿，也是第一位登上这片土地的欧洲人。登陆的海滩就位于吉斯伯恩的海岸上。之后经过长达 6 个月的深入调查，基本准确地绘制除了新西兰的地图。当时所使用的地名有很多延续至今仍被人们利用。再后来，新西兰成了英国的殖民地，开始了近现代国家的历史进程。库克船长用了将近 10 年的时间 3 次航海对太平洋上的诸岛进行调查，并且否定了传说中的"未知南方大陆"的说法。遗憾的是，在第三次探险时因为需要补给与夏威夷岛上的岛民发生冲突，不幸遇害身亡。

库克船长的另一个功绩是，针对当时盛行的坏血病的预防。保持船内清洁，让船员食用使用醋浸泡过的蔬菜和水果，从而保证维生素 C 的摄取量。跟随库克船长出海的船员没有一人患上坏血病。

纪念库克船长的纪念碑

吉斯伯恩有多episode纪念库克船长的纪念碑，可以围绕这里主题进行巡游。

位于怀卡尼海滩的库克船长雕像（Map p.369-B1）建于 1999 年，相对来说比较新，雕像的底座是一个酷似地球仪的球体，中间刻有 3 次航海的线路。

同在怀卡尼海滩上还有杨格·尼克（Young Nick）的雕像，他是最先发现新西兰大陆的船员——12 岁的少年尼古拉斯。雕像再现了当时杨格·尼克用手指着前方的陆地高呼"前方有陆地！"的样子。

据推测，库克船长一行当时应该是先将奋进号停在海湾内，然后乘坐小船从凯蒂海滩（Kaiti Beach）附近登陆上岛，所以在预想的登陆地点树立的纪念碑（Map p.369-B1）。

矗立在怀卡尼海滩上的库克船长雕像

餐馆
Restaurant

Map p.369-A2

码头餐馆
The Marina Restaurant

◆ 位于码头公园（Marina Park）内的一家高档法式西餐厅。店铺是利用历史感十足的舞蹈房改建而成的，就餐氛围非常好。主菜的价格是 NZ$29.5~。午餐套餐附带甜品，价格是 NZ$25，备受食客们的好评。

住 Marina Park, 1 Vogel St.
电 （06）868-5919　FAX （06）868-5949
URL marinarestaurant.co.nz
营 周二·周三 18:00～23:00；周四～周六 12:00～15:00，18:00～23:00
休 周日·周一　CC AMV

瓦科斯餐馆
The Works

◆ 这是一家位于内港的专营新西兰菜的餐馆，外观建筑是利用历史悠久的建筑物改建而成的。晚餐主菜的价格在 NZ$30 上下，另外还有适合搭配各种菜肴的当地产葡萄酒。

Map p.369-B2

住 41 Esplanade St.
☎ （06）868-9699
FAX （06）868-9897
营 周一～周四・周日 11:00～20:30
周五・周六 10:00～21:00
休 无　CC MV

住 宿
Accommodation

优质翡翠酒店
Quality Hotel Emerald

◆ 位于市中心，无论是购物还是就餐都非常方便。客房是简约派设计，但给人非常高端的感觉，还有附带专用小阳台的湾景房。酒店内设 SPA 和餐馆。

Map p.369-A2

住 13 Gladstone Rd.　☎ （06）868-8055
FREE 0800-363-725　FAX （06）868-8066
URL www.emeraldhotel.co.nz
费 DT NZ$145~
房间数 48　CC ADMV

临港酒店
Portside Hotel

◆ 酒店地理位置极好，可以一览贫穷湾的风景，有半数以上的客房可以欣赏湾景。房型的种类也比较齐全，从单人间到附带起居室和厨房的套间任你挑选。健身房、游泳池等设施也比较完善。酒店大堂给人的感觉也很温馨。

Map p.369-B1

住 2 Reads Quay　☎ （06）869-1000
FREE 0800-767-874
FAX （06）869-1020
URL www.portsidegisborne.co.nz
费 SDT NZ$135~550
房间数 58　CC ADJMV

花落金沙海滨汽车旅馆
Whispering Sands Beachfront Motel

◆ 所有客房都面朝海滩而建，2 层客房还带有小阳台。酒店 1 层可以直接走到海滩。所有房间都带有厨房、冰箱、天使等设备，非常适合长期居住。

Map p.369-A・B1

住 22 Salisbury Rd.　☎ （06）867-1319
FREE （0800）405-030
FAX （06）867-6747　URL whisperingsands.
co.nz　DT NZ$125~195
房间数 14　CC ADMV

怀卡尼海滩汽车旅馆
Waikanae Beach Motel

◆ 这家汽车旅馆位于汽车旅馆林立的 Salibury Rd. 上，距离怀卡尼海滩步行仅需 1 分钟。客房简单整洁。提前申请的话还可以为住客准备班尼迪克蛋等早餐，价格是 NZ$8~。

Map p.369-A1

住 19 Salisbury Rd.　☎ （06）868-4139
FREE 0800-924-526　FAX （06）868-4137
URL www.waikanaebeachmotel.co.nz
费 SDT NZ$100~160
房间数 16　CC ADMV

飞舞的修女背包客旅馆
Flying Nun Backpackers

◆ 旅馆是利用过去的旧修道院改建而成的，名字也非常有个性，翻译过来的意思是"飞舞的修女"。地处僻静的住宅区，距离市中心热闹地带约有 1.5 公里。床单和毛巾需要单独支付 NZ$2。有公共的电视活动间和 BBQ 区。

Map p.369-A1

住 147 Roebuck Rd.
☎ （06）868-0461
URL www.bbh.co.nz
费 Dorm NZ$25~，S NZ$40~，DT NZ$60~
房间数 15　CC 不可

吉斯伯恩青年旅舍
YHA Gisborne

◆ 距离市中心步行约需 15 分钟。深受冲浪爱好者的喜爱，对于想在此冲浪的人来说也确实是不错的选择。有投币式洗衣房和可以 BBQ 的宽敞庭园。服务台营业时间为 8:30~20:00。

Map p.369-B2

住 32 Harris St.
☎ （06）867-3269
URL www.yha.co.nz
费 Dorm NZ$28~，S NZ$52~，DT NZ$68~
房间数 40 个床位　CC MV

🍳厨房（所有房间）🍳厨房（部分房间）🍳厨房（共用）💨吹风机（所有房间）🛁浴缸（所有房间）
🏊泳池🖥上网（所有房间/收费）🖥上网（部分房间/收费）🖥上网（所有房间/免费）🖥上网（部分房间/免费）

奥克兰

内皮尔

内皮尔 *Napier*

艺术装饰样式的建筑物鳞次栉比的古典街道

内皮尔是一座美丽的海滨城市，整座城市都飘散着热情洋溢的海滨氛围。装饰艺术派的建筑鳞次栉比，形成了一道独特的亮丽风景线。这是因为这一地带在 1931 年 2 月 3 日发生过大地震，整座城市受到了毁灭性的打击，震后人们选择了当时最流行的装饰艺术派风格的建筑来重建这座城市。至今这里仍被称为"装饰艺术之都"，每年 2 月这里都会举办"装饰艺术节"，届时将会有不少身着 20 世纪 20~30 年代服装的人出现在街上。

自 19 世纪欧洲殖民者入侵内皮尔以来，这里一直都是一座繁荣的港口城市。港口围积了来自世界各地的木材、羊毛、食品等货物。另外，以内皮尔为中心的东海岸霍克湾（Hawke's Bay）一带，还是盛产优质新西兰葡萄酒的产地。这里的葡萄种植园一望无际，如果你准备来这里游玩，一定不要错过葡萄酒庄巡游这一项活动。

人口 5 万 5359 人
URL www.hawkesbaynz.com

航空公司（→ p.489）
新西兰航空

霍克湾机场
Map p.373-A2 外
☎（06）834-0742
URL www.hawkesbay-airport.co.nz
从机场至市中心地区可以乘坐机场巴士。

机场巴士公司
Super Shuttle
FREE 0800-748-885
URL www.supershuttle.co.nz
🚌 机场 ↔ 市中心（最低）
1 人 NZ$20
2 人 NZ$25
3 人 NZ$30

主要巴士公司（→ p.489）
城际长途巴士公司 Intercity Coachlines / 纽曼长途巴士公司 Newmans Coach Lines
长途巴士车站
Map p.374-A1
🏠 12 Carlyle St.

旅游咨询处 🌐 SITE
Napier i-SITE
Map p.374-A1
🏠 100 Marine Pde.
☎（06）834-1911
FREE 0800-847-488
FAX（06）835-7219
URL www.napiernz.com
🕐 夏季 9:00~18:00
冬季 9:00~17:00
休 无

内皮尔 前往方法

新西兰航空有从新西兰国内各大主要城市直飞内皮尔的航班。从奥克兰每天有 7~10 个班次，飞行时间 1 小时。从惠灵顿每天有 3~6 个班次，飞行时间 55 分钟。从克赖斯特彻奇（基督城）每天有 2 个班次，飞行时间 1 小时 30 分钟。距离最近的机场是霍克湾机场（Hawkes Bay Airport），位于市中心以北约 7 公里的地方。

长途巴士方面，有城际长途巴士公司（Intercity Coachlines）/ 纽曼长途巴士公司（Newmans Coach Lines）的巴士通车。包含经由的车次，每天有 1~5 个班次从奥克兰发车，所需时间 7 小时 ~12 小时 50 分钟。从惠灵顿出发的车次每天有 2~4 班，所需时间 5 小时 20 分钟 ~9 小时 30 分钟。

内皮尔 漫 步

爱默生街（Emerson St.）是城市的中心道路。两旁种有高大的椰子树，这条长约 500 米的街区是购物步行街。这条道路的中心地区，建有许多美丽的装饰派艺术风格的房屋。沿海而建的海滨大道（Marine Parade），也是休闲散步的好去处。道路的两旁分布着一些 B&B 和汽车旅馆。另外，城市的西侧有一片叫奥胡日日（Ahuriri）的地区，这里正在进行再开发，因此有不少时尚的餐馆。

内皮尔旅游咨询处

装饰艺术街区漫步
Art Deco Walk

　　由于在 1931 年的大地震中城市的大部分建筑被毁，为了复兴城市，市民们选择了当时最流行的装饰艺术派风格作为建筑的主题，因此内皮尔也得名"装饰艺术之都"。城市漫步可以在旅游信息服务中心等地花费 NZ$7.9 购买地图，另外参加由 The Art Deco Trust 举办的城市漫步导览团也是一个不错的选择。装饰艺术商店（The Art Deco Shop）内出售有关装饰艺术的商品和书籍等。

看完线路之后边散步边学习的导览团

　　每年 2 月的第三个周末这里会举办"装饰艺术节"，届时会有爵士音乐会、古典盛装游行等活动，十分热闹。许多身着 20 世纪 20~30 年代服装的人会出现在城市的各个角落。如果在期间来旅游最好提早预订酒店。

有许多可爱的小杂货

装饰艺术导览团
The Art Deco Trust
☎（06）835-0022
FREE 0800-427-833
URL www.artdeconapier.com
午间漫步
🚩 集合地点旅游咨询处前 10:00 出发
💰 成人 NZ$18，儿童 NZ$5
午后漫步
🚩 集合地点装饰艺术商店前 14:00、17:00 出发
💰 14:00 出发 成人 NZ$20，儿童 NZ$5
　　17:00 出发 成人 NZ$19，儿童 NZ$5

装饰艺术商店
Map p.374-A1
🏠 7 Tennyson St.
☎（06）835-0022
🕐 9:00~17:00
休 无

内皮尔广域图

在水中隧道漫步

新西兰国家水族馆
- 🏠 Marine Pde.
- ☎ （06）834-1404
- 🌐 www.nationalaquarium.co.nz
- 🕐 9:00~17:00（入场截止~16:30）
- 休 无
- 💰 成人 NZ$20，儿童 NZ$10

喂企鹅表演秀
- 🕐 9:30、13:00、15:30

与鲨共舞
- 🕐 9:00、11:00、15:00
- 💰 NZ$95（需要预约）

霍克湾博物馆 & 剧院 & 美术馆
- 🏠 1 Tennyson
- ☎ （06）835-7781
- 🌐 www.mtghawkesbay.com
- 🕐 10:00~17:00
- 休 无
- 💰 成人 NZ$10，儿童免费

新西兰国家水族馆
National Aquarium of New Zealand

Map p.374-B1

　　这家水族馆除了可以鉴赏鱼类之外，还可以看到新西兰古蜥蜴（学名：斑点楔齿蜥 tuatara）和几维鸟等新西兰物种。最值得一看的是深 3 米，全长 50 米的水底隧道。游客乘坐步梯进入隧道，可以看到大型的鲨鱼、鳐鱼从头顶游过。另外，还有一些表演秀，例如潜水员在水中喂鱼的表演、与鲨鱼一起遨游的表演等。其中与鲨共舞（Swim with the Sharks）的表演是最刺激的。

霍克湾博物馆 & 剧院 & 美术馆
Museum, Theatre, Gallery, Hawke's Bay

Map p.374-A1

　　这是一栋集美术馆、剧院、画廊于一体的综合设施。展品范围十分广泛，包含毛利装饰品、当地艺术家作品、近代工业设计作品等。另外，关于 1931 年 2 月 3 日大地震的珍贵资料也是非常值得一看的。馆内同时还设有剧院等设施。

位于旅游咨询处附近，交通非常方便

帕尼亚雕像
Pania of the Reef

Map p.374-A1

　　帕尼亚少女雕像佩戴着毛利首饰，矗立于滨海大道上。有关这座雕像民间流传着一个悲伤的故事。大海的臣民之女帕尼亚与毛利族青年卡里拓基相恋后，来到陆地上生活，后来丈夫卡里拓基因为战争经久未归，帕尼亚在此返回海里生活。但是，当她想再次返回陆地时惹怒了海王，王将她变为一块岩石永远不能返回陆地与恋人相见。

内皮尔市中心

地图标注：
- Shakespeare Rd.
- 内皮尔特景区酒店
- 哈格斯布莱斯咖啡馆
- 海洋水疗 Ocean Spa
- 新西兰葡萄酒中心 New Zealand Wine Centre
- 霍克湾博物馆&剧院&美术馆 Museum, Theatre, Gallery, Hawke's Bay
- 帕尼亚雕像 Pania of the Ree
- 装饰艺术商店
- 旧新闻中心·电信大楼 Tiffen Park
- Ujazi咖啡馆
- Sound Shell & Colonade
- 玛索尼克装饰艺术酒店
- 装饰艺术标准背包客旅馆
- i SITE
- T&G大楼
- 公共市政大楼
- ASB银行
- Milton Rd.
- Tennyson St.
- Emerson St.
- 旧中心酒店大楼
- 长途巴士车站 Clive Square
- Dalton St.
- Dickens St.
- Station St.
- 帕西菲卡餐馆
- Marine Parade
- 滨海大道
- Vautier St.
- 内皮尔YHA客栈
- Hastings St.
- Bower St.
- 德拉迈尔汽车旅馆
- Munroe St.
- 内皮尔火车站
- 卵石海滩汽车旅馆
- 新西兰国家水族馆 National Aquarium of New Zealand
- 200m

位于滨海大道沿途公园中的帕尼亚雕像

新西兰葡萄酒中心
New Zealand Wine Centre

Map p.374-A1

这里汇集了霍克湾地区酒庄的综合信息。外观建筑是装饰艺术派的古建筑，馆内改造一新。另外，针对葡萄种植、葡萄酒酿造工艺等进行的解释说明非常详细。闻香室共有54种香型体验，同时还设有影音说明。可以一边观看屏幕上显示的图像，一边试饮葡萄酒的挑战试饮活动（Wine Tasting Adventure）深受参观者的好评。

尝一尝产自霍克湾的葡萄酒

海洋水疗
Ocean Spa

Map p.374-A1

位于海滨大道沿线的一家水疗设施。拥有两座大型的多功能泳池和25米的水疗池，非常适合全家出行。另外还有蒸汽房和桑拿房等设施，如果你想要悠闲地度假，这里是最好的选择。

可以一边看海一边做水疗

布拉夫山
Bluff Hill

Map p.373-A2

布拉夫山是位于市区北部的观景胜地，站在山顶观景，脚下是内皮尔港和霍克湾绵长的海岸线，晴天时可以望见远方的拐子角（→ p.376）。观景最好是在天气晴朗的时候。

山脚下周围一带的木造房屋在大地震中幸免于难，这些房屋大都是英国殖民者建造的，可以通过这里的风貌联想一下地震以前内皮尔繁华市街的景象。

从布拉夫山俯瞰内皮尔港

新西兰葡萄酒中心
🏠 1 Shakespeare Rd.
☎ （06）835-5326
URL nzwinecentre.co.nz
🕐 10:00~18:00
　（依季节变化）
🚫 冬季的周日
葡萄酒试饮活动
🕐 10:00~18:00
　（每30分钟一次，所需时间50分钟）
💰 NZ$29

可以尽情享受葡萄酒试饮的乐趣

海洋水疗
🏠 42 Marine Pde.
☎ （06）835-8553
🕐 周一～周六 6:00~21:45
　周日、法定节日
　　　　　 8:00~21:45
🚫 无
💰 成人 NZ$10.7，儿童 NZ$8

去往布拉夫山的方法
　如果你准备步行前往，可以从位于海滨大道北侧进入 Coote Rd.，然后在 Thompson Rd. 右转，沿着标识前行30分钟即到。后半程披度比较急。步道途中还会进入森林里行走。日落后观景台的大门会关闭。

Napier Prison Tours
🏠 55 Coote Rd.
☎ （06）835-9933
URL www.napierprison.com
🕐 9:00~17:00
💰 成人 NZ$20，儿童 NZ$10
　可以从位于布拉夫山的旧监狱内，租借中文的语音讲解和地图。另外，还开设单人牢房、多人牢房等地的参观导览。手举犯人囚号拍摄的照片非常有趣，发朋友圈效果应该不错哦。

拐子角的团体游
Gannet Beach Adventures
☎（06）875-0898
FREE 0800-426-638
URL www.gannets.com
🗓 10 月～次年 4 月
💰 成 人 NZ$44, 学 生 NZ$34, 儿童 NZ$24

拐子角
Cape Kidnappers
Map p.373-B2 外

　　拐子角位于距离内皮尔市区以南约30公里处，从海滨大道可以望见。这一带还是褐鲣鸟的繁殖地，现在作为自然保护区被保护了起来。观察褐鲣鸟的最佳季节是在11月上旬（雏鸟刚刚孵出）至2月下旬（哺育雏鸟时期）。7~10月是褐鲣鸟的筑巢期，届时将禁止入内参观。

　　可以观察褐鲣鸟的鸟类筑巢地位于海角的前端，需要从设在海角前端的休息处步行20分钟方可到达。一般来说可以参加导览团和讲解员一起去观察，也可以沿着道路尽头的8公里的沙石海滩行走2小时（单程）。不过只能在落潮的时候行走，所以出发前一定要在旅游咨询处确认清楚潮涨潮落的时间。

乘坐大个的拖拉机在海边前行

Column　装饰艺术之都——内皮尔

　　在大地震带来灾害之后，人们相互扶持齐心协力重建内皮尔城。下面就一起来认识这些著名的装饰艺术派建筑。

T & G 大楼　Map P.374-A1
T&G Building

　　建于1935年。铜质地的圆顶和钟楼是最美的组合。当时归专营禁酒者专用保险的公司所有，现在内部是餐馆和住宿设施。

旧国家烟草公司大楼　Map P.373-A2
National Tabacco Company Building

　　位置有些偏远，距离市中心步行约需30分钟。内部装饰非常漂亮。

ASB 银行　Map P.374-A1
ASB Bank

　　建于1932年。过去这里是新西兰银行，现在是内皮尔ASB银行在使用。建筑将毛利的图文和装饰艺术巧妙地结合到一起，内部也非常值得一看。

旧中心酒店大楼　Map P.374-A1
The Former Hotel Central

　　位于爱默生街上，是内皮尔所有装饰艺术派建筑中规模较大的。现在内部是一些商铺。

玛索尼克装饰艺术酒店　Map P.374-A1
Art Deco Masonic Hotel

　　改建于1932年，至今仍在营业的酒店（→ p.379）。外观建筑时尚新颖。酒店大堂给人留下深刻的印象，还保留着那个年代的装饰品。

旧新闻中心·电信大楼　Map P.374-A1
The Daily Telegraph Building

　　曾经是新闻中心和电信公司所在的大楼，是一栋非常典型的装饰艺术派建筑。

明圣酒庄 & 教堂路酒庄
Mission Estate Winery & Church Road Winery

Map p.373-A·B1

明圣酒庄的外观建筑是曾经作为神学院被使用的建筑

霍克湾地区共有 70 多家酒庄，其中最著名的要数明圣酒庄（Mission Estate Winery）。这家酒庄建于 1851 年，是由当时的传教士所创办，也是新西兰最古老的葡萄酒庄。可以在酒庄内设的品酒房内，免费品尝众多的获奖葡萄酒。另外，这里的餐馆还备受好评，在就餐之余还可以葡萄园的风景。距离明圣酒庄以南 600 米的酒庄便是新西兰国内第二古老的酒庄——教堂路酒庄（Church Road Winery）。这家酒庄开设了酒庄巡游团，可以在讲解员的带领下参观酿酒厂、发酵桶残酷、地下葡萄酒博物馆等地。

银桦巧克力公司
The Silky Oak Chocolate Company

Map p.373-B1

这是一家从比利时进口巧克力，然后进行加工的巧克力工厂。工厂辖地内有南半球唯一的一家巧克力博物馆，这里有关于巧克力历史的介绍。另外，工厂商店内出售各种类型的巧克力，同时设有咖啡馆。小编推荐撒有荔枝粉的味道浓郁的荔枝热巧克力（Hot Chocolate Extreme with Chilli）NZ$5.7。

使用人偶等进行的展示非常有趣

阿拉塔基蜂蜜游客中心
Arataki Honey Visitor Centre

Map p.373-B2 外

阿拉塔基蜂蜜是新西兰最大的蜂蜜生产厂商。工厂位于霍克湾地区，距离市中心以南约 22 公里处有游客中心。这里有关于蜜蜂的生态环境、采花的品种、生产工艺等的介绍；此外还有感官学习，可以在真正的蜂巢中寻找蜂王，或是在显微镜下观察蜜蜡。可以对比品尝 10 种不同蜂蜜的试饮区非常受参观者的欢迎。游客中心内还设有商店。

可以品尝到麦卢卡、三叶草蜜等不同口味的蜂蜜

创办于 1944 年的老店

明圣酒庄
- 198 Church Rd.
- （06）845-9353
- （06）844-6023
- URL www.missionestate.co.nz
- 周一～周六 9:00~17:00
  （试饮报名截止～16:30）
  周日 10:00~16:30
- 无

教堂路酒庄
- 150 Church Rd.
- （06）833-8234
- URL www.church-road.co.nz
- 夏季 10:00~16:30
  冬季 10:30~16:30
- 无

酒庄 & 博物馆巡游
- 14:00 出发
- NZ$17.5（包含试饮）

餐馆和酒窖

银桦巧克力公司
- 1131 Links Rd.
- （06）845-0908
- URL silkyoakchocs.co.nz
- 周一～周四 9:00~17:00
  （博物馆和咖啡馆营业至16:00）
  周五 9:00~16:00
  周六·周日 10:00~16:00
- 无
- 乘坐市内巴士 Go Bay Bus #12 约需 30 分钟

博物馆
- 与商店一致。入场截止～15:30
- 成人 NZ$8，儿童 NZ$5

银桦咖啡馆
- 与商店一致

阿拉塔基蜂蜜游客中心
- 66 Arataki Rd. Havelock North
- （06）877-7300
- URL www.aratakihoneyhb.co.nz
- 9:00~17:00
- 无
- 免费

北岛

内皮尔

内皮尔的
游览项目

霍克湾酒庄巡游

这条线路是霍克湾最受欢迎的短途旅行之一，可以参观新西兰最大的葡萄酒产地。半日游参观 3~4 个酒庄，1 日游参观 5~6 个酒庄。有多家旅游公司都有同样的线路，详细内容可以在旅游咨询处确认。

DATA **Bay Tours & Charters**
☎（06）845-2736 FREE 0800-868-742
URL www.baytours.co.nz 營 全年
費 半日游 NZ$110~，1 日游 NZ$195~ CC MV

羊皮工厂之旅

这家工厂是北岛为数不多的鞣皮工厂。通过参观可以了解从清洗羊皮到干燥羊皮、分类、制成成品的过程。这条旅行线路是免费的，每周一～周六 11:00、14:00 出发。羊皮工厂内设有商店，在这里可以购买到品质上乘的羊皮制品。小编推荐可以在这里购买伴手礼。

DATA **Classic Sheepskins**
住 22 Thames St. ☎（06）835-9662 FREE 0800-170-171
FAX（06）835-7089 URL www.classicsheepskins.com 營 全年
開 周一～周五 8:30~17:00，周六 9:00~16:00，周日 10:00~15:00 費 免费 CC AMV

霍克湾巡游

乘坐外形酷似蒸汽机车的大型游览车游览布拉夫山、阿胡里里地区。车厢内充满了浓郁的复古风情。这辆车还可以在市区内比较窄的道路上行驶，有一种乘坐叮当电车的感觉。全程约需 1 小时 15 分钟。

DATA **Hawkes Bay Express**
☎ 021-935-820 URL www.hbexpress.co.nz
開 11 月下旬～次年 4 月上旬（10:00、13:00 每天 2 趟）
費 成人 NZ$50，儿童 NZ$25 CC AMV

餐 馆
Restaurant

帕西菲卡餐馆
Pacifica

◆ 拥有众多美食大奖的时尚餐馆。招牌菜是使用从霍克湾打捞的新鲜鱼类烹制成的无国籍创作料理。套餐是 5 品 NZ$50。葡萄酒的种类也很丰富。店内不算宽敞，所以建议提早预约。

Map p.374-B1

住 209 Marine Pde.
☎（06）833-6335
URL www.pacificarestaurant.co.nz
營 周二～周六 18:00~Late
休 周日、周一
CC ADMV

Ujazi 咖啡馆
Ujazi Cafe

◆ 店内使用非常有个性的艺术品装饰，是一家非常有人气的咖啡馆。手工制作的羊肉丸的价格是 NZ$17.5，肉排三明治的价格是 NZ$18.9。咖啡是 NZ$3.5~。

Map p.374-A1

住 28 Tennyson St.
☎（06）835-1490
營 8:00~17:00（供餐 周一～周五 14:00 L.O.，周六·周日 15:00 L.O.）
休 无
CC AMV

明圣酒庄餐馆
Mission Estate Winery Restaurant

◆ 设于酒庄（→ p.377）内的餐馆。
提供非常适合与葡萄酒一起食用的羊肉、鹿肉等菜肴。预算大约是午餐 NZ$30~，晚餐 NZ$40~。当地客人也常来这里就餐，建议提前预约。

Map p.373-A1

住 198 Church Rd.
☎（06）845-9354
FAX（06）844-6023
URL www.missionestate.co.nz
营 10:00~Late
休 无
CC ADMV

哈格斯布莱斯咖啡馆
Hags Breath Cafe

◆ 主营肉类、海鲜、意面等菜肴的休闲餐馆。招牌菜是各种肉排 NZ$24~。

Map p.374-A1

住 49 Marine Pde.
☎（06）835-1018
FAX（06）835-1019
URL www.hogsbreath.co.nz
营 11:30~21:30
休 无
CC ADJMV

住宿
Accommodation

内皮尔特景区酒店
Scenic Hotel Te Pania

◆ 酒店仿佛是沿着海滨大道弯曲的弧线而修建的，整面的玻璃外墙给人一种近现代奢华的感觉。所有客房都带有空调，从大部分客房可以欣赏到霍克湾的美景。

Map p.374-A1

住 45 Marine Pde.
☎（06）833-7733
FREE 0800-696-963
FAX（06）833-7732
URL www.scenichotelgroup.co.nz
费 ⑤ⒹⓉ NZ$196~
房间数 109
CC ADJMV

玛索尼克装饰艺术酒店
Art Deco Masonic Hotel

◆ 位于旅游咨询处旁的一家装饰艺术派酒店（→ p.376）。每一家客房的内饰各有不同，每种风格都给人非常摩登的感觉。共用的露台很宽敞，让人心旷神怡。酒店内还设有餐馆和酒吧。

Map p.374-A1

住 Cnr. Tennyson St. & Marine Pde.
☎（06）835-8689
URL masonic.co.nz
费 ⑤ⒹⓉ NZ$139~
房间数 42
CC ADMV

海滨导航住宿酒店
Navigate Seaside Accommodation

◆ 位于阿胡里里地区的新兴酒店。客房非常宽敞，内部设施都是最新型的。1 层的中庭和 2 层以上都带有可以观海的露台。酒店周边有不少咖啡馆和艺术画廊。

Map p.373-A2

住 50 Waghorne St.
☎（06）831-0077
FAX（06）831-0079
URL navigatenapier.co.nz
费 Ⓢ NZ$180~，ⒹⓉ NZ$195~
房间数 28
CC AJMV

德拉迈尔汽车旅馆
Motel de la Mer

◆这家汽车旅馆的魅力之所在是每一间客房的装修风格都各有不同，既豪华又宽敞。大部分客房都带有浴缸，还有个别房间带有可以观海的小露台。房型的种类也比较丰富，有家庭房和无障碍房等。

住 321 Marine Pde.
☎（06）835-7001
FREE 0800-335-263
FAX（06）835-7002
URL www.moteldelamer.co.nz
费 Ⓓ Ⓣ NZ$145~258
房间数 11
CC ADMV

卵石海滩汽车旅馆
Pebble Beach Motor Inn

◆位于国家水族馆附近的一家格调很好的汽车旅馆。有套房和完善的淋浴设施。超大号的床睡起来非常舒服。从房间私属的露台可以望见大海，这种爽快的感觉简直难以用语言来形容。

住 445 Marine Pde.
☎（06）835-7496
FREE 0800-723-224
FAX（06）835-2409
URL www.pebblebeach.co.nz
费 Ⓢ Ⓓ Ⓣ NZ$135~，家庭套房 NZ$255~
房间数 25　CC ADMV

巴利纳汽车旅馆
Ballina Motel

◆位于酒庄云集地区的一家豪华的汽车旅馆。距离是市中心大约 10 分钟车程。无论是家具还是寝具都十分考究，入住体验非常舒适。老板精通周边地区的旅游信息，不妨跟他聊一聊。

住 393 Gloucester St.
☎（06）845-0648
FREE 0508-225-542
FAX（06）845-0649
URL www.ballinamotel.co.nz
费 Ⓓ Ⓣ NZ$155~
房间数 16
CC ADJMV

装饰艺术标准背包客旅馆
Criterion Art Deco Backpackers

◆利用筑龄 80 年的老房子改建而成的背包客旅馆。房间虽然十分简单，但是拥有吊灯和穹顶的旅馆大堂是装饰艺术派风格的典范。可以提供团体包间服务。

住 48 Emerson St.
☎（06）835-2059
FAX（06）835-2370
URL www.criterionartdeco.co.nz
费 Dorm NZ$29~、Ⓢ NZ$53~、Ⓓ Ⓣ NZ$66~
房间数 60 个床位
CC MV

内皮尔 YHA 客栈
YHA Napier

◆位于海滨大道沿线，距离适中，交通方便。客房和共用的厨房都非常干净敞亮。客栈内设有共用的网吧和电视房，还有中庭和 BBQ 区。

住 277 Marine Pde.
☎（06）835-7039
URL www.yha.co.nz
费 Dorm NZ$26~、Ⓢ NZ$45~、Ⓓ Ⓣ NZ$69~
房间数 47 个床位
CC MV

新普利茅斯 *New Plymouth*

新普利茅斯位于北岛西南方，塔斯曼海一侧的半岛上。这里是世界知名的冲浪胜地，由于地形的优势，这一带的海域常年波高浪急，是冲浪爱好者和帆板爱好者非常憧憬的地方。另外，还有许多专业级的选手将此地定位为训练基地。

在令人心旷神怡的沿海游步道上享受温暖的阳光

城市的南侧耸立着北岛地区的第二高峰塔拉纳基山 Mt. Taranaki（别名为艾格蒙特山 Mt. Egmont）。这座山深受登山爱好者、滑雪爱好者的推崇，火山的周围被指定为国家公园。此外，塔拉纳基地区还是汤姆·克鲁斯主演的《最后的武士》的取景地，深受游客们喜爱。

新普利茅斯除了是这一地区的中心城市以外，在作为新西兰国内的能源中心也发挥着非常重要的作用。

新普利茅斯 前往方法

新西兰航空有从奥克兰、惠灵顿直飞新普利茅斯机场（New Plymouth Airport）的航班。从奥克兰每天有 6~8 个航班出发，所需时间约 50 分钟。从惠灵顿每天有 2~4 个航班出发，所需时间约 55 分钟。机场在距离市区以东约 12 公里处。

长途巴士方面，城际长途巴士公司（Intercity Coachlines）/ 纽曼长途巴士公司（Newmans Coach Lines）的巴士通车。从奥克兰每天有 1~2 班车发车，所时间 6 小时~6 小时 20 分钟。从惠灵顿每天有 1~2 班车发车，所需时间 6 小时 40 分钟~7 小时。巴士是从位于市中心的旅行中心始发和到达的。

新普利茅斯 漫 步

立于海滨的"风杖（Wind Wand）"是这座城市的地标建筑。"风杖"旁边的普基阿里基内有旅游咨询处，在这里你可以搜集市区观光指南、塔拉纳基山的登山信息等旅行资料。周围还汇集了不少餐馆和购物中心，还有一条沿海修建的散步步道。国道 45 号线沿途汽车旅馆比较集中，另外这条路上的超市也不少。虽然市中心地区步行完全可以游览，但还是有车会方便一些。

长 45 米的"风杖"，会随着风的方向转动

奥克兰

新普利茅斯

人口 6 万 8901 人
URL www.newplymouthnz.com

航空公司（→ p.489）
新西兰航空

新普利茅斯机场
Map p.382-A2 外
从机场前往市中心可以乘坐机场巴士。

机场巴士公司
Scott's Airport Shuttle
TEL（06）769-5974
FREE 0800-373-001
URL www.npairportshuttle.co.nz

主要巴士公司（→ p.489）
城际长途巴士公司 /
纽曼长途巴士公司

长途巴士车站
Map p.382-A1
19 Ariki St.

旅游咨询处 i-SITE
**New Plymouth
i-SITE**
Map p.382-A1
Puke Ariki, 65 St. Aubyn St.
TEL（06）759-0897
FREE 0800-639-759
URL visitnewplymouth.nz
周一～周五
9:00~18:00
周六·周日·法定节日
9:00~17:00
休 无

普基阿里基

住 1 Ariki St.

☎ (06) 759-6060

开 周一·周二·周三·周四·周五
9:00~18:00
周四 9:00~21:00
周六·周日 9:00~17:00

休 无

費 免费

普基阿里基（Puke Ariki）在
毛利语中是"首长山"的意思

里奇蒙德小屋

住 1 Ariki St.

开 周六·周日 11:00~15:00

休 周一～周五

費 免费

房子的内部再现了当年的样子

新普利茅斯 主要景点

普基阿里基
Puke Ariki

Map p.382-A1

参观价值较高的展品云集

这里是融博物馆、图书馆、旅游咨询处为一体的综合设施，建筑物主体的两栋楼（南北两翼）是由空中廊桥连接的。

北翼主要展示了塔拉纳基山行成的过程、关于几维鸟等野生动物的展览和已经灭绝了的恐鸟骨骼标本等，另外还有一间介绍毛利文化的艺术画廊。南翼内有研究中心和图书馆，针对当地资料的馆藏丰富。内部还设有咖啡馆。

里奇蒙德小屋
Richmond Cottage

Map p.382-A1

在普基阿里基旁不太显眼的地方矗立着一家石造的小屋，这里是1853年开拓移民里奇蒙德建于海滨的住家。1962年迁移至此地时，将每一块石头都标上编号，分解后在此地重新组装的。

普基库拉公园 & 布鲁克兰动物园 Brooklands Zoo　　Map p.382-B2

Pukekura Park & Brooklands Zoo

　　普基库拉公园于 1876 年开园，原本这里是一片沼泽地，后来被人为地填平才变成了现在的模样。令后人万万想不到的是 140 多年后的今天，这片沼泽竟有如此这般巨大的变化，风景如此自然和谐。公园的边缘与布鲁克兰公园相互连接。

在这里悠闲地度过需要花上半天的时间

　　园内有可供划船的水池，开满杜鹃花和海棠花的庭园等，是当地人悠闲娱乐的好去处。户外大舞台还经常有音乐会、歌剧等表演。另外，布鲁克兰动物园也很值得一去，饲养了猫鼬等许多可爱的小动物。

戈维特布鲁斯特美术馆　　Map p.382-A1

Govett Brewster Art Gallery

　　这家美术馆是新西兰国内比较罕见的专门收藏现在艺术作品的美术馆。虽然规模不大，但展品还是非常值得观赏的，除了新西兰国内的作品之外，这里还有澳大利亚、美国等环太平洋诸国的艺术作品。

崭新的外观建筑令人耳目一新

马斯兰德山　　Map p.382-B1

Marsland Hill

　　这里原本是毛利人的一处碉堡所在地。从罗博街（Robe St.）沿着缓缓的上坡路爬上来便可到达山顶，晴天的时候可以望见塔斯曼海、塔拉纳基山等风景。山顶的一角处有组钟和天文台。

建于山丘之上的纪念碑

塔拉纳基圣玛丽大教堂　　Map p.382-A1

The Taranaki Cathedral Church of St. Mary

　　教堂修建于 1846 年，是新西兰国内最古老的石造教堂。面朝大道一侧的外墙至今还保留着当时的模样。每周二的 7:30~10:00 期间，在大教堂内的哈萨里大厅和主入口前的广场举办交流沙龙，届时这里会变为人们互相交流的场所。

圣玛丽大教堂的祭坛

塔拉纳基温泉　　Map p.382-A1 外

Taranaki Thermal Spa

　　距离市中心较近的温泉设施，交通非常方便。在这里你可以享受从历经 29000 年岁月的地下涌出的高纯度的矿温泉。除了泡温泉之外，你还可以根据自己的需要选择温泉、按摩与美体等相结合的套餐服务。想要消除旅途的疲惫，这里无疑是最好的选择。

普基库拉公园
- URL www.pukekura.org.nz
- 开 24 小时
　夏季（停车场）
　　　　　　　7:30~20:00
　冬季（停车场）
　　　　　　　7:30~19:00
- 休 无

布鲁克兰动物园
- （06）759-6060
- 开 9:00~17:00
- 休 无　免费

戈维特布鲁斯特美术馆
- 42 Queen St.
- （07）759-6060
- URL www.govettbrewster.com
- 开 周三・周五~周六
　　　　　　10:00~18:00
　周四　　　10:00~19:00
- 休 周二　免费
　收集了雷恩・莱 LenLye（位于海边游步道旁的建筑"风杖"的设计者）作品的雷恩・莱中心位于美术馆隔壁。

马斯兰德山的天文台
- 开 只在周二的夜间对外开放
　夏季 20:30~23:00（依天气而变）
　冬季 19:30~23:00（依天气而变）
- 费 NZ$5

塔拉纳基圣玛丽大教堂
- 37 Vivian St.
- （06）758-3111
- URL www.taranakicathedral.org.nz
- 开 周一~周六　8:30~18:00
　周日　　　　7:30~20:30
- 休 无　免费

塔拉纳基温泉
- 8 Bonithon Ave.
- （06）759-1666
- URL www.pureone.co.nz/taranaki-thermal-spa.html
- 费 5~10 月
　周一・周二　10:00~17:00
　周三~周五　10:00~21:00
　周六・周日　12:00~21:00
　11 月~次年 4 月
　周一・周二　10:00~17:00
　周三~周五　10:00~20:00
　周六・周日　14:00~20:00
- 费 根据所选项目而不同

冲浪公路 45 号
Surf Highway 45
Map p.382-A1 外

冲浪公路沿半岛的西海岸而建，绵延 105 公里，途经 Back Beach、Fitzroy Beach、Sent Rd. 等冲浪胜地。在旅游咨询处内可以获取公路沿途的咖啡馆、住宿设施、海滩等信息。

塔拉纳基山
Mt Taranaki
Map p.382-B2 外

塔拉纳基山 Mt. Taranaki（别名：艾格蒙特山 Mt. Egmont）是一座曼妙优美的独立山峰，海拔 2518 米。因为山峰周边平坦，所以登顶后的观景效果甚佳，夏季时有许多登山爱好者来这里挑战。登山游览的步道有多条线路，合计共有 300 公里，既有只需花费 10 分钟的简单线路，也有需要花上数日在山峰周边步行远足的线路。

其中，具有代表性的线路是从北艾格蒙特（North Egmont）出发的登顶线路。出发前，一定要去距离新普利茅斯市区约 30 公里、海拔 936 米的 DOC 游客中心确认线路当前状况。从这里到达山顶往返需要 8~10 小时。附近有山间小屋可供住宿，在小屋暂住一晚，早上登顶也是一个不错的选择。这条线路沿途会有比较险陡的情况，而且可能有些地区还有残雪，视野较差的情况下可能会因看不清线路而迷路。山上海拔较高，气温较低，天气情况多变，一定要带足装备。无论是多么炎热的夏季，切记一定不要穿着类似短袖短裤这样的便服登山。虽然山峰很美，但是大自然也很残酷。初学者还是尽量不要挑战登顶这条线路。

旅游咨询处
North Egmont Visitor Centre
住 2879 Egmont Rd.
电 (06) 756-0990
E-mail egmontvc@doc.govt.nz
开 11 月~次年 3 月
　　　　　8:00~16:30
　　4~10 月　8:30~16:00
休 无

去往北艾格蒙特的运输服务
Taranaki Tours
FREE 0064-6757-9888
URL taranakitours.com
费 往返 NZ\$55
2 人以上每人收费 NZ\$45。从新普利茅斯到游客中心约需 30 分钟。

沐浴晨光的塔拉纳基山

户外运动
新普利茅斯的

乘坐直升机的飞行游览

新普利茅斯山美海也美，想要将这里的大自然美景尽收眼底的好办法是乘坐直升机飞行游览。坐在直升机上看到的西海岸线、塔拉纳基山的美景简直是难以言表的美丽。

因为直升机的飞行线路是在山顶周边绕一圈，所以游客可以欣赏到各个不同角度的山景。所需时间 45 分钟~（飞行时间 25 分钟~）。

BECK
电 (06) 764-7073　FREE 0800-336-644　URL www.heli.co.nz
营 全年 根据天气情况而定 塔拉纳基山 NZ\$265~

从空中眺望的海岸线

餐 馆
Restaurant

索尔特餐馆
Salt
◆ 餐馆位于海滨酒店的 2 层，内装非常时尚新颖，透过巨大的玻璃窗可以欣赏海景。还有舒爽的露天座席。午餐有浓汤类、三明治类、肉排类等，价格是 NZ\$8~26 不等。晚餐有蓝鲷鱼、三文鱼等鱼类菜肴，也有牛排等肉类菜肴，价格是 NZ\$34~。

Map p.382-A1
住 1 Egmont St.
电 (06) 769-5304
传真 (06) 769-5302
URL www.waterfront.co.nz/food.html
营 周一~周五 6:30~Late，周六·周日 7:00~Late
休 无　CC ADMV

普多菲诺餐馆
Portofino Restaurant

◆ 这是一家备受好评味道正宗的意大利餐馆，在奥克兰和惠灵顿拥有多家分店。小编推荐窑烤比萨，使用大虾、烟熏三文鱼当辅料烤制的海鲜比萨价格是 NZ$25.9。意面的价格是 NZ$19.9~28.9。另外意大利产和新西兰产的葡萄酒种类也很丰富。

住 14 Gill St.
☎（06）757-8686
URL www.portofino.co.nz
营 周二～周日 17:00~23:30
休 周一、从圣诞节开始 2 周时间
CC ADMV

住 宿
Accommodation

海滨酒店
The Waterfront Hotel

◆ 酒店位于普基阿里基旁，交通方便，隔壁就是旅游咨询处。因为地处市中心海岸边，因此从大多数的客房都可以望见塔斯曼海。酒店内设餐馆和酒吧。

住 1 Egmont St.　☎（06）769-5301
FREE 0508-843-9283　FAX（06）769-5302
URL www.waterfront.co.nz
费 ⑤ⒹⓉ NZ$240~550
房间数 42　CC ADMV

新普利茅斯中央国敦大酒店
Copthorne Hotel Grand Central

◆ 黑白相间装饰下的客房给人一种非常摩登的感觉，大多数客房都带有浴缸。所有客房都有空调、电熨斗、Sky TV、迷你酒吧等设施。酒店内还设有健身房。

住 42 Powderham St.　☎（06）758-7495
FAX（06）758-7496
URL www.millenniumhotels.co.nz
费 ⑤ⒹⓉ NZ$145~
房间数 62　CC ADMV

布鲁厄姆高地汽车旅馆
Brougham Heights Motel

◆ 外观非常醒目的汽车旅馆，白色外墙搭配红砖色的屋顶。几乎所有的客房都带有水疗浴缸，客人可以根据自己的用途来选择合适的房型。可用的洗衣房设备也比较完善。

住 54 Brougham St.　☎（06）757-9954
FREE 0800-107-008　FAX（06）757-5979
URL www.broughamheights.co.nz
费 Studio NZ$145~、公寓 NZ$170~
房间数 34　CC A D M V

达克斯与德雷克斯精品汽车旅馆
Ducks & Drakes Hotel

◆ 位于市中心，距离普基库拉公园也不算远。酒店是由建于 20 世纪 20 年代的 2 层主楼和旁边建造的木屋别墅组成的。BBQ 区、桑拿区、洗衣房等设施非常完备。附近的超市也在步行圈范围之内。

住 48 Lemon St.　☎（06）758-0404
FAX（06）758-0403
URL www.ducksanddrakes.co.nz
费 Dorm NZ$29~34、⑤ NZ$58~、
ⒹⓉ NZ$80~　房间数 50 个床位
CC M V

艾利尔之家
B&B Airlie House B&B

◆ 主体建筑是建于 19 世纪 80 年代的老宅，外观非常漂亮。房型分为浴室在客房内的和私属浴室在客房外的两种。客房的格调非常好，整体给人一种非常安逸的感觉，住起来非常舒适。

住 161 Powderham St.
☎ / FAX（06）757-8866
URL www.airliehouse.co.nz
费 ⑤ NZ$145~、ⒹⓉ NZ$180~
房间数 3
CC M V

艾格蒙特环保小屋
Eco Egment Lodge

◆ 占地面积约 0.03 平方千米，距离市中心约 1.5 公里，四周是被森林环绕着的舒适的小木屋酒店。备有 BBQ 设备，适合想要充分享受大自然的游客入住。

住 12 Clawton St.　☎（06）753-5720
FAX（06）753-5782
费 Dorm NZ$30~、⑤ⒹⓉ NZ$75~
房间数 100 个床位
CC MV

厨房（所有房间）🔲厨房（部分房间）🔲厨房（共用）🔲吹风机（所有房间）🔲浴缸（所有房间）
🔲泳池🔲上网（所有房间/收费）🔲上网（部分房间/收费）🔲上网（所有房间/免费）🔲上网（部分房间/免费）

North Island

奥克兰

旺阿努伊

旺阿努伊 *Wanganui*

人口 4 万 2639 人

URL www.wanganuionline.
com

旺阿努伊与凡阿努伊

城市的名字有两种叫法，分别是"旺阿努伊 Wanganui"和"凡阿努伊 Whanganui"，这两个词语在毛利语中是"大的港口"和"大的港湾"的意思。在表示城市名称的时候通常用"旺阿努伊"，而表示河流和国家公园的时候则使用"凡阿努伊"，本身这两个词的意思就是一样的。这种混乱的叫法源于当地毛利人的方言，在当地的方言中发音是"Whanga"，所有造成了叫法上的混乱。

航空公司（→p.489）
新西兰航空

旺阿努伊机场
Map p.387-B2 外
从机场至市中心可以搭乘出租车。

主要出租公司
River City Cabs
☎（06）345-3333

主要巴士公司（→p.489）
城际长途巴士公司 /
纽曼长途巴士公司

长途巴士车站
Map p.387-B2
🏠 156 Ridgeway St.

旅游咨询处 SITE
Wanganui
i-SITE
Map p.387-B2
🏠 31 Taupo Quay
☎（06）349-0508
FREE 0800-926-426
FAX（06）349-0509
URL whanganuinz.com
开 周一～周五 8:30～17:00
周六・周日 9:00～16:00
休 无

位于北岛西海岸南部的旺阿努伊地区，主要是以旺阿努伊河为中心而发展建设起来的。旺阿努伊河（Whanganui River）缘起于汤加里罗群山中，最后流入塔斯曼海。这条河流可以通航的流域是新西兰国

至今仍留有当年繁荣一时的印记

内最为广泛的，虽然整体比较平稳但也有 239 个急流险滩。其流域四周被森林环绕着，被指定为旺阿努伊国家公园。以皮划艇为首的各项户外运动非常适合在这里体验，例如漂流、乘坐蒸汽船、乘坐汽艇等。

在以水上交通为主要运输手段的时候，旺阿努伊曾经繁荣一时，至今仍保留有当时优雅而古朴的古建筑。

旺阿努伊 前往方法

新西兰航空有飞往旺阿努伊机场（Wanganui Airport）的航班。从奥克兰出发的航班每天有 3 个班次，所需时间约 1 小时。机场位于市中心以南约 7 公里处。

长途巴士方面，有城际长途巴士公司（Intercity Coachlines）/ 纽曼长途巴士公司（Newmans Coach Lines）的巴士通车。每天有 1 班车从奥克兰出发，所需时间约 8 小时。从惠灵顿出发的车次每天有 2 班，所需时间 3 小时 40 分钟~4 小时 25 分钟。从新普利茅斯出发的车次每天有 1 班，所需时间约 2 小时 30 分钟。巴士总站位于市内的客运中心内。

旺阿努伊 漫 步

主干维多利亚街（Victoria Ave.）上保留有许多石造的古建筑，而且餐馆和商店也比较多。石子路面的街道配上煤油灯，整座城市的氛围给人感觉非常舒适。小编推荐一定要在这里体验悠闲漫步的浪漫时光。

城市的主体部分大都集中在旺阿努伊河西岸。在维多利亚街两侧各有一个公园，在女王公园（Queen's Park）里有博物馆等文化设施。架于旺阿努伊河上的大桥附近有旅游咨询处。过了桥去到河东岸可以登上杜瑞山（Durie Hill）眺望整座城市。

从客运中心步行至旅游咨询处大约需要 10 分钟

旺阿努伊 主要景点

旺阿努伊河
Whanganui River

Map p.387-A1~B2

　　缓缓流经旺阿努伊城的旺阿努伊河全长约 290 公里，是新西兰第三长的河流，自古以来便是通往内陆的重要运输线路，就连毛利人也乘坐着木舟在这条河上来来往往。自从欧洲殖民者入侵以来，这里便成了重要的水上交通枢纽。19 世纪末期明轮船开始可以在这条河上通航。20 世纪开端时，这里曾经被称为"新西兰的莱茵河"。到了 1908 年奥克兰与惠灵顿之间开通了火车。虽然当时水上交通仍然很发达，但之后便逐渐开始衰退，伴随着铁路和公路网的逐渐完善，水上运输开始慢慢退出历史舞台，曾经穿梭往来的蒸汽船也在 20 世纪 50 年代末期逐渐销声匿迹。

怀玛利亚中心
Waimarie Centre

Map p.387-A2

　　这里是一家展览馆，主要展示了从 19 世纪开始至 1950 年期间旺阿努伊河水上交通的历史。馆内有关于往来于河间的船舶相关展览，并附有照片和图文的说明。同时还设有，乘坐曾建在 1952 年一度沉船的明轮船——怀玛利亚号（Waimarie），顺着旺阿努伊河逆流而上 13 公里的游船游项目（→ p.388），往返约需 2 小时。

矗立于旺阿努伊河畔

北岛

● 旺阿努伊

旺阿努伊河上的观光游览船

在旺阿努伊河上乘船游览非常受游客的欢迎。这里有多家游船公司，全都是等凑够一定人数才发船。可以提前一天在旅游咨询处申请，这样比较有保证。详细可参考（→ p.388）。

壮丽的旺阿努伊河

怀玛利亚中心
🏠 1a Taupo Quay
☎ （06）347-1863
FREE 0800-783-2637
URL waimarie.co.nz
🕐 10 月～次年 4 月
周四～周六　11:00~14:00
休 5~9 月、10 月～次年
4 月的周日～周三
💰 免费（随意捐赠）

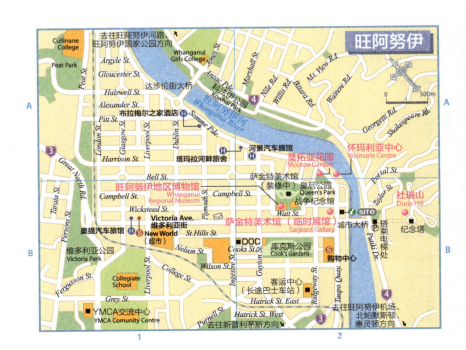

旺阿努伊

地图标注：
去往旺阿努伊河路
旺阿努伊国家公园方向
Cullinane College
Peat Park
Argyle St.
Gloucester St.
Halswell St.
Alexander St.
Pitt St.
Glasgow St.
Harrison St.
Bell St.
Campbell St.
Wicksteed St.
Victoria Ave. 维多利亚街
St.Hills St.
Nelson St.
Wilson St.
College St.
Grey St.
Hatrick St.
Purnell St.
Hatrick St. West
Ferguson St.
London St.
Liverpool St.
Dublin St.
Somme Pde.
Whanganui Girls College
Anzac Pde. 利兹伊人公园
Kowhai Park
Marshall St.
Nile Rd.
Willis St.
Mt. View Rd.
Matoru Rd.
Wairere Rd.
Georgetti Rd.
Shakespeare Rd.
旺阿努伊河 Whanganui River
达步伦街大桥
布拉梅尔之家酒店
河景汽车旅馆
塔玛拉河畔旅舍
怀玛利亚中心 Waimarie Centre
莫拓亚花园 Mouton Garden
旺阿努伊地区博物馆 Whanganui Regional Museum
萨金特美术馆（装修中）
皇后公园 Queen's Park
战争纪念馆
Watt St.
杜瑞山 Durie Hill
萨金特美术馆（临时展馆）Sarjeant Gallary
城市大桥
奥提汽车旅馆
New World（超市）
维多利亚公园 Victoria Park
DOC
库克斯公园 Cook's Gardens
购物中心
纪念塔
搭乘电梯处
客运中心（长途巴士车站）
Collegiate School
YMCA交流中心 YMCA Comunity Centre
去往新普利茅斯方向
去往旺阿努伊机场、北帕默斯顿、惠灵顿方向
Great North Rd.
Taranui St.
Persons St.
Plymouth St.
Campbell St.
Ingestre St.
Gayton St.
Ridgeway St.
Taupo Quay
Pukkii Dr.
Portal St.
Taylor St.
0　　500m

旺阿努伊地区博物馆

旺阿努伊地区博物馆
住 Queen's Park
电 (06) 349-1110
URL www.wrm.org.nz
开 10:00~16:30
休 无
票 免费（随意捐赠）

萨金特美术馆
住 Queen's Park
电 (06) 349-0506
URL www.sarjeant.org.nz
开 10:30~16:30
休 无
票 免费（随意捐赠）
　　2016 年 9 月至今，因内部装修闭馆。临时展馆（Map p.387-B2）设于 36 Taupo Quay。预计将于 2019 年重新开馆。

萨金特美术馆

旺阿努伊地区博物馆
Whanganui Regional Museum
Map p.387-B2

　　博物馆位于女王公园内，与恐鸟相关的展品之丰富在世界上也是首屈一指的，目前世界上现存仅有的 5 个鸟蛋之一便是在这家博物馆内展出的。1 层是介绍这一地区毛利人的相关展品，2 层是关于欧洲殖民者历史和自然科学方面的展品。

　　博物馆的后面有一座小山丘，山顶上是萨金特美术馆（Sarjeant Gallary），这里收藏了一些绘画以及雕刻方面的艺术作品。

莫拓亚花园
Moutoa Garden
Map p.387-A2

　　莫拓亚花园是因 1995 年 2 月，毛利人民族权利的事件而知名的地方。为了抗议在 1840 年欧洲殖民者非法占有旺阿努伊毛利人的土地，当地的毛利民众占领了此公园。后惠灵顿最高法院判定为"合法占领"，经过长期的对话，毛利民众终于结束了长达 2 个月的占领，从公园撤出。

旺阿努伊的 户外运动

喷气式快艇项目

　　旺阿努伊国家公园被原始灌木林所覆盖，这里是最纯粹的自然环境处未经人类的修饰。从距离旺阿努伊约 120 公里处的皮皮里基（Pipiriki）乘坐喷气式快艇出发，沿着充满朝气的旺阿努伊河逆流而上，欣赏沿途原始森林的风光。然后从芒加布罗（Mangapurua）步行约 40 分钟至绝路桥（Bridge to Nowhere）。

Whanganui River Adventures
电/FAX (06) 385-3246
FREE 0800-862-743
URL www.whanganuiriveradventures.com
营 全年（冬季提供包船服务）
票 Bridge to Nowhere 成人 NZ$130，儿童 NZ$65（所需时间 4 小时~4 小时 30 分钟）
CC M V

蒸汽船之旅

　　将曾经作为旺阿努伊河重要交通工具的、1899 年制造的明轮船怀玛利亚号修复后，于 2000 年再次面向公众航运。整段旅航行大约需要 2 小时，充满了怀旧的情怀。出发地位于旺阿努伊河游船中心。

Waimarie Centre（→P.387）
电 (06) 347-1863 FREE 0800-783-2637
URL waimarie.co.nz
营 随时（开放时间有变化，需要在 i-SITE 等地确认）
票 一日游 成人 NZ$45，儿童 NZ$15
休 无
CC M V

旺阿努伊河流域

杜瑞山
Durie Hill

Map p.387-B2

从维多利亚街直行穿过旺阿努伊城市大桥，位于河东岸的小山丘便是杜瑞山。山顶上建有战争牺牲者纪念塔（Memorial Tower），沿着有191级的台阶爬到观景台上，展现在眼前的是旺阿努伊城和旺阿努伊河以及塔斯曼海的壮观景象，天气晴朗的日子还可以眺望到塔拉纳基山和鲁瓦佩胡火山等。

登山可以乘坐电梯，或者爬楼梯（位于入口旁）。这是一座古老的电梯（Durie Hill Elevator），建于1919年，当时是为了使居住在山顶上的居民出行方便而建的，也是现存南半球唯一一座地面升降梯，非常珍贵。无论是手动开关的木质电梯门还是缓缓上升的速度，都给人一种历史感。电梯上升高度66米，全程约需1分钟。电梯的入口位于山麓正中央的隧道（长205米）终点处，第一次来这里游览的人一定会被这座古老的电梯深深吸引的。

从纪念塔俯瞰的景色

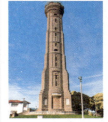
山丘上耸立着的纪念塔

纪念塔
- 开 8:00~18:00
- 休 无

杜瑞山升降电梯
- FREE 0800-92-6426
- 开 周一~周五　8:00~18:00
　　周六·周日　10:00~17:00
- URL visitwhanganui.nz/durie-hill-underground-elevator
- 休 无
- 费 单程 NZ$2

北岛

●旺阿努伊

住宿
Accommodation

奥提汽车旅馆
Aotea Motor Lodge

Map p.382-B1

◆位于主干道上的一家豪华的汽车旅馆。所有的客房都带有水疗浴缸、液晶电视、空调等设备。周边的超市和餐馆也都在步行圈范围之内。班尼迪克蛋和松饼早餐也备受好评（单独支付费用）。

- 住 390 Victoria Ave.
- ☎（06）345-0303
- FAX（06）345-1088
- URL www.aoteamotorlodge.co.nz
- 费 ⑤ NZ$160~，⑩⑪ NZ$175~
- 房间 28　CC ADJMV

河景汽车旅馆
Riverview Motel

Map p.382-A2

◆旅馆位于河岸边，步行至市中心需7~8分钟。服务台有爱尔兰女性工作人员热情的接待。房间内有电视等设备，而且打扫得很整齐。适合长期居住的人。

- 住 14 Somme Pde.　☎（06）345-2888
- FREE 0800-102-001
- FAX（06）345-2843
- URL www.wanganuimotels.co.nz
- 费 ⑤⑩ NZ$98~
- 房间 15　CC M V

布拉梅尔之家酒店
Braemar House

Map p.382-A1

◆酒店分为B&B和背包客旅馆两种入住方式。B&B有些客房还带有小露台，设计风格是维多利亚风的。公共起居室和浴室也打扫得非常干净。

- 住 2 Plymouth St.　☎/FAX（06）348-2301
- URL braemarhouse.co.nz
- 费 背包客旅馆 Dorm NZ$30~，⑤ NZ$50~，⑩ T NZ$35~；B&B ⑩⑤ NZ$85~，⑩T NZ$100~
- 房间 22个床位＋8个房间　CC MV

塔玛拉河畔旅舍
Tamara Riverside Lodge

Map p.382-A2

◆外观十分可爱的背包客旅馆。公共客厅和厨房等公共空间非常宽敞，工作人员也很热情。小编推荐入住景观非常不错的河景房。

- 住 24 Somme Pde.　☎（06）347-6300
- URL www.tamaralodge.com
- 费 Share NZ$29~，S NZ$44~，⑩T NZ$86~
- 房间 16　CC M V

厨房（所有房间）　厨房（部分房间）　厨房（共用）　吹风机（所有房间）　浴缸（所有房间）
泳池　上网（所有房间/收费）　上网（部分房间/收费）　上网（所有房间/免费）　上网（部分房间/免费）

奥克兰

北帕默斯顿 ★

人口 8 万 79 人
URL www.manawatunz.co.nz

航空公司（→p.489）
新西兰航空

北帕默斯顿国际机场
Map p.391-A2 外

机场巴士公司
Super Shuttle
TEL（07）345-7790
FREE 0800-748-885
URL www.supershuttle.co.nz
费 机场 ⇔ 市中心（最低）
　1 人 NZ$18
　2 人 NZ$22
　3 人 NZ$26

主要巴士公司（→p.489）
城际长途巴士公司/
纽曼长途巴士公司

长途巴士车站
Map p.391-B1
住 The Square

铁路公司（→p.489）
几维铁路

北帕默斯顿火车站
Map p.391-A1 外
住 Mathew Ave.

旅游咨询处 ⊘ SITE
i-SITE Palmerston North
Map p.391-B1
住 The Square
TEL（06）350-1922
FREE 0800-626-292
URL www.mahawatunz.co.nz
开 周一～周四 9:00～17:30
　周五、周日 9:00～19:00
　周六 9:00～15:00
休 无

北帕默斯顿 *Palmerston North*

　　北帕默斯顿位于北岛的南部，是马纳瓦图地区的中心城市，这里也被人们亲切地称为"Palmy（帕米）"。周围一带是马纳瓦图河（Manawatu River）流域肥沃的平原，自古以来就是乳业兴盛的地区。

位于市中心的广场

　　北帕默斯顿有一所创办于1927 年的大学——梅西大学（Massey University），创立当初是一所农业大学，现如今已经发展成为一所综合大学，但在农业研究领域仍旧非常著名。大学周边还有许多国家的研究机构，所以说北帕默斯顿是新西兰支柱产业（农业、乳酪业）的研究基地。虽然这座城市可供参观的景点并不算多，但这里作为一座文教城市要是长期滞留还是非常舒适的。

北帕默斯顿 前往方法

　　新西兰航空有从新西兰国内各大主要城市直飞北帕默斯顿的航班，北帕默斯顿机场（Palmerston North Airport）位于距离市中心 6 公里处。从奥克兰每天有 6~9 个班次，飞行时间 1 小时 10 分钟。从克赖斯特彻奇（基督城）每天有 3~5 个班次，飞行时间 1 小时 10 分钟。从机场至市区可以乘坐机场巴士。

　　长途巴士方面，有城际长途巴士公司（Intercity Coachlines）/纽曼长途巴士公司（Newmans Coach Lines）的巴士通车。每天有 3 个班次从奥克兰发车，所需时间为 9 小时 ~9 小时 50 分钟。从罗托鲁阿出发的车次每天有 2 个班次，所需时间 5 小时 25 分钟，另外还有经由陶波的班次。从惠灵顿出发的车次每天有 6 个班次，所需时间 2 小时 10 分钟~2 小时 20 分钟。发车地点位于市中心广场。

　　连接惠灵顿与奥克兰之间的几维铁路公司（Kiwi Rail）的长途列车"北方探险家号（Northern Explorer）"也经停这里。另外，还有从惠灵顿出发的首都号（Capital connection）通车。火车站距离市中心约 2.5 公里。

北帕默斯顿 漫 步

　　市中心有一片被称为 The Square（广场）的绿地。旅游咨询处也位于广场内，可以为游客提供市区内和马纳瓦图地区的观光旅游信息。广

场位于东西向的主街（Main St.）上，位于主街北侧的一条街叫百老汇街（Broadway Ave.）这里也是商店比较集中的街区。

旅游咨询请到这里来

蒂玛拉瓦
Te Manawa

Map p.391-B1

蒂玛拉瓦是一座集博物馆、美术馆等为一体的综合文化设施，距离市中心广场步行仅需 3 分钟。博物馆内展出了北帕默斯顿以及马纳瓦图地区历史文化的相关资料，值得看一看。馆内还同时设有"新西兰橄榄球博物馆"。美术馆内的展品以当地艺术家的作品为主，另外还有部分国内艺术作品。平时还经常有特展，无论什么时候造访这里都非常充实。

给人留下深刻印象的作品

新西兰橄榄球博物馆
New Zealand Rugby Museum

Map p.391-B1

北帕默斯顿是新西兰橄榄球创始者查尔斯·约翰·莫洛居住了 45 年的城市。这座博物馆是新西兰国内唯一一个橄榄球博物馆，除了关于新西兰代表队——全黑队的展品以外，还有关于新西兰国内橄榄球的历史、球衣、球体等各类展品。

蒂玛拉瓦
住 326 Main St.
☎ (06) 355-5000
URL www.temanawa.co.nz
开 周四 10:00~19:30
　周五~次周周三 10:00~17:00
休 无
费 免费

毛利雕刻制成的红色钢琴，可以弹奏

橄榄球粉丝必看

新西兰橄榄球博物馆
住 326 Main St.
☎ (06) 358-6947
URL rugbymuseum.co.nz
开 10:00~17:00
休 无
费 成人 NZ$12.5，儿童 NZ$5

维多利亚散步花园

住
Manawaroa St. Fitzherbert
Ave. & Park Rd.
开
4~11 月　8:00~11:00
10月~次年3月　8:00~21:00
休 无
费 免费

香草农场

住 Grove Rd. RD 10
电（06）326-8633
FAX（06）326-9650
URL www.herbfarm.co.nz
开 10:00~16:30
休 无
费 NZ$3.5
导览团
费 NZ$5（10 人以上成团。
需要预约）
距离市中心约 16 公里。
沿着 Kelvin Grove Rd. 向
北行驶，在道路尽头右转
至 Ashhurst Rd.，然后继
续前行 2 公里左右，左转
至 Grove Rd.，继续前行
1.5 公里道路左侧便是

维多利亚散步花园
Victoria Esplanade Gardens

这片宽广的绿地距离市中心步行约需 20 分钟。公园建于马纳瓦图河畔，园内的道路两旁是高大的椰子树，非常适合散步；还设有玫瑰园、培育着各种植物的温室、儿童专用的迷你铁路和游泳池等设施。尤其是到了周末，这里是市民悠闲娱乐的好去处。椰树大道两旁还有非常适合吃午餐的咖啡馆。

占地面积宽广，满是绿植的公园

香草农场
The Herb Farm

适合崇尚自然生活的人来参观的香草农场。农场内有香草花园、售卖使用香草制成的各种护肤品的商店和感觉非常好的咖啡馆等。此外，在旅游咨询处也可以购买到这里的部分产品，例如手工皂、护肤霜等。

住宿
Accommodation

北帕默斯顿马车夫酒店
Coachman Palmerston North

◆这家酒店是市内比较高级的住宿设施，整体风格是殖民地风格。大多数房间都带有浴缸、电视、咖啡机等设备。还有室外游泳池和健身房。

住 140 Fitzherbert Ave.
电（06）356-5065　FREE 0800-262-246
FAX（06）356-6692
URL www.coachman.co.nz
费 酒店 D T NZ$260~，汽车旅馆
NZ$130~　房间数 72
CC ADJMV

月见草庄园
Primrose Manor

◆无论是共用的厨房、起居室还是个人的房间都非常干净整洁，整体上来说是一家非常舒适的住宿设施。家具内饰也都非常可爱，即便是独自一人的女性旅客也可放心居住。所有客房中其中有4 间带有专用的淋浴房和卫生间。还可以订早餐，需要单独支付费用。

住 123 Grey St.
电（06）355-4213
URL www.primrosemanor.co.nz
费 S D T NZ$120~
房间数 5
CC 不可

玫瑰城汽车旅馆
Rose City Motel

◆荣获 4 星银蕨品质标章 Qualmark（→ p.474）的汽车旅馆。距离市中心步行仅需 3 分钟。馆内设备齐全，有免费的 DVD 机、水疗池等供住客使用。大多数房间都带有浴缸。

住 120-122 Fitzherbert Ave.
电（06）356-5338　FREE 0508-356-538
FAX（06）356-5035
URL rosecitymotel.co.nz
费 D T NZ$130~150
房间数 26　CC ADMV

胡椒树客栈
Pepper Tree Hostel

◆加盟 BBH 的客栈，内部环境整洁干净，工作人员热情友好。简单明快的房间和宽敞方便的厨房备受住客的好评。入口处喷涂成黄绿色的鞋子形状的雕刻惹人喜爱。录像、DVD 可以免费看。距离市中心非常近，交通方便。

住 121 Grey St.
电（06）355-4054
URL www.peppertreehostel.co.nz
费 Dorm NZ$30，S NZ$65~，
D T NZ$78~
床位数 35 个床位　CC 不可

惠灵顿 *Wellington*

　　新西兰的首都惠灵顿是位于世界最南端的国家的首都。这座城市还是有一定历史基础的，自从英国在此设立 New Zealand Company（专门输送移民的组织）以来，这里便成为新西兰最早的移民居住地。19 世纪 60 年代初期随着奥塔戈地区和西海岸相继发现金矿以来，南岛地区掀起了一股淘金热潮。因此，1865 年，将首都从奥克兰迁移到距离南岛较近，基本位于岛正中央的惠灵顿。

位于古巴街上的漏斗喷泉

　　这座城市周围被港口所环绕，而且经常有强风从海峡吹过来，因此得名"Windy Wellington（风之城）"。这里除了是海外贸易中心之外，还是去往南岛皮克顿的交通枢纽。

　　市区内云集了国会大厦、大型企业办公楼、大学、博物馆、美术馆、剧院等建筑，可谓是名副其实的政治文化中心。尤其是高品质的剧院和电影院是人们喜爱惠灵顿这座文化城市的理由之一。近年来惠灵顿的电影业产业在世界上也是备受关注。

惠灵顿 前往方法

◎ 乘飞机抵达

　　国内目前为止没有直飞惠灵顿的航班，需要在悉尼、新加坡、奥克兰等地转机。从悉尼到惠灵顿约需 3 小时 15 分钟。从惠灵顿飞往新西兰国内主要城市的班次非常多，主要由新西兰航空公司和捷星航空公司运营（→p.456）。机场航站楼 1 层是到达大厅，2 层是出发大厅。

巨型咕噜姆在机场送迎来往的宾客

◎ 从机场到市区

　　惠灵顿国际机场（Wellington International Airport）位于市区东南部的隆格泰地区（Rongotai），距离市中心约 8 公里。

　　从机场去往市区可以乘坐机场快线（Airport Flyer），既便宜又方便。还可以乘坐机场穿梭巴士（Airport Shuttle）等交通工具。这些车辆的乘车地点都位于机场的到达口附近。

惠灵顿还是著名的咖啡之城（→ p.403）

North Island

北岛

奥克兰

惠灵顿
★

人口 19 万 959 人
URL www.wellingtonnz.com

中国驻新西兰大使馆
The Embassy of China
住 2-6 Glenmore Street, Kelburn
FAX （04）499-0419
URL www.chinaembassy.org.nz
领事部
住 4 Halswell Street, Thorndon
TEL （04）473-3514
FAX （04）499-5572
开 周一、周三、周五（节假日除外）上午 9:00~11:30
下午 14:00~16:00
周二、周四（节假日除外）上午 9:00~11:30

航空公司
澳洲航空公司（→ p.455）
新西兰航空公司、捷星航空公司（→ p.489）

惠灵顿国际机场
Map p.396-C-D2
TEL （04）385-5100
URL www.wellingtonairport.co.nz

北帕默斯顿／惠灵顿

393

机场快线
☎ (04) 569-2933
URL www.airportflyer.co.nz
🚌 机场 → 市中心
　　　　　　　6:35~21:25
　市中心 → 机场
　　　　　　　5:50~20:40
💰 现金
　成人 NZ$9, 儿童 NZ$5.5
　Snapper
　成人 NZ$7.2, 儿童 NZ$4.4
机场穿梭巴士
Super Shuttle
FREE 0800-748-885
URL www.supershuttle.co.nz
💰 机场 ↔ 市中心（最低）
　1 人 NZ$20
　2 人 NZ$25
　3 人 NZ$30

24 小时通车, 对于乘坐深夜
到达航班的旅客来说非常方便

主要巴士公司
城际长途巴士公司/纽曼
长途巴士公司/Intercity
Coachlines/Newmans
Coach Lines
从奥克兰出发
🚌 每天 3 个班次
　所需时间 10 小时 50 分钟
　~11 小时 20 分钟
从罗托鲁阿出发
🚌 每天 6~7 个班次（包含需
　要换乘班次）
　所需时间 7 小时 20 分钟~
　10 小时 15 分钟
从陶波出发
🚌 每天 4~5 个班次
　所需时间 5 小时 45 分钟~
　6 小时 35 分钟
长途巴士车站
Map p.397-B2
🏠 Railway Station
铁路公司（→ p.489）
几维铁路
特兰斯城际列车
FREE 0800-801-700
URL www.metlink.org.nz
惠灵顿火车站
Map p.397-B2
🏠 Cnr. Bunny St. & Thorndon
　Quay

可以在旅游咨询处领取火车
和巴士的线路图

机场快线 Airport Flyer

橘色的外观非常醒目

从机场出发的 Airport Flyer 实际上指的就是 91 路市内巴士, 途经兰普顿大道（Lambton Quay）、火车站等地。每隔 10~20 分钟发一班车。车内的电子显示屏和广播会随时播报所到达的位置, 对于游客来说乘坐起来十分方便。乘车费是区间制的, 从机场到市区是 Zone4 单程成人票价 NZ$9, 所需时间 15~30 分钟。除了现金支付以外, 还可以通过电子钱包 Snapper 直接支付给司机。

机场穿梭巴士 Airport Shuttle

Super Shuttle 的运行方式是等乘客达到一定数量之后才发车。虽然从机场到市区不用预约非常方便, 但是由于需要将每个客人送往不同的目的地, 因此移动时间比其他交通工具要长一些。乘车费根据人数和目的地而有所不同, 人数越多越便宜。

出租车 Taxi

乘坐出租车去往市内的费用是 NZ$30~40, 约需 20 分钟。大多数的出租车都可以使用 CC 支付。车门不是自动开关的, 需要自行开门上下车。

◎ 前往国内各地

长途巴士

长途巴士有城际长途巴士公司（Intercity Coachlines）/纽曼长途巴士公司（Newmans Coach Lines）的巴士通车（乘坐长途巴士的方法 → p.459）。Intercity Coachlines /Newmans Coach Lines 的巴士站位于惠灵顿火车站 9 号站台旁。

长途列车

铁路方面有从奥克兰出发的几维铁路公司 (Kiwi Rail) 的长途列车 "北方探险家号" Northern Explorer 通车。每周一、周四、周六的 7:50 有从奥克兰的布里托玛特车站出发的车次, 周二、周五、周日的 7:55 有从惠灵顿出发的车次。所需时间 10 小时 40 分钟~10 小时 55 分钟。另外, 还有从北帕默斯顿出发的首都号 Capital Connection, 所需时间 2 小时 5 分钟（乘坐长途火车的方法 → p.463）。惠灵顿火车站与巴士中心直通, 可以乘坐去往市区方向的巴士。

另外, 惠灵顿火车站还有连接市区与怀拉拉帕

陆路交通枢纽的窗口——惠灵顿火车站

（Wairarapa）地区等郊外地区的特兰斯城际列车（Tranz Metro）通车。

渡轮

惠灵顿与南岛的皮克顿之间的库克海峡（Cook Strait）有渡轮通航（南北岛间的交通→p.223）。岛际人公司的（Interislander）渡轮约需3小时10分钟~3小时30分钟，每天4~5班次通航。蓝桥公司的（BlueBridge）渡轮约需3小时30分钟，每天有3班左右通航。岛际人公司渡轮中心位于市中心以北1公里处，有惠灵顿火车站9号站台出发的穿梭巴士直达（NZ$2）。蓝桥公司渡轮中心位于惠灵顿火车站附近。

惠灵顿 市内交通

惠灵顿市区巴士 Go Wellington

以直通惠灵顿火车站的巴士中心为起点，线路网覆盖整座城市的市区巴士。大部分巴士的线路都是沿着主干线行驶的，也有去往郊外景点的线路巴士，灵活的选择这些巴士可以更有效地扩大游览范围。乘车费是区间制的，到市中心成人票价是NZ$2。除了现金支付之外，还可以使用电子钱包Snapper支付（Snapper可以在巴士、地区铁路、渡轮、部分出租车上使用）。

为游客观光增添了许多便利的
Go Wellington

惠灵顿城市缆车 The Wellington Cable Car

惠灵顿观光的著名交通方式——城市缆车，车体呈红色（→ p.401）。每隔10分钟1班车，从兰普顿大道沿线的车站一直通车至住宅区凯尔本（Kelburn），作为市民移动的交通工具也发挥着巨大的作用。

出租车 Taxi

出租车与国内一样是打表制的。在大街上行驶中的出租车基本上是不会停车的，需要在主要的酒店、惠灵顿火车站等地的出租车站乘车。起步价根据出租车公司而不同，大约在NZ$3.5。

主要巴士线路图

Mairangi
Zealandia-Karori Sanctuary
Botanic Gardens
Tinakori Village
Molesworth St.
惠灵顿火车站
Wellington Station
Lambton Quay
The Terrace
Willis St.
Cuba St.
Te Papa
Victoria University Kelburn
科特尼地区
Courtenay Place
Upper Willis St.
Victoria University
Te Aro
Oriental Bay
Roseneath
Mt Victoria Summit
Aro St.

轮渡公司（→ p.223）
岛际人公司
Map p.396-A1

蓝桥公司
Map p.397-B2

北岛

● 惠灵顿

惠灵顿市区巴士
☎（04）387-8700
URL www.merlink.org.nz
🎫 Zone 1
成人 NZ$2，儿童 NZ$1.5
Zone 2
成人 NZ$3.5，儿童 NZ$2

可以在有上述标识的商店里购买 Snapper

城市缆车的车站位于兰普顿大道里侧，有明显的标识

主要出租车公司
Corporate Cabs
☎（04）387-4600
Hutt & City Taxis
☎（04）570-0057
Wellington Combined Taxi
☎（04）384-4444

主要巴士线路

	#2
	#3
	#7·8
	#9
	#10·11·30
	#13
	#14
	#17
	#18
	#20
	#21
	#22、23
	#24
	#43·44
	#91（机场快线）

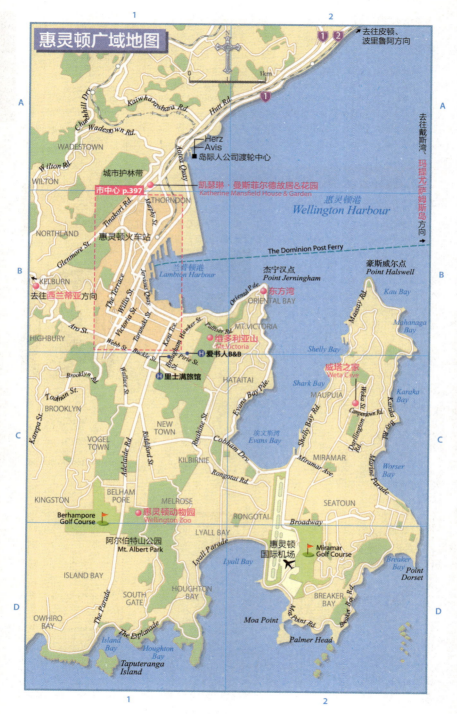

惠灵顿广域地图

1 | 2

去往皮顿、
波里鲁阿方向

1 2

1

N

0   1km

A

Kaiwharawhara Rd.

Hutt Rd.

Churchill DRY.

WADESTOWN

Wadestown Rd.

Wilton Rd.

WILTON

城市护林带

Herz
Avis
岛际人公司渡轮中心

市中心 p.397

凯瑟琳·曼斯菲尔德故居&花园
Katherine Mansfield House & Garden

惠灵顿港
Wellington Harbour

Aotea Quay

去往戴斯湾、
玛提尤·萨姆斯岛方向

NORTHLAND

Glenmore St.

Tinakori Rd.

THORNDON

Murphy St.

惠灵顿火车站

The Dominion Post Ferry

B

KELBURN

去往西兰蒂亚方向

兰瑟顿港
Lambton Harbour

The Terrace

Willis St.

King's Own Rd.

兰顿码头

杰宁汉点
Point Jerningham

Oriental P de.

东方湾
ORIENTAL BAY

豪斯威尔点
Point Halswell

Kau Bay

Massey Rd.

Mahanaga Bay

HIGHBURY

Aro St.

Victoria St.

Tasman St.

Kent Tce.

Cambridge Tce.

Brougham Hawker St.

Paterson Rd.

MT. VICTORIA

维多利亚山
Mt.Victoria

Shelly Bay

Shelly Bay

B

Webb St.

Buckle St.

Pirie St.

爱书人B&B

里士满旅馆

HATAITAI

Evans Bay Pde.

威塔之家
Weta Cave

Shark Bay

MAUPUIA

Weta St.

Camperdown Rd.

Karaka Bay

Karaka Bay Rd.

Brooklyn Rd.

Todman St.

BROOKLYN

Wallace St.

NEW TOWN

Riddiford St.

Rintoul St.

Cobham Drv.

埃文斯湾
Evans Bay

Shelly Bay Rd.

MIRAMAR

Miramar Ave.

Darlington Rd.

Worser Bay

Marine Parade

C

KARORI

Karepa St.

VOGEL TOWN

Adelaide Rd.

KILBIRNIE

Rongotai Rd.

SEATOUN

C

KINGSTON

BELHAM PORE

MELROSE

Berhampore
Golf Course

阿尔伯特山公园
Mt. Albert Park

惠灵顿动物园
Wellington Zoo

LYALL BAY

RONGOTAI

Broadway

惠灵顿
国际机场

Miramar
Golf Course

Breaker Bay

Point Dorset

D

ISLAND BAY

The Parade

SOUTH GATE

HOUGHTON BAY

Lyall Parade

Lyall Bay

Moa Point Rd.

BREAKER BAY

Breaker Bay Rd.

D

OWHIRO BAY

The Esplanade

Island Bay

Houghton Bay

Taputeranga Island

Moa Point

Palmer Head

1 | 2

396

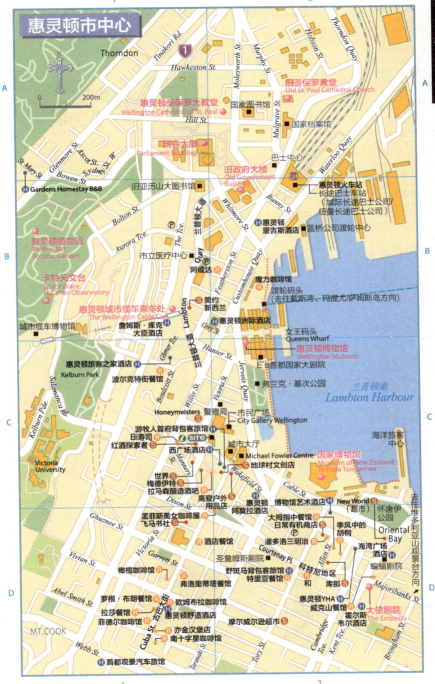

惠灵顿市中心

Thorndon

Tinakori Rd.

Hawkeston St.

Hill St.

St. Mary's St.

Glenmore St.

Ascot St.

Sydney St. W

Bowen St.

Bolton St.

Aurora Tce.

The Tce.

兰普顿大道

The Tce.

Quay

Whitmore St.

Molesworth St.

Murphy St.

Hobson St.

Thorndon Quay

Mulgrave St.

Waterloo Quay

Bunny St.

Featherston St.

Customhouse Quay

惠灵顿圣保罗大教堂
Wellington Cathedral of St. Paul

国家图书馆

旧圣保罗教堂
Old St. Paul Cathedral Church

国家档案馆

国会大厦
Parliament Building

巴士中心

旧政府大楼
Old Government Building

惠灵顿火车站
长途巴士车站
(城际长途巴士公司/
纽曼长途巴士公司)

H Gardens Homestay B&B

旧亚历山大图书馆

H 惠灵顿
里吉斯酒店

蓝桥公司渡轮中心

惠灵顿植物园
Wellington
Botanic Garden

市立医疗中心

P 阿维达

魔方咖啡馆

卡特天文台
Space place
at Carter Observatory

P

S 简约
新西兰

渡轮码头
(去往戴斯湾·玛提尤/萨姆斯岛方向)

惠灵顿城市缆车乘车处
The Wellington Cable Car

Lambton

詹姆斯·库克
大臣酒店

H 惠灵顿洲际酒店

女王码头
Queens Wharf

城市缆车博物馆

Grey St.

Glrone Tce.

Hunter St.

Jervois Quay

惠灵顿博物馆
Wellington Museum

惠灵顿旅客之家酒店
Kelburn Park

波尔克特街餐馆

E's首都国家大剧院

弗兰克·基次公园

兰普顿港
Lambton Harbour

Salomanca Rd.

Boulcott St.

Willis St.

Victoria St.

Honeymeisters 警察局 市民广场
City Gallery Wellington

Kelburn Pde.

B寿司

游客人首府背包客旅馆 H

红酒探索者 S

i SITE

城市大厅

Michael Fowler Centre

海洋旅客
中心

Victoria
University

S 西广场酒店 H

H 地球村文创店

世界

梅德伊特

拉马森酿造酒吧

Manners

St.

Wakefield St.

Cable St.

国家博物馆
Museum of New Zealand,
Te Papa Tongarewa

高登户外
用品店

Dixon St.

惠灵顿
阿莫拉酒店

博物馆艺术酒店 H

S New World
(超市)

去往维多利亚山观景台方向

怀唐伊
公园

Ghuznee St.

孟菲斯美女咖啡屋
飞马书社

大拇指中餐馆
日常有机商店

季风中的
胡桐

Oriental
Bay

海湾广场
酒店

S 酒店餐馆

潘多洛三明治

Allen St.

蝙蝠剧院

Victoria St.

Garrett St.

圣詹姆斯剧院

Courtenay Pl.

科特尼地区

Vivian St.

野斑马背包客旅馆
特里亚餐馆 H

和

库那

Majoribanks St.

Abel Smith St.

橄榄咖啡馆

罗根·布朗餐馆

欧姆布拉咖啡馆

惠灵顿YHA

威尔山餐馆

霍尔斯
韦尔酒店

拉莎餐馆

惠灵顿舒造酒店 H

S 摩尔威尔逊超市

大使剧院
The Embassy

菲德尔咖啡馆

Cuba St.

亦金汉堡店

R 南十字星咖啡馆

Webb St.

MT. COOK

H 首都观景汽车旅馆

Tory St.

Taranaki St.

Tasman St.

Cambridge Tce.

Kent Tce.

Brougham St.

0   200m

旅游咨询处 ⓔ site

Wellington Visitor Centre
Map p.397-C1・2

住 Civic Square, Cnr. Vicitoria
　St. & Wakefield St.
電 (04) 802-4860
FAX (04) 804-4863
URL www.wellingtonnz.com
開 周一～周五 8:30~17:00
　周六・周日 9:00~17:00
休 无

市立医疗中心

City Medical Centre
Map p.397-B1

住 Level2 190 Lambon Quay
電 (04) 471-2161

警察局

**Wellington Central
Police Station**
Map p.397-C2

住 41 Victoria St.
電 (04) 381-2000

租车公司

Hertz
電 (04) 388-7070
岛际人公司渡轮中心
電 (04) 384-3809

Avis
机场
電 (04) 802-1088
岛际人公司渡轮中心
電 (04) 801-8108

主要集会活动

新西兰国际电影节
**New Zealand International
Film Festival**
URL www.nziff.co.nz
举 7月中旬～8月初
蒙大拿服装艺术节
**Montana World of Wearable
Art Awards Show**
電 (03) 547-4570
URL worldofwearableart.com
举 9月下旬～10月上旬

惠灵顿漫步游

Walk Wellington
　惠灵顿漫步游每天上午
10:00 从旅游咨询处门前出
发，用时2小时。在导游的
带领下游览周边的市民中心、
海滨地区、兰普顿周边地区
等景点。另外，12月～次年
2月期间还有每天下午 17:30
分钟出发的晚间漫步游。
電 (04) 802-4860
URL www.walkwellington.org.nz
举 全年
费 成人 NZ$20，儿童 NZ$10
CC MV

惠灵顿 漫 步

　惠灵顿市中心紧
紧围绕着惠灵顿港而
建，直径大约2公里。
从最繁华的街区走到
市中心边缘也就需要
20分钟行程，所以游
览市中心仅靠步行是
完全可以的。

　乘坐火车或者巴
士到达惠灵顿火车站
之后，可以选游览附

景色优美深受游客喜爱的东方海滨地区

近的国会大厦、旧政
府大楼等具有首都代表意义的历史性建筑。接下来直奔海岸边，然后沿
着港口南下，便可到达女王码头（Queen's Whalf）。这一区域附近有不
少时尚的咖啡馆和餐馆，在这里就餐可以充分享受海滨城市的气息。

　从女王码头稍微向内陆方向走一段，便是蜿蜒曲折的兰普顿大道
（Lambton Quay）。这一带是政府办公厅和商业街区，经常可以见到西装
革履的商务人士来回穿梭。充满都市气氛的咖啡馆和商店也不少。人气
的城市缆车的乘车处也位于这条大街上。

　沿着兰普顿大道向南走，便可以到达市民广场（Civic Square）。广
场的四周被旅游咨询处、图书馆、市政厅、画廊等建筑环绕。周边还有
面朝港口而建的国家博物馆。

　古巴街（Cuba St.）的起点位于市民广场附近，这条街上有许多年轻
人，是非常热闹的一条学生街。部分街区是步行街，街边有不少街头艺
人的表演非常吸引人。不过，深夜最好不要独自在这条街上行走。

　周末和夜晚最热闹的街区是科特尼地区（Courtenay Place）。这个区
域不仅有各国美食餐馆、酒吧等，还有不少小吃店，在这个街区你可以
轻松地找到就餐的地方。

　城市的东南侧有一条非常有感觉的被称为东方海滨（Oriental Pde.）

的滨海大道，还有可以
将整座城市的景色尽收
眼底的维多利亚山（Mt.
Victoria）。而且惠灵顿还
是《指环王》系列电影导
演彼得·杰克逊的故乡，因
此电影产业得到了空前的
发展。靠近机场附近的米
拉玛尔地区的"威塔之家"
Weta Cave 还可以参观工作
室制作电影的过程，来自
世界各地的粉丝都喜欢来
此参观。

市民广场周围林立着图书馆、画廊等建筑

国家博物馆

Map p.397-C2

Museum of New Zealand, Te Papa Tongarewa

于1998年建成的这座博物馆是新西兰唯一的一座国家博物馆，想要了解惠灵顿的文化绝对不容错过。展出的内容丰富有趣，无论是成人还是儿童都可以愉快地参观。不妨花上半天以上的时间来这里好好参观一番。

体感展示

这里有关于地理、历史、毛利文化等主题的展品，每个楼层所展出的主题都各有不同。在2层的"国际故事"展区，可以了解到关于新西兰的地形地貌，以及在此地生息的动植物的相关知识；还可以参观与实物等身的大型哺乳类动物的模型；还能通过地震体验仪等体感类项目体验亲临古代，进入原始森林和大海的感受。在"太空空间"里，可以在14米长的新西兰领土卫星照片上漫步，还可以在The Deep乘坐深海探险车去到海底火山冒险，馆内的这些体验设施无论是成人和孩子都非常喜欢。4层的"人类与遗产"展区，则是通过参观巨大的毛利聚会所，学习毛利的文化和传统。

馆内同时还设有精致的咖啡馆和可以望见港湾风景的景观餐馆。在位于入口左侧的博物馆商店内还可以购买自己心仪的伴手礼。

外观新颖，与整座城市的风格融为一体的国家博物馆

国会大厦

Map p.397-A1

Parliament Building

国会大厦是新西兰首都惠灵顿的地标性建筑。距离惠灵顿火车站较近，四周被茂盛的草坪所环绕，大厦周围是一系列的议会大楼，周边没有栅栏，给人感觉非常开放。面朝大厦左侧的建筑Exective Wing并不是国会大厦，而是部长办公楼。不过其酷似蜂巢的独特的外观，在国会大厦建筑群中极为醒目，人们也亲切地称新西兰的国会为"Beehive（=蜂巢）"。其实，右侧的建筑才是国会大厦。

国内大厦内有免费参观的导览团，有时间的话不妨跟团参观（所需时间1小时）。可以在位于建筑物1层的游客中心申请。导览团出发前15分钟需要在指定地点集合。

惠灵顿是新西兰的政治中心

国家博物馆

住 55 Cable St.
☎ （04）381-7000
URL www.tepapa.govt.nz
开 10:00~18:00
休 无
费 免费（任意捐赠）
　※部分特展需要单独收费
导览团
举 9:30、10:15、11:00、12:00、13:00、14:00、15:00、17:00（具体时间有变动）
费 成人NZ$10~16，儿童NZ$8（所需时间1小时，根据参观内容费用也有所不同）

国会大厦

住 Molesworth St.
游客中心
☎ （04）817-9503
FAX （04）817-6743
URL www.parliament.nz
导览团
开 10:00~16:00期间整点出发（10人以上参团需要预约）
费 免费

旧政府大楼

旧政府大楼
- 住 15 Lambton Quay
- 电 （04）384-7770
- URL www.doc.govt.nz
- 开 周一～周五 9:00~16:00
  （1月～复活节期间的周六
  10:00~16:00 开放。13:00、
  14:00 有导览团出发）
- 休 周六·周日
- 费 免费

夜景也非常漂亮的旧政府大楼

卡特天文台
- 住 40 Salamanca Rd.Kelburn
- 电 （04）910-3140
- URL www.museumswellington.
  org.nz
- 开 周二、周五 16:00~23:00
  周六　　　　10:00~23:00
  周日　　　　10:00~17:30
  （会有变化）
- 休 周一、周三、周四
- 费 成人 NZ$12.5，老人、学
  生 NZ$10，儿童 NZ$8
- 交 从市内缆车的终点站步
  行 2 分钟可达。或者从
  市中心乘坐 #17、#18、
  #22 路等巴士，大约 25
  分钟车程。在 Upland Rd.
  at Glasgow 站下车

旧政府大楼
Old Government Building
Map p.397-B2

这栋白色的大楼建于 1876 年，直至
1990 年历经 115 年这里一直作为政府的办
公楼被使用，另外这栋大楼还是新西兰国
内最大的木结构建筑。1996 年政府花费约
2500 万美元对这栋大楼进行了修缮。对外
开放的楼层是由 1 层和 2 层部分区域，游
客可以参观古建筑的内部构造。目前这里
被名校维多利亚大学的法学研究所使用。

因为外观是模仿石造结构，所以不
仔细看很难知道这是木造建筑

卡特天文台
Space Place at Carter Observatory
Map p.397-B1

这座天文台位于惠灵顿植物园内，
是新西兰国内最大的天文观测设施。
内部有多台天体望远镜，游客可以观
摩学习。

天气条件好的时候，可以通过天体
望远镜观测夜空中的繁星。可以观测天
体的具体日期和时间根据季节不同而变
化，需要提前预约。

即便天气条件不好，也可以通过馆
内的天象仪观测到南十字星等南半球的
星空。

体验南半球的天体观测

周末去集市逛一逛

　　每周日在国家博物馆（Map p.397-C2）旁
的广场上会有港畔集市（Harbourside Market）
活动。届时会有售卖蔬菜水果，以及从渔船上
直接进货的鲜鱼店铺等。还会有不少街头艺人
和各式的小吃摊，
逛一逛还是非常
有趣的。

　　位于怀唐伊公
园（Whaitangi Park）
内的一栋建筑的 1
层会举办城市集
市（City Market）活
动，届时会有巧克
力、蜂蜜、面包、

港畔集市热闹的样子

护肤品等商品出售。弗兰克·基次公园 Frank
Kitts Park（Map p.397-C2）每周六也会举办惠
灵顿地下市场（Wellington Underground Market），
主要出售工艺品、服装、艺术品、首饰等。此
外，每个月还会有特定主题的市场开市。

港畔集市 Harbourside Market
- 开 夏季 周日 7:30~14:00　冬季 周日 7:30~13:00

城市集市 City Market
- 开 周日 8:30~12:30

惠灵顿地下市场 Wellington Underground Market
- 开 周六 10:00~16:00

惠灵顿植物园
Wellington Botanic Garden

Map p.397-B1

植物园的入口就位于城市缆车博物馆旁，在城市缆车的终点站下车后即到。园内占地面积约有 25 公顷，有被保护的原生林、秋海棠温室、水鸟聚集的池塘等景观，在这片大花园里散步享受四季变化带来的乐趣也是十分惬意的一件事情。从缆车站步行至市中心约需 30 分钟。

天气晴朗的日子能够勾起人们散步的欲望

在回程可以一边欣赏沿途的景色，一边慢慢走下山去市区。

惠灵顿城市缆车
The Wellington Cable Car

Map p.397-B1

惠灵顿城市缆车是惠灵顿的特色，自 1902 年通车至今已经被使用了 110 多年，对于居住在坡顶上的居民来说，这个交通工具是必不可少的，只需要 5 分钟便可以到达市区。此外这辆通体呈红色的缆车还备受游客们的青睐，乘坐缆车可以欣赏市区的街景。晴天的时候还可以望见海滨和市街风景，夕阳时分的景色别有一番韵味。

坡顶上的车站旁有缆车博物馆（Cable Car Museum），里面展示有以往使用过的缆车车型，还有少量的纪念品出售。

大红色的城市缆车深受游客们的喜爱

旧圣保罗教堂
Old St. Paul Cathedral Church

Map p.397-A2

建于 1866 年的纯白色木造结构的教堂。内部有拱形的屋顶，墙壁上有彩绘玻璃，还有祭坛，虽然陈设十分简单但却给人以温暖的感觉。平时的白天还会举办管风琴和长笛等音乐会。另外，这里还是一处十分有人气的婚礼场所。

看上去有故事的可爱外观建筑

惠灵顿植物园
- 🏠 101 Glenmore St.
- ☎ （04）499-1400
- URL wellington.govt.nz
- 🕐 日出～日落
- 休 无
- 费 免费
- 交 从城市缆车终点步行即到。也可从市中心乘坐 #3、#13 路巴士，约需 15 分钟

游客中心
- 🕐 周一～周五 9:00～16:00
  11 月～次年 4 月期间周六也营业
  10:00～15:00

秋海棠温室
- 🕐 4～9 月　9:00～16:00
  10 月～次年 3 月
  9:00～17:00
- 休 4～9 月周二

城市缆车
- 🏠 280 Lambton Quay
- ☎ （04）472-2199
- FAX （04）472-2200
- URL www.wellingtoncablecar.co.nz
- 运 周一～周五　7:00～22:00
  周六　8:30～22:00
  周日·法定节日
  8:00～21:00
- 费 成人单程 NZ$4，往返 NZ$7.5
  学生、儿童单程 NZ$2，往返 NZ$3.5

城市缆车博物馆
Map p.397-B1
- 🏠 1a Upland Rd.
- ☎ （04）475-3578
- URL www.museumswellington.org.nz/cable-car-museum
- 🕐 9:30～17:00
- 休 无
- 费 免费
- 交 缆车终点站旁

城市缆车博物馆

旧圣保罗教堂
- 🏠 34 Mulgrave St.
- ☎ （04）473-6722
- URL www.heritage.org.nz
- 🕐 9:30～17:00
- 休 无
- 费 随意捐赠（导览团 NZ$7.5）

拱形屋顶非常漂亮

凯瑟琳·曼斯菲尔德故居 & 花园

住 25 Tinakori Rd.
电/传 (04) 473-7268
URL www.katherinemansfield.com
开 周二~周日 10:00~16:00
休 周一
费 成人 NZ$8，儿童免费
交 从市中心乘坐 #14 路巴士，约需 12 分钟

凯瑟琳·曼斯菲尔德故居 & 花园
Katherine Mansfield House & Garden

Map p.396-A1

世界著名短篇小说家凯瑟琳·曼斯菲尔德，是新西兰最著名的作家之一。她于 1888 年 10 月 14 日出生在这栋房子里，直至 14 岁都在新西兰接受教育，19 岁前往英国。她的一生非常短暂，1923 年去世的时候只有 34 岁，共为世人留下了 100 多篇作品。虽

作为 19 世纪上流社会阶层的住宅，在建筑学上也是珍贵的遗产

然小说是虚构的，但是在这个家中却能见到几处似曾相识的场所，尤其是读过她的《序曲》《生日》等作品的读者，不妨在这间屋子里仔细探索一番。这栋素朴的房子是使用当地原产的木材建造而成的，也是当时比较典型的上流阶层的都市住宅。

惠灵顿圣保罗大教堂

住 Cnr. Molesworth St. & Hill St.
电 (04) 472-0286
URL wellingtoncathedral.org.nz
开 10:00~16:00
（时间有变化）
休 无

耶稣的马赛克画像

惠灵顿圣保罗大教堂
Wellington Cathedral of St. Paul

Map p.397-A2

大教堂位于国会大厦附近。主要看点是华丽的内饰、一直伸展到屋顶的高大彩绘玻璃和共有 3531 根音管的管风琴等。教堂里侧有圣母像（The Lady Chapel）。可以在官网上查询唱诗班来此合唱圣歌的时间。内部还设有纪念品商店。

现在的建筑物是 1998 年重建的

大使剧院

住 10 Kent Tce.
电 (04) 384-7657
开 9:30~Late
URL www.eventcinemas.co.nz
休 无

大使剧院
The Embassy

Map p.397-D2

可以在巨幕下欣赏电影

这座电影院修建于 1924 年，当时世界上刚刚流行电影。这座电影院在 2003 年经历过巨大的改造工程，之后作为《指环王 3：国王归来》全球首映的舞台而备受瞩目。2003 年 12 月 1 日举办的全球首映式上，导演彼得·杰克逊、主演伊利亚·伍德（饰佛弗罗多、丽芙·泰勒（饰精灵公主阿尔温）、奥兰多·布鲁姆（饰莱戈拉斯）等豪华的明星阵容从这座大使剧院一直走到国会大厦。据说这部电影制作成本约 3 亿美元，剧组人员共计 1 万多人的作品，是新西兰总理亲自邀请导演来这里拍摄的。剧院内部华丽的装饰也非常值得一看。

惠灵顿博物馆
Wellington Museum

Map p.397-C2

惠灵顿博物馆
🏠 Queens Whart, 3 Jervois Quay
☎ （04）472-8904
URL www.museumswellington.
org.nz/wellington-museum
🕐 10:00~17:00
🚫 无
🎫 免费

北
岛

● 惠
灵
顿

主要展示与海洋有关联内容的博物馆。博物馆所在的建筑物，原本是保税仓库，在 20 世纪 90 年代女王码头是惠灵顿港的中枢的时候，这座仓库的使用率非常高，因此有着非常重要的历史价值。博物馆内再现

了当时仓库内部的模样，此外位于 1 层的大屏幕上还放映了 20 世纪 90 年代惠灵顿城的模样（原尺寸大小）。3 层介绍有关于惠灵顿的毛利人的传说的展示也很受欢迎。

位于女王码头的一角

Column ## 世界知名的咖啡之城——惠灵顿

惠灵顿是咖啡之城，在这里"任何一个街角处都会有一家咖啡馆"。美国 CNN 关于"全球咖啡之城"的排名中惠灵顿名列第八名。尤其是古巴街周边咖啡馆云集，另外海边和郊外也有不少格调各异的咖啡馆，不妨来一次咖啡馆巡游。

这座城市的另一个特点是咖啡烘焙企业（coffee roaster：烘焙咖啡豆并进行销售活动的公司）居然有 16 家之多。大多数的咖啡烘焙商，都是在 2000 年以后新西兰国内开始掀起一片咖啡热时，燃起了对咖啡的兴趣，而与家人或者朋友一起创业的中小型企业。很多咖啡馆都会标注使用的是哪一家咖啡烘焙商的豆子，有兴趣的游客不妨喝下不同的口味比比看。

橄榄咖啡馆　Map P.397-D1
Olive

🏠 170 Cuba St.　☎（04）802-5266
🕐 周二～周六 8:00~Late，周一·周日 8:00~16:00　🚫 无

乡村田园系的家具内饰和中庭丰富的绿色植物，给人一种回到农村老家的感觉。这里除了种

类丰富的咖啡和甜品之外，地中海菜系的美味佳肴和葡萄酒也备受好评。

菲德尔咖啡馆　Map P.397-D1
Fidel's Cafe

🏠 234 Cuba St.　☎（04）801-6868　🕐 周一～周五 7:30~22:00，周六 8:00~22:00，周日 9:00~22:00　🚫 无

以古巴革命家菲德尔·卡斯特罗为主题的咖啡馆。店内虽然色彩艳丽，但是给人一种安详舒适的感觉，非常

不可思议。咖啡使用 babana 公司的豆子。豆子经过深度烘焙，味道更加浓郁，有特点。

孟菲斯美女咖啡屋　Map P.397-D2
Memphis Belle Coffee House

🏠 38 Dixon St.　☎ 021-244-8626
🕐 周一～周五 7:00~17:00，周六·周日 8:30~17:00　🚫 无

这家咖啡屋是多次被评为惠灵顿最佳咖啡馆的超人气店。煮咖啡的工具和方法也是根据豆子

的品种而变化的。尤其是浓缩咖啡和卡布奇诺受到了食客们的一致好评。

拉马森酿造酒吧　Map P.397-C1
Lamason Brew Bar

🏠 Cnr. Bond St. & Lombard St.　☎（04）473-1632
🕐 周一～周五 7:00~16:30，周六 9:30~15:00　🚫 周日

老板曾经在咖啡烘焙公司工作过。因为被日本吃茶店虹吸式的冲调方法的美感所感动，

店内使用了不少日式的冲调工具。店内的吧台座席最受欢迎，因为可以近距离地观看冲调咖啡的每一个步骤。

从科特尼地区沿线的车站开始，或者从市中心乘坐 #20 路巴士，大约需要 15 分钟。如果是开车前往，或者步行前往，可以从 Kent Tce. 沿着 Majoribanks 往上爬，顺着带有 "Mt. Victoria" 或者 "Look Out" 标识的线路走，从 Hawker St. 顺着 Palliser Rd. 前行。返回时可以从 Palliser Rd. 顺着沿海的公路 Oriental Pde. 下山。

威塔之家

住 Cnr. Camperdown Rd. & Weta St. Miramar
☎ (04) 909-4000
URL wetaworkshop.com
營 9:00~17:30
休 无
費 免费

Workshop Tour
費 成人 NZ$25、儿童 NZ$12
举 9:30、10:30、11:00、12:00、12:30、14:00、15:00、16:00、16:30、17:00

There & Back Again Guided Transfer
从惠灵顿的旅游咨询处出发的导览团。
費 成人 NZ$65、儿童 NZ$40（包含参观工作室的费用）
營 9:30、10:30、12:00、13:30 出发

Thunderbirds Are Go
費 成人 NZ$25、儿童 NZ$12
举 9:15~16:45 期间每 30 分钟~1 小时一团

周边产品种类繁多

惠灵顿动物园

住 200 Daniell St. Newtown
☎ (04) 381-6755
FAX (04) 389-4577
URL www.wellingtonzoo.com
開 9:30~17:00（入场截至 16:15）
休 无
費 成人 NZ$21、儿童 NZ$10.5
交 从市中心乘坐 #10、#23 路巴士，约需 20 分钟

维多利亚山
Mt. Victoria
Map p.396-B1

从维多利亚山俯瞰的景色

位于市中心东南方海拔 196 米的小山丘。站在山顶上的观景台可以俯瞰惠灵顿整座城市的景色，还可以望见整片海域。开车去是最方便的，不过中途还有步行步道可供散步。从东方湾步行至观景台大约需要 45 分钟。虽然夜景非常漂亮，但是天黑之后独自行走真的不是一件十分安全的事情。

惠灵顿 郊 区

威塔之家
Weta Cave
Map p.396-C2

洞穴食人妖在入口处等待游客的到来

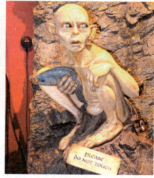
眼神诡异的咕噜姆

威塔之家位于米拉玛尔地区 MIRAMAR，是由专门制作《指环王》《霍比特人》系列电影中等特效和小道具的公司——威塔工作室运营的综合设施。这里除了有出售由该公司联合出品的电影周边产品和手办之外，还有关于电影拍摄幕后话题的小短片（约 30 分钟）放映。如果你想更深入地了解电影世界，推荐参加付费的导览团，可以参观小道具的制作现场和观看录像，全程只需 45 分钟。此外，2015 年 12 月开始的新型导览团雷鸟神机队（Thunderbirds Are Go），可以听工作人员讲解在电影中使用的模型是如何制成的，以及在制作现场的一些花絮。

惠灵顿动物园
Wellington Zoo
Map p.396-C1

新西兰最古老的动物园。穹顶形的夜行动物馆里，有长 25 米的暗黑通道，馆内饲养着几维鸟等濒临灭绝的动物们。因为馆内比较黑暗，请等待眼睛适应黑暗环境之后再开始寻找动物。每天还有导览团开团，可以在入口处的黑板上确认开团时间。

可爱的小熊猫

东方湾
Oriental Bay

Map p.396-B1~2

从市区向东南方延伸的海滨一带被称为东方湾。海边向东延伸的沿海道路叫作东方路（Oriental Pde.），两旁种植着松树，附近的居民经常会在这条路上滑滑板或者慢跑。游客也可以在这里一边享受习习的海风，一边在海滨的餐馆或者咖啡馆里悠闲地享受旅行时光。

建于海滨的东方路

西兰蒂亚
Zealandia

Map p.396-B1 外

这片地区是美丽的鸟类避难所（旧卡洛里野生鸟类保护区），是通过人类之手重新创造的原生林，专门用来保护濒临灭绝的野生鸟类。重建原生林的面积约 2.25 平方公里，内有长达 30 公里的步行道道，参观者可以根据鸟

除了观察鸟类之外，还可以在展厅内学习关于鸟类生态学的知识

类观赏的导览图侧一边散步一边观察各种稀有鸟类。另外，保护区内还有 19 世纪淘金的遗址和水坝等历史遗址。晚间导览团可以观察到几维鸟和古蜥蜴，所需时间约 2 小时 30 分钟。

玛提尤／萨姆斯岛
Maitu / Somes Island

Map p.396-B2 外

从女王码头乘坐 20 分钟便可到达的一座位于外海的岛屿。过去曾经是毛利人的堡垒，进入殖民时期之后这座岛屿便成了监狱和家禽检疫所等所在的地方，现在作为自然保护区被政府管理。岛内铺设有游步道，可以望见大海对面的惠灵顿市区。另外，岛上还能观察野生鸟类、沙螽、海豹等野生动物。岛上没有商店，请自行携带饮用水和干粮。

Esat By West 的渡轮

去往东方湾的交通方法
从市中心乘坐 #14、#24 路巴士，约需 5 分钟。

西兰蒂亚
住 31 Waiapu Rd. Karori
☎ (04) 920-9213
URL www.visitzealandia.com
开 9:00~17:00
（入场截止~16:00）
休 无
费 成人 NZ$18.5，儿童 NZ$10
（展览＋步道）
交 有从市区各地以及旅游咨询处出发的免费送迎巴士（9:45~14:30）。
晚间导览团
举 11 月～次年 3 月每天，4~10 月期间是周三、周五～周日（需要提前预约）
费 成人 NZ$79，儿童 NZ$38（参加者需满 12 岁以上）

位于岛南侧的礁石"杰克岩"，在这里可以观察到海狮和鱼鹰

玛提尤／萨姆斯岛
Esat By West 公司有从女王码头出发的至玛提尤、萨姆斯岛的渡轮。所需时间为 20 分钟。
☎ (04) 499-1282
URL eastbyweat.co.nz
运 女王码头出发
周一～周五
10:00、12:00、14:15
周六·周日　　10:00、12:00、14:30、15:35
玛提尤／萨姆斯岛出发
周一～周五　　10:40、12:50、15:25
周六·周日　11:40、13:40
费 成人 往返 NZ$23，儿童 NZ$12

惠灵顿的
游览项目

卡皮蒂海滩观光团

跟团一日游，游览位于惠灵顿西北 45 公里左右的卡皮蒂海滩（Kapiti Coast）。沿途会参观战斗山农场（Battle Hill Farm）、古董车博物馆等。出发时间 8:30，集合地点在旅游咨询处前，或者到住地接送。

Hammonds Scenic Tours
☎（04）472-0869　ＦＡＸ（04）471-1730
URL wellingtonsightseeingtours.co.nz
營 全年
費 成人 NZ$225、儿童 NZ$112.5
CC MV

电影《指环王》取景地一日游

游览位于惠灵顿近郊的《指环王》取景地。游览内容除了参观维多利亚、凯多可自然公园（Kaitoke Regional Park）、莱克里克采石场等景点之外，还包含市内观光等项目。威塔之家（→ p.404）的游览行程也包含在内。以《指环王》为主题的定制的午餐也给人留下了深刻的印象。

Wellington Rover Tours
☎（04）471-0044
FREE 0800-426-211
ＦＡＸ（04）472-9634
URL www.wellingtonrover.co.nz
營 全年　費 成人 NZ$190、儿童 NZ$85
CC MV

惠灵顿的
动感体验

骑行

惠灵顿的自然条件非常优越，因此这有多条山地车用的自行车道。既可以根据你当天的心情随意租借一辆自行车骑行，也可以参加私人定制的骑行项目，参加者可以根据游览线路制定骑行的线路。

Mud Cycles
住 424 Karori Rd.　☎（04）476-4961
URL www.mudcycles.co.nz　營 全年
費 半天 NZ$35~、1 天 NZ$60~（租车）
CC A D M V

高空拓展

从市中心驱车 20 分钟，在卡皮蒂海滩最南端又有一座港口小城 Porirua，在这里你可以体验真正的高空拓展，使用木头搭建起的结构，通过绳索前行。根据难易程度的不同，共有 7 个线路，参加者身高必须在 130 厘米以上。

Adrenalin Forest Wellington
☎（04）237-8553
URL www.adrenalin-forest.co.nz
營 全年费
費 成人 NZ$42、儿童 NZ$17~27

Column　惠灵顿的剧院

惠灵顿这座城市拥有众多魅力出众的剧院，在这里经常会举办各类演秀和现场音乐会。可以通过购票公司"Ticketek"在网上预约订票，可以用信用卡支付。在旅游咨询处内还有可能购得当日公演的廉价票，需要碰运气。
Ticketek
URL premier.ticketek.co.nz

E's 首都国际大剧院　Map P.397-C2
Capital E's National Theatre
住 4 Queens Wharf　☎（04）913-3740
URL www.capitale.org.nz

主要针对儿童和家庭，演出内容多为现代艺术表演秀。

圣詹姆斯剧院　Map P.397-D2
St. James Theatre
住 77-87 Courtenay Pl.　☎（04）80[ ]-4231
URL www.pwv.co.nz/our-renues/st-james-theatre

建于 1912 年的古老剧院。主要演出芭蕾舞、歌剧等。

蝙蝠剧院　Map P.397-D2
Bats
住 1 Kent Tce.　☎（04）802-4176
URL bats.co.nz

主要表演喜剧、小品等的小剧场。有许多当地的演员在此演出。

商 店
Shopping

　　惠灵顿不愧是新西兰的首都，商店的种类多种多样。在兰普顿大道沿线分布着各种规模的购物中心，最适合购买时装和鞋帽类商品。一定要去这条路上最有地标性的老牌百货商店逛一逛。惠灵顿的另一个特点是画廊、艺廊比较多。

简约新西兰
Simply New Zealand

伴手礼店

◆ 这家店铺位于兰普顿大道上。店内有用奇异果制成的手工皂、手工做的餐具、羊皮的卧室拖鞋、使用新西兰原产木材制成的厨具、翡翠首饰等新西兰具有代表性的纪念品。招牌商品是新西兰绵羊油、用罗托鲁阿温泉泥制成的面膜和肥皂等，价格是 NZ$7.95 起。

市中心　　　　　　　　　　Map p.397-B1

🏠 195 Lambton Quay
☎ （04）472-6817
URL www.simplynewzealand.com
🕐 周一～周五 9:00~17:30，周六 10:00~16:00，周日 11:00~15:00（时间会有变化）
休 无　CC ADJMV

库那
Kura

家居用品店

◆ 店内汇集了新西兰现代艺术家和设计师的经典作品。店名"Kura"在毛利语中的意思便是"珍贵的物品"。以大自然和毛利传统为创作灵感的具有新西兰特色的陶器、玻璃制品、首饰等种类十分丰富。将铁艺与浮木相结合创作的作品十分受欢迎。

市中心　　　　　　　　　　Map p.397-D2

🏠 19 Allen St.
☎ （04）802-4934
URL www.kuragallery.co.nz
🕐 周一周五 10:00~18:00，周六・周日 11:00~16:00
休 无
CC ADMV

梅德伊特
Made It

杂货

◆ 位于个性小店林立的维多利亚街区沿线的一家杂货铺。店内所有商品都是出自新西兰艺术家之手，商品范围十分广泛，有服装、布艺小杂货、器皿、文具等。尤其是以新西兰岛为主题创作的艺术品、简约派的首饰、明信片等种类比较齐全，如果你准备挑选伴手礼，这家店铺是一个不错的选择。

市中心　　　　　　　　　　Map p.397-C1

🏠 103 Victoria St.
☎ （04）472-7442
URL madeitwgtn.co.nz
🕐 周一～周五 10:00~17:30，周六 10:00~17:00 周日 11:00~16:00
休 无
CC MV

地球村文创店
Global Culture

时装

◆ 以新西兰文化和自然为主题的外套和 T 恤衫品种十分多样。以几维鸟为主题设计的照片 T 血衫价格是 NZ$39。还有非常实惠的折扣活动，3 件 NZ$90，T 恤衫＋帽衫组合是 NZ$100。另外，新西兰本土首饰品牌 Evolve 的银饰也十分受欢迎。

市中心　　　　　　　　　　Map p.397-C2

🏠 30 Cuba St.
☎ （04）473-7097
URL www.globalculture.co.nz
🕐 周一～周三 9:30~17:30，周四、五 9:30~18:00，周六 10:00~18:00，周日 11:00~17:00
休 无　CC ADMV

世界
World

药妆时装

◆ "World"是新西兰本土的高端时尚品牌，创办于 27 年前。商品简单时尚，看得出设计的水准相当高。另外，店内还销售来自欧洲和澳大利亚的护肤品。店内同时销售 1643 年创业的，14 世纪最受欢迎的，也是世界上最古老的蜡烛品牌喜楚登（CIRE TRUDON）香熏蜡。

市中心　　　　　　　　　　Map p.397-C1

🏠 102 Victoria St.
☎ （04）472-1595
URL www.worldbrand.co.nz
🕐 周一～周五 9:30~18:00，周六 10:00~17:00，周日 12:00~17:00
休 无　CC ADJMV

摩尔威尔逊超市
Moore Wilson's

食品

市中心 　 Map p.397-D2

◆以惠灵顿为中心的一家连锁超市，共有 4 家店铺。这家公司原本是一家专门针对饭店、餐馆的食材批发商，后来发展成了超市，至今仍旧秉承着建店的初衷，所销售的食材品质非常好，深受专业人士的喜爱。店内有不少试吃和试饮的区域，逛上一圈也是非常开心的。惠灵顿的咖啡、巧克力等商品的种类也比较丰富。葡萄酒的种类也比较齐全，而且价格非常便宜。

- 🏠 93 Tory St.
- ☎ （04）384-9906
- URL moorewilsons.co.nz
- 🕐 周一～周五 7:30~19:00，周六 7:30~18:00，周日 8:30~18:00
- 休 无
- CC MV

Honemeisters
Honeymeisters

蜂蜜

城市周边 　 Map p.397-C1

◆专营新西兰国产蜂蜜的店铺。麦卢卡蜂蜜 500g 装的小瓶价格是 NZ$43.99~。6 瓶装的价格是 NZ$185，12 瓶装是 NZ$235。花生酱的价格是 NZ$9.9，味道也非常不错。店内可以试吃，不妨在购买前先试一下味道。另外，还出售使用蜂蜜制成的护肤品、果汁冰沙、冰激凌等商品。

- 🏠 Cnr. Victoria St & Mercer St.
- ☎ （04）473-8487
- URL www.honeymeisters.com
- 🕐 周一～周四 9:30~18:00，周五 9:30~18:30，周六 10:00~17:00，周日 11:00~16:00
- 休 无 　 CC ADMV

日常有机商店
Commonsense Oranic

有机食品

市中心 　 Map p.397-D2

◆店铺距离国家博物馆步行仅需 3 分钟，是惠灵顿周边地区比较早期的有机食品专卖店。店内非常宽敞，是仓储式的，主要出售有机农产品、量贩式的化妆品和洗涤剂、使用有机棉制成的婴儿服装等各种商品。

- 🏠 260 Wakefield St.
- ☎ （04）384-3314
- URL www.commonsenseorganics.co.nz
- 🕐 周一～周五 8:00~19:00，周六·周日 9:00~18:00
- 休 无
- CC 不可

飞马书社
Pegasus Books

书店

市中心 　 Map p.397-D1

◆位于古巴街小胡同里的一家旧书店。店头摆有"今日诗歌"的展示品，店内各处摆放着来自世界各地的小摆件，给人一种愉悦的氛围。书籍所涉及的范围十分广泛，有世界各国文学、实用书籍、杂志、哲学书等，还专门设有与女同性恋和男同性恋有关的书籍区。

- 🏠 Left Bank , Cuba St.
- ☎ （04）384-4733
- URL pegasusbooks.com
- 🕐 周一～周六 10:30~20:00，周日 10:30~18:00
- 休 无
- CC 不可

红酒探索者
Wineseeker

葡萄酒

市中心 　 Map p.397-C1

◆位于旅游咨询处附近的一家葡萄酒专卖店。主要销售以新西兰葡萄酒为主的酒类产品，另外也有来自意大利、西班牙、美国等地的 300 多种葡萄酒。每天店内都会免费提供一款新西兰葡萄酒供客人免费试喝。店内还会定期举办由葡萄酒酿酒者组织的品酒会、菜肴与葡萄酒的搭配等课程。

- 🏠 86-96 Victoria St.
- ☎ （04）473-0228
- URL wineseeker.co.nz
- 🕐 周一～周三 10:00~19:00，周四·周五 10:00~20:00，周六 11:00~18:00
- 休 周日
- CC AMV

高登户外用品店
Gordon's Outdoor Equipment

户外运动

市中心 　 Map p.397-C2

◆惠灵顿市内的老牌户外用品店，创办于 1937 年。除了销售新西兰国内品牌——拓冰者之外，还有北脸（The North Face）、土拨鼠（Marmot）、沃德（Vaude）、科恩（Keen）等著名品牌。登山、攀岩、野营相关的周边产品也种类丰富。打折的产品也有不少，可以说是户外运动者的购物天堂。

- 🏠 Cnr. Cuba St & Wakefield St.
- ☎ （04）499-8894
- 🕐 周一～周四 9:00~18:00，周五 9:00~19:00，周六·周日 10:00~17:00
- 休 无
- CC ADJMV

餐馆
Restaurant

　　女王码头、东方湾附近有许多可以观赏海景的咖啡馆，科特尼地区的民族菜餐馆相对集中，古巴街有不少营业至深夜的酒吧晚上也很热闹。

罗根·布朗餐馆
Logan Brown
新西兰菜

◆ 惠灵顿数一数二的精致餐馆，荣获过众多奖项。餐馆位于一座古建筑内，装修得非常雅致，就餐氛围十分舒适。午餐套餐的价格是 NZ$45，包含前菜、主菜、甜品、面包和咖啡。周五、周六的下午茶也非常受欢迎，价格是 NZ$35。

市中心　　Map p.397-D1
住 192 Cuba St.　☎ （04）801-5114
FAX （04）801-9776
URL www.loganbrown.co.nz
营 周 二 17:30~Late， 周 三·周 四 12:00~13:30， 17:30~Late，周五·周六 12:00~14:00，17:30~Late
休 周日、周一　CC ADMV

波尔克特街餐馆
Boulcott Street Bistro
新西兰菜

◆ 使用法餐的料理方法巧妙烹制的新西兰菜。餐馆位于一栋建于 19 世纪 70 年代后半期的民宅中，无论是服务还是就餐氛围都非常考究，菜肴主要有羊肉、鹿肉等肉类美食，味道备受好评。周一~次周周五还提供 NZ$20 的午餐，周日的星期天牛排价格仅需 NZ$45 也很受欢迎。

市中心　　Map p.397-C1
住 99 Boulcott St.
☎ （04）499-4199
URL www.boulcottstreetbistro.co.nz
营 周 一 ~ 周 五 12:00~14:30，17:30~ 22:00， ~Late， 周 日 11:30~14:00/ 17:30~Late
休 无　CC ADMV

酒店餐馆
Hotel Beistol
新西兰菜

◆ 位于古巴街上的一家餐吧。餐馆位于一栋古老的酒店内，非常有味道。店内可以观看体育赛事直播、演唱会节目等，从早到晚都非常热闹。早午餐、汉堡类的价格是 NZ$15~，早午餐中的松饼、班尼迪克蛋等菜量很足。肉排的价格是 NZ$25.5，意大利面是 NZ$18~。

市中心　　Map p.397-D1
住 131-133 Cuba St.
☎ （04）385-1147
URL hotelbristol.co.nz
营 周一·周二·周日 9:00~24:00，周三·周四 9:00~次日 1:00，周五·周六 9:00~次日 3:00
休 无　CC ADJMV

威客山餐馆
Mt. Vic Chippery
海鲜

◆ 位于大使剧院附近的一家专营鱼和薯条的餐馆。在这里点餐非常方便，薯条和蘸酱都有样品，即便是游客也可以轻松下单点餐，而且鱼全部使用的是新鲜的鱼肉。需要注意是分量非常大，一定不要点多。照片中的是鱼肉汉堡，价格是 NZ$11.5。

市中心　　Map p.397-D2
住 5 Majoribanks St.
☎ （04）382-8713
URL www.thechippery.co.nz
营 12:00~20:45
休 无
CC DMV

特里亚餐馆
Osteria del Toro
地中海菜

◆ 店内有意大利、摩洛哥的塔基锅、西班牙的海鲜饭等地中海国家的传统菜式。内装修充斥着浓郁的异国情调，从柱子里可以接饮用水等各种有趣的事，深受食客们的喜爱。晚餐主菜的价格是 NZ$26~。意大利面的价格是 NZ$25~，还有适合 2~4 人共同分享的拼盘料理。

市中心　　Map p.397-D2
住 60 Tory St.
☎ （04）381-2299
URL www.osteriadeltoro.co.nz
营 周 一 ~ 周 六 16:30~22:00， 周 五 12:00~15:00， 16:30~Late，周六 16:30~ Late，周日 11:30~21:00
休 无　CC ADMV

和
Kazu　　　　　　　　　　日本料理

◆ 在惠灵顿共拥有 4 家店铺的日式烧烤店。科特尼地区的店铺位于一栋楼的 2 层，非常隐秘。共有 20 多种烤串种类，小编推荐包含烤鸡腿肉、大虾玉米卷等在内的拼盘价格是 NZ$12。拉面的价格是 NZ$15~。另外日本啤酒、日本酒的种类也比较丰富。店内氛围吧台座席和餐桌座席两种。

市中心　　　　　　　　　Map p.397-D2
住 Level 1 43 Cortenay Pl.
☎（04）802-4868
URL www.kazu.co.nz
営 周一～周三、周日 11:30~23:00，
　周四～周六 11:30~24:00
休 无
CC ADJMV

Bi 寿司
Sushi Bi　　　　　　　　日本料理

◆ 日式寿司卷的外卖店。16:00 以后所有商品半价，届时店外会排起长长的等待队伍。卷寿司 1 块的价格是 NZ$1~1.6，豆皮卷和握寿司的价格是 NZ$1.6~2，品种繁多，令人眼花缭乱。另外，店内还有烤章鱼丸子 3 个 NZ$3、6 个 NZ$6，味道也很不错。在伍德瓦德街、惠灵顿火车站附近也有分店。

市中心　　　　　　　　　Map p.397-C1
住 99 Willis St.
☎（04）471-1007
営 周一～周五 9:30~18:30，周六
　10:30~18:30
休 周日
CC MV

大拇指中餐馆
Big Thumb Chinese Retaurant　　中国菜・茶饮

◆ 中国香港厨师长烹制的午餐茶点十分受欢迎。茶点每盘的价格是 NZ$4~，大约有 50 种可供选择，可以从店员推车中挑选刚刚出炉的茶点。虾饺、蒸饺、春卷、粽子、麻团等都是刚刚出炉的，食客们的满意度非常高。晚餐点单的菜谱品种也很丰富。

市中心　　　　　　　　　Map p.397-D2
住 9 Allen St.
☎（04）384-4878
URL www.bigthumbchineserestaurant.co.nz
営 11:00~14:30、17:00~Late
休 无
CC AMV

季风中的胡桐
Monsoon Poon　　　　　　东南亚菜

◆ 中国店内装修非常有特点，还摆放有佛像。宽敞的开放式厨房显得非常气派。在这里你可以品尝到马来西亚、泰国、越南、印度等国的各式东南亚菜。越南的春卷价格是 NZ$13，叻沙是 NZ$23，印度菜羊肉咖喱的价格是 NZ$23 等。各种鸡尾酒的价格是 NZ$13~。

市中心　　　　　　　　　Map p.397-D2
住 12 Blair St.　☎（04）803-3555
FAX（04）803-3556
URL www.monsoonpoon.co.nz
営 周一～周四 11:00~22:00，周五
　11:00~23:00，周六 17:00~23:00，
　周日 17:00~Late
休 无　CC ADMV

拉莎餐馆
Rasa Restaurant　　　　　东南亚菜

◆ 专营南印度菜和马来西亚菜的人气餐馆。马来西亚的面条类菜肴叻沙分别有海鲜、鸡肉、蔬菜等口味，价格是 NZ$10~。另外还有咖喱、南印度卷饼等菜肴。混有羊肉、鸡肉、各式香辛料、香草和蔬菜的小拼盘的价格是 NZ$13~。

市中心　　　　　　　　　Map p.397-D1
住 200 Cuba St.
☎（04）384-7088
URL www.rasa.co.nz
営 周一～周六 12:00~14:00、
　17:30~Late，周日 17:30~Late
CC MV

魔力咖啡馆
Mojo　　　　　　　　　　咖啡馆

◆ 起源于惠灵顿的咖啡馆，在奥克兰、达尼丁甚至北京等地都开设有分店。惠灵顿市内共有 21 家分店，可以参观位于直升机登机处附近的烘焙工作室。招牌咖啡的味道香浓可口，店内的环境也很时尚舒适。餐谱上还有简餐，可以外卖。同时出售独家烘焙的混合咖啡豆。

市中心　　　　　　　　　Map p.397-B2
住 33 Customhouse Quay
☎（04）473-6662
URL www.mojocoffee.co.nz
営 周一～周四 7:00~17:00，周五
　7:00~18:00，周六・周日 9:00~16:00
休 无
CC ADJMV

弗洛里蒂塔餐馆
Floridatas　　　　　　　　咖啡馆

◆ 这间咖啡餐吧欧式风格的家具内饰给人留下了深刻的印象。菜肴大都是使用当地出产的新鲜时蔬，种类丰富。使用从云雾湾打捞的贝类制成的意面价格是 NZ$22，新西兰名品牛肉哇卡奴伊牛（Wakanui beef）制成的牛排价格是 NZ$30.5 等菜肴十分受欢迎。另外，葡萄酒、甜品的种类也很丰富。

市中心　　　　　　　　Map p.397-D1
- 住 161 Cuba St.
- ☎ （04）381-2212
- URL www.floriditas.co.nz
- 营 周一～周六 7:00~22:00，周日 7:30~21:30
- 休 无
- CC MV

南十字星咖啡馆
Southern Cross　　　　　　咖啡馆

◆ 波普艺术风格的装修和菜肴的味道都备受好评的咖啡馆，拥有众多当地的食粉，店内非常热闹。店内还有儿童娱乐区，很多家庭单位的客人来此就餐。菜肴使用的食材非常考究，纯素食（vegan）和素食（vegetarian）以及无麦麸的菜肴种类也很丰富。菜谱上每种菜肴的分类都标记有明显的符号。

市中心　　　　　　　　Map p.397-D1
- 住 39 Abel Smith St.
- ☎ （04）384-9085
- URL www.thecross.co.nz
- 营 周一～周五 8:00~Late，周六·周日 9:00~Late
- 休 无
- CC AMV

欧姆布拉咖啡馆
Ombra　　　　　　　　　咖啡馆

◆ 咖啡馆位于一栋建于 1922 年的古屋内。透过两面巨大的玻璃窗照射进来的阳光格外的惬意。菜肴以意大利菜为主，威尼斯风早餐拼盘内包含牛角面包、夏巴塔面包、三文鱼煮蛋、乳酪等，价格是 NZ$19，一口丸子价格是 NZ$12~ 等小盘菜肴、小号的比萨也非常受欢迎。

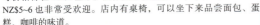

市中心　　　　　　　　Map p.397-D1
- 住 199 Cuba St.
- ☎ （04）385-3229
- URL www.ombra.co.nz
- 营 周一～周五 7:30~22:30，周六 8:30~23:30，周日 8:30~22:00
- 休 无
- CC AMV

潘多洛三明治
Pandoro Panetteria　　　　面包店

◆ 在惠灵顿和奥克兰等各地均设有分店的意大利面包店，每天都有大量的刚刚出炉的新鲜面包出售。牛角面包、丹麦面包等价格都在 NZ$4 上下。法棒类的价格是 NZ$5~6 也非常受欢迎。店内有桌椅，可以坐下来品尝面包、蛋糕、咖啡的味道。

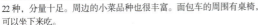

市中心　　　　　　　　Map p.397-D2
- 住 2 Allen St.
- ☎ （04）385-4478
- URL www.pandoro.co.nz
- 营 周一～周五 7:00~16:00，周六 7:00~16:30
- 休 无
- CC ADJMV

亦金汉堡店
Ekim Burgers　　　　　　　汉堡店

◆ 在古巴街、阿贝尔史密斯街的街角处有在面包车上出售汉堡的店铺。白天的时候大声播放着音乐，即便在古巴街众多个性小店中也十分显眼。汉堡的价格是 NZ$6 起，共有 22 种，分量十足。周边的小菜品种也很丰富。面包车的周围有桌椅，可以坐下来吃。

市中心　　　　　　　　Map p.397-D1
- 住 257 Cuba St.
- ☎ 无
- 营 11:00~22:00
- 休 无
- CC 不可

阿维达
Avida　　　　　　　　　　夜店

◆ 许多上班族下班后喜欢来这里放松一下，每当举行橄榄球比赛等体育赛事的时候这里会进行直播，届时店内非常热闹。菜肴主要有西班牙菜。烧烤类等价格是 NZ$16~，非常适合下酒的小蝶餐前小吃价格是 NZ$6.5~15 等。酒类的品种也十分丰富，餐酒每杯是 NZ$8.5。

市中心　　　　　　　　Map p.397-B2
- 住 132 Featherston St.
- ☎ （04）499-8000
- URL www.avidabar.co.nz
- 营 周一～周六 11:00~Late
- 休 周日
- CC MV

住宿
Accommodation

虽然住在市中心无论哪里交通都非常方便，但比起住在惠灵顿火车站附近来说，还是住在莱顿大道以南至科特尼地区一带更方便一些，无论是购物还是就餐都很近。如果选在高层酒店的较高楼层入住，还能欣赏到惠灵顿的夜景。

惠灵顿洲际酒店
InterContinental Wellington 高档酒店

◆酒店位于整座城市的正中央，无论是观光还是商务都非常方便。酒店外是美丽的海港风景，从高层的客房观景尤其漂亮。客房的面积宽敞，房间内的各项机能齐备，有线电视、洗漱用具等也都很高档。酒店内还设有健身房、水疗馆，在这里入住可以放松心情。

市中心　Map p.397-B2
- 住 2 Grey St.
- ☎ （04）472-2722
- URL www.ihg.com
- 费 D T NZ$246~
- 房间数 231
- CC ADJMV

博物馆艺术酒店
Museum Art Hotel 高档酒店

◆从外观看上去这里并不像一家酒店，全黑色的外观建筑让人感觉很酷。酒店外、大堂、走廊都充满了艺术气息。从客房内可以欣赏到惠灵顿港和城市的街景，部分客房还带有观景的小阳台和浴缸。周末有折扣价。酒店内同时设有餐馆"Hippopotamus"，内部装饰非常有个性。

市中心　Map p.397-D2
- 住 90 Cable St.
- ☎ （04）802-8900
- FREE 0800-994-335
- FAX （04）802-8909
- URL www.museumhotel.co.nz
- 费 S D NZ$199~、T NZ$239~
- 房间数 164
- CC ADJMV

惠灵顿里吉斯酒店
Rydges Wellington 中档酒店

◆位于惠灵顿火车站附近的一家交通方便的酒店。房间内有迷你吧、Sky TV、微波炉、烤面包机、咖啡机等，功能非常强大。还有个别客房带有小露台。酒店内时尚的餐馆"Portlander Bar & Grill"也非常受欢迎。

市中心　Map p.397-B2
- 住 75 Featherston St.
- ☎ （04）499-8686
- URL www.rydges.com
- 费 S D T NZ$209~
- 房间数 280
- CC ADJMV

惠灵顿阿莫拉酒店
Amora Hotel Wellington 中档酒店

◆位于市中心的现代酒店，交通方便。酒店大堂给人一种奢华的感觉，几乎所有的客房都可以欣赏到惠灵顿港和城市街景。酒店内还有一家获得过许多美食大奖的烤肉餐馆，另外健身房、水疗馆、商务中心等设施也比较齐全。

市中心　Map p.397-C2
- 住 170 Wakefield St.
- ☎ （04）473-3900
- FREE 0800-655-555
- FAX （04）473-3929
- URL www.wellington.amorahotels.com
- 费 D T NZ$189~
- 房间数 192　CC ADMV

詹姆斯·库克大臣酒店
James Cook Hotel Grand Chancellor 中档酒店

◆位于惠灵顿城市缆车站附近。虽然酒店地处地理位置优越的莱姆顿大道上，无论是就餐、购物都非常方便，但如果你是驾车前往会比较麻烦一些。客房的主色调是白色，家具非常简洁明快。内设的水疗馆，2013年获得世界豪华水疗馆新西兰国内第一名的殊荣，绝对是实力非凡。

市中心　Map p.397-B1
- 住 147 The Tce.
- ☎ （04）499-9500
- FREE 0800-275-337
- FAX （04）499-9800
- URL www.grandchancellorhotel.com
- 费 T NZ$200~
- 房间数 268
- CC ADJMV

海湾广场酒店
Bay Plaza Hotel　　　　中档酒店

◆酒店位于东方湾附近，步行可达海滩，有种度假村的感觉。房间简洁干净，功能齐全。酒店旁还有一家大型超市，周边的餐馆也不少，无论是出行还是就餐都非常方便。

市中心　　　　Map p.397-D2

住 40 Oriental Pde.
☎（04）385-7799
FREE 0800-857-799
FAX（04）385-2936
URL www.bayplaza.co.nz
费 Ⓢ Ⓓ Ⓣ NZ$101~
房间数 76　CC ADMV

西广场酒店
West Plaza Hotel　　　　中档酒店

◆酒店位于旅游咨询处旁，是一家商务酒店。房间内床榻、沙发等配色一致，给人的感觉既简约又舒适。1层有餐馆和酒吧，住客之外的客人也可以使用。根据季节不同有周末折扣。

市中心　　　　Map p.397-C2

住 110 Wakefield St.
☎（04）473-1440
FREE 0800-731-444
FAX（04）473-1454
URL www.westplaza.co.nz
费 Ⓢ Ⓓ Ⓣ NZ$140~
房间数 102　CC ADMJV

惠灵顿舒适酒店
CQ Comfort Hotel Wellington 经济型酒店

◆位于古巴街上的一家酒店，所在的建筑物建于20世纪初期，非常有感觉。2011年重新装修后的客房摩登且实用，房间内有电视和茶具等。内部还设有健身房等。酒店辖区内有停车场。

市中心　　　　Map p.397-D1

住 223 Cuba St.
☎（04）385-2156
FAX（04）382-8873
URL www.hotelwellington.co.nz
费 Ⓢ Ⓓ Ⓣ NZ$115~
房间数 115
CC ADMJV

惠灵顿旅客之家酒店
Travelodge Wellington　　经济型酒店

◆酒店有2个入口分别位于兰普顿大道一侧和 Glimer Tce. 一侧。每一间客房内都有液晶电视、小冰箱、微波炉、咖啡机等设备。高楼层客房观景效果也不错。早餐是自助式的。停车场收费每晚 NZ$25。

市中心　　　　Map p.397-C1

住 2-6 Glimer Tce.
☎（04）499-9911
FREE 0800-101-100
FAX（04）499-9912
URL www.tfehotels.com
费 Ⓓ Ⓣ NZ$102~
房间数 132　CC ADMV

霍尔斯韦尔酒店
Halswell Lodge　　　　汽车旅馆

◆位于科特尼地区外围，地理位置非常便利而且相对比较安静。客房的房型多种多样，有酒店式的，还带有厨房、起居室的汽车旅馆式的，以及利用建于1920年的民宅改建而成的木屋等。汽车旅馆式和木屋的房间都带有浴缸。有共用的洗衣房。

市中心　　　　Map p.397-D2

住 21 Kent Tce.
☎（04）385-0196
FREE 0800-385-019
URL www.halswell.co.nz
费 酒店式 Ⓢ Ⓓ Ⓣ NZ$95~，汽车旅馆
　 式 NZ$145~，小木屋 NZ$130~
房间数 36　CC ADMJV

首都观景汽车旅馆
Capital View Motor Inn　　汽车旅馆

◆距离市中心步行约需10分钟，建于一片小高地之上，旅馆共有6层。所有的房间都朝阳，风景也不错。而且客房非常宽敞，适合长期居住。5~6个人入住的话可以选择独立小屋（NZ$260~）。欧陆式早餐的价格是 NZ$15。

市中心　　　　Map p.397-D1

住 12 Thompson St.
☎/FAX（04）385-0515
FREE 0800-438-505
URL www.capitalview.nz
费 Ⓓ Ⓣ NZ$125~240
房间数 21
CC ADMJV

🅰厨房（所有房间）🅱厨房（部分房间）🅲厨房（共用）🅳吹风机（所有房间）🅴浴缸（所有房间）
🅵泳池🅶上网（所有房间/收费）🅷上网（部分房间/收费）🅸上网（所有房间/免费）🅹上网（部分房间/免费）

Gardens Homestay B&B
Gardens Homestay B&B　　B&B

◆旅馆位于高台处，可以俯瞰城市风景和港湾景色。早餐要是在阳台就餐看到的景色就更加迷人了。每个房间都保持很整洁，而且有种复古的感觉。旅馆内还有一个家庭游泳池。距离植物园、城市缆车、国会大厦比较近，非常适合观光旅游居住。

住 11 St. Mary St.
☎（04）499-1212
URL www.gardenshomestay.co.nz
费 ⒹNZ$295~，ⓉNZ$420
房间数 2
CC MV

爱书人 B&B
Booklovers B&B　　B&B

◆位于维多利亚山地区，步行至市中心约需 15 分钟。从露台可以展望整座城市的风景。所有家具和内饰都被布置得非常温馨。老板是一位作家，所以内部有许多的图书。早餐是自制的格兰诺拉燕麦卷等。

住 123 Pirie St. Mt. Victoria
☎（04）384-2714
URL www.booklovers.co.nz
费 ⓈⒹⓉNZ$180~
房间数 3
CC MV

里士满旅馆
The Richmond Guest House　　B&B

◆从科特尼地区步行至此约需 10 分钟，旅馆所处地区属于维多利亚山地区，周围的环境安静舒适。外观建筑建于 1881 年，是一栋老宅，服务人员非常热情，入住这里给人一种如家般的感觉。客房干净整洁，所有房间都带有淋浴房。还有共用的厨房、起居室等。

住 116 Brougham St. Mt. Victoria
☎（04）939-4567
FREE 0800-939-939
FAX（04）939-4569
URL www.richmondguesthouse.co.nz
费 Ⓢ NZ$85~，ⒹNZ$Ⓣ NZ$105
房间数 11　CC ADJMV

惠灵顿 YHA
YHA Wellington City　　客栈

◆位于这家客栈前便是一座大型超市，距离科特尼地区也很近，地理位置优越。内部有共用厨房和活动空间，还有旅行社的窗口。早餐价格是 NZ$6。服务台的营业时间是 7:00~22:30。

住 292 Wakefield St.　☎（04）801-7280
FREE 0800-278-299
FAX（04）801-7278
URL www.yha.co.nz
费 Dorm NZ$30~，Ⓢ NZ$83.3~，ⒹⓉ NZ$94.4~
房间数 320 个床位　CC AJMV

野斑马背包客旅馆
Wild Zebra Backpackers　　客栈

◆这家背外包客旅舍的外观非常醒目，画有斑马花纹图案。还有带有淋浴、卫生间的单间（单人间除）、面向家庭的房间等。旅舍的配套设施也比较丰富，有按摩池、公共空间、桑拿房、读书室、台球台等。共用的电脑可以免费上网。

住 58 Tory St.
☎（04）381-3899
FAX（04）381-3898
URL wildzebrabackpackers.co.nz
费 Dorm NZ$25~，Ⓢ NZ$60~，ⒹNZ$80~，家庭房 NZ$160
房间数 200 个床位　CC AMV

游牧人首府背包客旅馆
Nomads Capital　　客栈

◆旅馆位于旅游咨询处外。多人间、单间、厨房等共用空间非常干净。旅馆内还有旅行社窗口，服务台 24 小时提供服务。每天 18:00~19:00 还提供小点心服务。电梯是需要插钥匙的。

住 118-120 Wakefield St.
☎（04）978-7800
FREE 0508-666-237
URL nomadsworld.com
费 Dorm NZ$24~，ⒹNZ$79~，ⓉNZ$105~
房间数 181 个床位　CC AMV

户外运动
Activity

福克斯冰川导游公司组织的福克斯冰川步行游

深度体验！
新西兰的户外运动

有着良好自然环境的新西兰是世界著名的户外运动大国。接下来将要对主要户外运动进行简明扼要的介绍，内容涵盖传统的户外运动以及一些略显新奇的户外运动。让我们在陆地、大海、天空中尽情地享受大自然带给我们的乐趣吧。

昆斯敦（皇后镇） **陶波**

倒挂空中冲向地面
蹦极

AJ Hackett Bungy ➡ P.102 / Taupo Bungy ➡ P.318

仅靠一条安全绳的保护，从高处跃下，快速冲向地面。是一项非常惊险刺激的户外运动。新西兰是蹦极的发源地，所以蹦极的种类很多，有"发源地蹦极""夜晚蹦极"等可供游客选择。

惊险刺激度	★★★★★
重复体验希望度	★★★
项目设计趣味度	★★★

有恐高症者需要注意！？
高空漫步

奥克兰

Sky Walk ➡ P.242

在高 192 米的天空塔的边缘行走，惊险程度超乎人们的想象。如果能逐渐适应高空环境，就可以放眼观赏奥克兰的街景。

惊险刺激度	★★★★★
重复体验希望度	★★★
项目设计趣味度	★★★★★

昆斯敦（皇后镇）

犹如人猿般在树丛间穿梭
高空滑索

Ziptrek Ecotours ➡ P.102

从可以俯瞰湖水的高台上，沿吊在树木之间的钢索滑下。滑行过程中可以欣赏到周围的壮丽美景，激动之情会超过紧张感。

惊险刺激度	★
重复体验希望度	★★★
项目设计趣味度	★★★

奥克兰

跳向奥克兰市中心
高空蹦极

Sky Jump ➡ P.259

从天空塔上向着高层建筑林立的街区跳下。绑在身上的安全绳非常结实，恐惧感也许能因此有所缓解。

惊险刺激度	★★★★★
重复体验希望度	★
项目设计趣味度	★★★★★

罗托鲁阿

不断翻滚，非常刺激
太空球

Zorb Rotorua ➡ P.302

人进入巨大的透明球体中，然后球体从山坡上滚下。其中，球体内灌入一些水的 Zydro 尤其值得推荐。

惊险刺激度	★★★
重复体验希望度	★★★
项目设计趣味度	★★★

亲身体验130公里的时速
俯冲（Swoop）

罗托鲁阿

Agroventures（爱歌顿皇家牧场内）➡ P.300

人进入袋子中，看上去像是一条毛毛虫，背后绑上安全绳吊起，然后从 40 米高处向地面俯冲，运动轨迹为一道弧线。最高时速可达 130 公里。

惊险刺激度	★★★	重复体验希望度	★★★
项目设计趣味度	★★★★★		

昆斯敦（皇后镇）

恐怖的空中秋千
峡谷秋千

Shotover Canyon Swing ➡ P.102

从沙特欧瓦河之上 109 米的空中落下，以 150 公里的时速在河谷中俯冲。还有坐在椅子上落下的模式。

惊险刺激度	★★★★★
重复体验希望度	★★★
项目设计趣味度	★★★★

有强大的气流从专门的风口吹出，人可迎风停留在 4 米高的空中，是一项特别且很有趣的户外运动。如果偏离了气流中心则会毫无例外地从空中摔下来。

惊险刺激度	★★
重复体验希望度	★★★
项目设计趣味度	★★★★★

迎风起舞
极限自由落体

罗托鲁阿

Agroventures（爱歌顿皇家牧场内）➡ P.300

大自然

Return to the Nature!

最佳旅游季节
10月上旬～次年4月下旬

行走于自然之中
Tramping

徒步旅行 (Trekking)

行走在大自然中是一件非常惬意的事情

徒步旅行在新西兰是广受欢迎的户外运动。徒步线路一般都被整修得很好，很多线路都比纯粹的"登山"要轻松许多，值得去体验一下。

● 什么是徒步旅行

徒步旅行在新西兰被称为Tramping，包括登山、Hiking、Trekking等各种户外徒步运动。一听到登山这个词，可能很多人会立即退避三舍，其实所谓的徒步旅行并非是一项以登上某个山顶为目的的艰苦运动，将其理解为漫步于自然之中并欣赏沿途景色的休闲运动可能更恰当一些。在新西兰，徒步旅行甚至可以被称为是这里的国民运动，参加者的年龄层分布非常广，无论男女老少都对徒步旅行情有独钟。

在新西兰的大山中，有丰富的动植物以及美丽自然景观，栖息着几维鸟、南秧鸡等在独特自然环境中进化而来的生物。要亲身感受这里的大自然，最适合的方式就是"徒步"。

● 详尽的新西兰徒步旅行信息

基本上所有的徒步旅行步道都归新西兰国家环保局（DOC=Department of Conservation）管理，根据实际需要在步道沿线设置了野外小屋Hut、标识等设施并进行精心地维护。另外，新西兰境内没有蛇，也没有熊等大型猛兽。因此，在徒步旅行中，即便听见草丛中有响动也不必担心，最多只是遇到了不会飞的新西兰秧鸡等当地特有的鸟类而已。这种经验只会让我们感到新奇，而不会有什么恐惧。这里的自然造就了独特的生态系统，安全性很高，无论是初涉徒步旅行的游客，还是经验丰富的徒步旅行者，都可放心大胆地在此行走。

● 徒步旅行的方式

徒步旅行大致可分为个人徒步旅行和有导游的徒步旅行这两种方式。个人徒步旅行，所有责任都需自己承担，因此所需费用要少很多。但是，准备旅行装备、收集天气信息、联系野外小屋及预订交通工具这些事情也都要靠自己。与此相对，有导游的徒步旅行，旅行社会替游客办理好所有手续和做好一切旅行的准备工作。而且，旅行途中导游还会为游客讲解当地的历史及动植物相关知识。

虽然这种徒步旅行的费用相当高，但是考虑到可能会出现意外，这种方式对初涉徒步旅行的游客来说，可能更令人放心。

需要注意的是，参加有导游的徒步旅行应提早预订。在旅游旺季，如果到达当地后再报名参加，很可能会遇到名额已满的情况，最好提前半年预订。另外，如果是人气较高的线路，很多时候，自己预订是很难成功的，可通过专门办理徒步旅行业务的旅行社预订。

417

在野外小屋过夜

如果不是当天往返的徒步线路，一般都要在 DOC 新西兰国家环保局运营的野外小屋住宿。野外小屋共分 5 种，所需费用也不尽相同，从免费到 NZ$54 都有。Great Walk Hut 内有带垫子的床、烧煤的炉子、厕所、饮水处等设施，只在夏季才有派驻的管理员。居住环境基本上都比较清洁、舒适，但还是应该事先了解一下预订的小屋内都有什么设备。如果是有导游的徒步旅行，则可以入住条件更好一些的客栈。

出发前，一定要在当地的 DOC 游客中心购买 Hut Pass（野外小屋的使用券）。有些野外小屋在整个夏季甚至全年都需要提前预订。可以通过电话、传真、电子邮件等方式联系当地的野外小屋预订办公室，或者在 DOC 新西兰国家环保局（→ p.419）的网站上预订。

在野外小屋会遇到不同年龄、不同国籍的旅行者，与其他旅行者在此共同度过的时光，一定能成为美好的回忆。

适合徒步旅行的季节

在位于南半球的新西兰，一般来说，10 月上旬~次年 4 月下旬的夏季最适合徒步旅行的。很多步道，只有在夏季才开行可到达那里的公共交通工具。12 月~次年 3 月的是游客最多的时候，预订住宿都会变得非常困难。过了适合徒步旅行的季节，海拔较高的区域就有可能开始积雪，需要注意。每年的气象条件都可能有所变化，所以一定不要忘记在出发前了解相关信息。

出发前的准备

下面简单介绍一下在夏季进行普通的徒步旅行时需要什么样的装备及服装。但是应注意，这些内容不适用于前往冰川地区的旅行。

▶一日往返的徒步旅行

带上食物、饮用水、防寒服装以及雨衣是最基本的要求。山上的天气及气温都会经常发生变化，所带装备应能够应对气温不同的天气状况。雨衣也能起到防寒的作用。

绝对不要穿着牛仔裤等日常生活中的服装去徒步旅行。因为一旦被打湿，这样的服装不易干，而且会变得很重，影响身体行动。另外，吸水性较好的棉质服装也不要穿着。聚丙烯及羊毛材质的山衣和裤子，不仅易干，而且保暖性能也很好。夏季的话，可以穿短裤，但需要带上可以对付新西兰沙蝇（→ p.116）的驱虫剂。垃圾袋、太阳镜、防晒霜、帽子也是必备物品。

▶在野外小屋住宿一晚以上的徒步旅行

在一日往返旅行所需物品的基础上还需要另外准备一些必要的装备。在新西兰很容易找到户外运动用品商店，可以只从国内带去一些自己经常使用的旧装备，其他的东西根据需要在当地购买。新西兰对携带食品入境的管控非常严格，所以最好在当地购买旅行中所需的食物。

服装	需要准备比一日往返旅行时更加专业的服装。应加上羊毛材质的外衣、内衣及袜子。除了身上穿着的服装外，还应带上一套同样材质的备用服装。雨具的话，最好选择可发挥防寒作用的上下分体式透气防水材质（戈尔特斯面料）的雨衣。
装备	睡袋、头顶灯、内架式背包、地图、锅具、燃料、火柴、刀、餐具、水壶、洗漱用品、徒步旅行用登山靴、拖鞋（为了在小屋住宿时不弄脏地面）、照相机、简单的急救用品。
食物	在新西兰的超市里，适合徒步旅行中携带的真空食品种类丰富。最好选择产生垃圾较少、重量轻、热量高、食用方法简便的食品。大米、意面、质地较硬的面包、莎乐美肠、乳酪、干果、干蔬菜、果汁粉、便于携带的点心等。

● 徒步旅行的规则及注意事项

　　新西兰是一个环保意识很高的国家。为了让美丽的自然环境能永远存在下去，这里制定了详细的徒步旅游规则，游客们也很好地遵守着这些规则。虽然所有规则都仅仅是对游客提出的最基本的要求，但就是因为认真地遵守了这些常识性的规则，当地的环保事业才取得了巨大的成功，新西兰才成了名副其实的"徒步旅行天堂"。应在开始旅行前读一读下列注意事项并予以严格遵守。

- 不采集植物，不给动物喂食。
- 为了不损伤珍稀植物，行走时不要离开步道。
- 所有垃圾都要带回。严禁扔烟头和纸巾等废物。
- 只在野外小屋大小便。实在不能忍耐时，可在步道及饮水处之外的地方解决。应通过挖坑等办法尽量将痕迹掩盖。
- 不要污染河流湖泊。禁止使用洗涤剂。
- 水一定要沸腾3分钟以上才可饮用。

- 严格遵守野外小屋的规则。应在入口处将鞋及被打湿的外衣脱掉。另外，野外小屋内禁止吸烟。用餐应在规定地点进行。不在寝室中发出不必要的声响。如果清晨出发，应在室外安静地收拾行装。只在指定地点宿营。
- 使用宿营地时，跟野外小屋一样，也需要事先在DOC游客中心购买使用券。
- 严格注意用火，基本上是不允许生火的，可以用煤气炉。

● 确保徒步旅行的安全

　　虽然已经说过"徒步旅行是一项无须掌握特殊技术的运动"，但对于相关知识、携带装备以及体力也还是有一定要求的。即便是初涉徒步旅行的游客也能很容易地体验到这项运动的乐趣，但是千万不要忘记徒步旅行是有可能遇到危险的。

　　与普通的观光旅游不同，徒步旅行是在大自然中进行的运动，所有事情都需要自己管理，自己承担风险。所以，如果在相关知识和技术上有所欠缺，应事先多收集相关信息及做好相应准备。尤其是缺乏登山经验的游客，应根据自己的实际能力来合理地选择适合自己的线路，而且一定不能独自行动。如果没有同伴，可以在住宿地点跟有经验的旅行者商量与其同行。住宿超过一晚的旅行，按照规定，游客需向DOC游客中心报告旅行计划及完成情况，一定要遵守。

　　另外，在新西兰，如果在团体游及户外运动中发生事故，旅行社不会向游客支付赔偿金。为了预防意外，一定要购买海外旅行保险（→p.450）。如果徒步旅行的装备不能达到一定标准，则可能无法购买保险，需要注意。

在DOC新西兰国家环保局游客中心获取当地信息

　　要完成徒步旅行，不可或缺的是DOC游客中心。各徒步旅行线路的中心城镇均设有游客中心，可以获取导游手册、线路地图、景点及周边环境和动植物的相关介绍等信息。出发前一定要前往游客中心，确认最新的气象及线路信息。

　　另外，DOC游客中心也出售通票，必须在出发前购买。住宿超过一晚的徒步旅行，需要向DOC游客中心通报徒步线路

以及行程安排。完成旅行后，也必须告知。
URL www.doc.govt.nz

新西兰的
徒步旅行线路介绍 Tramping Route Guide

DOC 游客中心从全部线路中选出了 9 条具有代表性的线路，包括 Tramping 和 Great Walk。这些线路不仅景色美丽，而且徒步环境也非常好。下面将着重介绍几条 Great Walk 线路。

南岛

奥拉基 / 库克山国家公园
Aoraki/Mount Cook National Park → **P.74**

坐落在新西兰最高峰的公园中，有多种线路，可以满足初级徒步旅行者及经验丰富的徒步旅行者的不同需求。只有经验丰富者才可以登顶奥拉基 / 库克山。

米尔福德线路
Milford Track → **P.130**

被称为"世界第一步道"，是全世界徒步旅行爱好者向往的线路。除了接近山口时有一段比较陡的上坡路，基本上全程都是谷底部的平缓道路。夏季进山实行名额限制，所以应提早预约。行程是 3 晚 4 天。

鲁特本线路
Routeburn Track → **P.134**

连接峡湾国家公园与艾斯派林山国家公园的线路，走完全程需 2 晚 3 天。倒映着山毛榉树林的溪流及湖泊，还有美丽的山景，整个景观富于变化。

凯普拉线路
Kepler Track → **P.138**

位于峡湾国家公园内的线路，从该地的旅行中心城市蒂阿瑙步行至。该线路的独特之处是可以看到由冰川形成的地貌以及壮丽的群山。

亚伯·塔斯曼海岸线路
Abel Tasman Coast Track → **P.203**

全年任何时候都是游客最多的人气线路。与其他线路大不相同，一路上既能看见蓝色的大海，又能看见郁郁葱葱的森林。

阿瑟隘口国家公园
Arthur's Pass National Park → **P.205**

离克赖斯特彻奇（基督城）很近，许多游客都选择当天往返。有多条线路，难度也各不相同。其中，通往雪崩峰的线路（→ p.207），虽然比较适合中高级旅行者，但还是非常值得推荐。

北岛

汤加里罗高山步道
Tongariro Alpine Crossing → **P.325**

用 1 天时间走完汤加旦罗北环线步道部分线路。有冒着烟的活火山、荒凉的大地以及仿佛月球环形山的火山口等壮丽的景观，在其他地方很难见到。

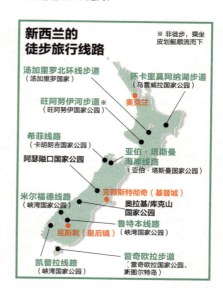

新西兰的
徒步旅行线路

※ 非徒步，乘坐皮划艇顺流而下

汤加里罗北环线步道
（汤加里罗国家）

旺阿努伊河步道 ※
（旺阿努伊国家公园）

希菲线路
（卡胡朗吉国家公园）

阿瑟隘口国家公园

米尔福德线路
（峡湾国家公园）

凯普拉线路
（峡湾国家公园）

怀卡里莫阿纳湖步道
（乌雷威拉国家公园）

奥克兰

亚伯·塔斯曼
海岸线路
（亚伯·塔斯曼国家公园）

克赖斯特彻奇（基督城）

奥拉基/库克山
国家公园

鲁特本线路
（峡湾国家公园）

昆斯敦（皇后镇）

雷奇欧拉步道
（雷奇欧拉国家公园、
斯图尔特岛）

大自然

Return to the Nature!

最佳旅游季节
6月下旬~10月中旬

在松软的雪地上
体验疾驰的快感！
Ski & Snowboard
滑雪 & 单板滑雪

在群山的映衬下畅快地滑雪

户外运动

徒步旅行／滑雪 & 单板滑雪

尽情地享受宽阔的滑道及良好的雪质带来的快乐滑雪体验。还要参加乘坐直升机滑雪，体验在松软且洁净的雪地上滑行。

新西兰的滑雪场有何不同

新西兰滑雪场的最大特点就是滑道充满了野趣。这里的滑雪场大多位于海拔较高的地方，所以滑道上基本没有树木。也正因为如此，压雪车才可将整座山压遍，几乎在任何地方都可以滑雪。而且，站在靠近山顶的滑道顶端，可以观赏到美丽的景色。开始下滑前，不妨以身后的自然风光为背景拍一张照片作纪念。滑道的长度跟其他国家的大型滑雪场相比，大致一样或略短。在周末或学校放假的日子，滑雪场及缆车乘坐处有时会比较拥挤。滑雪场的雪量及雪质，除了受季节和天气的影响，也受滑雪场所处自然环境的影响，但总体来说，在整个滑雪季节，雪况都能维持在一个较好的水平。

虽然在新西兰滑雪需要自己承担风险责任，但面向滑雪初学者的平缓滑道上，一般都设有手扶式索道或魔毯（传送带式的索道）。这些地点都有滑雪场工作人员守护，如果摔倒了，会立即有人帮忙，可以放心大胆地滑雪。几乎所有滑雪场都设有坡度极为平缓的滑道，初学滑雪者可以从基础练起。另外，滑雪 & 单板滑雪学校有经验丰富的老师授课，初学者不妨报名参加。新西兰的滑雪场，设施完善，在容易起风的地方，有高架缆车，如果是规模较大的滑雪场，还有高速的 4 人同乘缆车，可以迅速登上滑道顶端。

滑雪用具的租赁

各滑雪场的具体情况会有所不同，但总的来说，在新西兰租借滑雪用具是比较方便的。用具种类丰富，除了雪板，还有滑雪靴、滑雪服、滑雪杖等，高水平滑雪者的需求也完全能够满足。可在到达滑雪场后租借用具，但如果想要租最新型号或特定品牌的用具，则到城镇里的租赁店会有更多的选择。租借用具时，顾客在店方准备的单子上填写好自己的身高、体重、鞋号，工作人员就会为顾客调整好适合的固定器（Binding）松脱值以及与滑雪靴相匹配的尺码。滑雪板及滑雪靴的等级分为初学者用（Beginner）、中级者用（Middle-class/Standard）、熟练者用（Expert），可供顾客选择。可以成套租借，也可以单独租借滑雪板。如果一次租借的天数较多，或者租借滑雪用具的同时购买缆车及接送巴士的车票，租赁费往往可以打折。很少有租赁店提供护目镜、太阳镜、帽子、手套等贴身佩戴物品的租赁服务。这些物品可在滑雪场的商店内买到，不过种类不多，最好自己备好或者在当地城镇的商店里购买。

421

滑雪时的注意事项

　　新西兰的滑雪场，需要自己承担全部风险责任。没有设置围栏，示意禁止滑行的区域，滑道上巡视的工作人员也不会严格要求滑雪者必须在滑道内滑行，所以当地的滑雪者会进入尚未有人滑行的区域，但普通游客不要试图去风险较高的地方滑雪。这里的滑道非常宽，而且周围没有树木，这会影响人们对速度的感知，容易让滑雪者因速度过快而受伤。尤其在滑道的交会点以及乘坐缆车处等立有"SLOW"字样标识牌的地点，一定要减速。在这些地方如果不减速会非常危险，因此巡视人员会特别关注，如发现违反标识牌规定的滑雪者，第一次会加以警告，第二次则会没收滑雪通票。虽然滑雪场都很宽阔，但乘坐缆车处一般还是比较拥挤。近几年来，在滑雪场的雪上乐园，摔倒等可能导致受伤的事故比较多见。滑雪时，一定要量力而行，并且一定要戴好安全头盔及穿好防撞护甲。

从缆车上向下看，就可以知道滑雪场究竟有多么宽阔

意外受伤时

　　如果身体已经不能动，可以向巡视员或缆车工作人员求助。身边没有自己的同伴或者工作人员的话，应请求周围不认识的滑雪者帮助自己，挥手或挥舞滑雪杖来召唤救援。受伤后自行移动的话，很可能与其他滑雪者发生碰撞，是非常危险的行为。另外，虽然没有导致外伤，但如果摔倒后感到恶心，则不排除有颅内出血的可能。所有滑雪场都设有医务室，配备有医务人员，如果感到身体不适，不管症状是否严重，都应及时请医务人员诊治。

　　治疗时，可能会被要求出示海外旅行保险（→ p.450）手续的复印件或原件，所以滑雪者应把这些东西带到滑雪场。

什么是直升机滑雪 & 单板滑雪?

　　所谓的直升机滑雪 & 单板滑雪，就是乘坐直升机或小型飞机去往未经人工碾压的自然滑道上，在壮丽的群山之间飞速下滑，感受在松软雪地上滑行的愉悦。与宽阔的滑雪场不同，在完全自然的环境中滑雪，会产生宛如飘在空中般的特殊感觉，滑过一次就会上瘾。在新西兰最高峰——奥拉基／库克山的周边区域，可从海拔高度超过3000米的山上极速滑下。除此之外，昆斯敦（皇后镇）以北的哈里斯山以及瓦卡蒂普湖以西的南湖地区也是著名的直升机滑雪 & 单板滑雪胜地。

　　另外，直升机滑雪 & 单板滑雪选择的滑道难度，大致为即便是陡坡也可控制速度的程度，也就是说，有中级以上滑水水平的滑雪者都可顺利完成滑行。与普通的滑雪相比，单板滑雪的雪板与雪地的接触面积较大，雪板可获得更多的张力，因此更容易滑行。有被称为"Fat Skis"的专门在松软雪地中使用的加宽双板雪板，可以尝试一下。能够租到"Fat Skis"，无须自己准备。

奥拉基／库克山国家公园的直升机滑雪
Mount Cook Heliski → **P.78**

新西兰
主要滑雪场介绍

南岛

哈特山滑雪场
Mt. Hutt Ski Area → P.54

从克赖斯特彻奇（基督城）或梅斯文前往，当天可往返的滑雪场。滑道位于哈特山的山坡上，特点是滑雪的季节很长，从6月上旬~10月上旬都可滑雪。有多种难度的滑道，可满足从初学者到高水平滑雪者的需求。

三锥山滑雪场
Treble Cone Ski Field → P.85

适合中高水平滑雪者的滑道较多。中心城镇是瓦纳卡。处于群山环抱之中，不容易受强风等恶劣天气的影响。双板滑雪者要比单板滑雪者更多一些。

卡罗德纳滑雪场
Cardrona Ski Field → P.85

建于卡罗德纳山东坡上的滑雪场。适合初学者和中级滑雪者的平缓及中等坡度的滑道较多，而且整个滑雪季节里雪质都很好。中心城镇为瓦纳卡。

克罗奈特峰滑雪场
Coronet Peak Ski Field → P.100

从昆斯敦（皇后镇）驾车不到30分钟可达。有各种难度的滑道，且构成比较均衡。除了普通的滑道，还设置有各种设施的雪上乐园，并且是南岛唯一有夜滑设备的场地。

卓越山滑雪场
The Remarkables Ski Field → P.100

属于规模较大的滑雪场，昆斯敦（皇后镇）为中心城镇。不仅有适合初学者的平缓滑道及蜿蜒曲折的滑道，在山顶区域还有惊险刺激的陡坡滑道，滑道的种类较多且极富趣味性。这里的独特之处是有可以返回出发地点的环形滑道。

北岛

法卡帕帕滑雪场
Whakapapa Ski Field → P.327

位于鲁阿佩胡火山东北坡，是新西兰滑道面积最大的滑雪场。配备有造雪机。跟图罗瓦滑雪场一样，都是高海拔的滑雪场，所以雪质很好。中心城镇为法卡帕帕村。

图罗阿滑雪场
Turoa Ski Field → P.328

位于鲁阿佩胡火山西南坡的滑雪场。海拔1600~2300米，是大洋洲海拔最高的滑雪场，雪质较干，每年都有大量滑雪者造访。以适合中级水平滑雪者的中等坡度滑道为主。中心城镇为距滑雪场约17公里远的哈克尼。

各滑雪场的中心城镇均有滑雪用具租赁店

新西兰的主要滑雪场

● 奥克兰
● 法卡帕帕滑雪场
图罗阿滑雪场
三锥山滑雪场
哈特山滑雪场
克罗奈特峰滑雪场
● 克赖斯特彻奇（基督城）
朗德希尔滑雪场
卡罗德纳滑雪场
昆斯敦（皇后镇）
卓越山滑雪场

大自然
Return to the Nature!

最佳旅游季节 10月~次年4月

在水面上轻盈地前进
Canoe & Kayak
独木舟 & 皮划艇

自己操桨划船前行，游戏于清澈的河水之中

当地人大多拥有自己专用的皮划艇，皮划艇运动已经成为他们的日常休闲运动。独木舟 & 皮划艇与新西兰有着深厚的渊源，这项户外运动可以让人全身心地接触到大自然。

● 新西兰人热爱独木舟 & 皮划艇

在四面环海且有许多河流、湖泊的新西兰，独木舟 & 皮划艇深受欢迎。可以体验一下与透明度极高的自然水域融为一体的感觉。

与独木舟缓缓滑行于水中的感觉相反，在多山的新西兰，河流比较湍急，有很多地方并不适合初学者尝试。当地人划着小舟在泛起白泡的急流中顺流而下，甚至还会从瀑布上顺流而下，在惊险中体验这项运动的乐趣。初学者也可尝试的是北岛西部的旺阿努伊河（→ p.387），那里的水流比较平缓。可以悠闲自在地泛舟水面，同时还能观赏到充满绿色的美丽自然景观。

北岛旺阿努伊团体游
Bridge To Nowhere Whanganui River Lodge
☎ (06) 385-4622　FREE 0800-480-308
URL www.bridgetonowhere.co.nz　CC MV

● 在清澈的海水中体验皮划艇

即便是初学者也能轻松尝试的新西兰户外运动就是稳定性高且灵活的划艇。只要参加有导游带领的团体游，就能学习到握桨及划桨的方法，而且导游会根据当天的实际情况为游客选择合适的线路，游客可以放心大胆地尝试。

从北边的岛屿湾地区到南边的斯图尔特岛，在新西兰的任何地方都能找到皮划艇公司，其中，亚伯·塔斯曼国家公园最为著名。有包括野外宿营及徒步旅行的团体游，游览方式丰富多彩。皮划艇的特点是可以进入从陆路无法进入的地方以及从与游船不同的高度观赏风景。另外，与摩托艇不同，皮划艇的划行非常安静，因此可以悄悄地靠近野鸟类，这样，遇到新西兰海豹及企鹅的概率也可能会提高。

南岛米尔福德桑德的户外运动
Go Orange →P.126
南岛悬疑峡湾的户外运动
Go Orange →P.129
从南岛皮克顿出发并抵达的团体游
Marlborough Sounds Adventure Company →P.186
南岛亚伯·塔斯曼国家公园的团体游
The Sea Kayak Company →P.202
北岛哈海的户外运动
Cathedral Cove Kayak Tours →P.357

大自然
Return to the Nature!

最佳旅游季节
全年

在船上度过悠闲的时光并能
与野生动物亲密接触

Cruise
游船

可以选择价格便宜的船上午餐或者乘船观赏落日,
景色富于变化

户外运动

● 独木舟&皮划艇/游船

如果想游览美丽的大海、湖泊、河流的话,乘坐游船是一个不错的选择。可以在随波摇曳的船上度过悠闲的时光,让身心得到放松。另一个吸引人的地方就是可以看见海鸟、鲸鱼、海豚等多种野生动物。

● 种类繁多的游船

无论北岛还是南岛,在新西兰各地都有游船运行。有航程1小时左右的游船,也有航行一整天的游船,还有中途需住宿的游船团体游,可供选择的种类很多。使用的船只,有过去用于运送当地居民及物资的船,也有仿古的轮子在外面的船,船上环境富有情趣。

在南岛,米尔福德桑德游船是当地旅游的最大亮点。由冰川侵蚀形成的峡湾地形壮美无比。景点众多,有深蓝色的河水、中途突然出现的瀑布、陡峭的山崖、茂密的原生林、高耸入云的群山。

另外,昆斯敦(皇后镇)的TSS厄恩斯劳号非常受欢迎。有着名的航线,游船航行于瓦卡蒂普湖,游客在瓦尔特峰地区上岸后,可参加农场团体游或进行BBQ。参观船内烧煤驱动蒸汽机的情景也非常有趣。

在北岛的岛屿湾地区,围绕岩中洞航行的游船很受游客欢迎。有游船从巨大岩石的洞中穿过并前往湾内144座岛屿中面积最大的乌尔普卡普卡岛的团体游。

只要船上有空位就能参加,但夏季游客非常多,一定要提前预订。

南岛昆斯敦(皇后镇)出发并到达的团体游
Real Journeys → P.93

南岛蒂阿瑙出发并到达的户外运动
Cruise Te Anau → P.117

南岛米尔福德桑德的团体游
Real Journeys, Southern Discoveries, Mitre Peak Cruises, Jucy Cruize → P.123

南岛悬疑峡湾的团体游
Real Journeys, Go Orange → P.129

南岛皮克顿出发并到达的团体游
Myths & Legends Eco-Tours, The Cougar Line, Beachcomber Cruises → P.187

北岛奥克兰出发并到达的户外运动
Auckland Harbour Sailing → P.273

北岛陶波出发的团体游
Chris Jolly Outdoors → P.313

北岛派希亚出发并到达的团体游
Fullers Great Sights Bay of Islands, Explorer NZ-Dolphin Discoveries → P.333

北岛哈海出发并到达的户外运动
Hahei Explorer → P.357

425

● 珍稀海洋动物的宝库

新西兰有很多以观赏动物为主要目的的游船。在南岛的凯库拉与奥塔戈半岛，可以见到鲸鱼、海豚、新西兰海狗、小蓝企鹅、皇家信天翁等动物。

南岛达尼丁出发并到达的团体游
Monarch Wildlife Cruise →P.157

南岛凯库拉出发并到达的团体游
Dolphin Encounter, Seal Swim Kaikoura, Albatross Encounter → P.173

● 与体型巨大的鲸鱼近距离接触

新西兰近海，栖息着 40 多种鲸鱼（→p.178）。毛利语称鲸鱼为"帕拉奥阿"，意为"鲸鱼湾"的"旺格帕拉奥阿"这一地名存在于北岛的多个地方，因此可以推断过去的人们就曾目击鲸鱼在这里出没。进入 19 世纪后，欧洲人为捕鲸来到这里，新西兰也因此开始成为英国的殖民地。

现在捕鲸已被禁止，不过出海观赏鲸鱼的旅游项目则很受欢迎。在南岛的凯库拉，很容易见到体长 11~18 米的巨大抹香鲸（Sperm Whale），成为了著名的观赏鲸鱼的地点。虽然这些鲸鱼不会做跳跃高难度的动作，但还是可以看到在波涛中喷水以及潜入水中

时尾巴在水面上摇摆的情景。

抹香鲸潜入水中的瞬间

南岛凯库拉出发并到达的团体游
Whale Watch Kaikoura →P.172

● 与可爱的海豚共泳

海豚会伴随游艇而游，还会表演水中跳跃，十分可爱。有结队而游的暗斑海豚，还有在新西兰才能见到的赫氏海豚、宽吻海豚、真海豚等多个种类（→p.179）。可以在艇上观察海豚，但还是推荐穿上潜水服、戴上呼吸管下水体验与海豚共泳的乐趣。看到有人下水，好奇心很强的海豚会主动游过来跟人玩耍。

但也会有看不到海豚出没的时候，游船也可能因天气的原因而停航，所以参加此项旅游项目时，最好不要把日程安排得太满。另外，新西兰的海水温度偏低，需要注意。

对人非常友好的暗斑海豚在游船前游弋

观赏海豚的主要景点

派希亚
奥克兰
陶朗阿
皮克顿
凯库拉
阿卡罗阿

大自然

Return to the Nature!

最佳旅游季节 11月～次年4月

感受"钓鱼大国"的强劲实力

Fishing

钓鱼

在大自然中垂钓，可以让内心世界变得空旷

在海上钓大型鱼类，在淡水中钓鳟鱼……新西兰是世界上著名的"钓鱼大国"。可以在这片自然环境良好的土地上尽情体验垂钓的乐趣。

● 新西兰钓鱼的相关情况

新西兰有许多未受任何人为因素影响的海域、河流及湖泊。栖息于此的鱼类的种类也异常丰富，而且其中不乏体形较大的鱼类。

在新西兰，豪放的海上拖钓（以钓剑鱼、金枪鱼、黄尾鲕为目的）与在淡水湖和溪流中钓鳟鱼最受欢迎。

● 什么是鳟鱼垂钓？

在河流及湖泊中，最流行钓虹鳟鱼和褐鳟鱼。这两种鱼都不是新西兰的原生物种，而是19世纪被人从英国、北美带到这里并繁衍至今。在南岛和北岛都能钓到，但南岛多褐鳟鱼，而北岛多虹鳟鱼。

钓法以飞钓最为常见，但也有人使用路亚（使用路亚的飞钓被称为Spinning）。允许饵钓的水域很少，所以采用饵钓钓法的人也不多。从新西兰国外自带钓具的话，有严格的相关环保规定，一定要注意。

● 非常值得信赖的钓鱼导游

在新西兰钓鱼，最好雇用导游。导游不仅能带钓鱼者去往适合的钓鱼地点，还可以为钓鱼者办理各种手续以及准备午餐和钓具。可以根据钓鱼者的水平和钓法提供具体的意见，因此钓到大鱼的概率也比较高。

如果想雇用导游，除了直接联系外，还可以在钓具店及旅游咨询处内寻找。另外，海钓的话，基本上都需租船，应事先预约。如果不善于与商家打交道或者感到麻烦的话，最好选择参加团体游。可以提前报名。

● 最佳季节

海钓的最佳季节是11月～次年4月。如果要钓体形较大的真鲷鱼，最好选择12月～次年1月的产卵期。

飞钓的话，钓法及诀窍可能因人而异，所以最佳季节也不固定。为了在河流、湖泊中乱捕鱼类，当地规定了禁渔期（5月至9月末。北岛为7月～）。不过并不是所有的鱼都不能捕，所以基本上全年都可以钓鱼。陶波湖与罗托鲁阿湖周边，一年之中的任何时候都能体验钓鱼的乐趣。

绝好的钓鱼地点

▶海钓

北岛东北海域是著名的垂钓大型鱼类的区域。以钓出没于岛屿湾地区图图卡卡的剑鱼、红肉旗鱼、金枪鱼、鲨鱼等鱼类为目的的拖钓很受欢迎。

另外，岛屿湾地区的地形蜿蜒曲折，鱼层较厚，可以钓到黄尾鲕及石头鱼等活动于水底附近的鱼类。西海岸能钓到黄尾鲕，只要是湾内及岛屿附近，基本上都能钓到鲷鱼、黄带拟鲹。尤其是真鲷鱼，在海钓中经常可以钓到，很受垂钓者喜欢。

新西兰的鱼类，体形都偏大。不仅在拖钓中能够钓到大鱼，在礁石密布的地方也能钓到个头很大的黄尾鲕、真鲷鱼、黄带拟鲹等鱼类。

▶在河流及湖泊钓鱼

南岛可垂钓的河流有马塔拉乌河、莫图依卡河、克鲁萨河等。北岛的代表新河流是汤加里罗河。除此之外，陶波湖、罗托鲁阿湖一带以及玛纳瓦茨河、鲁瓦卡图里河也很著名。

另外，三文鱼逆流而上的 1~3 月也是垂钓的季节。南岛的拉卡伊阿河、朗基塔塔河有大量洄游的三文鱼，体形很大。

钓鱼的注意事项

▶海钓

各地都有捕鱼的规定，对可捕鱼的体型大小及数量都有所限制。严禁出售钓到的鱼。包括罚款在内的处罚措施非常严格，一定要小心遵守。自己准备钓具的话，假饵一定要选择质量较好的。钓真鲷鱼，需要 90 克的假饵，钓黄尾鲕需要 200~400 克的假饵。新西兰的紫外线照射比较强，一定要准备帽子、防晒霜、太阳镜。

▶在河流及湖泊钓鱼

在河流及湖泊钓鱼，需要取得专门的许可。许可分为 24 小时有效（成人 NZ$20）、整个钓鱼季有效（成人 NZ$125）两种，可在当地的旅游咨询处、钓具店以及网上（URL www.fishandgame.org.nz）购买。另外，各地还会有当地的特殊规定，例如在陶波就需要该地区的许可，如进入国家公园及私人管理的种植林，另需要名为"Forest Permit"的入林许可。

有的钓鱼地点，对钓鱼者可带回的鱼的大小及数量都有明确的规定。如违反规定，钓鱼时携带的所有财物都可能被没收。新西兰的自然环境非常适合钓鱼，但不能忘记，这都仰仗于严格的环保规定以及钓鱼者的自觉遵守。

大自然

Return to the Nature!

最佳旅游季节
10月~次年4月

想海中散步！
想感受波涛！

Scuba Diving&Surfing
潜水 & 冲浪

新西兰海水中的鱼层很厚

虽然还不算著名，但新西兰已经开始越来越受到世界各地的潜水爱好者及冲浪爱好者的青睐。除了海洋公园，这里还有 25 个海洋保护区，可以在良好的自然环境中体验潜水及冲浪的乐趣。

● 潜水的魅力在于可欣赏到美丽的海底景观

新西兰境内分布着数百个潜水地点。

在南岛，有海岸线曲折的马尔堡峡湾以及潜水时可以见到海豚和新西兰海狗的凯库拉等地。在峡湾国家公园周边的海域，有大量的雨水从山区流下并注入大海，因此水面下 10 米以内的海水为淡水，形成了极其独特的自然环境。在那里可以见到黑珊瑚群，还经常能遇到深海生物，是人气很高的景区。

位于北岛北部地区东海岸外海的普尔奈茨群岛海洋保护区，曾被海洋探险家雅克·库斯托誉为"世界前十名的潜区域"。岛屿湾一带也很适合潜水。另外，还有可以观

赏百年前沉船的大巴里尔岛以及可以见到金鲷鱼的白岛。

新西兰允许有限制的潜水捕捞。可以在潜水之后品尝到自己捕捞的新鲜鱼类及贝类，算是一种非常独特的体验。

北岛派希亚出发并到达的团体游

Paihia Dive

☎ (09) 402-7551
FREE 0800-107-551
URL www.divenz.com CC M V

● 不为人知的南半球冲浪天堂

新西兰的重要地理特征是地形狭长且海岸线蜿蜒曲折。容易受到太平洋低气压及塔斯曼海以南的南极海的影响，形成了高度高且富于变化的海浪。很多冲浪者都盛赞"这里的海浪属世界顶级"。

新西兰全国有数百个冲浪地点，其中，北岛西海岸的拉格兰（哈密尔顿郊外）在新西兰名列前茅。每当 Grand Swell（低气压生成的强风）从南面吹来，就会有众多冲浪爱好者从新西兰及国外前来。除此之外，北岛的奥克兰、陶朗阿、吉斯伯恩以及南岛的克

赖斯特彻奇（基督城）、达尼丁、格雷茅斯也很有名。

即便在夏季海水温度也很低。需要穿着 Seagull（半袖、长裤的冲浪服），如果是南部水域还需要穿着 Fullsuits（长袖、长裤加长靴、手套的冲浪服）。

水上运动在新西兰的普及度非常高。很多新西兰人自幼便开始接触大海，所以完全可以理解为什么新西兰的帆船等体育项目具有极高的竞技水平。

肾上腺素飙升！
在蹦极发源地感受惊险
Bungy Jump

蹦极

接下来要介绍新西兰代表性的户外运动——蹦极。专门为蹦极而造访新西兰的游客有很多。这里有夜间蹦极，还有滑翔伞蹦极，不断有新的方式出现。

蹦极的发源地——新西兰

据说蹦极最初为瓦努阿图共和国及新喀里多尼亚群岛的通过仪式（成人礼）。受到这种仪式的启发，新西兰人 A.J. 哈克特于 20 世纪 80 年代在昆斯敦（皇后镇）近郊的卡瓦拉乌河上建立了蹦极设施，蹦极才首次成了一项户外运动。现在，蹦极已是新西兰具有代表性的户外运动，许多人都被这项运动深深地吸引。

蹦极是一项非常简单的户外运动，只需将作为安全绳的 Bungy（弹性橡胶带）固定在脚上，然后纵身跃下即可。橡胶带非常结实，由多根橡胶带缠绕在一起而成，直径达 2.5 厘米，只要挑战者有一定胆量就能顺利跳下。也正因为该项运动所需设备如此简单，才增添了许多恐惧感、震撼力以及快感，这也让蹦极成了一项极为特殊的极限户外运动。

如何体验多种蹦极

可以体验蹦极的场所，南岛有昆斯敦（皇后镇），北岛有奥克兰及陶波等地。蹦极只不过是一个总称，实际上有许多不同种类的蹦极。

例如，在南岛，有昆斯敦（皇后镇）高达 134 米同时也是新西兰最高的蹦极，还有在夜晚从悬于峡谷中间的缆车上跳下的蹦极以及从卡瓦拉乌大桥纵身跳向河面的蹦极等。不仅蹦极地点的地形不同，而且起跳的高度上也有很大的差别。

另外，在北岛的陶波，有从 47 米的高度跳向清澈的怀卡托河的蹦极。奥克兰有从 192 米高的天空塔上跳下的蹦极，在四周的高层建筑环绕中下落，能给人以特别的感受。除此之外，奥克兰还有从高 40 米的港湾大桥上跳下的蹦极。

可以购买自己蹦极时的视频、照片以及专门制作的 T 恤衫留作纪念，作为勇敢的证明成为人生中的美好回忆。

南岛昆斯敦（皇后镇）出发并到达的户外运动
AJ Hackett Bungy → P.102

北岛奥克兰出发并到达的户外运动
Sky Jump → P.259

北岛罗托鲁阿出发并到达的户外运动
Rotorua Bungy
☎（07）357-4747　FREE 0800-949-888
URL www.agroventures.co.nz/bangy　CC ADJMV

北岛陶波出发并到达的户外运动
Taupo Bungy → P.318

惊险运动
How Exciting!

最佳旅游季节
9月～12月

在汹涌的激流中奋力前行

Rafting
漂流

如果想尽情地体验新西兰的大自然，漂流是一项非常适合的户外运动。按照导游的指导划桨，众人合力穿越急流险滩，从中获得的成就感及喜悦是在其他运动中体验不到的。

● 顺急流而下！新西兰的漂流

漂流的英语词"Rafting"，直译的话意思是"木筏漂流"。最初起源于将山中砍伐的木材固定在一起后放入河流中漂流而下，之后木筏变成了橡皮筏，最终形成了现在的漂流运动。

漂流时，包括导游在内的6~8人合力划桨，躲避河流中的岩石，冒着溅起的巨大水花在激流中前行，非常惊险刺激。初次尝试的游客也许会比较担心，但其实安全性是很高的。漂流的具体行程会因天气及水位情况有所调整，初次尝试者需经过练习才能进入河流。参加漂流者要穿戴头盔、救生衣、潜水服等装备。还会接受从橡皮筏掉落水中时的应对方法及相关指导，完全可以放心大胆地体验。尽管如此，但漂流也还是一项有风险的户外运动。另外，在新西兰参加户外运动如果发生事故，全部责任均需自己承担。除了要仔细聆听讲解，如有不明白的地方不要自行揣测，一定要加以确认。

为了能够应对意外情况的发生，建议一定要购买海外旅行保险（→ p.450）。

最佳旅游季节为9~12月。团体费用游根据行程定价，一般来说，几小时至半日的为NZ$80~，数日行程需住宿的NZ$350~。所需装备都可从漂流公司租借，不用自己准备。不过，这里的阳光非常强烈，需要准备防晒霜及太阳镜等防晒物品。

● 在哪里漂流？

新西兰各地都有漂流团体游可供游客参加，位于南岛坎特伯雷地区的朗基塔塔河是新西兰首屈一指的漂流地点。漂流者乘橡皮筏顺流而下，穿过激流澎湃的朗基塔塔峡谷，从10米高的瀑布上落下，极为惊险刺激。在昆斯敦（皇后镇）近郊，有在沙特欧瓦河及卡瓦拉乌河上进行漂流的团体游。

北岛的陶波、罗托鲁阿周边有很多可以漂流的地方。其中最具人气的是凯图纳河上的漂流，途中会从7米高的瀑布上垂直落下。

南岛克赖斯特彻奇（基督城）出发并到达的户外运动
Rangitata Rafts → P.56

北岛罗托鲁阿出发并到达的户外运动
Kaituna Cascades → P.302

在雄伟的大自然中疾驰!
惊险刺激的户外运动

Jet Boat

喷气式快艇

在巨大的水花中做出精彩的转弯动作,以80公里的时速在水上疾驰,非常惊险刺激。这就是喷气式快艇。在感动紧张的同时也会有一种痛快淋漓之感。来到新西兰一定要亲自体验一次。

⬤ 闻名于世的新西兰户外运动

喷气式快艇是新西兰人C.W.F.哈密尔顿爵士于1957年发明的。快艇通过发动机把水吸入,然后将其从快艇尾部强力喷出,以此获得向前的推动力。这种快艇其实最初是为了适应坎特伯雷地区水位较浅的河流而制造的,所以性能优良,时速可以达到80公里,能够在仅有10厘米深的水面上行驶。能将这种快艇引入户外运动,说明新西兰人确实十分热爱休闲娱乐。

喷气式快艇虽然是一项惊险刺激的户外运动,但不太受年龄、身体等因素的限制,

而且全年都可以进行,所以很具有吸引力(个别地方会对儿童乘坐快艇在年龄及身高上有限制)。登上艇后在座位上坐好,握紧把手,接下来就是感受惊险刺激的航行。在美丽的大自然中,快艇飞速前进,想象一下这种场景都会令人兴奋。有时快艇会擦岩壁而过,然后转向河流中的沙洲,距离沙洲仅有几厘米时,再次转向。

快艇驾驶员都接受了严格的训练,对水况极为了解,所以能够保证快艇行驶的安全性。

⬤ 想体验喷气式快艇的话

体验喷气式快艇比较有名的地方,在南岛有昆斯敦(皇后镇)、韦斯特波特、坎特伯雷等地。韦斯特波特附近的拉布河、昆斯敦(皇后镇)附近的沙特欧瓦河及卡瓦拉乌河、格林诺奇的达特河都很适合喷气式快艇行驶。

北岛的话,有朗伊蒂纳基河、旺阿努伊河、怀卡托河等地。其中,怀卡托河上的乘快艇游览项目最受欢迎,可乘坐喷气式快艇前往每秒有270吨水落下的胡卡瀑布边缘。瀑布飞流直下,溅起巨大的白色水花,十分壮观。另外,技术娴熟的快艇驾驶员还带游客体

验船体360°旋转。还有在水库开闸放水时顺流而下的激流喷气式快艇。

南岛瓦纳卡出发并到达的户外运动
Lakeland Adventures → P.86

南岛昆斯敦(皇后镇)出发并到达的户外运动
K.Jet → P.102

北岛陶波出发并到达的户外运动
Hukafalls Jet, Rapids Jet → P.318

惊险运动
How Exciting!

最佳旅游季节
全年

如果想要像鸟一样
在天空中飞翔
Paraglider&Skydiving

滑翔伞 & 跳伞

从山坡上跳下并翱翔
空中的滑翔伞运动

仿佛独自占有了新西兰宽阔的自然与蔚蓝的天空……能让人产生如此感觉
的户外运动就是滑翔伞与跳伞。在这里可以像鸟儿一样在空中飞翔。

● 靠滑翔伞翱翔空中，体验自由的感觉

　　滑翔伞运动是依靠滑翔器与降落伞来进行的户外运动，也被称为高空跳伞运动（Parapenting）。滑翔伞由降落伞改造而成，最初为登山者下山时使用的装备。

　　独自滑翔，需要取得资格并且有相关经验，要是参加串联滑翔（与教练使用同一套装备滑翔）的话，即便是初次尝试者也没有问题。第一次体验滑翔伞的话，需参加简单的培训，然后便可跟随经验丰富的教练一起飞行。在15～30分钟的飞行时间里，会被地面上的美景所深深吸引。另外，因为飞行装置中没有引擎，所以飞行速度比较缓慢，这也是滑翔伞的魅力之一。能够听见的只有风声。有时还可以跟鸟同飞。

　　南岛的昆斯敦（皇后镇）、瓦纳卡、克赖斯特彻奇（基督城）是滑翔伞运动非常盛行的地方。尤其在克赖斯特彻奇（基督城），从贡多拉山起飞，在飞行中可以远眺瓦卡蒂普湖对面一座座2000多米的山峰。另外，如果已经有丰富的滑翔伞运动经验的游客，建议去适合起飞助跑的地方或者上升暖气流较强的中央奥塔戈地区。

南岛昆斯敦（皇后镇）出发并到达的户外运动
G Force Paragliding → P.102

● 惊险刺激与飘浮感并存的跳伞

　　最初30秒，会以200公里的时速下降。在降落伞打开后，可以体验空中散步，还能观赏地面的风景。跳伞是新西兰主要的户外活动之一，如果是参加跟教练一起进行的串联跳伞，即便是初次尝试者也完全可以放心。费用根据高度而定，9000英尺（约2700米）NZ$299~ 左右。

　　要是在南岛的话，可在皇后镇、克赖斯特彻奇（基督城）、瓦纳卡，北岛的话，可在陶波、罗托鲁阿体验。

南岛昆斯敦（皇后镇）出发并到达的户外运动
NZONE Skydive → P.102

户外运动

● 喷气式快艇／滑翔伞＆跳伞

放松
Feeling Relaxed...

骑着马在大自然中散步。十分悠闲的假日生活

与马一起接触大自然
Horse Riding
骑马

在广阔的大自然中，英姿飒爽地骑在马背上前行，看上去实在令人羡慕。在新西兰骑马，已经成了一种可以体验大自然的方式。无经验者也可以参加，是一项人气很高的户外运动。

🐴 新西兰自由奔放的骑马方式

说到骑马，可能很多人首先想到的是在限定的区域内由工作人员牵着马行走的场景。

但是，在新西兰骑马，是指在高原、山地、海岸等美丽的自然风景中骑马行进。如果说徒步旅行是靠自己的双脚前行来欣赏美丽的自然风光，那么骑马就是跟马一起领略大自然的魅力。初学者在经验丰富者的带领下也可单独骑行，无须担心。工作人员会向游客讲解最基本的控马技术，之后游客就可以在与马的实际接触中来体会技术要领。关于鞋的要求，有的地方允许游客穿着自己的鞋骑行，而在有的地方游客则需要租借长靴。

新西兰各主要城市都有骑马的团体游项目，游客可以根据自己的水平及预算来合理选择。有面向初学者的半日体验项目，也有需要住宿的团体游项目，可供选择的空间很大。费用大致为 1 小时 NZ$35~，1 日团体游 NZ$310~，仅供参考。

🔵 选择何种骑马运动？

骑马的团体游项目种类繁多。在南岛的昆斯敦（皇后镇），游览完牧场之后再去欣赏南阿尔卑斯山美景的团体游很受欢迎。在格林诺奇骑马也很有趣，沿着冰川侵蚀而成的峡谷前行，渡过水流湍急的利兹河，很有探险的感觉。在北岛奥克兰北面的帕基里海滩骑马，可以沿着白色的沙滩踏浪前行，还能去往森林地区。

另外，也可以参加新西兰独特的旅游项目——农场游（Farm Stay）。也就是入住农场，体验农民的生活，同时从事照管家畜、收获农作物等劳动，有的地方可以体验骑马。

马是一种非常聪明的动物。每匹马都有自己的个性，当游客结束旅程要离开的时候，一定会产生眷恋之情，骑马的体验也将成为一生之中的美好回忆。

南岛克赖斯特彻奇（基督城）出发并到达的户外运动
Rubicon Valley Horse Treks → P.56

南岛昆斯敦（皇后镇）出发并到达的团体游
Dart Stables
☎ (03) 442-5688　FREE 0800-474-3464
URL www.dartstables.com　CC MV

北岛奥克兰出发并到达的团体游
Pakiri Beach Horse Rides
☎ (09) 422-6275　FAX (09) 422-6277
URL www.horseride-nz.co.nz　CC M V

放松 Feeling Relaxed...

最佳旅游季节
全年

在优良的场地上打出好成绩

Golf

高尔夫

新西兰有 400 多个高尔夫球场，人均高尔夫球场数量居世界第一。场地的种类多样，有可供人们在下班之后信手挥上几杆的普通场地，也有可供举办国际赛事的顶级场地。

● 新西兰高尔夫简介

在殖民地时期的 19 世纪 60 年代，高尔夫这项运动被引入了新西兰。最初向这里传播高尔夫运动的是苏格兰移民。现在的高尔夫球场数量已经超过 400 个，每年要进行 500 万场竞技。

打球的方式为英国式，这里基本上所有球场都没有球童，打球过程中需要自己拉球包车。因为是自助式打球，修复草皮打痕、抚平沙坑、防止及回收球标等工作均需亲力亲为。球场规定打球者必须携带修复草皮打痕用的土袋。另外，基本上都采用中途无休息的 18 洞竞技规则，一场球结束大约需要 3 小时 30 分钟。

费用很便宜。公共球场 NZ$20~，私人球场约 NZ$150~。公共球场也不需要进行繁琐的预约，随时都可前往，而且穿着 T 恤衫、牛仔裤、普通运动鞋就可进入场地打球。夏季球场的营业时间为 5:30~21:00。如果打算在球场租借球具的话，可空手前往。

● 选择著名高尔夫球场，在优雅的环境中享受打球的乐趣

克利尔沃特
Clearwater ● 克赖斯特彻奇（基督城） Map P.40-A2 外

可承办 PGA 锦标赛的新西兰顶级球场。球场较新，设有游泳池及 SPA 酒店，有较强的度假村氛围。

🏠 40a Clearwater Ave. wood，Christchurch
☎（03）360-2146　📠（03）360-2134
🌐 www.clearwatergolf.co.nz　CC ADJMV

米尔布鲁克度假村
Millbrook Resort ● 昆斯敦（皇后镇） Map P.97-A2

住宿条件很好的南岛著名的球场。球场内的平坦球道较窄，有形似海滩的沙坑及小湖，竞技难度较高。（→ p.110）

港湾乡村俱乐部
Gulf Harbour Country Club ● 北部地区 Map P.331-C2

1998 年举办过世界杯比赛。特点是有修剪整齐的平坦球道及海岸线上的起伏区域，竞技难度也比较高。

🏠 180 Gulf Harbour Dr. Gulf Harbour Whangaparaoa
☎（09）424-0971　🌐 www.gulfharbourcountryclub.co.nz
CC ADJMV

贝壳杉悬崖
Kauri Cliffs ● 北部地区 Map P.331-A2

被很多人视为新西兰最好的高尔夫球场，建于平缓的海岸线上。视野开阔，能观赏远处的美景。设有豪华客栈，有不同水平的高尔夫爱好者来此一展身手。

🏠 139 Tepene Tablelands Rd. Matauri Bay，Northland
☎（09）407-0060　🌐 www.kauricliffs.com　CC ADJMV

帕拉帕拉乌姆海滩链
Paraparaumu Beach Links ● 惠灵顿 Map 文前图 ①

球场历史悠久，建于 1929 年。曾被美国的《高尔夫》杂志评为新西兰最好的球场。特点是有海风吹来以及球道的起伏较多。

🏠 376 Kapiti Rd. Paraparaumu Beach，Wellington
☎（04）902-8200　📠（04）902-8201
🌐 www.paraparaumubeachgolfclub.co.nz　CC M V

放松

Feeling Relaxed...

最佳旅游季节
全年

浪漫的探险之旅

Hot Air Balloon

热气球

乘上热气球，在广阔的大自然中畅游。来到新西兰，可以通过户外运动来体验每个人都曾经憧憬的探险旅行。

● 悠闲的空中散步

在空中的户外运动中，热气球是最具浪漫情调的一种。乘上热气球在新西兰晴朗的碧空中随风飘动，可以看到地面上郁郁葱葱的森林、色彩丰富的田园风光以及美丽的湖泊与河流。新西兰的热气球旅游很受游客欢迎，游客可以体验从热气球开始膨胀直到最终着陆的全过程，能够感受到如参加探险活动般的紧张感。

如果想体验热气球，就必须早起。这是因为一天之中最适合热气球升空的时间段就是气象条件比较稳定的清晨。在天还没亮时便要集合，开始做气球升空的准备工作。升空时间会根据日出时间而变，一般来说，夏季为5:00左右，冬季为7:30左右。整个体验项目所需时间为4小时左右，其中空中飞行时间为1小时，费用为NZ$350~。

高空中气温较低，夏季也需要穿着保暖的服装。冬季还需要帽子和手套。如果有望远镜和摄影器材的话，最好带上，可以在热气球飞行中获得更多的乐趣。

● 值得推荐的热气球乘坐地

南岛有梅斯文、昆斯敦（皇后镇），北岛有奥克兰、哈密尔顿、陶波等地。特别是梅斯文所在的坎特伯雷地区，游客非常多。乘上热气球可以看到远处白雪覆盖山顶的南阿尔卑斯山以及仿佛拼布图案般的坎特伯雷平原。在奥克兰，可以俯瞰郊外的街区以及分布着许多小岛的豪拉基湾。

还有完成飞行后在农场着陆并享用丰盛早餐的团体游项目。热气球婚礼也非常受欢迎。

克赖斯特彻奇（基督城）出发并到达的户外运动
Ballooning Canterbury → **P.56**

南岛昆斯敦（皇后镇）出发并到达的团体游
Sunrise Balloons
☎（03）442-0781 FREE 0800-468-247
URL www.ballooningnz.com CC AMV

北岛奥克兰出发并到达的团体游
kiwi Balloon Company
☎（07）843-8538 ✆ 021-912-€79
URL www.kiwiballoncompany.co.nz CC M V

放松

Feeling Relaxed...

最佳旅游季节
全年

欣赏新西兰特有的美景

Scenic Flight

飞行游览

新西兰有冰川、火山、美丽的山峰等多样的自然景观。如果想把当地壮丽的景色尽收眼底，选择乘飞机在空中游览是最好的选择。看到的景象与在地面上看到的完全不同。

● 南岛颇具人气的冰川游

乘坐直升机或小型飞机的飞行游览，可以很容易地把游客带到从地面无法到达的地方。各地都有种类繁多的团体游项目。

在南岛，去往奥拉基／库克山国家公园、韦斯特兰国家公园的弗朗兹·约瑟夫冰川、米尔福德桑德等地的游览飞行最有人气。从飞机上可以看到巨型冰川的蓝色裂缝

以及南阿尔卑斯山群峰的壮丽身姿。雪山飞机与直升机可在冰川附近或雪地上降落，游客可走下飞机游览，如乘坐普通的小型飞机则有可能无法降落，游客应在报名时予以确认。

另外，凯库拉的游览飞行还有观鲸的项目。

南岛特卡波湖出发并到达的户外运动
Air Safaris → **P.70**

南岛奥拉基／库克山国家公园出发并到达的户外运动
Mt Cook Ski Planes & Helicopters, The Helicopter Line → **P.79**

南岛瓦纳卡出发并到达的户外运动
Wanaka Flightseeing, Wanaka Helicopters → **P.86**

南岛蒂阿瑙出发并到达的户外运动
Wings & Water Te Anau → **P.117**

南岛米尔福德桑德出发并到达的户外运动
Milford Sound Scenic Flights → **P.126**

南岛凯库拉出发并到达的团体游
Kaikoura Helicopters, Wings Over Whales → **P.172**

● 从空中观赏北岛独特的火山景观

在北岛的怀卡托、普伦蒂湾（丰盛湾）地区，罗托鲁阿周边分布着许多火山湖，还有1886年曾发生过大喷发的塔拉乌伊拉火山、白岛活火山，游客可以观赏到独特的火

山景观。有乘直升机降落于火山口的团体游。除此之外，还有包括参观农场、参观葡萄酒庄以及在环境幽雅的餐馆里用餐的团体游，很有情调，所以参加者众多。

北岛奥克兰出发并到达的团体游
Inflite
☎（09）377-4406
URL www.inflitecharters.com
CC AMV

北岛陶波出发并到达的户外运动
Taupo's Floatplane, Inflite Taupo → **P.318**

放松

Feeling
Relaxed...

通过飞行游览和徒步
来感受冰川的壮丽
Heli Hike

直升机徒步游

如果想细致地游览新西兰的冰川，那直升机徒步游就是最好的选择。先乘直升机在空中观赏地面景色，然后降落，开始在冰川上徒步游览。初次踏上冰川时的喜悦与感动将会成为美好的回忆。

● 直升机徒步游的简介及注意事项

直升机徒步游是在南岛深受欢迎的户外运动，由乘坐直升飞机完成惊险刺激的飞行以及在冰川上徒步游览这两个部分组成。因为可同时体验飞行和徒步游览，所以人气很高，无须攀爬冰川，任何人都能参加。整个行程一般需要3~4小时，其中徒步游览需要2~3小时。游客乘直升机观赏完景色后，直升机在冰川上降落，游客下飞机后开始徒步

旅游团多为2~4人

游览。在徒步过程中会经过冰洞以及冰谷，可以体验到探险的感觉。与此同时，一定还会被冰川

呈现出的通透的蓝色所吸引。导游会用冰镐把脚下的路修整好，可以放心前行。另外，在冬季，有的公司还会组织直升机观光滑雪（→p.78·422）的旅游项目，可以体验到非常刺激的滑行。

可租借徒步游览用具，不过大多都直接包含在团费中。很多公司会规定参加者的年龄需要在8~10岁以上，带孩子前往的游客要注意。如天气状况不好，则团体游的行程可能被临时取消，游客应事先向旅游公司确认行程安排。

● 南岛的直升机徒步游

南岛的冰川数量很多，有奥拉基/库克山国家公园的塔斯曼冰川、韦斯特兰国家公园的弗兰兹·约瑟夫冰河、福克斯冰河以及位于瓦纳卡郊外的罗布·罗伊冰河等。其中

人气最高的是弗兰兹·约瑟夫冰河与福克斯冰河。有承接冰河旅游的公司及住宿设施，方便游客前往。

南岛韦斯特兰国家公园的户外运动

**Franz Josef Glacier
Guides** → P.218
Glacier Helicopters → P.219
The Helicopter Line → P.219
福克斯冰河旅行社 → P.220

南岛奥拉基/库克山国家公园的户外运动

Southern Alps Guiding
☎（03）435-1890 URL www.mtcook.com

Glentanner Park Centre
☎（03）435-1855 FREE 0800-453-682
URL www.glentanner.co.nz

南岛瓦纳卡的户外运动

Eco Wanaka Adventures
☎（03）443-2869 FREE 0800-926-326
URL www.ecowanaka.co.nz

旅行的准备和技巧
Travel Information

收集旅行信息

想在出发前收集新西兰的旅行信息，可以利用新西兰旅游局和新西兰驻华大使馆的官网来收集。在新西兰旅游局、大使馆的官网上登载了众多关于新西兰旅游的信息，一定要提前看一看。如果是在当地查询，可以利用当地的旅游咨询处。

新西兰旅游局
URL www.newzealand.com/cn/

新西兰驻华大使馆
北京市朝阳区三里屯东三街3号
邮编：100600
☎ 86-10-8531 2700
📠 86-10-6532 4317
✉ beijing.enquiries@mft.net.nz
🕐 周一～周五，8:30～17:00
法律和公证服务：仅接受预约

新西兰驻广州总领事馆
天河区天河路385号太古汇一座3006室
☎ 020-8931 9600
📠 020-8931 9610
领区：广东、广西、湖南、福建、海南

新西兰驻上海总领事馆
黄浦区湖滨路150号，企业天地商业中心5号楼2801-2802A，2806B-2810室，上海市200021
☎ 021-54075858
📠 021-54075068
领区：上海、浙江、江苏、安徽

在国内收集信息

新西兰旅游局

通过互联网收集新西兰的信息最为方便。在新西兰旅游局的官网上有关于目的地、活动、概况、前往新西兰、线路推荐、交通住宿等诸多与旅游相关的信息，还有不少旅行小技巧等。另外，标注有机场、旅游咨询处、各城市之间的距离等非常实用的地图下载打印下来用起来会非常方便。总之，想要了解新西兰不妨先从这个网站着手，信息量非常充实。

如果想要了解旅行线路、预约酒店或者户外活动可以跟当地旅游咨询处的工作人员咨询。

另外，还可以通过微博、微信公众号等添加新西兰旅游局获取更加实时的信息。

新西兰驻华大使馆

通过新西兰驻华大使馆官网可以获得留学、创业等相关信息，也可以了解与出入境相关的信息等。

个人申请旅游签证有两种方式，可以在线申请或者书面申请。在新西兰驻华大使馆或者新西兰旅游局的官网可以下载申请表格，有详细步骤。

在当地收集信息

旅游咨询处 *i*site

到了一个地方首先要去旅游咨询处看一看。大多数的城镇中心城区都设有旅游咨询处，其中要数网罗新西兰全国的公共旅游信息的旅游咨询处 *i*site 最为方便。这里为你准备了住宿、餐饮、交通、当地旅游

旅游咨询处 *i*site 是游客的坚固后盾

团、户外活动等相关信息，还提供免费的地图和旅游手册。工作人员还可以根据你的预算帮助你预约到合适的住宿设施，还有代为预订车票的服务，可以出票（部分除外），利用起来十分方便。大多数地区的旅游咨询处的开放时间是 9:00~17:00，不过夏季会延长开馆时间，冬季可能会缩短时间。有关徒步旅行和大自然的信息，可以去各地的 DOC 环保局的游客中心获取。另外，还有其他一些私营的旅游信息服务中心专门介绍户外运动等信息。

方便的网站

通过互联网收集资料，可以在出发前将大部分旅游信息收集齐全。另外，通过论坛、个人游记、旅游攻略等还可以获得更多更详细的旅行小窍门、线路信息等。

新西兰旅游局

URL www.newzealand.com（英语、中文）

新西兰旅游局的官方网站。有关交通信息、景点信息的内容比较充实。还有不少官方推荐的户外运动旅游公司的链接。

Access NZ

URL www.accessnz.co.nz（英语）

有关于旅行的事情如购物、餐饮、交通等大量的信息都可以在这个网站查询。还可以按照不同的地区来查询，非常方便。

Cuisine

URL www.stuff.co.nz/life-style/food-wine/cuisine（英语）

新西兰人气美食生活杂志 *Cuisine* 的网络版。如果想要了解最新的美食前线可以浏览此网站。无论餐馆信息、酒庄信息还是新西兰国内旅行信息都有记载，对制订旅行计划有一定的帮助。另外，有关于各种美食的食谱也很详细。

Ecotours New Zealand

URL www.ecotours.co.nz（英语）

环保旅行信息网址。针对新西兰野生动物的介绍比较详细，还有部分彩色图鉴。

Department of Conservation

URL www.doc.govt.nz（英语）

DOC 环保局的官网，准备在新西兰徒步远足或者对大自然感兴趣的人，不妨来此网站浏览一番。

New Zealand Tourism Guide

URL www.tourism.net.nz（英语）

专门为游客介绍旅游信息的网站。所涉及的内容包含住宿信息、户外旅行信息、团体游信息、移动方法等。还有"适合在新西兰体验的旅游项目"等相关内容的介绍。

满载新西兰旅游信息的免费杂志

介绍当地餐馆、商店等信息，对游客非常有帮助且信息量巨大的免费杂志。

旅行季节

新西兰位于南半球，与我国的季节刚好相反，我国夏季的6月下旬至9月上旬刚好是新西兰的冬季。不过，新西兰一年四季都散发着不同的魅力。不妨根据自己的旅行目的选择合适的季节前往。

了解当地的天气情况

可以通过互联网掌握当天的天气情况以及未来的天气预报。

Met Service

URL www.metservice.com

Weather From NZCity

URL home.nzcity.co.nz/weather

户外运动的季节

如果以户外运动旅行为主题，那么就需要根据所选择的项目来决定适合前往的季节。滑雪季节是在6月上旬~10月下旬。步行远足如果是在南岛的峡湾国家公园周围，最好选择在10月下旬~次年4月下旬期间。

滑雪景区的独特之处

除了与滑雪相关的景区之外，冬季比较容易预约。滑雪场周边到了滑雪季期间的周末最难订到位子，而且价格也相对较高。人气较高的住宿设施则需要提前半年就开始预约房间了。除了雪场所在的镇子之外，周边地区虽说可以找到住宿的地方，但还是提早预约最为稳妥。

服装

气候温差虽然不大，但是早晚温差较大，一天中经常是早晚感觉寒凉，白天感觉炎热。带上早晚穿长袖或者外套、帽子，白天穿短袖，所以无论任何季节来新西兰旅行都需要携带一件比较容易穿脱的外套。另外，如果准备参加冰河漫步或是赏鲸活动的游客，最好注意防寒，即便是夏季也还是比较寒冷的。带上一件防水外套或者冲锋衣是最方便的。还有，在新西兰无论是机舱内还是车内冷气温度都设得比较低，女生一定要准备披肩防止着凉。即便不是在夏季旅行紫外线也比较强烈，一定要做好防晒准备，例如戴上墨镜和帽子，涂抹防晒霜等。

南方比较冷？与中国的气候相反

中国的冬季是新西兰的夏季

中国正值严冬时节，而新西兰刚好是盛夏，当中国是盛夏时节，新西兰则是寒冬。不过，新西兰没有中国夏季和冬季这么大的温差，最大温差也就相差10℃左右。可是这里的昼夜温差较大，甚至被称为"一天中有四季"。建议出行时携带比较方便穿脱的服装，带上秋羽绒服是最方便的。另外，新西兰是一个国土面积南北狭长的国家，国内南北不同的地点温差较大。因为地处南半球，所以是越往南天气越冷。

了解一年四季不同的旅行魅力

春季是花园巡游的最好季节

新西兰的春季是9~11月。推荐的旅游项目是花园巡游。从惠灵顿至新普利茅斯的火山地带被称为"庭园街道"，还有人们爱称为"花园之都"的克赖斯特彻奇（基督城）等地都是充满爱和花园情怀的大花园。

舒适的夏季是旅游旺季

新西兰的夏季是12月~次年2月。此时北半球各国正处于寒冷的冬季，因为来新西兰避寒来旅行的游客会络绎不绝。这一时期平均气温在20℃上下，最高气温只有30℃上下，天气既温暖日照时间又长。盛夏时节即便过了21:00，天还是很亮。不过，要注意的是在旅游旺季无论是住宿、交通还是景点人一定非常多，请提早做好预约。

享受金秋收获之旅

新西兰的秋季是3~5月。此时正值中国清明节和五一小长假，也是最适合旅行的季节。这一时期是欣赏新西兰"黄叶"最美的季节，白杨树等植物的叶子逐渐被染成了金黄色，美丽至极。最适合欣赏黄叶的地区是南岛南部的瓦纳卡和箭镇等地。

性价比较高的冬季之旅

新西兰的冬季是6~8月。虽说是冬季，但除了部分山区和南岛的部分地区，想见到大雪纷飞的还是比较困难的。7月的奥克兰平均最低气温是7.1℃，没有非常明显的寒冷感。除了与滑雪相关的景区之外，其他景区游客都比较少，交通和住宿都比较容易预订到空位子，而且机票也比较便宜。另外，有不少住宿设施都有冬季折扣活动。

鲜花盛开的时节是10月~次年1月

新西兰各地的气温与降水量

地 名		1月	2月	3月	4月	5月	6月	7月	8月	9月	10月	11月	12月	年平均
克赖斯特彻奇（基督城）（南岛东海岸中部）	平均最高气温（℃）	22.7	22.1	20.5	17.7	14.7	12.0	11.3	12.7	15.3	17.2	19.3	21.1	17.2
	平均最低气温（℃）	12.3	12.2	10.4	7.7	4.9	2.3	1.9	3.2	5.2	7.1	8.9	11.0	7.3
	平均降水量（mm）	38.3	42.3	44.8	46.2	63.7	60.9	68.4	64.4	41.1	52.8	45.8	49.5	51.5

地 名		1月	2月	3月	4月	5月	6月	7月	8月	9月	10月	11月	12月	年平均
昆斯敦（皇后镇）（南岛内陆南部）	平均最高气温（℃）	21.8	21.8	18.8	15.0	11.7	8.4	7.8	9.8	12.9	15.3	17.1	19.7	15.0
	平均最低气温（℃）	9.8	9.4	7.2	4.3	2.3	-0.3	-1.7	0.2	2.5	4.3	6.0	8.3	4.4
	平均降水量（mm）	64.7	50.3	53.4	56.2	68.5	71.5	50.3	66.2	62.4	66.4	63.6	75.3	62.4

地 名		1月	2月	3月	4月	5月	6月	7月	8月	9月	10月	11月	12月	年平均
米尔福德桑德（南岛西海岸南部）	平均最高气温（℃）	18.9	19.3	17.8	15.5	12.4	9.6	9.2	11.4	13.1	14.5	16.0	17.5	14.6
	平均最低气温（℃）	10.4	10.3	8.8	6.6	4.5	2.2	1.3	2.4	4.1	5.7	7.5	9.3	6.1
	平均降水量（mm）	722.0	454.7	595.1	533.2	596.6	487.1	423.7	463.5	551.4	640.3	548.0	700.1	58.3

地 名		1月	2月	3月	4月	5月	6月	7月	8月	9月	10月	11月	12月	年平均
因弗卡吉尔（南岛南部）	平均最高气温（℃）	18.7	18.6	17.1	14.9	12.3	10.0	9.5	11.1	13.1	14.4	15.8	17.5	14.4
	平均最低气温（℃）	9.6	9.3	7.9	5.8	3.8	1.9	1.0	2.2	4.0	5.4	7.0	8.6	5.5
	平均降水量（mm）	115.0	87.1	97.4	95.9	114.4	104.0	85.2	75.6	84.2	95.0	90.4	105.0	95.7

地 名		1月	2月	3月	4月	5月	6月	7月	8月	9月	10月	11月	12月	年平均
奥克兰（北岛西北部）	平均最高气温（℃）	23.1	23.7	22.4	20.1	17.7	15.5	14.7	15.1	16.5	17.8	19.5	21.6	19.0
	平均最低气温（℃）	15.2	15.8	14.4	12.1	10.3	8.1	7.1	7.5	8.9	10.4	12.0	14.0	11.3
	平均降水量（mm）	73.3	66.1	87.3	99.4	112.6	126.4	145.1	118.4	105.1	100.2	85.8	92.8	101.0

地 名		1月	2月	3月	4月	5月	6月	7月	8月	9月	10月	11月	12月	年平均
罗托鲁阿（南岛中央地区）	平均最高气温（℃）	22.8	22.9	20.9	18.0	15.1	12.6	12.0	12.8	14.6	16.4	18.6	20.8	17.3
	平均最低气温（℃）	12.6	13.0	11.1	8.5	6.3	4.3	3.5	4.1	5.8	7.6	9.2	11.5	8.1
	平均降水量（mm）	92.7	93.9	99.2	107.2	116.9	136.1	134.5	131.4	109.3	112.3	93.8	114.2	118.1

地 名		1月	2月	3月	4月	5月	6月	7月	8月	9月	10月	11月	12月	年平均
惠灵顿（北岛南部）	平均最高气温（℃）	20.3	20.6	19.1	16.6	14.3	12.2	11.4	12.2	13.7	14.9	16.6	18.5	15.9
	平均最低气温（℃）	13.5	13.8	12.6	10.7	9.1	7.2	6.3	6.7	7.9	9.0	10.3	12.2	9.9
	平均降水量（mm）	75.7	69.8	87.1	83.6	112.9	132.8	137.5	113.7	97.8	114.9	97.0	84.4	100.5

※出自National Institute of Water & Atmospheric Research

2018~2019 年的集会活动日历

奥克兰马拉松
10/28（2018 年）北岛 奥克兰
URL www.aucklandmarathon.co.nz

奥克兰美食节
11 月下旬（2018 年）北岛 奥克兰
URL www.tasteofauckland.co.nz

马尔堡美酒节
2/10（2018）南岛 布兰尼姆
URL www.wine-marlborough-festival.co.nz

巴西菲卡庆典
3 月下旬（2018 年）北岛 哈密尔顿
URL www.aucklandnz.com

怀卡托热气球节
3/22~26（2018 年）北岛 哈密尔顿
URL balloonsoverwaikato.co.nz

箭镇金秋节
4 月下旬（2018 年）南岛 箭镇
URL www.arrowtownautumnfestival.org.nz

布拉夫牡蛎节
5/26（2018 年）南岛 斯图尔特岛
URL www.bluffoysterfest.co.nz

新西兰国际农牧业博览会
6 月上旬（2018 年）北岛 哈密尔顿
URL www.fieldays.co.nz

冬之祭
6 月下旬（2018 年）南岛 昆斯敦（皇后镇）
URL www.winterfestival.co.nz

同志冬季大游行
8 月下旬~9 月上旬（2018年）南岛 昆斯敦（皇后镇）
URL www.gayskiweekqt.com

艺术节
8/30~9/17（2018 年）南岛 克赖斯特彻奇（基督城）
URL www.artsfestival.co.nz

蒙大拿穿衣艺术节
9 月下旬~10 月上旬（2018 年）北岛 惠灵顿
URL www.worldofwearableart.com

旅行经典线路

在新西兰富饶的大自然中非常适合体验各类户外运动，比起从北岛匆匆移动到南岛的走马观花式旅游，在某一个地区做有主题的旅行更加值得推荐。下面，小编为你介绍几条北岛和南岛的经典旅行线路。

南岛的经典线路

如果将南北两条环线连接起来长得吓人！？

从国内前往新西兰的旅行者，如果碍于时间有限和交通工具的限制，大多选择北岛的城市短暂落脚，再前往南岛深度旅游。自从2015年12月起，中国南方航空从广州直飞克赖斯特彻奇（基督城）的航班通航之后，南岛游就更加方便了。克赖斯特彻奇（基督城）是继奥克兰、惠灵顿之后新西兰的第三大城市，很多旅行者都把这里作为南岛游的起点。而且克赖斯特彻奇（基督城）也是南岛内旅游设施比较丰富齐全的城市，去往高人气的观光胜地奥拉基/库克山国家公园、昆斯敦（皇后镇）的交通也比较方便。

南岛地区的面积南北狭长，克赖斯特彻奇（基督城）刚好位于南岛的中央位置，所以理所当然地成为了南岛旅游的门户城市。从这里出发的线路可以分为南北两条环线（参考下图）。其中南环线包含奥拉基/库克山国家公园、昆斯敦（皇后镇）、峡湾、韦斯特兰的冰河地带等新西兰具有代表性的景点。北环线所包含景点的数量比起南环线虽然稍有逊色，但是也涵盖了著名的赏鲸胜地——凯库拉、适合徒步旅行和海上皮划艇的亚伯·塔斯曼国家公园等不容错过的景点。

如果要把南北两条环线连接起来，几乎就是围绕南岛周游一圈的超长线路，需要花费比较长的时间才能完成。所以想要实现在南岛玩得尽兴同时也游览北岛经典景点是一件非常有难度的事情。为了有效合理地利用有限的旅行时间，可以选择例如从昆斯敦（皇后镇）去纳尔逊乘坐飞机（没有直飞的航班，需要在皇后镇转机）等方案。

去西海岸还是东海岸！？

游览景点众多的南岛时，线路选择方面有西海岸和东海岸两个方案。例如，从克赖斯特彻奇（基督城）出发经由奥拉基/库克山国家公园、进入昆斯敦（皇后镇）的主线，回程就有两个选择，一条是途经达尼丁（Dunedin）的东海岸线，另一条是途经韦斯特兰国家公园等地的西海岸线路。在下一页中小编为你详细地介绍这两条线路各自的特点。

北环线
西海岸
纳尔逊　皮克顿
凯库拉
格雷茅斯
韦斯特兰
克赖斯特彻奇（基督城）
奥拉基/库克山国家公园　特卡波湖
瓦纳卡
南环线
米尔福德桑德
昆斯敦（皇后镇）
蒂阿瑙
达尼丁
因弗卡吉尔
东海岸
斯图尔特岛

中央主线
东海岸副线
西海岸副线

Plan 1 南环线之中央 + 西海岸线路
所需行程（普遍）= 7~12 天

首先从克赖斯特彻奇（基督城）出发途经奥拉基/库克山国家公园去往昆斯敦（皇后镇）。然后从昆斯敦（皇后镇）去米尔福特桑德在原路折返回昆斯敦（皇后镇），之后从昆斯敦（皇后镇）沿瓦纳卡、韦斯特兰（弗兰兹·约瑟夫冰河、福克斯冰河地带）绕到格雷茅斯，最后从格雷茅斯乘坐高人气的阿尔卑斯高山观光火车返回克赖斯特彻奇（基督城）。整条线路可以充分欣赏到南岛的自然风光。

Plan 2 南环线之中央 + 东海岸线路
所需行程（普遍）= 7~12 天

从克赖斯特彻奇（基督城）出发途经奥拉基/库克山国家公园去往昆斯敦（皇后镇）的线路与上述一致，然后从昆斯敦（皇后镇）继续前行去往蒂阿瑙，因为这里是峡湾国家公园的中心地带，也是徒步旅行爱好者的天堂（不过真正的徒步旅行需要花费数日时间，本条线路没有包含徒步旅行所需的时间）。之后乘坐通往东海岸的巴士去往达尼丁。达尼丁是一座充满苏格兰风情的美丽城市，景点也比较多。如果时间充裕的话还可以去奥马鲁等地游览。

Plan 3 周游南岛"北环线"
所需行程（普遍）= 7~10 天

从克赖斯特彻奇（基督城）出发去往南岛北部的线路，如果没有自驾车就只有左侧的这一条线路可走。凯库拉是赏鲸和赏海豚最有人气的地方，也可以从克赖斯特彻奇（基督城）参加当天往返的1日游。另外，从纳尔逊到亚伯·塔斯曼国家公园和黄金海岸的道路再往前就无法通行了，只能再原路折返回纳尔逊。

Plan 4 南岛大环线
所需行程（普遍）= 12~20 天

这条线路囊括了南岛的主要旅游景点。但是不包含东海岸的达尼丁等地，峡湾国家公园也只是去米尔福德桑德一地再折返回昆斯敦（皇后镇）。如果觉得这条线路不够充实，可以参考上述的线路制定适合自己的线路。虽然这条线路是以克赖斯特彻奇（基督城）为始发地点而制定的，但回程也可以在皮克顿结束旅行，然后乘坐渡轮去往北岛。

北岛的经典游览线路

值得注意的是东西方向的公共交通较少

　　制定旅行线路最理想的原则就是不再折返回去过的地方。但是在新西兰北岛旅行却很难实现这一原则。

　　北岛的主要景点罗托鲁阿、陶波等都集中在中部的一条直线上。如果游览这些地区，只需要利用连接两大城市奥克兰和惠灵顿的南北交通线就完全可以。但是如果去除这以外的地方，例如内皮尔、新普利茅斯等位于东西海岸的城市则需要周折一番。

　　北岛上的交通命脉高速公路也大都是南北方向的，东西向的道路较少。当然，长途巴士也是如此，大多数的线路都集中在南北向上，例如从内皮尔去新普利茅斯就需要绕行经由北帕默斯顿，花费整整1天的时间（参考Plan3）。

中央主线与东西副线相结合的游览线路

　　结合上述理由北岛之旅应以纵贯南北的线路为主线。这条线路的沿途有怀托摩、罗托鲁阿、陶波、汤加里罗国家公园等北岛主要的热门景点，因为这几个城市几乎处在同一直线上，移动起来比较方便，效率也较高一些。

　　然后在结合主线东侧和西侧的副线来制订剩下的行程。尤其是乘坐长途巴士移动的游客，由于可以连接主线与东西侧副线的城市只有哈密尔顿、北帕默斯顿等地，因此需要格外认真仔细地看着时刻表，制订相对严谨的旅行计划，方可有效地利用有限的旅行时间。

　　另外，从中央主线去往东西两侧副线（几乎是环绕北岛一周了）的行程需要旅行日程足够宽裕的游客才能考虑，至少需要2周的时间。如果时间比较紧张就需要做个取舍，提前确定好是主要集中在西侧游览，还是主攻东侧。

透过车窗欣赏美景也是一件很惬意的事情

　　最后，北岛最北部地区虽然也充满魅力，但由于是比较狭长的半岛，因此没有列入主线中。可以从周游线路的日程中分离出来，单独考虑从奥克兰往返的行程。

中央主线
东海岸副线
西海岸副线
去往北部地区的线路

北部地区
奥克兰
科罗曼德尔半岛
东部半岛地区
哈密尔顿
怀托摩
陶朗阿
罗托鲁阿
吉斯伯恩
陶波
新普利茅斯
汤加里罗国家公园
内皮尔
旺阿努伊
北帕默斯顿
惠灵顿

制定明确的目标，围绕目的地制作高效率的旅行攻略

Plan 1 贯穿南北的经典线路

所需行程（普遍）= 7~10 天

　　这条线路是北岛最受欢迎的观光线路。首先从奥克兰出发游览北部地区，这一区间距离较长最少需要2晚3天的时间。之后主要以南北向的移动为主，覆盖北岛比较受欢迎的景点。中途添加了内皮尔，因为只是顺便稍稍绕路一下。这座城市非常美丽，值得一看。要是你的行程安排比较紧张也可以取消去内皮尔的行程，从陶波直接去惠灵顿。

Plan 2 适合夏季的线路——海岸线之旅

所需行程（普遍）= 5~10 天

　　这条线路总体来说比较适合夏季（冬季也并非不适合），其中加入了科罗曼德尔半岛、陶朗阿&芒格努伊山等海滩度假景点。这些度假胜地是最理想的休闲娱乐景点。后半程从罗托鲁阿以后进入经典的南北主线上游览。陶波、汤加里罗国家公园可以根据自己的实际情况酌情选择（如果两个地方都想去，全程最少需要8天）。

Plan 3 以西线为主，结合中央主线的"小环线"

所需行程（普遍）= 8~13 天

　　西海岸线路与其他地区直接的交通连接不是很方便，另外还添加了比较受欢迎的主线景点。这条线路虽然用时比较长，总距离也比较长，但是非常合理。建议没有时间周游北岛的游客可以选择此线路。如果从新普利茅斯或者旺阿努伊转去中央主线，虽然没有巴士通车但是有国道可以自驾（左图中虚线的部分）。虽然是山路，但对于自驾游的旅客来说还是很有驾驶乐趣的。

Plan 4 涵盖北岛主要地区的超长行程

所需行程（普遍）= 10~18 天

　　沿北岛海岸线一周游览主要城市。线路中不包含北部地区、科罗曼德尔半岛、东部半岛地区以及陶波、汤加里罗等内陆景点，可以根据个人的喜好酌情添加行程。左图所示的线路需要10天时间，而且时间安排非常紧张，如果选择乘坐巴士，日程就更加紧张了。如果可能建议至少安排15天的行程。

旅行的预算与货币

在新西兰旅行大约需要花费多少钱呢？首先要做一个预算。旅行中主要的开销是住宿费与餐饮费，在这些方面做调整会使预算发生很大的变化。另外，还需要确认所持现金的准备方法，以及在当地如何管理好个人财务。

超市

在新西兰各城市都有连锁超市。大城市里还有专门出售中国食材的区域，还有方便食品和调料等，非常方便。近年来新西兰的便利店的数量也在逐渐增多。虽然不是很多但24小时营业的店铺在逐渐增多。

物价参考

兑换汇率	NZ$1 ≈ 4.5 人民币
矿泉水（750mL）	NZ$3
可口可乐（600mL）	NZ$3.5
麦当劳的汉堡	NZ$3
卡布奇诺	NZ$4.5
香烟（万宝路1盒20根）	NZ$22
咖啡馆午餐	NZ$15.00~

※ 随着时间推移，可能发生变化

旅行支票（T/C）

旅行支票是可自由兑换货币作为计价结算货币、有固定面额的票据。建议可以兑换一些旅行支票可以减小携带现金的风险性。

银行卡密码

申请银联卡和信用卡时设定的密码，在ATM等取钱时需要使用，出行前一定要记住密码。

出发前预估旅费

每人每天最低生活费至少需要 NZ$60

在新西兰自由行，除去需要准备机票费以外，还需要准备在新西兰国内花销的①住宿费，②交通费，③参加当地团体游、户外运动费，④餐饮费，⑤伴手礼等必要的经费、各类杂费和预备金等。

首先来说说住宿费，最便宜的是背包客旅馆或者青年旅舍（YHA）的大通间或者多人间（2~4人的房间），住宿费大约是每人每晚NZ$25~35。中档酒店或者汽车旅馆的标准间价格是NZ$80~150。上述费用是1个房间的价格，如果单人入住，大多情况没有折扣。

接下来是②交通费和③参加当地团游等费用，可以参考本书中提供的相关内容。品尝当地美食也是旅行中不可或缺的一个环节，所以对于④餐饮费的预算我们可以稍微做宽松一些。如果在环境比较好西餐厅享用晚餐每人大约需要花费NZ$30~50。想要节省的话可以去购物中心的美食广场就餐或者去可以有外卖的店购买。如果这样做大约每人只需要花费NZ$6~15。此外，有些青年旅舍和汽车旅馆都设有厨房，可以根据自己入住的天数购买适当的食材，自行解决吃饭问题，这样可以节省一大笔费用。

此外，儿童票价，主要针对4~15岁的儿童，大多数的交通机构都可以享受成人票价60%左右的折扣。许多旅游景点的儿童票价也是如此。还有不少地方设有家庭票。

准备现金

所持现金

新西兰国内的银行和货币兑换处几乎都可以将人民币兑换成新西兰元，所以不用在出发前特意兑换外币，新西兰银行的营业时间一般是9:30~16:30，周六、周日、法定节日休息。货币兑换处不休息，但是汇率与银行不同，有些可能还会收取高额的手续费，兑换前一定要先确认好兑换后的金额，再决定是否进行交易。值得注意的是，在大城市的中心地区的治安每况愈下，经常发生游客被盗或被抢的事件。钱包如果丢失，基本上找回来的可能性就不大了，切记不要将钱财集中放在同一个位置，可以分散开来。

考虑到使用安全和汇率变化，还是使用银联卡和信用卡最为方便。虽然都需要花一些手续费，但比现金兑换外币的汇率要合适一些。新西兰有很多地方都可以使用银联卡，非常方便。关于信用卡和银联卡的使用范围可以在出国前咨询持卡银行的客服中心。

虽然上述的使用信用卡等非常方便，但是近年来也经常发生密码被盗、境外盗刷等金融犯罪案件，在输入密码时一定要用手挡住，如果有人从身后打招呼一定不要回头，随时保持戒备心。

考虑到新西兰使用信用卡的通用度比较广泛，可以选择以使用信用卡为主现金为辅的方法，也可以搭配旅行支票一起使用。

最少持有一张信用卡。新西兰的信用卡使用率非常高，这不仅携带方便，同时也是另一种身份证明的表现形式。在办理酒店入住、租车、参加团体游的时候经常会被要求出示信用卡。考虑到不用携带大量现金、汇率合适等因素，使用信用卡绝对是外出旅行的最佳选择。

如果你需要申请一张信用卡，建议在出发前 1 个月办理。在新西兰经常被使用的信用卡是万事达卡（MasterCard）和维萨（VISA）。

银联借记卡

银联借记卡是先存款、后消费（取现）的银行卡，卡号以"62"开头，卡面有银联标识。通过境外的 ATM 提取现金根据开户行的不同需要收取一定的手续费，具体费明细可咨询开户行客服。新西兰的各大城市都设有 ATM。

ATM（自动提款机）的操作方法
① 插入银行卡
② 输入密码（PIN Number）后按 Enter 键
③ 选择服务内容（取款 Withdraw）
④ 选择卡片种类（Credit Card）
⑤ 输入取款金额，然后按 Enter 键
⑥ 取出现金
⑦ 继续操作按 Enter 键，结束按 Clear 键
⑧ 取回银行卡
　根据提款机的不同每次最多可取金额也有所不同。

出发前需要准备的手续

出发前往新西兰之前，首先需要取得护照和新西兰签证。另外，一定要购买海外旅行保险。

申请护照

护照是公民在国际间通行所使用的身份证和国籍证明，也是一国政府为其提供外交保护的重要依据。所以在旅行中一定要随身携带护照，务必小心保管。

申请护照与领取护照

公民因私出国申领护照，须向本人户口所在地市、县公安局出入境管理部门提出申请，具体事宜可登录户口所在地区的公安局官网查询，也可以网上预约申请。

申请签证

新西兰移民局现在提供中文的在线旅游签证申请表格。在线申请签证可能会更快、更便捷。

在线旅游签证申请：Immigration New Zealand

*请注意，在线申请签证时你必须：

①有一张维萨卡或万事达卡；②以单人申请而不是和家人一起或作为团签的一部分；③以 PDF 的形式提供你的文件材料。

书面申请旅游签证

如果你正在准备申请新西兰旅游访问签证，可以参考签证申请的三个步骤：

准备签证申请；提交签证申请；查询申请进度。

第 1 步：准备签证申请

赴新西兰旅游、访问的中国公民，若停留期少于 6 个月，须填写以下 3 份表格：

①中国游客签证申请；

②中国游客补充申请表；

③访问签证（少于 6 个月）材料清单。

完成上述表单并整理完毕证明材料之后，你就可以提交签证申请了。新西兰移民局建议你至少于出发日期前 20 天提交申请。

新西兰入境的注意事项
　入境新西兰的旅客需携带护照、护照有效期至少比预计离境日期长 3 个月。中国公民都需在入境前办好新西兰签证。查看旅游签证信息可登录新西兰驻华大使馆网站，查看工作、留学、移民签证信息可登录新西兰旅游局网站。

第 2 步：提交签证申请及送签方式

一旦完成这些表格，并准备好相关支持材料，你就可以提交你的申请了。

提交签证申请的方式有两种。

1. 亲自提交：如果亲自前往签证中心递交，可以现金的方式支付。

2. 邮递：如果通过邮寄申请，可以银行转账。

购买海外旅行保险

主要保险公司咨询的电话

美亚保险

URL mall.aig.com.cn

400-820-8858

中国平安

URL baoxian.pingan.com

95511

　　可以通过互联网申请的海外旅行保险。

向警察局或者医院索要证明

　　加入旅行保险后，一定要随身携带保险证书（有电子版可存手机里）、缴费证明、保险注意事项相关手册。大部分的保险公司都是24小时提供服务的，如果遇紧急情况可以拨打保险公司电话。如果在当地被盗，一定要马上到警察局领取相关证明。如果在当地发生意外就医，一定要领取支付金额的小票和诊断证明书。如果没有诊断证明书回国后无法办理理赔手续。有些保险公司是需要医生在指定用纸上书写证明的，所以如果发生就医情况，最好提前联系保险专员。

购买海外旅行保险是给自己的一份安心

　　海外旅行保险是针对国民境外旅游、探亲访友、公干在境外面临的意外、医疗等风险联合推出的24小时全天候、综合性的紧急救援服务及意外、医疗、救援服务费保险保障。如果没有加入旅行保险，在旅行目的地突发疾病需要住院需要支付巨额的费用。所以出发前一定要购买海外旅行保险。

保险的种类与选择

　　目前国内境外旅游意外险种类主要有五种：一是旅游意外伤害险；二是旅游人身意外伤害险；三是住宿游客旅游意外险；四是旅游意外救助保险；五是旅游紧急救援保险。

　　主要内容包含针对海外旅行量身定制的，提供境外紧急援助和医疗服务、境外人身保障、住院医疗赔付、旅行证件遗失赔付、旅程延误赔付等多项服务。

　　请结合自身的实际请款选择合适的保险公司和险种。

关于海外自驾时使用的机动车驾驶证

　　在海外驾驶机动车，需要持有当地认可的能证明具有相应驾驶资格的文件。各国的具体规定不一，需事先确认。应注意的是，中国未签署《联合国道路交通公约》，所以中国公民无法取得 IDP（International Driving Permit）。不过，一些国家允许外国游客直接使用游客自己国家的机动车驾驶证，只需附一份翻译资质得到认可的机构出具的驾驶证翻译件即可。

国际学生证（ISIC）

　　学生身份的游客如果持有联合国教科文组织承认的国际学生证（ISIC 卡），除了可以在海外证明自己的学生身份，在参观美术馆、博物馆以及乘坐公共交通工具时都可以享受票价优惠。另外，持有该学生证者还能通过"DreamSpark"系统免费下载微软公司的一些软件，或者加入学生援助计划以及享受一些优惠服务。办理国际学生证需要缴纳手续费，具体情况可咨询相关办理机构。

　　国际学生证分为两种，即大学本专科学生、研究生、高等职业院校学生可持有的"STUDENT"与初中生、高中生、中专生可持有的"SCHOLAR"。有效期最长可达16个月。即便不是学生，只要是年龄在12岁至31岁范围内，就可以办理国际青年证（IYTC）。有效期为自发证之日起1年内。

获取 YHA（青年旅舍协会）会员卡

　　青年旅舍协会是一个提供廉价住宿设施的国际组织。会员能以会员价入住青年旅舍，乘坐公共交通工具、游览景点、参加旅游团及户外运动也能享受会员优惠，因此很值得拥有。可以在青年旅舍协会总部及各

新西兰颁发的 YHA 会员卡

分支组织或者通过邮寄、网上的形式办理会员卡。办卡手续费根据持卡者年龄而异。19 岁以上者使用的"成人卡",有效期为 1 年。有带信用卡功能的会员卡。

也可于出国后在旅行目的地的 YHA 办理入会手续。有可在世界各国通用的 Hostelling International Card,有效期为 1 年。

购买机票

连接中国与新西兰之间的航班既有直飞的,也有需要经由亚洲其他城市或者澳大利亚中转的班次。直飞航班要比中转航班飞行时间短一些,费用也自然要高一些,游客可以根据自己的旅行计划和时间需求来决定选择直飞还是中转。

选择航空公司

直飞航班

新西兰的窗口城市是奥克兰。下述的航空公司提供从中国飞往新西兰的航班。建议你可以直接联系航空公司获得具体的航班资讯。

新西兰航空(新西兰国家航空);中国东方航空(上海直飞);中国南方航空(广州直飞);中国国际航空(北京直飞);海南航空(深圳直飞);天津航空(重庆直飞);国泰航空(中国香港直飞);香港航空(中国香港直飞);中华航空(中国台湾直飞)均有航班直飞奥克兰。

一些主要的航空公司提供有从澳大利亚、美国、加拿大、中国、中国香港、中国台湾、新加坡、日本、韩国、马来西亚、泰国和智利飞往新西兰的直飞航班。

新西兰航空公司的飞机

主要航空公司
(中国国内的联系方式)

中国国际航空
☎ 95583
URL www.airchina.com.cn

新西兰航空
☎ 00-101-8080(中文／英语)
或 86-21-2325 3333
URL www.airnewzealand.cn

中国东方航空
☎ 95530
URL www.ceair.com

中国南方航空
☎ 95539
URL www.csair.com

新加坡航空
E-mail cs@agoda.com
URL www.singaporeair.com

从中国起飞的航班							
	周一	周二	周三	周四	周五	周六	周日
航班号		NZ3888 ※CA783		NZ3888 ※CA783		NZ3888 ※CA783	NZ3888 ※CA783
北京起飞		1:05		1:05		1:05	1:05
奥克兰降落		17:10		17:10		17:10	17:10
航班号	NZ288 ※CA5101	NZ288 ※CA5101		NZ288 ※CA5101	NZ288 ※CA5101	NZ288 ※CA5101	NZ288 ※CA5101
上海起飞	14:15	14:15		14:15	14:15	14:15	14:15
奥克兰降落	5:50	5:50		5:50	5:50	5:50	5:50
航班号	CZ305 ※KL4403	CZ305 ※KL4403	CZ305 ※KL4403	CZ305 ※KL4403	CZ305 ※KL4403	CZ305 ※KL4403	CZ305 ※KL4403
广州起飞	0:30	0:30	0:30	0:30	0:30	0:30	0:30
奥克兰降落	16:00	16:00	16:00	16:00	16:00	16:00	16:00

抵达中国的航班							
	周一	周二	周三	周四	周五	周六	周日
航班号		NZ3889 ※CA784		NZ3889 ※CA784		NZ3888 ※CA783	NZ3888 ※CA783
奥克兰起飞		19:00		19:00		1:05	1:05
北京降落		4:10		4:10		17:10	17:10
航班号	NZ289 ※CA5102	NZ289 ※CA5102	NZ289 ※CA5102	NZ289 ※CA5102	NZ289 ※CA5102	NZ289 ※CA5102	NZ289 ※CA5102
奥克兰起飞	23:00	23:00	23:00	23:00	23:00	23:00	23:00
上海降落	7:15	7:15	7:15	7:15	7:15	7:15	7:15
航班号	CZ306 ※KL4402	CZ306 ※KL4402	CZ306 ※KL4402	CZ306 ※KL4402	CZ306 ※KL4402	CZ306 ※KL4402	CZ306 ※KL4402
奥克兰起飞	10:00	10:00	10:00	10:00	10:00	10:00	10:00
广州降落	6:00	6:00	6:00	6:00	6:00	6:00	6:00

※ 以上所述航班均为中国国际航空公司与新西兰航空或者荷兰皇家航空公司联合飞行的航班。虽然航班号不同,但是是同一架飞机(随着时间推移,航班的起飞降落时间可能发生变化)

中转航班

新加坡航空、泰国航空、马来西亚航空、国泰航空、香港航空、全日空等航空公司都有中转可至新西兰的航班。具体信息可以根据各自到达的城市到航空公司的官网查询。

旅行必备物品

不能带入机舱的物品

万能刀、剪刀等锋刃的物品、100mL以上的喷雾类（发胶、驱虫剂等）等物品请放入托运行李中。瓦斯罐、野营用的便携煤炉等即便放入托运行李也不行，建议在当地购买。

托运自行车

无论是国际航线和新西兰国内航线，托运自行车的方法基本大致相同。最普遍的方法是将车子解体，然后作为自己的随身行李带入机舱。这种方法既简单又省事。如果按照下述方法包装自行车，也可以作为托运行李带上飞机。山地车的压缩氮气气压不能超过200KPa(千帕)或29PSI(磅/平英寸)。

①车把和脚蹬需要向内侧折叠，或者取下来。

②将自行车装入塑料袋、纸箱或者专用的自行车车箱内。

托运行李

乘坐新西兰航空时无论是新西兰国际航线还是新西兰国内航线，经济舱的乘客都只能托运最大重量23千克的行李（长＋宽＋高总和不能超过158厘米）两件。儿童票也允许携带与上述同样大小的行李。

另外，儿童车和儿童座椅可以免费托运。超出范围的托运行李（未满32千克）进行托运需要按照数量、重量、大小收取一定的手续费。高尔夫球用具、滑雪用具、自行车、冲浪板等体育用品与普通行李同等对待。其他具体信息请咨询各航空公司。

手提行李

乘坐新西兰航空的国际航线经济舱或者新西兰国内航线时，可以带入机舱的手提行李（Cabin Baggage）是经济舱每人限1个7千克以内的行李，行李总尺寸不得超过118厘米。笔记本电脑、照相机等属于随身物品，不计入手提行李内。

另外，国际线规定装有大于100mL以上的液体的容器不得带入机舱，可装入托运行李中。而且装有100mL以下液体的容器，需要放入透明的密封袋内方可带入机舱。

准 备 物 品 清 单

	物品名称	重要度	备注
贵重物品	护照	◎	备份复印件
	机票（电子机票）	◎	备份复印件
	现金（人民币）	◎	从自家往返机场的交通费
	现金（新西兰元）	△	在当地也可兑换
	银行卡	◎	一种身份证明
	海外旅行保险	◎	以防万一，建议购买
	国际驾照	○	国内驾照翻译件和驾照原件都要带
	国际学生证、YH会员证	△	需要使用的人不要忘带
	酒店预约订单	○	旅行社的机酒套餐可能不需要带
	证件照	○	准备两三张以备万一
服装	内衣	◎	够换洗用就可以
	运动服	△	如果准备参加户外运动
	上衣	○	开衫、外罩比较方便
	泳装	○	泡温泉必备品
	拖鞋	△	在飞机上和房间里都可以穿
	帽子、太阳镜	○	日照非常强烈
	睡衣	△	酌情
日用品	洗漱用具	◎	牙刷、洗面奶等
	眼镜、隐形眼镜	△	根据个人需要
	化妆品	△	做好保湿、防晒的护肤工作
	防晒用品	○	必备
	肥皂、洗发水	△	大多数的酒店都会提供

	物品名称	重要度	备注
日用品	纸巾	○	如果可能再带上一些湿巾
	洗衣液	○	装在小包装内即可
	旅行晾衣架	○	晾袜子、内衣等非常方便
药品类	常备药	◎	结合自身实际情况准备
	肠胃药	○	应急必备
	驱虫驱蚊喷雾	△	可以在当地购买
	止痒药水	○	国外的药品也许用不惯
	生理用品	○	带着会比较安心
其他	旅行指南	◎	《走遍全球》等
	外language绘画丛书、字典	○	口袋书籍即可，也可以下载手机APP
	数码相机	○	根据个人需要
	充电器、电池	○	手机、照相机等电子用品
	电源转换器	◎	小型变压器等携带方便
	内存卡	△	准备一个比较安心
	雨具	○	折叠雨伞或者雨衣比较便携
	计算器	◎	用手机里的也可以
	笔记本、笔	○	可以记账用，或者盖纪念章，写感想
	闹钟	△	有些酒店会准备
	吹风机	△	有些酒店会准备
	指甲刀、挖耳勺	△	带上会方便些
	环保袋	○	去超市购物比较方便
	筷子	◎	就餐时可以使用，也可以带叉子和勺子
	万能刀	◎	注意不可以带入机舱

出入境手续

乘坐从国内飞往新西兰的航班，需要在机场先办理出境手续，到达新西兰前需要在机场内填写入境卡。

从中国出境

出境手续

❶ 出发到达机场 乘坐国际航班通常需要至少提前 2 小时到达机场，尽量安排出足够的时间。

❷ 办理登机手续 首先找到所乘坐航班的航空公司柜台，办理登机手续。出示护照、电子机票等，同时将托运行李放在行李台上称重。办理完成后，会拿到登机牌和行李托运单。

❸ 海关安全检查 到出关窗口验证，海关工作人员会在护照上盖章通行，然后检查手提行李。

❹ 登机 按照登机牌的提示找到相应的登机口，等待登机。

新西兰入境

飞行过程中乘务员会为乘客发放入境卡，请在飞机落地之前填写好。因为新西兰是畜牧业国家，所以对于口蹄疫、疯牛病等病毒的预防非常严格，检查格外详细。除了通常的禁运品之外，还需要对携带入境的食物进行申报。曲奇饼干、点心等零食类的食品也必须申报（→ p.454 填写案例 ⓴ 的问题）。虽说需要申报，并且在 **YES** 一栏上打钩，但也只是在边检人员前出示一下，口头说明即可。如果携带了食品，没有申报，一经发现多数会被处以罚款。另外，入境卡中有一项问题是"你是否知道你行李中有哪些物品？（是自己打包的行李吗？）"，是为了确保没有携带上述内容以及毒品等违禁物品入境（→ p.454 填写案例 ⓳ 与 ㉒ ）。

新西兰离境

提前 2 小时到达机场。在相应的航班柜台办理完登机手续之后，填写离境卡。之后将护照与离境卡一同出示给出境窗口的工作人员。与离开国内是一样的，新西兰的航空公司也对液体等物品携带入机舱是有限制的（→ p.454）。购买的葡萄酒等请装入托运行李内。

中国入境

请在机舱内填写好中国入境卡及海关申报卡。无论是否持有需要申报的物品都必须填写。飞机落地后首先通过检验检疫。如果有任何身体上的不适到检验检疫办公室进行进一步的检查。入境检查时需要出示护照。

入境检查通过后，在提取托运行李的大厅找到所乘航班指定的传送台上提取自己的托运行李，之后通过海关。如果有需要申报的物品需要在海关窗口缴纳关税。

凡携带任何物品进入中国均要申报及接受海关人员的检查。旅游者不可以为他人"人肉代购"。若不在"自用合理数量"范围内，海关将暂不予放行，并对物品进行暂存。

首都国际机场
24 小时客服
☎ 010-96158
URL www.bcia.com.cn

浦东国际机场
24 小时客服
☎ 021-96990
URL www.shanghaiairport.com

入境手续的办理流程
① 入境检查
　　飞机到达后，沿着 Passport Control 的指示标志进入入境检查窗口。然后将已经填写好的入境卡和护照交给工作人员，经检查完毕后护照会被盖上印章。

② 提取托运行李
　　请按照屏幕显示的行李台去提取托运行李。如果出现行李丢失或者损毁，需要到一旁的窗口申诉。

③ 过海关、检验检疫
　　向海关工作人员出示入境卡，将所携带的食品进行申报。所有行李都需要通过检查食物的 X 射线进行检查。如果海关工作人员发现有违禁的食品，现场会进行处罚或者支付手续费将食品送返回中国。禁止携带入境的物品有乳制品、肉制品、植物、鸟类、鱼类、动物类等。详细内容可参照新西兰驻华大使馆官网。

新西兰驻华大使馆
URL www.nzembassy.com

新西兰免税范围（17 岁以上的旅行者适用）
酒类
　　含酒精饮品啤酒和葡萄酒是 4.5L（6×750mL 每瓶），烈性酒或者其他酒精饮品是 1125mL 瓶的 3 瓶。
香烟
　　50 支香烟。烟卷 10 支或 50 克雪茄。
　　NZ$700 以下的商品免税，但超出部分需要缴税。

新西兰海关官网
URL www.customs.govt.nz

　　飞机起飞后乘务人员会在机舱内发新西兰入境卡 New Zealand Passenger Arrival Card，请于到达新西兰之前填写好。

(正面)

(背面)

入境卡填写案例

❶ 航班号/轮船名称　❷ 飞机座位号
❸ 你登上该航班或者轮船的国外机场/港口名称
❹ 护照号码　❺ 护照所示国籍
❻ 姓氏　❼ 名字　❽ 出生年月日　（日/月/年）
❾ 出生国家　❿ 职务或职业
⓫ 在新西兰境内的完整联系方式或住址
⓬ 电子邮件　⓭ 手机/电话号码
⓮ 只限在新西兰国内居住的外国人填写
⓯ 你准备在新西兰停留多长时间？
⓰ 如果不是永久停留你来新西兰的主要原因是什么？
1) 探访亲友　2) 商务　3) 度假　4) 开会　5) 教育　6) 其他原因
⓱ 你最后居住过超过12个月的国家是哪里？
1) 国家　2) 州、省　3) 邮政编码
⓲ 请列出你在过去30天内去过的国家
⓳ 你是否知道你的行李中有哪些物品？
⓴ 警告：对于不实申报可能当场处以NZ$400的罚款，你是否将下列物品带入了新西兰？
1) 任何食品：烹饪过的、未烹饪过的、新鲜的、腌制的、封装或脱水食品？
2) 动物或动物制品：包括肉类、乳制品、鱼类、蜂蜜、蜂产品、蛋类、羽毛、贝壳、羊毛原毛、皮毛、骨类或昆虫？
3) 植物或植物制品：水果、花卉、种籽、球茎、木材、树皮、树叶、坚果、蔬菜、植物的某部分、真菌类、藤条、竹子或稻草、包括宗教供奉品或医药用品？
其他具有生物安全风险的物品包括：
4) 动物药品、生物菌种、有机物体、土壤或水？
5) 用于动物、植物或水的设备，包括园艺、养蜂、捕鱼、水上运动或潜水活动设备？
6) 已使用过的户外活动的物品，包括所有鞋类、帐篷、露营、狩猎、步行旅行、高尔夫或运动器材？

㉑ 在过去30天内，（在新西兰境内），你是否去过任何野外地区，与动物接触过（家养猫狗除外）、或访问过农场或动植物加工厂？
㉒ 你是否将下列物品带入了新西兰？
1) 被禁止或受限制的物品：例如药物、武器、不良出版物、濒危植物种、非法毒品或吸毒工具？
2) 酒类：超过3瓶烈酒（每瓶不超过1.125L）和4.5L葡萄酒或啤酒）？
3) 烟草：超过50支香烟或50g烟草制品（包括香烟和其他烟草制品的组合）？
4) 在海外获得的/或在新西兰免税商店购买的额物品：总价值超过NZ$700（包括礼物）？
5) 为工作或商业用途携带的物品？
6) 代他人携带的物品
7) 现金：NZ$10000或以上（或等值外币），包括旅行支票、银行汇票、邮政汇票等？
㉒ 你是否持有有效的新西兰护照、定居类签证或居民往返签证？——如果是，则转到 ⑩
你是使用外国护照的新西兰公民吗？——如果是，则转到 ⑩
你是否持有澳大利亚护照、澳大利亚永久居留签证或澳大利亚居民往返签证？——如果是，则转到 ❾
㉔ 你来新西兰是为了治病，或是进行医疗咨询、或是进行分娩吗？
㉕ 请选择一项
1) 我持有临时入境类签证（如果你目前持有某一签证，即使该签证并未加贴在你的护照内，仍勾选"是"）。
2) 我没有签证，并将在抵达时申请访问签证。
㉖ 你是否曾被判处过12个月或更长时间的监禁、或曾在任何时期被任何国家驱逐、遭拒或禁止入境？
㉗ 签名　㉘ 日期　（日/月/年）

填写出境卡的案例

① 航班号
② 离境日期（日月年）
③ 护照所显示国籍
④ 护照号码
⑤ 出生日期：（日月年）
⑥ 直到今天你已经在新西兰居住、工作和学习超过 12 个月了吗?
⑦ 已留下真实、正确和完整的信息。

返程机票确认

根据航空公司和机票类型的不同，有些回程的机票是需要再次确认的。请在出发前 72 小时与航空公司联系。新西兰航空公司不需要。

在机场领取免税商品

奥克兰和克赖斯特彻奇（基督城）的机场可以领取在市内免税店或者机场免税购买的商品。出境检查完毕后到一旁的免税商品领取柜台领取即可。领取时需要出示购物小票，提前准备出来会比较顺畅。免税商品领取的窗口人非常多，一定要留出充裕的时间。

当地的交通工具

乘坐飞机移动

虽说新西兰的国土面积比我国要小很多，但是其主要的观光景点都分散在岛屿的各处。如果想要在有限的度假时间内，高效率地游览景点，那么搭乘新西兰国内航线的飞机是最好的选择。主要航线可以参考航线图（→ p.457）。

新西兰的航空公司

新西兰航空（NZ）、捷星航空（JQ）的航班连接了新西兰主要的城市。包含与上述两大航空公司的联合飞行航线，新西兰国内航线的线路网还是比较紧密的。

新西兰航空 Air New Zealand（NZ）

新西兰航空不仅有多条从中国直飞新西兰各大城市的航线，还有许多新西兰国内的航线。其旗下子公司的航线被称为 Air New Zealand Link，可以通过互联网与新西兰航空的航班一样预订机票。

主要航空公司（新西兰国内的资讯电话及官网）
新西兰航空
FREE 0800-737-000
URL www.airnewzealand.cn
捷星航空
FREE 0800-800-995
URL www.jestar.com
澳洲航空
FREE 0800-808-767
URL www.qantas.com

新西兰航空针对新西兰国内的航线是最为充实的

新西兰国内航线的搭乘方法

基本流程如下：

①办理登机手续

至少提前1小时到达机场，然后通过值机柜台或者自助机办理登机手续。使用自助机办理时，机器需要读取电子机票的二维码，然后在触摸屏上输入乘机人的姓名、座位、行李等信息，登机牌就可以自动打印了。如果有托运行李，需要自行将行李放在传送带上。要是没有托运行李直接前往登机口便可。

②搭乘飞机

办理完登机手续之后尽早去登机口等候登机。登机口处的号码可以在大厅的显示器上确认。

③到达

下飞机后沿 Baggage Claim 或者 Baggage Pick-Up 的标识前行，到达行李提取处提取行李。新西兰的机场没有工作人员对行李条和行李信息核对，需要自行解决。

Grabaseat

URL grabaseat.co.nz

捷星航空 Jetstar Airways（JQ）

捷星航空的主要航线以澳洲为主，航线大都分布在澳大利亚与新西兰之间。许多航班都是与澳洲航空（QF）联合飞行的。在新西兰境内主要连接奥克兰、惠灵顿、克赖斯特彻奇（基督城）、昆斯敦（皇后镇）、达尼丁等9座城市。

新西兰国内航线的购票方法

在中国国内购买

如果你是通过旅行社购买从中国国内飞往新西兰的国际机票，也可以顺便把新西兰国内航线的机票预订好。这种方法是最简单方便的，而且如果是同集团旗下的航班还可以享受一定的优惠政策。

另外，还可以通过各大航空公司的官网预订机票。新西兰航空不收取购票的手续费。新西兰国内航线共分为4种选项体制，分别是有无托运行李、航班可否变更等。机票是将电子机票存储到手机里或则打印出来即可。其他航空公司，例如捷星航空等廉价航空（LCC）的机票价格非常便宜，也很值得关注。

在新西兰国内购买机票

如果你的旅行时间较长，不能制订出具体的出行计划，可能就需要在新西兰国内购买机票了。如果遇到这种情况，可以去各航空空司的售票窗口或者位于新西兰全国各地的代理店购票。也可以直接打电话到航空公司的预约中心，直接用电话订票。另外，通过互联网订票也是非常方便快捷的。无论上述哪一种方法都可以使用信用卡。

查找新西兰国内航线的廉价机票

LCC 就是廉价航空的简称，通过简化服务内容等方式实现了机票的低价化。新西兰国内的主要廉价航空便是捷星航空。与新西兰航空相比，票价非常低廉，但是有一些附加条件，例如托运行李需要追加费用，不能变更航班，不能取消（或者需要手续费）等，购买时需要理解上述内容方可下单。

另外，也有出售新西兰航空廉价机票的英语网站叫作 Grabaseat。这些廉价机票大都是限定时间、线路的，不妨先上网搜索一番，如果有适合自己的航班那就再好不过了，可以用低廉的价格购买到新西兰航空的机票。而且享受与正价机票同等的待遇。

■ 主要城市间的航班（仅直飞航班）

NZ：新西兰航空／JQ：捷星航空

区间	所需时间	班次（航空公司）
克赖斯特彻奇（基督城）～昆斯敦（皇后镇）	55分钟～1小时10分钟	3～4班（NZ）
克赖斯特彻奇（基督城）～奥克兰	约1小时20分钟	15～18班（NZ）、5～7班（JQ）
克赖斯特彻奇（基督城）～惠灵顿	45分钟～1小时	13～16班（NZ）、2～3班（JQ）
克赖斯特彻奇（基督城）～达尼丁	约1小时5分钟	6～8班（NZ）
克赖斯特彻奇（基督城）～纳尔逊	约50分钟	5～7班（NZ）
克赖斯特彻奇（基督城）～罗托鲁阿	约1小时45分钟	2～4班（NZ）
克赖斯特彻奇（基督城）～新普利茅斯	约1小时30分钟	1～2班（NZ）
昆斯敦（皇后镇）～奥克兰	约1小时50分钟	6～8班（NZ）、2～3班（JQ）
昆斯敦（皇后镇）～惠灵顿	1小时20分钟～1小时45分钟	1～2班（NZ）
奥克兰～惠灵顿	约1小时	18～20班（NZ）、5～7班（JQ）
奥克兰～达尼丁	约1小时50分钟	2～3班（NZ）、1班（JQ）
奥克兰～纳尔逊	约1小时25分钟	8～10班（NZ）、3～4班（JQ）
奥克兰～罗托鲁阿	约45分钟	2～4班（NZ）
奥克兰～新普利茅斯	约1小时	5～8班（NZ）、2～3班（JQ）
惠灵顿～达尼丁	1小时15分钟～1小时50分钟	3～5班（NZ）、每周3班（JQ）
惠灵顿～纳尔逊	约40分钟	8～10班（NZ）、3班（JQ）
惠灵顿～罗托鲁阿	约1小时10分钟	2～3班（NZ）
惠灵顿～新普利茅斯	约55分钟	2～4班（NZ）

※ 随着时间的推移，所需时间和航班数根据举行日期会有变化

飞机航线
新西兰航空
（包含Linknetwork）
新西兰航空以外的航空公司

凯塔亚
Kaitaia
凯利凯利
Kerikeri
派希亚
Paihia
旺阿雷
Whangarei
大巴里尔岛
Great Barrier Island
Coromandel Town 科罗曼德尔
怀蒂昂格 Whitianga
北岛
NORTH ISLAND
奥克兰
Auckland
泰鲁阿
Tairua
泰晤士
Thames
陶朗阿
Tauranga
瓦卡塔尼 Whakatane
哈密尔顿
Hamilton
罗托鲁阿
Rotorua
吉斯伯恩
Gisborne
怀托摩
Waitomo
陶波
Taupo
新普利茅斯
New Plymouth
内皮尔
Napier
旺阿努伊
Wanganui
北帕默斯顿
Palmerston North
皮克顿
Picton
纳尔逊
Nelson
布莱纳姆
Blenheim
惠灵顿
Wellington
西港
Westport
凯库拉
Kaikoura
格雷茅斯
Greymouth
霍基蒂卡
Hokitika
弗兰兹·约瑟夫冰河
Franz Josef Glacier
福克斯冰河
Fox Glacier
克赖斯特彻奇
（基督城）
Christchurch
南岛
SOUTH ISLAND
阿卡罗阿
Akaroa
奥拉基/库克山国家公园
Aoraki / Mount Cook National Park
特卡波湖
Lake Tekapo
特威泽尔
Twizel
蒂马鲁
Timaru
米尔福德桑德
Milford Sound
瓦纳卡
Wanaka
奥马鲁
Oamaru
昆斯敦（皇后镇）
Queenstown
因弗卡吉尔
Invercargill
达尼丁
Dunedin
布拉夫
Bluff
斯图尔特岛
Stewart Island
半月湾
Halfmoon Bay

飞机 新西兰航空
FREE 0800-737-000（新西兰国内）
URL www.airnewzealand.cn

★随着时间的推移，可能发生改变。本书中登载的相关航班为定期的交通航线，除此
之外的航线没有被记入到地图内

457

长途巴士
━━━ 城际长途巴士与纽曼长途巴士
　　（包含合作公司）
━━━ 上述之外的巴士公司

铁路
━━━ 几维铁路
━━━ 泰瑞峡谷铁路

渡轮
━━━ 岛际人/蓝桥公司
┄┄┄ 上述之外的渡轮公司

凯塔亚 Kaitaia
凯利凯利 Kerikeri
赫基昂加 Hokianga
派希亚 Paihia
旺阿雷 Whangarei
大巴里尔岛 Great Barrier Island
Coromandel Town 科罗曼德尔
怀蒂昂格 Whitianga
奥克兰 Auckland
泰鲁阿 Tairua
泰晤士 Thames
哈密尔顿 Hamilton
陶朗阿 Tauranga
瓦卡塔尼 Whakatane
Waitomo 怀托摩
罗托鲁阿 Rotorua
吉斯伯恩 Gisborne
Te Kuiti 蒂库伊蒂
陶波 Taupo
怀罗阿 Wairoa
National Park 国家公园
图朗伊 Turangi
内皮尔 Napier
新普利茅斯 New Plymouth
奥哈库尼 Ohakune
黑斯廷斯 Hastings
旺阿努伊 Wanganui
北帕默斯顿 Palmerston North
怀普库劳 Waipukurau
科灵伍德 Collingwood
勒文 Levin
Takaka 塔卡卡
皮克顿 Picton
Marahau 玛拉豪
惠灵顿 Wellington
南岛 SOUTH ISLAND
纳尔逊 Nelson
布莱纳姆 Blenheim
西港 Westport
汉默温泉 Hanmer Springs
凯库拉 Kaikoura
Greymouth 格雷茅斯
默瓦娜 Moana
霍基蒂卡 Hokitika
亚瑟隘口 Arthur's Pass
弗兰兹·约瑟夫冰河 Franz Josef Glacier
怀帕拉 Waipara
梅斯文 Methven
福克斯冰河 Fox Glacier
克赖斯特彻奇（基督城）Christchurch
奥拉基/库克山国家公园 Aoraki / Mount Cook National Park
阿卡罗阿 Akaroa
特威泽尔 Twizel
特卡波湖 Lake Tekapo
阿什伯顿 Ashburton
米尔福德桑德 Milford Sound
瓦纳卡 Wanaka
蒂马鲁 Timaru
塔拉斯 Tarras
昆斯敦（皇后镇）Queenstown
奥马鲁 Oamaru
蒂阿瑙 Te Anau
米德尔马契 Middlemarch
普克兰吉 Pukerangi
Lumsden 拉姆斯登
金斯顿 Kingston
莫斯基尔 Mosgiel
Gore 戈尔
达尼丁 Dunedin
因弗卡吉尔 Invercargill
巴库鲁沙 Balclutha
布拉夫 Bluff
斯图尔特岛 Stewart Island
半月湾 Halfmoon Bay

北岛 NORTH ISLAND

长途巴士 🚐🚐🚐 **城际长途客运与纽曼长途巴士**

克赖斯特彻奇（基督城）☎ (03)365-1113
达尼丁 ☎ (03)471-7143
奥克兰 ☎ (09)583-5780
惠灵顿 ☎ (04)385-0520
URL www.intercity.co.nz

🚃🚃🚃 **铁路** **几维铁路**
FREE 0800-872-467（新西兰国内）
URL www.kiwirailscenic.co.nz

🚢 **渡轮** **岛际人渡轮**
FREE 0800-802-802（新西兰国内）
URL www.interislander.co.nz

🚢 **渡轮** **蓝桥渡轮**
FREE 0800-844-844（新西兰国内）
URL www.bluebridge.co.nz

★随着时间的推移，可能发生改变。本书中登载的相关车辆（船舶）为定期的交通航线，
除此之外的航线没有被记入到地图内

乘坐长途巴士旅行

新西兰的公共交通工具中，覆盖面积最广、运行线路最密集且费最低的就是长途巴士。线路连接着各主要城市和景区，可根据个人的预算合理地选择巴士公司。行车途中能看见众多美丽的风景，游客可以借此欣赏新西兰的大自然。关于主要线路，可参阅长途巴士·铁路地图（→ p.458）。

主要的巴士公司

覆盖新西兰全境的城际 / 纽曼长途巴士公司

新西兰最大的巴士公司是 InterCity Coachlines（城际长途巴士）。其前身为新西兰国家铁路公司，后经民营化改革，在南北岛承担各主要城市间的客运运输。除了本公司独自运营的线路，还有与地方性巴士公司合作运营的线路，服务网络非常密集，遍布新西兰的城乡各地。跟大型巴士公司 Newmans Coach Lines、Great Sights、Northliner Express 也有合作关系，发布的巴士运行时刻表中包括与这些公司合作运营的线路。可以在巴士枢纽站、主要城市的旅游咨询处获取巴士运行时刻表，主要靠乘坐巴士完成旅行的游客一定要拿一份。

合作公司较多、乘坐方便的 Intercity

接送巴士

还有开行于南岛的 Atomic Travel、连接北岛各城市的 ManaBus、覆盖南北岛的 Nakedbus 等中小型巴士公司。特点是票价比大型巴士公司低。短途客运，有时会使用迷你巴士或面包车，但长途客运的话，跟大型巴士公司一样都使用大巴。服务项目多样，可在各主要酒店上下车。

背包客巴士

背包客巴士的作用不是承担城市之间的客运，而主要是拉载游客去往各景区。具有代表性的公司是 Kiwi Experience。这种巴士在南岛与北岛连接各主要城市及景区的环线上开行。乘客只要购买某一线路的通票，在有效期内就可以不计次数地任意乘坐这条线路上开往同一方向的所有巴士。也可以像乘坐普通的公交巴士那样，每次乘车时按乘车距离购票。

可以在途中与其他游客进行交流的背包客巴士

打折票价 / 划算的通票

城际 / 纽曼长途巴士公司的打折票价

有背包客折扣，只要在购票时出示 YHA、BBH、VIP 等背包客团体的会员证（→ p.475）就可享受正常票价 10%~15% 的折扣优惠。还有不可退票的票价 Non-Refundable Fare，可比正常票价便宜 25%~50%。下面

Intercity/Newmans Coachlines

URL www.intercity.co.nz

克赖斯特彻奇（基督城）
☎（03）365-1113

达尼丁
☎（03）471-7143

奥克兰
☎（09）583-5780

惠灵顿
☎（04）385-0520

长途巴士票价

Intercity/Newmans Coachlines 的票价会因季节和车次而异，所以运行时刻表上没有具体的票价。可通过电话或网站确认。

接送巴士

Atomic Travel
☎（03）349-0697
FAX（03）349-3868
URL www.atomictravel.co.nz

背包客巴士

Kiwi Experience
☎（09）336-4286
URL www.kiwiexperience.com

ManaBus
☎（09）367-9140
URL www.manabus.com

Nakedbus
☎（09）979-1616
URL nakedbus.com

Kiwi Experience 的背包客巴士

🚌 Funky Chicken NZ$1117
可自由选择出发地（最终到达地需为出发地），在新西兰境内的指定线路上行驶。最短行程为 21 天。

Northern Round Up NZ$536
出发地为奥克兰，在北岛的指定线路上行驶。最短行程为 10 天。

Southern Round Up NZ$725
出发地为克赖斯特彻奇（基督城），在南岛的指定线路上行驶。最短行程为 11 天。

适合长途跋涉的 Intercity 巴士

介绍两个巴士公司的旅游通票。

旅游通票 TravelPass

旅游通票是在固定的线路上可随意乘车的一种通票。共有15条线路，南北岛全境3条（南北岛之间的交通可乘坐渡轮），北岛6条，南岛6条，游客可以从中选择。前往的都是新西兰的著名景点。如果自己想去的地方基本上都在某一条固定的线路上，那就很适合选择这种旅行方式。另外，通票有效期为12个月，虽说线路是固定的，但可以按照自己的行程安排完成旅行。

自由通票 FlexPass

凭借自由通票，乘客可在新西兰全境的任意地方上下车，票价按时间计算，可在15~60小时的范围内选择购买，然后按所买车票的规定时间范围乘车。有效期12个月，可在续费后延长时间，也可凭借此票乘坐南北岛之间的渡轮。能够在自己希望的时间前往想去的地点，所以很适合背包客及渴望享受自由旅行的游客。如果感觉所剩时间不够了，只需充值即可。从官方网站上可以获取线路地图 Network map，上面标有各城市之间的巴士开行时长，可将其作为购票时的参考。

预订车票

乘坐巴士均需预订车票，可在 Intercity/Newmans Coachlines 的网站（→p.459）上办理预订。如需增加订票数量，也可在网站上办理。预订南北岛之间渡轮的船票或者退票，需在起航时间的24小时之内完成。

旅游通票、自由通票的预订方法也大致相同

购票程序

❶ 进入网站

进入 Intercity/Newmans Coachlines 的官方网站，在页面顶部的 New Zealand Bus Passes 栏目中选择旅游通票或自由通票。

旅游通票
FREE 0800-339-966
费 Aotearoa Explorer NZ$995
全国性巴士，包含从派希亚前往雷因格海角的团体游、怀托摩洞、米尔福德桑德游船的费用。最短行程为9天。
North Island Adventure NZ$384
从奥克兰或惠灵顿出发，沿北岛的固定线路游览。最短行程为4天。
Alps and Fiords NZ$460
可自由选择出发地，包含米尔福德桑德游船的费用。最短行程为3天。

自由通票
FREE 0800-222-146
费 15 小时 NZ$119
20 小时 NZ$156
25 小时 NZ$194
30 小时 NZ$229
35 小时 NZ$269
40 小时 NZ$305
45 小时 NZ$349
50 小时 NZ$379
55 小时 NZ$415
60 小时 NZ$449
延长 3 小时 NZ$28
延长 10 小时 NZ$82

❷ 确认线路或精品游览项目

页面上的 How Travel Pass works 表示旅游通票，How Flexipass works 表示自由通票。点击 Choose your itinerary 处 的 View passes，便会出现 15 条线路（选择自由通票的话则为精品游览项目）的相关信息，可根据自己的旅行计划选择。

How Travel Pass works 的页面

❸ 购票

购票时，可在具体介绍线路的页面选择 Buy Pass now，或者在上一页的 Buy your Pass 中选择 Buy now。之后登录 Intercity Rewards，用信用卡等完成付款即可。

乘坐长途巴士的方法

一定要预约

不仅是 Intercity/Newmans Coachlines，就连公交巴士也全部为预约制，所以乘车前千万不要忘记办理预约。可通过电话及各公司的网站预约，也可以在旅游咨询处以及各住宿设施直接购票。在旅游旺季的12 月~次年 3 月，要乘坐去往各旅游景点的巴士需提前 2~3 天预约。另外，在规模较小的城镇，有小型巴士公司的车辆会在各酒店之间开行，接送游客。

可在旅游咨询处及救助中心获取巴士的小册子

乘车方法

长途巴士出发与到达的地点，在大城市有专门的巴士枢纽站，在小城镇多设在旅游咨询处、商店、加油站等地。

乘客需在发车时间 15 分钟之前到达巴士车站集合。除了随身物品，其他行李均需放入巴士的行李箱。

悠闲的巴士之旅

除了部分接送巴士，这里使用的车辆均为大型巴士，座位舒适。途中司机会通过车内广播介绍沿途景点，还会经常停车让游客下车拍照。另外，行驶两小时会停车休息一次，时间大约 30 分钟，可以去咖啡馆小憩或者上厕所。到达目的地城镇后，可以在乘客希望下车的地点停车。

巴士内部非常舒适

巴士在城镇中心区域发车及到达，乘坐方便

※ 从 2014 年夏季开始，Intercity 的巴士内可免费使用 Wi-Fi。不过也有个别巴士内没有信号

旅行的准备和技巧

● 当地的交通工具

461

乘坐火车旅行

新西兰的交通主要依靠汽车，铁路线路不多，但几维铁路公司（Kiwi Rail）推出了观光列车，有观景车厢，车内服务也得到大幅度提升。可以坐在舒适的座位上悠闲自在地欣赏车窗外的风景。如此美妙的铁路之旅非常值得体验。

几维铁路
☎ （04）495-0775
FREE 0800-872-467
FAX （04）472-8903
URL www.kiwirailscenic.co.nz

其他列车
除了几维铁路公司的列车，很受游客欢迎的列车还有开行于达尼丁与米德尔马契之间的泰伊里峡谷观火车（→ p.155）。

在达尼丁站停车的泰伊里峡谷列车

几维铁路的列车

【南岛】

1. 太平洋海岸号 Coastal Pacific
克赖斯特彻奇（基督城）~ 皮克顿

夏季，每天有一个车次往返。开行于克赖斯特彻奇（基督城）与皮克顿之间，行车时间为5小时20分钟。以观鲸鱼闻名的凯库拉正好位于该段线路的中间点，有乘火车从克赖斯特彻奇（基督城）出发的团体游。皮克顿的发车及到达时间，根据惠灵顿至此的游轮的出发及到达时间而定。透过车窗可以看到美丽的海边风光。

2. 阿尔卑斯山号 The TranzAlpine
克赖斯特彻奇（基督城）~ 格雷茅斯

每天有一个车次往返，全年开行。单程用时4小时20分钟~4小时30分钟。列车穿越南阿尔卑斯山，窗外的山地美景非常迷人，因此这趟列车在新西兰无论是人气还是知名度都很高。途中翻越山峰时的最高点处有阿瑟隘口国家公园（→ p.205），那里是一处徒步旅行的区域。乘坐这趟列车，除了可以前往阿瑟隘口国家公园并当天返回，还可以从克赖斯特彻奇（基督城）前往西海岸。

位于山间的亚瑟通道站

【北岛】

3. 北方探险家号 Nothern Explorer
奥克兰 ~ 惠灵顿

原名"越野者"号，2012年改为现在的名字，还更换了车厢。单程用时10小时40分钟~10小时55分钟。中途经过距离汤加里罗国家公园最近的国家公园站以及哈密尔顿站。从奥克兰出发，周一、周四、周六发车，从惠灵顿出发，周二、周五、周日发车，均为每天一个车次。

停在奥克兰布里托马特站的北方探险家号

4. 首都号 Capital Connection
北帕默斯顿 ~ 惠灵顿

每天有一个车次往返，周一～周五早晨 6:15 从惠灵顿发车，每天下午 5:15 从北帕默斯顿发车。主要为上班、上学的乘客，游客较少。单程用时 2 小时。途中，会在位于海边的怀卡奈站以及靠近著名高尔夫球场的帕拉帕拉乌姆站停车。

可透过车窗欣赏到壮美的景色

乘坐长途火车的方法

一定要预约

虽然列车通常不会拥挤，但乘车前也一定要预约。因为列车会直接通过没有乘客预约上车或下车的车站而不停车。夏季最好提前 2~3 天预约。可拨打上一页列出电话或在网上预约，通过各地的旅游咨询处也可以预约及购票。

乘车手续办理截止到发车前 20 分钟

乘车当天，应至少在发车前 20 分钟就到达车站。车站不设检票口，可自由出入站台。行李箱及背包等大件行李需存放至行李车，所以上车前要办理乘车手续。行李车还可存放自行车。预约时告知需要随车托运自行车在乘车当日支付行李托运费即可。

应尽早办理乘车手续

乘车时可自由出入站台，也可参观

所有乘客上车后，列车便会悄无声息地发车。需要注意的是，如果所有预约乘客均已上车，即使未到发车时间，有时候也会提前发车。发车后，列车员会立即开始检票。

各种打折车票

列车票价有多种打折优惠。除去旅游旺季，都会有针对某些特定座位的打折车票。越早购票，票价就可能越低，所以要是定好了旅行计划就应该尽快询问购票的事宜。但是，打折车票对退票会有特别的规定，应事先确认。

购买火车与渡轮（惠灵顿与皮克顿之间）的联运票时，可享受折扣优惠。如果决定旅行中主要乘坐火车，建议购买通票 Fixed Pass，有

大行李需存放在行李车中

7 天有效、14 天有效、21 天有效等几种。可以自由乘坐任何列车，还可乘坐岛际人公司的渡轮。如果旅行时间充裕，或者旅行目的地尚未确定，可以购买从购票当日起 2 个月有效的通票 Freedom Pass。持该通票乘车时，应提前 24 小时预订座位。

南 岛 South Island

1. 太平洋海岸号
[克赖斯特彻奇（基督城）~ 皮克顿]

	主要停车站点	
07:00	克赖斯特彻奇（基督城）	18:45
07:58	怀帕拉	17:50
09:57	凯库拉	15:50
11:55	布莱纳姆	14:03
12:22	皮克顿	13:25

●主要区间的普通车票价格
克赖斯特彻奇（基督城）~ 凯库拉 成人 NZ$89，儿童 NZ$62
克赖斯特彻奇（基督城）~ 皮克顿 成人 NZ$159，儿童 NZ$111
皮克顿 ~ 凯库拉 成人 NZ$89，儿童 NZ$62

乘坐太平洋海岸号透过车窗可以欣赏到海岸风景

2. 阿尔卑斯山号
（ 克赖斯特彻奇（基督城）~ 格雷茅斯 ）

	主要停车站点	
08:15	克赖斯特彻奇（基督城）	18:05
09:15	斯普林菲尔德	17:12
10:42	阿瑟隘口	15:57
11:47	莫阿纳	14:42
12:45	格雷茅斯	13:45

●主要区间的普通车票价格
克赖斯特彻奇（基督城）~ 阿瑟隘口 成人 NZ$139，儿童 NZ$97
克赖斯特彻奇（基督城）~ 格雷茅斯 成人 NZ$179，儿童 NZ$125
皮克顿 ~ 阿瑟隘口 成人 NZ$139，儿童 NZ$97

北 岛 North Island

1. 北方探险家号
（ 奥克兰 ~ 惠灵顿 ）

※ 周一、周四、周六从奥克兰发车
周二、周五、周日从惠灵顿发车

	主要停车站点	
07:45	奥克兰	18:50
10:15	哈密尔顿	16:30
13:15	国家公园	13:15
13:45	奥哈库尼	12:45
16:20	北帕默斯顿	10:00
18:25	惠灵顿	07:55

●主要区间的普通车票价格
奥克兰 ~ 国家公园 成人 NZ$89，儿童 NZ$63
奥克兰 ~ 惠灵顿 成人 NZ$179，儿童 NZ$125
惠灵顿 ~ 国家公园 成人 NZ$89，儿童 NZ$63

惠灵顿火车站的外观建筑
※ 时间、费用随着时间推移会发生改变

2. 首都号 Capital connection
（ 惠灵顿 ~ 北帕默斯顿 ）

※ 周一 ~ 周五运行

	主要停车站点	
06:15	北帕默斯顿	19:20
08:20	惠灵顿	17:15

●车票
惠灵顿 ~ 北帕默斯顿 成人 NZ$35

租车自驾旅行

新西兰的通行规则为左侧通行。车流量不大，几乎不会堵车，所以非常适合自驾旅游。当地的道路网密集，覆盖新西兰全境，可以实现舒适便捷的旅行。

租车手续

租车公司的种类

大型租车公司有赫兹 Hertz、安飞士 Avis、百捷乐 Budget 等。这些公司在机场及城镇中心都设有办事机构，租车非常方便。车况良好，检修及时，发生事故或出现故障时，公司也有相应的救援体制及处理规定，而且租车点遍布新西兰全国，租车者在办理租车手续时可以选择"异地还车"（One Way Rental）。有些租车公司提供在中国办理租车手续的服务。在旅行前办理好租车，有时还能享受打折优惠，详情可咨询租车公司。

除了大型租车公司，还有诸如 Jucy Rental 等中小型租车公司。这些公司的租车费要比大公司便宜，如果只在某一地区内驾车，选择在这样的公司租车是一个不错的选择。

租车费

不管是大公司还是中小公司，基本上对行驶距离没有限制（Unlimited Kilometres），也就是说租车费跟行驶距离无关。不过，在一些以廉价为卖点的促销活动中，有可能出现费用随行驶距离而定的情况。

费用均以天（24 小时）为单位计算。不会涉及比天短的时间单位。汽油的费用不包含在租车费中，还车时需将油箱加满。异地还车是否收取额外费，会根据行驶区间而定，所以应事先确认。一般来说，在大城市之间（例如奥克兰与惠灵顿之间）异地还车，很多租车公司是不额外收取费的。

预约车辆

预约时需告知的三个事项。无论是在国内预约，还是在新西兰预约，均按此程序操作。

1. 租车开始及结束的日期、时间

收费标准以 24 小时为单位，例如从周一中午 12:00 开始租车 3 天，那么正常的还车截止时间就是周四的中午 12:00。超过正常还车时间，则需要支付延时费，所以租车时应先做好周密的旅行计划，然后确定租车的天数。

2. 租车地点及还车地点

此时应确认异地还车是否需要支付额外费用。

3. 车型

租车公司按照汽车的等级对车辆进行分类，预约时可选择的不是车的具体品牌、型号，而是等级。这里的小型汽车多为手动挡，希望租自动挡车的话，很多情况只能租中型以上的车型。

南北岛之间的租车业务

新西兰的国土分为南岛与北岛。在新西兰租车自驾时应了解以下事项。

首先，大型租车公司基本上都不允许租车人擅自将汽车放到渡轮上托运。例如，从克赖斯特彻奇（基督城）租车前往奥克兰，需要在皮克顿暂时还车，然后乘渡轮至北岛，在惠灵顿重新租车。各公司的规定不一，不过，如果是可连贯租车的合同，则无须在皮克顿办理结算手续，仅还车即可。到达惠灵顿后，也无须再签合同，领取新车的钥匙后就可

关于机动车驾驶证
（→ p.450）
需同时携带国内的机动车驾驶证及有效的翻译证明。

租车时的年龄限制

会有 25 岁以上或 21 岁以上的年龄限制，各租车公司的规定不一。即便是同一家公司，在国内预约租车跟在新西兰当地租车时的要求也可能不同。

租车费的价位

根据租车公司以及租车时期、租车天数的不同，价格会有变化。紧凑型车的话，1 天 NZ$100~150 的价格可作为参考。如果购买保险并配备导航设备的话，每天还需多支付 NZ$10~20。另外，如果驾驶者年龄不满 25 岁，有时也需支付额外费。

在主要机场各家大型租车公司都设有柜台

覆盖南北岛的租车业务
Interisland Rental

最初租车时会被问及乘坐渡轮的预订日期。待乘船日期确定后，应联系租车公司，告知自己的预约号。

关于信用卡

在所有租车公司都可使用 American Express、MasterCard、VISA。

禁止租赁汽车前往的区域

一些租车公司会禁止租车人将其租借的汽车驶入某些区域。下面所列地区为很多租车公司规定不能进入的区域。

巴士及四驱车以外的车辆会陷入沙中，因此无法在90英里海滩上行驶

南岛

· 昆斯敦（皇后镇）近郊的Kipper Rd.

· 奥拉基 / 库克山国家公园周围的Tasman Valley Rd.

北岛

· 科罗曼德尔半岛最北端地区（科尔比尔以北）

· 通往雷因格海角的90英里海滩

3条高速公路

奥克兰北方公路

Auckland Notherm Gateway

通往北部地区的高速公路。全长7.5公里，位于从奥克兰向北延伸的1号国道Silverdale与Puhoi之间。

费 普通小客车 NZ$2.3

陶朗阿东部收费公路

Tauranga Eastern Link Toll Road

全长15公里，位于连接帕帕默阿Papamoa与帕恩加罗阿Paengaroa的2号国道上。

费 普通小客车 NZ$2

塔基图姆收费公路

Takitumu Drive Toll Road

全长5公里，位于从陶朗阿向南延伸的29号国道上。

费 普通小客车 NZ$1.8

CC M V

高速公路网站

URL www.nzta.govt.nz

高速公路的付费方法

不在出入高速公路时即时付费，而是事先或事后支付。

· 事先在线支付

· 通过后3天以内在线或通过电话支付

· 进入收费公路之前在加油站内的付费机上支付

一般都会选择通行前或通行后在线支付。方法如下。

1. 进入以下的网站

URL www.nzta.gort.nz/online-services/

2. 通行前选择 Buy a toll，通行后选择 Pay a toll

3. 在复选框中选择 Declatation 后点 Continue

4. 输入汽车牌号后点 Continue

5. 确认车辆信息后点 Continue

6. 选择通过的道路及次数后点 Continue

继续自驾。

但是，能做到可在南北岛连续租车的仅限在皮克顿及惠灵顿设有租车点的大型租车公司，其他公司则需要租车者将车随渡轮托运。自己租的车究竟属于哪种情况，应在办理手续时就问清楚。

登上从皮克顿出发的渡轮

租车

首先应前往机场或城镇的租车点。需要携带机动车驾驶证及有效的翻译证明（→ p.450）。当然，这些证件应在出国前就办好。另外还需要用信用卡支付租车费并作为信用保证。即便已在国内支付过，如果没有信用卡也无法租车，需要注意。

办理租车手续时，还会被问及的问题是是否购买保险（人身、财产），可根据需要选择。如已在国内办好预约手续，则应检查租车合同中是否有重复的保险项目。另外，如在签约人之外还有其他驾车者的话，应将其姓名也写入合同。办理好这些事宜后，租车手续就完成了。如果已经预约，只需几分钟就能结束。

还车

租车时间结束，应按时到旅行目的地的租车点还车，手续也很简单。在有些时间段，租车点可能没有工作人员，如果遇到这种情况，在停车场把车停好，然后将车钥匙放入返还箱中即可。还车前应将油箱加满，如果有事未能加油，可在最后结算时将汽油费一并支付，但油价会比加油站略高。办理还车手续前还要记下汽车仪表盘上显示的行驶里程数，然后告知工作人员。如果由工作人员记录行驶里程数，租车人只需最后对数字进行确认即可。费用的支付方式是租车公司从最初登记的租车人信用卡中扣款。

新西兰的道路交通

Highway 与 Motorway

新西兰的道路为左侧通行，而且交通状况、交通法规也与中国不同。

国家公路网覆盖新西兰全境。Highway 的字面意思是高速公路，但在英语中实际上指普通公路。小客车的限速规定，城市道路为每小时50公里，乡村道路为每小时100公里。但实际上行驶于乡村道路的车辆，时速超过120公里的并不少见，车流速度相当快。而且在弯道及起伏较多的道路上也是这样，所以开始时可能会感觉有些难以适应。在还没有适应之前，不要勉强跟随，可让速度快的车辆先行。不过，行驶速度过慢的话也会有危险，以50~60公里的时速是无法在车流中行驶的。

除此之外，还有被称为RollRoad的收费高速公路以及被称为Motorway的免费机动车道路。这些道路，除紧急停车外，禁止临时停车，也禁止自行车及行人进入。北岛上有3条高速公路。但高速公路没有特殊的入口，沿国道行驶即可直接进入高速公路。

交通管规则与规范

交通环岛 Roundabout

交通环岛可以让车辆不借助交通信号灯指挥也可顺畅通过路口。通行原则是“自己右方的车辆优先通行”。也就是说，先进入环岛的车辆优

先通行，所以应等待右方已在环岛内的车辆驶过后再驶入环岛。在环岛内行驶期间，不需要临时停车。

让行道路 Give Way

位于与具有优先通行权道路的交会处，有"让行"标识，需让旁边道路上的车辆先行。路面上画有白色停车线，但并不意味着车辆一定要在此停车。如果视线较好，在确保安全的前提下，可直接驶入。进入交通环岛时也适用此规则。

右转与左转

在没有交通信号灯的交叉路口，右转车应让左转车先行。另外，此项规则是 2012 年 3 月新制定的，所以之前曾在新西兰有过驾车经验的驾驶者需注意。

保持在行车道行驶

机动车需靠左行驶。尤其在 Motorway，除超车外应保持在左侧车道行驶。

铁路道口

通过铁路道口时，无须停车观察。主干道路上的铁路道口都安装有警报器，但乡村道路的话，也有未安装警报器的情况。应注意铁路道口前的标识（Railway Crossing）。

单车道桥梁（One Lane Bridge）

在乡村道路上行驶，有时会遇到路面为双车道，但桥梁为单车道的情况。在桥的某一侧会有让行标志，驾驶者应遵守让行规定。此种路段往往视线不佳，优先通过车辆也需注意。

人行横道

遇人行横道有行人通过时，机动车应让行，对此的规定非常严格。如果见到行人正准备过马路，一定要停车礼让。

驾驶规范

除紧急情况外不能鸣笛。长时间停车时，如果没有必要，则不要让发动机空转。停车后不熄火会增加噪声及废气污染，这是广受诟病的行为。

其他注意事项

停车时

在市区，对可以停车的地点及时间都有详细的规定，并且有标识提示。不仅违法停车，就连超时停车也会遭到严重处罚，一定要注意。路边的停车计费表很多，但如果停车时间较长的话，找一个停车场停靠，费用还是会便宜一些。有些地方，在夜间及休息日停车计费表会关闭，可以免费停车，有关具体规定会有详细的说明。

加油时

在新西兰称汽油为 Petrol，称加油站为 Petrol Station。周六、周日几乎所有商店都会关门，但加油站还会照常营业。加油站内出售零食及饮料，差不多相当于一个小型的便利店。在人烟稀少的地区，往往每隔几十公里才有一个加油站，所以在乡村道路行驶，一定要注意提前加满油。加油方式基本上为自助式，汽油价格为每升 NZ$2 左右。租借的汽车，一般使用常规标号汽油（无铅 Unleaded）。租车时可确认一下。

遭遇事故时

意外遭遇事故时如何处理？会有很多不同的情况发生，所以很难一概而论，但总的原则是要保护好事故现场。在中国有时会为了不妨碍交

7. 然后进入信用卡支付程序。可使用的信用卡仅限 VISA 和 Master Card

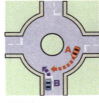

交通环岛
车辆 A 可优先通行。车辆 B 需确认右方没有来车后进入环岛。需要注意，前方车辆左转后也成为可优先通行的车辆。

在单车道桥梁前应确认哪一方可优先通过

停车计费器可收取现金，也支持信用卡支付

加油方法

1. 确认汽油标号。

2. 租借的汽车一般使用常规标号（无铅）汽油。输入加油金额（容量单位不是升，需注意）。要将油箱加满时按 Full 按钮。

3. 推动加油手柄开始加油。所加油量达到预设数值后，加油机自动停止加油，将加油手柄推回原位即可。到室内向工作人员说明使用加油机的号码，然后付费。

房车租赁公司

Maui
FREE 0800-688-558
URL www.maui.co.nz

Tui Campers
☎ (03) 359-7410
URL www.tuicampers.co.nz

New Zealand Motorhomes
☎ (07)-579-2323
FREE 0800-579-222
URL www.newzealand-motorh omes. com

驾驶房车的注意事项

　　房车基本上都是手动挡车。没驾驶过手动挡车的人，最好事先练习一下。由于使用柴油发动机，所以燃料为柴油。

假日公园名单

　　Holiday Accommodation Parks New Zealand（HAPNZ）发行的小册子中有可信性较高的假日公园名单，在各主要城市的旅游咨询处可免费获取。介绍各假日公园，附有略图及公园特点及设施的概要。

HAPNZ
☎ (04) 298-3283
FAX (04) 298-9284
URL www.holidayparks.co.nz

通，驾车者可能马上将车自行移开，但在新西兰如果发生交通事故，周围车辆也会立即停车。当然，如果有人受伤，应首先救助伤者。

　　除此之外，应记录对方驾驶者的联系方式以及车辆的号牌，报警及联系保险公司时都会用到。如果英语水平不高，应避免在事故现场商谈处理办法。

房车（Motor Home）

　　在新西兰旅游，经常能看见房车（Motor Home、Camper Van）。车上有床、厨房等起居设备，可在各地的假日公园（→本页下部分内容、p.475）宿营、徒步游览，是一种非常流行的旅游方式。

房车的设备及使用方法

　　房车的主要设备有床、厨房（包含餐具、烹饪器具）、餐桌等。大型房车还有厕所和淋浴房。一般分为可乘坐 2 人、4 人、6 人的几种车型。租车的费用随季节而变，需要确认。在新西兰各地的假日公园，设有带电源的停车区域（Power Site），可以充电，可以使用照明设备和冰箱。费用为每人 NZ$20 左右。

可以让旅行者在车上生活的房车

租借房车

　　新西兰有几个专门的房车租赁公司。一般需要直接联系当地的租车机构办理租车预约手续。租车者的年龄应在 21 岁以上。夏季租车者非常多，一定要在出国前就办好预约手续。

假日公园

　　新西兰各地都有被称为假日公园 Holiday Park（也叫 Caravan Park、Motor Camp、Motor Park）的汽车营地。有可供房车使用的电源设备、上下水设施的区域叫作 Power Site，有草坪可供搭建帐篷的区域叫作 Non Power Site，除此之外还有带床位的房间（Cabin）、将牵引型房车固定于地面而成的住宿设施（On-Site Caravan）、类似汽车旅馆的整体客房（Tourist Flat）等多样的住宿设施。公用设施一般包括厨房、卫生间（淋浴）厕所）、大厅（在有的地方会兼做餐厅）、洗衣房（洗衣机、烘干机、室外晾衣区）等。

　　个别地方有睡袋及浴巾的租赁服务，但大多数情况下都需要自己准备。公用厨房中有电炉、电热水壶、烤面包机、冰箱等设备，可自由使用。带有厨房的整体客房内有齐全的烹饪设备及餐具。公园办公室也有可供租借的厨房用具。另外，如果是驾车长途旅行，购置一个车载冷藏箱，可以方便存放饮料及生鲜食品。

假日公园非常适合喜爱户外营的游客

购物的基础知识

　　新西兰特产（→ p.27）主要有羊毛制品、毛利手工艺品等。还可以在各个不同的地区寻找当地艺术家的一些作品。另外，超市的食品区（→ p.28）也非常值得一逛。

购物时间

　　商店的营业时间一般是周一～周五的 9:00~17:00、周六 10:00~16:00、周日 11:00~15:00。大多数的购物中心和超市都是全年无休的。

新西兰特产

羊毛制品

　　新西兰素有绵羊王国的美称，在这里你可以购买到高品质的毛衣、帽子、手套、毛绒玩具等羊毛制品。市面上也有许多羊毛制品的专卖店，可以买到一些在国内很难购得的款式。近年来有袋类动物——负鼠成了新西兰的有害动物，因此使用负鼠皮毛制成的混纺毛料既

质地上乘的套头衫价格非常便宜

轻快又保暖，非常畅销。另外，使用新西兰国产的上等美利奴羊毛的户外品牌拓冰者（Icebreaker）公司的产品也很值得推荐。

羊皮制品

　　比较受欢迎的还有羊皮大衣、羊皮夹克等，内胆绵软保暖，外皮手感细滑。价格也很便宜。另外，室内用的羊皮拖鞋价格也很实惠，可以称得上是馈赠佳品了。羊皮质地的服装不仅设计新颖，而且还非常暖和。价格是根据羊皮的品质来定的，购买时一定要分清楚。

毛利工艺品

　　毛利的工艺品多为雕工精巧的木雕工艺品。毛利民族本身是海洋民族，独木舟模型、WAHAIKA（一种木棍）、图腾神像、毛利族幸运守护神（胎儿形状的小木雕）等可以作为摆件，除了这些装饰品之外，还有裁纸刀等比较实用的工具可以作为纪念品。手工做的玩偶深受小朋友的喜爱。此外，麻编的手提袋、篮子等也是毛利族比较有特色的工艺品，收到这样礼物的朋友很快就能联想到是来自新西兰。使用牛骨和鲸鱼骨头雕刻的饰品也非常有趣。

　　产自南岛的新西兰翡翠，最早是作为毛利人武器被使用的，现在才被人们设计成了各种饰品，据说收到新西兰翡翠礼物的人可以得到幸福。不过值得注意的是，价格卖得很便宜的翡翠有可能不是新西兰产的。

护肤品的价格相当超值

行李增多怎么办

　　免税店和大型的纪念品商店都有国际快递业务，可以直接邮寄回国内。如果在收件人一栏填写自己的名字，出境通关也会非常顺畅。不过，不要忘记在返程的飞机上填写邮寄物品的"海关申报表"。

新西兰的护肤品

　　新西兰特有的护肤品，是使用从羊毛中提取的羊毛脂制成的化妆品，还有使用温泉池沉淀的火山泥等制成的美容用品。近几年来含有麦卢卡蜂蜜成分的化妆品和有机护肤品的热度也在升高。

国民大爱烹饪食谱

　　The Edmonds Cookery Book 是新西兰家喻户晓的烹饪食谱类书籍。从 1908 年发行至今累计发行 300 万册以上，是新西兰最畅销的书籍之一。书中涉猎的食谱范围极其广泛，可以在书店或者超市买到，作为送给朋友的礼物也是一个不错的选择。

中国	新西兰	
男装（衬衫）		
34	S	13
35		13½
36		14
37		14½
38	M	15
39		15½
40		16
41		16½
42		17
43		17½
44	L	18
女装		
		8
7		10
9	10	
11	12	38
13	12	40
15	14	42
	16	44
		46

中国（单位：cm）	新西兰（单位：inch）
男鞋	
24	6
24.5	6½
25	7
25.5	7½
26	8
26.5	8½
27	9
27.5	9½
28	10
28.5	10½
女鞋	
21	
21.5	4
22	4½
22.5	5
23	5½
23.5	6
24	6½
24.5	7
25	7½

运动用品

关于皮划艇、高尔夫、钓鱼、橄榄球等方面的体育用品种类非常丰富。尤其是橄榄球方面，世界知名球队"全黑队"队服或者带有全黑队 Logo 的纪念品都是非常具有新西兰特色的纪念品。新西兰的标志银蕨叶是全黑队的队标。

喜欢户外运动的朋友一定要去看看专营防寒服、露营用品的专卖店。一些功能性的商品比国内销售的同等产品要便宜许多。小编推荐新西兰当地的户外运动连锁店 Kathmandu，在新西兰各地都有分店。

葡萄酒

新西兰的气候温暖，非常适合种植葡萄，近十年来新西兰产的葡萄酒一跃成为世界知名的产地，还有些甚至入选了"世界葡萄酒 100 强"。尤其是白葡萄酒长相思，深受世界酒评师们的好评。此外，一些变异种的葡萄酒，例如奇异果酒，口味甘甜，果香浓郁，深受女性的喜爱。

去超市逛一逛

超市里有不少具有新西兰特色的糖果点心，非常适合作为馈赠亲朋好友的伴手礼，如果时间允许，不妨来超市逛一逛。品种比较齐全的超市有 Countdown、New World 等。除了食物等商品之外，还有日用品、服装、家用电器等商品。Pak'nSave 超市的商品价格相对比较便宜。

超市健康食品、麦卢卡蜂蜜

麦卢卡为何物？

来到新西兰旅行经常会见到出售各式各样蜂蜜的场景。在众多新西兰产的蜂蜜当中，最为著名的要数麦卢卡蜂蜜了。

麦卢卡是新西兰及澳大利亚南部独有的桃金娘科灌木，从麦卢卡 Manuka（英语是 Tea Tree）花中采集的蜂蜜便是麦卢卡蜂蜜。这种蜂蜜自古以来就被毛利人当作万能药来使用，具有一定的抗菌作用，对治疗消化不良、缓和各类炎症有一定的效果，现在是公认的有机保健类食品。

胃癌的救世主？活性麦卢卡

麦卢卡蜂蜜一直作为新西兰民间的传统治疗方法为新西兰人所喜爱，近年来在医学上也取得了显著的效果，所以更加受到人们的关注。

根据新西兰蜂蜜研究第一人彼得·莫兰（怀卡托大学的教授）的研究表明，麦卢卡蜂蜜对抗沙门杆菌、葡萄球菌等导致食物中毒的病菌有抗菌性，通过他的研究使麦卢卡蜂蜜得到了学术上的证明。麦卢卡蜂蜜中抗菌性最强的是一种被叫作活性麦卢卡（Active Manuka Honey）的蜂蜜，其抗菌作用是使用 UMF 这一数值来表示的。

活性麦卢卡蜂蜜在新西兰产的所有麦卢卡蜂蜜中只占两到三成，非常稀少，其拥有较高的 UMF 数值，抗菌活性很强。

莫兰教授在 1994 年发表的论文中指出"UMF 可以杀死导致胃溃疡的幽门螺旋杆菌"。世界上很多科学家都非常期待麦卢卡蜂蜜对预防胃溃疡和胃癌的效果。

有效果的食用方法

麦卢卡蜂蜜的特点是香味宜人，具有蜂蜜特有的浓厚口感。如果与温热的食物一起食用可能会破坏坏蜂蜜中的成分，建议直接食用。1 日 3~4 次，空腹吃一勺是效果最好的。当然，跟普通蜂蜜一样抹在面包上、加入酸奶中也是可以的。如果长了痘痘也可以涂抹些麦卢卡蜂蜜试试看。

超市以及药妆店等均有销售的麦卢卡蜂蜜

餐馆的基础知识

众所周知新西兰是一个畜牧业大国，所以这里的羊肉、牛排等肉类的菜肴不仅味道鲜美而且品质上乘，价格也很实惠（→ p.23）。另外新西兰四面环海，海鲜类食品也是非常不错的。近年来新西兰产的葡萄酒也备受关注。

餐馆的种类与查找方法

新西兰是食物自给自足率相当高的国家，在这里的餐馆你可以享用到各式各样的食材。不过，新西兰没有什么特色菜，基本上羊肉、牛排等肉类菜肴的做法都是从英国传过来的。此外，由于新西兰是一个移民国家，这里拥有来自世界各地的移民，有各种各样的美食，且价格便宜味道也好。

禁止饮酒的标识

羔羊肉、牛肉、猪肉都比较受欢迎，烹制的方法也是多种多样，既可做成肉排，也能煎炸烹煮。在畜牧业大国品尝到的肉食味道就是既地道又新鲜。而且，新西兰有一个怪现象，牛肉的价格比鸡肉还便宜，在超市购买一块菲力牛排仅需 NZ\$4~5。

选择餐馆可以通过本书中介绍的内容来挑选，此外也可以从机场、旅游咨询处等地提供的免费杂志中挑选，电话黄页等可以活用，在互联网上挑选也是一个不错的选择。另外，向酒店的工作人员咨询也是可以的，只需要把自己想吃的食物、就餐氛围的要求、预算等要求告知对方，酒店便可以为你推荐附近的餐馆。

餐馆的许可证

新西兰的各类餐馆如果想要在店内提供酒精类饮品都必须有许可证，看餐馆门口的广告牌便可以知道是否持有许可证，通常用"Fully Licensed"或者"BYO"来表示。

"Fully Licensed"是指店内可以出售酒精类饮品。高档的餐馆大都是"Fully Licensed"，新西兰产的啤酒和葡萄酒等均有销售。

新西兰有许多地方啤酒（→ p.25）

"BYO"是"Bring Your Own"的缩写，意思是客人可以自带酒精类饮品，一般如果想要在家常餐馆就餐并且饮酒，就需要看这个标识了。也有记作"BYOW"的，这是"Bring Your Own Wine"的缩写，意思是只允许携带葡萄酒和香槟类的酒精饮品。

也有许多店铺的标识是"Fully Licensed & BYOW"。自带酒水的话，餐馆可以免费提供杯子，不过高档的餐馆是需要支付开瓶费和杯子使用费的，大约是每人加算 NZ\$4~5。不过即使这样也比在高档餐馆点一瓶酒便宜些。

餐馆的营业时间

新西兰的餐馆分为全天营业的餐馆和午餐时间与晚餐时间分开营业的餐馆。大多数餐馆的闭店时间都用"Till Late"来表示，意思是根据客人的情况而定，没有固定的闭店时间。

新西兰的饮酒规定

新西兰饮酒的规定比我国要严格许多，除在特定的场所之外，公共场所是禁止饮酒的。没有关于酒类的自动贩卖机。可以在超市购买啤酒、葡萄酒等。

餐馆的节假日费

新西兰的餐馆必须给在节假日工作的员工发 1.5 倍的工资，这是法律规定。所以，有些店选择在法定节假日闭店，照常营业的店铺则需要加收 10%~15% 的费用，需要格外注意。

新西兰的快餐店

让人很有食欲的鱼和薯条

说起既方便又便宜的人气食物，那非鱼和薯条莫属了，这是新西兰最受欢迎的快餐。将白身鱼煎炸后搭配薯条一起食用，分量足，且价格为 NZ$10 左右。此外，牛排派、肉馅派等种类丰富的派，不仅分量足，味道也不错。在街角的面包房或者杂货店均有销售，可以轻而易举品尝到。寿司在新西兰也比较受欢迎，除了三文鱼寿司之外，握寿司、卷寿司既健康又高人气。这里的快餐店也是随处可见。

如果你是在冬季来新西兰一定要尝尝布拉夫牡蛎

鹿肉很受欢迎

鹿肉（Venison）在新西兰比较受欢迎。可以烤着吃，也能吃肉排，价格比牛肉稍贵一些，有兴趣的朋友不妨试一试。

龙虾

Crayfish 虽然写作 Fish，但却不是鱼，在我国也非常畅销，就是价格比较贵。在新西兰的高档餐馆吃龙虾一整只大约需要花费 NZ$50 以上。

布拉夫牡蛎

产自南岛南端布拉夫的牡蛎每年 4 月解禁，只有在短暂的冬季期间才能品尝到。这种牡蛎比普通的太平洋牡蛎要小一圈，价格也稍高一些，营养丰富，肉汁鲜美，非常有人气。

外卖

新西兰通常用 Take Away 这个词。有许多比萨、中餐等的外卖店，味美价廉。可以买个外卖在公园或者酒店内享受美味。

新西兰的咖啡馆

在城市漫步的时候随处可见时尚的咖啡屋。在这样的咖啡屋可以喝到味道地道的咖啡。咖啡的菜谱与国内的略有不同，一般比较受欢迎的是 Flat White，做法是 2/3 的意式浓缩咖啡加 1/3 的细奶泡。拿铁（Latte）和卡布奇诺（Cappuccino）等的味道也不错。如果想要黑咖啡，需要点 Long Black。在持有酒精许可证的咖啡馆还可以点啤酒或者葡萄酒。另外还有一些类似三明治、意面、海鲜饭等的简餐。

在新西兰深受欢迎的 Flat White

本土人喜欢喝酒

新西兰人大都喜欢喝啤酒和葡萄酒，而且这个国家也盛产酒。各个地方喝的啤酒种类也不同，奥克兰是 Lion Red、克赖斯特彻奇（基督城）是 Canterbury Draft。Steinlager 是新西兰全国范围比较受欢迎的一种啤酒。此外还有许多啤酒是当地限定的，还有类似 Kiwi Lager 等这种新西兰范十足的啤酒。普通的啤酒一般是 1 罐（350mL）NZ$2~3。葡萄酒方面，北岛的霍克斯湾和吉斯伯恩一带、南岛的马尔堡一带都以盛产品质上乘的葡萄酒而知名。一般来说 1 瓶的价格是 NZ$10~100。

新西兰具有代表性的葡萄酒"马腾山谷"

酒店的基础知识

新西兰是一个旅游国家，住宿设施的种类也是多种多样。游客可以根据自身的实际情况按照行程、预算挑选适合自己的住宿设施。

住宿设施的种类

酒店

整体数量不多，大多数的高中档酒店都集中在克赖斯特彻奇（基督城）、昆斯敦（皇后镇）、奥克兰、惠灵顿等大城市。高档酒店的住宿费一晚大约在 NZ$180，无论是客房还是外观都给人一种高端的感觉，服务也比较周到，餐馆、酒吧、游泳池等设施比较齐全。

新型酒店在克赖斯特彻奇（基督城）逐渐兴起

汽车旅馆

总数要比酒店多一些，是新西兰比较普遍的住宿设施。客房内比较简单，有厨房等设备可供使用。停车场的空间比较宽敞，而且距离房间比较近。汽车旅馆的大多数房间都是双人间，价格在 NZ$80~200。许多地方还设有 2~3 张床的房间，适合 3~4 人的家庭出游入住。

很多汽车旅馆可以接待深夜入住的客人

对于自驾游的游客来说住汽车旅馆非常方便，在面向道路一侧会有 VACANCY（有空房）或者 NO VACANCY（满房）的看板张贴出来，开车路过一看便知。

B & B

B & B 是提供早餐和客房的住宿设施的一种简称。一般是利用家庭中的空房，也有一定规模设备齐整的酒店式 B&B 等。早餐的内容也是多种多样，有仅提供吐司、谷物棒、饮料的欧陆早餐，也有根据客人喜好提供现烤面包、鸡蛋类菜肴的地方，种类各式各样千差万别。一般来说住宿一晚每人的价格是 NZ$90~120，不过高档的 B&B 与中高档酒店没有很大的差别。

位于郊外的 B&B 大都是利用历史悠久的老房子改建而成的，装修复古、花园漂亮、整体氛围优雅。选择入住 B&B 的另一大乐趣是可以享受一般温暖的服务，可以跟热情的工作人员聊天。

殖民地风格的一栋 B&B，在新西兰是比较常见的类型。图中为新普利茅斯的艾尔利之家 B&B（Airlie House B&B）

浴室套房 Ensuite

便宜的酒店、B&B、旅馆的单间多为浴室与厕所共用型。客房内带有淋浴、厕所设施的房间会用 Ensuite 来表示，当然价格也会高一些。

汽车旅馆的收费方式

大多数时候表示的是 2 人共住一个房间的价格。如果需要 3 人以上入住，每人需要加收 NZ$15~20。没有单人间，如果一人入住价格与 2 人入住没有大差别，可能会稍微便宜一些。大多数汽车旅馆都设有家庭房，一个房间可以同时入住 4~6 人。

钥匙保证金

入住旅馆时可能会收取钥匙保证金，价格在 NZ$5~20，办理退房手续归还钥匙后押金会返还。另外，许多城市里的住宿设施会有玄关密码锁，千万不要忘记密码。

保管好贵重物品

入住青年旅舍是一件非常愉快的事情，但非常遗憾的是大开间、多人间，经常发生盗窃案件。相机、钱包等贵重物品一定不要离身，如果有保险柜就存入保险箱中。如果没有就睡觉的时候抱着睡，做好贵重物品的保管。

客房的类型

Double & Twin
大床房 & 标准间

可供 2 人入住的房间，分为有两张床的标准间和有一个大床的大床房两种类型。

Unit & Studio
单元房 & 公寓房

这种房型一般是指带有卫生间、淋浴房、厨房的套间。汽车旅馆这种房型比较多。

Dormitory & Share
大开间 & 多人间

大开间一般是并排摆放着几张上下铺的房间，可同时供 5~10 人入住，比大开间小一些的房间可供 2~4 人入住的被称为多人间。

473

背包客旅馆

是费用最便宜的住宿设施，无论是哪座城市都有许多背包客旅馆。房间大都是大开间或者多人间，费用在每人 NZ$25 左右。也有些背包客旅馆设有女性专用的大开间或多人间。基本上卫生间和浴室是共用的。有公用厨房、附带电视的活动室等。大多数背包客旅馆的院子里都带有 BBQ 区域，可供烧烤使用。考虑到卫生方面的问题，原则上是禁止使用睡袋的，几乎所有的旅馆都免费提供枕头、床单。

费用便宜的背包客旅馆

农场寄宿

寄宿在农场或者牧场，适合想要深度体验带有新西兰特色旅行的游客。既可以一边参观学习农家是如何作业的，又可以实际参与其中帮忙照顾家畜。费用大约是每人每晚 NZ$100（包括 3 餐）。可以在当地的旅游咨询处咨询相关事宜。此外还在有机农场参加农业体验活动的项目，通过付出劳动获取在农场免费住宿，只有在加入了 WWOOF 的农场才可以参加这种以工换食宿的项目。

农场寄宿的斡旋组织
WWOOF New Zealand
P.O. BOX 1172, Nelson
/ （03）544-9890
URL www.wwoof.co.nz
Farm Helpers in New Zealand
41 South St. Paimerston North
/ （06）354-1104
URL www.fhinz.co.nz
Rural Hoildays New Zealand
P.O. BOX 2155, Christchurch
（03）355-6218
URL www.ruralholidays.co.nz

与可爱的动物们一起生活，身心得到放松

喂饲料是一项常见的体验活动

有效利用银蕨品质标章

银蕨品质标章 Qualmark 是由新西兰国家旅游局和 NZAA（新西兰汽车协会）进行的对新西兰国内值得信赖的旅游业从业者进行严格的品质考核，然后用 5 个星级对其进行评分的一种质量保证。如果你不知道该如何选择旅游服务时，不妨优先选择带有银蕨品质标章的设施。起初这个标章只适用于住宿设施，现在范围逐渐扩大，户外运动、文化设施、交通机构等也成了考核的对象。相信在你的新西兰之旅中一定会不止一次的看到银蕨品质标章。

这一考核机制的优势就在于，以住宿设施为例，按功能分为 Hotel、Motel、Holiday Park、Bed&Breakfast、Backpacker 等种类，然后在这些种类中再按照 5 星制划分等级，看到星级很快就可以区分设施可以提供的服务范围。不过，也不能断然地就说没有银蕨品质标章的地方就不值得信赖这个标章也只是为大家提供一个参考，只是一种判断的依据。URL www.qualmark.co.nz

YHA 旅舍（青年旅舍）

为了支持青少年自由行，由青年旅舍协会（YHA）运营的住宿设施。这类设施与背包客旅馆大致相同，整体水平略高一些。新西兰国内共有 43 处此类设施，只要你缴纳了 YHA 的会费成为 YHA 的会员即可享受所有旅舍住宿费 10% 的折扣。

克赖斯特彻奇（基督城）的 YHA Rollston House 是由一栋老房子改建而成的

另外，会员在办理入住时可以领取 Wi-Fi 使用卡，在入住期间可以享受免费上网。在新西兰国内的户外运动和交通机构也有不少针对 YHA 会员的折扣活动。详细内容请参考官网（www.yha.co.nz）。

一提起青年旅舍，许多人会误解为是有严格的闭灯时间、就餐时间，并且全体住宿者必须参加集会活动的地方，其实上述的规定完全没有。只是一个有共用厨房和共用空间，与背包客旅馆一样可以免费使用厨房用具、餐具、调味料的地方。而且没有门禁，可以自由出入，非常方便。

房型除了大开间或者多人间之外，还有单人间、大床房和双人间等，也有适合团体入住的房间。有个别房间还带有浴室和卫生间，这一点就有些像住在酒店的感觉了。

库克山 YHA 是人气较高的一个 YHA

新西兰有许多 YHA 都是由背包客旅馆加入到 YHA 系统的。所有住宿设施的结构、服务内容都不尽相同，有个性的旅馆也有不少。各个旅馆都有自己独特的服务，不妨在入住前确认清楚。

假日公园（宿营地）

在同一片辖地内除了提供宿营地之外，还有房车营地、小木屋、别墅小屋、联排公寓等各类住宿设施，可以随意挑选。有些宿营地还提供厨房区、淋浴区、游泳池等，对于开车自驾的游客来说这类住宿设施非常有利用价值。不过，人气较高的宿营地需要尽早预约。

YHA 旅舍的预约

大多数 YHA 旅舍都可以为下一站的住宿旅舍提供预约服务。除了协会运营的旅舍以外，一些民间的住宿设施或者加入指定机构的旅舍（Associate Hostel）也可以预约。各个旅舍的所在地，可以通过查阅协会发行的小册子，里面记载了主要景区的主要旅舍和旅游咨询处的位置。

获得青年旅舍协会的会员卡
→ p.450

未满 18 岁的青少年可以免费获得会员卡，18 岁以上 1 年有效的会员卡需要缴纳 NZ$25 会费，2 年有效的会员证是 NZ$40。在其他国家也可以使用的 YHA & IYTC 会员卡，有效期为 1 年，价格是 NZ$35。

宿营地的查找方法
URL www.holidayparks.co.nz

青年旅舍会员制度

YHA旅舍（青年旅舍）

新西兰共有 43 所会员制的青年旅舍。非会员入住每晚需要加收 NZ$2~3 的住宿费。会员证（1 年有效，成人 NZ$35，未满 18 岁免费），可以通过中国的青年旅舍协会，在出发前就办理入会手续（→ p.450）。当然，在新西兰当地的旅舍也可以直接申请入会。成为会员后还可以享受交通机构、各地旅行团、户外运动等的优惠政策。

URL www.yha.co.nz

BBH

BBH 是背包客经济旅舍 Budget Backpacker Hostels 的缩写，新西兰全国共有 300 多个加盟旅舍。花费 NZ$50 办理一张 BBH 俱乐部卡，可以在网上预约住宿设施，并且获得 NZ$15 的返点。与 YHA 会员一样也享受交通机构、各地旅游团、户外运动等优惠政策。详情可以在各 BBH 加盟店确认。

URL www.bbh.co.nz

位于特卡波湖的汽车旅馆＆宿营地有宿营区和汽车旅馆区

住宿设施的查找方法与预约

首先，值得注意的是旅游旺季和假期中可能会出现酒店预约难的问题。新西兰的旅游旺季是夏季 12 月～次年 3 月。在南岛的昆斯敦（皇后镇）、蒂阿瑙、瓦纳卡，北岛的罗托鲁阿、陶波等度假胜地想预订到房间很困难。一般需要提前 2~3 个月预订，制订好旅行计划之后建议提早订房。冬季期间，人气较高的滑雪场周边城镇也比较难订到房间，有些可能早在半年前就被订满了。

另外，圣诞节至新年伊始（至 10 日左右）、3 月下旬至 4 月中旬的复活节休假（每年有变化）期间，也是旅游旺季，一些酒店和汽车旅馆早在几周前就已经被订满房的现象也经常出现。切记一定要提早预订房间。

预约方法

最简单的方法是，从住宿设施的官网预约。根据入住的时期不同会有相应的折扣。如果没有官网预订服务，可以通过邮件或者发传真预约。请将预约内容、费用明细、支付方法、取消预约的条件等内容提前确认清楚。为了避免不必要的麻烦，办理入住时一定要带好预约确认书。

另外，还可以通过中文或者英文的住宿预约网站来预约住宿。这类住宿服务类的网站多种多样，可以比较之后再下订单，多参考用户的评价。而且住宿费也是最低保证，可能会比直接到酒店预订便宜一些。支付方法也各有不同，有些是在当地支付，有些则需要提前预付。无论哪一种都需要使用信用卡。

此外，各地的旅游咨询处 i-SITE 也有提供介绍住宿设施的服务。

酒店的互联网设施

无论是高档酒店还是旅馆，新西兰的大多数住宿设施都配有有线网络或者无线互联网。不过一般来说都是付费的，费用依酒店而不同。大多数是按照时间收费的，有 1 小时、或者 24 小时等套餐，时间越长价格越优惠。也有一些是可以在网站上选择套餐，然后通过信用卡支付。有不少酒店的大堂是可以免费使用 Wi-Fi 的，如果想要在客房内使用则需要单独支付费用。

小费与行为规范

在海外旅行时，会遇到许多与国内不同的习惯和行为规范。启程前应进行了解，到达目的地后应遵从当地人的习惯。新西兰虽然没有什么特别的严格的规定，不过以下这些基本事项还是要事先了解一下。

关于小费

可以填写加上一些零头凑成整数的金额

小费就是接受服务后为了表示感谢而支付的小额费用。在很多欧美国家，支付小费是人们日常生活中的习惯。乘坐出租车、在餐馆用餐、酒店工作人员为自己搬运行李及打扫房间等情况都要支付一定的小费，这已经是成为一种常识。不过，新西兰并没有支付小费的习惯，所以游客也不必对此多虑，如果感觉服务非常好，则可以根据自己的想法随意给一些小费。在餐馆用餐时，如果想支付一定的小费，在使用信用卡结完账后，可在单据上的"Tip"一项填写适当的金额，或者"Total"一项填写包含小费在内的总付款金额。

关于行为规范

禁烟规定十分严格

新西兰是对吸烟的管制非常严格。为了减少吸烟，烟草的价格被定得非常高，一盒卷烟 NZ$22（约合人民币 99 元）。禁烟法规规定不得在包括餐馆、酒吧、夜店的公共室内场所吸烟，对违反规定者将处以罚款。在公共场所吸烟只能去设有烟灰桶的室外吸烟区。当然，也

不知者不罪在这里是行不通的

不能在步行时吸烟。还需要注意，"Smoke Free"是禁烟的意思。

进行户外运动时需要考虑保护环境

新西兰是一个环保先进国家。在自然环境中进行徒步旅行等户外运动时，不能给野生动物喂食，要将自己的垃圾全部带回，这些都是在当地常识性的行为规范，一定要牢记在心（→ p.419）。

乘坐出租车时的习惯

乘车时可坐后排座位，也可坐副驾驶位置，但如果是一个人乘车，在新西兰一般来说会坐副驾驶位置。乘坐出租车、巴士，在下车时跟司机说一声"Thank You, Driver!"也是新西兰人的习惯。

有利于环保的出租车

关于服装

新西兰对服装的要求比较宽松。很多新西兰人都光脚在街上行走。但是结束户外运动归来去商店、餐馆时，穿着还是应该符合公共场合的基本规范。如果在中档以上的餐馆用餐，至少应穿着休闲正装。

电话与邮政

电话

国内电话

新西兰的长途区号共有 5 种（北岛 04、06、07、09。南岛 03）。即便是处于同一区号所辖范围内，除了非常近的距离以外，拨打号码时都需要首先输入长途区号。0800 或者 0508 开头的号码，是新西兰国内的免费电话常见于酒店预约等。

国际电话

在酒店的客房几乎都可以拨打国际长途，也可以从公用电话上拨打。公用电话分为投币式、投币和使用电话卡并用式，还有可以使用信用卡的公用电话。电话卡分为插卡式的，还有 PIN 式的，两种都比较常见。拨号式的电话卡，在购买之后需要剥开背面的银色保护层方可看到号码。打电话时需要先拨打背面所记号码，根据语音提示操作，听到余额播报之后便可以拨打对方的电话号码了。

在海外使用手机

在国内各大电话公司都可以办理国际漫游业务。也可以通过互联网购买当地的手机卡，要使用流量卡可在下飞机后直接换卡。

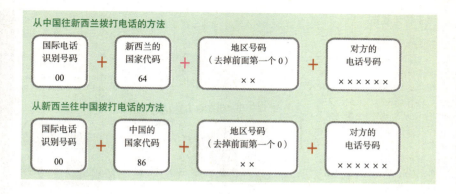

从中国往新西兰拨打电话的方法			
国际电话 识别号码 00	新西兰的 国家代码 64	地区号码 （去掉前面第一个0） ××	对方的 电话号码 ××××××

从新西兰往中国拨打电话的方法			
国际电话 识别号码 00	中国的 国家代码 86	地区号码 （去掉前面第一个0） ××	对方的 电话号码 ××××××

充值式手机

　　长期滞留新西兰的人可能会选择购买手机（签约电话公司），不过也可以考虑选择充值式手机。价格一般是NZ$150~，内附价值NZ$100的电话费。余额用完之后可以继续购买充值卡，通过卡片背面记载的PIN号码对电话进行充值。

New Zealand Post

FREE 0800-501-501

URL www.nzpost.co.nz

邮政

位于城镇中的邮局

　　邮政方面新西兰除了国营的 New Zealand Post 之外，还有民营的 Fastway Couriers 公司。邮局的营业时间一般是周一~周五的8:00~17:30，周六的9:00~12:00，除了可以收发邮件之外，还可以发传真、拨打国际长途等。国际邮件有需要1~5日送达的快速国际快递 International Express Courier、2~6日送达的国际快递 International Courier 和需要3~10日送达的普通国际邮件 International Air。

邮费

　　国内邮件大小在13厘米×23.5厘米、厚度6毫米、重量不足500克的视为普通邮件，价格是NZ$0.8。除此之外，邮件越大，费用越高。

　　普通的国际邮件寄往中国，明信片是NZ$2.2，信封（大小13厘米×23.5厘米、厚度1厘米、重量200克以内）是NZ$2.7。如果发国际快递 International Courier 的话明信片和信封等重量在250克以内的价格是NZ$30.54，500克以内的是NZ$35.06。快速国际快递 International Express Courier 是500克以内NZ$54.01，1千米以内NZ$64.06。万一发生破损，可以利用提前设定的赔偿金额进行查询和索赔。

邮票可以作为伴手礼

　　新西兰的邮票比我国普通邮票要大一些，经常带有美丽的绘画图案、风景、独特的野生动物、毛利文化、橄榄球、电影《指环王》《霍比特人》等内容。作为新西兰旅行的纪念品馈赠亲友也是不错的选择。

URL stamps.nzpost.co.nz

颜色是红色的

互联网

很多人会担心从国内带出去的手机或者平板电脑在新西兰能否使用网络。近年来无线 Wi-Fi 的使用率在逐渐增加，电脑用的网线酒店也有提供，大可不必担心。手机上网的方法更是多种多样，可以加入中国电话公司的海外漫游业务，也可以直接购买新西兰当地的电话卡。

新西兰的互联网事宜

新西兰互联的主流是利用电话回线的 ADSL，不过近年来无线网络的使用率在逐渐增加。网速方面根据区域不同速度也有所不同。一般来说上网是需要支付使用费的，不过 1 天之内的下载用流量是有限度的。

奥克兰和惠灵顿等大城市有不少免费的 Wi-Fi 提供点，但也大都限制流量和时间。地方城市大都没有普及 Wi-Fi，这是现状，不过图书馆、公用电话等可以免费使用 Wi-Fi。

大多数的连锁店、快餐店比如麦当劳、星巴克、易思凯斯咖啡等都可以免费使用 Wi-Fi。也可以去网吧，1 小时大约是 NZ\$3。有些网吧可以自带电脑。

新西兰的免费无线网络
Zenbu
URL www.zenbu.net.nz
奥克兰的免费 Wi-Fi 点
URL aucklandcouncil.custhelp.com/answers/detail/a_id/214
惠灵顿的免费 Wi-Fi 点
URL cbdfree.co.nz

Information

在新西兰使用手机、互联网

可以有效地利用酒店等地的网络服务（付费 or 免费）、免费 Wi-Fi 点（需要连接、免费）。新西兰主要的酒店、城市都设有 Wi-Fi 点，也可以提前调查好入住的酒店是否可以上网、是否有 Wi-Fi 等相关事宜。不过 Wi-Fi 点的网速通常不是很稳定，可能会掉线或者很难联线。如果是购买电话卡用手机上网就会相对稳定一些。

❇ **国内各大移动电话公司的流量包**

中国移动、中国联通等公司都推出了海外漫游流量包。

可以直接使用国内的手机在新西兰上网。优势是使用简单方便，不用换手机卡；弊端是费用会比购买当地电话公司的电话卡还贵，使用稍有不当可能产生高额费用。

❇ **租借可在新西兰使用的随身 Wi-Fi**

也可以选择租借随时 Wi-Fi。一定金额可以使用一定的流量。无论是手机、电脑、平板都可以使用，非常方便。可以提前在某宝上预订，在国内的出发机场提取，会有工作人员指导使用方法。

可以在机场领取租借的随身 Wi-Fi

479

旅行中的突发事件与安全对策

　　新西兰给人的印象是治安状况较好，但是跟其他国家一样也会有犯罪发生。要有强烈的自我保护意识，这是在旅行时的基本原则。应了解遭遇紧急情况时的联系方法及对策。

警察、急救、消防的紧急电话
均为☎111（警察、消防出动为免费，急救车要收费）

外交部提供的领事保护与服务
外交部领事司
🏠 北京市朝阳区朝阳门南大街2号
☎（010）6596-3500
URL cs.mfa.gov.cn

中国驻新西兰使领馆
驻新西兰大使馆
🏠 6 Glenmore Street Wellington
☎（04）472-1382
FAX（04）499-0419
URL nz.china-embassy.org

驻克赖斯特彻奇（基督城）总领事馆
🏠 108 Hansons Lane，Upper Riccarton，Christchurch，8041
☎（03）344-3650
FAX（03）343-3647
URL christchurch.china-consulate.org

驻奥克兰总领事馆
🏠 588 Great South Road，Ellerlie，Auckland
☎（09）525-1588 或 525-1589
FAX（09）525-0733
URL auckland.china-consulate.org

如何避免遭遇突发事件

新西兰的治安状况

　　十几年以前，新西兰还被誉为治安良好的国家，但如今在奥克兰、基督城等人口较多的城市，偷盗以及入室窃窃的案件在增多。在这类犯罪中，扒窃及顺手牵羊式的盗窃所占的比例较高，而且，杀人、抢劫等严重犯罪的数量也在增加。特别是在城市，游客及常住人口数量都在增加，但警察的数量却处于严重不足的状态。

　　遭遇突发事件的风险总是存在的，而且是无法预知的。所以不要以为旅行目的地国的治安状况较好就放松警惕，一定要有自我保护意识。

突发事件的事例与对策

　　除了人祸，还可能遇到天灾。如果打算在国外滞留较长的时间，一定要将自己所处的位置告知家人。中国外交部在2013年后推出了"出国及海外中国公民自愿登记"系统，可在外交部官网上登录，遇紧急情况时，便于对旅行者的身份进行核实以及给旅行者提供必要的领事服务。

●盗窃

　　这种犯罪在新西兰全国各地都会发生，而且并不少见。将行李放在酒店大厅时、放在电话亭边打电话时、吃饭时把行李放在椅子后面时、在酒店休息（或外出）但未能妥善保管好行李时，只要稍微一不注意，就可能遭遇盗窃。乘坐长途巴士旅行时也可能发生被盗的情况。尤其在夜间，车内的灯光昏暗，应多加注意。可以采取一些对策，例如把大件行李夹在两腿中间，将手提包挎在肩上，在餐馆吃饭时不把行李放在视线之外的地方，住宿时（尤其是住多人房间时）把行李箱锁好并随身携带好贵重的物品。

警方在停车地点放置的警示牌

●独行

　　在城市里的黑暗小巷独自行走是十分危险的。抢劫、强奸等犯罪行为经常发生于这种行人较少的偏静地方。新西兰1年会发生1000多起强奸案，女性一定不可以在夜晚独自行走。

●针对汽车的盗窃

　　还要注意针对汽车的盗窃。在城市里，砸破车窗后盗窃车内物品的案件经常发生。应该注意的是不要忘记拔下车钥匙，不要在人少的街道边停车而应尽量将车停在管理较正规的停车场。另外，不要把旅游手册、地图等会暴露游客身份的

物品放在车内显眼的位置。新西兰警方还制作了安全手册，游客可在旅游咨询处获取。

●针对女性的犯罪

近年来，新西兰针对女性的犯罪案件数量呈增加趋势。其中，以工作旅行和留学为目的滞留新西兰的女性遭遇伤害的案件尤其多。案件的共同特点是犯罪者在咖啡馆或酒吧搭讪外国女性，然后伺机实施犯罪。有的罪犯会把麻醉药物混入酒中，让女性饮用后对其进行强奸，最后再抢劫女性身上的现金和信用卡。亚洲女性在新西兰很受喜欢，一定要有自我保护意识，学会对陌生人的辨别。

●机动车交通事故

新西兰对公路上机动车的速度限制为城市道路时速 50 公里，乡村道路时速 100 公里。机动车的数量也很多国家都少很多，但是上下坡及弯道较多，而且游客对线路也不熟悉，所以驾车时一定要多加注意。外国游客在新西兰驾车时遭遇事故的例子也不少见。驾驶机动车以 100 公里的时速行驶，一旦发生事故，就很有可能会危及生命。另外，新西兰的公路基本上没有路灯，所以夜晚不要长途驾驶。

除了山间区域以外基本上不会有积雪，但冬季的夜晚和早晨，有的路面也可能会结冰。驾车时应注意控制车速并保持车距。

遭遇突发事故时该如何处理

失窃·遗失

●现金

如果丢失现金，基本上无法找回，不过还是应该报警，而且还要考虑如何解决旅行费用的问题。可以让家人、朋友从国内往新西兰汇款，或者使用信用卡在当地提取现金，总之一定要有钱。如果从国内汇款的话，可以汇到距离游客所在地较近的汇款银行支行。国内的主要银行都有海外汇款业务。

●信用卡

应立即联系发卡公司，办理挂失手续。只要办理了失窃或遗失的相关手续，即便信用卡遭人无端使用，保险也会赔付，所以要记下卡号以及发卡公司的紧急联系方式并与卡分开保管。

如希望在国外办理新卡，还要提交相关材料。各发卡公司的具体办理程序与所需时间可能不同，需要用户提供信用卡号、有效期以及护照等身份证件。办理时间需要两天到一周。

●随身物品、贵重物品

如随身物品、贵重物品遗失或失窃，应该到最近的警察局办理遗失、失窃证明。如果没有此证明，即便已经购买海外旅行保险，也无法获得赔偿，所以一定不要忘记办理。办理证明时，会被问及遗失、失窃的时间、地点以及丢失物品的特征，所以应做好准备，能够做到把最基本的情况告诉警方。尤其是丢失物品为手提包、钱包时，如能清楚地讲述包内都有哪些财物，则手续的办理会更加顺畅。

●遗失护照时

如果护照丢失，应去中国驻外使领馆办理护照补发或申请旅行证。需提交的材料有《中华人民共和国护照 / 旅行证 / 回国证明申请表》、本

发生紧急情况时的公共翻译服务

政府（The Office of Ethnic Communities）提供的翻译服务。如果在 ACC 办公室、移民局、警察部门遇到语言上的障碍，可以通过电话接受翻译服务。具体电话号码各部门不一，可在网站上查询。

URL ethniccommunities.govt.nz/how-language-line-works-chinese

找不到随机托运行李时

如果下机后没有找到自己的随机托运行李，可以去所乘航班的航空公司柜台报失。应确认找到行李之前的补偿办法以及找到行李后的处理方案。各航空公司的具体做法不一，可能会支付与行李价值相当的现金并提供必要的衣物。

随机托运行李损坏时

下机后如发现随机托运行李损坏，应立即前往所乘航班的航空公司柜台，让航空公司工作人员对情况予以记录。有时候航空公司可能会支付赔款，如果购买了海外旅行保险（随行物品破损），则需要向保险公司提交有航空公司相关负责人签字的行李破损证明。还应立即对破损行李进行拍照取证。

主要信用卡公司的紧急联系方式

American Express
FREE 0800-44-9348

Diners Club
FREE 00-81-45-523-1196

JCB
FREE 00-800-0009-0009

MasterCard
FREE 0800-449-140

VISA
FREE 00-800-1212-1212

如何在使领馆申领证件申请补发护照

①《中华人民共和国护照 / 旅行证 / 回国证明申请表》1 张
②证件照片（外廓 48 毫米 × 33 毫米，头部宽度 21~24 毫米，头部长度 28~33 毫米）3 张
③护照及赴新西兰签证的复印件（如有）
④手续费 NZ$33~40
⑤办理时间为 15 个工作日以上

人的证件照片（一般为三张）、丢失护照的复印件（一般需要带照片的资料页，如有延期或加注信息的情况，还需要相关的资料页）以及护照丢失经过的详细说明等。需缴纳一定的手续费。

● 机票

现在，乘坐飞机时大多采用电子机票。购买机票的乘客可获取一张印有航班行程的行程单，到机场后将行程单交给航空公司柜台的工作人员就能拿到登机牌。行程单的信息由电脑管理，所以即便丢失，也可再次获取，比传统的机票方便许多。

交通事故

● 关于事故补偿金制度（ACC）

新西兰有 ACC 制度（Accident Rehabilitation and Compensation Insurance Corporarion），即在新西兰境内因事故受伤接受治疗所需的费用可由政府进行一定的补偿。该制度适用于游客及持有工作旅行签证的人员，但不是所有事故都可获得补偿。补偿金的适用范围是包括急救车费的紧急交通费以及治疗、住院的费用。补偿申请由医生提交，是否支付则由 ACC 做出判断。

● 租车自驾时发生的事故

虽然新西兰的路况很好，但是路上的车辆较少，非常便于驾驶，但还是要注意交通安全。发生事故后，应立即打电话系系租车时已向其购买保险的保险公司及警察，之后按照保险公司及警察的指示行事。一定要拿到警察出示的事故证明。

如遇生病

新西兰的医疗水平还是比较高的，如遇生病、受伤等紧急情况需要就医时可以安心就诊。

在意外赔偿公司（ACC）的赔偿制度中，生病不在理赔的范围之内，所以治疗费需要自行支付。因为在海外就医可能要花费高额的费用，所以小编推荐一定要购买海外旅行保险（→ p.450），另外加入保险时要看清楚是否承担治疗费，或者是承担住院费等内容。回国办理保险理赔时需要提交住院、就医的相关证明，记住就诊完毕后一定要领取诊断证明书和收据。

在医院接受治疗

新西兰的医疗制度分为 2 个阶段，第一个阶段也称一次医疗，是全科医生诊疗（GP=General Practitioner）性质的治疗，第二个阶段也称二次医疗，是专科医生诊疗。无论是生病还是受伤都必须由全科医生（被称为 GP 的私人医生）诊疗之后，判断需要由专科医生治疗才可以去医院或者有专科医生的诊所接受治疗。没有 GP 的介绍是不能接受二次医疗的，首先需要接受一次医疗的诊治。

一次医疗（全科医生）基本上是需要预约的，而且周末、法定节日休诊的可能性比较大，如果是夜间需要急诊或者是在诊疗时间外的情况下，建议去医疗中心或者急救中心。接受治疗时，如果可以给医生提交一个写有英文的病状说明（例如何时开始的、多少次、具体症状等）那就最好不过了，诊疗速度会大大提高。如果有服常用药，也请把常用药的英文名称告知医生。

如果你对英文就诊没有信心，可以通知保险公司派一名中文医疗翻

位于城市中的医疗中心

译。如果是二次医疗的机构一般都可以派遣医疗翻译。有些全科医生的诊所也是带有翻译的，打电话预约的时候不妨提前咨询一下。紧急情况下的医疗会话可以参考→ p.488。

购买药品时

　　医疗机构开出处方之后，需要到药局（Pharmacy 或者 Chemist）去购买药品。领取处方药的地方写有"Prescription"的字样，这里有专门的药剂师，届时把处方交给药剂师即可。药局还有非处方药的感冒药、头痛药、胃肠药等，即便是没有处方也可以购买这些药品。如果不知道购买何种药时，可以向药剂师咨询。

　　新西兰具有代表性的药局是 Unichem Pharmacy 和 Radius Pharmacy 等。在大型超市也有非处方药出售。

奥克兰
Auckland City Hospital
🏠 2 Park Rd. Grafton
☎ （09）367-0000
Ascot White Cross
（24 小时医疗中心）
🏠 Ground Floor, Ascot Hospital, 90 Greenlane Rd. E. Remuera
☎ （09）520-9555
罗托鲁阿
Lakes Care Medical Centre
🏠 1165 Tutanekai St.
☎ （07）348-1000
惠灵顿
City Medical Centre
🏠 Level 2, 190 Lambton Quay
☎ （04）471-2161

品种齐全的药局连锁店 Unichem Pharmacy

旅行中的英语会话

与美语不同的单词
药妆店 = drugstore（美语）
＝ chemist（NZ）
电梯 = elevator（美语）
＝ lift（NZ）
公寓 = apartment（美语）
＝ flat（NZ）
徒步远足 =trekking（美语）
=togs（NZ）
汽油 = gasoline（美语）
＝ Petrol（NZ）

新西兰国内也有方言
与我国一样，新西兰各地方也是有方言的。惠灵顿中心部等地方与其他地方的语言就会略有不同。不妨试着听听看，能否感受其中的不同也是旅行的一种乐趣。

新西兰英语的 ABC

深受欧洲影响的新西兰英语也被称为几维英语。虽然比美式英语更加接近英式英语，但也有许多发音上的不同。虽然都可以称之为英语，但与在我国普遍所学的美式英语还是有些不同的，起初可能会有些听不习惯。

英式英语的委婉表达方式

在日常用语中有最大区别的是时刻的表示方法。例如 2:45 的表达方法不是 "two forty five" 而是 "quarter to three（差一刻钟三点）"。另外，4:50 是 "ten to five（差十分钟五点）"、9:10 是 "ten past nine"。许多单词的后缀也跟英式英语比较接近，例如 Center → Centre、Theater → Theatre 等。还有，1 层用 Ground Floor 表示，2 层用 First Floor 表示。快餐店内外卖的说法不是 "Take Out"，而是 "Take Away"。

发音的不同

新西兰英语的发音方式接近澳大利亚英语。最有代表性的是 "ei" 的发音通常听成是 "ai"（例如：Today 的发音是 todai），还有把 "e" 发成长音 "yi"（例如：Pen 的发音是 pin，Yes 的发音是 yis）等。所有元音 "e" 的发音都接近于 "i"，数字的 six 经常被听错，很是尴尬。

毛利语的基础常识

除了英语之外，毛利语也是新西兰的共用语言。这种语言是原住民毛利人的语言，与白种人接触后开始逐渐形成自己的文字，一些历史和传说等也从原来的口口相传变成了文字。"毛利" 在其民族语言的本意是最普通的、自然的，在与白种人开始接触之后才用这一词汇表示自己的民族。

毛利语的发音基本上是由字母和子音组成的。在新西兰的书店内可以买到毛利语对话集、地名词典等，如果有兴趣不妨去看一看。

【毛利语的基本单词与对话】
Aotearoa 奥提阿罗阿 = 细长白云缭绕的国度（指新西兰）
Pakeha 帕开哈 = 英系新西兰人
Maori 毛利 = 普通的、通常的、自然的
Kia Ora 其亚欧拉 = 你好、谢谢
Tena Koe 缇娜寇唉 = 初次见面、打招呼（对方是独自一人的时候）
Haere mai 哈艾蕾麦侬 = 欢迎光临
E Noho Ra 依诺拉 = 再见
Ae 爱 = 是的
Kaore 卡哦雷 = 不是

●机舱内 / 机场●

我想预约3月16日从奥克兰出发飞往克赖斯特彻奇（基督城）的航班。	I'd like to make a reservation for a flight from Auckland to Christchurch, March 16th.
请给我通道侧 / 靠窗侧的座位。	An aisle / A window seat, please.
我们需要相邻的座位。	We'd like to sit together.
可以帮我保管行李吗？	Could you store my baggage?
新西兰航空118次航班的登机口在哪里？	Where's the boarding gate for Air New Zealand 118?
打扰一下，能让我过一下吗？	Excuse me, can I get through?

可以再给我一个毯子吗？	May I have another blanket?
对不起，我可以把靠背靠后挪一下吗？	Excuse me, may I put my seat back?
请问有中文报纸吗？	Do you have a Chinese newspaper?
可以告诉我这个表格怎么填写吗？	Could you tell me how to fill in this form?
没有需要申报的物品。	I have nothing to declare.
旅行的目的是什么？	What's the purpose of your visit?
旅游。	Sightseeing.
准备在这待1周。	I'll stay here about a week.
我的行李没有出来。	My luggage is not coming yet.

●交通方法●

我迷路了。	I think I'm lost.
大教区域在地图的什么位置？	Where's the Cathedral Square on this map?
车站 / 巴士站 / 渡轮码头在哪里？	Where's the station / bus terminal / bording gate?
从这里到皇后镇还需要多长时间？	How long does it take from here to Queenstown?
请给到皇后镇的往返 / 单程票。	One-way (Single) / Round trip (Return) to Queenstown, please.
哪一辆是去往奥克兰的巴士 / 火车？	Which bus / train goes to Auckland?
你好，我想租辆车。	Hello. I'd like to rent a car.
可以在惠灵顿异地还车吗？	Can I drop the car off in Wellington?
我在哪里可以打到车？	Where can I get a taxi?
请打开后备箱。	Can you open the trunk?
请问到机场需要多长时间？	How long does it take to go to the airport?

●旅游 / 城市漫步●

这条街叫什么？	What's this street?
我想去这里。	I'd like to go to this address.
打扰一下，我可以领取一张免费的城市地图吗？	Excuse me. May I have a free city map?
可以帮我 / 我们拍张照吗？	Could you take a picture of me / us?
最近的共用电话在哪里？	Where is a pay phone near here?
这附近有公共厕所吗？	Is there a public restroom around here?
这里可以申请参加观看企鹅的团体游项目吗？	I'd like to take a penguin watching tour.
这里可以预约吗？	Can I make a reservation here?
团体游的出发时间是几点 / 地点是哪里？	Where / When does the tour start?

●住宿●

我在中国预约了房间。	I made a reservation in China.
今晚有单人间的空房吗？	Do you have a single room tonight?
我预约了从今天开始使用网络3天的权限。我的名字是XX。	I have a reservation getting by internet for 3 nights from tonight. My name is XX.

我想取消预约，请问需要支付手续费吗？	I'd like to cancel the reservation. Will I have to pay cancellation fee?
我想办理入住 / 退房手续。	Check in / out, please.
空调状态不佳，请帮忙修理一下可以吗？	The air conditioner doesn't work. Could you fix it?
房间钥匙被我弄丢了。	I lost my room key.
我把钥匙忘在房间了。	I'm locked out.
不出热水。	The hot water isn't running.
厕所不能冲水。	The toilet doesn't flush.
明早7:30，能帮忙叫早吗？	Can I have wake up call tomorrow morning at 7:30?
我要在多住一天可以吗？	Iwould like to stay one more night.
可以帮我保管贵重物品吗？	Could you keep my valuables?

●购物●

不，我只是看一看。	No, thank you. I'm just looking.
有适合做礼品用的麦卢卡蜂蜜吗？	Do you have a Manuka Honey for souvenirs?
能给我这个吗？	Can I have this one?
可以把那个给我看看吗？	Could you show me that?
这个可以试穿吗？	Can I try this on?
可以拿在手上看看吗？	May I hold it?
有比这个大一号的吗？	Do you have any larger one?
结算金额不对。	This total cost isn't correct.

●就餐●

我想预约今晚8:00，3个人的位子。	I'd like to reserve a table for 3 people tonight at eight.
能给我看下菜谱吗？	May I have the menu?
这里有什么地方特色菜吗？	Do you have any local specialties?
我点一份烤羊肉。	I'll take a roast lumb.
可以给我几个小盘子吗？我们想分一下菜。	Can we have some small plates for sharing?
这个可以带走吗？	Can I take this away?
跟我点的菜不一样。	This is not my order.

●纠纷麻烦●

我可以继续旅行吗？	Can I continue my trip?
我的护照丢了。	I lost my passport.
我的钱包被偷了。	Someone stole my wallet.
能给我一张被盗 / 丢失证明信吗？	Could you make a report of the theft / loss?
我的车胎爆了。	I have a flat tire.
我遇到了交通事故。	I had a traffic accident.

【飞机 / 机场 】

单程 / 往返 ... one way / return
经过 .... transit
转机 ....transfer
登机牌 ....boarding pass
费用 ....fare(fee)
预约再确认 ....reconfirm
出发 .... departure
到达 ....arrival
目的地 .... destination
行李提取处 .. baggage claim

【巴士 / 火车 / 租车等 】

时刻表 ....timetable
上车 ....get on
下车 ....get off
十字路口 .... crossing
距离 ....distance
更换轮胎 ....retire the tire

【住宿 】

预约 ....reservation
空房 / 满房 ....vacancy / no vacancy

【购物 】

衬衫 .... shirt
领带 ....tie
裤子 ....trousers
鲍鱼贝 ....paua shell
翡翠 .... jade
羊皮 ....sheepskin
羊毛衫 ....wool sweater

【食材 】

羔羊肉 ....lamb
小牛肉 ....veal
鹿肉 ....venison
虾 ....shrimp/prawn
牡蛎 ....oyster
贻贝 ....mussels

【兑换货币 】

兑换货币 ..money exchange
手续费 ....commission
密码 ....PIN number
提现 ....withdraw

【纠纷麻烦 】

警察 ....police
救护车 .... ambulance
旅行保险 .... travel insuarance
补发 .... reissue
检查记录 ..... record of checks
中国大使馆 .. embassy of China
中国总领馆 ..General of China
被盗证明信 .. theft certificate
丢失证明信 ...loss certificate

在新西兰可以品尝到的主要鱼类

剑鱼	Swordfish	鲷鱼、真鲷	Snapper
箭作枪鱼	Striped Marlin	新西兰龙尖鱼	Tarakihi
蓝鳍金枪鱼	Southern Bluefin Tuna	鲂鱼	Gurnard
黄鳍金枪鱼	Yellowfin Tuna	蓝鳕鱼	Blue Cod
金枪鱼	Skipjack Tuna	安康鱼	Monkfish
皇帝鱼	Kingfish	新西兰盾吻鲽	New Zealand Sole
海鲂	John Dory	三文鱼	Salmon
澳大利亚隆头鱼	Groper	鳟鱼	Trout

紧急情况下的医疗会话

●向酒店索取药品

我身体不太舒服。
I feel ill.

有止泻药吗？
Do you have a antidiarrheal medicine?

●去医院

附近有医院吗？
Is there a hospital near here?

有华人医生吗？
Are there any Chinese doctors ?

请带我去医院。
Could you take me to the hospital?

●医院对话

我想预约看诊。
I'd like to make an appointment.

格林酒店介绍我来这里的。
Green Hotel introduced you to me.

叫我名字的时候请通知我。
Please let me know when my name is called.

●在诊疗室中

需要住院吗？
Do I have to be admitted?

下次什么时候来合适？
When should I come here next?

我需要定期复查吗？
Do I have to go to hospital regularly?

我准备在这里再继续待2周。
I'll stay here for another two weeks.

●看病结束后

诊疗费一共多少钱？
How much is it for the doctor's fee?

可以用保险吗？
Does my insurance cover it?

可以使用信用卡支付吗？
Can I pay it with my credt card?

请在保险单据上签字。
Please sign on the insurance papar.

※有下列症状时可以在下表中打钩，出示给医生看

☐ 恶心 nausea	☐ 发冷 chill	☐ 食欲不振 poor appetite
☐ 头晕 dizziness	☐ 心悸 palpitation	
☐ 发热 fever	☐ 测腋下体温 armpit	_____ ℃ / ℉
	☐ 测舌下体温 oral	_____ ℃ / ℉
☐ 腹泻 diarrhea	☐ 便秘 constipation	
☐ 水样稀便 watery stool	☐ 溏便 loose stool	1 日　　次　　times a day
☐ 偶尔 sometimes	☐ 经常的 frequently	频繁的　　continually
☐ 感冒 common cold		
☐ 鼻塞 stuffy nose	☐ 流鼻涕 running nose	☐ 打喷嚏 sneeze
☐ 咳嗽 cough	☐ 有痰 sputum	☐ 血痰 bloody sputum
☐ 耳鸣 tinnitus	☐ 听力减退 loss of hearing	☐ 耳朵分泌物 ear discharge
☐ 眼睛分泌物 eye discharge	☐ 眼部充血 eye injection	☐ 视力障碍 visual disturbance

※使用下列单词在必要时向医生表达病因

●什么状态的

生的　raw
野生的　wild
油腻的　oily
没煮过的
　uncooked
时间长的
　a long time after it was cooked

●受伤了

被叮咬　bitten
切了　cut
摔倒　fall down
被打　hit
扭到了　twist

跌倒　fall
烫伤　burn

●痛感

麻　buming
刺痛　sharp
敏感　keen
剧痛　severe

●原因

蚊子　mosquito
蜜蜂　wasp
牛虻　gadfly
毒虫　poisonous insect
蝎子　scorpion
海蜇　jellyfish

毒蛇　viper
松鼠　squirel
（野）狗　（stray）dog

●做何事时……

去丛林的时候
　went to the jungle
潜水的时候
　diving
宿营的时候
　went camping
登山的时候
　went hiking (climbing)
在河里玩耍的时候
　swimming in the river

黄 页

● 航空公司 ●

【新西兰航空 Air New Zealand 】
☎ 400-101-8080（国内）FREE 0800-737-000
URL www.airnewzealand.cn
　　是新西兰国内最大的航空公司，有连接新西兰20多个城市的国内航线。

【捷星航空 Jetstar Airways 】
☎ 4001 201 260　FREE 0800-800-995
URL www.jestar.com
　　以澳大利亚、新西兰为中心运航的航空公司。在奥克兰～惠灵顿等主要区域之间通航。

● 机 场 ●

【克赖斯特彻奇（基督城）国际机场 Christchurch International Airport 】
☎（03）358-5029　URL www.christchurchairport.co.nz
【奥克兰国际机场 Auckland International Airport 】
☎（09）275-0789　FREE 0800-247-767
URL www.aucklandairport.co.nz

● 主要巴士公司 ●

【城际长途巴士公司 Intercity Coachlines 】
克赖斯特彻奇（基督城）☎（03）365-1113
达尼丁 ☎（03）471-7143
奥克兰 ☎（03）583-5780
惠灵顿 ☎（04）385-0520
URL www.intercity.co.nz
　　俗称城际巴士，是新西兰国内最大的巴士公司，线路囊括南岛、北岛，与纽曼、Great Sights等公司联合运营的线路也有不少。

【 Great Sights 公司 】
☎（09）583-5790　FREE 0800-744-487
URL www.greatsights.co.nz
　　连接奥克兰～怀托摩之间等南岛、北岛主要城市之间的各种一日游巴士。每到一个目的地司机都会通过车内广播介绍当地的风土人情、旅游导览等内容。

【 Atomic Shuttles 公司 】
☎（03）349-0697　FAX（03）349-3868
URL www.atomictravel.co.nz
　　在南岛各地拥有多条穿梭线路的巴士公司。运费低廉，可以直达家门口是这家公司的优势。

【 Alpine Connexions 】　☎（03）443-9120
URL alpineconnecions.co.nz
　　运营南岛瓦纳卡以南的穿梭巴士。配合瓦纳卡、昆斯敦（皇后镇）至达尼丁的火车运行时间而出车。

【 Mana Bus 】
☎（09）367-9140　URL www.manabus.com
　　连接奥克兰、哈密尔顿、惠灵顿等北岛主要城市之间的巴士公司。费用低廉是这家公司的魅力所在。

【 Nakes Bus 】
FREE（09）979-1616　URL nakedbus.com
　　这家公司的特点是运费低廉。如果提前预约，票

价会更加优惠。主要经营北岛各小城市之间的线路。

● 铁路公司 ●

【几维铁路 Kiwi Rail 】
☎（04）495-0775　FREE 0800-872-467
URL www.kiwirailscenic.co.nz
　　几维铁路拥有克赖斯特彻奇（基督城）～格雷茅斯之间的"阿尔卑斯山号 Tranz Alpine"、克赖斯特彻奇（基督城）～皮克顿之间的"Coastal Pacific 太平洋海岸号"、奥克兰～惠灵顿之间的"北方探险家号 Northern Explorer"、北帕默斯顿～惠灵顿之间的"首都号 Capital Connection"的列车。

● 渡轮公司 ●

【岛际人渡轮公司 Interisland 】
FREE 0800-802-802　URL www.interislander.co.nz
　　惠灵顿～皮克顿之间往来的渡轮约需3小时10分钟。

【蓝桥渡轮公司 Bluebridge 】
FREE 0800-844-844　URL www.bluebridge.co.nz
　　惠灵顿～皮克顿之间往来的渡轮约需3小时30分钟。

● 大使馆・领事馆 ●

【中国驻新西兰大使馆 】
Embassy of China in New Zealand
🏠 2-6 Glenmore Street, Kelburn
FAX（04）499-0419　URL www.chinaembassy.org.nz
领事部 🏠 4 Halswell Street, Thorndon
☎（04）473-3514　FAX（04）499-5572
📅 周一、周三、周五（节假日除外）上午 9:00~11:30 下午 14:00~16:00
周二、周四（节假日除外）上午 9:00~11:30
【驻克赖斯特彻奇（基督城）领事馆 】
🏠 108 Hansons Lane, Upper Riccarton, Christchurch, 8041
☎（03）343-3650　FAX（03）343-3647
📅 周一～周五（节假日除外）上午 9:00~12:00
【驻奥克兰领事馆 】
🏠 88 Great South Road, Ellerslie, Auckland
☎（09）525-1588　FAX（09）525-0733
📅 周一～周一五上午 09:00-11:30

● 信用卡报失电话 ●

美国运通卡 FREE 0800-44-9348
JCB FREE 00-800-0009-0009
Master Card FREE 0800-449-140
VISA FREE 00-800-1212-1212

● 紧急情况联系电话 ●

【警察・救护车・消防车 】
☎ 111（警察、消防免费，救护车要收费）

从电影中了解新西兰

《圣诞节快乐，劳伦斯先生》（1983 年）

导演：大岛渚　　演员：大卫·鲍伊、坂本龙一、北野武

　　由日本、新西兰、英国、澳大利亚合拍的电影。主要在澳大利亚等地进行拍摄。

《钢琴课》（1993 年）

导演：简·坎皮恩　　演员：霍利·亨特、哈威·凯特尔

　　惠灵顿女导演简·坎皮恩的代表作，获得了第 46 届戛纳国际电影节金棕榈奖。

《夕阳武士》（1994 年）

导演：李·塔玛霍瑞　　演员：丽纳·欧文、特穆拉·莫里森

　　导演李·塔玛霍瑞拥有毛利血统。整部电影通过讲述现代毛利社会的问题，探索人类共同的问题。

《罪孽天使》（1994 年）

导演：彼得·杰克逊　　演员：凯特·温丝莱特

　　这是由 1954 年发生在克赖斯特彻奇（基督城）的一件真实的事件改编而成的电影。导演是《指环王》的导演彼得·杰克逊。

《垂直极限》（2000 年）

导演：马丁·坎贝尔　　演员：克里斯·奥唐纳、比尔·派克顿

　　震撼人心的登山类电影。拍摄于库克山。

《指环王》三部曲（2001~2003 年）

导演：彼得·杰克逊　　演员：伊利亚·伍德、伊安·麦克莱恩

　　点燃新西兰电影之火的巨作。将不可能实现电影化的世界，以新西兰各地的自然风光为背景呈现给观众。

《鲸骑士》（2003 年）

导演：妮琪·卡罗　　演员：凯莎·卡斯特·休伊斯

　　拥有毛利血统的女导演妮琪·卡罗执导的由毛利女作家原创小说改编而成的电影作品。

《纳尼亚传奇》第一章、第二章（2006·2008 年）

导演：安德鲁·亚当森　　演员：威廉姆·莫塞利、安娜·帕波维尔

　　第一章《狮子与魔女》是在奥克兰和克赖斯特彻奇（基督城）的近郊附近拍摄的，第二章《凯斯宾王子》的部分内容拍摄于北岛的科罗曼德尔半岛。

《霍比特人》（2012~2014 年）

导演：彼得·杰克逊　　演员：伊恩·麦克莱恩、马丁·弗瑞曼

　　以《指环王》的 60 年前为背景制作的系列电影。共有三部。

新西兰的历史

乘坐独木舟移居而来的毛利人

据说最早踏上这片土地的是毛利人，他们在距今大约 1000 年前，从南太平洋的波利尼西亚群岛乘坐独木舟来到此地。毛利人开始正式的大批移居至此是在 13~14 世纪。他们乘坐巨大的双体划艇，依靠高超的航海技术，通过判断星星的位置、风和波浪的走向来决定航行的角度，最终到达新西兰。之后勤劳的毛利人通过用火烧掉森林和草原的方法来开垦耕地，依靠种植和捕猎为生，主要以芋头、红薯、山药等农作物和鸟类、鱼类等为食物。毛利人是按照部族生活的，随着时代的发展，一个部族逐渐开始壮大、人口开始增多，便会分裂成几个小部族。他们经常会在居住村落内的聚会场所（Marae）举行重大的仪式，这一习俗延续至今。对于毛利人来说土地是部族共有的重要财产。毛利人战士们也因骁勇善战而闻名。那个时代的毛利人还没有铁器等金属，都是用石头制造武器和盔甲，制造工艺极为细腻。直到毛利人遇到欧洲人之后才开始逐渐有了自己的文字，开始将祖祖代代口口相传的历史用文字记录下来。

18 世纪末西欧人来此

最早来到毛利人居住的这座岛国的是荷兰的帆船航海家亚伯·塔斯曼，时间是在 1642 年（→ p.201）。但是由于当时毛利战士的激烈抵抗，他放弃了登岛的念头，离开了这片土地。之后这座岛屿便有了一个荷兰名字 Novo Zeelandia，然后在很长一段时间里被人们所遗忘。经过 100 多年之后到了 1769 年，英国人詹姆斯·库克耗时半年对新西兰周边及沿岸做了调查，并且绘制了正确地图（→ p.370）。1790 年为了捕鲸和获得海豹皮、木材、麻等资源，许多欧洲人来到此地，从此西欧人与毛利人的交流变得频繁起来。毛利人通过提供猪肉、番薯类食材来换取斧头、铁钉等铁制品、大炮、火药、织物等物品。

英国的移民统治与《怀唐伊条约》

随着西欧人与毛利人的交流日益活跃，爱德华·吉本·威克菲尔开始着手正式的移民事业，在伦敦成立了新西兰公司之后，开始组织大规模的移民。由于这一事业的发展，使得新西兰当地英国人的数量逐渐增多，英国政府于 1840 年在新西兰成立政府，开始正式统治新西兰，并且派出海军大将威廉·霍普松对此地施行殖民化政策。同年 2 月 5 日在北岛北部的怀唐伊召集了毛利各部族的酋长，经过协商他们在条约上签字。

这个条约便是《怀唐伊条约》，它标志着新西兰正式成为了英国的殖民地。条约仅有以下 3 个简单的内容："新西兰的主权归英国国王所有""继续承认毛利人对土地的所有权，但土地只能出售给英国政府""承认毛利人作为英国国民的权利"。

新西兰正式成为英国殖民地之后，大量移民开始涌入，从最初的 1840 年惠灵顿引入移民，经过仅仅 6 年，就达到了 9000 人。

毛利文化

毛利村落至今仍保留有毛利的传统艺术、仪式等文化，这些作为毛利文化的一部分再次向游客们展示。

毛利人打招呼的方式是一种叫作 HOGI 的方法，见面双方互相碰一下鼻子表示友好。毛利战士素来以勇敢而闻名，在过去当遇到陌生人的时候会摆出眼睛瞪大、舌头伸出的动作以示威胁。毛利人集会场所的柱子上有精美的雕刻，这些以示威胁的表情也会被作为驱魔的标志而雕刻上去。

可以自行选择

据现在新西兰的统计，认为自己是毛利人的人占全体的 15% 左右。这里用"认为"这一模糊的概念是因为，随着时代的变化对于毛利的定义也发生了改变。

原本的毛利人是指拥有一半以上毛利人血统的人。但是在 1986 年、1991 年的国家情况调查中使用了"毛利灵魂"这一定义，选择了"毛利灵魂"的人都被列为新西兰毛利人。

根据 2013 年的新西兰国家情况调查，新西兰国民每 7 人中就有一个人认为自己是毛利人的子孙。不过这一调查是在多选的基础上进行的，所以最后整体数据与回答的数据结果是不一致的。

1860~1870 年间，通过培育适合当地饲养的改良绵羊品种以及小麦栽培技术改良，奠定了新西兰畜牧农业的基础。19 世纪 80 年代，集约性的农业开始逐渐发展，黄油、乳酪等的输出开始增多，另外随着冷冻技术的发展，通过冷冻船向英国出口羊肉的数量逐年增多。进入 20 世纪以后，羊毛、羊肉、乳酪制品的出口业务十分兴盛，新西兰基本上确立了农产品出口国的地位。在进出口方面由于新西兰与英国之间有着极为深厚的渊源，因此也被称为 "海外农场"。

淘金热

1861 年，澳大利亚的矿山勘探师在达尼丁附件的劳伦斯发现大量金矿，从此兴起了淘金热潮。之后又相继在昆斯敦（皇后镇）周边发现金矿，奥塔戈地区的人口 2 年间增长了 5 倍，但是金矿在 3 年后就被挖掘一空。在此前后在南岛西海岸、北岛的科罗曼德尔等地都发现了金矿，不过埋藏量都比较少，至 1868 年左右淘金热宛如黄粱一梦般销声匿迹。

世界上最早的女性参政权

早在 1893 年新西兰便开始承认女性参政权，是世界上第一个承认女性参政权的国家。随后美国、英国也相继在 25 年后开始实施。

围绕土地争端的毛利战争

缔结条约的结果导致 19 世纪 50 年代后半期英国人的人口超过了毛利人，他们对于土地的需求开始急剧增长。但是，毛利人不会轻易出卖土地，尤其是肥沃的适合农耕的怀卡托、塔拉纳基地区的土地。双方的矛盾逐渐开始激化，导致英国人使用武力强行霸占土地。终于在 1860 年英军与毛利人的战争打响了。这一战争持续了 12 年之久，最终以毛利军队败北收场，在这期间毛利人口也减少了。人口减少的原因不单单是战争，还有随着欧洲人而来的疾病。战争主要在毛利人居多的北岛进行，而与此同时南岛的畜牧业却在不断地发展，并且还发现了金矿，移民也在不断增加发展壮大。

实行正式的政党政治并向近代国家迈进

进入 19 世纪后半期后，新西兰国内开始建设大规模的铁路和通信网络，这使得之前分布于各地的殖民地之间得到了贯通，开始逐步形成一个完整国家的姿态。然而，此前一直占据优势的北岛因为受到南岛淘金热造成的大量人口流失、毛利战争造成的多地荒废等原因，逐渐失去了政治中心的位置。考虑到南北岛的平衡问题，1865 年将当时的首都从奥克兰迁移至惠灵顿。以此为契机，新西兰迎来了真正的政党政治时代，尤其是 1890 年，在选举中大胜的自由党开始施行改革政策，成了重大的转折点。通过制定世界上最早的女性参政权、土地改革、老龄养老金法案等一系列改革政策，使新西兰经济在安定的政权下得到了空前的发展。随着移民的逐渐增加，新西兰人口也在稳步增长，到了 1912 年大约有 100 万人，比 1890 年的 50 万人增了一倍。

项目策划：王欣艳　谷口俊博
统　　筹：北京走遍全球文化传播有限公司　http://www.zbqq.com
责任编辑：王佳慧　林小燕
责任印制：冯冬青

图书在版编目（CIP）数据

新西兰 / 日本《走遍全球》编辑室编著；徐华，马
谦译. —— 2版. —— 北京：中国旅游出版社，2018.1
（走遍全球）
ISBN 978-7-5032-5944-9

Ⅰ.①新… Ⅱ.①日…②徐…③马… Ⅲ.①旅游指
南—新西兰 Ⅳ. K961.29

中国版本图书馆CIP数据核字（2017）第308912号

北京市版权局著作权合同登记号　图字：01-2017-4165
审图号：GS（2017）3018号　本书插图系原文原图

GLOBE-TROTTER TRAVEL GUIDEBOOK
New Zealand 2017 ~ 2018 EDITION by Diamond-Big Co., Ltd.
Copyright © 2017 ~ 2018 by Diamond-Big Co., Ltd.
Original Japanese edition published by with Diamond-Big Co., Ltd.
Chinese translation rights arranged with Diamond-Big Co., Ltd.
Through BEIJING TROTTER CULTURE AND MEDIA CO., LTD.

书　　名：新西兰

作　　者：日本《走遍全球》编辑室编著；徐华、马谦译
出版发行：中国旅游出版社
　　　　　（北京市建国门内大街甲 9 号　邮编：100005）
　　　　　http://www.cttp.net.cn　E-mail: cttp@cnta.gov.cn
　　　　　营销中心电话：010-85166503
排　　版：北京中文天地文化艺术有限公司
经　　销：全国各地新华书店
印　　刷：北京金吉士印刷有限责任公司
版　　次：2018年1月第2版　2018年1月第1次印刷
开　　本：889毫米×1194毫米　1/32
印　　张：15.875
印　　数：1~7000册
字　　数：707千
定　　价：98.00元
ＩＳＢＮ　978-7-5032-5944-9